何鲁丽文集

（上）

人民出版社

1997 年 1 月 1 日，在党外人士迎春座谈会上江泽民同志与何鲁丽亲切交谈

2002 年 12 月 23 日，何鲁丽与走访民革中央的中共中央总书记胡锦涛同志亲切握手

2002 年 4 月，何鲁丽在全国人大

2001 年 3 月，何鲁丽出席九届全国人大四次会议

1988 年 11 月，民革七大会议期间与朱学范、李沛瑶合影

2004 年 6 月，何鲁丽赴浙江省调研农民专业合作经济组织建设，左五为周铁农

何鲁丽与法国参议院议长蓬斯莱合影

2005 年 4 月，访问希腊期间，何鲁丽与希腊总统卡罗洛斯 · 帕普利亚斯合影

1999 年 11 月，何鲁丽与索尼娅 · 甘地（中）合影

2004 年 8 月，何鲁丽在昆明出席第四届宋庆龄少儿科技发明奖展览会

1997 年，北京市人大会议期间，何鲁丽与市人大代表亲切交谈

题《绛县人民代表大会志》

人民代表为人民

何鲁丽

二〇〇五年八月

贺民革焦作市委员会成立二十周年

发扬民革光荣传统
致力民族伟大复兴

何鲁丽
二〇〇六年四月

深入基层 调查
研究，为专家论
政尽心尽力

何鲁丽
九六功．

纪念诸福棠教授诞辰一百周年

医术精深深似海
德高望重重千钧

何鲁丽
一九九九年十月

先师诸福棠先生诞辰百年祭

福棠先生幼年天真老来烂漫童心不泯稚趣盎然

有生之年奉医学为至志献兑科于永生学术精深

医德高尚世人崇敬杏林景仰名满中华誉峰天下

童稚悉念其恩姻煴咸仰其德余从其业学其技范

其德步其路受益良深往事如烟遗风永存今先生

诞辰百年余撰书此文以谢恩师

何鲁丽

一九九九年十一月

编 辑 说 明

何鲁丽同志在担任民革中央主席（1996—2007）期间，也作为全国人大常委会副委员长（1998—2008）、全国政协副主席（1996—1998）以及中央社会主义学院院长、中国人民争取和平与裁军协会会长、中国和平统一促进会副会长等，发表了许多讲话、谈话和署名文章等。这些文稿生动体现了中国共产党领导的多党合作和政治协商的运行发展情况、特点和优越性。本书收录了这方面的大部分文稿。

本书共收录何鲁丽同志文稿202篇。按照文稿内容，分为五个部分：议政建言，民革自身建设，人大、政协和统战工作，社会政治活动，促进祖国和平统一。各个部分中的文稿则按时间顺序排列。

编入本书的文稿，力求显示何鲁丽同志在不同时期、不同领导岗位上的思想观点以及代表民革中央领导集体提出的意见建议，许多文稿系第一次公开发表。编辑过程中受篇幅所限，部分文稿略有删节，同时作了个别文字订正。少数不常见的人物和事件、专有名词、简称缩写在首次出现时作了简要的注释。书中文稿的标题，除公开发表过的以外，大多为编者所加。

何鲁丽同志亲自对书稿作了审定。

由于我们的水平和时间有限，编辑过程中错漏之处在所难免，切望读者批评指正。

本书编辑组

2014 年 6 月

目　录

（上）

一、议政建言

二、民革自身建设

（下）

三、人大、政协和统战工作

四、社会政治活动

五、促进祖国和平统一

一、议政建言

在 1997 年中共中央召开的党外人士迎春座谈会上的发言

（1997 年 2 月 4 日）

今年春节，不同寻常，大家的心情格外舒畅。去年，"九五"计划开局很好，我国经济继续保持快速发展的势头。改革开放进一步深化。通货膨胀得到控制，宏观经济环境得到改善。精神文明建设也取得了新的进展。全国政治稳定，民族团结，政通人和，国泰民安。今年，香港即将回归祖国，中国共产党第十五次全国代表大会将要召开，社会主义现代化建设和祖国统一的壮丽前景正激励着奋进中的中华儿女。

我国将恢复对香港行使主权，牵动着海内外所有中华儿女的心。这是百年来无数志士仁人梦寐以求的宿愿。鸦片战争使旧中国沦为半封建半殖民地，丧失了对香港行使主权。这一段屈辱的历史，全中国人民是刻骨铭心的。

今天，在中国共产党领导下，在"一国两制"方针指引下，经过艰苦的斗争，香港终于要回到祖国怀抱，百年的民族耻辱终于要湔雪净尽，孙中山先生遗嘱中关于废除不平等条约的遗愿终于要完全实现。这是历史性的胜利。每一个中国人都会为此而扬眉吐气，无比自豪。最近放映的大型文献纪录片《邓小平》，用相当的篇幅回顾了根据"一国两制"方针促成香港回归的过程，特别是小平同志同撒切尔夫人的谈话，理直气壮，义正词严，表达了我国政府和人民维护民族尊严和国家主权领土完整的坚强意志和决心。重温这些历史镜头，令人心情激动，备受鼓舞。

中国共产党即将召开第十五次全国代表大会，这是在我国改革开放和社会主义现代化建设事业承前启后、继往开来的重要时刻召开的具有重大意义的大会，是中国共产党带领全国各族人民把建设有中国特色的社会主义伟大事业向新世纪全面推进的历史性大会，是实现中华民族腾飞，推动中国建成富强、民主、文明的社会主义国家的大会。全国人民对这次大会抱有极大的希望。

香港回归和中国共产党第十五次全国代表大会召开，这是举世瞩目的两件大事，是对祖国振兴、中华民族腾飞具有重大意义的两件大事。我们希望：在中共中央统一部署下，动员和组织各方面的力量，以庆祝香港回归为契机，广泛开展爱国主义教育，激发爱国热情，振奋民族精神；以迎接党的十五大为主题，深入进行党的基本理论和基本路线教育，进一步增强广大干部群众建设有中国特色社会主义的信念，激励人们为实现跨世纪宏伟目标而奋斗。民革一定要团结一心，高举邓小平建设有中国特色社会主义理论的旗帜，紧紧围绕这两件关系全局的大事，扎扎实实地做好工作。

香港回归，为实现祖国统一大业迈出了重要的一步，对台湾也将产生重大的影响。特别是保持香港回归后的稳定繁荣，将会大大增强台湾人民对祖国的向心力，对两岸关系的发展也必将起到重大的推动作用。我们应当借香港回归的有利时机，加强对台工作的力度，广泛而深入地宣传"和平统一、一国两制"的方针和江泽民主席的八项主张，继续开展反分裂、反"台独"斗争，孤立"台独"势力，争取民心，为进一步推动"三通"、促进两岸统一创造更多的有利条件。民革同台湾有关各界有着比较广泛的联系，在统一祖国大业中，一向以促进台湾与祖国统一为奋斗目标，今后要进一步发挥优势，加强两岸联谊，多做大众沟通工作，团结一切可以团结的力量，共同为推动两岸关系发展、加快祖国和平统一进程而努力。

今年，民革也要召开第九次全国代表大会，大会主要内容是学习贯彻中国共产党第十五次全国代表大会精神，总结民革工作，确定今后任务，选举民革第九届中央委员会，这关系到把一个什么样的民革带入二十一世纪的问题。目前，我们正在为开好这次大会，积极进行思想准备和组织准备。

民革八大以来，我们在邓小平同志建设有中国特色社会主义理论的指引下，紧紧围绕"抓住机遇、深化改革、扩大开放、促进发展、保持稳定"的方针，牢固树立以经济建设为中心的指导思想，积极参加社会实践，各项工作都呈现出朝气蓬勃的新局面，参政议政工作取得了可喜的成绩。民革成员中现有各级人大代表 1249 名，各级政协委员 5843 名，这些同志积极参与了改革开放和现代化建设重要决策的协商；还有 17 位成员进入了省级和省辖市政府领导班子，直接参与政府工作，对当地的建设与发展发挥了积极作用。各级民革组织，还就国家经济建设、社会发展、祖国统一和精神文明建设等方面的若干重要问题进行调查研究，提出了意见和建议，不少建议得到了党政部门的重视和采纳。去年，全国人大通过了"九五"计划和 2010 年远景目标纲要，这既为民革参政议政提供了更广泛的领域，同时也对民革的参政议政工作提出了新的要求和任务。为了做好新形势下的参政议政工作，去年 11 月，民革召开了全国参政议政工作研讨会，学习了中共十四届五中、六中全会精神和江泽民总书记关于讲政治的重要讲话，使大家进一步提高了对参政议政重要性的认识，增强了参政议政的自觉性和主动精神；认识到参政党首先要讲政治，民革的领导干部必须坚定不移地依靠中国共产党的领导；坚持基本理论和基本路线；坚持中国共产党领导的多党合作和政治协商制度；坚持学习马列主义、毛泽东思想，特别是邓小平建设有中国特色社会主义理论；同时要从实际出发，选好题目，发挥民革群体优势，急党和政府之所急，急人民群众之所需，积极主动地提出建设性意见和建议，为党和政府科学决策建言献策，为今年的香港回归和中国共产党第十五次全国代表大会召开创造良好的政治、经济、社会环境作贡献。

在新的一年里，我们要更加紧密地团结在以江泽民同志为核心的中共中央周围，按照中共中央的战略部署，进一步发挥民革参政党的作用，牢牢把握大局，再接再厉，同心同德，开拓前进。

在国务院召开的政府工作报告
征求意见座谈会上的发言

（1997 年 2 月 17 日）

我们赞同李鹏总理的政府工作报告（征求意见稿）。报告充分肯定了去年的成就，明确提出了今年的任务，内容全面，实事求是，重点突出，措施得力，文字也很精炼，是一个振奋人心、鼓舞干劲、再接再厉、开拓前进的报告。

我们对报告提一些参考意见：

一、关于国有大中型企业改革，报告讲得很具体切实。目前政企分开问题，还没有完全解决，影响企业改革的深入和企业走向市场。建议对这个问题提一提。

二、关于控制投资规模，经过几年的努力，取得了明显成效。总的看，中央管的这一块，基本上是管住了。但是地方上这一块，还没有完全管住，计划外盲目建设、重复建设的项目还是有。建议报告中对这方面能够强调一下，加大宏观调控的力度，真正做到令行禁止。

三、关于国务院各部委机构改革，报告中提出要继续进行，这是完全必要的。鉴于过去几年改革，虽然取得一定成效，但是还没有真正达到精兵简政、提高效率的目的，有的单位合而又分，分而又合，效果不好。建议在总结过去改革的基础上，适应社会主义市场经济的需要，制定和完善切实可行的方案。

四、报告强调要提倡艰苦奋斗，反对铺张浪费，这是深得人心的。现在奢靡之风确实相当严重，群众反映强烈，必须及早刹住，特别是各级领导机关和领导干部更要严格自律，做出表率。建议报告对这个问题进一步强调，最好提出一些具体要求。

五、报告中提到正确处理经济建设与环境、人口、资源的关系，其中讲了环境保护和计划生育，没有讲保护资源。资源问题是关系可持续发展的一个重要问题。建议能够加以补充，以便引起各方面的重视。

六、香港回归，是历史性的胜利，意义十分重大，海内外的中华儿女都会感到扬眉吐气。建议报告中对香港回归的重大意义，着重地讲一讲，振奋民族精神，增强民族凝聚力，激励各族人民的爱国热情，更好地为建设有中国特色的社会主义而团结奋斗。

七、关于台湾问题。建议增加"更寄希望于台湾人民"的内容，争取更多的台湾同胞参加到发展两岸关系，促进祖国统一，反对分裂，反对"台独"的行列中来。

政府工作报告是很重要的报告，是全国人大讨论的主题，建议对报告中重要的地方、群众关心的问题，加重语气，文字生动一些，多讲一些鼓舞人心的话语，振奋全国各族人民的精神。

关于切实保护耕地的建议[*]

（1997 年 3 月 25 日）

我国人均耕地数量历来就少，人口与耕地之间的矛盾相当突出。近年来，由于各项建设事业的迅速发展，占用了大量耕地，特别是一些地方乱占耕地、违法批地、浪费土地的现象屡禁不止，造成耕地锐减，对农业以至整个国民经济的可持续发展产生了严重的影响。这个问题已经到了非解决不可的时候了。中共中央、国务院有鉴于此，决定发布《关于进一步加强土地管理切实保护耕地的通知》（以下简称《通知》），是非常及时、完全必要的，也是深得人心的。

这个《通知》是贯彻"十分珍惜和合理利用每寸土地，切实保护耕地"的基本国策的重要文件。从《通知》的内容可以看出，中共中央和国务院对当前耕地的状况和存在的问题了解得很全面、很清楚，采取的措施针对性也很强，尤其是果断地决定冻结非农业项目占用耕地一年，冻结县改市的审批，农地转为非农建设用地的土地收益全部上缴中央。这三项重大措施非常得力，对于迅速扭转耕地锐减的局面将会起到重要的作用。

---

* 这是何鲁丽同志在国务院召开的党外人士座谈会上的发言。

《通知》的贯彻落实是关键。管理土地和保护耕地基本上都属于政府行为。因此建议：首先，各级党委和政府要把贯彻落实《通知》列入自己的重要日程，加大工作力度，要像抓计划生育那样抓土地管理和耕地保护，实行保护耕地的领导责任制。其次，广泛开展全民的土地国情国策宣传教育，动员新闻媒介的力量，采取各种有效方式广泛宣传保护耕地的重要性，真正做到家喻户晓、深入人心。过去在这方面做得很不够，光靠"土地日"的突击宣传是很难收到成效的。只有经常的宣传教育，才能不断提高干部和群众贯彻这项基本国策的自觉性。再次，加强监督机制建设，国家指定有关部门具体负责这项工作并赋予必要的权力，同时鼓励群众实行监督，检举这方面的不法行为。对于已经发现的严重违法案件，选择典型，严肃处理，以维护国策的尊严。

对于《通知》的内容，提几点参考性的意见。

一、"耕地"的范围要进一步明确。各地除了基本农田保护区所包括的耕地以外，还有一部分可耕地和宜农荒地。这部分土地也应当属于耕地的范畴，在保护之列。这样做，一方面可以把应当保护的土地都保护起来，另一方面也可以堵塞一些漏洞。

二、复垦、造田是弥补耕地减少的必要措施，但是执行中要注意环境保护，尤其要禁止采用围湖、填塘、堵河、毁林等方法造田，以免造成破坏生态环境的严重后果。

三、禁止挖土烧砖、毁坏耕地，十分必要，但是应当根据不同地区提出不同要求。在经济比较发达、交通比较便利的地区，加快推广新型墙体材料，从严禁止挖土烧砖；在经济欠发达、交通不便的地区，特别是农村，新型墙体材料一时难以供应得上，挖土烧砖还不能避免，可适当放宽一些，只限于禁止毁坏耕地烧砖，并积极创造条件，力争早日开发和推广新型墙体材料，逐步代替用砖。

四、搞好土地使用规划，提高土地利用率，对于节约用地十分重要。城市建设用地一定要按规划规定的标准严格管理，不能突破。现在，大城市一般都能注意这个问题，严格掌握。但是，中小城市，特别是一些新建城市和小城镇的建设规模，往往容易互相攀比，失去控制，大量浪费土地，应当重点加强管理。农村住宅建设，用地很多，也应当加以控制。农民住房，要逐步打破陈规，按照节约用地、经济实用的原则，逐步加以规范。在这个问题上，乡村干部以身作则，率先做出榜样，尤其重要。

民革是中国共产党领导的多党合作中的一个参政党，对于贯彻节约土地、保护耕地的基本国策有着不可推卸的责任。我们已经把土地问题列为参政议政、民主监督的一项重要内容。前一个时期，民革中央的一些同志，包括几位特邀土地专员，参加了这方面的调查研究，对于我国土地的现状有了实际的了解，也提出了一些建议。中共中央、国务院《通知》发布以后，我们将对民革党员进一步加强土地国情国策教育，动员他们积极为贯彻落实《通知》献计出力。

在中共中央召开的中共十五大报告
征求意见座谈会上的发言

（1997 年 8 月 1 日）

中共十五大报告（征求意见稿）主题鲜明、重点突出、高屋建瓴、纲举目张，是一个承前启后、继往开来的纲领性文件，具有重大的理论意义和实践意义。江泽民同志在中央党校的重要讲话精神，在报告中得到充分体现，成为报告的中心思想。

报告开宗明义地提出，十五大的主题是，高举邓小平理论伟大旗帜，把建设有中国特色社会主义事业全面推向二十一世纪，并且把这个主题作为报告的标题，对整个报告起到了提纲挈领的作用。这个主题反映了时代的要求和人民的愿望。它不仅提出了十五大的历史任务，而且明确回答了举世关注的中国今后的走向问题，表明了以江泽民同志为核心的中共中央继承邓小平同志的遗志，领导全党和全国人民把建设有中国特色社会主义事业进行到底的信心和决心。

报告对主题的主要内容作了高度概括的表述，说明了高举邓小平理论伟大旗帜的重大现实意义和深远历史意义，说明了把建设有中国特色社会主义事业全面推向二十一世纪所包含的三个方面的重要任务，给人们很大的启发。报告着重要求中共全党特别是高级领导干部，在旗帜问题上尤其要有高度的自觉性和坚定性，无论遇到什么困难、什么风险，都不动摇。这段话令人深受教育、深受激励。民革作为中国共产党领导的多党合作中的一个参政党，在旗帜问题上也要清醒和坚定，自觉地同中国共产党保持一致。

报告中关于世纪之交的回顾与展望部分非常精彩。尤其是回顾部分，百年沧桑，两大任务，三次变化，三位伟人，一个结论，用准确精练的语言，全面、深刻、科学地总结了中国一个世纪以来的历史，使人更加体会到今天的胜利来之不易，必须万分珍惜。报告把孙中山先生同毛泽东主席、邓小平同志并列为本世纪中国的三位伟人，充分体现了中国共产党坚持马克思主义的唯物史观对历史人物作出的正确评价，我们深为感动。孙中山先生爱国、革命和不断进步的精神，曾经教育了民革几代人。今后，我们更要弘扬这种精神，始终不渝地同中国共产党亲密合作，为国家的统一和民族的振兴尽心尽力。

报告精辟地阐明了社会主义初级阶段问题，具有说服力。我国的改革开放和社会主义现代化建设正在蓬勃发展，同时在前进道路上也出现了新情况、新问题。对于这些问题，只有从我国处于社会主义初级阶段这一实际出发，准确把握这个阶段的基本国情，才能理智地对待，也才能深刻理解现行的路线和政策的必要性和正确性，自觉地贯彻执行。社会主义初级阶段，是一个不可超越的必经阶段，也是一个相当长的历史过程，需要多少代人坚持不懈的努力。任何离开今天基本国情的想法和看法，都是不切实际的。报告对这个问题的阐述，帮助人们释疑解惑，对于澄清思想，统一认识，牢固树立社会主义初级阶段这一马克思主义新观点，将会产生重要的作用。

报告重申了"和平统一、一国两制"的方针，特别是针对台湾目前的情况，再次表明了我们的原则立场和有关政策，是完全必要和及时的。民革非常拥护，并愿意为推动两岸关系的发展，促进祖国统一大业的早日完成，继续作出应有的贡献。

阅读和讨论报告，对于我们民革的同志来说，是一次很好的学习，加深了对一系列根本性问题的理解。提几点建议供参考：

一、报告提出有关建立社会主义市场经济过程中面临的三个课题，即如何把市场经济同社会主义公有制很好地结合起来，同社会主义共同富裕的目标很好地结合起来，同社会主义道德建设很好地结合起来，非常重要。建议不要放在括号以内，并适当地展开讲一讲。

二、爱国主义是中华民族的光荣传统，也是团结全世界中国人的精神纽带。这从香港回归在海内外激起的爱国热潮得到生动的证明。爱国主义教育是社会主义文化建设的重要组成部分。建议在报告中加以强调。

三、发扬艰苦创业精神，反对奢侈浪费，不仅是当务之急，而且要长期坚持。建议在这个问题上能够加重语气，多讲几句。

四、社会主义文化建设部分，有些具体措施讲得过细一些。建议适当精简。

五、报告的前面部分，特别是大会主题与世纪之交的回顾和展望，气势磅礴，振奋人心。建议结束语相应地增加一些分量，前后呼应，更好地发挥鼓舞作用。

中共十五大的召开，是本世纪末我国人民政治生活中的一件大事，举国关心，举世瞩目。我们深信，有邓小平理论的指引，有以江泽民同志为核心的中共中央的领导，有全党和全国人民的支持，这次大会一定能够胜利完成各项任务，在世纪之交树立一座新的里程碑。我们满怀欢欣的心情迎接大会的召开，祝愿大会圆满成功。

认真学习贯彻中共十五大精神[*]

（1997 年 9 月 30 日）

民革中央热烈祝贺中共十五大圆满成功，坚决拥护以江泽民同志为核心的新一届中共中央领导集体。举世瞩目的世纪盛会将以它所取得的重大成果，以它对中国的前途和发展所产生的深远影响而载入史册。江泽民同志在大会上所作的报告，是一个解放思想、实事求是的马克思主义的文件，是指引全国各族人民高举邓小平理论伟大旗帜，把建设有中国特色社会主义事业全面推向二十一世纪的行动纲领。认真学习这个文件，对于我们深刻领会中共十五大精神，领会中国共产党在今后一个时期的施政纲领和治国方略，有着重要意义。

中共十五大的重大成果和历史意义，我认为主要有以下几点。

首先，高举邓小平理论伟大旗帜不动摇。这是继中共十四大确立邓小平理论在全党的指导地位之后的又一个具有历史意义的决策。正如江泽民同志在报告中所说，"这次大会的灵魂，就是

---

[*] 这是何鲁丽同志在中共中央统战部召开的党外人士学习中共十五大精神座谈会上的发言。

高举邓小平理论的伟大旗帜"。作出这样的决策，就是对邓小平同志逝世以后国际国内普遍关心的中国举什么旗帜、走什么道路、沿着什么方向前进的问题，作了明确回答。这实际上是向全世界宣告：12 亿人口的中国，将坚定不移地高举马克思列宁主义、毛泽东思想、邓小平理论的旗帜，沿着社会主义道路继续前进，无论遇到什么风浪，决不动摇。这也充分表明了以江泽民同志为核心的中共中央继承邓小平同志的遗志，把邓小平同志所开创的建设有中国特色社会主义事业进行到底的坚定信念和决心。这是中国共产党经过近 20 年改革开放和现代化建设的成功实践所作出的正确选择，也是时代的要求和全国人民的共同愿望。在中国这样一个人口众多、地域辽阔而经济文化比较落后、国情复杂而发展不平衡的大国里，要迎接各种挑战，战胜各种风险和困难，赢得改革开放和现代化建设的成功，就必须有一面伟大的旗帜来统一思想、统一认识、统一行动。在当代中国，只有邓小平理论具有这样的感召力和凝聚力，只有把马克思主义同当代中国实际和时代特征结合起来的邓小平理论而没有别的理论能够解决社会主义的前途和命运问题。高举邓小平理论的伟大旗帜不动摇是十五大的最大成果，也是中国共产党对中国人民和中国历史的又一重大贡献。邓小平理论的旗帜，是全国人民的旗帜，也是我们民主党派的旗帜，是我们一切工作的根本指导思想。

其次，中共十五大进一步强调了社会主义初级阶段的科学论断，指出这是一个相当长的不可逾越的历史阶段。强调这个问题，对于我们正确认识国情，解决种种矛盾，澄清种种疑惑，具有极为重要的意义。

社会主义初级阶段的论断，是邓小平理论的重要基础，是我们制定路线、方针、政策的根本出发点。从社会主义初级阶段这个实际出发，我们就比较容易理解：为什么在这个阶段社会的主要矛盾是人民日益增长的物质文化需要同落后的社会生产之间的矛盾，我们必须把发展生产力作为社会主义的根本任务；为什么必须坚持"一个中心、两个基本点"的基本路线不动摇；为什么必须实行现在这样的路线和政策而不能实行别样的路线和政策。准确把握社会主义初级阶段的理论，能够使我们时刻保持清醒的头脑，正确认识和处理前进中出现的各种困难和问题，认识到社会主义事业的长期性和艰巨性，从而克服那些超越阶段的错误观念、抵制抛弃社会主义基本制度的错误主张，树立起艰苦奋斗思想，坚定社会主义事业必胜的信念，把改革开放和现代化建设不断推向前进。

第三，大会报告对我国改革和发展中的若干重大理论和实践问题作了深刻阐述，在许多方面有新的认识，新的发展，提出了相应的方针和政策。报告中关于公有制可以有多种实现形式的重要论述，为继续调整和完善所有制结构，寻求经济体制改革的新突破，是又一次思想解放，对推动我国经济体制改革的进程，促进社会主义经济的进一步繁荣，具有重要意义。

第四，大会报告强调要加强社会主义民主法制建设，把依法治国作为今后建设国家的方略。这是邓小平理论中关于民主法制建设思想的新发展，是政治体制改革的一个重大进步。发展社会主义民主，实行依法治国，有利于坚持和改善中国共产党的领导；有利于推进决策科学化，提高决策水平；有利于调动和发挥人民群众的积极性，促进生产力发展和社会进步；有利于民族团结和社会稳定。民主党派是推动民主政治建设的重要力量，在建设法治国家的进程中，我们要更好地发挥参政议政、民主监督的作用，为坚持和完善共产党领导的多党合作和政治协商制度，推进政治体制改革作出我们的贡献。

大会报告把孙中山先生、毛泽东主席、邓小平同志并称为"三位站在时代前列的伟大人物"，对孙中山先生的伟大历史功绩再次作了高度评价和肯定，这将有利于广泛团结海内外所有中华儿女共同为祖国统一大业服务，对我们民革也是一个极大鼓舞。我们将更好地继承和发扬孙中山爱国、革命和不断进步的精神，始终不渝地与中国共产党亲密合作，为完成孙中山"振兴中华"的遗志而奋斗。报告对祖国统一问题作了详尽阐述，重申了中国共产党的原则立场和方针政策，我们完全拥护。我们将继续按照"一国两制"方针，加强对外宣传和联谊工作，促进两岸交流交往，早日实现直接"三通"，反对任何分裂中国的图谋，为完成祖国统一大业作出不懈的努力。

总之，中共十五大意义重大而深远，具有历史里程碑的意义。我们一定要认真学习和领会这次大会的精神，把民革全体党员的思想统一到中共十五大精神上来，与中共中央保持高度的一致，为保证中共十五大精神的贯彻落实贡献我们的力量。我们要以邓小平理论和中共十五大精神为指导，开好民革全国代表大会，更好地发挥参政党的作用。我们要更加紧密地团结在以江泽民同志为核心的中共中央周围，高举邓小平理论伟大旗帜，把握大局，迎接挑战，自觉维护安定团结的政治局面，为把建设有中国特色社会主义事业全面推向二十一世纪而努力奋斗。

在1998年中共中央召开的党外人士迎春座谈会上的发言

（1998年1月24日）

今天，我们能够又一次同中共中央领导同志欢聚一堂，共迎新春，感到非常亲切。借此机会，我代表民革中央，谨向中共中央领导同志致以最好的祝愿和崇高的敬意。

1997年是极不寻常的一年。香港的顺利回归，中共十五大的圆满成功，都是彪炳史册的大事。改革开放和现代化建设事业进一步发展，综合国力继续增强。我国在外交工作中取得了一系列新的胜利，在国际事务中发挥着越来越重要的作用。在经历了百年沧桑之后，我国终于迎来了国泰民安、政通人和的盛世，每一个中华儿女莫不为之振奋和自豪。

现在，新的一年已经开始。全国各族人民正紧密地团结在以江泽民同志为核心的中共中央周围，高举邓小平理论伟大旗帜，贯彻落实中共十五大精神，为把建设有中国特色社会主义事业全面推向二十一世纪而共同奋斗。瞻望前程，我们充满信心。

春节过后，新的一届全国人大、全国政协即将召开，这是今年我国各族人民政治生活中的一件大事。届时，人大、政府、政协的领导机构都将进行跨世纪的换届，意义十分重大。两个大会

的代表、委员已经产生。从新一届全国政协委员的人选构成来
看，生动地反映了新时期爱国统一战线蓬勃发展、团结面不断扩
大的可喜局面，全面地体现了中共中央关于换届工作的指导思想
和基本原则，我们完全拥护。特别是在酝酿委员人选的过程中，
中共中央充分听取民主党派的意见，尽可能地给予特殊的关怀和
照顾，使民主党派的委员在保持原有规模的基础上，又有了一定
的发展，既有一大批比较年轻的符合条件的民主党派成员进入了
新一届政协全国委员会，又保留了不少同共产党长期合作、为政
协和党派工作有过贡献的老同志，为坚持和完善中国共产党领导
的多党合作和政治协商制度迈出了新的步伐。我们将勉励担任代
表、委员的民革党员增强历史使命感和政治责任感，不辜负党和
人民的信任和期望，恪尽职责，为开好两个大会作出贡献。我们
深信，在以江泽民同志为核心的中共中央领导下，在邓小平理论
和中共十五大精神指引下，在全国各族人民的支持下，经过全体
代表、委员的共同努力，新一届两个大会一定能够完成自己的任
务，开成团结、胜利的大会，谱写新的历史篇章。

今年是中共十一届三中全会召开二十周年。这二十年，是我
国发生翻天覆地变化的二十年，是中国共产党领导全国各族人民
建设有中国特色社会主义并取得举世瞩目的伟大成就的二十年。
中共十一届三中全会是一座巍峨的丰碑，标志着一个伟大的历史
转折。它开创了我国社会主义建设的新时期，开辟了建设有中国
特色社会主义的光明大道，使百年来多少仁人志士为之奋斗的民
富国强的崇高理想正在变为现实。没有中共十一届三中全会，就
没有中国的今天。饮水思源，我们更加深切怀念邓小平同志。是
他老人家坚持解放思想、实事求是的马克思主义思想路线，集中

全党的智慧，总结建国以来的历史经验，制定了社会主义初级阶段的基本路线，创立了建设有中国特色社会主义理论，极大地推动了改革开放和社会主义现代化建设事业，使我国的面貌在短短二十年内发生了伟大而深刻的变化，我国的前途充满了光明和希望。邓小平同志的历史功勋永远铭记在人民心中。民革也是中共十一届三中全会的受益者。邓小平同志关于新时期爱国统一战线的理论，使爱国统一战线发展到新的阶段，也为民革工作开创了新的局面。我们深深体会到，这二十年，也是民革历史上最好的时期。我们一定要以认真学习邓小平理论，努力贯彻落实中共十五大精神的实际行动，来纪念中共十一届三中全会召开二十周年。

我们国家现在是一年更比一年好。任何力量都无法阻挡中华民族的腾飞。我们有幸处在这个伟大的时代，深感光荣，也深感责任重大。在新的一年里，我们要切实加强参政党的自身建设，力求适应时代的要求。我们衷心希望，中共中央经常给我们以指导和帮助。

实事求是　措施得力*

（1998 年 2 月 6 日）

民革中央对这个报告表示拥护和赞同。这个报告有以下几个特点：

第一，对过去五年政府工作的评价是实事求是、恰如其分的，既充分肯定了成绩，也指出了存在的矛盾和问题。过去五年所取得的成绩和进步是突出的，十分鼓舞人心。这充分证明了党的路线、方针、政策的正确性，证明了以江泽民同志为核心的中共中央的领导是坚强有力的，这一届政府的工作是卓有成效的。因而，更加增强了我们在中国共产党领导下去争取改革开放和社会主义现代化建设新胜利的信心和决心。

第二，报告中所总结的五点体会，非常正确和重要。基本经验的归结鲜明地指出两个坚持：坚持邓小平理论、基本路线。这不仅是过去五年工作的宝贵经验，同时对做好今后工作具有重要指导意义。

第三，报告中对存在的矛盾和问题概括得比较全面和准确，

---

* 这是何鲁丽同志在国务院召开的政府工作报告征求意见座谈会上的发言节录。

说明政府敢于正视矛盾和问题，具有实事求是的精神，也有解决问题的决心。

第四，报告关于1998年政府工作的建议，全面具体，措施得力，所定的指标和任务是切合实际的。我们认为，虽然当前国际经济形势比较严峻，我国改革进入攻坚阶段，在前进中还存在一些困难和问题，但在以江泽民同志为核心的中共中央的坚强领导下，经过全国各族人民的共同努力，这些指标和任务是可以完成的。报告中关于调整和改革政府机构的决定，十分正确和必要，我们坚决支持和拥护。希望这项工作能够认真得到贯彻执行。

第五，这次报告与过去的报告相比，字数大为减少（约1.5万字），结构紧凑，文字简练，条理清晰，是在文风上的改进。

讨论中，大家也对报告提出了一些参考意见和建议，现汇报如下：

一、报告关于1998年工作部分，是全国人民关注、全国人大讨论的主题。建议文字更生动些，有些地方语气要加重。让广大群众和干部既能明确任务，又能了解前进中的困难和问题，同时又看到我们有战胜困难的优势和条件，从而起到鼓舞士气、振奋精神、增强信心的作用。

二、报告中关于国有企业改革问题，提出"要用三年左右的时间，通过改革、改组、改造和加强管理，使大多数国有大中型企业摆脱困境，力争到本世纪末使大多数国有大中型企业初步建立起现代企业制度"。我们认为，提法实事求是又留有一定余地，因为国有企业改革现在看来困难还相当大，问题比较多，亏损企业的面也比较大，下岗人员较多，再就业有潜力也有困难等等，要在短期内解决问题还有一定难度。因此，最好把"力争"二字加在前面，写成"力争用三年左右时间"为好，这样有利于广大干部群众看到改革的艰巨性和长期性。建议在企业改革中要更加强调处理好改革发展稳定三者的关系。

三、报告中关于推进祖国和平统一大业一段，提到在一个中国的原则下两岸进行谈判，突出两岸政治谈判的重要性。建议强调指出：尽早举行两岸政治谈判，是和平统一的必然要求，更是现阶段促进两岸关系进一步发展的关键所在。

四、关于今后的反腐败斗争问题。我们认为，除了按报告中所指出的"各级领导干部要以身作则，模范地遵纪守法，自觉接受监督，抵制腐朽思想的侵袭，做艰苦奋斗、廉洁奉公的表率"以外，还应强调加强教育、健全法制、强化监督，并作为长期的工作来抓。

五、报告第 29 页提到关心支持老年人、残疾人工作，我国的大城市已进入老年化社会，并带来了一些问题，人口老年化是社会进步表现，但解决问题是政府工作内容，我们已采取了一些符合我国国情的对策，建议在此处加上要继续采取完善符合我国国情的政策。

六、报告的结束语只提出了 1997 年的形势，而报告前半部分总结的是过去五年的工作，给人有点头重脚轻的感觉，最好在结束语中提一下前五年的总形势，描绘一下今后一个时期或到本世纪末的前景。这样前后呼应，增加分量，要有鼓劲的话，给人以信心和力量，动员全国各族人民奋发向上。

农村政策要长期稳定[*]

（1998 年 9 月 11 日）

《中共中央关于农业和农村工作若干重大问题的决定》（以下简称《决定》）是一个非常及时、非常重要的文件。当前，在我国改革进入攻坚阶段、发展处于关键时期，全国人民在党的领导下取得抗洪救灾伟大胜利之后的重要时刻，中共中央适时地抓住农业和农村工作这个关系全局的重大问题，认真总结了 20 年来农村改革的基本经验，明确提出了我国农业和农村跨世纪发展的目标和方针，这对于整个社会的稳定，对于克服亚洲一些国家和地区发生的金融危机对我国的不利影响，保证国民经济持续、快速、健康地发展，对于贯彻落实中共十五大精神、实现跨世纪发展的宏伟蓝图，都具有极其重要的意义。随着《决定》的贯彻实施，必将对我国农业的发展和农村经济的增长，乃至对整个社会主义现代化建设，产生重大而深远的影响。可以说，这个《决定》是指导我国当前和今后一个时期农业和农村工作的纲领性文件。我们对这个《决定》表示衷心拥护。

中共中央这个《决定》很深刻，很全面，尤其是前面两部

＊ 这是何鲁丽同志在中共中央召开的党外人士座谈会上的发言。

分，即"基本经验"和"目标与方针"部分，简明、清晰、有力。后面几部分显得有点平淡。从内容上看，后面几个问题是对前面的目标和方针的具体阐述，这是必要的，但应突出重点，从而引起足够的重视。

建议在《决定》开头简要介绍一下当前我国农业和农村工作总的形势，农业经济在与国民经济协调发展上处于一个什么样的状况，存在哪些亟待解决的困难和问题。加一段这个内容，把农业和农村工作目前的状况和存在的问题告诉大家，可以帮助人们正确认识形势。成绩可以使人更加坚定信心，困难可以使人树立忧患意识，从而增强大家的紧迫感和责任感，自觉地去为农业和农村工作服务。

以上是对《决定》总的看法。下面就《决定》的部分内容提几点粗浅的意见。

第一，《决定》中提到要长期稳定农村基本政策，包括要长期坚持家庭承包双层经营体制，这是非常正确的。在最近公布的经九届全国人大常委会第四次会议修订的《中华人民共和国土地管理法》中，进一步明确了土地的承包经营时间，使这一制度有了法律保障，农民将会更加安心。我们希望在执行这一制度的过程中，能够加大宣传和监督的力度，使农民对发展农业生产有长远打算，敢于投入，提高他们的生产积极性。这是保证我国农业发展的基本政策，一定要再三强调。

第二，对水利建设要统筹规划、综合治理，尤其是对大江大河大湖的治理，一定要上、中、下游协调行动，决不能各地自搞一套，盲目进行。规划论证确定后要始终一贯，长期坚持。到2010年要达到一个什么程度，最好制定出一个具体的目标。

第三，促进农村经济发展，实行科教兴农，最终还是要靠提高农民的素质来实现，因此要对农村教育给予足够的重视。在农村除了普及九年义务教育外，还应寻找其他的路子，特别是要努力使教学方式和内容更加贴近农业生产，适合农村发展的需要。还应制定一些配套的政策，建立一套吸引和鼓励人才向农村流动的机制，促进农村的全面发展。

第四，关于乡镇企业的发展应面向农村，以农村为基地，以农业为依托，以吸纳当地劳动力为主，就地搞农副产品的深加工、仓储、运输等，不要搞工业低水平的重复，以减少国家资源的破坏、人财物的浪费和对环境的污染。乡镇企业的发展要与小城镇建设结合起来。这些方面，都需要有一定的政策和措施来保证，同时进行更加有力的监督。

第五，关于减轻农民负担问题，这次文件中也提到了。近年来在减轻农民负担方面，中央和地方做了很多工作，是有成绩的，但仍然存在一些不足，如收取统筹提留费问题，应当更加规范化，要让农民清楚提留费的概念。

粮食购销体制改革问题，目前在一些地方仍然进展缓慢，就是因为配套措施不得力。希望中央加大这方面的力度。

第六，《决定》第15页第12行"必须把农业科技作为整个科技工作的重点"一句，建议改为"必须把农业科技作为整个科技工作的重点之一"。应强调，加大农业科技的投入，大力做好农业科技的推广工作。

第七，《决定》中提到要加强农村基层民主建设和农村基层干部队伍建设，这是非常重要的，我们坚决拥护。在强调这些建设的同时，必须切实加强党的领导，要使党的路线、方针、政策能够始终得到坚持和贯彻。

　　我们相信，这个《决定》一定会得到全国各族人民的拥护。由于我国各地情况千差万别，全面贯彻落实这个《决定》，还需要做大量的工作，希望在中共中央的领导下，各地各部门密切配合，以保证这个《决定》的全面有效实施。

支持修改宪法*

（1998 年 12 月 21 日）

民革中央一致拥护中共中央《关于修改宪法部分内容的初步意见和说明》。这次对宪法部分内容的修改，是完全必要的、非常及时的。中共十五大是具有重大意义和深远影响的大会。把十五大精神写进宪法，符合全国各族人民的愿望。这样，就使十五大精神用根本大法的条文固定下来，成为国家的意志、人民的意志，也使我国宪法更加切合社会主义初级阶段的实际，更好地动员和团结全国各族人民为建设有中国特色的社会主义而奋斗。

这次修改之处表述得非常准确，我们表示赞同。

第一，把邓小平理论写进宪法，同马克思列宁主义、毛泽东思想一道成为我国各族人民的指导思想，是这次修改的核心所在。邓小平理论是马克思列宁主义、毛泽东思想的继承和发展，是当代中国的马克思主义，是建设有中国特色社会主义的理论基础。宪法作这样的修改，体现了全国各族人民的意志，有着不可估量的意义。

第二，在宪法序言关于我国人民的根本任务部分，明确地表

---

* 这是何鲁丽同志在中共中央召开的党外人士座谈会上的发言。

述了社会主义初级阶段是相当长的历史进程，增加发展社会主义市场经济的内容，这是极其重要的。把我国发展经济的基本模式在宪法中加以肯定，既反映了鲜明的时代特征，又使根本任务增加了新的重要内容，表述得更加全面完整，我国人民的奋斗目标也更加明确了。

第三，依法治国，建设社会主义法治国家，是中共十五大的一项重大决策。在宪法修改中，增加这个内容，将来经过全国人大通过以后，就成为国家的治国方略，这是我国历史的一大进步，对于保证我国的长治久安，建设富强、民主、文明的现代化国家，将会产生深远的影响。

第四，根据十五大精神，明确"农村集体经济组织实行家庭承包经营为基础、统分结合的双层经营体制"，这是又一个重大的修改，使这个体制用宪法的条文固定下来，对于稳定农村经营体制，发挥农民的积极性，发展农村经济，都将起到重要的作用。

第五，修改意见改变了非公有制经济的"补充"地位，从我国的实际情况和国情出发确认：非公有制经济是我国社会主义市场经济的重要组成部分，这又是十五大精神的体现。明确非公有制经济的新的地位，非常必要，切合实际，可以起到重要作用，使合法经营的非公有制经济更好地为社会主义现代化建设事业贡献力量。

第六，修改意见把"反革命的活动"改为"危害国家安全的犯罪活动"，完全符合法治国家的要求。

我们相信，修改后的宪法，将是一部更加适合社会主义初级阶段的根本大法。它将在国家政治生活中发挥更大的作用，更加激发全国各族人民的历史使命感和政治责任感，更紧密团结在以江泽民同志为核心的中共中央周围，努力奋斗，把建设有中国特色社会主义的伟大事业全面推向二十一世纪。

讨论中，有的同志提出，在有关非公有制经济的修改条文中规定"国家保护个体经济和私营经济的合法权利和利益"，可否把"个体经济和私营经济"改为"非公有制经济"。

政府工作要推进改革[*]

（1999 年 2 月 3 日）

即将提交九届全国人大二次会议审议的政府工作报告是一个非常好的、务实的报告。

报告第一部分简要回顾了 1998 年的工作，给人一种质朴无华和实在的感觉。

过去的一年，我们国家经历了许多大事，经受了国际国内复杂形势的严峻考验，仍然取得了改革开放和社会主义现代化建设的伟大胜利，是很不容易的、令人难忘的。

在以江泽民同志为核心的中共中央的坚强领导下，我国政府采取积极有效的措施，坚持人民币不贬值，成功地抵御了亚洲金融风暴的冲击，不仅使国内生产总值增长率达到 7.8%，基本实现了预定的增长目标，保持了经济的持续快速健康增长，而且为亚洲乃至世界金融和经济的稳定作出了贡献；面对历史上罕见的洪涝灾害，全国军民同心协力，团结奋战，取得了抗洪抢险斗争的伟大胜利，并在大灾之年仍然获得农业的好收成，体现了中华民族不怕困难、勇于拼搏的大无畏精神；这一年，我国的改革和

---

* 这是何鲁丽同志在朱镕基总理主持召开的党外人士座谈会上的发言。

各项社会事业都在稳步向前推进，取得新的进展。特别是国务院机构改革，是一项难度很大的工作，但是进展平稳顺利，取得了很好的效果。

这些成绩的取得，是与新一届中央政府的正确决策和有力领导分不开的。从我们所了解的情况看，广大人民群众对党和政府是拥护和信任的，对国务院一年来的工作是满意的。民革中央高度评价国务院一年来的工作。

过去一年的工作取得这样辉煌的成就，本来在政府工作报告中是可以大书特书，多着笔墨描述一下的，然而报告中只用了较少的篇幅，简明扼要地进行了概括，对过去的成绩不作夸诩，而是把重点和注意力放在 1999 年的工作上，体现了国务院谦虚、谨慎、实事求是的作风和向前看、立足未来的精神，这一点给我们印象很深。

报告很好地体现了中共十五大和十五届三中全会精神，对 1999 年的工作进行了部署，写得很全面，提出了具体的要求和措施，是符合实际、切实可行的。报告中虽然没有罗列更多的数字，但任务是明确的，具有可操作性。整篇报告内容全面，文字简练，条理清晰，没有空话、套话，文风很好。

报告中提出今年经济增长的目标是 7%，我们认为这个目标是积极稳妥的。虽然在当前国际国内经济形势下要实现这个增长速度并不容易，但我们坚信在国务院领导下，经过全国人民努力奋斗，是一定可以实现的。7% 仍然是一个较高的速度，表明我们党和政府对国家发展前景充满信心，我们也感到很受鼓舞。民革全体同志一定努力工作，更好地发挥参政党的作用，为实现这个目标积极贡献力量。

　　总之，我们对报告的总体感觉是：方向明确，重点突出，措施得力，操作性强。对这个报告，我们一致表示赞同和拥护。我们相信，随着报告所提出的各项政策的落实和任务的完成，在新的一年里我国的改革和建设一定会出现新的局面，取得更大的成绩。

　　对整个报告，我们没有大的修改意见。下面仅就部分内容提几点粗浅的建议。

　　第一，第3页第13行："绝大多数下岗职工进入了再就业服务中心，并且领到了基本生活费，全年共有600多万下岗职工实现了再就业。离退休职工的养老金基本做到了及时足额发放"。这一句中的"绝大多数"、"基本"、"足额"等词最好换一种说法，因为各地工作发展不平衡，有些地方还存在很多问题，在描述这方面工作时最好留有余地。

　　第二，第5页第3自然段中提到："过去的一年，我们能够取得这样大的成绩，主要是由于以江泽民同志为核心的党中央的坚强领导，及时果断地作出了一系列正确决策"。此处是否再加上一句"也是由于在邓小平理论指引下，广大干部群众努力奋斗的结果"，以突出邓小平理论的指导作用。

　　第三，第6页"前进中还存在不少困难和问题"一段中，没有提到政府官员的腐败问题，最好能加上一句。目前，一些地方政府官员腐败现象比较严重，这是广大群众议论较多的话题，也是社会所关注的问题，在存在的问题中应当提及。

　　第四，第15页关于减轻农民负担问题的最后一行："加大扶贫攻坚的力度，力争今年农村贫困人口再减少1000万以上"。建议此处加上一句关于防止返贫的内容。据我们了解，在已经脱贫的农村人口中，有些地方基础十分薄弱，稍一遇意外情况，就有返贫的可能。加上这一句，是为了引起各地重视，防止返贫现象发生。

第五，第23页"科教兴国，基础在教育"一段中的倒数第2行，关于振兴教育事业"要加大改革力度"一句，报告中只提到要加大高等教育改革的力度，其实中等教育也有一个加大改革力度的问题；第24页"要更加重视质量"一句，只强调了要提高中小学阶段的教育质量，其实高等教育和中等专业教育同样存在提高质量的问题。这两方面的阐述应当全面一些，不应当只突出一面。另外，关于农村教育改革问题，报告中没有提及。农村教育要适合中国国情，要体现农村的特点，从大纲、教材、教学方法上进行改革，要更适用，更符合农村的实际，不能照搬城市的一套。这一点应在报告中有所反映。

第六，目前在一些地方，中央的政令还不十分畅通，地方保护主义还比较严重，因而助长了违法犯罪行为。建议报告中增加一句关于反对地方保护主义的内容，可放在第26页"依法整顿经济秩序，严厉打击经济犯罪"一段中。

加强技术创新
促进科学技术产业化

（1999 年 6 月 30 日）

《中共中央、国务院关于加强技术创新、加速科技产业化的决定》抓住影响当前我国经济社会发展的关键问题，提出了加强技术创新、加速科技产业化的一系列重大政策、措施，是非常及时、非常必要的。

前不久，中共中央和国务院召开了全国教育工作会议，作出《关于深化教育改革全面推进素质教育的决定》，时隔十余天，又作出《关于加强技术创新、加速科技产业化的决定》（以下简称《决定》），这充分体现了党中央、国务院对发展教育和科技、促进创新的高度重视和坚定决心。这一系列重大的举措，对于提高人们的认识，加快我国教育和科技体制改革的步伐，推进经济社会的全面发展，实施中共十五大提出的科教兴国的战略，完成跨世纪发展的宏伟目标，把建设有中国特色社会主义全面推向二十一世纪，具有极为重要和深远的意义。

---

* 这是何鲁丽同志在中共中央召开的征求党外人士对《中共中央、国务院关于加强技术创新、加速科技产业化的决定（征求意见稿)》意见座谈会上的发言。

建国五十年来，特别是改革开放二十年来，我国科学技术有了突飞猛进的发展，取得举世瞩目的成就。在当前国际竞争激烈，世界经济一体化，经济实力和创新能力成为国家竞争力的关键，国家安全的概念由以国家军事安全为重点转变为以国家经济安全和国家基础设施安全为重点的新形势下，改变我国传统的经济科技发展模式，增强创新意识，加快我国科技改革，建立健全国家创新体系，进一步提高国民经济整体素质和综合国力，已成为越来越多的人的共识。党中央、国务院紧紧把握住时代的脉搏，适时地作出加强技术创新、加速科技产业化的决定，是十分英明、极具战略眼光的，我们对这个决定表示完全赞同和坚决拥护。

《决定》中提到要发挥民主党派的优势，为加速科技产业化贡献力量。这是我们义不容辞的责任，我们一定号召民革全体党员特别是科技界和经济界的党员，积极参与这项光荣而重要的工作。

这个《决定》内容丰富，文字简练，有些提法很鼓舞人心，理论阐述比较有力，从财税、金融、人事管理等方面所提出的政策、措施是全面的、切实可行的。希望《决定》的精神在今后的工作中能够很好地得到贯彻落实。同时，也希望对某些政策和要求进一步制定出配套的实施细则来，以便增强可操作性。

下面，就《决定》内容中的几个问题谈一点我们的看法，供中共中央参考。

第一，《决定》第 6 条提到，要"支持发展多种形式的民营科技企业"。我们认为，民营科技企业是我国科技型企业中的一支重要力量，在实现科技成果转化方面起着十分活跃的、积极的作用。但我们感到，目前民营科技企业的发展遇到的问题较多，与国有科技企业处于不平等的地位，比如贷款难等。因此，仅仅提"支持"其发展，显得力度不够，而是应该采取"鼓励"的政策，对其加大扶持的力度，以加快民营科技企业的发展。

第二，《决定》中谈的是"技术创新"没有提到"科学创新"。而基础科学的创新是技术创新的基础，没有基础科学的创新，技术创新将难以实现。我国所实行的"稳住一头，放开一片"的政策是十分正确的，基础科学研究这一头要坚决稳住，应用技术这一块要坚决放开，两方面都不可偏废，要同时强调。所以文件中最好对要"稳住"的那一头也提一下。

第三，《决定》第 15 页中提到，"国有科研机构、高等学校的科技人员可以在完成本职工作的前提下，在其他单位兼职从事研究开发和成果转化活动"。我们建议，对这一条最好再作一些补充，使这项工作更加规范化，有关部门要及时制定实施细则，使之更具可操作性，以加强对这部分科技人员的管理，避免引起职务科技成果和非职务科技成果之间的矛盾和纠纷。

第四，《决定》中指出，"创新是一个民族进步的灵魂，是国家兴旺发达的不竭动力"，"科技进步是经济和社会发展的决定性因素"。这些精彩的论断，确实起着振聋发聩的作用。因此，我们建议，要利用一切新闻媒介加大宣传的力度，让全体人民认识到，创新能力的强弱将决定一个国家的发展及其在国际竞争中的地位，科技创新是实现我国跨世纪发展宏伟目标的根本途径，从而提高全社会的创新意识，动员各方面的力量来关心和支持创新事业和科技产业化的发展，加快我国前进的步伐。

深入推进国有企业改革[*]

（1999 年 8 月 22 日）

　　在我国改革和发展的关键时期，中共中央抓住国有企业改革这个事关全局的重大问题，作为即将召开的中共十五届四中全会的主题，并作出《中共中央关于国有企业改革和发展若干重大问题的决定》，是完全必要的，非常及时的。民革表示衷心拥护。

　　国有企业是我国国民经济的支柱。搞好国有企业改革，既是关系国民经济健康运行和长远发展的重大经济问题，也是关系社会主义制度前途和命运的重大政治问题。中共十一届三中全会以来，我国国有企业改革在试点基础上稳步推进，在许多方面进行了积极探索，取得重要进展。特别是中共十五大提出三年内基本实现国企脱困目标以来，经过一年半的努力，进一步取得了重大的成就，整个形势正在向好的方向发展。尽管国有企业在改革攻坚中面临不少困难和问题，但经过多年的实践，我们已经积累了宝贵的经验，对问题的认识正在逐步深化，改革的方向、目标、方针和重点已经明确，只要全国人民团结一致，坚定不移地贯彻

---

　　* 这是何鲁丽同志在中共中央召开的党外人士座谈会上的发言。

落实中共十五大精神，解放思想，实事求是，知难而进，锐意改革，就一定能够取得最后的胜利，实现国有企业改革和发展的目标。

今年以来，江泽民总书记亲自带队先后奔赴西南、中南、西北、华东、华北、东北等地区，分片就国有企业改革和发展问题进行调查研究，并主持召开了多次座谈会。江泽民总书记这种深入实际、扎实细致的工作作风十分令人敬佩，值得我们学习。江泽民总书记在各地座谈会上的讲话精神，基本上都反映在《中共中央关于国有企业改革和发展若干重大问题的决定（征求意见稿）》里，这对我们学习和理解文件的精神，将有很大的帮助。

《中共中央关于国有企业改革和发展若干重大问题的决定（征求意见稿）》内容十分全面、充实、具体，既是中共十五大以来国有企业改革成功经验的总结，又有新的发展和提高，具有很强的针对性和可操作性，是指导当前和今后一个时期国有企业改革的纲领性文件。大政方针已经制定，方向已经明确，今后是如何保证贯彻落实的问题。

对文件的内容我们没有什么意见。下面就几个问题谈一点我们的看法，供中共中央参考。

第一，必须加强党对国有企业改革和发展工作的领导，全心全意依靠工人阶级，充分发挥企业党组织的政治核心作用。

坚持中国共产党对国有企业的领导，是一项基本政治原则，是搞好国有企业改革和发展的根本保证，任何时候也不能动摇。在国有企业改革和发展过程中，全心全意依靠工人阶级，是党的一贯方针，改革越是深入，越是要坚定不移地执行这一方针。工人阶级是企业的主人，全心全意依靠工人阶级，必须在企业领导思想上和行动上真正落实下来。事实已经证明，在国有企业的改革过程中，只有这样，才能充分发挥职工群众的积极性、主动性和创造性，增强企业内部的凝聚力，推进改革的顺利进展。

企业党组织的政治核心作用主要表现在坚决执行党的基本路线和方针政策，保证企业改革的正确方向。党组织要围绕企业的生产经营开展工作，参与企业重大决策。

第二，必须加大对企业监督的力度。

加强对国有企业的监督是一个老话题，同时又一直是一个薄弱环节。随着经济体制改革的深化，企业的自主权不断扩大，对其实行有效的监督也就更加重要。因此，应当积极探索，逐步建立健全对企业经营者的选拔任免机制、激励、约束和考核机制，形成规范化和制度化，进行科学、有效的监督。要按照《企业法》的规定，实行依法治厂，加强对企业的法律监督。要加强和改善企业党组织的领导，按照党管干部的原则，切实加强对企业领导班子的管理，同时改革旧的企业人事制度。要充分发挥企业职工的作用，加强民主管理，实行群众监督。

去年开始实行的国务院稽查特派员制度，是政府向重点国有企业实行外部监督的一个重要举措。希望这一制度能够在总结经验的基础上扩大试点，取得更多的行之有效的办法。

第三，必须进一步健全社会保障制度，做好再就业工作。

下岗分流、减员增效和实施再就业工程，是国有企业改革的重要内容，也是关系到国有企业改革成败和社会稳定的重大政治问题。中共中央对这个问题一直十分重视，采取了一系列重要措施。但从目前情况看，再就业压力仍然很大，形势不容乐观。对此必须高度重视，要加大工作力度，妥善解决好这个问题。要进一步健全社会保障制度，解决好下岗人员的基本生活保障问题。同时，还要扩大门路，创造更多的就业机会。例如大力发展劳动密集型与知识密集型相结合的高新技术产业，发展劳动密集型的服务业，加强社区建设，发展社区服务和家政服务，鼓励下岗职工自谋职业，国家切实从政策上给予扶持，等等。

第四，必须大力制止不合理的重复建设。

长期以来，由于不合理的重复建设，造成资源的大量浪费和生产能力的过剩，后果是严重的。这也是许多国有企业陷入困境的一个重要原因。文件中所提出的各种措施是切实可行的，我们坚决支持。但我们认为还要加大宏观调控和管理的力度，各级地方政府要树立起大局意识，对不合理的重复建设项目严格把关，实行有效的控制。总之，要把工作的重点放在调整结构、提高经济运行的质量和效益上，走内涵式和可持续发展的道路。

推进国有企业改革和发展是一项重要而紧迫的任务，需要全国人民付出艰苦的努力。在以江泽民同志为核心的中共中央的坚强领导下，我们对完成这个任务是充满信心的。民革在国有企业改革问题上，继续做好两方面的工作：一是宣传政策，凝聚人心，为改革创造良好的社会政治环境作出我们应有的贡献。另一方面，为落实文件精神，在力所能及的范围内，多建言献策，多做一些实事。

"三讲"教育意义重大*

（1999 年 12 月 1 日）

今天，中共中央召开这个座谈会，听取党外人士的意见，作为中央常委开展"三讲"教育的一个内容，充分体现了中共中央对加强党的建设的坚定决心，也体现了对民主党派的重视和信任，我们深感鼓舞。

在世纪之交的关键时刻，江泽民同志发出领导干部要"讲学习、讲政治、讲正气"的号召，中共中央为此决定在县级以上党政领导班子和领导干部中开展以"三讲"为主要内容的党性党风教育。这是一个高瞻远瞩、面向新世纪的重大战略决策，适应时代需要，符合人民愿望，是完全必要和及时的。中国共产党是领导我们事业的核心力量。通过这次"三讲"教育，对于推进党的建设，搞好领导班子的思想政治建设，提高领导班子和领导干部的政治素质，从而加强和改善党的领导，更好地带领全国各族人民把建设有中国特色社会主义事业推向前进，具有极其重要的意义和深远的影响。

一年多以来，在中共中央的坚强领导和精心部署下，"三

---

* 这是何鲁丽同志在中共中央召开的党外人士座谈会上的发言。

讲"教育有计划有步骤地健康发展，取得了显著的成效。凡是经过"三讲"教育的单位，都出现了新的气象。领导班子的团结增强了，领导干部的思想政治水平提高了，工作有了可喜的进步。相信随着"三讲"教育的深入开展，党的建设必将取得更大的胜利。作为亲密友党，我们由衷地感到高兴。

以江泽民同志为核心的中共中央第三代领导集体，继续以邓小平同志为核心的第二代中央领导集体所开创的改革开放和现代化建设事业，领导全国各族人民沿着建设有中国特色社会主义道路前进，已经整整十个年头了。这十年，我们战胜了种种困难和风险，经受住了国内外各种复杂形势的考验，保持了团结稳定的大好局面，取得改革开放和社会主义现代化建设的辉煌成就。我国国民经济持续快速健康发展，人民生活水平进一步提高，国有企业改革稳步推进，社会主义精神文明建设和民主法制建设取得新的进展，外交工作成绩卓著，我国国际影响日益扩大，国际地位不断提高。可以说，这十年是我国经济和社会发展最快最好的历史期之一。

总结这十年的成绩和经验，我们认为，最根本的一条是以江泽民同志为核心的党中央坚定不移地高举邓小平理论伟大旗帜，全面贯彻执行中共十一届三中全会以来的路线、方针、政策，坚持以经济建设为中心，坚持四项基本原则，坚持改革开放，带领全国各族人民团结一致，艰苦奋斗，始终沿着邓小平理论所指引的正确方向前进。十年的实践证明，以江泽民同志为核心的中共中央第三代领导集体，具有驾驭全局、处理国际国内各种复杂情况的能力，是能够带领全国人民坚定不移地把建设有中国特色社会主义事业推向前进的成熟的、坚强的领导集体，是得到广大人民衷心爱戴和高度信任的。有了这个坚强领导集体，我们一定能够战胜一切艰难险阻，胜利实现跨世纪发展的宏伟目标。

十年来，中共中央坚持以邓小平新时期统一战线理论为指导，进一步巩固和扩大爱国统一战线，实现了最广泛的大团结、大联合。在爱国主义的旗帜下，我们团结海内外一切爱国力量，调动一切积极因素，共同致力于振兴中华、统一祖国的伟大事业，开创了统一战线工作的新局面。在这期间，中国共产党领导的多党合作和政治协商制度，作为我国的一项基本政治制度，得到了巩固与发展，进一步走向经常化、规范化、制度化。中共中央高度重视民主党派的工作，给予亲切关怀和大力帮助，使我们能够发挥参政党的作用，为社会主义事业作出应有的贡献。借此机会，我代表民革中央，向以江泽民同志为核心的中共中央表示崇高的敬意。

下面，我就几个问题谈一些看法，并提出几点建议。

第一，目前，我们正处于世纪之交的重要时刻，面临着改革、发展和稳定的繁重任务。要把建设有中国特色社会主义事业全面推向二十一世纪，实现跨世纪发展的宏伟目标，就必须加强和改善中国共产党的领导。历史证明，中国革命能够取得胜利，新中国能够巩固和发展，社会主义事业能够兴旺发达，改革开放和现代化建设能够取得巨大成就，都是因为有了中国共产党的坚强领导。民革在与中国共产党合作共事中，对此体会尤其深刻。坚持中国共产党的领导是一条基本原则，任何时候也不能动摇。任何淡化、削弱共产党领导甚至推崇西方多党制、两党制的思潮都是十分错误的，必须坚决反对。同时，中国共产党是大公无私的，是全心全意为人民服务的，并且在前进的过程中不断自我完善。目前开展的"三讲"教育，就是加强和改善党的领导的重要措施。我们建议中共中央今后继续采取类似"三讲"教育的形式，坚持不懈地对干部进行思想政治教育，加大廉政建设的力度，提高干部素质，使党的机体更加坚强有力，以确保党的路线、方针、政策得到有力的贯彻执行。

第二，十年来，我国民主法制建设取得长足进步，特别是立法工作成绩显著，许多新的法律法规相继出台，基本形成了比较完备的法律体系，为实现中共十五大提出的建设法治国家的目标打下坚实的基础。与此同时，我国的监督工作有了新的发展，各种监督机制正在逐步建立。但是，从总体上来看，监督工作滞后于立法工作，还是一个相对薄弱的环节。有些监督虽然制定了法规、制度，但运行情况不理想，执行起来显得软弱无力。

加强监督是法制建设的重要内容，可以保证公正执法，保证党和国家路线、方针、政策的正确执行，是防止腐败、纠正不正之风的有效途径。我们认为，在这方面还应该加大力度，使各种监督如党内监督、法律监督、行政监督、民主监督等机制尽快完善起来，同时要加强对领导干部进行法制教育，着重提高领导干部的法制意识和依法办事能力，加快建设法治国家的步伐。

第三，随着经济全球化趋势的发展，各国相互之间的经济技术交流与合作不断加强，同时彼此之间的竞争也更加激烈。在与国际接轨，进行经济交流与合作，处理各种国际问题的过程中，中共中央坚持了正确的方针，始终把国家和民族的利益放在首位，做到了既坚持开放的政策，适应国际大趋势，又维护国家利益，促进了我国经济的发展。现在，中美之间就中国加入世贸组织问题签署了协议，我国入世问题看来很快可以解决。在这个问题上，我们坚决拥护江泽民同志所表明的态度，即我们既要积极争取加入 WTO，又要坚持原则，要注意保护我国的利益。我们认为，这一条在今后的国际经贸交往中仍然要始终不渝地坚持。

第四，国有企业的改革已进入攻坚阶段，最近中央经济工作会议对此作了全面部署，我们非常拥护。为了使改革取得圆满成功，我们建议在企业领导班子建设、完善社会保障体系和安置下岗职工等方面，要特别加强工作，为国企改革创造更好的条件。

第五，加强社会主义精神文明建设，坚持"两手抓、两手都要硬"，是邓小平理论的重要组成部分。十年来，党中央在抓精神文明建设方面成绩是显著的，整个社会的精神面貌有了明显的改观。例如，加大了精神文明宣传力度，开展了"五个一工程"活动，树立了一大批英雄模范人物，加强了爱国主义教育，等等，都取得很好的效果。现在开展的"讲学习、讲政治、讲正气"教育，实际上也是精神文明建设的一种重要形式。从整体上看，我们精神文明建设是在发展、在前进的，但是任务仍然十分艰巨，问题仍然不少。一些社会丑恶现象仍然不断出现，愚昧落后的东西还很有市场。"法轮功"邪教的出现就是一个典型例子。这说明，我们的工作还有疏漏，"一手硬、一手软"的问题并没有完全解决。因此，我们建议，还要进一步加强精神文明建设，狠抓思想政治工作，特别要加强对广大干部进行辩证唯物主义和历史唯物主义的教育，进行正确的世界观、人生观、价值观的教育。同时，要积极探索新形势下精神文明建设的新形式、新方法，改进我们的工作，采取人们喜闻乐见、易于接受的方式进行思想教育，切实贯彻《中共中央关于加强和改进思想政治工作的若干意见》，长期坚持不懈，以取得更佳的效果。

　　第六，今年是《中共中央关于坚持和完善中国共产党领导的多党合作和政治协商制度的意见》发表十周年。这十年，多党合作制度不但得到很好的坚持，而且有了很大的发展，正焕发出新的活力。在中国共产党领导下，我们民主党派的作用日益活跃，自身建设不断加强，参政议政、民主监督的作用得到了很好的发挥。中共中央坚持以民主协商会、座谈会、谈心会、情况通报会等形式，就党和国家的大政方针及重大问题，及时同我们进行协商，听取意见，通报情况，使这项制度逐步实现经常化、制度化和规范化。我们从实践中深刻体会到，共产党领导的多党合作和政治协商制度有着强大的生命力和独特的优势，是完全符合我国国情的。今天的多党合作大好局面来之不易，是在中国共产党和各民主党派共同努力下开创的，应当格外珍惜。我们要始终不渝地坚持这项制度，在实践中去发展它，完善它，使之更好地为社会主义事业服务。当前，我们认为，还要进一步加强对多党合作制度和统一战线工作的宣传，特别是广大干部要加强新时期统一战线理论的学习，增强统战意识，提高坚持和执行中国共产党领导的多党合作和政治协商制度的自觉性，把工作做得更好。

　　以上几点看法和建议不一定都正确，仅供中共中央参考。

　　民革虽然不进行"三讲"教育，但是学习江泽民同志有关重要讲话和中共中央有关文件，仍然是十分必要的。民主党派是参政党，同样需要"讲学习、讲政治、讲正气"，才能跟上时代的步伐，取得人民的信任。我们将按照"三讲"精神，加强参政党的建设，特别是加强领导班子的建设，更好地为改革开放和社会主义现代化建设贡献力量。

求真务实、开拓进取的好报告[*]

（2000 年 1 月 27 日）

即将提交九届全国人大第三次会议审议的政府工作报告（征求意见稿）很好地体现了中共十五大和十五届三中全会、四中全会精神，正确处理了改革发展稳定的关系，主题鲜明，内容全面，重点突出，文字简练，指导性、针对性和可操作性都很强，是一个求真务实、开拓进取的好报告。

报告提出，要坚持实行扩大内需及相应宏观经济政策的方针，大力推进经济结构的战略性调整，提高国民经济的整体素质。这个方针准确地抓住了国家经济长远发展和推动经济再上新台阶的突出问题，完全符合当前的实际情况。今年我国很可能将加入世界贸易组织，这既是我国经济难得的发展机遇，又是严峻的挑战。因此，抓紧时间，尽快建立一个完善、繁荣和结构合理的国内市场，是我们抓住机遇、应对挑战的唯一选择和坚实基础。

我们十分赞同报告全面加强管理的观点，认为报告对这个问题的阐述非常正确和必要。社会主义市场经济应该是一种法制经

---

* 这是何鲁丽同志在中共中央召开的党外人士座谈会上的发言。

济，是一种规范和有序的经济。近年来，一些地方和企业的领导不顾经济和社会发展规律，不遵守国家的有关法律法规和方针政策，导致不少企业管理混乱、效益低下、亏损严重，并且时常有低水平重复建设的现象出现。这种现象如不及时加以纠正，必将给我国的经济和社会发展带来不利影响。只有全面加强管理，加强监督和整顿，才能真正建立起规范、健全的社会主义市场经济秩序，实现国民经济的持续、快速、健康发展。

报告着重强调了搞好社会保障体系建设的重要性，我们认为这十分必要。是否建立一个完善的社会保障体系，不仅关系到广大人民群众的切身利益、关系到社会的稳定，也是我们国家的改革能否继续深入进行下去的关键。我们完全赞同报告关于搞好社会保障体系建设的原则和具体办法。

在去年党和政府大力加强反腐倡廉工作并取得显著成效的基础上，报告特辟一节专门论述从严治政、加强政府自身建设的问题，这体现了党和政府为人民服务、对人民负责的精神，反映了党和政府反腐倡廉的决心。反腐败问题，是当前广大人民群众最关心的问题之一，解决得好与不好，直接影响到人民群众对继续进行深入改革的信心和积极性，也在一定程度上影响党和政府在群众中的威信。相信随着今年反腐败力度的加大，我们一定能取得更加显著的成效。

在香港、澳门已经顺利回归之后，报告针对台湾目前的情况，重申"和平统一、一国两制"的方针，再次表明了我们的原则立场和有关政策，这是完全必要和非常及时的。民革十分拥护，愿为推动两岸关系的发展，促进祖国的完全统一，继续作出我们应有的贡献。

　　报告还重申了国家实施"科教兴国"战略的方针，并对进一步扩大对外开放和外交工作等方面，作了很好的论述。

　　总之，这是一个很好的报告。下面，是我们在阅读和讨论报告过程中想到的几点建议，现提出来以供参考：

　　一、报告承继了去年的风格，对过去一年里所取得的成绩讲得较为简略，这体现了本届政府求真务实的精神。但我们认为，在去年十分错综复杂的国内外形势下，各级政府和全国人民在以江泽民同志为核心的中共中央领导下，团结奋斗，取得了很大的成绩，这是相当不易的事情。建议用一定的篇幅着重讲一讲这个成绩，以起到振奋精神、鼓舞人心和增强人民群众改革信心的作用。

　　二、由于报告对国家的各项工作有着重要的指导意义，所以有些方面不宜太过简略。如今年经济工作的总的指导原则和主要经济、社会发展指标等，都应当在报告里有所论述和体现。尽管有的内容会在其他向大会提交的文件中有所体现，但在政府工作报告中表述出来，分量会不一样。

　　三、建议在"切实搞好社会保障体系建设"一节中，对在目前经济结构调整中失业、下岗的人员多说几句话。这些同志在岗的时候为国家和社会作出了贡献，现在失业、下岗，也大多不是属于自己的问题，甚至可以说，他们今天的失业、下岗，也是对国家和社会的贡献。肯定他们过去的贡献，体会他们今天的难处，尽可能多地给他们创造再就业机会和途径，求得他们的理解，可以给我们当前和今后一段时间的经济结构调整工作减少一定的难度。

　　四、西部大开发工作是今年的一个重点，不仅需要全国各地区和各行各业人员的共同努力，还需要统筹规划，有序进行。建议在报告中加重对这个问题的论述，以提高各级领导和广大群众对这个问题的认识。

五、民营企业已经在我国的经济发展和经济生活中起到了越来越大的作用，而且是目前吸纳国有企业失业、下岗人员最有潜力的地方。建议适当增加这方面的论述。

另外，一些关于报告内容的具体修改意见，我们已另交报告起草组，由于时间关系，我就不在这里一一谈了。

今年是我们迈向新世纪的最后一年。我们深信，有马列主义、毛泽东思想和邓小平理论的指引，有以江泽民同志为核心的中共中央正确领导，有全国人民的共同努力，我们一定能够做好今年的各项工作，把建设有中国特色社会主义伟大事业全面推向二十一世纪。民革的全体同志决心更加紧密地团结在以江泽民同志为核心的中共中央周围，努力工作，勤奋学习，积极履行参政议政、民主监督的参政党职能，争取在新的一年里作出我们更大的贡献。

"十五"时期是一个关键时期*

（2000年9月1日）

《中共中央关于制定国民经济和社会发展第十个五年计划的建议》（以下简称《建议》）是一份极其重要的文件。改革开放二十多年来，特别是通过"九五"期间的努力，我国的生产力水平迈上了一个大台阶，商品短缺的状况基本结束，社会主义市场经济体制初步建立，全方位对外开放格局基本形成，现代化建设的前两步战略目标已经达到，经济和社会全面发展，人民生活总体上达到了小康水平，为实现第三步战略目标打下了坚实的基础，更加坚定了全国人民继续奋斗的信心。在这样的巨大成就的基础上，中共中央十五届五中全会将要提出关于我国国民经济和社会发展"十五"计划的建议，对今后五年的社会主义现代化建设事业作出全面部署，这将是一个具有极其重要的战略意义并将产生深远影响的重大决策。"十五"计划，是新世纪的第一个五年计划，"十五"是我国进入全面建设小康社会、加快社会主义现代化建设历史进程的新阶段，是开始迈向我国社会主义现代

---

* 这是何鲁丽同志在中共中央召开的关于制定国民经济和社会发展第十个五年计划的建议征求意见座谈会上的发言。

化建设三步走战略第三步战略目标的关键时期，也是实现中华民族伟大复兴的一个关键时期。《建议》站在世纪之交的历史高度，在总结"九五"期间经验教训的基础上，勾画了"十五"期间我国经济社会发展的美好前景，反映和代表了全国各族人民的共同心愿，是团结和凝聚全国各族人民在新世纪夺取建设有中国特色社会主义事业更大胜利的行动纲领，也充分显示了以江泽民同志为核心的中共中央治国安邦的卓越领导才能。我们认为，《建议》具有以下几个特点：

第一，《建议》贯彻了中共十五大精神，体现了中国共产党的基本理论、基本路线、基本纲领。《建议》以邓小平理论为指导，紧紧抓住经济建设的中心，以发展为主题，把提高人民生活水平作为根本出发点，并且强调"两手抓、两手都要硬"，不仅抓住了解决中国问题的关键和核心，也充分体现了江泽民总书记提出的"三个代表"的要求。

第二，《建议》深刻总结了改革开放以来，特别是"九五"以来我国改革开放和社会主义现代化建设的经验教训，体现了指导思想和方针政策的连续性。这个文件强调农业的基础地位，强调科教兴国，强调深化改革、扩大开放、发展社会主义市场经济，等等。这些改革开放以来形成的成功经验在文件中仍占主导地位，反映了党的路线方针政策的更加成熟和稳定。"九五"期间，党中央提出并实施了"两个转变"的战略方针，现在已经取得明显成效。在此基础上，"十五"计划的建议把结构调整作为主线，可以说是"两个转变"方针的深化和进一步展开，体现了党中央解决我国经济建设中的深层次矛盾的决心和魄力。

第三，《建议》准确把握进入二十一世纪我国面临的新形势、新环境，提出了一系列的新任务，体现了中共中央面向新世纪锐意进取的创新精神。《建议》准确地抓住了现阶段我国经济建设中的突出问题，即产业结构不合理、地区发展不协调、城镇化水平低等。这些问题随着建设和发展的深化和展开而日益凸显，并成为现阶段的突出问题和主要矛盾。解决这些问题是"十五"的主要任务，是"十五"的突出特点。《建议》在围绕这一主要任务提出一系列具体任务时，紧紧抓住了经济全球化趋势不断加深、经济社会信息化程度迅速提高、科学技术突飞猛进的新的国际环境和时代特点，特别强调全面估量加入世界贸易组织后的新形势，提出的任务和措施具有明确的针对性，体现了党中央对时代发展变化的敏锐洞察力和灵活的应变能力。《建议》提出"加快国民经济和社会信息化"、"促进科技进步和创新"、"实施西部大开发，促进地区协调发展"等都是适应新形势的新举措，而把"加快工业改造和结构优化升级"、"大力发展服务业"、"积极稳妥地推进城镇化"，特别是"改善城乡人民生活"作为专题展开论述、加以强调，也是过去所没有的，是新形势下的新要求，体现了党中央领导现代化建设事业的强烈的创新精神。

对这个《建议》我们表示赞同和拥护，并要在今后的工作中坚决贯彻落实。下面，我对几个具体问题谈一点看法和建议。

第一，"十五"作为实现第三步战略目标的开端，建议在一些方面提出跨越性的发展目标。整个《建议》给人总的感觉是非常稳妥，但使人振奋的具体量化的阶段性目标提得比较少。"十五"是实现第三步战略目标的基础和关键，这个基础打得高一点、好一点，第三步战略目标才能更快更好地实现。

第二，调整结构的关键和根本是创新，建议全方位地体现创新的要求。不仅科技要创新，体制更要创新。"十五"期间，社会主义市场经济体制将要基本形成，政府与企业、与社会之间，要形成新的体制。科技创新方面，不仅要强调技术的创新，科学的创新也应当突出。像我们这样的大国，要形成独立的知识产权体系，要在激烈的国际竞争中不受制于人，科学创新具有极为突出的意义。

第三，关于西部大开发，建议对东中西部形成良性互动、协调动作提出明确具体的要求。党中央、国务院高瞻远瞩，明确提出要加快西部大开发，这是一个重大的战略决策，关系到扩大内需、促进经济结构的战略性调整。加快经济增长，关系到东西部协调发展和最终实现共同富裕，对于推进全国的改革和建设，对于增进民族团结，保持边疆安全和社会稳定，具有重大的经济和政治意义。建议中央在具体制定"十五"计划时，实行向西部适度倾斜的政策，形成一个统一的开发规划，使东中西部在共同参加西部大开发的时候能够把思想认识统一到中央的方针政策上来，防止产生影响可持续发展的问题。"十五"期间，西部大开发仍然处于起步阶段，《建议》应当突出强调解放思想、转变观念的极端重要性，并有计划地采取切实有效的措施，推动西部地区以及所有参加西部开发的人们形成正确的科学的观念。西部大开发中，水资源的开发利用和保护是一个极为重要的关键环节。"十五"期间应当采取切实措施解决这个问题，加快把我国建成一个节水社会的进程。

第四，在发展教育问题上，建议突出强调基础教育，特别是贫困地区的基础教育问题，应当在"十五"期间下大力气加以解决。西部一些地区连"普六"还没有达到，更谈不上"普九"，一些少数民族地区文盲还很多。即使完成"普九"目标的地区也还需要实实在在地提高质量。我们建议突出强调抓好普及九年义务教育和进一步扫除青壮年文盲，强调其在教育工作中重中之重的地位，切实保证"两基"任务的完成，真正提高劳动者的素质。高等教育体制的改革，是全面推进素质教育的一个关键环节，"十五"期间要有所突破。高等学校要解决好收费过高的问题。我国的教育经费在 GDP 中的比重仍然比较低，这个文件提出教育要"适度超前发展"，这就需要"十五"期间在提高教育经费方面迈出大步。人才的培养很重要，使用和爱护更重要。建议在"十五"期间着力解决人才外流和吸引人才的问题。

第五，建议中央在"十五"期间解决好建立和完善社会保障制度所需要的资金问题。建立和完善社会保障制度是全面建设小康社会的一个关键环节，也是社会政治稳定和经济健康快速发展的重要保证。现在最大的问题是资金的问题，政府应当宁可少上一些项目，也要增加这方面的资金积累。

第六，改善人民生活，提高城乡居民收入，最重要的是提高农民收入，以造成有效需求，开拓市场、拉动内需。"十五"期间必须采取切实措施，真正解决好这个问题，否则，要达到调整结构的目的、要达到发展的目的都是不可能的。提高收入主要靠发展经济，还要在分配制度上深化改革。比如，"十五"期间可以提高个人收入调节税的起征点，同时加大征收额度，实行高额累进，这样既可以缩小收入差距，又可以逐步提高大多数人的购买力。

第七，《建议》提出"重视对社会思潮及其表现形式的研究和引导",这是非常重要的,对此应当提出具体措施,真正把思想政治工作落到实处,达到提高国民素质、为人们提供精神支柱、为现代化建设提供智力支持的目的。新闻舆论阵地的建设,既要改进管理,更要提高水平和质量,进一步发挥正确的思想观念在新闻舆论中的导向作用。

第八,《建议》提到要坚持和完善中国共产党领导的多党合作和政治协商制度,但没有展开。我们建议,在"十五"期间努力使这项适合中国国情特点的基本政治制度得到进一步的完善和发展。《建议》对人民政协、统一战线如何更好地发挥政治协商、民主监督、参政议政的作用,应当给予应有的强调。近年来,人民政协和统一战线为我国改革开放和社会主义现代化建设,为维护社会政治稳定做了大量卓有成效的工作,作出了积极贡献,形成了丰富经验。进一步调动海内外各方面的积极因素,共同致力于我国的社会主义现代化建设和祖国统一大业,对于更好地完成"十五"计划,也是至关重要的。

"十五"计划纲要体现了
十五届五中全会精神[*]

（2001 年 2 月 5 日）

朱镕基总理的《关于国民经济和社会发展第十个五年计划纲要的报告（征求意见稿）》很好地体现了中共十五届五中全会精神，在认真总结"九五"时期国民经济和社会发展成功经验的基础上，为"十五"时期国家的发展和建设，勾勒出了一个指导性、针对性和可操作性都很强的政策框架。报告既不回避矛盾，也不讳言问题，在突出战略性、宏观性、政策性的同时，紧紧抓住要解决的主要矛盾和重点发展领域，明确提出了今后五年的奋斗目标、努力方向和相应的政策措施，主题鲜明，脉络清晰，内容全面，重点突出，措施得当，是一个开拓进取、求真务实和有新意的好报告。

我们认为，根据中共十五届五中全会精神制定的"十五"计划纲要，很好地体现了"把发展作为主题，把结构调整作为主线，把改革开放和科技进步作为动力，把提高人民生活水平作

---

[*] 这是何鲁丽同志在国务院召开的征求党外人士对关于国民经济和社会发展第十个五年计划纲要的报告（征求意见稿）意见座谈会上的发言。

为根本出发点，坚持经济和社会协调发展"的原则，正确处理了改革发展稳定的关系，充分反映了党和政府发展经济、繁荣社会、健全法制、发扬民主的信心和决心，生动体现了把最广大人民群众的根本利益作为自己工作出发点的这一鲜明特色。

"十五"计划纲要强调计划的实施要充分发挥市场机制的作用，强调政府在进行宏观调控时要更多地运用经济杠杆、经济政策和法律手段，我们认为这十分正确和必要。"十五"计划是我国社会主义市场经济初步建立后的第一个五年计划，加之在此期间我国又将加入世贸组织，因此适当强调尊重市场经济的发展规律，对于广大干部和群众更新观念，确保我国经济持续、快速、健康发展，有着重要的作用。

我们高兴地看到，实事求是这一党的优良传统和作风始终贯穿于报告之中。这不仅表现在强调速度与效益相统一的方针上，表现在减少实物指标、增加反映结构变动的预期指标上，表现在所有的指标都留有余地上，而且也表现在强调扶贫、西部大开发等工作的长期性、复杂性和艰巨性上。

我们还看到，报告是在广泛听取和集中了各个方面的意见之后形成的，就像报告所说的那样："在计划制定方法上，努力提高社会参与度，使计划制定过程成为发扬民主、集思广益的过程，成为各有关方面达成共识的过程"。对此，我们民革的同志十分钦佩和感动。

报告的结构严谨，文风质朴，文字简练，恰如本届政府的一贯作风。但是在宝贵的篇幅中，却用了较长的一段专门谈到了"法轮功"的问题，反映了党和政府在这个问题上的坚定立场和态度。这对于我们当前继续深入揭露和批判"法轮功"邪教组织反社会、反人类、反科学、反政府的反动本质，自觉维护团结稳定的社会政治局面，将起到十分积极的影响。我们完全拥护、坚决支持党和政府对待"法轮功"邪教组织的方针和政策，并且继续团结、教育民革全体同志，同"法轮功"邪教组织作坚决的斗争。

在阅读和讨论报告的过程中，我们有以下几点建议，现提出来以供参考：

一、报告在第七部分"进一步深化改革和扩大对外开放"中，谈到了要大力整顿和规范市场经济秩序，强调要进一步发展市场体系，这是很正确的。但我们认为，当前所存在的经济秩序混乱现象，并不完全是一个简单的经济问题，其中也包括诸如地方保护主义、公职人员贪污腐败等许多问题，所以单单强调发展市场体系是不够的。建议报告补充相应的内容，并要求各级都要建立明确的领导责任制。

二、农村的税费改革，无疑是减轻农民负担、规范农村工作的一项重要措施，但在费改税后原由"费"所承担的部分（如教育附加等）如何落实，应有明确和具体的规定。在目前不少地方财政较为困难的情况下，这个问题尤为值得关注。

三、调整消费结构、改善消费环境，不仅仅是为了增加消费，改善人民的生活，它也是保证经济发展的一个重要条件。多年来我们对如何增加消费、如何用刺激消费的方式来促进经济的发展，认识和研究得不够，做得也不够好，建议报告适当增加这方面的相应论述，以加深人们对这个问题的认识和理解。

四、从内容和文字的逻辑关系上看，建议将第 7 页最后一行"社会主义市场经济体制尚不完善，阻碍生产力发展的体制因素仍很突出"一句，上移到前面"产业结构不合理，地区经济发展不协调"一句之后；建议将第 28 页倒数第七行的"搞好社会治安综合治理，建立良好的社会秩序，保障人民安居乐业"一句，后移到第 31 页第一自然段的最后。

五、报告的文字应注意通俗、易懂和避免歧义，如"西陇海兰新"、"南贵昆"等这类未被一般人所熟知的专用名词，最好能换为较为通俗的名词。另外，像"建立职业教育与普通教育相互沟通的教育体系"等这类内涵不太清楚的词语，最好也能加上一些说明性的文字。

今后的五年是我国经济与社会发展极为重要的五年，也是我们为完成新世纪三大任务打下坚实基础的五年。我们坚信，有马列主义、毛泽东思想和邓小平理论的指引，有以江泽民同志为核心的中共中央正确领导，有全国各族人民的共同努力，我们一定能够顺利达到"十五"计划纲要所规定的奋斗目标。民革全体同志决心更加紧密地团结在以江泽民同志为核心的中共中央周围，自觉维护安定团结的政治局面，积极履行参政议政、民主监督的参政党职能，努力开展两岸和平统一的工作，为"十五"计划的顺利实施，为新世纪三大任务的完成，为中华民族的复兴，作出我们新的贡献！

大力推进基础教育改革发展[*]

（2001 年 5 月 10 日）

一、关于积极推进基础教育改革和发展的
决定具有重要的指导意义

改革开放以来，我国的基础教育取得了显著的成绩，尤其是在上世纪末，基本普及义务教育和基本扫除青壮年文盲的目标初步实现，使我国基础教育发生了历史性的巨变。没有中国共产党的坚强领导，没有优越的社会主义制度，没有各级政府的艰苦努力，没有人民群众的大力支持，这一成就的取得是不可想象的。在公布时，对《决定》应充分给予肯定，并对成绩给予一定宣传。面对新的形势，在新的世纪中，如何使基础教育持续健康的发展是我们面临的新的课题。《决定》的制定，对未来十年的基础教育，本着"积极进取、实事求是、分区规划、分类指导"的原则，对不同地区的基础教育事业发展提出任务，做出积极推

　　* 这是何鲁丽同志在国务院召开的《国务院关于积极推进基础教育改革和发展决定（征求意见稿）》座谈会上的发言。

进基础教育改革和发展的有关决定，这对于巩固和扩大"两基"工作的成果，提高普及义务教育的水平，克服一些地方出现的松动情绪，继续深化基础教育改革是非常必要和及时的；对于提高全民族的素质，实施科教兴国的战略具有重要作用。

《决定》对积极推进基础教育的改革和发展提出了比较系统、比较全面的要求。决定体现了以邓小平理论和江泽民同志"三个代表"重要思想为指导，贯彻了《中国教育改革和发展纲要》和《中共中央、国务院关于深化教育改革全面推进素质教育的决定》的精神，适应了我国国民经济和社会发展第十个五年计划的需要。38条内容，在充分肯定我们所取得的成绩的基础上，既总结了经验又面对新情况新问题提出了新的办法和要求，如第4条、第8条、第17条、第19条、第28条、第30条、第38条等。《决定》是一个好文件，具有针对性和可操作性，具有很强的指导作用。

二、对发展基础教育的几点建议

（一）切实提高对基础教育的认识。提高对基础教育的认识是确立基础教育在社会主义现代化建设中的战略地位，坚持基础教育优先发展的前提。我国的基础教育虽然取得了辉煌的成就，初步实现了"两基"目标，但还必须看到，"两基"目标的实现还是初步的、低水平的，我国基础教育的总体水平离我国国民经济和社会发展的需要还有相当大的距离，距世界中等发达国家还有相当大的差距。我国的社会主义现代化建设既依赖于科技的进步，又依赖于劳动者素质的提高。基础教育的改革和发展的任务十分艰巨。面对艰巨的任务不少同志还存在实现了"两基"该喘口气的想法，也有些同志在"大学扩招"的氛围中对基础教育的发展有所忽视。因此，必须强调坚持普及义务教育和扫除青壮年文盲是教育工作中的重中之重不动摇，必须强调提高基础教育重要性的认识。对此，文件应加以强调并做进一步的阐述和说明，以提高各级领导的认识，并应明确提出加强这方面的宣传和教育是各级领导的重要责任。

（二）切实保障基础教育改革和发展的经费投入尤其是确保义务教育的投入是基础教育持续健康发展的保证。保证基础教育尤其是义务教育的投入是各级政府义不容辞的责任。对此，文件应有明确的规定，应重申《教育法》规定各级政府的教育投入应做到"三个增长"，切实加以落实。要改变目前中央、省和县、乡财力和责任不相一致的状况。要扩大省、市对基础教育的责任，加大支持投入的力度。在农村要适应税费改革需要，修改完善有关法律法规，采取相应措施，建立新的义务教育投入的保障机制（文件第 16 页第 35 条建议在文字上作必要的修改）。

（三）改革和发展基础教育的核心问题是不断提高基础教育的质量。讲基础教育必须为人民服务，也就是要满足人民群众日益增长的高质量教育的需求，这充分体现了"三个代表"的重要思想。提高基础教育的质量，要深化基础教育各个方面的改革，扎扎实实地推进素质教育，克服推进素质教育中的薄弱环节，切实加强和改进学校的德育工作。德育工作不仅仅是摆在素质教育的首要位置的问题（见文件第 14 页），而应该贯穿于素质教育的全过程中。注重心理健康的教育是德育工作的重要内容，但心理健康教育不应仅限于初中阶段（见文件第 6 页），在小学、高中同样重要。要解决当前人民群众反映的，不少地区存在的两个突出问题：一是学生择校。问题形成的主要原因是学校办学水平参差不齐，学校办学水平差距过大，实施学生就近入学在一定意义上影响了学生享受公平教育的权利。因此，在大力发展高中教育，重视发展学前教育的同时，各地政府必须从实际出发采取有力措施，改造薄弱学校，切实办好每一所中小学校，提高义务教育阶段的整体办学水平和质量，在文件中要有明确的要求。在有条件的地方逐步推行小学小班化教学。二是学校乱收费问题。这不仅仅是文件指出的减轻农民负担的问题（见文件第 15 页第 34 条），而且已引起广大群众对基础教育的不满和批评。要站在办好基础教育、满足人民群众需求的高度，采取有力措施，解决学校乱收费问题。要明确收费范围，控制收费标准，规范收费行为，严格纪律要求，严肃查处违规违纪行为。

（四）贯彻执行积极推进基础教育改革和发展的决定，关键是在落实。加强教育的督导工作是保证《决定》贯彻落实的重要措施。要健全教育督导机构，完善教育督导制度。要根据"分区规划、分类指导"的原则，制订不同地区、不同类别的基础教育发展评估指标体系。要在做好"两基"评估验收工作和复查工作的同时，把改革和发展基础教育的情况列入评估督导的内容，以保证基础教育持续健康的发展。

关于加强和改进执政党作风
建设的几点建议[*]

（2001 年 8 月 22 日）

通过对《中共中央关于加强和改进党的作风建设的决定（征求意见稿）》（以下简称《决定》）的初步学习，我们认为，在江泽民总书记"七一"重要讲话发表之际，在中共中央新世纪即将召开的第一个中央全会上，党中央把加强和改进党的作风建设列为会议的专门议题加以研究，并将通过《中共中央关于加强和改进党的作风建设的决定》，充分反映了中共中央对执政党自身作风建设的高度重视，充分展示了中国共产党要坚定不移地贯彻落实"三个代表"要求，为团结和带领全国各族人民抓住机遇、迎接挑战，胜利完成新世纪三大历史任务而切实加强和改进党的作风建设的坚强决心。我们认为，在这一重要的历史关键时刻，不失时机地作出这一重要的政治决定，是党心所向，民心所向，非常及时，非常正确，非常重要。民革中央对中共中央这一重要决定表示完全赞同，衷心拥护。

通过学习，我们对《决定》中几个主要问题的看法和认

---

[*] 这是何鲁丽同志在中共中央召开的党外人士座谈会上的发言。

识是：

一、党中央在《决定》中对党风建设形势的总体估计和分析是全面的、实事求是的、完全正确的。首先，《决定》肯定多年来党风建设总体是好的，主流是健康的。我们认为，这个结论是令人信服，不容置疑的。中国能在改革开放短短20多年时间里取得举世瞩目的巨大成就，这是中国共产党各级组织正确领导及广大党员和干部艰苦奋斗、无私奉献的结果，也是党中央一贯坚持不懈地狠抓党风建设的必然成果。充分证实了党中央驾驭全局、驾驭全党的领导能力。其次，《决定》对党的作风方面存在的一些亟待解决的问题的严重性，有十分清醒的、准确的估计和高度的警觉，突出强调了在我国已进入全面建设小康社会，加快推进社会主义现代化的新的发展阶段，加强和改进党的作风建设的极端重要性和紧迫性，深刻指出党的作风关系党的形象，关系人心向背，关系党的生命。我们认为，党中央对党风建设存在的问题、影响及其产生根源的估计和分析都是切中时弊和完全正确的。党的作风的好坏，人民群众看得最清楚，它和老百姓的切身利益联系得最密切最直接。人民群众十分信赖我们的党，殷切期望党能永远保持和发扬优良作风，努力消除一些党员中的脱离实际、脱离群众、官僚主义、形式主义以及腐败等不良风气，朝气蓬勃地带领人民群众胜利前进。因此，党中央在新世纪伊始，狠抓党风建设，是深得民心，大顺民意。

二、《决定》把坚持解放思想、实事求是的思想作风建设摆在党的作风建设的第一位，我们认为是十分正确的。中国共产党是一个领导着有12亿多人口、6000多万党员的大国的执政党，她正从事着一个前所未有的建设社会主义现代化强国、实现中华民族伟大复兴的极其艰巨而宏伟的事业。在实现这一伟大目标的征程中，中国共产党要带领全党全国人民，经受各种各样来自国内国际错综复杂的考验，要顺应时代进步潮流，迎接国际竞争的激烈挑战，没有一个与时俱进的马克思主义的理论品质和思想作风，是不可能担当起历史赋予中国共产党的领导重任的。因此，始终坚持解放思想、实事求是的思想路线和作风，坚决反对因循守旧、不思进取的思想和作风，就是党风建设中首要的也是极其重要的任务。《决定》关于思想作风建设的论述始终贯穿并着力体现了江泽民总书记"七一"讲话中的有关精神，特别强调了当前思想理论战线既要反右，又要反"左"，但主要要防止"左"的思想，有很强的现实指导意义。

三、《决定》把党的作风建设的主要任务用"八个坚持、八个反对"加以概括和规定，这种写法，使整个《决定》旗帜鲜明，坚持什么，反对什么，十分明确。八条具体内容中，没有空洞的说教，对许多问题都有明确的界定，具体的要求，便于操作、执行，有利于督促检查，将对全党各级组织、全体干部和党员的作风建设有非常明确、非常具体的指导作用。全党按照这个《决定》的要求切实贯彻落实，我们相信全党的面貌会焕然一新，党的作风建设将上一个很大的台阶，提到一个崭新的高度，将会激励全党全国人民以更大的信心和决心，凝聚起更大的力量，去实现我们的宏伟目标。

关于《决定》内容的几点具体修改意见：

第一，当前党风建设中如何有效地遏制腐败是个非常重要的问题。《决定》提出要"抓紧制定中国共产党党内监督条例"，非常重要、非常必要。同时希望党中央加强对人大的领导，制定好《监督法》。

第二，《决定》中提出党内监督要从严，提出改革和完善党的纪律检查体制，纪律检查机关对派出机构实行统一管理，这一项重要的改革决定十分必要。建议文件中再强调：加强党内监督，首先要加强党内决策过程中的监督。此外，当前党内一些组织中开展批评和自我批评有走过场的现象，特别是下级对上级提出的批评。所以，如何能充分发挥党内民主，必须要有一个有效的执行机制。

第三，对《决定》中一些文句的具体修改建议：

（一）"八个坚持、八个反对"的提示放到第 11 条才说明，建议放到第 2 条结束后加一小段文字说明，这样一开始就明确有"八个坚持、八个反对"。

（二）《决定》第 8 条"坚持清正廉洁、反对以权谋私"的标题，我们建议改成"坚持为人民服务的宗旨，清正廉洁，反对以权谋私"。此外，在该条具体内容中建议加进"坚持做人民公仆，坚持为人民服务，树立人民公仆的形象"的要求。

（三）《决定》中有个别很具体很细致的要求，我们建议不宜写到党中央的文件中。例如，文件第 23 页"深化财税制度、金融体制改革……推行和完善政府采购、招投标等制度"以及第 26 页"执收和执罚部门都要严格执行收支两条线制度"。

以上修改建议是否合适，仅供参考。

中共中央的这个加强和改进作风建设的决定，不但对执政党的作风建设有重大的指导意义，对民革全党的思想建设、作风建设，同样有着重要的启迪、帮助和指导作用。文件中指出的要坚决抵制西方多党制和"三权鼎立"等政治模式的影响，要坚持民主集中制原则，反对独断专行、软弱涣散的规定等对我们都有十分现实的指导意义。民主党派要努力建成江泽民总书记所说的具有进步性和广泛性相统一的政治联盟性质的政党，要不断坚持和完善中国共产党领导的多党合作和政治协商制度，就一定要不断地加强自身建设。我们一定要组织民革全党成员认真学习《决定》精神，结合本党实际，努力加强和改进民革自身建设，更好地承担起参政党的重任。

对 2002 年政府工作的若干建议*

（2002 年 1 月 31 日）

朱镕基总理代表国务院作的政府工作报告（征求意见稿）以邓小平理论和中共十五大精神为指导，按照"三个代表"重要思想的要求，很好地贯彻落实了江泽民总书记"七一"重要讲话和中共十五届五中全会、六中全会精神，体现了前不久召开的中央经济工作会议精神，正确处理了改革发展稳定的关系。报告在认真总结去年各项工作的基础上，提出了今年要着重做好的八项工作，内容全面，重点突出，而且讲成绩实在，谈不足充分，完全符合客观实际，对今年的工作有着极强的指导性、针对性和可操作性，是一个求真务实、开拓进取的好报告。我们相信，认真贯彻好、落实好、执行好这个报告所确定的各项任务，必将对今年的各项建设起到十分重要的推动作用。

2002 年是非常重要的一年，制定好今年的计划，确定好今年工作的总体要求，对于做好今年的各项工作，具有着十分重要的意义。我们认为，报告提出的今年工作的总体要求，充分考虑

---

* 这是何鲁丽同志在国务院召开的征求党外人士对政府工作报告（征求意见稿）意见座谈会上的发言。

了当前国内外可能发生的各种情况，准确抓住了我国今年经济和社会发展的主要矛盾和问题，为全国人民抵御和克服前进道路上的各种风险和困难，以改革开放和现代化建设的新成就迎接党的十六大召开，提供了一个正确的指导方针，打下了一个很好的基础。做好根据这个总体要求所确定的八项重点工作，我们就一定能完成今年的各项任务，使我国的经济和社会在新的一年里继续得到持续、快速、健康发展。

报告提出，今年要着重做好扩大和培育国内需求、促进经济较快增长的工作。我们认为，这是十分正确的。在当前严峻的国际形势下，实现经济较快增长的根本之策，只能是努力扩大国内需求，进一步形成消费和投资的双重拉动。没有国民经济的较快增长，改善人民生活和维护社会稳定就会失去基础，推进结构调整、深化改革、完善社会保障制度和整顿、规范市场经济秩序的工作也会得不到保障。我们还高兴地看到，报告提出今年扩大内需的首要工作，是增加城乡居民特别是低收入群体的收入，培育和提高包括广大农民在内的城乡居民的购买力。我们认为，这是党和政府全面贯彻执行"三个代表"重要思想，真正关心群众、爱护群众和全心全意为人民服务的真实体现。

加快农业和农村经济发展，发展农业生产力，努力增加农民收入，是扩大和培育内需十分重要的方面，它不仅关系着农业和农村经济、社会的发展，更关系到国民经济的发展，关系到社会的稳定，关系到社会主义现代化的实现。因此，我们十分赞同报告提出的把加强农业和增加农民收入，作为今年整个经济工作的突出任务；把农民是否增加收入和减轻负担，作为检验今年农业和农村工作的重要标准。在当前，尤其要注意按照中共中央关于农业和农村经济结构调整的指导性方针，加快农业和农村经济结构的调整，大力推进农业产业化经营，采取各种措施积极推动我国的传统农业尽快向现代农业转变。

去年，我国已经正式加入世贸组织。在这一背景下，报告把全面提高对外开放水平、继续大力整顿和规范市场经济秩序、进一步转变政府职能，作为今年要开展的几项重要工作。对此我们完全同意。同时，我们也认为，在当前新的历史条件下，认真按照"三个代表"重要思想的要求，全面贯彻落实中共十五届六中全会决定，进一步转变政府职能，建设一个廉洁、勤政、务实、高效的政府，是能否成功应对新的困难和挑战的关键。抓住了这个关键，解决好了这个问题，做好其他工作才会有更加扎实的基础和条件。

在当前两岸关系不断出现新变化的情况下，报告再一次重申将坚持"和平统一、一国两制"的基本方针和江泽民主席关于解决台湾问题的八项主张，明确表明了关于发展两岸关系的原则立场和有关政策。我们认为，这十分必要和及时，并表示坚决拥护和完全赞同。1 月 24 日，钱其琛副总理在纪念江泽民主席对台重要讲话发表七周年座谈会上的讲话，在海内外引起了很大的反响，这充分反映了海内外绝大多数中国人拥护祖国统一、企盼祖国统一的共同愿望。由此我们想到，在两岸关系不断发生新变化的今天，为显示中国人民必将完成祖国统一大业的信心和决心，有必要在报告里增加相关的篇幅，充实一些钱其琛副总理讲话的重要内容，并适当增加一些以台湾同胞为对象的文字。在祖国和平统一事业不断推向前进之时，民革全体同志愿为发展两岸关系，尽早实现直接"三通"，从而促进祖国完全统一，继续发挥我们特殊的作用。

通过认真的阅读和讨论，我们感到今年的报告不仅内容全面、客观、具体，而且结构严谨、文字简洁，实在提不出更多具体的修改意见和建议。当然，大家在充分肯定报告的同时也认为，一个好的计划还只是成功的开始，更重要的是如何去进行具体落实。也就是说，今年全国工作成功与否的关键，是看我们能否很好地把报告精神具体贯彻落实到各项工作之中，并注意防止那种说得很到位、做得却不够的现象出现。希望政府在今年的工作中，认真抓好"三农"、完善社会保障制度、政府职能转变、教育培训各级干部适应"入世"要求等问题，尤其是在解决农民增收、城乡居民最低生活保障、就业等关系到国计民生和社会稳定的问题上，真正下大力气抓紧抓好。另外，鉴于舆论宣传工作在道德建设中的重要作用，我们认为，政府应进一步把握好舆论宣传工作的导向，并且注意对外宣传的效果。

去年，在复杂多变和严峻的国际形势面前，以江泽民同志为核心的中共中央统揽全局，审时度势，及时采取正确的决策和部署，使我国的经济和社会发展取得了十分显著的成绩。我们坚信，在新的一年里，积累了应对各种复杂、严峻局面经验的中共中央，一定能够带领锐意进取的全国各族人民全面做好各项工作。民革全体同志决心更加紧密地团结在以江泽民同志为核心的中共中央周围，振奋精神，团结奋斗，积极履行参政议政、民主监督的参政党职能，为建设有中国特色社会主义的伟大事业，为努力做好今年的各项工作，继续作出我们新的贡献。

在 2002 年中共中央召开的党外人士
迎春座谈会上的发言

（2002 年 2 月 8 日）

刚刚过去的 2001 年，是我国实施"十五"计划和现代化建设第三步战略部署的第一年。全国各族人民在中国共产党的领导下团结一致、开拓进取，继续推进建设有中国特色社会主义事业，各方面取得可喜的成就。在全球经济增长明显放慢的情况下，我国坚持扩大内需的方针，实施积极的财政政策和稳健的货币政策，加快产业结构调整和西部大开发，大力整顿和规范市场经济秩序，保持了国民经济良好的发展势头。与此同时，我国社会主义精神文明建设和民主法制建设取得新的进展，各项社会事业全面推进。在这一年里，我国成为世界贸易组织的正式成员，北京获得 2008 年奥运会的主办权，我们成功举办了亚太经合组织第九次领导人非正式会议，我国国际影响不断扩大，国际地位日益提高。这些成绩的取得，是以江泽民同志为核心的党的第三代中央领导集体英明决策、正确领导的结果，也是全国人民同心同德、艰苦奋斗的结果。

在这一年里，爱国统一战线认真贯彻第十九次全国统战工作会议精神，在大团结、大联合的主题下，形成团结、稳定、振奋、活跃的良好局面，中国共产党领导的多党合作和政治协商制度进一步巩固和发展，民主党派的作用得到更好的发挥。中共中央、国务院多次召开民主协商会、座谈会，就国家的大政方针和重大问题听取我们的意见和建议。中央统战部还为我们创造条件，组织我们到各地进行考察，使我们能够有知情出力的机会。一年来，我们围绕经济建设和社会发展中的重大问题开展调查研究，积极建言献策，履行参政议政、民主监督的职责；我们发挥自己的优势，为社会主义两个文明建设服务，为祖国统一大业服务，作出了应有的贡献；我们注意加强自身建设，努力提高自身素质，取得了新的进步。

在这一年里，江泽民总书记在庆祝中国共产党成立八十周年大会上发表了极为重要的讲话，全面阐述了"三个代表"重要思想，在一系列重大问题上创造性地提出了许多重要的新思想、新观点、新论断。江泽民总书记的"七一"重要讲话，不仅是加强和改进中国共产党的建设的纲领性文献，而且是指导全国人民在新世纪全面推进建设有中国特色社会主义事业的纲领性文献，对于进一步做好党和国家的各项工作，完成新世纪三大历史任务，具有重大而深远的意义。中共十五届六中全会以"三个代表"重要思想为指导，作出了加强和改进党的作风建设的决定。这一决定表达了全国人民的共同心愿，体现了以江泽民同志为核心的党中央从严治党的坚定决心，使我们感到振奋和鼓舞。中国共产党以解放思想、实事求是、与时俱进、开拓创新的精神，按照"三个代表"的要求加强和改进党的作风建设，为我们树立了光辉的榜样。我们对中国共产党充满了信心，对国家的前途充满了信心。

2002 年是非常重要的一年。中国共产党将召开第十六次全国代表大会，进一步明确中国在新世纪的发展目标和任务，动员和激励全国人民开创建设有中国特色社会主义的新局面。民革从省级组织到中央委员会都将进行换届，完成新世纪的第一次新老交替。我们将加强领导，精心组织，认真搞好这次换届工作，按照全国统战工作会议的精神，努力把民革建设成为适应新世纪要求的参政党。通过这次换届，我们不仅要实现人事上的新老交替，而且要完成好政治交接的任务，建设好各级领导班子，确保民革接受中国共产党的领导、与共产党亲密合作的优良传统能够代代相传，使民革始终沿着正确的方向前进，不断提高参政议政、民主监督的水平，为社会主义现代化建设作出更大的贡献。我们将更加紧密地团结在以江泽民同志为核心的中共中央周围，高举爱国主义和社会主义的旗帜，坚持社会主义初级阶段的基本理论、基本路线和基本纲领，统一思想，坚定信心，振奋精神，扎实工作，为完成祖国和平统一大业，实现中华民族的伟大复兴而努力奋斗。

认真学习江泽民同志
"5·31" 重要讲话精神[*]

（2002 年 6 月 30 日）

今年 7 月 1 日是中国共产党成立 81 周年纪念日，在中共十六大即将召开的前夕纪念党的生日，有着特别重要的意义。伟大的中国共产党走过了 81 年光辉的历程，领导全国人民团结奋斗、开拓进取，取得了革命、建设和改革开放的辉煌成就。现在，中国共产党已经成为更加成熟、坚强、受到全国各族人民衷心拥护和爱戴的更加兴旺发达的执政党。在党的生日来临之际，作为和中国共产党长期亲密合作的参政党，我们感到由衷的喜悦。借此机会，我代表民革中央，谨向以江泽民同志为核心的中共中央表示节日的祝贺和崇高的敬意，并衷心祝愿中国共产党在领导建设有中国特色社会主义事业的历史进程中再展宏图、再创辉煌！

去年 7 月 1 日，江泽民同志发表了重要讲话，全面论述了"三个代表"重要思想，在国内外产生了巨大反响。今年 5 月 31 日，在中央党校省部级干部进修班毕业典礼上，江泽民同志又发

＊ 这是何鲁丽同志在中共中央统战部召开的民主党派领导人双月座谈会上的发言。

表了重要讲话,再次对"三个代表"重要思想作了深刻阐述。这是中国共产党对建设有中国特色社会主义理论探索的又一个卓越的理论成果,不仅是中共十六大的重要理论准备,也可以说是献给中国共产党成立81周年的一份厚礼。

江泽民同志的"5·31"讲话,以"三个代表"重要思想为主线,分析了党在我国进入全面建设小康社会,加快推进社会主义现代化的新的发展阶段的历史任务,提出了贯彻落实"三个代表"重要思想的具体要求。江泽民同志的这一讲话,是在重要时刻发表的一篇十分重要的讲话。进入新世纪,我国进入了全面建设小康社会、加快推进社会主义现代化的新的发展阶段。今年中国共产党将要召开十六大,全国各族人民正以昂扬奋进的精神状态和卓有成效的工作业绩迎接十六大的召开。国际上,世界多极化和经济全球化趋势在曲折中发展,科技进步日新月异,综合国力竞争日趋激烈,国际局势正在发生深刻的变化。正是在这样的国际国内形势下,江泽民同志发表了这篇重要讲话。讲话高屋建瓴,内涵丰富,思想深刻,论述精辟,进一步丰富和发展了马克思主义理论,体现了马克思主义的历史唯物主义观点,是对建设有中国特色社会主义伟大事业发展规律新的认识和总结,是对"三个代表"重要思想的进一步丰富和深化。认真学习和深刻领会这一讲话精神,不仅对于执政党和我们整个国家的社会主义现代化建设事业具有十分重要的意义,对于民革同志在中国共产党领导下更好地高举邓小平理论的伟大旗帜,学习贯彻"三个代表"重要思想,为实现历史和时代赋予民革的庄严使命而奋斗,也具有极为重要的指导意义。我们对江泽民同志的这一重要讲话表示坚决拥护。

在今年 6 月 10 日民革中央中心学习组学习江泽民同志的"5·31"讲话座谈会上，我们畅谈学习体会，形成了三点共识：

第一，民革全党一定要认真学习江泽民同志的这一重要讲话，深刻领会这一讲话精神实质，一定要把思想统一到江泽民同志"5·31"重要讲话上来。认真学习、深刻领会江泽民同志"5·31"讲话，我们才能更加自觉地高举邓小平理论伟大旗帜，更加坚定地同以江泽民同志为核心的党中央保持一致，解放思想、实事求是，与时俱进、开拓创新，更加自觉地为坚持和完善中国共产党领导的多党合作和政治协商制度而奋斗，努力为建设有中国特色社会主义的经济、政治、文化，开创建设有中国特色社会主义事业的新局面贡献力量。

学习江泽民同志"5·31"讲话，要着重深刻领会"三个代表"重要思想的精神实质。"三个代表"重要思想是对中国共产党成立以来的全部历史经验和党带领人民建设有中国特色社会主义事业的新鲜经验的科学总结；是以江泽民同志为核心的党的第三代中央领导集体，坚持把马克思主义基本原理与中国具体实际相结合，在理论上的第三次飞跃。"三个代表"重要思想与马克思列宁主义、毛泽东思想、邓小平理论一脉相承，进一步丰富和发展了马克思主义，反映了当代世界和中国的发展变化对执政党和国家工作的新要求，是中国共产党理论建设的第三个里程碑，是中国共产党的立党之本、执政之基、力量之源，是加强和改进执政党建设、推进我国社会主义制度自我完善和发展的强大理论武器。对民革来说，深刻领会"三个代表"重要思想的精神实质，是我们做好一切工作的根本前提。

第二，认真学习江泽民同志"5·31"讲话，进一步加强自身建设。现在民革省级组织正在换届，民革全国代表大会也将在今年下半年召开，我们一定要进一步认真学习贯彻江泽民同志"5·31"讲话，以此指导我们的政治交接，为建设一个适应建设中国特色社会主义事业要求、适应坚持和完善中国共产党领导的多党合作和政治协商制度要求的新型参政党而努力。我们要加强学习，不断增强我们的学习意识。江泽民同志在"5·31"讲话中指出："二十一世纪头一二十年，对我国来说，是必须紧紧抓住并且可以大有作为的重要战略机遇期。"我们要抓住机遇、与时俱进，就必须不断学习，不断适应新的形势。江泽民同志在讲话中强调，坚持与时俱进，一定要看到《共产党宣言》发表一百五十多年来世界政治、经济、文化、科技等发生的重大变化，一定要看到我国社会主义建设发生的重大变化，一定要看到广大党员干部和人民群众工作、生活条件和社会环境发生的重大变化，一定要充分估计这些变化对执政党提出的严峻挑战和崭新课题。这就是强调要不断学习，不断适应变化中的复杂形势。对于我们参政党来说，把学习抓紧抓好，不断提高我们的思想政治素质，我们才有可能成为合格的参政党，才能为建设有中国特色社会主义事业作出我们应有的贡献。

第三，要认真学习和深刻领会江泽民同志在讲话中关于发展社会主义民主政治，建设社会主义政治文明的重要论述，更加自觉地为坚持和完善中国共产党领导的多党合作和政治协商制度作出贡献。江泽民同志在讲话中强调，在坚持四项基本原则的前提下，继续积极稳妥地推进政治体制改革，发展有中国特色社会主义民主政治，巩固民主团结、生动活泼、安定和谐的政治局面，建设社会主义政治文明，强调推进政治体制改革，要从我国国情出发，着重加强社会主义民主政治制度建设，实现社会主义民主政治的制度化、规范化、程序化，坚定不移地走自己的政治发展道路，坚持社会主义政治制度的自我完善和发展，决不照搬西方政治制度模式。江泽民同志的这一重要论述对于进一步推进我国社会主义民主政治建设具有极其重要的指导意义，民革要结合参政议政、民主监督的实践认真学习、深刻领会，努力为坚持和完善中国共产党领导的多党合作和政治协商制度，为维护社会政治稳定，为推进社会主义政治文明的建设，作出我们的贡献。

江泽民同志"5·31"重要讲话是在中共十六大之前所作的具有十分重要的指导意义的讲话，我们一定以这一重要讲话为指导，更加自觉地高举邓小平理论伟大旗帜，解放思想、实事求是，与时俱进、开拓创新，更加自觉地坚持和完善中国共产党领导的多党合作和政治协商制度，更加自觉地讲大局、讲团结、讲稳定，紧密团结在以江泽民同志为核心的中共中央周围，扎扎实实地做好各项工作，为实现中华民族的伟大复兴而努力奋斗。

对黑龙江省矿业可持续
发展的几点建议*

（2002 年 7 月 20 日）

矿业问题不仅关系到国家经济、社会的可持续发展，而且也是事关国家经济安全的一个大问题。国内外的发展历史都证明，没有矿业的可持续发展，没有矿产资源的合理开发利用与最佳配置，就可能会影响整个国家经济社会的可持续发展。我们这次在中央统战部的统一组织下前来黑龙江，就是想在这个国家的重要能源基地和矿业大省里，在黑龙江省及有关各市的帮助下，对此进行实地的调研和考察，以利于我们在这个问题上更好地参政议政，为国家经济社会的可持续发展，贡献出我们的一点力量。

我们这次在黑龙江省进行的调研、考察活动，时间虽然不长，但短短的几天下来，我们调研组的同志不仅对以几个矿城为代表的黑龙江人民不畏艰难、团结奋斗、不断开拓前进的精神深为感动，而且也对黑龙江省的矿业发展状况有了一个初步的了解。其中，感受最深的有以下几点：

---

* 这是何鲁丽同志赴黑龙江省调研"四矿"问题时与省委、省政府就调研情况交换意见座谈会上的讲话。

一、经过几代人的艰苦努力，黑龙江省矿业的发展成绩显著，是全国矿业最发达的省份之一，尤其是原油和原煤的产量在全国占有十分重要的地位。几十年来，作为国家重要的能源生产基地，黑龙江省为国家及兄弟省市的经济建设和社会发展，为国家的经济安全，作出了突出的贡献。

二、针对资源型城市的发展道路问题，黑龙江省近几年来做了大量的调查研究工作，确定了"以矿为主，多元经营"的发展思路，着力在矿产品的精深加工、延长产业链、发展以高新技术为重点的非矿替代产业上下功夫，已经取得了初步成效，开始走上了一条适合黑龙江省具体情况、符合资源型城市发展规律的矿业可持续发展的道路。

三、广大矿区干部在"三个代表"重要思想的指引下，立党为公，执政为民，面对当前存在诸多不利因素的困难局面，处处为困难群众着想，积极带领群众想办法、找出路，努力克服各种矛盾和困难，为实现矿城和矿业的可持续发展，维护社会的稳定，做了大量艰苦细致的工作，取得了突出的成绩。

四、在为国家作出了重大贡献之后，黑龙江的广大矿业职工目前正承受着经济转轨、企业转型所带来的各种困难。但就是在这种十分困难和艰苦的条件下，绝大多数矿业职工和矿区人民依然发扬"勤俭建国，艰苦奋斗"的精神，努力工作，想方设法地克服困难，尽可能地为国家减轻负担，又在新的历史条件下为国家、为社会作出了新的贡献。

五、在努力探索矿业可持续发展道路的同时，黑龙江省的各级政府和领导都十分重视生态环境的建设，高度认识生态环境建设的重要性，把生态环境建设与经济的可持续发展、与替代产业的兴办、与高科技现代化城市的建设联系起来，并且在实践中取得了较大的成效，如双鸭山东方工业公司的煤矸石烧结空心砖生产工艺、大庆的生态城市建设工程等，就是这其中的典型事例。

我们在调研、考察黑龙江省矿业发展现状的过程中，对如何更进一步地做好黑龙江省的矿业可持续发展工作，也有一些不成熟的想法和看法，现提出来供省委、省政府参考。

一、进一步提高对矿业在国民经济中的战略地位和矿业在区域经济发展中重要性的认识。矿产是国家的战略性资源，矿业是国民经济发展的基础。作为一个矿业大省，黑龙江对这一点是有明确认识的，但由于长时间以来省内大中型矿业企业的管理权与收益权都属于中央，省和有关市很难从本省、本市经济的整体布局出发，来考虑矿业的发展与本地区其他门类经济发展不完全协调的情况。现在中央把一部分矿业企业下放给地方，为区域经济的整体协调发展创造了条件，但由于目前正值矿业企业处于困难时期，这又容易使一小部分干部看到矿业企业困难和问题多多，看到矿业城市困难多多，这种情况不利尽快"爬坡"开拓前进，二次创业。希望省里能从全省经济协调发展的角度出发，对省、市的矿业发展进行统一考虑和协调安排，促使矿业在本地区经济发展中起到它应有的作用，同时提高广大干部对矿业的战略地位的认识。

二、统筹安排，全面规划，科学管理，是矿业可持续发展的关键和前提。矿产资源的有限性和不可再生性以及开采矿产资源所具有的相对危险性等特点，决定了要实现矿业的可持续发展，就必须要做好统筹安排，在全面规划、科学管理的基础上，大力加强勘探工作，规范地去对有限的矿产资源进行合理开发和利用。

三、认真总结建国以来，特别是改革开放以来黑龙江省矿业发展的经验，努力研究矿业体制改革的新思路、新办法，加快矿业企业的改革步伐，使全省矿业的发展尽快与社会主义市场经济发展需求相适应。我们这次在黑龙江各地的调研、考察过程中，看到各地都有不少有关矿业发展的思路和成功经验。认真总结这些经验，对于加快黑龙江省矿业企业的改革步伐，做好社会主义市场经济条件下矿业的可持续发展工作，应当有十分积极的作用和意义。

与时俱进、解放思想，积极探索矿业企业发展的新路子。我们今天所面对的，是飞速发展和不断变化的国内外形势。要想在这样的新形势、新情况下实现矿业的可持续发展，就一定要与时俱进，解放思想，积极探索和不断开拓矿业发展的新路子。这次我们在七台河考察期间，看到他们在积极进行现有矿业体制改革的基础上所采取的在矿业中引进和发展民营企业，营造一个有利于多种经济成分的矿业企业发展环境的做法，就是一个可以值得认真总结的经验。

四、积极采取"走出去"的战略。黑龙江省是我国的重要的矿业大省，尤其是在石油、原煤的勘探、开发和利用上，有着一套丰富的经验和一些先进的技术。要充分利用这些经验和技术，积极地向国外发展，向省外发展，以充分利用好自己的人才资源。

五、要大力宣传和继承、发扬"大庆精神"、"铁人精神"。勤俭建国、艰苦奋斗的精神，在任何时代都不会过时。我们一定要在包括矿业职工和矿区群众在内的全体人民中大力提倡勤俭建国、艰苦奋斗的精神，把"大庆精神"和"铁人精神"这个黑龙江及全国的宝贵精神财富继承好、发扬好。

我们相信，有马克思列宁主义、毛泽东思想、邓小平理论和"三个代表"重要思想的指引，有黑龙江省委、省政府的领导，有全省干部群众的共同努力，包括矿业在内的黑龙江省经济社会的发展，一定会很快迈上一个新台阶，实现富民强省。

另外，我们这次调研、考察期间，省、市各方给我们准备了许多资料，要求我们向中央有关部门反映情况，提出了一些要求，我们一定会以适当的方式，向中央、国务院的有关部门反映。

对中共十六大报告（征求意见稿）的几点建议*

（2002 年 9 月 17 日）

  中共十六大报告（征求意见稿）是一个非常全面、非常深刻、非常振奋人心的报告。报告在认真总结过去五年的成绩和十三年基本经验的基础上，对今后一个时期全面推进我国改革开放和社会主义现代化建设作出了战略部署，明确了党和国家工作的目标、任务以及有关方针政策，是中国共产党带领全国各族人民在新世纪继续前进、全面建设小康社会、开创中国特色社会主义事业新局面的政治宣言和行动纲领。阅读了报告以后，我们感到备受鼓舞，对国家和民族的未来更加充满信心，对中国共产党的先进性和开拓进取精神有了更深刻的认识。

  中共十三届四中全会以来，以江泽民同志为核心的中共中央第三代领导集体，高举邓小平理论伟大旗帜，坚持解放思想、实事求是的思想路线，弘扬与时俱进、开拓创新精神，坚持社会主义初级阶段的基本路线和基本纲领，团结和带领全国各族人民，在实现推进现代化建设、完成祖国统一、维护世界和平与促进共

---

* 这是何鲁丽同志在中共中央召开的党外人士座谈会上的发言。

同发展的历史任务过程中，正确应对前进道路上遇到的困难和挑战，妥善处理国际国内的复杂问题，全面推进有中国特色社会主义事业，取得改革开放和现代化建设的巨大成就。我国的经济实力、国防实力和民族凝聚力显著增强，精神文明建设、民主法制建设及各项社会事业全面发展，人民生活总体上达到小康水平，我国国际地位不断提高，祖国统一大业取得重要进展，现代化建设第一、第二步战略目标胜利实现。现在，我国经济发展，政治稳定，民族团结，社会进步，到处充满了勃勃生机。十三年改革和建设的成就，充分显示了以江泽民同志为核心的中共中央第三代领导集体具有非凡的创新精神和卓越的领导能力，因而赢得全国各族人民的衷心拥护和爱戴。特别是中共十五大以来，江泽民同志站在世纪之交历史发展的高度，正确回答建设有中国特色社会主义实践中迫切需要解决的重大问题，以开拓马克思主义新境界的恢宏气魄，创造性地提出了"三个代表"重要思想。"三个代表"重要思想与马克思列宁主义、毛泽东思想、邓小平理论一脉相承，是对建设有中国特色社会主义理论的丰富和发展，反映着时代的进步要求；是加强和改善中国共产党的领导、推进我国社会主义制度自我完善和发展的强大理论武器。可以说，经过十三年的实践和探索，中国共产党对建设有中国特色社会主义规律的认识更加深刻，在理论上有了许多新的突破和发展，这是这十三年的一个显著特点和最大收获。

这十三年，也是我国爱国统一战线发展最好的历史时期之一。以江泽民同志为核心的中共中央第三代领导集体高度重视统一战线工作和民主政治建设，共产党领导的多党合作和政治协商制度进一步完善和发展，民主党派的积极性极大地调动起来，工作日益活跃，参政议政、民主监督的作用得到很好的发挥，整个统一战线呈现团结、和谐、振奋、活跃的局面。与中国共产党亲密合作的实践，使我们更加坚定了接受中国共产党的领导、坚持走有中国特色社会主义道路的信念和决心。今天，我们阅读十六大报告征求意见稿，回首十三年来的风雨历程，深深感觉到，中国共产党英明伟大，有中国特色社会主义事业前途无限光明，中华民族的振兴大有希望。

阅读十六大报告征求意见稿，我们有如下几点体会：

第一，报告所确定的全面建设小康社会的目标、任务、方针、政策，始终把发展经济放在首位，把维护和实现最广大人民的利益作为根本出发点，符合时代的要求和人民的愿望，充分体现了邓小平理论和"三个代表"重要思想。报告内容丰富、全面，理论性和实践性都很强，是以江泽民同志为核心的中共中央第三代领导集体总结过去、擘画未来，为保证有中国特色社会主义事业健康发展所作的政治交代，对今后一个时期党和国家的工作具有极为重要的指导意义。

第二，报告通篇贯穿和突出了"三个代表"重要思想，对"三个代表"重要思想进一步作了全面系统的论述，对贯彻落实"三个代表"重要思想进行了全面部署，提出了具体要求，具有很强的指导性和可操作性。坚持以"三个代表"重要思想统领党和国家的各项工作，就可以确保改革开放和现代化建设始终沿着正确的道路前进，永不迷失方向。

第三，报告充分体现了与时俱进和开拓创新精神，突出了改革的思想。比如"改革和完善党的领导方式和执政方式"、"加强对权力的制约和监督"、"深化文化体制改革"等，都很有新意，反映了中国共产党按照"三个代表"的要求，以改革的精神推进党的建设和有中国特色社会主义事业的坚定决心。

第四，报告对祖国统一问题作了全面、深刻的阐述，重申了解决台湾问题、和平统一祖国的一贯立场和方针政策，既坚持原则又具有灵活性，代表了全国人民的共同心愿。报告中提到要千方百计扩大就业，不断改善人民生活；最近中央又专门召开了全国再就业工作会议，对再就业工作进行了部署。我们认为，中共中央高度重视再就业问题，非常英明，非常及时。就业和再就业问题是关系国计民生、关系社会稳定的大事，做好这项工作，符合"三个代表"的要求，是得民心之举，一定会受到广大人民群众的衷心拥护，而且对于促进国民经济持续发展具有重要意义。

第五，报告中特别提到要维护社会稳定。我们认为，在当前强调这一点非常重要。邓小平同志早就说过："稳定压倒一切"，"没有稳定的环境，什么都搞不成，已经取得的成果也会失掉"。随着改革的深化和加入世贸组织，各种新情况、新问题、新矛盾会层出不穷，使我们面临着许多新的挑战。面对改革和发展的繁重任务，创造一个和谐、稳定的社会政治环境至关重要。党中央把维护社会稳定作为一项重要任务写进十六大报告，很有必要，很有意义。我们民主党派对维护社会稳定负有义不容辞的责任，我们将为此进行不懈的努力，发挥好参政党的作用。

总之，这是一个非常好的报告，我们表示坚决拥护。对报告存在的问题，我们提不出更多的意见。虽然从篇幅上看文字显得长了一点，但由于内容丰富，论述全面，指导性很强，哪一部分都很重要，不好压缩，还是全部保留为好，以便于今后学习领会和实际操作。

中共十六大召开在即，民革要配合党和政府做好协调关系、化解矛盾、维护稳定的工作，团结、教育好我们的党员和所联系群众，在思想上、行动上同以江泽民同志为核心的中共中央保持高度一致，振奋精神，扎实工作，努力为十六大胜利召开营造良好的社会氛围。

认真学习江泽民同志重要讲话
迎接中共十六大胜利召开[*]

（2002 年 10 月 14 日）

在中国共产党第十六次全国代表大会召开前夕，《江泽民论有中国特色社会主义（专题摘编）》一书出版发行了，这是全国各族人民和我们国家政治生活中的一件大事，为全面系统总结十三届四中全会以来各项工作的基本经验，迎接党的十六大召开，统一思想，凝聚力量，共同为实现中华民族的伟大复兴，奠定了坚实的思想基础，提供了强有力的思想武器。

《江泽民论有中国特色社会主义（专题摘编）》内容十分丰富，思想极为深刻，汇集了十三届四中全会以来江泽民同志关于建设有中国特色社会主义的一系列重要论述。这些重要论述围绕着什么是社会主义、怎样建设社会主义和建设一个什么样的党、怎样建设党的时代课题，集中反映了江泽民同志运用马克思主义的立场、观点、方法和宽广眼界，结合当今中国实际和时代特征，从世界文明变迁、政党执政规律、社会发展趋势等方面进行

＊ 这是何鲁丽同志在中共中央统战部召开的民主党派领导人双月座谈会上的发言。

深入思考和积极探索而形成的一些新思想、新观点、新论断。这些新思想、新观点、新论断，集中了全党全国人民的智慧，系统地总结了改革开放和社会主义现代化建设的经验，正确地回答了建设有中国特色社会主义实践提出的重大问题，深刻地提出一系列规律性的认识。这本书全面系统地反映了江泽民同志在建设有中国特色社会主义的探索中解放思想、实事求是，与时俱进、开拓创新的丰硕理论成果，是开创建设有中国特色社会主义伟大事业新局面的行动指南。

江泽民同志的这一重要论著包含的理论成果，以"三个代表"重要思想为核心，多个专题相互联系，反映了当代世界和中国的发展变化对中国共产党和国家工作的新要求，也反映了中国共产党与时俱进、从严治党、保持党的先进性的坚定决心，是中国共产党解放思想、实事求是精神的体现。

认真学习这一重要论著，对于民革全体成员尤其是各级班子成员提高认识，统一思想，进一步坚定走有中国特色社会主义道路的政治信念，具有极其重大而深远的意义。学习要结合民革情况，联系思想和工作实际着重于以下几点：

一、通过学习，进一步深刻认识中国共产党的先进性。学习"三个代表"重要思想，可以使我们对中国共产党的先进性有一个最集中、最深刻、最充分的认识，民革全党要深刻认识中国共产党的领导地位是历史形成的，民革接受中国共产党的领导是正确的历史选择。

当代中国，只有中国共产党能够最大限度地团结和凝聚全国各族人民的意志和力量，能够代表、维护和实现最广大人民群众的根本利益，民革各级领导和广大党员要始终坚持和自觉维护中国共产党的领导。

二、进一步深刻认识中国共产党实现中华民族伟大复兴的神圣使命和来自这一神圣使命的伟大凝聚力、战斗力和创造力，进一步提高民革参政议政、民主监督水平。

中共十三届四中全会特别是中共十五大以来，以江泽民同志为核心的中共第三代领导集体高举邓小平理论旗帜，进一步丰富和发展了对社会主义初级阶段发展规律的认识，提出发展是共产党执政兴国第一要务，紧紧围绕经济建设这一中心，妥善处理改革发展稳定三者之间的关系，把改革的力度、发展的速度和社会可以承受的程度有机统一起来，保持三者互相协调、互相促进，有力地推进了改革开放和社会主义现代化建设，体现了高超的执政水平和驾驭全局的能力。民革要在新时期更好地发挥作用，就要求我们坚持以经济建设为中心，围绕改革发展稳定的大局，充分发挥参政党服务大局，为大局作贡献的作用。

三、作为参政党，我们在学习江泽民同志重要论著的时候，要特别注意学习关于新时期统一战线和多党合作制度的一系列新思想、新观点、新论断，尤其是"5·31"讲话中对社会主义民主政治的重要论述。江泽民同志指出："发展社会主义民主政治，建设社会主义政治文明，是社会主义现代化建设的重要目标。必须适应经济发展和社会全面进步的要求，在坚持四项基本原则的前提下，继续积极稳妥地推进政治体制改革，发展有中国特色社会主义民主政治，巩固民主团结、生动活泼、安定和谐的政治局面。"我们要充分认识发展社会主义民主政治最根本的是要坚持中国共产党的领导，推进政治体制改革，要从我国国情出发，充分考虑我国的历史背景、经济发展水平和文化教育水平，要有利于维护国家统一、民族团结、社会稳定。

　　学习江泽民同志关于政党制度四条标准的论述，充分认识我国实行的多党合作制度，是经过历史的检验，在总结经验、教训基础上创立的，是符合我国国情的。建国半个多世纪的历史和实践证明了我国政党制度的优越性。我们要坚定不移地坚持和完善中国共产党领导的多党合作和政治协商制度，并作为政治交接的首要内容。要引导民革党内进一步认识和区分我国的政党制度与西方政党制度的本质区别，对西方敌对势力"西化"中国的企图，有一个清醒的认识。通过学习理论，提高政治敏锐性和坚定性，坚持与中国共产党真诚合作的优良传统。

　　四、《江泽民论有中国特色社会主义（专题摘编）》也是我们民革行动的指南，我们要结合学习贯彻中共十六大的精神认真研读、深入领会。要学习"三个代表"重要思想，在民革党员中提倡联系思想实际，重视树立正确的世界观、人生观、价值观，加强参政党的建设，提高整体素质，保持进步性的特点，更好地履行参政党的职责。

　　民革作为参政党，与中国共产党一起肩负着建设有中国特色社会主义的历史使命，中共十六大以后，民革也将召开第十次全国代表大会。民革全党决心要在中共十六大精神指导下，开好大会。通过代表大会，推动政治交接，动员各级干部和全体党员，把民革建设成为适应新世纪要求的参政党，为实现中华民族的伟大复兴贡献力量。

中共十六大鼓舞人心
参政党任重道远*

（2002 年 11 月 29 日）

举世瞩目的中国共产党第十六次全国代表大会已经胜利闭幕，这次大会对中国共产党和我们国家的发展进程都具有重大的历史意义。大会通过的十五届中央委员会的报告，是中国共产党在新世纪新阶段的政治宣言和行动纲领；大会通过的党章修正案，把"三个代表"重要思想同马克思列宁主义、毛泽东思想和邓小平理论一起确立为党的指导思想，集中体现了中国共产党自身建设积累的新经验，体现了全国人民的愿望。大会选举产生了新一届中央委员会，党的中央领导集体顺利实现了新老交替。这一切，都具有重大的历史意义，必将极大地鼓舞全国各族人民与时俱进、开拓创新，信心百倍地把中国特色社会主义伟大事业继续推向前进。民革全体党员和全国人民一样感到无比振奋和高兴。民革中央坚决拥护江泽民同志的报告和中共十六大各项重要决议，坚决拥护十六大选出的中共中央新一届领导集体，决心紧

---

* 这是何鲁丽同志在中共中央统战部召开的学习中共十六大会议精神座谈会上的发言。

密团结在中共中央周围，认真学习、实践"三个代表"重要思想，推动民革各级组织和全体党员为实现中共十六大报告规划的宏伟蓝图而努力奋斗！

在中共十六大开幕式上，我们有幸亲耳聆听了江泽民代表十五届中央委员会作的报告，报告深刻阐明了中国共产党在新世纪坚持举什么旗、走什么路、实现什么目标等重大问题，对我国改革开放和社会主义现代化建设作出了全面部署，是中国共产党团结和带领全国各族人民在新世纪新阶段继续奋勇前进的政治宣言和行动纲领。在这里，我谈一谈几天来学习报告的一些体会。

中共十六大报告科学总结了过去五年的工作和十三年来中国共产党第三代中央领导集体治党治国的基本经验。20世纪80年代末、90年代初，国内发生严重政治风波，世界社会主义发生严重曲折。以江泽民同志为核心的党中央肩负重任，在党和国家的关键时刻，坚定不移地贯彻十一届三中全会以来的路线和政策，始终高举邓小平理论伟大旗帜，坚持党的基本路线不动摇。这是十三年来我国政局稳定，社会主义现代化建设全面发展的一个最根本原因。十三年来，我国系统地进行了经济体制改革，初步建立了社会主义市场经济体制，对外开放也进一步扩大，并加入了世界贸易组织。中国共产党始终把发展作为执政兴国的第一要务，正确处理改革、发展和稳定的关系，促进了经济建设和各项社会事业的协调发展。在世纪之交，实现了现代化建设的第二步战略目标，人民生活总体上达到小康水平。从解决温饱到达到总体小康是一个历史性飞跃。在政治体制改革、社会主义精神文明建设，不断推进祖国统一大业等方面都取得了伟大的进展。我们坚持独立自主的和平外交政策，构筑起跨世纪的外交格局。以江泽民为核心的党的第三代中央领导集体十分重视党的建设，坚持党要管党、从严治党的方针，紧紧围绕提高党的领导水平和执政水平，提高拒腐防变和抵御风险能力两大历史性课题，坚持与时俱进，贯彻"三个代表"重要思想，全面推进了党的建设的伟大工程。这些伟绩、硕果，使我们每个中华儿女感到自豪，也必将载入中华民族伟大复兴的光辉史册。

民革中央的同志在学习中回顾了十三年来的历程，大家都认为这是我国爱国统一战线发展最好的历史时期之一。以江泽民同志为核心的中共中央第三代领导集体高度重视统一战线工作和民主政治建设，进一步确立和发挥了多党合作制度在国家政治生活中的地位和作用，中国共产党领导的多党合作和政治协商制度不断完善和发展，多党合作走向制度化、规范化。人民政协的工作日益活跃，民主党派的积极性大大调动起来，爱国统一战线呈现出团结、和谐、振奋、活跃的局面。民革各级组织和广大党员的政治责任感不断增强，参政议政的积极性明显提高，各项工作都有了新进展。

从过去五年的工作和十三年以来中国共产党第三代中央领导集体治党治国的基本经验中，我们对中国共产党掌握社会主义现代化建设规律所达到的新的历史高度，对执政党驾驭国内外复杂局势和应对重大挑战方面的卓越能力，对其高超的执政水平和领导水平，有了更加全面和深刻的认识，由此更加坚定了我们维护中国共产党领导的信心和决心。

江泽民同志的报告对全面贯彻"三个代表"要求作了深刻的阐述，报告把继承历史和着眼时代紧密结合起来，把理论创新和实践结合紧密联系起来，针对当代中国实践提出的问题，提出了实践"三个代表"的根本要求，为推进我国社会主义制度自我完善和发展提供了强大理论武器。十六大提出了全面建设小康社会的奋斗目标，围绕这个目标对我国新世纪新阶段经济、政治、文化建设和各项改革作出了全面部署，极大地鼓舞了全国各族人民为开创中国特色社会主义事业新局面的热情和斗志。作为参政党，我们还特别注意到大会的报告把坚持和完善中国共产党领导的多党合作和政治协商制度，坚持"长期共存、互相监督、肝胆相照、荣辱与共"的方针，加强与民主党派合作共事，作为政治建设和政治体制改革的重要内容，对此，我们深为振奋，同时深感责任重大。再过三天，民革将召开第十次全国代表大会，我们一定要以中共十六大精神为指导，学习、实践"三个代表"重要思想，把学习中共十六大精神作为当前和今后一个时期的首要任务，要继承民革优良传统，搞好政治交接，围绕"建设适应新世纪要求的参政党"这一历史性课题，始终把加强思想建设、保持民革的进步性作为头等大事来抓，努力把民革建设成为坚持同共产党亲密合作、致力于中国特色社会主义事业的参政党。在此基础上，大力提高参政议政、民主监督的质量和水平，凝聚民革全党的智慧和力量，为发展社会主义民主政治，建设社会主义政治文明，实现全面建设小康社会的目标作出新的贡献。

我们相信，以胡锦涛同志为总书记的党中央，一定高举邓小平理论伟大旗帜，全面贯彻"三个代表"重要思想，继往开来，开拓奋进，中国特色社会主义事业一定能够开创新的局面。民革作为参政党，一定要在政治上牢固树立坚持共产党领导，提高接受中国共产党领导的自觉性和坚定性，坚持和完善我国的政党制度和政治协商制度。我们要紧密团结在中共中央周围，把思想统一到中共十六大精神上来，把力量凝聚到实现中共十六大提出的目标、任务上来，倍加顾全大局，倍加珍视团结，倍加维护稳定，为全面建设小康社会，为促进祖国的统一贡献我们的力量。

对非典疫情过后下半年
工作的几点建议 *

（2003 年 7 月 11 日）

自中共中央新的领导集体形成以来，我国社会主义现代化建设在新一届中央领导集体的带领下，开始了新的航程。新一届中共中央领导集体继承和发扬中国共产党的优良传统，特别是第三代中央领导集体与时俱进、开拓创新的领导作风，以心系人民、高效务实的形象，忠实实践"三个代表"重要思想，赢得了全国人民的信赖和衷心爱戴，也赢得了国际社会的广泛赞誉。

新一届中共中央领导集体上任伊始，就遇到了传染性非典疫情的严峻考验。党中央及时果断采取积极应对措施，有效地控制住了疫情，阻止了疫情向农村的蔓延，最大限度地保护了人民群众的生命安全，取得抗击非典的阶段性重大胜利，充分体现了我国社会主义制度的优越性，体现了党中央高度的政治责任感、卓越的领导能力和高度的凝聚力，体现了中国共产党"三个代表"的特性。

在抗击非典的斗争中，党中央、国务院坚持一手抓抗击非典

---

* 这是何鲁丽同志在中共中央召开的党外人士座谈会上的发言。

这件大事不放松，一手抓经济建设这个中心不动摇，取得了抗击非典和经济建设的双胜利。与此同时，各项改革继续推进，各方面工作均有建树。

面对错综复杂的国际局势，党中央审时度势，采取了一系列正确的外交行动，特别是胡锦涛主席的欧亚之行取得了极大的成功，维护了我国的国家利益，表现出了一个负责任的大国应有的国际形象，赢得了全中国各族人民的衷心拥护和国际社会的广泛好评。

新一届中共中央领导集体带头实践"三个代表"重要思想，高度重视执政党建设，采取了一系列重大举措，为我们树立了光辉的榜样。在抗击非典的日子里，党中央领导集体的每一位同志都曾深入一线了解情况、指挥战斗。在最近一些地方发生严峻汛情的时候，党中央提出要始终把人民生命安全放在第一位，精心安排灾区群众生活，充分体现了党中央领导同志崇高的精神境界和与人民群众血肉相连的深厚感情。

新一届中共中央领导集体高度重视自身的学习，坚持每月一次中央政治局领导集体学习的制度，为全党和全国人民，也为我们民主党派，作出了榜样。党中央领导同志改革政务形式，从大大缩减有关领导人活动的新闻报道，到取消领导人出访迎来送往的礼仪，令人耳目一新，展示了新一届中共中央领导集体的优良作风。

前不久，中共中央下发了《中共中央关于在全党兴起学习贯彻"三个代表"重要思想新高潮的通知》。7月1日，胡锦涛同志在"三个代表"重要思想理论研讨会上发表重要讲话，深刻阐述了兴起学习贯彻"三个代表"重要思想新高潮的重大意义，对兴起学习贯彻"三个代表"重要思想新高潮作了进一步动员，提出了明确要求，对于推动全社会形成自觉学习贯彻"三个代表"重要思想、万众一心为全面建设小康社会而团结奋斗的生动局面，具有非常重要的意义；对于进一步加强民主党派的自身建设，也将具有非常重要的推动作用。

我们要特别强调的是，新一届中共中央领导集体高度重视统一战线和民主党派工作，为我国统一战线和多党合作事业的发展带来了新的战略机遇期。特别是去年 12 月下旬，锦涛[1] 和庆林[2]、庆红[3]、王刚[4] 等领导同志走访各民主党派中央、全国工商联机关，充分体现了新一届中共中央领导集体对统一战线和多党合作事业的高度重视和对民主党派的亲切关怀，激励着我们为实现中共十六大提出的目标任务、为统一战线和多党合作事业竭诚奋斗。在党中央的领导下，像今天这样的重大决策前的高层政治协商更加频繁，参政党履行参政议政、民主监督职能正在不断地制度化、规范化。前不久，温家宝同志提出，国务院每季度向党外人士通报经济形势、征求意见，各民主党派每年围绕重大课题进行调研，对民主党派提出的意见建议必须件件有回复，国务院要主动接受民主党派的监督，为民主党派知情出力创造条件，等等。这些意见进一步拓宽了民主党派参政议政的渠道，必将推动中国共产党领导的多党合作和政治协商制度进一步巩固和发展。

在党中央、国务院领导下，今年上半年工作取得的显著成绩，为下半年工作的进一步扎实推进奠定了基础。我们认为，中共中央提出的下半年工作将要实现的目标和各项方针、政策以及具体措施，都是非常正确的。为更好地贯彻落实中共中央政治局常委会议精神，我代表民革中央对下半年工作提出几点建议：

第一，鉴于我国抗击非典斗争已经取得阶段性的重大胜利，建议尽快转变当前的抗击非典"战时体制"，全面恢复正常的生产和生活秩序。一方面，我们仍然要保持高度警惕，严防非典疫情的反复；另一方面，我们要客观科学地分析非典造成的影响，发扬抗击非典斗争中扎扎实实的工作作风，积极推进各项工作，尽可能减少非典造成的损失。要高度重视非典的滞后影响，努力维护非典之后社会生产和生活秩序的稳定。要防止一些地方忙于搞庆功、表彰而出现忽视总结经验教训。要认真总结抗击非典的经验，把中央和许多地方在抗击非典中创造的好的做法巩固下来、发扬光大，比如按照"三个代表"的要求，坚持把人民群众的安全、健康和切身利益作为一切工作的出发点，及时准确地向公众通报情况，坚持经济和社会、城市和农村、人和自然协调发展，动员和组织各方面力量积极应对各种突发事件，高度重视公共卫生体系建设，等等，许多经验可以上升为制度加以推广；同时，也要对抗击非典过程中暴露出来的机制上、政策上的问题认真加以总结，比如一些地区片面追求经济增长、忽视社会发展的问题，科研体制上条块分割、缺乏整合机制的问题，等等，这些问题应当尽快解决，从而使各级干部坚持执政为民，做到权为民所用、情为民所系、利为民所谋，忠实地实践"三个代表"重要思想。

第二，我们认为，非典对我国经济生活影响最大的可能主要是外贸经济和农村经济。关于外贸经济问题，建议我国政府与世界卫生组织密切合作，恰当宣传我国抗击非典的斗争，维护我国良好的国际形象。对受到非典影响的劳动密集型产品出口企业要给予重点扶持。应当加快对出口创汇企业的出口退税速度，解决好出口退税拖欠问题，力争今年当年出口退税不留欠账。

非典对我国农村经济的影响主要在于农民收入的增长幅度可能因此有较大下降。建议中央下大气力解决农村问题，加强督促检查工作，确保农村税费改革等各项政策措施落实到位，努力把农民负担降到最低限度。要规范各级政府的招商引资工作，遏制农村发展中的所谓政绩工程、形象工程，维护农民的合法权益，切实保护实现农民在土地流转中应得的利益。进一步畅通农民进城务工的渠道，为他们提供服务和保障。千方百计为农村发展输送人才，在实施大学生志愿服务西部计划的基础上，力求在人才培养和分配方面向西部和农村地区倾斜。今年是我国实行高校扩招政策之后大学本科生毕业的第一年，我们建议，在高度重视全社会的就业工作的同时，着力解决好毕业大学生的就业问题。

第三，我们坚决拥护党中央、国务院加强公共卫生体系和公共卫生突发事件应急机制建设的决策，建议把这项工作的重点放在农村，坚持从我国的实际出发，在运用市场手段的同时，充分发挥政府投入的主导作用。要进一步提高农民的组织化程度，按照"三个代表"的要求，把《中共中央、国务院关于进一步加强农村卫生工作的决定》落到实处。

第四，现阶段加强社会主义精神文明建设应当以学习"三个代表"重要思想为重点，凝聚和团结全国各族人民为加快社会主义现代化建设的步伐而奋斗。进一步加强公民道德建设，弘扬抗击非典斗争中形成的民族精神，教育群众克服各种不文明的陋习。我们认为，中共中央统战部发起的在统一战线成员中开展的"三增强"、"四热爱"教育活动，是一项非常有意义的活动，建议将这项活动推广到更广泛的范围，特别是要推广到广大干部和青少年学生中间去，从而更好地发挥精神文明建设对社会全面进步的推动作用。

注　释

〔1〕指胡锦涛，时任中国共产党中央委员会总书记、中华人民共和国主席。

〔2〕指贾庆林，时任中央政治局常委、全国政协主席。

〔3〕指曾庆红，时任中央政治局常委、中华人民共和国副主席。

〔4〕指王刚，时任中共中央政治局候补委员、中央书记处书记、中央办公厅主任、中央直属机关工委书记。

不断推进社会主义市场
经济体制的完善[*]

（2003 年 8 月 26 日）

民革中央完全拥护和赞同《中共中央关于完善社会主义市场经济体制若干问题的决定（征求意见稿）》。这个文件以马克思列宁主义、毛泽东思想、邓小平理论和"三个代表"重要思想为指导，贯彻社会主义初级阶段的基本路线、基本纲领，全面落实中共十六大精神，在认真总结中共十四大确定社会主义市场体制改革目标及十四届三中全会作出相关决定以来的基本经验基础上，提出了完善社会主义市场经济体制的目标、任务和深化经济体制改革的指导思想、基本原则，有着重大现实意义和深远的历史意义，是指导我国新世纪新阶段经济体制改革实践、完善社会主义市场经济体制的纲领性文件。这个文件不仅理论性强，而且结构合理，文字简练，重点突出，内容全面、丰富、实在，符合客观实际，对深化我国的经济体制改革工作，有着极强的指导性、针对性和可操作性，充分体现了以胡锦涛同志为总书记的中共中央认真贯彻"三个代表"重要思想，努力实践立党为公、

---

[*] 这是何鲁丽同志在中共中央召开的党外人士座谈会上的发言。

执政为民的精神，体现了与时俱进和求真务实的态度。我们相信，认真贯彻好、落实好、执行好文件所确定的各项任务，必将对完善我国社会主义市场经济体制，并进而实现全面建设小康社会的奋斗目标，起到十分重要的推动作用。

文件所确定的完善社会主义市场经济体制的目标、任务以及深化经济体制改革的指导思想和基本原则，符合我国当前的实际，尤其是把"坚持以人为本，树立协调、全面、可持续的新发展观，促进经济、社会与人的全面发展"确定为深化经济体制改革的基本原则之一，更是很好地体现了解放思想、实事求是、与时俱进的精神。

文件提出，要进一步巩固和发展公有制经济，积极推行公有制的多种有效实现形式，鼓励、支持和大力发展、积极引导非公有制经济的发展。我们认为，中共中央在当前形势下对这个问题进行这样再一次的强调，是非常必要的。我国实行的是公有制经济为主体、多种所有制经济共同发展的基本经济制度。没有公有制经济这个主体的进一步巩固和发展，不积极探讨和推行公有制的多种有效实现形式，整个国民经济就不会得到持续、健康发展。同样，缺少了非公有制经济的发展，国家的经济建设也不可能搞好。所以，在进一步巩固和发展公有制经济的基础上，大力鼓励、支持和引导非公有制经济的发展，应当成为当前和今后一段时期全社会所共同关注的一项重要工作。

尽管近年来我国的城市化工作取得了很大的进展，但农村人口仍然占了我国总人口的70%左右，从这个意义上说，"三农"工作开展得好坏，直接关系着我国经济建设和社会发展的成败。为此，文件把深化农村改革、完善农村经济体制，作为完善我国社会主义市场经济体制的一个重要组成部分，并提出了完善农村土地制度、健全农业社会化服务、深化农村税费改革、改善农村富余劳动力转移就业环境等改革目标。为切实保护广大农民群众的合法权益，保护宝贵的土地资源，文件还根据保护农民权益、控制征地规模的原则，提出了改革土地征用制度，严格界定公益性用地、经营性用地等具体措施。我们认为，文件所提出的这些深化农村改革和完善农村经济体制的政策措施，准确抓住了目前农村工作的要点，认真贯彻执行这些政策，必将大大推动我国农村经济的发展，从而为实现全面建设小康社会的宏伟目标提供不可或缺的基础和条件。

我们完全赞同文件所确定的统筹城乡发展、统筹区域发展和建立有利于逐步消除城乡二元经济结构体制、形成促进区域经济协调发展机制的原则。城乡发展和区域发展不平衡的问题，是我国现阶段所遇到一个大问题。不认真解决这个问题，不下大力加强和深化劳动就业体制及分配制度的改革，加快建设与经济发展水平相适应的社会保障体系，势必影响国家各项事业的发展和社会的稳定。

在阅读、讨论文件的过程中，我们觉得有几个问题应该引起注意，现提出来供参考：

第一，在文件正式通过和颁布后，各地、各部门必须与中共中央保持高度的一致，在认真学习好、领会好文件精神的基础上，忠实贯彻执行文件精神，以保证深化经济体制改革、完善社会主义市场经济体制工作的顺利进行。在这一过程中，建议中共中央、国务院采取各种有效措施，严格督促检查各地、各部门结合自己实际具体落实文件的情况。

第二，在进一步深化和完善经济体制改革的工作中，一定要注意保持政策的连续性和完整性。既要认真解决各地区、各阶层之间的不平衡问题，多关注一下经济发展相对滞后地区的发展，多关注一下困难群体的生产与生活，又应注意不要影响地方、企业和先富阶层的积极性。

第三，高度关注就业和再就业问题。人口众多是我国的基本国情，劳动力素质较高、价格较低是我国在国际经济竞争中的优势。我们应当着眼于这一基本国情，充分利用我国劳动力的竞争优势，大力发展劳动密集型企业，以扩大就业率，增加就业机会，同时提高我国产品在国际上的竞争力。

第四，应及时抓住我国当前宏观经济形势较好的时机，利用我国加入 WTO 后与国际接轨的机遇，加大改革的力度，特别是加大诸如垄断行业的改革、进一步转变政府经济管理职能等难点问题的工作力度，从而更好更快地推进完善我国社会主义市场经济体制的进程。

最后，我们认为，在完善社会主义市场经济体制的过程中，一定要注意用市场的力量来完善市场，使改革的进程更加符合市场经济发展的客观规律要求。要着眼于我国人口众多和发展不平衡的基本国情，坚持一切从实际出发，坚持改革、发展、稳定和统筹发展、协调发展的方针，因地制宜，把改革的力度、发展的速度和社会可承受的程度有机地结合起来，确保社会稳定和人民群众基本生产与生活需要，确保完善社会主义市场经济体制的工作有序进行。我们相信，在马克思列宁主义、毛泽东思想、邓小平理论、"三个代表"重要思想和中共十六大精神的指引下，有以胡锦涛同志为总书记的中共中央正确领导，完善我国社会主义市场经济体制的工作一定能取得完满成功！

适时修改宪法部分内容
非常必要*

（2003 年 8 月 28 日）

《中共中央关于修改宪法部分内容的建议（草案）》以马克思列宁主义、毛泽东思想、邓小平理论、"三个代表"重要思想和中共十六大精神为指导，充分体现了解放思想、实事求是、与时俱进的精神，体现了中共十三届四中全会以来的基本经验，体现了中共十六大确定的重大理论观点和重大方针政策。

大家认为，中共中央决定适时修改宪法的部分内容，是非常正确和非常及时的。宪法是一个国家的根本大法，宪法的稳定是国家稳定的基础，因此必须要保持宪法的基本稳定。同时，在保持宪法基本稳定的前提下，根据理论与实践的发展而适时进行一些必要的修改，也是为了更好地适应新形势下推进中国特色社会主义事业提出的新要求，更好地适应国家经济、政治与社会文化发展的需要。我们完全拥护中共中央关于修改宪法的原则及有关精神，完全赞同在宪法序言中明确规定四项基本原则。四项基本原则是我们的旗帜，是我们的立国之本，一定要始终不渝和旗帜

---

　*　这是何鲁丽同志在中共中央召开的党外人士座谈会上的发言。

鲜明地坚持。

文件建议在宪法中把"三个代表"重要思想同马克思列宁主义、毛泽东思想、邓小平理论写在一起,确立其在国家政治和社会生活中的指导地位,反映了包括我们民主党派同志在内的全国各族人民的共同愿望和要求,体现了党的政策主张与人民意志的高度统一,明确了全国人民在新世纪新阶段继续团结奋斗的共同思想基础,具有重大的现实意义和深远的历史意义。

社会主义物质文明、政治文明、精神文明协调发展,是中国特色社会主义制度的特征之一。我们认为,将三个文明协调发展,反映了中国共产党对执政规律、社会主义建设规律和人类社会发展规律认识的深化,同时也是中国共产党人对社会主义文明内涵的极大丰富和对社会主义建设理论的重大发展。文件建议把三个文明及其相互关系写入宪法,并且紧扣社会主义建设的总目标,意思连贯,逻辑严谨,为三个文明协调发展提供了有力的宪法保障。

我们认为,文件对宪法第十二条的修改建议比较全面,既明确在宪法中规定"公民的合法的私有财产不受侵犯。国家依照法律规定保护公民的私有财产权和继承权",又规定"国家为了公共利益的需要,可以依照法律规定对公民的私有财产实行征收,并给予补偿"。这样的表述,完全符合我国公有制为主体、多种所有制经济共同发展的现实,有利于消除多年来人们的一些顾虑和误解。

文件建议在宪法第十四条里增加"国家建立健全同经济发展水平相适应的社会保障体系"一款,我们认为十分重要。建立健全一个较为完善的社会保障制度,不仅是我国深化经济体制改革、完善社会主义市场经济体制的重要内容，是发展社会主义市场经济的客观要求，它还是保持社会稳定和维护国家长治久安的重要保证，是人民群众安身立命的基础。把建立健全社会保障体系写入宪法，表明了党和政府时刻都在把最广大人民群众的根本利益放在心上，真正体现了"三个代表"重要思想的精神实质，体现了立党为公、执政为民的本质。

文件建议把"国家尊重和保障人权"写入宪法，我们表示赞同和拥护。尊重和保护人权，是中国共产党的一贯方针，早于抗日战争时期，就在陕甘宁边区等地明确提出了"保证一切抗日人民的人权"这一政策主张。现在文件建议在宪法中作出尊重和保障人权的宣示，是对党和国家一贯方针的明确和肯定，体现了社会主义制度的本质要求，有利于推进我国社会主义人权事业的发展，有利于开展国际人权斗争，同时也有利于增强公民的权利意识，进一步加强对公民各项权利的尊重和保护。

我们还认为，文件建议在宪法第四章中增加国歌内容的规定，是非常必要的。作为国歌，理应像国旗、国徽一样，在宪法中有明确的法律地位，只有这样，才能更好地维护国歌的权威性和稳定性，从而增强全国各族人民对国家的认同感和荣誉感。

对文件中关于其他宪法内容的修改建议，我们都表示赞同和拥护，没有修改意见。

通过介绍我们得知，这个文件的酝酿、起草和形成，事先中共中央并没有拿出正式的意见，是先征求意见，再集中形成草案，再征求意见，最后才交由中共十六届三中全会讨论通过，经历了自下而上、自上而下的几次反复，广泛听取了社会各阶层代表人士的意见和建议，集中了各界人士的智慧。文件的这一制定过程使我们深受教育。我们认为，这一过程真实地体现了中国共产党"从群众中来，到群众中去"的群众路线，是充分发扬社会主义民主的典范。

我们觉得，认真阅读文件的过程，也是我们再一次学习宪法、学习党的基本理论和基本路线的过程，大家都感到从中得到了提高和很大的收获。我们决定，在这次宪法修正案正式通过以后，要在民革掀起一次认真学习宪法的活动，以增强广大民革党员的宪法意识，从而更加自觉地坚持和维护中国共产党领导的多党合作和政治协商制度，更加坚定不移地走中国特色社会主义道路，认真履行好参政党职能，把新世纪新阶段的参政议政、民主监督工作推向一个新的阶段。

关于发展农村医疗卫生和
教育事业的建议[*]

（2003 年 11 月 18 日）

今年 7 月，民革中央的几位同志在中共中央统战部的精心组织和云南省委、省政府的大力支持下，赴云南省就农村卫生工作和合作医疗制度建设等问题进行了调研和考察。在此前后，我们还采用函调的形式，对上海、浙江、湖北、江苏、广东、贵州、四川、江西等省市的农村卫生工作和合作医疗制度建设情况进行了了解。通过这些调研和考察，我们看到建国以来特别是中共十一届三中全会以来我国农村医疗卫生事业所取得的巨大发展和进步，但同时也看到了目前我国农村医疗卫生方面还存在着的一些问题。这些问题主要有：城乡之间卫生资源配置不合理，医疗卫生投资过分向城市倾斜；农村卫生机构基础设施条件差，卫生防疫技术人才匮乏；农村卫生管理体制改革滞后，机制不活、效率不高；农民的医药费用增长过快，农村医疗保健制度不健全等。针对这些存在的问题，我们在经过认真研究之后，提出以下几点建议以供有关部门参考：

---

   * 这是何鲁丽同志在中共中央召开的党外人士座谈会上的发言。

一、提高广大干部对搞好农村卫生工作重要性的认识，使各级领导干部都能本着立党为公、执政为民的精神，把解决农民看病难、减轻农民看病负担和建立农村医疗保障制度提高到认真践行"三个代表"重要思想和促进农村发展、保持社会稳定、实现全面建设小康社会奋斗目标的高度来认识。

二、全面做好农村卫生工作，要以发展为主题，以结构调整为主线，以让大多数群众受益为根本出发点，坚持经济社会协调发展，在发展中不断提高农村的医疗卫生水平。在当前和今后一段时期内，应当通过一系列改革，来对城市有余、农村不足的卫生资源配置不合理现象进行有效的调整，以实现城乡卫生资源的均衡发展。目前，可以考虑的是，国家将每年新增加的卫生投入主要用来发展农村的公共卫生事业，这样就可以在不额外增加财政支出的情况下，加大对农村公共卫生事业的投入。

三、为保证所有农村居民都能享受到政府提供的基本公共卫生服务，应尽快研究确定现阶段国家基本公共卫生服务项目，明确各级财政基本公共卫生服务项目的责任范围，实行政府购买公共卫生服务的制度。在贫困地区，如果地方财政有困难，应用中央财政转移支付的方式来予以解决。

四、切实贯彻预防为主的方针，强化政府的调控职能，整合利用现有的农村卫生资源，完善公共卫生保障体系。在农村公共卫生保障体系的建设上，应以乡镇卫生院改革和乡村一体化管理为基础，优化县、乡、村卫生资源配置，避免长期以来基层医疗卫生机构与计划生育部门在公共卫生保健方面存在的职能交叉和重复现象，使公共卫生资源实现"一网多用"的功能。

五、加大农村卫生人才的培训力度，由政府负责有计划地对农村卫生防疫人员免费进行技术培训，同时加快制定鼓励城市医疗人员下乡的有关政策，并采取相应的措施来保证农村卫生技术人才队伍的稳定。

六、认真做好农村新型合作医疗制度的试点和推广工作。根据调研，我们认为，要做好这一工作，有三个问题应当注意：一是要注意补偿机制与农民的贫困程度挂钩，把农村贫困人口医疗救助制度与新型合作医疗制度稳步推行；二是要注意在推行新型合作医疗制度时不要搞一刀切，要结合当地的实际，对新型合作医疗保障制度的筹资模式及资金管理等进行科学设计，根据农民的承受能力，因地制宜地选择不同的合作医疗模式、筹资数额、补偿机制、管理方式；三是要注意在实行新型合作医疗制度的过程中，不宜过多强调以大病统筹为主，一定要坚持多数人受益的原则，既要保大病，又要有一定资金保小病，大额与小额同时补偿，以满足农民不同的医疗需求。

以上是我们关于农村卫生工作和合作医疗制度建设考察的简要汇报。

前不久，温家宝同志向我们通报了今年以来的经济工作，并介绍了近期工作安排等情况。从家宝同志的介绍中我们了解到，今年以来，中共中央、国务院坚持把发展作为执政兴国的第一要务，对突然出现的各种复杂局面采取了一系列有针对性的措施，按照统筹城乡发展、统筹区域发展、统筹经济社会发展、统筹人与自然和谐发展、统筹国内发展和对外开放的要求，坚持用科学的发展观来指导全国的各项工作，取得了经济的持续快速健康发展和社会的全面进步。借此机会，我代表民革的全体同志，向中共中央、国务院表示热烈的祝贺！

对于明年的经济和社会发展工作，我们没有更多的意见和建议。这里只是想结合赴云南等地调研、考察过程中看到的一些情况，提出两点希望。

第一，希望国家继续大力加强基础教育，特别是继续大力加强农村基础教育。前不久，国务院为认真贯彻落实中共十六大精神作出了《国务院关于进一步加强农村教育工作的决定》。我们认为，这个决定非常及时，一定会对加快农村教育发展，深化农村教育改革，促进农村经济社会和城乡协调发展，起到十分重要的作用。基础教育特别是农村基础教育，在全面建设小康社会中具有基础性、先导性和全局性的重要作用。发展基础教育，是提高劳动者素质和将我国较为沉重的人口压力转化为人力资源优势的重要途径，同时也是从根本上解决农业、农村和农民问题的关键所在。但是我们也看到，由于目前我国的财力有限，要想一下子拿出大量钱来投入基础教育，恐怕还不太现实，尤其是在一些贫困地区，如果在政府没有大量增加教育投入的情况下加强基础教育，势必会加重农民的负担。对此，我们有一个建议，就是国家在加大教育投入的同时，也相应地改变教育投入的结构，适当加大基础教育特别是农村基础教育的比重，以更好地发展基础教育。另外，为了帮助中西部贫困地区更好地发展基础教育，可以考虑由国家教育行政部门根据各地的实际情况，制定出相应的"普九"财政投入最低标准。凡是因地方财政困难达不到这一最低标准的地区，由国家财政统一予以补贴解决，以实现教育公平这一社会主义教育的本质要求。

第二，希望中共各级党委和政府进一步抓好十六届三中全会精神的学习和贯彻落实。中共十六届三中全会精神十分丰富，特别是《中共中央关于完善社会主义市场经济体制若干问题的决定》，更是我们深化经济体制改革、促进经济和社会全面发展的纲领性文件，只要我们真正把思想和行动统一到中共十六大和十六届三中全会精神上来，就一定能全面推进我国的改革开放和现代化建设进程。这是做好新世纪新阶段各项工作的根本要求。我们希望中共各级党委和政府，在认真总结前一段学习十六届三中全会精神的基础上，进一步深入抓好各级领导干部的学习，务必使各级领导干部都能通过反复深入的学习，全面领会其精神实质。与此同时，扎扎实实地抓好落实工作，一级一级地负责督促检查，防止学习走过场、落实不得力的现象出现，真正和不走样地把十六届三中全会精神落实到基层、落实到各项工作之中，从而更好地带领全国人民开拓前进。

民革中央已经决定，把认真学习中共十六大和十六届三中全会精神，作为明年民革全党头等重要的大事，务必要使民革全党同志学习好、领会好、贯彻落实好中共十六大和十六届三中全会精神，并以此来指导我们的参政议政、民主监督工作，争取在新的工作中作出更大的成绩。

我们相信，在以胡锦涛同志为总书记的中共中央正确领导下，有邓小平理论和"三个代表"重要思想的指导，市场空间广阔、物质基础雄厚、发展环境稳定、战略符合实际的中国经济，一定能够保持长期稳健快速增长，全面建设小康社会的宏伟目标一定能够实现。

对 2004 年政府工作的建议[*]

（2004 年 2 月 5 日）

政府工作报告（征求意见稿）是一个非常务实、非常鼓舞人心的报告。报告以邓小平理论和"三个代表"重要思想为指导，全面贯彻中共十六大和十六届三中全会精神，实事求是地总结了 2003 年的工作，明确了 2004 年政府工作的基本思路和主要任务，提出了加强政府自身建设的主要措施。这对于统一全国人民的思想，调动一切积极因素，动员全国人民做好 2004 年的工作，进一步推进改革开放和社会主义现代化建设具有重大的意义。我们完全拥护和赞成这个报告。

刚刚过去的 2003 年是很不平常的一年，我国遇到的困难比预料的大，取得的成绩比预料的好。面对复杂多变的国际形势、突如其来的非典疫情和频繁发生的自然灾害，党中央、国务院总揽全局、正确应对，领导全国各族人民万众一心、团结奋斗，战胜了各种困难和挑战，保持了国民经济较快增长和各项社会事业全面发展的良好势头，改革开放和现代化建设取得新的成就。这

---

[*] 这是何鲁丽同志在温家宝总理听取党外人士对政府工作报告（征求意见稿）意见座谈会上的发言。

一年，我国爱国统一战线呈现出新的局面，中国共产党领导的多党合作和政治协商制度进一步完善和发展，民主党派参政议政、民主监督的作用得到更好的发挥。特别是温家宝总理代表国务院提出的建立国务院与民主党派联系的四项制度，更是体现了党中央、国务院加强民主政治建设的决心，是推进多党合作制度进一步规范化、制度化、程序化的重要举措。这使我们备受鼓舞，同时也更加增强了我们做好参政党工作的责任感和使命感。

实践充分证明，新一届党中央、国务院领导坚强有力，工作卓有成效，具有驾驭市场经济和应对复杂局面的能力，完全能够带领全国人民战胜各种困难和风险，夺取建设中国特色社会主义事业的新胜利。这次阅读了政府工作报告（征求意见稿），我们深切感受到中共中央决策的正确，更加增强了做好 2004 年工作、夺取更大胜利的信心。我们认为，这次的政府工作报告有以下几个特点：

一是体现了求真务实的精神。报告文字简洁明了，朴实无华，所提的任务和要求针对性和可操作性强，所定的经济增长目标和其他指标是积极稳妥、实事求是的。特别是在加强政府自身建设中提出的"必须坚持办实事，求实效，珍惜民力，不搞劳民伤财的'形象工程'；必须坚持察实情，讲真话，不虚报浮夸"的要求，真正代表了广大干部群众的心声，让人耳目一新，反映出政府的良好政风。

二是强调了"全面、协调、可持续"的发展观。报告中一再强调要"按照五个统筹的要求"，"搞好宏观调控"，"注重统筹兼顾"，"统筹区域协调发展"。这些要求都进一步表明，我国在未来的发展中将更加重视消除经济增长中的不平衡、不协调现象，更加注重提高经济增长的质量和效益。树立正确的、科学的发展观，才能确保经济社会和人的全面发展，实现全面小康的宏伟目标。

三是突出了"以人为本"的思想。坚持以人为本，关心群众生活，始终把人民的利益放在首位，是中国共产党实践"三个代表"重要思想，坚持立党为公、执政为民的根本要求。这一点在政府工作报告中得到鲜明的体现。报告中不仅提出要"减轻农民负担"、"实现农民增收"，而且还明确了减负的目标和措施，同时提出"着力解决关系人民群众切身利益的突出问题"、"加强就业和社会保障工作"、"进一步改善人民生活"等任务。这些都表明了党中央、国务院高度重视提高人民生活水平、切实维护群众利益的决心，必将受到广大人民群众的衷心拥护。

总之，这是一个很好的报告，内容充实、全面、具体，所作的工作部署符合我国当前实际。大政方针已定，今后的关键是抓好贯彻落实。下面，我们就报告部分内容提几点建议，仅供参考。

第一，报告在 2004 年国内主要任务中的"加强农业基础地位，实现粮食增产和农民增收"部分提到，要"保护和提高粮食综合生产能力"、"扩大粮食播种面积，努力提高单产"。为确保粮食安全，这样提是完全正确的，但把粮食增产与农民增收并列起来提，容易给人一种印象——似乎粮食增产了农民就一定能增收，或者说农民要增收必须通过粮食增产来实现，这显然是片面的。而且，过分强调扩大粮食播种面积，会不会影响到已经进行的农业结构调整的方向？我们认为，对这些提法在表述上应更清晰和准确一些，以免引起人们的误解。为此，建议把标题中的"实现粮食增产和农民增收"改为"实现农业增产和农民增收"，把此条目下的"重点抓好增加粮食生产和增加农民收入两件大事"改为"重点抓好提高粮食综合生产能力和增加农民收入两件大事"。

报告在这一部分还提到要加强用地管理，实行最严格的耕地保护制度，坚决制止乱占滥用耕地现象。我们对此非常拥护，希望各级政府能与中央保持一致，确保中央精神得到贯彻落实。要做到这一点，必须加强对干部的教育，加大执法力度，坚决刹住违法征占耕地的歪风，使中央一系列关于保护耕地的政策真正落到实处。党中央、国务院始终重视农业的基础地位，始终重视要严格保护耕地和提高粮食综合生产能力，始终重视维护粮食主产区和种粮农民的利益，始终重视增加农民包括种粮农民的收入。这充分体现了党中央国务院对"三农"问题的高度关注和解决"三农"问题的坚强决心。希望各级党委和政府都能够认真做到这"四个始终重视"。

第二，报告中提到要"改善农民进城就业环境，多渠道扩大农村劳动力转移就业"，建议后面加上一句"要加强对农民的职业培训，提高农村劳动力转移就业能力"。从目前情况看，虽然农民进城打工的人数逐年增多，但由于文化素质和专业技能普遍偏低，从而使他们的就业渠道大大受阻。要根本解决这一问题，必须从加强农村教育开始。要改革农村现行教育体制，在农村九年制义务教育中加入技能培训的内容。报告中虽然提到要"大力发展职业教育和继续教育"，但对农村的针对性还是显得不够。现在许多农村还存在"负债普九"的现象，拖欠教师工资和教师工资过低的问题也没有完全解决，希望各级政府给予高度重视，帮助农村学校解决实际困难。只有切实加强了农村教育和农民的职业培训，普遍提高了农民的素质和就业能力，才能真正实现"把人口压力转变为人力资源优势"的战略。这也是改变农村落后面貌、促进农村经济发展、提高农民生活水平的根本途径和长远之计。

第三，报告第 17 页的第（五）条标题是"加快社会事业发展，加强精神文明建设"，这两者放在一起显得有些牵强，而且内容写得比较单薄，主要写了卫生事业、文化建设、体育事业和精神文明建设，不能涵盖"社会事业"的全部。其中，"发展卫生事业"部分写得相对细了一些，篇幅较长；而"爱国卫生运动"只提了一句，力度不够。建议将"要从各地实际出发，积极稳妥地推进农村合作医疗试点"这一段删去；将精神文明建设单写成一自然段，内容再充实一些，以体现其重要性和政府对加强精神文明建设的重视；在精神文明建设中增加一句"提倡和支持在公民中开展公益事业志愿者活动"。

宪法要与时俱进*

（2004 年 3 月 9 日）

一、宪法是国家的根本大法，宪法的稳定是国家稳定的基础。在保持宪法基本稳定的前提下，根据理论与实践的发展适时进行一些必要的修改，是为了更好地适应新形势下建设中国特色社会主义事业的要求，更好地适应国家经济、政治与社会文化发展的需要。把实践中证明是成熟的、重要的认识和基本经验写入宪法，将使宪法更加完善，更能发挥宪法作为国家根本大法的作用。宪法如果不能与时俱进，就会影响其权威性。宪法修正案，体现了维护宪法稳定和实现宪法与时俱进的有机统一。我国是社会主义国家，马克思主义作为工人阶级的世界观和方法论，在国家政治生活和各领域居指导地位，世界各国宪法都要维护统治阶级思想在社会的地位。一个国家一个民族要发展强大，必须有共同的理想和精神支柱，马克思主义，特别是邓小平理论和"三个代表"重要思想为指导思想，是宪法中必须坚持的基本原则。我完全拥护中共中央关于修改宪法的总原则，完全赞同王兆国副

---

　　* 这是何鲁丽同志在第十届全国人民代表大会第二次会议北京团小组讨论会议上审议《中华人民共和国宪法修正案》的发言。

委员长说明中提出的，修改宪法必须坚持正确的政治方向，坚持四项基本原则，宪法修改要立足我国国情，立足改革开放和社会主义现代化建设的实际。

二、宪法修正案，是以马克思列宁主义、毛泽东思想、邓小平理论、"三个代表"重要思想和中共十六大精神为指导，充分体现了解放思想、实事求是、与时俱进的精神，体现了中共十三届四中全会以来的基本经验，体现了中共十六大确定的重大理论观点和重大方针政策。把"三个代表"重要思想同马克思列宁主义、毛泽东思想、邓小平理论一道写入宪法，确立其在国家政治和社会生活中的指导地位，反映了全国各族人民的共同愿望和要求，体现了党的政策主张与人民意志的统一，明确了全国人民在新世纪新阶段继续团结奋斗的共同思想基础，是具有重大现实意义和深远历史意义的。

三、社会主义物质文明、政治文明、精神文明协调发展，是中国特色社会主义制度的特征，是社会主义现代化全面发展的三大基本目标（建成富强、民主、文明的社会主义国家）。为此，必须坚定不移地发展社会主义市场经济、社会主义民主政治和社会主义先进文化，不断促进三个文明协调发展。宪法中增加"推动三个文明协调发展"的内容，反映了中国共产党对执政规律、社会主义建设规律和人类社会发展规律认识的深化，是对社会主义文明内涵的极大丰富和对社会主义理论的重大发展。把三个文明及其关系写入宪法，紧扣社会主义现代化建设的总目标，为三个文明全面协调发展提供了宪法保障。

四、在宪法中把统一战线的表述修改为"包括全体社会主义劳动者、社会主义事业的建设者、拥护社会主义的爱国者和拥护祖国统一的爱国者的广泛的爱国统一战线"。统一战线包括的"劳动者"、"建设者"和两种"爱国者",一层比一层更广泛。"建设者"包括全体社会主义劳动者和在社会变革中出现的新的社会阶层。这反映了我国经济社会结构的变化,体现了统一战线的广泛性和包容性,突出了统一战线大团结大联合的鲜明主题,有利于最广泛地调动一切积极因素,对继续巩固和发展新世纪新阶段统一战线具有深远意义。

五、把"国家尊重和保障人权"写入宪法,虽然是第一次在宪法中引进人权概念,但这也是对党和国家一贯方针的明确和肯定。早在抗日战争时期,中国共产党就在陕甘宁边区等地明确提出"保障一切抗日人民的人权"的政策和主张。这次又在宪法中作出尊重和保障人权的宣示,体现了社会主义制度的本质要求。国家保护人民过上好生活,带领全国各族人民推翻三座大山,当家作主,也是人权表现。把"国家尊重和保障人权"写入宪法还有利于推进我国社会主义人权事业的发展,有利于开展国际人权事业中的交流合作与斗争,也有利于增强公民的权利意识,进一步加强对公民各项基本权利的保护。

草案对宪法其他内容的修改建议我都赞同和拥护。宪法修正案经历了自下而上、自上而下的几次反复,广泛听取社会各阶层代表人士的意见和建议,凝聚和集中了全党、全国人民的集体智慧。可以说,修正案形成的过程是"从群众中来,到群众中去"群众路线的体现,是充分发扬社会主义民主的成果,体现了党的主张与人民意志的统一。修宪建议、修正案草案提出是完全依法程序进行的。

修改宪法很重要,学习和实施宪法同样重要。作为人民代表，要带头学习宪法，更好地维护宪法的尊严，保证宪法的实施。要在全民中广泛开展深入学习宣传宪法的活动，不断提高全国人民尤其是政府和两院各级干部、公职人员对宪法的重要地位和重要作用、宪法的基本知识和基本内容、贯彻落实宪法的重大意义的认识，形成遵守宪法、维护宪法的意识。全国人大及其常委会负责监督宪法实施职责，全国人大及其常委会负责解释宪法。我们已经作了这方面工作：执法检查、工作检查、对依法行政、公正执法、条例、法规同宪法相抵触可以提出人大常委会审查。为进一步加强宪法实施监督机制，并加以实施，需要在实践中探索、研究完善。使宪法在全面建设小康社会、开创中国特色社会主义事业新局面的实践中，发挥根本大法的重要作用。

促进国民经济持续快速协调健康发展[*]

（2004 年 7 月 19 日）

今天，中共中央召开党外人士座谈会，听取各民主党派、工商联、无党派人士对如何解决我国当前经济和社会发展中存在的问题和如何继续贯彻落实宏观调控政策的意见和建议，反映了中共中央对经济工作的重视。中共十六大以来，以胡锦涛同志为总书记的中共中央继承多党合作的优良传统，高度重视决策前的协商，并建立了半年向党外人士通报经济工作情况和听取意见的制度，这充分体现了中共中央对多党合作的高度重视，对党外人士意见建议的高度重视。我们要加强调查研究，努力提高参政能力和水平，为国家的经济建设和社会发展多作贡献。

去年以来，在全国工业化、城镇化进程加快和居民消费结构升级的拉动下，市场对住宅、汽车和城镇基础设施的需求迅速增长，引起对钢材、水泥等生产资料和能源的需求增多，造成去年银行贷款增速偏高、部分行业和地区投资增长过快的现象，导致了煤电油运供应紧张，能源、原材料价格上涨以及部分地区市场

---

[*] 这是何鲁丽同志在中共中央召开的党外人士座谈会上的发言。

粮价的上涨。如果任由这些影响经济正常运行的隐患发展下去，就很可能导致通货膨胀和经济的大起大落。针对出现的这些矛盾和问题，从去年下半年开始，中共中央、国务院科学判断形势，按照科学发展观的要求，及时、果断地采取了一系列宏观调控的政策措施，取得了明显的成效。我们高兴地看到，通过半年多的宏观调控，农业得到加强，粮食生产出现转机，粮食价格趋稳；土地市场秩序得到规范，清理整顿开发区占地收到成效；固定资产投资过快增长势头得到遏制，部分行业和地区投资过热现象明显降温；货币供应和贷款增幅回落；重要生活资料价格涨势减缓，钢材等商品价格下降；对国际市场的良性影响逐渐显现。这一切都表明，国民经济运行正朝着宏观调控的预期目标发展，前段时间所采取的宏观调控措施是正确有效的。民革全体同志完全拥护和支持中共中央、国务院所采取的一系列宏观调控的政策措施，并决心围绕"冷静观察、稳定政策，巩固成果、防止反弹，有保有压、区别对待，深化改革、完善机制"的要求，做好参政议政和民主监督工作。

但是，在看到宏观调控已经取得成效的同时，我们也应看到目前还存在一些值得高度重视的问题，比如固定资产的投资规模还是偏大、投资结构不合理的问题还比较突出、煤电油运和能源供应还相当紧张、物价总水平继续过快上涨的压力仍然较重，等等。及时消除经济发展过程中的这些不稳定、不健康因素，是继续深化宏观调控成果，促进国民经济持续快速协调健康发展的一个重点。为此，特提出以下几点想法供中共中央、国务院参考：

一、加大宣传教育力度，统一思想，形成合力。对当前我国经济运行状况的认识，理论界有不同的观点。应该说，从不同的方面去解读中国经济发展现状，是很正常的，也是很必要的，但是这些观点的讨论，不可避免地会对一些地方的领导同志造成影响，甚至还可能会使他们产生一些顾虑，担心本地区来之不易的经济增长势头能否继续保持下去。为帮助各级领导干部更加深刻地领会中共中央精神，尽快把思想统一到中共中央对经济形势的正确认识和决策上来，自觉做到服从国家宏观大局，并树立起科学的发展观和正确的政绩观，建议中共中央、国务院加大对宏观调控决策的宣传教育力度，特别是加大对各级领导干部的宣传教育力度。要通过这样的宣传和教育，使各级领导干部都能更加清楚地认识到，调控的目的不是为了限制发展，而是为了更好地落实科学发展观，为了将来更健康和更大的发展，从而提高他们全面、正确贯彻落实中央宏观调控决策的积极性，形成共同做好宏观调控工作的合力。

二、坚持科学调控，真正做到"有保有压、区别对待"，确保各项政策的连贯性和有效性。各地发展的不平衡，是我国经济发展的特点之一。这个现实决定了我们在进行宏观调控的过程中，一定要坚持实事求是和辩证唯物主义的原则，做到"有保有压，区别对待"，而绝不能进行"一刀切"式的简单操作。也就是说，对那些盲目投资和低水平重复建设的行业，要坚决进行有效调控；相反，对农业、水利、能源、交通、生态环保、社会事业等行业，以及对那些有市场、有效益和能耗少、污染小的企业，不但不能压，还要进行相应的大力扶持。从今年第一季度的统计看，国家对农业投资的增加并不多。因此，继续加大对农业的投入，特别是继续加大对西部地区农业的投入，是落实重农政策，加快农业和农村经济发展，确保各项政策连贯性、有效性的重要手段。

三、处理好宏观调控成本与收益之间的关系，防止不必要的反复。本次宏观调控主要采取的是短期策略，而我国当前经济运行中出现的却是长期的问题。因此，在调控过程中，我们要充分注意短期效应与长期效应的有机结合，注意研究调控的总体成本与收益之间的关系，争取把宏观调控的成本降至最低。目前，我国的宏观调控已见成效，但如银行呆坏账增加、企业倒闭破产增多、失业率上升等一些负面的影响，也可能会逐渐显现出来，希望中共中央、国务院注意防范和解决这些问题。近两年出现的粮食和电力问题提醒我们，政策的制定要有一定的前瞻性和预见性，既要关注当前，又要注意到长远；既要保持经济的良好发展势头，又要着力解决深层次的体制问题。这样才能有效防止或减少经济的大起大落，避免在一些行业建设上出现发展—调控—再发展—再调控这样的反复。另外，还要坚持进一步深化金融体制改革，加强金融监管力度，切实解决资本市场上出现的各种矛盾和问题，发展好、维护好资本市场，扩大直接融资的比例，有效改变目前这种过度依赖政府和银行贷款的经济增长模式。

四、切实转变经济增长方式，大力发展循环经济，夯实经济健康发展的基础。当前我国经济运行中出现的问题，从根本上讲，是经济结构、经济体制和经济增长方式的问题。因此，我们在认真贯彻落实中共十六届三中全会精神，进一步深化改革、完善社会主义市场经济体制的基础上，还要重点注意解决经济增长方式的问题。因为在我们这样一个资源相对匮乏的国家里，靠拼能耗、拼资源和污染环境换来的经济增长率，是绝不可能长久也不应该长久的。要通过政策的引导，把那些既浪费能源和资源，又污染环境的企业淘汰出市场，大力扶持那些能耗少、污染小的产业和循环经济的发展，切实走出一条科技含量高、经济效益好、能源消耗低、环境污染少、人力资源得到充分发挥的新型工业化路子。

五、着眼于地缘政治，尽快提升我国的综合国力。在当前国际上，由于企图遏制中国和平崛起的势力依然存在，所以遏制与反遏制的斗争也必将会长期存在。除此之外，我们还肩负着在海峡两岸的复杂形势中坚决遏制台独、完成祖国统一大业的神圣使命。这样的形势与任务要求我们，无论是在宏观调控还是在经济发展的谋划中，都要有着眼于地缘政治的战略视野和思考。同时，在此基础上排除各种干扰，尽快提升自己的综合国力，以争得一个对我们更为有利的国际战略格局。

我们相信，在邓小平理论和"三个代表"重要思想的指引下，有以胡锦涛同志为总书记的中共中央正确领导，树立好落实好科学发展观，全国各族人民团结奋斗，齐心协力，我国的经济一定能够持续快速协调健康发展！

赞同中共中央加强党的
执政能力建设*

(2004 年 8 月 18 日)

在国际形势发生新的深刻变化、我国改革发展处在关键时期的条件下，中共中央作出关于加强党的执政能力建设的《决定》，是非常及时和十分重要的。《决定》以马克思主义、毛泽东思想、邓小平理论和"三个代表"重要思想为指导，总结了中国共产党执政 55 年来的主要经验，提出了加强党的执政能力建设的指导思想、总目标、主要任务和工作重点，并对如何加强党的执政能力建设进行了系统和全面的论述，体现了解放思想、实事求是、与时俱进的精神，体现了立党为公、执政为民的本质，体现了科学执政、民主执政、依法执政的基本要求。认真贯彻执行这个《决定》，必将使中国共产党的执政能力更加卓越，执政体制更加健全，执政方式更加科学，执政方法更加完善，执政基础更加巩固，从而在当前机遇与挑战并存、希望和压力同在的国内外条件下，带领全国各族人民全面建设小康社会，实现推进现代化建设、完成祖国统一、维护世界和平与促进共同发展这

* 这是何鲁丽同志在中共中央召开的党外人士座谈会上的发言。

三大历史任务。

中国共产党在中国执政，是历史的选择，是包括我们民主党派在内的所有中国人民的选择。建国 55 年来，中国共产党的三代中央领导集体，以全心全意为人民服务为宗旨，以绝大多数人民的根本利益为工作的出发点和落脚点，立党为公、执政为民，始终高度重视党的执政能力建设，有力地推动了治党治国治军的伟大实践，把一个贫穷落后的旧中国，变成了一个国力日益雄厚、经济欣欣向荣、社会稳定、人民生活水平不断提高、在世界上有着较大影响力的新中国。这些事实充分证明，中国共产党具有卓越的执政能力。为了更好地带领全国人民不断前进，今天，中共中央新一届领导集体站在时代和形势发展的前列，在认真总结 55 年的执政经验的基础上，提出要把执政能力建设作为党的一项根本建设来抓，并且把大力加强党的执政能力建设与社会主义事业的兴衰成败、中华民族的前途、命运、党和国家的长治久安联系在一起，与进一步为人民执好政、掌好权联系在一起，既有着重大的理论意义，也具有重要和深刻的现实意义。

《中共中央关于加强党的执政能力建设的决定》，是一个在中国共产党党建史上有着重要意义的文件，它的制定，不仅对执政党大力加强执政能力建设、提高执政水平，有着重要的指导意义，而且对参政党提高政治素质和思想认识水平，进一步增强坚持共产党领导的多党合作基本政治制度的自觉性，也有着十分重要的意义。民革中央将在中共十六届四中全会胜利召开以后，要把认真学习领会全会精神，大力加强民革自身建设这项工作，作为民革全党当前和今后一个时期的主要任务。同时，还要把积极帮助执政党做好加强执政能力建设、提高执政水平的工作，作为民革全党履行参政议政、民主监督职能的一项重要内容，要求民革各级组织认真抓紧抓好。

即将提交中共十六届四中全会讨论通过的《中共中央关于加强党的执政能力建设的决定》，重点突出，内容全面，理论性和可操作性都很强，我们没有太多具体的意见。有几点想法，现提出来供中共中央领导参考：

一、加强党的执政能力建设，首先要抓好各级领导班子建设。加强党的执政能力建设，是一个较为复杂的系统工程，需要做的工作很多。我们认为，根据形势和任务的要求，当前首先应当做的是，抓紧抓好各级领导班子的思想建设、组织建设、作风建设，以此来带动全党执政能力的提高。要注意防止和克服一些地方党政不分的现象。地方党委要把自己的主要精力放在事关全局性、战略性的问题上，防止陷入到一些具体的事务性工作中。

二、充分发扬党内民主，认真贯彻民主集中制。民主集中制是中国共产党的优良传统和作风，是党在革命和建设中的根本组织制度。如果各级党委在工作中都能坚决贯彻执行民主集中制的基本原则，充分发扬党内民主，就能增强团结，调动起党委一班人及全体党员的智慧和力量，防止重大事情由一个或少数几个人说了算的现象，从而使党的执政方式和方法更加健全和完善。

三、重视基层组织建设，切实加强党与人民群众的血肉联系。党的基层组织，是党的路线方针政策的具体执行者，是党与人民群众联系的基础和纽带，搞好基层组织建设，对于党执政能力的提高和执政基础的巩固，有着非同寻常的作用。目前在一些地方，少数基层领导干部在工作中脱离群众、损害大多数群众利益的现象时有发生，严重影响了党的形象。只有做好、做实基层组织建设这项工作，让各级领导干部心系群众，真正同群众同呼吸、共命运，才能使他们在立党为公、执政为民的要求下，努力做好推进先进生产力和先进文化发展的工作，使群众从经济与社会发展中不断得到更多的实惠。也只有这样，才能妥善协调好各方面的利益关系，切实维护好人民群众的合法权益，正确处理人民内部矛盾。

四、加强干部队伍建设，坚持德才兼备并注重个人品德的选用干部原则。党的路线方针政策，是靠各级干部来贯彻执行的，因此，干部的好坏也就成了体现党执政能力的重要因素之一。我们认为，在目前干部的培养、选拔和任用过程中，除了要坚持干部的"四化"标准，坚持德才兼备的原则之外，还应更加强调注重个人品德，把那些政治上坚定、品行上优秀、能发扬党的优良传统和作风，同时又有本事、肯干事、干成事的同志，放在特别重要的位置上，防止那些有才无德或有才少德的人给党造成不应有的损害和损失。

五、进一步加强对民主党派的领导以及关心、支持和帮助。中国共产党领导的多党合作和政治协商制度，是我国的基本政治制度。在这个基本政治制度下，一方面是各民主党派自觉坚持和维护中国共产党的领导，另一方面是中国共产党对各民主党派的领导和关心、支持、帮助。希望中共各级党委在加强执政能力建设的同时，也更加注重对民主党派自身建设的研究，更加注重对民主党派的领导和关心、支持、帮助，更加注重发挥民主党派在国家建设中的作用，使中国共产党领导的多党合作和政治协商制度更加完善。

我们相信，在以胡锦涛同志为总书记的中共中央领导下，在邓小平理论和"三个代表"重要思想指导下，中国共产党一定能始终做到"三个代表"、永远保持先进性和创造性，一定能更好地带领全国各族人民实现国家富强、民族振兴、社会和谐、人民幸福的美好未来。

加强和改善宏观调控
深化经济体制改革*

（2004 年 11 月 8 日）

今年是实现"十五"计划目标的重要一年。在以胡锦涛同志为总书记的中共中央的坚强领导下，全国人民团结奋斗，战胜了各种困难和挑战，取得了经济建设和社会发展的新成就。特别是面对我国经济社会发展中出现的突出矛盾和问题，中共中央、国务院审时度势、总揽全局，树立和落实科学发展观，及时加强和改善宏观调控，采取了一系列有效的政策措施，使经济生活中的突出矛盾得到缓解，保持了国民经济平稳较快发展的良好势头。实践证明，中共中央、国务院关于加强和改善宏观调控的决策是正确的、及时的，所采取的各项政策措施是积极稳妥、果断有效的。这次宏观调控对于推进经济结构调整、加快经济增长方式转变、深化经济体制改革、防止局部性问题继续扩大、避免经济大起大落、保持经济平稳持续较快增长，具有十分重大的意义。但我们也要看到，这些成绩还是初步的、阶段性的，经济运行中一些矛盾虽然有所缓解，但基础还不牢固，影响经济健康发

展的深层次矛盾和问题还没有得到根本解决。对于存在的问题，必须通过继续加强和改善宏观调控、深化改革来解决。

为做好明年的经济工作和宏观调控工作，我们提出以下几点建议：

一、全面贯彻中共十六大、十六届三中和四中全会精神，统一思想，提高认识。要用中共十六大、十六届三中和四中全会精神和科学发展观来统一思想，教育各级干部正确认识和分析当前的经济形势，提高执行中央政策的自觉性。要认真总结一年来宏观调控的经验，进一步加强对宏观经济运行的研究与分析，根据经济运行的变化情况，适时调整宏观调控的力度，提高宏观调控的水平，逐步向更着重于使用市场手段过渡。坚持深化改革，保证宏观调控顺利进行并取得好的效果。建议中央继续深化财税体制改革和行政管理体制改革，通过制定和完善国土资源发展的长期规划、行业准入标准、土地补偿制度等对国民经济进行宏观调控，切实转变政府职能，探寻理顺中央不同部门之间、中央和地方政府之间事权财权关系的有效途径。要结合目前正在推进的行政审批制度改革，完善政府对重大经济社会问题的科学化、民主化、规范化决策程序，不断提高政府依法行政的水平。加快政府网站建设，增加政府工作的透明度，使公众能够及时了解重大经济社会问题的有关情况，提高公众的参与度。

二、坚持贯彻落实好今年中央1号文件精神，继续抓紧抓好"三农"工作。要在对农民"多予、少取、放活"的方针指引下，不折不扣地贯彻落实中央支持农业、支持种粮农民的各项政策措施。要加强农业和农村基础设施建设，增加财政投入，并在建设中尽量多安排农村劳动力，以增加农民收入。在土地审批冻结措施解除以后，要按照《国务院关于深化改革严格土地管理的决定》，对土地实行严格的管理，继续加强和完善土地调控，同时对土地资源的开发利用进行科学的规划，加快研究制定土地流转的可行政策。要切实保证基本农田面积，坚决制止滥占乱用耕地，稳定粮食播种面积，确保粮食安全。坚定不移地推进粮食流通体制改革和农村税费改革，多渠道增加农民收入；坚持城乡统筹，调整国民经济分配结构，切实加大政府支农力度，加强农业科技和农村服务体系建设，国债资金的使用要向农村倾斜；坚持农业可持续发展，建立促进粮食增产、农民增收的长效机制。今年夏季，民革中央调研组赴浙江省就农民专业合作组织发展情况进行了调研。通过实地考察，我们了解到，由农民自发成立起来的各种类型的专业合作经济组织是实现农业增效、农民增收的一条有效途径。建议各级政府选择一些有条件的地方开展试点工作，探索适合我国国情的更加有效的农民专业合作组织形式，推动这种新型的农民合作组织健康发展。

三、注重发挥科教体制改革在宏观调控中的重要作用。要加快科研管理体制改革，努力建立起一套符合社会主义市场经济的、科技与经济相互促进发展的新机制，还要积极引导企业自主科技创新，大力鼓励产学研合作研究，不断提高企业的科技创新水平。要保持基础教育、职业教育、成人教育和高等教育的协调发展，增加政府对基础教育的投入，特别是农村义务教育的投入。同时建立职业教育培训专门基金，用于对失业者的培训，提高劳动力的素质，把提高劳动者就业能力与全社会人力资本的有效利用结合起来。

四、在巩固宏观调控成果的同时，要看到宏观调控任务的艰巨性，不断改进调控手段，完善相关政策，对明年宏观调控的目标，要充分研究论证，把握好调控的力度。在明年的经济工作和宏观调控中，应当注意以下几个问题：

一是继续抑制某些行业的盲目投资、低水平重复建设，加强对浪费能源、污染严重项目的治理和整顿，保持宏观经济的适度快速稳定增长。

二是进一步缩减国债发行规模，同时继续调整国债资金的使用方向和结构，向"三农"、社会保障体系建设、环境保护、基础教育等方面倾斜。

三是积极调整收入分配政策，建议中央把这项工作作为经济工作的一个重点来抓。在分配中要维护广大人民群众的根本利益，不断提高各阶层居民的收入水平，在居民收入增长与经济增长相匹配的基础上扩大消费，让消费增长成为拉动经济增长的主要动力。

四是高度重视就业和再就业问题，保持就业和再就业与经济同步增长。在各种政策出台和进行产业布局时，要考虑到就业与再就业问题。要建立起符合我国国情的劳动力市场规则，规范劳动力市场的管理。

五是适应经济全球化的新形势，充分利用国际国内两种资源、两个市场，进一步提高对外开放水平，发展对外贸易，增强参与国际合作和竞争的能力。

进一步深化司法体制改革[*]

（2004 年 11 月 29 日）

通过学习、研究和讨论，我们认为《中央司法体制改革领导小组关于司法体制和工作机制改革的初步意见》（以下简称《意见》）以邓小平理论和"三个代表"重要思想为指导，按照中共十六大和十六届四中全会精神，提出了司法体制改革的指导思想、总体目标、应遵循的原则和具体任务，意义十分重大，对我国今后的司法体制改革将起到重要的指导作用。民革中央对这个《意见》的出台表示赞同。

中共十六大和十六届四中全会对改革我国司法体制和司法机关工作机制提出了明确的要求，这是中国共产党根据依法治国的基本方略和我国司法工作面临的新形势新任务，对今后一个时期司法改革作出的重大决策，为下一步深入开展司法体制改革提供了强有力的思想保证和政策依据。

在中国共产党的领导下，通过这些年的改革实践，我国的司法体制改革取得了新的进展。在肯定成绩的同时，也要看到司法改革任务的艰巨性和复杂性，司法工作和司法改革中仍然存在不

少问题。例如：司法改革缺乏统一的机构来进行规划与领导；司法机关和立法机关、行政机关在司法改革方面还需要加强协调；现行司法体制难以有效地适应社会主义市场经济发展对司法公正和高效的要求，司法队伍素质有待进一步提高；司法机关依法独立行使检察权、审判权的保障机制需要进一步完善；司法执行难的问题未能有效解决；已经出台的司法改革措施还需大力贯彻落实；等等。

我们建议以《意见》的贯彻执行为契机，进一步深化司法体制改革，切实解决好司法领域存在的一些弊端和突出问题。为此，提出以下建议，仅供参考。

一、以邓小平理论和"三个代表"重要思想为指导，认真贯彻落实中共十六大提出的"推进司法体制改革"的要求，加强中国共产党对司法改革的领导。坚持中国共产党对司法工作和司法改革的领导，是我们不可动摇的基本原则，是中国共产党贯彻依法治国基本方略、提高依法执政水平的根本保证。在新形势下加强和改善中国共产党对司法改革的领导，也是加强中国共产党的执政能力建设、巩固党的执政地位的必然要求。在实践中，既要确保中国共产党对司法改革的领导，坚持四项基本原则，保持正确的政治方向，也要避免个别党政机关或领导干部干扰、包办司法活动的现象发生。

二、通过进一步深化司法体制改革，切实维护司法公正。司法公正是依法治国的必然要求，是对执政党执政能力的考验，也是中国共产党实现执政为民要求的保证。如何保证司法公正，必须作为司法体制改革的首要任务加以重视。中共十六届四中全会提出，要以保证司法公正作为司法体制改革的目标，为在全社会实现公平和正义提供法制保障。要通过不断深化法院审判方式改革和审判管理制度改革、理顺司法体制、完善法官管理制度等途径，切实保证司法的公正、公开、文明和透明。司法改革要体现以人为本的精神，切实维护广大人民群众的合法权益，坚决惩治司法腐败行为，以取信于民。

三、通过进一步深化司法体制改革，不断提高司法机关的执法能力。首先，要以队伍建设为根本，加强各级司法机关党组织和领导班子建设，要严格司法人员的选拔条件和程序，加强司法队伍的思想政治建设、业务建设和廉政建设，建立起一支"政治坚定、业务精通、作风优良、执法公正"的司法队伍，这直接关系到司法权威的维护，关系到党和国家权威的维护。其次，要大力加强各级司法机关的硬件设施建设，逐步解决好司法机关尤其是基层司法机关经费不足和司法手段落后的问题。

四、通过进一步深化司法体制改革，大力解决司法执行难的问题。为了解决执行难的问题，要实行执行过程公开制度，加强对司法活动的监督和保证，完善立法，改善司法环境。另外，还要加大普法教育的力度，提高公民的法律意识，增强当事人维护法律尊严、履行法律责任的自觉性，取得人民群众对司法工作的理解和支持。

五、通过进一步深化司法体制改革，继续完善现有的司法监督机制。建议中共中央基于依法治国的基本方略，按照法制建设基本理论，积极研究、探索更加符合司法活动客观规律、符合司法职业特点的更为有效的监督方式和方法，使监督最大程度地发挥防止和惩戒司法腐败的作用。在继续强化司法体制内监督（如检察院对法院的监督）的同时，要特别注重发挥人大的监督作用。人大监督是实现司法公正的重要保证。人大要正确把握监督的原则，切实加强监督力度，提高监督实效。此外，还要注意发挥好人民群众的民主监督和新闻媒体的舆论监督的作用，完善司法监督机制和监督体系。

六、尽快出台我国司法改革实施细则，加强和完善相关法律配套建设。为了保证司法改革的顺利推进，建议在《意见》出台并开始实施时，尽快制定更加具体和便于操作的司法改革实施细则。对于与《意见》的精神不相符合的现行法律法规要进行相应的修订和完善。为更好地贯彻落实《意见》的精神，可以先在一些地方进行试点，积累经验，取得成功后再全面实施，以使司法改革更加稳妥顺利地进行。

要更加注重解决"三农"问题[*]

（2005 年 2 月 1 日）

政府工作报告（征求意见稿）以邓小平理论、"三个代表"重要思想、科学发展观和中共十六大精神为指导，全面贯彻落实了中共十六届三中全会、四中全会精神，很好地体现了不久前召开的中央经济工作会议精神。报告在认真总结去年工作经验的基础上，充分考虑当前国内外可能发生的各种情况，准确抓住我国今年经济社会发展的主要矛盾和问题，有针对性地提出了今年政府工作的基本思路，作出了全年工作的总体部署，内容全面，重点突出，符合客观实际，对今年的工作有着很强的指导性、针对性和可操作性。认真落实好、完成好报告所确定的各项任务，必将使我国的经济社会出现一个新的发展局面。

2004 年是我国经济社会发展很不平凡的一年，也是各项工作开展得卓有成效的一年。

首先，中共中央、国务院坚持以科学发展观来指导、统领和协调各项工作，把坚持以人为本和实现经济社会全面、协调、可

---

* 这是何鲁丽同志在温家宝总理主持召开的征求党外人士对政府工作报告（征求意见稿）意见的座谈会上的发言。

持续发展统一起来，按照"五个统筹"的要求推进改革和发展，正确处理了当前与长远、局部与全局的关系，正确处理了物质文明、政治文明和精神文明的关系，使科学发展观更加深入人心。

第二，针对经济生活中出现的新情况新问题，中共中央、国务院主动、及时制定了进一步加强和改善宏观调控的重大决策，在充分把握全局的前提下，以经济手段和法律手段为主，治标与治本相结合，适时、适度和实事求是地对不同行业进行有抑有扬的宏观调控，使经济运行中的不健康、不稳定因素得到抑制，薄弱环节得到加强，一些比较突出的问题得到缓解，继续保持了国民经济增长比较快、效益比较好、活力比较强的发展势头。同时，社会稳定，各项社会事业蓬勃发展，人民生活水平进一步提高。

第三，高度重视"三农"问题，始终把"三农"问题作为全党工作的重中之重，摆在政府工作的首位。去年，中共中央、国务院把扶持农业特别是扶持粮食生产作为加强宏观调控的重要内容，在"三农"问题上真抓实干，出台了一系列更直接、更有力的政策和措施，给农民以更多的实惠，提高了农民的种田积极性，不仅使我国的粮食生产在去年出现了重要转机，农民收入实现了较快增长，而且农业结构调整等工作也取得重大进展，进一步加快了农业和农村经济的发展。

第四，坚持以人为本，坚持立党为公、执政为民，始终把人民群众的利益放在第一位，十分重视并优先考虑解决那些与群众切身利益相关的突出问题，在促进就业和再就业、继续做好"两个确保"和城市"低保"，以及全面清理拖欠农民工工资等工作中，取得了突出成绩。同时，也是特别让我们感动和欣慰的，是去年国家的各项工作，中共中央、国务院十分注意发挥各民主党派、全国工商联和无党派人士的作用。一年时间里，仅高层政治协商会就举行了 18 次，胡锦涛总书记、温家宝总理等中央领导多次在国家经济社会发展的重大问题上，广泛、深入听取各民主党派、全国工商联和无党派人士的意见、建议，做到了协商在决策之前和决策过程之中，进一步推动了决策的科学化、民主化进程，保证了各民主党派、全国工商联和无党派人士参政议政、民主监督职能的履行。

在认真研读报告的过程中，我们也在如何进一步加强"三农"工作方面，想到了一些问题。下面，结合我们去年开展的几次调研，提几点建议以供参考：

一、我国是一个人多地少的国家，在这个基本国情面前，强调保护土地这个不可再生的宝贵资源，不仅有重要的理论意义，也有重要的现实意义。报告虽然在"继续推进农业和农村经济结构调整"一段中讲了要"严格保护耕地特别是基本农田"，但我们认为，在这个问题上，仅仅用这样一句话来说明问题的重要性远远不够。据我们调研，一些地方领导在保护基本农田的问题上认识不够，仍然有重城市建设、轻基本农田保护的倾向。有的地方领导在搞城市建设时，常常以生地、差地换熟地、好地，造成耕地面积总量虽然没有减少，但耕地质量却有所降低的现象。如果任由这种现象发展下去，稳定和增加粮食播种面积、进一步增加粮食产量的目标，就有可能落空。因此，我们建议在"进一步加强'三农'工作"这部分里单独加写一段实行最严格耕地保护制度、加强基本农田保护与建设方面的内容，以显示党和政府在这个问题上的决心。

二、推进农业专业化生产和产业化经营,这是一个提高。但是,如何帮助广大农民群众去适应专业化和产业化发展的需要,去适应市场经济发展的需要,为他们提供农业生产、农业科技成果应用、农产品销售的服务平台,维护他们的合法权益,也应当是各级政府当前需要认真考虑的事情。我们在调研中看到,一些农村经济搞得比较好的地方,农民的专业合作经济组织也建立得比较广泛,农民群众也认为这样的组织对他们的帮助非常大。为此,我们建议,在报告中增加积极发展和完善农民专业合作经济组织方面的相应内容。

三、我们在农村调研中了解到,目前广大农村,特别是中西部农村的基础教育和基本卫生设施建设还比较差,问题也比较多。我们完全赞同报告中有关推进农村教育、卫生改革与发展的部署和安排,相信持之以恒地抓下去,一定会在农村教育和卫生建设上见到显著成效。希望中共中央、国务院抓紧抓好这方面的督促检查工作。

另外,我们在研读过程感到,国防建设、港澳、维护国家主权和领土完整等几个小段的内容,处在报告的第六和第七部分之间,容易给人以结构不太合理、行文不太流畅的感觉。是否可以考虑取消第七部分的标题,用适当的文字来进行上下文的过渡与连结,以使整篇报告更为流畅。

2005年是"十五"计划的最后一年,也是巩固宏观调控成果、保持经济社会发展良好态势的关键一年。民革全体同志决心更加紧密地团结在以胡锦涛同志为总书记的中共中央周围,高举邓小平理论和"三个代表"重要思想伟大旗帜,全面树立和落实科学发展观,振奋精神,同心同德,团结奋进,锐意创新,积极履行参政议政、民主监督参政党职能，为建设有中国特色社会主义的伟大事业，为圆满完成今年的各项工作，作出我们新的更大贡献。

在 2005 年中共中央召开的党外人士迎春座谈会上的发言

（2005 年 2 月 4 日）

今天，我们在这里欢聚一堂，与中共中央领导同志一起共庆中华民族的传统节日，感到无比高兴，我代表中国国民党革命委员会，谨向中共中央各位领导、各位来宾和同志们致以节日的问候和良好的祝福。

刚刚过去的 2004 年，全国各族人民在邓小平理论和"三个代表"重要思想指导下，树立和落实科学发展观，改革开放和经济建设取得新的重大进展，社会主义物质文明、政治文明、精神文明建设取得新的成绩。特别是针对我国经济生活中出现的新情况新问题，中共中央、国务院采取了进一步加强和改善宏观调控的政策措施，抓住主要矛盾和关键环节，抑制经济运行中的不健康不稳定因素，保持了经济平稳较快发展的良好势头。这些成绩的取得，是中共中央、国务院坚持科学发展观，审时度势，总揽全局，正确决策的结果，是全党全国各族人民认真贯彻落实中共中央关于宏观调控的政策措施、同心同德共同奋斗的结果。事实再次证明，新一届中共中央领导集体具有驾驭社会主义市场经济和应对复杂局面的能力，是坚持以人为本、勤政爱民、经得起风浪考验的坚强领导集体。

在过去的一年里，我国社会主义民主政治建设稳步推进，爱国统一战线呈现出团结、活跃的局面，中国共产党领导的多党合作和政治协商制度进一步完善和发展，民主党派履行参政议政、民主监督职能的积极性更加高涨。中共中央、国务院高度重视发挥民主党派的作用，多次召开协商会、座谈会、情况通报会，就党和国家的重大问题听取民主党派的意见和建议，真正做到了协商于决策之前和过程中，进一步推动了决策的科学化和民主化进程，为民主党派履行参政议政、民主监督职能创造了良好的条件和环境。

经过中国共产党和民主党派多次协商沟通，在中共中央统战部的努力下，《中共中央关于进一步加强中国共产党领导的多党合作和政治协商制度建设的意见》起草完了。最近，中共中央政治局召开会议，研究讨论了《中共中央关于进一步加强中国共产党领导的多党合作和政治协商制度建设的意见（送审稿）》，决定将此稿进一步征求各民主党派中央和无党派人士意见后下发。我们认为，制定和实施这一文件，对于发展社会主义民主政治，建设社会主义政治文明，充分体现和发挥我国政治制度和政党制度的特点和优势，充分发挥民主党派参政议政、民主监督作用，进一步加强民主党派自身建设，具有极为重要的现实意义和历史意义。

中共中央 1989 年 14 号文件，即《关于坚持和完善中国共产党领导的多党合作和政治协商制度的意见》颁发以来，我国多党合作事业进入了一个崭新的发展阶段。这一文件确立了我国民主党派的参政党地位，为民主党派为社会主义现代化建设服务指明了方向，极大地激发了民主党派致力于中国特色社会主义事业的积极性和创造性。我们在多党合作的实践中深深体会到，中国共产党领导的多党合作和政治协商制度是适合我国国情的政党制度，我们绝不能照搬西方政治制度的模式；只有在中国共产党领导下，履行好参政议政、民主监督职能，参政党才能为中华民族的伟大复兴作出应有的贡献。

我们感到，《中共中央关于进一步加强中国共产党领导的多党合作和政治协商制度建设的意见》是我国多党合作理论和制度建设的重要成果，进一步丰富和创新了统一战线和政党制度理论，发展和完善了多党合作和政治协商制度。

第一，文件对多党合作事业发展进程中的实践经验和成功做法进行了全面总结，把中共中央〔1989〕14 号文件颁发 15 年来的实践经验上升到理论的高度，把 15 年来的成功做法上升为制度，这对于推动多党合作事业的进一步发展是极为重要的。这些经验和做法，有许多是我们在中国共产党领导下共同创造的，把这些我们亲身实践的经验和做法写进这一重要文件里，这是对我们参政党的极大鼓舞和充分肯定。

第二，文件系统总结了中共中央〔1989〕14 号文件颁发 15 年来，特别是中共十六大以来，我国多党合作理论建设方面的成果，体现和反映了我国多党合作事业发展的规律和要求，也体现和反映了我们民主党派的心声，我们完全赞同。

第三，文件对于推进我国多党合作和政治协商制度进一步制度化、规范化和程序化具有重要意义。以胡锦涛为总书记的中共中央新一届领导集体，站在建设社会主义政治文明的高度，非常重视我国多党合作事业，提出了发展是中国共产党执政兴国的第一要务，也是民主党派参政议政的第一要务等一系列新思想、新观点，更加重视多党合作制度的制度化、规范化和程序化，必将推动多党合作事业向纵深发展。

在《中共中央关于进一步加强中国共产党领导的多党合作和政治协商制度建设的意见》即将公布实施的时候，我们建议，中央大力推动《中共中央关于进一步加强中国共产党领导的多党合作和政治协商制度建设的意见》的贯彻落实，希望各省、自治区、直辖市尽快制定具体措施，将文件精神落到实处。建议各地把支持和帮助民主党派加强基层组织建设作为一个工作重点，帮助我们的基层组织解决工作经费、人员编制等方面的困难。

民革全党将认真学习和贯彻文件精神，用以指导我们的自身建设和各项工作，把民革全党的思想统一到文件精神上来，为推进多党合作事业发展作出新的贡献。

下面，我们就今年的工作谈几点看法，仅供参考。

第一，关于今年的经济工作中央经济工作会议已经作了全面部署，任务明确，关键是抓好落实。我们认为，在落实中央部署的过程中，必须牢固树立和全面落实科学发展观，以科学发展观统领经济社会发展全局。要完成好今年经济社会发展的任务，就要教育各级干部特别是领导干部增强贯彻落实科学发展观的自觉性和坚定性，促进经济社会全面协调可持续发展，努力构建社会主义和谐社会。

第二，要进一步加大对"三农"的支持力度，更加积极地支持"三农"发展，巩固2004年农业和农村发展的好形势。今年中央的1号文件对2005年的农业和农村工作提出了具体要求，作出了全面部署，表明党中央、国务院对"三农"问题的高度重视。"三农"问题绝非是一朝一夕能够解决的，需要长期不懈的努力。

第三，贾庆林主席在江泽民同志《为促进祖国统一大业的完成而继续奋斗》重要讲话发表十周年纪念会上发表了重要讲话，我们将认真学习贯彻讲话精神，按照中共中央的有关方针政策和统一部署，进一步做好对台工作，尽我们最大的努力，加强海峡两岸交流、交往和海外联系，团结更多的人共同反对和遏制"台独"分裂活动，推进祖国统一大业。

目前，中国共产党正在全党开展以实践"三个代表"重要思想为主要内容的保持共产党员先进性教育活动，这是中国共产党加强先进性建设、立党为公、从严治党的重大举措，符合全国人民的利益和愿望，民革表示坚决支持和拥护。我们相信，通过这次教育活动，中国共产党的先进性和党的宗旨将进一步得到坚持，党的执政能力将进一步提高、执政地位将进一步巩固，中国特色社会主义事业将在中国共产党的领导下更加有力地向前推进。

经济发展要防止大的起落[*]

（2005 年 5 月 12 日）

今年以来，各地区、各部门在以胡锦涛同志为总书记的中共中央领导下，全面贯彻中共十六大和十六届三中全会、四中全会精神，按照中央经济工作会议的部署，认真贯彻落实科学发展观，使国民经济继续朝着宏观调控的预期方向发展，保持了平稳较快的增长走势。从国民经济总的运行情况来看，第一季度的经济运行开局良好，不健康的因素得到了一定的遏制，工农业生产比较稳定，固定资产投资增幅继续回落，消费增长加快，进出口贸易持续扩大，经济改革有序推进，财税、金融运行基本正常，城乡居民收入进一步增加，薄弱环节在加强，社会保持了稳定。这一切都说明，一年多来实施的宏观调控基本政策措施和指导思想，是正确和及时的。刚才，温家宝总理给我们分析了一季度的经济形势和宏观调控情况，介绍了二季度以后的经济工作部署，这对我们知情出力，对我们进行深入调研，进一步搞好参政议政工作，都有很大的帮助。我们完全赞同温家宝总理对一季度经济

＊ 这是何鲁丽同志在国务院参加温家宝总理主持召开的情况通报会上的发言。

形势的分析和今后经济工作的部署，完全拥护和支持中共中央、国务院为经济社会的可持续发展所采取的一系列政策措施，并决心按照科学发展观的要求，围绕国家改革、发展、稳定大局，做好参政议政和民主监督工作。

尽管宏观调控取得了阶段性成果，第一季度国民经济运行总的态势良好，但我们也应该清醒地看到，当前经济运行中的一些突出矛盾还没有得到根本解决，经济运行中依然存在一些值得注意的问题，并且还有一些新情况新问题出现。这些情况和问题主要有：保持农业增产和农民增收的难度加大，固定资产投资规模依然偏大，对外贸易结构性矛盾突出，煤电油运供求仍然紧张，物价特别是生产资料价格上涨压力仍然较大。这些情况和问题说明，目前我国的经济走势还有一定的不确定性，保持经济平稳较快发展，防止大的起落，仍然是当前经济工作面临的首要任务。

我们认为，要保持经济平稳较快发展，以下几个方面的工作应当注意抓好：

一、继续全面落实中央经济工作会议精神，切实用科学发展观统领经济社会发展全局，严格控制固定资产投资规模。今年一季度，全社会固定资产投资比去年同期增幅回落20.2%，这是很不容易的。但是我们也应看到，一季度的固定资产投资增幅，在去年同期高速度增长的基础上依然高达22.8%，甚至比去年12月份的增幅还高1.7个百分点。这种情况表明，宏观调控目前仍处在关键时期，如果稍有放松，就可能出现反复。就当前我国的经济发展情况来看，以房地产开发和城市建设为主的固定资产投资规模依然偏大，是当前国民经济运行中的一个突出问题，也是引起经济运行不健康因素增多的主要问题，不仅煤电油运供求紧张由它引起、生产资料价格上涨由它引起，而且金融风险加大和社会不稳定因素增多，也与它有一定的关系。所以，我们一定要正确认识和对待固定资产投资速度增长过快这个问题，坚持以科学发展观为指导来搞好宏观调控，把宏观调控的重点放在抑制不合理投资需求的盲目扩张上，继续严把土地和资金这两个闸门，坚决控制固定资产投资规模，并且把合理控制房地产开发和城市建设作为当前宏观调控的主要问题来抓，坚决防止固定资产投资增长规模的反弹。

二、进一步加强和完善宏观调控政策措施。今年一季度GDP增长幅度依然偏高、固定资产投资规模依然偏大的情况说明，宏观调控的一系列政策措施，不仅不应当取消或减弱，还应当进一步加强和完善。面对一季度经济运行出现的各种情况和问题，要注意总结前一阶段宏观调控的经验，采取综合协调、冷静观察、适时微调的办法，继续解决经济运行中的突出问题与矛盾，巩固和发展宏观调控的成果。同时，在调控过程中注意保持好基本政策的连续性和稳定性，注重运用经济手段来调控经济运行，坚持推进经济结构调整和增长方式转变的工作，注重能源资源的节约和合理利用，切实加强薄弱环节。

三、加快推进财税改革，进一步完善税收机制。财政税收机制是市场机制的重要组成要素，税收政策是我们进行宏观调控的有力手段，运用好这个手段，对于我们搞好宏观调控和保持经济的平稳较快发展，有着重要作用。经过这些年的发展，可以说，现在已经到了财税改革的较好时机，我们应当充分利用这个时机，加快推进财政税收体制的改革。目前，我们应当抓紧总结、研究增值税转型试点工作的经验，完善增值税体系，同时加快推进个人所得税制度的改革，并且研究和出台征收遗产税的法律。另外，还应当注重用税制来调节产业结构，用税制来调节地区发展，针对不同的产业、不同的地区，采取不同的税收政策，以促进产业和地区的协调发展。

四、努力增加中低收入者的收入，进一步扩大消费需求。坚持统筹兼顾，注重解决关系人民群众利益的突出问题，这是构建社会主义和谐社会的重要组成部分。当前人民群众一个十分关心的问题，就是如何增加广大中低收入者的收入。这个问题解决好了，不仅可以更加体现社会主义本质和社会公平，而且还能进一步扩大消费需求，使经济增长始终充满旺盛的原动力，保持经济运行的健康与活力。

五、加大对经济发展前瞻性研究的力度。当前我国经济运行过程中所存在的复杂性和不确定性，不可能在一个短时间内消失，我们对此一定要有比较充分的思想准备和长远的对策。在这个前提下，加强对经济发展状况、发展方向和存在问题等方面的前瞻性研究，对于我们辩证地看待发展中出现的问题，防止一种倾向掩盖另一种倾向，并且有针对性地制定经济与社会发展规划，避免在经济和社会发展上有大的反复和走不必要的弯路，都是至关重要的。

我们相信，在以胡锦涛同志为总书记的中共中央领导下，全国人民高举邓小平理论和"三个代表"重要思想伟大旗帜，认真树立和贯彻落实科学发展观，一定能全面完成今年经济与社会发展任务。

关于做好 2005 年下半年经济
工作的几点建议 *

（2005 年 7 月 26 日）

今天听了国家发改委关于上半年经济形势的情况通报和下半年经济工作的建议，我们为上半年经济和社会发展所取得的成绩而感到由衷的高兴。特别是我们看到，上半年国民经济继续保持平稳较快增长的良好势头，国内生产总值增长率达到 9.5%，全国财政收入增长 14.6%，居民收入和消费稳定增长，农民人均现金收入增长了 12.5%，新增城镇就业近 600 万人，完成全年就业目标任务的 66.1%，这些数字让我们感到鼓舞，同时也增强了我们进一步做好今后工作的信心。最近，我率民革中央调研组先后到安徽省和江苏省分别就公民道德建设问题和农村劳动力转移问题进行了调研考察。我们所到之处，看到的是经济和社会一派繁荣发展的景象，那里群众的生活确实在不断改善，农民的收入有了明显增长，工农业生产形势良好，经济发展，社会稳定，广大干部群众在党的领导下，全面建设小康社会的劲头很足，总的形势是好的。

＊ 这是何鲁丽同志在中共中央召开的党外人士座谈会上的发言。

　　我们深深感受到，我国经济社会发展所取得的好成绩，是以胡锦涛同志为总书记的中共中央统揽全局、正确决策的结果；是科学发展观进一步深入人心、宏观调控成效进一步显现的结果；是全国各地、各部门按照中央的部署，更加注重有针对性地解决经济运行中的突出矛盾和问题、更加注重推进结构调整和增长方式转变、更加注重深化改革的结果；是全国各族人民团结奋斗、共同努力的结果。实践证明，中共中央关于经济工作的方针政策是正确的，措施是及时和得力的。

　　中共中央、国务院对下半年的经济工作作出了全面部署，提出了总体要求，我们认为是非常正确的，是实事求是的，我们表示赞同和拥护。中共中央提出，在做好下半年经济工作中，要把握好"稳定政策、分类指导、调整结构、深化改革、协调发展"的原则。我们认为，这一点非常重要。只有把握好这些原则，才能保持我国经济的平稳较快增长，才能避免出现大起大落的现象。在稳定政策的前提下，针对经济运行中出现的新情况新问题适时适度地进行一些微调，是完全必要的，实现调控的方向和力度的连续性，经济运行就能够健康发展。

　　关于下半年的经济工作，我们提几点建议，仅供中共中央参考。

　　第一，继续做好"三农"工作，切实增加农民收入。"三农"工作一直是中共中央工作的重中之重。在刚才通报的情况中，中央把"三农"工作作为下半年要着力做好的头一件工作提出来，表明中共中央对"三农"工作的高度重视。我们在基层调研时也深深感受到，5 年来，农村税费改革工作取得很大进展，农民负担有所减轻。然而，当前农业和农村的发展仍然困难很多，农民生活总体上虽然有了很大提高，但城乡差别仍然很大，这是影响社会公平和稳定的一个不利因素，是构建社会主义和谐社会应当高度重视的一个重大问题。解决"三农"问题，是扩大内需的关键所在。各级政府在加大对农业投入的同时，要加强农业结构的调整，要探索建立防止农民负担反弹的长效机制，把增加农民收入作为一件大事来抓。在经济较为发达的省份，可以率先进行农村免费义务教育和建立农民社会保障制度的试点。要加强对农村劳动力的职业技术培训工作，提高农民素质，加快农村劳动力的转移，从政策上、制度上进一步消除农村劳动力向城市转移的体制性障碍，为发展农村经济、增加农民收入创造良好的环境和条件。

第二，要高度重视和加强节约型社会建设。大力发展循环经济，提高资源的利用率，增强国际竞争力，已经成为我们面临的一项重要而紧迫的任务。中央对此是高度重视的，提出了建设节约型社会的要求，但在一些地方特别是在基层，对此认识仍然不足，进行浪费资源、低水平重复建设的现象仍然很严重。一定要对广大干部群众加大宣传教育的力度，使大家认识到，目前我国经济高速发展所付出的资源和环境代价过高，在高投入、高消耗、高污染的同时却是低产出、低效率和低效益，这种粗放型经济增长方式将难以为继、不可能持久，我们的子孙后代将失去生存的空间，我们的国家和民族将丧失发展的后劲。要更多地利用经济手段和法律手段支持发展循环经济，依靠科技进步提高资源利用率，减少损失浪费，增强企业和公众的资源保护和节约意识，为建立节约型社会营造良好社会氛围。要采取强化节能的措施，大幅度提高能源利用的效率。建设节约型社会，要从一点一滴的小事做起，同时也要对长远的节能、节约资源工作进行统一规划，建立长效机制。建议中共中央加快循环经济促进法的立法工作，以推动循环经济的发展。

第三，转变外贸增长方式，实现进出口平衡发展。目前，我国外贸顺差增长过快，进出口不平衡矛盾突出，已经对我国内外经济环境产生一定影响。建议中共中央对出口产品结构不合理和地区结构失衡问题进行战略性研究，对外贸依存度多大为宜、当前的依存度是否对国家安全有影响、合理的外汇储备应是多少、当前外汇储备的增长速度是否是经济发展之所需等问题进行分析和前瞻性的论证，为"十一五"规划的制定提供依据，在此基础上来转变外贸增长方式，实现进出口协调稳定发展，确保我国经济平稳较快增长。

民革全党将紧密团结在以胡锦涛同志为总书记的中共中央周围，进一步发挥好参政议政、民主监督的作用，为做好下半年的经济工作和其他工作积极献计出力，把全面建设小康社会宏伟事业不断推向前进。

关于"十一五"规划编制工作的若干建议*

（2005 年 8 月 16 日）

我们对《中共中央关于制定国民经济和社会发展第十一五个五年规划的建议（征求意见稿）》（以下简称《建议（稿）》）表示拥护。相信按照这一文件的要求，一定能够形成一个符合我国国情、顺应时代要求、凝聚民族意志的规划，指导全国在今后五年紧紧抓住重要战略机遇期，推动国民经济持续、快速、协调、健康发展和社会全面进步。

我们认为，这个《建议（稿）》有以下几个特点：

第一，全面贯彻了中共十六大精神、"三个代表"重要思想和以人为本的科学发展观。《建议（稿）》坚持以科学发展观统领经济社会发展全局，坚持抓好发展这个党执政兴国的第一要务，围绕实现好、维护好、发展好最广大人民的根本利益和推动社会主义经济建设、政治建设、文化建设和社会建设全面发展的根本要求，明确了立足科学发展、着力自主创新、完善体制机制、促进社会和谐的指导方针，提出了符合我国国情、顺应时代

要求、凝聚民族意志的发展目标和总体部署，展示了"十一五"期间我国经济社会发展的美好前景。这些内容体现了中共中央近年来正确的工作思路，抓住了解决中国问题的关键和核心，体现了新一届中共中央领导集体驾驭全局、把握方向的卓越智慧和能力。

第二，深刻总结了改革开放以来特别是"十五"以来我国现代化建设的经验，既体现了指导思想和方针政策的连续性，也体现了中共中央锐意进取的创新精神。《建议（稿）》提出，"十一五"期间将解决长期积累的一些突出矛盾和问题，突破发展的瓶颈制约和体制障碍，使关系经济社会发展全局的重大改革取得突破性进展，体现了中共中央解决我国经济社会发展中的深层次矛盾的决心和魄力。

第三，对即将进入"十一五"时期我国的新形势、新情况作出了科学分析。实事求是的科学态度和居安思危的忧患意识，对于制定、贯彻实施"十一五"规划，都具有极为重要的指导意义。《建议（稿）》一方面概括"十五"以来我国改革、建设和发展取得的辉煌成就，另一方面也客观冷静地分析了我们面临的种种不利条件，提出要有"高度的历史责任感、强烈的忧患意识和全球战略眼光"。这种居安思危和冷静清醒的意识，在形势好的时候尤为重要。现代化建设的伟大成就和全面建设小康社会的美好前景对于"凝聚民族意志"是非常重要的，忧患意识对于"凝聚民族意志"也是非常重要的。《建议（稿）》所指出的"影响世界和平与发展的不稳定、不确定的因素增多，发达国家在经济科技方面占优势的压力将长期存在，……对我国经济社会发展和安全提出了新的挑战"，这样的问题不仅将长期存在，而且来自国际社会多方面的遏制和挑战必将日益成为我国和平发展的重要制约因素。同时，《建议（稿）》对国内改革发展中存在问题的分析也是中肯和客观的。我们确实需要始终保持清醒头脑，克服部分干部不顾条件盲目追求高指标、出政绩的浮躁情绪，扎扎实实地做好我们自己的事情。

《建议（稿）》中吸纳了包括民主党派在内的社会各界提出的意见建议，集中了各方面的智慧，充分体现了以胡锦涛同志为总书记的中共中央民主执政、科学执政、依法执政的指导思想。根据近年来民革对改革发展中一些课题的调研，综合民革一些专家学者的意见，我代表民革中央就"十一五"规划编制工作提几点建议。

第一，以更务实有效的措施着力解决"三农"问题。"十一五"期间应着力发展农村教育事业，全面提高农村人口素质，要以一系列切实有效的政策措施，提高农村基础教育的质量。现阶段最为迫切的是，要尽快提高农村中小学首先是农村小学的师资水平。进一步加强农村职业教育和劳动力的培训，为加快农村劳动力向非农产业和城镇转移创造条件，也为发展优质高效农业奠定基础。加大政府对农村教育和医疗卫生事业的投入，提高经费的使用质量和效益。

"十一五"期间的农村改革，应在巩固"十五"期间税费改革成果的基础上，着眼于逐步改变城乡二元体制，建立城乡统筹发展的制度基础。建立以工促农、以城带乡的长效机制，应把逐步缩短农村居民和城市居民在教育、医疗和社会保障等方面的差距作为重要目标。要把科技进步作为解决"三农"问题的根本措施，大力提高农业科技水平。要努力克服体制障碍，引导各类人才到农村去发挥作用，实现城乡富余劳动力双向流动。加快推进县乡机构改革，着眼于强化县级机构在统筹城乡发展方面的职能作用，在合理划分事权和财权的基础上，合理界定县乡两级机构的职能。大力支持和扶持农民专业合作组织和农产品龙头企业的发展，推进农民持续增收，以提高农村居民的购买力，开启和扩大农村市场。农村土地制度的改革，应在稳定土地承包制度，推进有条件的地方发展适度规模经营的同时，着眼于把土地对于农民的生存和就业保障功能从土地制度中逐步分解出来，努力为推进城乡统一的社会保障制度的建立创造条件。要把城市化的快速推进作为探索建立城乡统一的社会保障制度的契机，利用城市化过程中土地大幅升值的条件和机遇，推进"以土地换保障"，从为被征地农民建立社会保障制度开始，逐步将社会保障制度推向广大农村社会。

第二，以最大的决心和气力推进节约型社会建设。建设节约型社会，关键是要进一步落实科学发展观，真正树立科学发展观念，创新发展模式，切实把经济社会纳入科学发展的轨道。要大力推进循环经济的发展，在城镇和乡村都要加强对土地、能源、水等资源利用方面的引导和调控。要通过进一步加强法制建设，促进《建议（稿）》中提出的建设节约型社会的各项措施的落实，加大对各种浪费行为的处罚力度，努力使建设节约型社会成为全体社会成员的自觉行动。党政机关要带头厉行节约，从细节抓起，从每一个人做起，常抓不懈，努力创造一种厉行节约的社会氛围。加强制度建设，努力建立构建节约型社会的长效机制。

第三，把自主创新能力建设摆到更加突出的位置。提高自主创新能力，包括提高原始创新能力、集成创新能力和引进消化吸收再创新能力，是关系到一个国家经济社会发展和安全的战略性问题。残酷的事实告诉我们，关键性的核心技术是引进不来的。"十一五"期间，我国应当努力在若干重要领域掌握一批核心技术，拥有一批自主知识产权，造就一批具有国际竞争力的企业和品牌，为我国经济社会发展和国防现代化建设提供强大科技支撑。应充分发挥企业在技术创新中的主体作用，努力营造有利于企业自主创新的政策法制环境。大力培养和使用科技创新人才，是提高自主创新能力的关键所在。我们一定要创造一个既有利于引进人才，同时又充分发挥本土人才作用的协调机制，形成人尽其才、人才辈出的局面。

第四，坚持走中国特色的政治发展道路。在西方敌对势力不断渗透、对我进行围堵的今天，坚持走中国特色的政治发展道路更加重要。我们必须进一步坚持和完善人民代表大会制度、共产党领导的多党合作和政治协商制度和民族区域自治制度，巩固和发展爱国统一战线，为我国社会主义政治建设、经济建设、文化建设和社会建设提供强有力的政治保障。前不久，中共中央印发了《中共中央关于进一步加强中国共产党领导的多党合作和政治协商制度建设的意见》，民革要学习贯彻好文件精神，充分发挥民主党派在"十一五"规划制定和实施中的参政议政、民主监督作用，为构建社会主义和谐社会、维护安定团结的政治局面作出贡献，使中国共产党领导的多党合作和政治协商制度的优越性得到进一步发挥。

推动农村劳动力转移是全面建设小康社会的重要环节[*]

（2005 年 10 月 19 日）

今年 7 月中旬，民革中央调研组赴江苏省就农村产业结构调整与劳动力转移问题进行了调研。通过实地考察，我们感到，中共中央关于推进农业和农村经济结构调整、提高农村劳动者素质、加快农村劳动力转移的部署是完全正确的，采取的一系列措施是卓有成效的，对于促进农村经济社会全面发展、实现全面建设小康社会宏伟目标，将产生极为深远的影响。

近年来，随着农业和农村经济的快速发展，农村经济结构发生了深刻变化。从全国的情况看，2000 — 2004 年，第一产业增加值占农村各业增加值的比重由 35.5% 下降到 30.1%，农村第二、三产业增加值所占比重分别从 50.4% 和 14.3% 增加到 53.2% 和 16.7%；第一产业就业人员占农村劳动力比重由 68.4% 下降到 61.6%，农村第二、三产业就业人员所占比重分别从 17.3% 和 14.3% 上升到 17.7% 和 20.7%。从江苏省的情况看，上世纪 80 年代乡镇企业异军突起，工业化进程加快，带动大批劳

---

[*] 这是何鲁丽同志在《求是》杂志 2005 年第 20 期发表的署名文章。

动力从农业和农村中转移出来；90 年代以来，乡镇企业全面改制，工业化进入了快速健康发展的新时期，农村产业结构调整进入了新的发展阶段。农村经济的发展和产业结构的调整优化，带来了城乡经济社会的巨大变化。

其一，农村产业结构调整和劳动力的转移，加快了城市化、工业化进程，推动了国民经济的持续快速发展。江苏省的农村产业结构调整和农村劳动力转移起步早、成效大，经济长时期持续、快速增长，工业化和城市化程度均高于全国平均水平。农村经济结构的调整优化，促进了农村经济社会的较快发展和农民收入水平的迅速提高，全省已经初步形成城乡社会稳定、和谐、协调发展的趋势和格局，展现了全面建设小康社会的美好前景。

其二，农村产业结构调整和农村劳动力的转移，使国民经济结构趋于合理。近年来，无论是从江苏省还是从全国的情况看，经济结构变化的基本趋势是，经济总量中农业产值份额不断缩小、就业份额不断减少，二、三产业的产值份额不断增大、就业人员不断增加；农业生产结构逐步优化，由单一粮食生产向优质多元高效种植转变，向农林牧渔全面发展转变，农业产业化经营水平不断提高，形成了一大批各具特色和较强竞争力的农业优势产业。农业和农村经济结构调整，极大地促进了农业增长方式的转变，有力地支持了我国国民经济结构战略性调整。

其三，农村劳动力向非农产业和城镇转移步伐加快，拓宽了农民的收入渠道，促进了农民收入的持续增长，使城乡居民收入差距不断扩大的势头有所缓解。2004 年，江苏城镇居民人均可支配收入和农民人均纯收入分别为 10482 元和 4754 元，两者比例为 2.20：1，大大低于全国同期 3.21：1 的平均水平。在农村产业结构调整比较快的无锡市，这一比例已达到 1.91∶1。江苏适应新时期本省经济和农业发展的需要，进一步加大了农村劳动力转移的力度，采取积极措施，计划从 2003 年到 2010 年再转移出 500 万农村劳动力，力争使农业劳动力人均耕地经营规模达到10 亩。这一目标实现之后，将为构建社会主义和谐社会奠定更为坚实的基础。

其四，越来越多的农民转移到城市，逐步改变我国以农民为主体的社会，有力地推动了全面建设小康社会和构建社会主义和谐社会的进程。江苏省许多地方正在建立城乡统一的劳动力市场体系和城乡逐步对接的农村社会保障制度，许多农民开始享受市民待遇，城乡二元结构正在被打破，整个社会的现代化程度在快速提高。随着江苏城市化、工业化水平的不断提高，越来越多的农民将成为市民，必将带来经济社会的发展与和谐。

在调研中我们看到，江苏省委、省政府以邓小平理论和"三个代表"重要思想为指导，全面树立和认真落实科学发展观，按照中央的部署，结合本省的实际，在加快推进"率先全面建成小康社会、率先基本实现现代化"的过程中，积极推进农村产业结构调整，在提高农村劳动者素质、加快农村劳动力转移方面，积累了丰富的经验，许多措施和做法具有普遍意义。

按照统筹城乡发展的要求，将农村劳动力转移纳入国民经济和社会发展规划，有计划、分步骤地大力推进农村产业结构调整和劳动力转移。江苏省在确立大规模转移农村劳动力具体目标的同时，按照统筹城乡规划和产业布局、统筹城乡基础设施建设和社会事业发展、统筹城乡劳动力就业和社会保障的思路，以城市化、工业化和农业产业化经营带动农村劳动力转移，达到减少农业人口、增加农民收入的目的。这样的规划和思路，符合江苏的实际，对其他地方也具有示范意义。按照江苏省政府的部署，许多市县在充分调查研究的基础上建立以农户为基础、村为单位的农村劳动力资源台账，以乡镇为单位输入计算机，实行县乡联网，在此基础上制定和实施了加快农村劳动力转移的规划和措施。另外，江苏省不断加大财政支农力度，大力整合财政支农资金，积极创新财政支农方式，提高资金的使用效率，形成了财政支农资金稳定增长的机制，推动了现代农民教育培训工程，农业品种、技术、知识更新工程等重点支农工作的进展。这些做法也很值得推广。

大力发展非农产业，加快城市化进程，为农村劳动力转移创造良好条件。江苏省农村地区在稳定粮食生产的基础上，大力发展优质高效农业和林牧渔业，促进了农村劳动力在农业内部的转移；大力发展农村二、三产业，促进了农村劳动力的就地转移；加快城市化步伐，特别是加强城市基础设施和住宅建设，吸引大批农村劳动力向城市转移就业。农村个体私营经济和第三产业的迅速发展，成为农村劳动力聚集的重要领域；城市向周边农村地区快速扩张，直接把广大城郊农村地区纳入城市，推动了城乡一体化发展格局的形成。工业化、城市化的加快，为农村劳动力转移创造了广阔空间。

加强农村劳动力职业技能培训，提高劳动力素质和就业能力。江苏省努力创新培训机制，农业、劳动和社会保障、教育等部门分工合作，密切配合，齐抓共管，培训内容具有很强的针对性和实效性，深受农民和用工单位的欢迎。教育部门实施的"两后双百工程"，即初中和高中毕业后不能继续升学的学生要求百分之百得到培训、百分之百推荐就业,力求从源头上解决新增劳动力的就业能力问题,具有一定的治本意义。江苏省对农民培训工作实行财政补贴,并高于全国的平均水平,特别是因为形成了合理有效的补贴机制,因而取得很好的成效。

积极建立城乡平等的就业制度和社会保障制度,促进和保障农村劳动力顺利转移。江苏省许多地方废除了城乡二元户籍管理体制,并不断剥离附着在户籍上的各种阻碍农村劳动力转移的制度。外来务工人员就业证、登记卡以及各项收费被取消,农村劳动力转移的许多体制性障碍逐步消除。政府为进城务工人员建立了规范的劳务市场,努力维护务工人员的合法权益,促进了市场在农村劳动力转移中基础性作用的发挥,提高了农村劳动力转移的效率和效益。针对苏南、苏中、苏北输入和输出农村劳动力的不同需要,建立并不断完善南北挂钩的劳务合作关系,发挥了政府应有的作用。江苏的经验表明,在农村劳动力转移中政府提供有效的制度保障是至关重要的。

当前,无论是江苏还是其他地区,农村产业结构调整和劳动力转移还存在许多问题,需要在今后工作中逐步加以解决。

第一,大力提高农村基础教育的水平和质量。提高农村人口素质需要从源头上抓起,现阶段最为迫切的应当是尽快中断农村"劳动力素质低下—农业劳动生产率低下—农村经济发展水平低下—农村劳动力素质低下"的恶性循环,提高农村基础教育的水平和质量。在江苏这样经济基础较为雄厚的省份,应率先在全省农村实行真正意义的九年义务教育制度,让农村中小学生享受免费的义务教育,为全国各地作出示范。同时,国家一方面应加大对农村地区教育部门的财政转移支付力度,另一方面需要在合理划分事权和财权的基础上创新教育投入体制和机制，由中央和省级财政共同承担更大份额的教育经费，最大限度地减轻农民在教育方面的负担。在着力解决农村基础教育中的各方面问题时，应当突出解决农村中小学特别是小学师资质量问题。在农村劳动力输出地和输入地，都要注重解决外出务工人员子女的教育问题。以江苏宿迁为例，70%以上外出务工人员的子女留在农村，这一部分学龄儿童的教育问题亟待引起重视。政府既要关心进城务工人员子女学校的建设问题，更应该注重其教学质量的提升。要下大力气把农村基础教育和职业教育合理有效地衔接起来，努力为发展现代农业输送合格劳动力。

第二，加快二、三产业的发展，为农村劳动力转移创造更大的就业空间。据了解，江苏省三次产业结构的比例为 8.5：56.5：35，而发达国家不仅第一产业所占比重很低，而且第三产业就业比重还要远远高于第二产业。参照发达国家的这一水平，即使在相对发达的江苏省，不仅需要加快新型工业化进程，第三产业的发展也还存在着巨大空间。我国在加快工业化、城市化步伐的同时，应高度重视发展第三产业，把大力发展服务业、大力提升服务业的水平和质量作为今后的一个战略重点，结合城乡经济社会发展的需要，规划并着力培育服务产业，以利于更广泛更大量地吸纳城乡劳动力。

第三，努力消除体制障碍，促进城乡人才双向流动。在现代化建设过程中，农村有大量的富余劳动力需要转移出来，同时，农村经济社会的发展更迫切需要各种较高层次的人才。实行"以城带乡、以工促农"的方针，人才是关键。实际上，农村有富余劳动力，许多人才在城市也属于富余劳动力，城乡富余劳动力应该双向流动。据专家研究，在国际上人均国内生产总值3000美元的国家和地区的社会总人口中，大学文化程度人口一般占 5.6% 左右；而在我国，一方面农村中人才紧缺，另一方面有的城市大学以上文化程度人口已达 12%，许多行政事业单位都存在人浮于事、人满为患的问题。在城乡二元体制下，城市人才难以流向农村，既有城乡差别的阻隔，也有体制性的障碍。国家应当建立健全相关法律法规，加快户籍制度改革，完善劳务市场，发展中介服务，降低劳动力流动的成本，以推动城乡劳动力合理有序地流动。现阶段尤其应当积极研究和探索推动城市人才支持农村的办法，为城乡统筹协调发展提供人才政策和制度支撑。

第四，在注重培训转移出来的农村劳动力的同时，也要加强对留在农村的农民的专业技术培训。只有提高农村劳动力的整体素质，才能从根本上实现农业增效、农民增收的目标。有的地方培训农村劳动力的主要目的是为城市输送劳动力，而常常忽视农业劳动力的培训，以至于农村劳动力转移的速度越快，留在农村从事农业生产的劳动力素质下降也就越快，很难适应发展优质高效农业、实行标准化农业生产和推进农业产业化经营的需要。为加快农村劳动力转移到城镇和非农产业而培训农村劳动力是非常重要的，为发展现代农业而培训农村劳动力也是非常重要的，应当得到同样的重视。

我们在考察中了解到，许多地方的农民在从事订单农业的生产中，在加入各种形式的专业合作经济组织以后，在组织化程度不断提高的基础上，产生了学习和掌握先进农业科学技术的强烈要求，参与市场竞争意识和市场交易中的诚信观念不断增强。各地应结合本地的实际，大力扶持农业产业化龙头企业和各种农民合作经济组织及专业协会的发展，充分发挥它们组织、培训农村劳动力的作用，切实加强对农业劳动力的培训，大力开展科技支农活动，推广和普及农业科技知识，造就适应现代农业发展需要的劳动力队伍。

第五，加大农村计划生育奖励扶助的力度，进一步控制农村地区的人口出生率。农村劳动力素质低，与许多农村地区人口出生率较高密切相关。江苏省农村计划生育工作的成效非常显著，许多地方随着人口出生率的下降，人口素质也在提高。一些农村地区人口出生率和人口素质的负相关状况表明，我们仍然需要加大控制人口增长的力度，来稳定低生育率。建议国家尽快全面实施农村计划内生育子女父母老年退休奖励扶助政策，并逐步提高奖扶的水平，进一步提高农民计划生育的自觉性。

第六，探索建立城乡统一的社会保障制度，让转移到城市的农民融入城市社会。只有建立起城乡统一的社会保障制度，才能形成农村劳动力转移的长效机制，巩固农村劳动力转移的成果；只有建立起城乡统一的社会保障制度，才能把生存和就业保障功能从土地上分离出来，免除农民的后顾之忧，实现土地向规模经营集中、农村居民向城镇集中；只有建立起城乡统一的社会保障制度，让农民工真正享受到市民待遇，才能使农民在身份上也在心理上与城市居民融合起来，构建城乡和谐的社会。发达省份应当在建立城乡统一的社会保障制度方面先行一步。在此基础上，积极探索社会保障的跨地区统筹，为逐步实现更大范围的统筹开辟道路。

推动经济工作再上新台阶[*]

（2005 年 11 月 22 日）

今年以来，各地区各部门在以胡锦涛同志为总书记的中共中央正确领导下，以科学发展观为统领，认真贯彻落实中共中央、国务院确定的各项方针政策，巩固和扩大宏观调控成果，积极推进改革开放，不仅国民经济继续保持"高增长、低通胀"的良好态势，而且社会全面协调发展，人民生活水平继续明显提高。前三个季度，国内生产总值同比增长 9.4%，工业生产、市场销售、进出口贸易、国家外汇储备和居民收入都平稳较快增长，居民消费价格也继续处于温和上涨的状态。尤为值得高兴的是，前三季度的农业生产形势较好，国家的各项支农惠农政策有效地调动了农民的生产积极性，农业和农村经济保持了较好的发展势头，不仅全年粮食生产再获丰收已基本成为定局，而且农民人均现金收入也增长了 11.5%。上述情况表明，今年以来，我国国民经济继续朝着宏观调控的预期方向发展，保持了平稳较快发展的良好态势，国民经济在实现高速增长的同时呈现了既无通货膨胀又无通货紧缩的较理想状态，是 1998 年以来宏观经济运行最好

---

[*] 这是何鲁丽同志在中共中央召开的党外人士座谈会上的发言。

的一年。民革中央完全赞同中共中央对今年经济形势的基本估计，完全拥护和赞同中共中央制定的明年经济工作总体要求、主要原则、主要政策取向和经济社会发展主要预期目标，一致认为对今年经济形势的基本估计科学、准确、客观、实际，明年的工作部署目标明确、重点突出、速度适当，很好地体现了科学发展观的要求。

今年经济的良好运行，为明年顺利实施"十一五"规划开好局、起好步提供了十分有利的条件和基础。但我们也应看到，当前的经济运行中也存在一些矛盾和问题，如：农业基础薄弱，粮食增产和农民增收后劲不足；固定资产投资规模依然偏大，且结构不尽合理；部分行业还存在盲目投资、重复建设严重，生产能力过剩；进出口贸易不平衡的矛盾依然比较突出；部分工业企业利润增幅回落较多；总供求的结构性矛盾开始加大，经济增长的微观动力初显不足等。明年是实施"十一五"规划的开局之年，能否在明年的工作中正确应对这些矛盾和问题，对于"十一五"规划的完成和全面建设小康社会目标的实现，有着重要的意义。下面，结合今年我们进行的几次调研，对明年的经济工作提出几点建议：

一、狠抓贯彻落实中共十六届五中全会精神的工作，把各级领导的思想统一到全会精神上来。中共十六届五中全会站在新的历史发展起点上，从战略全局出发，制定描绘了我国下一个五年经济社会发展的宏伟蓝图。现在，关键在于落实。但从最近我们的调研来看，各地对五中全会精神的学习、贯彻、落实情况并不平衡，一些地方领导对全会精神和科学发展观的认识还有待深化。我们认为，做好"十一五"开局之年各项工作的关键，是要让各级领导在认真学习的基础上，深刻领会全会精神，坚持以科学发展观统领本地区经济社会发展全局，真正树立起科学发展观和正确政绩观，把上下的思想统一到全会精神上来，把力量凝聚到贯彻全会提出的各项任务上来。只有这样，各地区各部门才能按照全会提出的立足科学发展、着力自主创新、完善体制机制、促进社会和谐的总要求，确定好符合当地实际的发展战略、发展目标和发展重点，制定好本地区、本部门"十一五"时期的发展规划，保证"十一五"规划在各地实施不走样。

二、进一步增加对农业和农村的投入，加大农业和农村基础设施建设力度。从我们今年就"三农"问题的几次调研来看，当前农村的一个主要问题是农业和农村的基础设施建设严重不足。这在相当程度上影响了农业生产结构调整和农民增收、农村发展，不利于农业基础地位的巩固和加强，不利于加快传统农业向现代农业的转变进程，与建设生产发展、生活宽裕、乡风文明、村容整洁、管理民主的社会主义新农村目标不相适应。造成这一现状的原因，一是国家在这方面的投入相对较少，二是部分投入并没有直接用到农业和农村的基础设施建设上。建议在"十一五"期间围绕农业增产和农民增收这个目标，逐步建立符合国情的农业投入增长机制，逐步加大对农业和农村基础设施建设的投入，尤其是注意加大对中西部地区农田水利和农村公路建设力度，并采取严格措施保证这些投入全部用到农业和农村基础设施建设上。另外，继续把扶持农业生产、增加农民收入和有序转移农村劳动力的工作放在重要位置。一是可以考虑在明年增加对种粮农民的直接补贴；二是加紧研究将直接补贴范围逐步扩大到化肥、农药、农用薄膜、农用柴油等农资商品上的办法；三是在农民增收的前提下着力培育农村消费市场；四是加大农村劳动力培训和职业教育力度，促进农村劳动力有序转移，同时也为农业产业发展、农业经营培养一批有文化、懂技术、会管理的新型农民。

三、大力加强可再生能源的开发利用研究，重点扶持燃料乙醇的发展。近年来，国际油价高涨，能源安全正在成为影响我国经济发展乃至国家安全的重要问题。解决这个问题的一个有效途径，就是大力发展可再生能源。我们认为，国家应该在建设节约型和环境友好型社会方面，加大立法、执法和管理的力度，缓解我国能源、资源紧缺的矛盾。为此，应把可再生能源的开发利用，作为国债项目资金和中央预算内投资的一个重点，大力发展太阳能、风能等清洁能源，重点支持广西、吉林等省区发展既能解决能源问题，又有利于农民增收、有利于环保的燃料乙醇项目。同时，从改革成品油定价机制入手，逐步加快水资源、能源、矿产等资源定价和税费改革，理顺当前不尽合理的能源价格体系，把我国早日建设成为一个资源节约型和环境友好型社会。

四、着力推进、深化垄断部门和服务领域的改革，进一步健全和完善社会主义市场经济秩序。近年来，一些有着行业垄断性质的部门，过多考虑本部门的利益得失，在一些问题上损害了群众利益，引起了人民群众的不满。另外，一些地方存在的上不起学、看病难、看病贵以及物业管理混乱等现象，也使群众对教育、医疗等公共服务部门存有较大的意见。广大人民群众迫切希望国家能对这些部门、机构及相关体制进行更大力度的改革，加强监管，提高这些部门和机构的服务质量与水平。我们认为，推进垄断行业以及与人民群众生活密切相关的公共服务领域改革，事关社会主义市场经济体制的完善，事关经济竞争力和国民经济素质的提高，事关人民群众的利益，是经济体制改革的一场攻坚战。因此，建议进一步推进深化垄断行业及服务领域改革的工作，增加公共产品的供给和提高公共产品的质量，促进市场经济秩序的健全和完善，促进社会主义和谐社会的构建。

明年发展改革稳定的任务都很繁重，但我们坚信，在邓小平理论和"三个代表"重要思想指导下，在科学发展观的统领下，全国人民认真贯彻落实好中共中央制定的各项宏观调控政策措施，"十一五"开局之年的经济和社会发展目标必将顺利实现。民革全体同志决心更加紧密地团结在以胡锦涛同志为总书记的中共中央周围，为明年的经济和社会发展目标的实现，全面做好自己的参政议政、民主监督工作。

在 2006 年中共中央召开的党外人士
迎春座谈会上的发言

（2006 年 1 月 24 日）

在新春佳节即将到来之际，首先请允许我代表民革的全体同志，向中共中央各位领导致以节日的祝贺！同时，也借此机会，对中共中央及各位领导在过去一年里给予我们的大力支持与帮助，表示衷心的感谢！

刚刚过去的一年，是"十五"时期的最后一年，是我国经济和社会发展具有标志性意义的一年。这一年里，以胡锦涛同志为总书记的中共中央准确把握国内外形势，有效应对各种复杂情况，牢牢把握改革发展稳定大局，团结和带领全国人民以科学发展观为指导，在经济建设、政治建设、文化建设、社会建设和军队现代化建设等各方面都取得了举世瞩目的成就，人民生活水平持续提高，顺利实现了"十五"计划提出的经济社会发展主要指标，使我国站在了一个新的历史起点上，为"十一五"规划的实施和全面建设小康社会目标的实现，打下了良好的基础。特别值得一提的是，去年中共中央在对台工作上实施了一系列重大决策和战略部署，进一步把握了主动，使两岸关系发生了重大、积极的变化。回顾去年一年的工作和成绩，我们对中共中央的正确领导表示由衷的钦佩，并感到十分自豪。

过去的一年，中共中央高度重视社会主义民主政治建设和多党合作事业的发展，制定了《中共中央关于进一步加强中国共产党领导的多党合作和政治协商制度建设的意见》。随着这个文件的深入贯彻落实，将会把具有中国特色的多党合作制度建设推向一个崭新的阶段。在这一年里，以胡锦涛同志为总书记的中共中央坚持协商于决策之前，先后召开了 18 次高层协商会、座谈会和情况通报会，就许多重大问题认真听取我们的意见和建议，为坚持和完善多党合作制度、推进民主政治建设做出了表率，使我们深受感动。去年我们开展的一项重要工作，就是组织民革全体同志认真学习《中共中央关于进一步加强中国共产党领导的多党合作和政治协商制度建设的意见》。为此，我们专门组织编写了《中国的参政党》一书，对中国特色社会主义政治制度和政党制度的确立、发展及参政党的性质、作用和如何建设高素质参政党等问题，进行了初步的总结和阐释。通过认真学习，民革全体同志更加坚定了走中国特色社会主义政治发展道路的决心。

作为"十一五"时期的开局之年，一些矛盾和问题的解决将在今年开始破题，一些发展瓶颈和体制障碍将在今年有新的突破，一些重要领域的改革将在今年逐步启动，一些历史性任务将在今年深入推进。关于今年的各项工作，中共中央、国务院有着周密的部署，对此我们完全同意。下面，结合我们学习中共十六届五中全会精神的体会，对我们认为今年需要重点加强的几项工作提几点看法：

一、进一步用科学发展观武装各级领导干部的头脑，统一思想，形成共识，把我国经济社会发展尽快转入科学发展的轨道上。中共十六届五中全会提出，全面贯彻落实科学发展观，必须加快转变经济增长方式。这是"十一五"时期实现科学发展、创新发展模式、提高发展质量的必然要求，也是保持国民经济平稳较快发展的重要战略举措。我们认为，实现这一目标的关键之一，就是要不断提高各级领导干部贯彻落实科学发展观的自觉性和坚定性。只有各级领导干部的认识提高了、思想统一了，牢固树立起了科学发展观，才有可能在各地区、各部门的工作中，认真贯彻落实以人为本、全面协调可持续的科学发展观，使科学发展观真正起到统领经济社会发展全局的作用，把我国经济社会尽快转入到科学发展的轨道上。

二、充分发挥社会主义制度的优势，走出中国特色的自主创新道路。不久前，为加强自主创新、建设创新型国家，我国在新世纪首次召开了具有里程碑意义的全国科技大会，制定了《国家中长期科学和技术发展规划纲要（2006—2020 年)》及配套政策。我们完全拥护和赞同中共中央、国务院作出的建设创新型国家的重大战略决策，完全拥护和赞同国家"自主创新、重点跨越、支撑发展、引领未来"的指导方针。建设创新型国家，核心是充分发挥制度优势，大力增强自主创新能力，走出中国特色的自主创新道路。为此，在开展这项工作时，建议强调：一要加强领导，精心组织，切实抓好规划纲要的实施和落实；二要加大对自主创新的税收、金融、政府采购等方面的政策扶持力度，大力支持自主创新以及创新成果的产业化；三要切实保护知识产权，完善知识产权保护体系，努力营造尊重和保护知识产权的法制环境；四要高度重视基础科学的研究，要坚持重大课题、重大专项由国家组织、协调的原则，充分发挥社会主义制度下大团结、大协作的传统和优势，推动科学技术的跨越式发展。

三、以大力发展壮大县域经济为突破口，进一步做好"三农"工作，全面推进社会主义新农村建设。作为统筹城乡经济社会发展的基本单元，县域经济既是城镇经济与农村经济的结合部，又是工业经济与农业经济的交会点、宏观经济与微观经济的衔接处。县域经济的这些特点，决定了它在促进农村进步、农业发展和农民增收工作中的重要作用，也决定了它应当成为建设社会主义新农村的重要载体。希望国家有关部门在今后的社会主义新农村建设中，更加注重对县域经济的扶持工作，围绕发展壮大县域经济，深入调研，分类指导，整合政策，在资金以及基础教育、劳动力培训等方面给予大力扶持与帮助，促进农村人才、生产要素的集聚，不断增强县域经济实力，从而全面推进社会主义新农村建设。

2006 年是"十一五"时期的第一年，做好今年的各项工作，为"十一五"规划开好局、起好步，意义十分重大。我们坚信，在以胡锦涛同志为总书记的中共中央领导下，全国人民团结一心，奋发努力，扎实苦干，一定能圆满完成今年的各项任务，为全面实现"十一五"规划打下坚实的基础。今年，地方的各级民主党派组织将开始换届，我们将把坚持走中国特色的政治发展道路作为政治交接的主题，加强后备干部队伍建设，保持民主党派的优良传统代代相传。希望中共各级党组织关心和支持民主党派的后备干部队伍建设，及时向民主党派推荐优秀的党外人士。民革全体同志决心以更好的工作、更高的热情来全面履行好自己的参政议政、民主监督职能。希望在今年的工作中，能继续得到中共中央的大力支持和帮助，使我们在国家的经济、政治、文化与和谐社会建设及对外交流等工作中，发挥更大的作用，作出更大的贡献。

牢固树立科学发展观
建设社会主义新农村[*]

（2006 年 2 月 10 日）

民革中央的同志认真研读了"十一五"规划纲要（草案）和政府工作报告（征求意见稿），完全拥护和赞同草案和报告。草案和报告以邓小平理论、"三个代表"重要思想为指导，认真贯彻中共十六大和十六届五中全会精神，全面落实科学发展观，明确了"十一五"时期及其开局之年我国经济社会发展的指导原则、工作方针、预期目标、主要任务和总体部署，为我国未来五年经济社会的发展打下了坚实的基础。大家认为，草案和报告充分考虑当前国内外的形势和可能发生的各种情况，准确抓住了我国今年经济社会发展的主要矛盾和问题，把关注的重点集中在社会主义新农村建设、经济增长方式的转变、自主创新能力的增强、改革开放的深化、资源的合理使用、环境保护、促进区域协调发展、和谐社会建设、提高人民生活水平、解决与人民群众切身利益相关等问题上，很好地体现了坚持以科学发展观统领经济社会发展全局的精神，很好地体现了《中共中央关于制定国民

---

[*] 这是何鲁丽同志在国务院召开的党外人士座谈会上的发言。

经济和社会发展第十一个五年规划的建议》所提出的重要原则，思路清晰、内容全面、结构简明、重点突出、措施得力、符合客观实际，具有很强的指导性、针对性和可操作性。我们相信，认真落实好、完成好草案和报告所确定的各项任务，我国的经济社会必将迎来一个新的发展局面。

在认真研读草案和报告的过程中，我们再一次感受到了"十五"期间所取得的巨大成就，也看到了我国经济社会发展所面临的矛盾与挑战，看到了工作中存在的诸多困难与问题，更看到了党和政府正视矛盾与挑战，解决这些困难与问题的决心。下面，结合研读草案和报告的体会，我们仅就如何牢固树立科学发展观和建设社会主义新农村这两个问题谈几点看法：

一、我们高兴地看到，无论是草案还是报告，都很好地坚持了以科学发展观统领经济社会发展全局的原则。我们还高兴地看到，在中共中央、国务院的正确领导下，"十五"时期的各项任务已经顺利完成。但是，我们也看到，在"十五"时期的经济发展指标全部顺利或超额完成的同时，高中的毛入学率、研究与试验发展经费支出占国内生产总值比重、主要污染物排放总量等与社会发展相关的指标却没有达标。另外，据我们调研，在这几年的实际工作中，不少地区重经济建设、轻社会发展，对社会发展问题关注不够，由此导致经济社会发展不协调的现象，是比较普遍存在的。这些现象的存在，反映了在部分同志特别是在部分领导干部的思想上，以人为本、全面协调可持续的科学发展观还没有得到牢固树立。我们认为，这是目前制约我国经济社会又快又好发展的一个重要问题，不认真解决好，就可能影响全面建设小康社会的进程。为此，我们建议，继续加大对科学发展观的宣

传和教育，进一步用科学发展观武装各级领导干部的头脑，不断
提高各级领导干部贯彻落实科学发展观的自觉性和坚定性，同时
继续改革、完善相关的经济社会发展评价体系和干部管理体系，
使广大领导干部在实际工作中，切实而不表面、真正而不流于形
式地贯彻落实科学发展观，让经济发展与社会发展互相协调、共
同发展，尽快推动我国经济社会发展切实转入到科学发展的轨道
上。鉴于草案和报告对全国工作的重要指导意义以及对各级政府
和领导的示范作用，我们认为，应在草案和报告中适当突出与社
会发展有关的内容：一是建议在报告分析、列举去年工作问题的
那一部分中加重对社会发展方面所存在问题的分析，并把这些问
题单列出来，成为与列举经济发展问题部分相对应的一个独立段
落；二是建议在草案和报告里，注意强调社会发展的重要性，强
调经济必须与社会协调发展，并希望对一些约束性的社会发展指
标能有相应的保证措施。

　　二、建设社会主义新农村，是中共十六届五中全会提出的重
大历史任务，事关全面建设小康社会和现代化建设全局，事关八
亿农民的福祉和未来，必须抓紧抓好。对此，草案和报告都有周
密的部署与安排，我们完全同意。我们认为，建设社会主义新农
村的工作，牵涉到很多方面，应当在全面、深刻理解建设社会主
义新农村内涵的基础上，分清主次，抓住重点。我们在调研中了
解到，目前制约农村建设的重要原因之一，是各地县域经济发展
的不平衡。由于县级政府管理的工作很多、负担较重，因此在
"分灶吃饭"的财政体制下，一些县域经济欠发达的地区，很难
有坚实的财力物力来保证社会主义新农村建设的需要。所以，我
们建议，"十一五"时期，国家应以大力发展壮大县域经济为突

破口，进一步做好"三农"工作，全面推进社会主义新农村建设。希望在草案和报告中对此能有相应的强调，更希望国家有关部门把发展壮大县域经济作为建设社会主义新农村的重要载体，更加注重对县域经济的扶持工作，围绕发展壮大县域经济，深入调研，分类指导，整合政策，建立健全激励和约束机制，促进农村人才、生产要素的集聚，不断增强县域经济实力。与此同时，国家应高度重视解决县域经济发展不平衡的问题，对一些县域经济发展相对滞后的地区，加大财政转移支付力度，并在金融、税收、基础教育、劳动力培训等方面给予大力扶持与帮助，尽快使广大农村面貌有明显的变化，逐步达到生产发展、生活宽裕、乡风文明、村容整洁、管理民主的社会主义新农村建设目标。

刚刚过去的一年，全国各族人民在中共中央、国务院的正确领导下，按照"五个统筹"和"六个必须"的要求推进改革和发展，在经济建设、政治建设、文化建设、和谐社会建设等各方面都取得了振奋人心的显著成就。送走不平凡的 2005 年，我们又迎来了"十一五"规划的开局之年、起步之年，迎来了落实科学发展观、建设创新型国家的关键之年。在新的一年里，民革全体同志决心更加紧密地团结在以胡锦涛同志为总书记的中共中央周围，更高地举起邓小平理论和"三个代表"重要思想伟大旗帜，更加自觉地树立和落实科学发展观，认真贯彻中共十六大和十六届三中、四中、五中全会精神，与时俱进，求真务实，开拓创新，奋发进取，围绕着全面落实科学发展观和制定、实施"十一五"规划，结合中共中央、国务院对经济社会发展工作的总体部署，积极履行自己的参政议政、民主监督职能，为圆满完成今年的各项工作，保证经济社会又好又快地向前发展，作出我们的贡献。

关注农村综合改革
推进社会主义新农村建设[*]

（2006 年 5 月 10 日）

我们这次到湖南，调研的题目是农村综合改革，这是新农村建设的重要内容。建设社会主义新农村，是中共十六届五中全会提出的重大历史任务，是中共中央总揽全局、与时俱进作出的重大战略决策。推进社会主义新农村建设，不仅关系到农村经济社会的发展，关系到推动我国广大农村走上生产发展、生活宽裕、乡风文明、村容整洁、管理民主的文明发展道路，而且是实现全面建设小康社会目标和现代化建设进程的关键，是贯彻落实科学发展观的必然要求。建设社会主义新农村，是一个宏大、复杂的系统工程，是一项长期而艰巨的历史任务，需要全社会持续不懈的努力奋斗。民革作为致力于中国特色社会主义事业的参政党，作为与中国共产党长期亲密合作的友党，为社会主义新农村建设献计出力，是义不容辞的社会责任和历史使命。

长期以来，民革中央十分关注"三农"问题，坚持把"三

　＊ 这是何鲁丽同志在"湖南'农村综合改革'问题调研"座谈会上的讲话。

农"问题作为参政议政的重要内容，同时大力开展智力支边扶贫工作，为贫困地区农村脱贫致富积极贡献力量。进入新世纪以来，我们每年都要围绕"三农"问题开展调查研究，在此基础上向中共中央、国务院提出建设性意见，或者在全国政协会议上提出提案。近几年，民革中央先后就农村医疗卫生体系建设、乡村债务化解、农村劳动力转移、农民专业合作经济组织发展、乡镇机构改革等问题进行了调研考察，并向中共中央提出了我们的意见和建议。今年3月，两会刚一结束，民革中央调研组赴河南省围绕新农村建设问题进行了考察。近期，民革中央还将与一些单位联合举办一次"推进社会主义新农村建设研讨会"。我们要以不同的方式，为社会主义新农村建设贡献力量。

温家宝总理在今年的政府工作报告中说："建设社会主义新农村，必须全面推进农村综合改革。"他进一步指出："今年在全国彻底取消农业税，标志着在我国实行了长达2600年的这个古老税种从此退出历史舞台，这是具有划时代意义的重大变革。""全部取消农业税后，巩固和发展农村税费改革成果的任务仍然十分艰巨，关键是要全面推进农村综合改革，包括深化乡镇机构、农村义务教育和县乡财政管理体制等改革。这些改革，既涉及农村生产关系调整，也直接触及农村上层建筑变革，意义更深刻，工作更艰难，一定要坚定不移地推进。"税费改革已经取得了积极成果，是惠及广大农民的重大举措，但是免征农业税引发和突显的问题也不少。推进农村综合改革，既是巩固和发展农村税费改革成果的紧迫任务，又是解决农村一系列深层次矛盾的关键所在。深化农村改革势在必行，而且任务还很繁重。我们这次来湖南考察农村综合改革问题，主要内容包括乡镇机构改革、农村义务教育管理体制改革和县乡财政管理体制改革。

我们之所以关注农村综合改革，是因为随着农业税的取消和不合理收费的减少，乡镇财政的运转和农村义务教育经费来源出现了困难，导致农民负担反弹的体制性、机制性因素依然存在，农民负担下降一段时间，有可能以其他形式出现反弹。农村税费改革没有从根本上解决乡镇财政体制的缺陷，农村上层建筑与经济基础不相适应的体制性矛盾依然存在，因此必须着力研究和解决相关问题。推进农村综合改革，就是为解决以上问题寻找出路。

首先，要积极稳妥地推进乡镇机构改革。乡镇机构改革的目标是转变乡镇职能，精简机构和人员，整合事业站所，提高乡镇政府的社会管理和公共服务水平，加快建立行为规范、运转协调、公正透明、廉洁、精干、高效的乡镇行政管理体制和运行机制。

其次，关于农村义务教育。2005 年 12 月，国务院下发了《国务院关于深化农村义务教育经费保障机制改革的通知》，将农村义务教育全面纳入公共财政保障范围。各省市县对落实《通知》十分重视。但新机制在执行过程中还需要完善，目前要切实解决农村义务教育投入保障机制不完善、资源配置不合理、县级以上政府农村义务教育的责任不明确等问题。温家宝总理在2005 年全国农村税费改革试点工作会议上指出："在保障农村义务教育经费的稳定增长方面，县级以上各级政府的财政要更多地承担起责任。"刚刚闭幕的十届全国人大常委会第二十一次会议审议了义务教育法修改草案。草案中明确宣示了义务教育的免费性，改变了上世纪以来农民办教育的状况。加快发展农村义务教育事业，提高农村人口素质，是建设社会主义新农村的基础性工程，是大家都十分关注的问题。义务教育法只能规范义务教育的主要问题，大家期望值很高，但不可能规定很细。

第三，是要进一步推进县乡财政体制改革。取消农业税之后，不少县乡失去了一个主体税种，一些乡镇只能主要依靠上级财政的转移支付来维持其机构运转。这不仅制约了基层政权职能的有效发挥，而且也影响到乡镇政府工作的主动性和积极性。因此，必须改革县乡财政管理体制，提高县乡财政的自我保障能力。发展县城经济，按照中央的要求，有条件的地方，可以进行"省直管县"的财政管理体制改革和"乡财县管乡用"财政管理方式的改革（2006 年中央 1 号文件）。推进这一改革，将进一步明确省以下各级政府在义务教育、公共卫生、社会保障等公共服务方面的财政保障能力，逐步建立覆盖城乡的公共财政体制，其意义是重大而深远的。

我们了解到，这几年湖南省在推进农村综合改革方面进行了积极的实践和探索，取得了明显成绩，积累了可贵的经验。我们到湖南来调研，就是希望深入了解湖南省在税费改革和农村综合改革方面的情况，了解你们的成功做法和经验，同时也了解改革中存在的困难和问题。在实地考察调研的基础上，我们民革中央还要委托地方民革组织在当地进行调研，尽可能地掌握和反映问题的全貌。调研组将集体研究形成意见，向湖南省党委、政府、人大、政协反馈、沟通情况。我们的建议最后将送中共中央和国务院，作为决策参考，这也是民主党派履行参政议政和民主监督职能的过程。

《监督法》促进依法行政和公正司法[*]

（2006 年 6 月 6 日）

　　我们认真研读《中华人民共和国全国人民代表大会常务委员会和地方各级人民代表大会常务委员会监督法（草案）》（以下简称《监督法（草案）》）后一致认为，在以胡锦涛同志为总书记的中共中央领导下，在全面建设小康社会的关键时期，在当前有利的形势和环境下，全国人大适时推出《监督法》，对于健全和完善社会主义法制体系，发展社会主义民主，推进社会主义民主政治建设，对形成以权力监督、中共党内监督、民主监督、行政监督、群众监督、舆论监督相配套的监督体系，具有重要的意义。《监督法（草案）》以宪法为依据，以邓小平理论和"三个代表"重要思想为指导，贯彻中共十六大和十六届三中、四中、五中全会精神，遵循中国特色社会主义政治发展道路的基本要求，把坚持党的领导、人民当家作主和依法治国有机统一起来，很好地体现了包括各民主党派、无党派人士在内的全国各族人民的共同意愿。我们赞同这个法律草案。

---

　　* 这是何鲁丽同志在中共中央召开的党外人士座谈会上的发言节录。

　　大家认为，《监督法（草案）》坚持从我国国情和实际出发，在认真总结各地成功经验基础上，区别不同情况分别处理：对比较成熟的实践经验加以深化、细化，并将这些成功经验上升为具体的法律规定；对一些尚不成熟而又必须做出规定的，只在法律中做出原则规定，为进一步深化和细化留下空间；对缺乏经验、各方意见又较为不一致的，暂不在法律中作规定，以留待条件成熟时作补充和完善。《监督法（草案）》的这些特点，既充分体现了实事求是的优良传统和作风，有利于法律正式颁布后的贯彻执行，也完全符合中国国情和实际。

　　《监督法》的制定，是各级人大依法履行监督职权、加强监督工作、促进依法行政、公正司法的重要保障。修改好、制定好这个法律，对于健全和完善依法行使监督职权的合理机制，探索有效监督途径，十分必要和重要。我们对《监督法（草案）》有以下几点修改建议，仅供参考。

　　一、考虑到《监督法》所调整的范围与特殊性质，建议将法律名称改为《中华人民共和国全国人民代表大会常务委员会和地方各级人民代表大会常务委员会行使监督职权法》。以"行使监督职权法"代替"监督法"，可以更好地体现全国人大常委会和地方各级人大常委会行使宪法赋予的监督职权这一概念，避免发生不必要的歧义与误解，同时也较为贴切该法的实际内容。

　　二、《监督法（草案）》第三条规定了全国人大常委会和地方各级人大常委会行使监督职权应当遵循的基本原则，其中有"以经济建设为中心"一句。我们认为，《监督法（草案）》将这句话放在党的领导和马列主义、毛泽东思想、邓小平理论、

"三个代表"重要思想的前面，在逻辑上存在一定的问题。另外，人大常委会行使监督职权的范围较广，性质也比较复杂，如果只在这里简单强调"以经济建设为中心"，容易让人觉得有点牵强。建议删去"以经济建设为中心"这句话。

三、《监督法（草案）》第九条规定了各级人大常委会听取和审议本级人民政府、人民法院和人民检察院专项工作报告的确定途径，但是条文第一款下面所列举的五条途径却全都是以"问题"的形式出现。以"问题"来对应"途径"，这似乎在语义上有些不太搭配。建议适当调整相应内容，使上下文在语义上连贯和搭配起来。

四、《监督法（草案）》第二十条规定，人民政府应当将国民经济和社会发展五年规划实施情况的中期评估报告提请本级人大常委会审议。这非常好，可以更加充分发挥人大常委会对中长期发展规划实施过程的监督作用，有利于规划的更好实施。但是，现在的中长期规划一般都把各种发展指标分为"约束性指标"和"指导性指标"。对此，《监督法》是否也应在这一条中，对两种不同性质的指标做出各自不同的审议规定？请考虑。另外，我们有的同志还提出，为了保证案件审理的正常进行，《监督法》应当明确规定人大常委会的质询，不应当针对法院、检察院正在审理的案件。

五、《监督法（草案）》的整个框架及条文都比较合理、规范、严谨，但也有个别条文的用语需要斟酌。如第十八条的"根据需要向社会公布"，第二十一条的"每年选择若干关系改革发展稳定和群众切身利益、社会普遍关注的重大问题"，其中"根据需要"和"选择若干"等模糊用语，就不是规范的法律用语希望有关部门能对《监督法（草案）》中类似的不规范用语，进行必要的修正，以更好地体现法律的严肃性和准确性，使之更加有利于法律正式颁布后的正确实施。

切实以科学发展观统领经济社会发展全局*

（2006 年 7 月 21 日）

今年上半年，各地区、各部门在以胡锦涛同志为总书记的中共中央领导下，以科学发展观为统领，认真贯彻中央经济工作会议精神和十届全国人大四次会议的各项决议，团结一致，扎实工作，使国民经济继续保持了平稳较快的发展。从上半年国民经济总的运行情况来看，我国的经济持续增长，价格总水平基本稳定，产业结构调整稳步推进，经济效益继续提高，外贸进出口增幅差距缩小，财政收入增长较快、增收较多，居民收入和消费需求较快增长，重点领域改革进一步深化，社会事业加快发展，社会保持了稳定。尤为值得一提的是，今年以来，在中共中央关于推进社会主义新农村建设精神指导下，国家进一步加大支农政策力度，农村基础设施建设明显加快，社会主义新农村建设取得了较大进展。另外，各地区、各部门根据建设资源节约型和环境友好型社会的要求，认真落实"十一五"规划纲要确定的节能降耗和主要污染物减排目标，在节能降耗和防治污染工作上也取得

---

* 这是何鲁丽同志在国务院召开的党外人士座谈会上的发言。

了一定的成效。这一切都说明，中共中央、国务院上半年实施的各项基本政策和措施是非常正确的。刚才，温家宝总理给我们分析了上半年的经济形势，介绍了下半年及其以后的经济工作部署。我们完全赞同、完全拥护和支持中共中央、国务院为经济社会可持续发展所采取的一系列政策措施。民革全体同志决心按照科学发展观的要求，积极围绕国家改革发展稳定大局，进一步做好参政议政和民主监督工作。

尽管从总体形势上看，上半年国民经济运行态势较好，但也应该清醒地看到，当前经济运行中的一些突出矛盾和问题还需要进一步抑制和解决，经济生活中也出现了一些值得注意的新情况、新问题。如：粮食价格下行压力加大，猪肉、家禽、蛋类等多种畜产品价格下跌；湖南、福建等南方省份洪涝灾害严重；农业生产和农民增收的难度加大；投资增长过快，信贷投放过多；对外贸易顺差过大；能源消费增长仍然较快，环境污染形势比较严峻；受国际市场及国内需求增长加快的影响，生产资料价格明显上涨；就业形势仍很严峻；一些城市房价上涨较快；教育和医疗乱收费问题还比较突出；重特大事故时有发生等。这些情况说明，保持经济平稳较快发展，防止大的起伏，仍然是当前我国经济工作面临的重要任务。

针对当前出现的这些情况和问题，我们对如何做好下半年的经济、社会发展工作，有以下几点建议：

一、切实以科学发展观统领经济社会发展全局，严格控制固定资产投资规模。做好下半年的工作，最关键的是要以科学发展观统领各项工作，把各方面的思想认识统一到中共中央的决策部署上来，坚决贯彻执行宏观调控政策。在此基础上，保持宏观经济政策的连续性和稳定性，不宜采取震动性调控方式，以市场调控手段为主，灵活运用经济、法律和必要的行政管理手段，加大执法力度，严厉查处违反土地、信贷政策的案件，真正严把土地、信贷两个"闸门"，坚决抑制投资增长过快、信贷投放过多的发展趋势，切实把各方面发展的积极性引导到调整经济结构、转变生产方式上来。

二、继续加强农业生产，努力提高农民收入。今年上半年，我国夏粮总产连续第三年获得丰收，预计单产将创历史最高水平。但是，一些地区也面临着洪涝、干旱偏重等严重影响秋粮生产的问题。根据这一情况，下半年应当把抓好秋粮生产，稳定种植面积，做好防洪、抗旱、病虫害防治工作以及认真落实稳定粮食价格的政策措施放在各级政府工作的重要位置上，力保全年粮食获得丰收。与此同时，围绕提高农业综合生产能力和农民收入，整合各种支农资金，集中力量解决制约农业生产和农民反映强烈的一些迫切问题。

三、积极扩大内需，解决日益加剧的国际收支不平衡矛盾。今年上半年，我国的进出口顺差达到614亿美元，加上外商直接投资继续增加，加剧了已经存在的国际收支不平衡矛盾。解决好这一矛盾，既要适当调低出口退税率，尽快出台并实施统一内外资企业所得税税率政策，扩大国内紧缺的一些战略性物资进口，同时也要注意扩大内需，积极引导和努力发展国内的消费市场，特别是积极发展消费潜力巨大的农村市场。

四、努力加强就业再就业工作，进一步完善社会保障机制。认真落实好国家促进就业再就业的各项政策，进一步完善社会保障机制，关系到社会的稳定和人民的生活。下半年应当重点解决一些比较突出和迫切的问题：一是加强高校毕业生的就业指导和政策引导，二是认真解决好失地农民的就业问题，三是抓紧建立最低小时工资制度和农民工工资支付保障体系。

五、做好改革收入分配制度的工作，认真解决涉及群众利益的问题。今年下半年，中共中央、国务院决定开展收入分配制度的改革工作，这对于解决我国收入分配领域存在的一些不容忽视的问题，促进社会公正与和谐，非常及时和必要。但是开展这项工作时，国家应当尽快完善财政税收体制和机制，注意用税收等手段来有效调节过高收入，并加大调节收入分配的力度，着力提高低收入者的收入水平，扩大中等收入者比重，努力缓解地区之间和部分社会成员收入分配差距扩大的趋势。同时，认真解决涉及群众利益的问题，全面清理、规范垄断行业和一些服务部门收费行为，解决好在征地拆迁、企业改制、生态环境等方面存在的各种损害群众利益的问题，为社会主义和谐社会建设创造一个有利的条件和基础。

我们相信，在以胡锦涛同志为总书记的中共中央领导下，一定能全面完成今年经济与社会发展任务。

确保经济社会发展又好又快*

（2006 年 11 月 13 日）

今年以来，各地区、各部门在以胡锦涛同志为总书记的中共中央领导下，以邓小平理论和"三个代表"重要思想为指导，全面落实科学发展观，国民经济保持平稳快速增长。从前三个季度国民经济总体运行情况来看，工农业生产形势较好，企业效益显著增加，粮食连续第三年获得丰收；消费需求稳定增长，进出口增幅缩小；财政收入增长加快，金融运行高位趋稳；物价基本稳定，城镇居民收入增加较多，农民现金收入增长较快，人民生活继续改善。特别是进入下半年以来，宏观调控的成效开始显现，经济运行中的突出矛盾得到缓解，经济运行的质量和效益有所提高，一些偏高的指标增幅有所回落，煤电运的供求基本平衡，经济结构调整和增长方式转变出现了一些积极变化，国民经济正朝着预期方向发展，呈现出平稳较快增长的良好态势。这些成绩的取得，是中共中央、国务院统揽全局、科学决策的结果，是各地区、各部门全面落实中央各项工作部署、更加有针对性地解决经济运行中的突出矛盾和问题的结果。刚才，温家宝总理分

析了今年以来的经济形势，介绍了明年经济工作的总体要求和基本原则。我们完全拥护和支持中共中央、国务院为经济社会可持续发展所采取的一系列政策措施。民革全体同志决心按照科学发展观和构建社会主义和谐社会的要求，积极围绕国家改革发展稳定大局，进一步做好参政议政、民主监督工作。

尽管从总体形势上看，今年前三个季度国民经济运行态势较好，但投资增长过快、信贷投放过多、贸易顺差过大和结构性矛盾突出等问题，并没有得到根本解决。尤其是人民群众十分关心的能源利用率较低、资源浪费、环境污染以及农民增收困难等问题，解决的成效还不够明显，压力还在继续加大。

明年是全面执行"十一五"规划的第二年，民革中央在京同志认真学习和讨论后，对如何做好明年的经济社会发展工作，有以下几点建议：

一、统一认识，狠抓落实，确保经济和社会继续又好又快地发展。要做好明年的经济社会发展工作，最重要的是把广大干部特别是各级领导干部的思想真正统一到中共中央的宏观决策上来。明年上半年，全国省以下各级党政领导班子都将基本完成换届工作。建议中共中央和国务院利用这个契机，采用各种形式，组织各级领导干部认真学习，使大家进一步提高认识并坚决贯彻以人为本、全面协调可持续的科学发展观，树立正确的政绩观，把思想统一到中共中央的方针政策和宏观决策上，更多地关注本地区、本部门的可持续和协调发展，关注社会主义和谐社会的建设，着力解决经济中存在的体制性、结构性问题，进一步端正发展观，以确保我国经济和社会继续又好又快地向前发展。

二、以扎实推进社会主义新农村建设为出发点，进一步加强农村教育事业，实现农村教育的可持续发展。建设社会主义新农村，是中共中央为全面推进中国特色社会主义建设而作出的重大战略决策，同时也是中国现代化进程中的重大历史任务。从今年我们先后调研过的湖南、湖北、四川等省的情况看，当前建设社会主义新农村的一个关键之点，就是如何提高新农村建设主体——广大农民的基本素质。我们认为，要解决好这个问题，国家应当在统筹城乡、区域教育和保障每一位公民平等享有教育机会的基础上，以实现农村教育可持续发展为目标，推动公共教育资源向农村特别是中西部农村倾斜，继续加大对农村教育的投入，积极构建农村义务教育经费保障机制，大力发展多种形式的职业教育和技能培训，使各地都能培养出大批有文化、懂技术、会经营的社会主义新型农民，从而全面、扎实推进社会主义新农村建设。

三、科学合理确定明年宏观调控的预期目标，提高调控的有效性和针对性。从当前的经济运行态势来看，宏观调控已初见成效，但投资和信贷回落的基础仍不稳固，很有可能出现反弹。因此，明年继续实行稳健的财政政策和稳健的货币政策，严把土地、信贷两个"闸门"，加强对固定资产投资的调控，是十分必要的。需要注意的是，在安排明年的经济工作时，要科学合理确定宏观调控的预期目标，特别是要科学确定国内生产总值增长指标以及节能降耗和主要污染物减排的约束性指标。与此同时，在进行宏观调控时，还应注意在保持宏观经济政策连续性、稳定性的基础上，突出重点，区别对待，有保有压，适度微调，提高调控的有效性和针对性。

四、进一步完善城乡社会保障体系，积极采取多方面措施培育国内消费市场，逐步把经济增长转变为内需拉动型。不久前，国务院正式批转发布了《劳动和社会保障事业发展"十一五"规划纲要》。这是中共中央、国务院对劳动保障事业作出的又一重大战略决策，体现了社会主义和谐社会建设的本质要求。全面落实这个《纲要》，对于进一步完善城乡社会保障体系，更好地维护劳动者权益，积极扩大国内消费，逐步把经济增长由投资拉动型转变为内需拉动型，都有着相当重要的意义。我们认为，要做好明年这方面的工作：一是要在进一步巩固前阶段"低保"工作成果的基础上，坚持发展经济与促进就业并举的战略，高度重视就业问题，继续实施积极的就业政策。二是要以更大的决心去理顺收入分配机制，将更多的财政收入和国企利润转化为居民收入，提高居民收入在国民收入分配中的比例，并适当提高各地的最低工资水平。三是以解决农资商品价格过高为重点，努力增加农民收入，积极培育农村消费市场。四是进一步健全公共服务体系，加大财政对医疗卫生事业的投入，加快医疗改革的进度和力度，减轻中低收入群众在医疗开支上的压力，解决好城乡人民的后顾之忧。五是增加经济适用房、廉租房的供应，并确保经济适用房为中低收入阶层所购买、所租住。六是进一步完善防灾救灾体系，保证救灾物资的供应与配给，确保灾民能得到及时救助。

全面贯彻落实科学发展观过程中
需要突出解决的几个问题*

（2007 年 1 月 4 日）

中共中央就十六大以来各方面情况的总结和今后五年工作征求各民主党派的意见，充分体现了中共中央对多党合作的高度重视，和对民主党派的信任。值此中共十七大即将召开之际，我们预祝中共十七大顺利召开，圆满成功。

十六大以来，中共中央坚持以邓小平理论和"三个代表"重要思想为指导，深入贯彻党的十六大和十六届三中、四中、五中、六中全会精神，团结带领全国各族人民认真落实科学发展观，紧紧抓住发展这个执政兴国的第一要务，社会主义经济建设、政治建设、文化建设、社会建设取得新的成就，中国特色社会主义事业取得新的进展，各方面事业呈现了良性发展的势头。十六大以来，中国社会主义现代化建设取得的成就和中国社会各方面的全面进步，充分体现了中国特色社会主义制度的优越性，充分体现了以胡锦涛同志为总书记的中共中央领导集体治国理政的高度政治智慧和卓越的执政能力。在中国经济社会发展进入关

---

* 这是何鲁丽同志在中共中央统战部召开的党外人士座谈会上的发言。

键阶段，中共中央将召开十七大，对于全面贯彻落实科学发展观，加快推进社会主义现代化，全面建设小康社会、构建社会主义和谐社会，具有十分重要的意义。我们的体会和建议是：

一、全面总结十六大以来执政党和国家各项工作的新进展、新举措、新经验、新理论

　　中共十六大以来，中国社会主义现代化建设之所以能够取得如此辉煌的成就，一个最重要的原因，就是中共中央提出并全面贯彻落实了以人为本、全面、协调、可持续的科学发展观。科学发展观是中国共产党站在历史和时代的新高度，根据马克思主义的基本立场、观点和方法，对什么是社会主义、怎样建设社会主义这一课题进行理论创新所取得的最重大的成果。改革开放以来特别是十六大以来的实践表明，科学发展观深化了对人类社会发展规律、社会主义建设规律和共产党执政规律的认识，充分体现了全面建设小康社会、构建社会主义和谐社会的内在要求，是对中国特色社会主义建设指导思想的重大发展。我们建议，以全面贯彻落实科学发展观作为今后五年工作的主线和主要任务，并对今后一个阶段全面贯彻落实科学发展观作出战略规划和部署；从理论上对科学发展观作出系统阐述，在此基础上，把科学发展观确立为执政党的一个根本指导思想和治国理政的基本理念。建议适时将以科学发展观为指导思想这一内容写进党的章程和国家宪法。

　　中共十六大以来，中共中央提出了一系列治国理政的新

举措。

中共十六届五中全会提出了推进社会主义新农村建设的历史任务。这是中共中央统揽全局、着眼长远、与时俱进作出的重大决策，是一项惠及亿万农民、关系国家长治久安的战略举措，是在当前社会主义现代化建设的关键时期必须担负和完成的一项重要使命。

中共十六届五中全会提出了加强自主创新能力建设的宏伟任务，在全国科学技术大会上又提出了至 2020 年把我国建设成为创新型国家的奋斗目标。这是事关我国经济社会发展全局的又一个重大战略决策和部署，是顺应时代潮流、应对全球挑战、面向我国经济社会当前和长远发展需求做出的战略抉择，对于推进我国经济社会和科技发展将具有里程碑意义。

中共十六届五中全会提出了建设资源节约型、环境友好型社会的重要战略目标。这是符合可持续发展理念的、具有中国社会主义特色的发展指针，是落实科学发展观和构建社会主义和谐社会的重要举措和实践形式，是我国当前阶段协调经济社会发展与环境保护的重要政策目标。

继沿海地区开放开发、西部大开发等重大决策之后，中共中央又提出振兴东北等老工业基地、中部崛起的重大战略部署，充分体现了党中央、国务院在新世纪新阶段新的战略谋划，是全面落实科学发展观、实现区域协调发展的重要内容，是我国现代化建设中的一个重大战略问题。

为了贯彻中共十六大提出的全面建设小康社会、实现"经济更加发展，民主更加健全，科技更加进步，文化更加繁荣，社会更加和谐，人民生活更加殷实"的目标，中共十六届六中全会作出了《中共中央关于构建社会主义和谐社会若干重大问题的决定》，明确提出社会主义和谐社会是中国特色社会主义的本质属性，是在中国特色社会主义道路上中国共产党领导全体人民共同建设、共同享有的和谐社会。强调通过制度建设保障社会公平正义，这是中国共产党在党的重要文献中首次系统地提出关于社会发展目标和体系。这一具有重大指导意义的纲领性文件，要在今后一个阶段长期深入贯彻落实。

2006 年，胡锦涛总书记对社会主义荣辱观作出重要论述。以"八荣八耻"为主要内容的社会主义荣辱观，是对马克思主义道德观的精辟概括，是对社会主义道德的系统总结，是社会主义市场经济条件下进行和谐文化建设的强大思想武器和重要指导方针。

中共十六大以来，中共中央高度重视统一战线工作，开创了统一战线和多党合作事业的新局面。2005 年和 2006 年中共中央先后颁布了《中共中央关于进一步加强中国共产党领导的多党合作和政治协商制度建设的意见》和《中共中央关于加强人民政协工作的意见》。在第 20 次全国统战工作会议之后，中共中央又颁发了《中共中央关于巩固和壮大新世纪新阶段统一战线的意见》。这三个文件的制定和实施，对于坚持走中国特色的政治发展道路，坚持和完善中国共产党领导的多党合作和政治协商制度，具有重要的现实和历史意义。

中共十六大以来，中共中央关于对台工作的新战略、新举措推动对台工作形成了新的局面。中共十六大明确提出，完成祖国统一是新世纪的三大历史任务之一。2005 年，胡锦涛总书记在江泽民同志提出的推进祖国和平统一进程的八项主张基础上，提出了新形势下发展两岸关系的四点意见。同年，全国人大通过了

《反分裂国家法》，为处理台湾问题奠定了法理基础。此后，国民党主席连战、亲民党主席宋楚瑜、新党主席郁慕明应邀访问大陆，开辟了两岸政党协商交流的新管道，增进了两岸人民的相互了解。在以胡锦涛总书记四点意见和《反分裂国家法》为核心的对台工作新战略指引下，随着一系列有利于两岸和平稳定发展的政策措施的推进，对台工作越来越处于主动地位，两岸关系呈现出向和平、稳定方向发展的势头。

所有这些理论和政策的创新，带来了现阶段我国社会主义现代化建设的新局面，也为今后一个阶段我国各项事业的发展奠定了良好基础。同时，也应该清醒地看到，深入学习领会和全面贯彻落实科学发展观、实现经济社会又好又快发展的目标，将是一个长期的过程，在前进的道路上还有不少困难和问题，如需要加快建立和完善社会保障体系，下大气力逐步加以解决许多群众关心的问题，如医疗、教育、就业、环境保护、"三农"、腐败现象蔓延、等等，不断促进社会和谐发展。

二、在全面贯彻落实科学发展观过程中
需要突出重视解决的几个问题

一是在完善社会主义市场经济体制的过程中提高宏观调控的水平、能力和效果。改革开放以来，我们在充分发挥宏观调控作用方面积累了许多成功经验，应进一步积极探索在发展社会主义市场经济条件下发挥好政府宏观调控作用的问题。

二是构建社会主义和谐社会、加强社会建设，应进一步提高

公共服务水平、为城乡社会提供更多公共产品。深化收入分配制度改革、解决收入差距拉大的问题，既应当着眼于提高居民收入水平，同时也需要增加公共产品的供给。特别是在社会主义新农村建设中，在推进农村社会事业发展中，应突出重视农村社会公共服务体系的建设。

三是积极稳妥地推进民主法制建设。应进一步扩大基层民主，逐步扩大居民的选举权、提高直接选举的层级，让城乡居民更多地直接感受到社会主义政治文明建设的进步。应继续推进自上而下的改革，以更大的决心加快推进行政管理体制和政府机构改革，切实转变政府职能，从而促进关系经济社会发展全局的各方面重大改革取得突破性进展，加快完善社会主义市场经济体制，形成有利于转变经济增长方式、促进全面协调可持续发展的机制。在法制建设方面，要完善中国特色社会主义法律体系，不断促进司法公正，为"四个建设"提供有力的法律保障。

四是加强社会主义文化建设，加大构建社会主义核心价值体系的力度，加强社会主义荣辱观教育和公民道德建设，不断提升国家和民族的软实力。应加强对中共党组织和广大群众进行科学发展观的学习教育，努力在价值观念上不断增强社会共识，增强民族凝聚力。积极推进科教体制改革，为提升自主创新能力、建设自主创新型国家提供科学有效的制度保障。

五是继续坚持中共中央的一系列对台方针政策。在两岸经济交往中，应在互利互惠的基础上照顾台湾人民的利益，不断深化两岸经济文化的交流与合作。

六是在国际交往中继续倡导构建和谐世界的理念，既要有所作为，还要韬光养晦。

进一步深化金融体制改革
促进我国金融业持续健康发展[*]

（2007 年 1 月 5 日）

2002 年第二次全国金融工作会议以来，以胡锦涛同志为总书记的中共中央以邓小平理论和"三个代表"重要思想为指导，坚持以科学发展观统领金融工作，根据中共十六大和十六届三中全会精神，进一步深化金融体制改革，着眼于建立现代金融企业制度，大力推进国有商业银行股份制改革、汇率形成机制改革和农村信用社改革。经过几年的努力，国有商业银行股份制改革迈出重要步伐，农村信用社改革取得重要进展和阶段性成果。人民币汇率形成机制改革顺利实施。在这些酝酿多年、难度很大的重点领域和关键环节改革取得重要进展的同时，保险业的综合经营取得新进展，银行业和证券业暴露出来的风险得到妥善处置，规范化的金融风险防范和处置长效机制逐步建立，金融业对外开放水平不断提高，金融监管力度加强，金融体系的稳定性明显增强，金融在优化社会资源配置、促进经济发展中所起的作用越来越重要。在 2003 年以来国家实行的经济宏观调控中，我国金融

---

[*] 这是何鲁丽同志在国务院召开的党外人士座谈会上的发言。

业坚持实行稳健的货币政策，积极加强和改善金融宏观调控，为我国经济又好又快发展作出了突出的贡献。金融工作所取得的这些显著成绩和进步充分表明，中共中央、国务院为深化金融体制改革、促进金融发展，维护金融稳定所制定的方针政策，是十分正确的。我们完全拥护和赞同中共中央关于进一步深化金融体制改革的决定。认为决定所制定的今后我国金融工作的总体要求和主要任务，符合形势的发展和当前的客观实际，符合我国金融改革、发展、稳定的需要，符合全面建设小康社会和构建社会主义和谐社会的需要，是指导我国金融工作的纲领性文件。

决定在总结近几年金融工作取得重大成绩的同时，也实事求是分析存在的困难和问题。这些情况说明，金融业改革与发展的任务还相当繁重，必须坚持不懈地按照科学发展观的要求来做好各项金融工作。

我国加入世界贸易组织的五年过渡期已于去年底结束。这一现实，对经营环境、经营管理水平、整体竞争力都与国际水平有较大差距的国内金融机构来说，意味着面临更加开放的竞争环境和更加严峻的市场竞争格局。因此，如何在新的条件和环境中进一步深化金融体制改革，推进各项金融改革尽快到位，对于提高金融业的经营管理水平和竞争能力，从更深的层次上化解各类矛盾，消除我国金融业的整体风险隐患，确保金融稳定和安全，保证我国金融业的可持续发展，有着重要的意义。为此，我们提出以下几点建议：

一、全面贯彻落实科学发展观，协调好金融改革、发展与维护金融安全的关系。金融是现代经济的核心。在改革、发展处于关键时期和金融业进一步开放的大背景下，以科学发展观为统领，协调好金融改革、发展与维护金融安全的关系，协调好国内发展与对外开放的关系，是经济又好又快发展的基本前提之一。我们既要认真吸取国际金融危机的经验教训，正确应对利率风险和汇率风险，切实维护好自身利益，确保金融安全，又要坚持对外开放的基本国策，顺应国际发展潮流，继续深化金融业的各项改革，建立多层次、多产品的金融市场，鼓励金融创新，开发金融衍生产品，完善金融市场运行机制。同时，还要加大科研投入，理顺科研体制，加强金融问题的前瞻性研究，做好金融政策的储备工作。

二、继续深化国有商业银行股份制改革，完善公司治理结构，加快转变经营机制。长期以来，国有商业银行一直存在资本金不足、巨额不良资产和虚盈实亏等问题。这些问题的产生，既有体制性的原因，也有银行业公司治理结构不完善等因素。要解决这些问题，就一定要继续深化国有商业银行的股份制改革，大力完善公司治理结构，加强内部控制和风险防范机制，提高服务水平和质量，把学习借鉴国际先进经验与本国实际情况相结合，真正探索出一条符合中国国情的现代金融企业制度。为更好地对国有金融资产进行管理和监督，建议本着"管人管事与管资产相结合"的原则，国务院应尽快统一国有金融资产的监管权。

三、全面推进农村金融改革，完善农村金融体系，加大支持社会主义新农村建设的力度。从近几年的情况看，包括农业银行在内的所有国有商业银行业务，有向大城市、大行业、大项目、大企业集中和强化的趋势，"三农"以及中小企业得到大型银行资金支持的难度越来越大，这严重影响了社会主义新农村的建设。要改变这一趋势：一是要进一步深化农村金融体制改革，构建集商业性、政策性、合作性、民间性金融为一体的完善的农村金融体系。二是从农业银行的实际出发，尽快完成农行的股份制改革工作，并确定改制后的农行发展要以"三农"为核心，以县城为基础，城乡联动，农工商综合经营。三是充分发挥农村信用社的作用，明晰产权关系，完善法人治理结构，规范联社管理体制，加强农信社与国家政策性银行的合作，鼓励其不断拓展自己的业务空间。四是进一步明确农业发展银行的功能定位，完善以商业原则办理开发性业务的运作机制，调整和扩大业务范围，改进服务，提高效益，注意向中西部农村倾斜。五是鼓励农村金融机构发展低端市场，积极开展小额贷款业务，满足多方面、多样化的融资需求。六是鼓励发展农村小额贷款组织及农户间的资金互助组织，规范和引导民间借贷。七是大力发展农业保险、农产品期货市场和订单农业等其他农村金融服务，努力发挥好金融机构的价格发现、风险转移和信用支持功能。

四、解放思想，更新观念，勇于创新，构建一个多元、有效、健康的金融业竞争机制。根据中央经济工作会议确定的"三个着力"精神，把金融创新全面融入到"建立自主创新国家"的总体战略中。以创新战略来推动建立一个与国际接轨的现代金融体系，是当前中国经济改革的重要任务。要完成好这一任务：一方面，需要进一步健全和完善金融法律法规体系，为金融稳定健康运行培育良好的外部环境；另一方面，需要增强宣传能力，有序地开放金融市场准入，在进一步深化国有商业银行股份制改革的同时，稳步发展多种所有制的金融机构把竞争机制引入到金融运行中，为银行业营造公平的、良好的竞争环境，构建一个有多层次金融主体参与的有效、健康的金融业竞争机制。

五、积极扩大内需，解决好国际收支不平衡和外汇储备较多的问题。国际收支不平衡以及所带来的外汇储备较多问题，是我国今后面临的一个重要宏观经济问题。要解决好这一问题：首先，应当积极扩大内需，降低包括政府和国有企业储蓄在内的过高储蓄率，加大教育、卫生和新农村建设投入，完善社会保障制度，提高城乡居民的消费欲望和消费水平。其次，在控制好银行贷款和流动性资金的前提下，鼓励国内企业"走出去"，扩大国内机构投资者赴海外投资的规模和投资范围。再次，在外汇储备较多的趋势难以在短期内改变的情况下，按照外汇储备的用途，把外汇储备的经营职能分离出来，通过组建专业化的投资管理公司来经营国家外汇储备，以达到保值、增值的目的。

对 2007 年政府工作的几点建议*

（2007 年 2 月 1 日）

政府工作报告（征求意见稿）实事求是，特点鲜明，内容丰富，结构清晰，重点突出。报告以邓小平理论和"三个代表"重要思想为指导，认真贯彻中共十六大和十六届三中、四中、五中、六中全会精神，全面落实科学发展观和构建社会主义和谐社会的重大战略思想，深刻总结了过去一年我国国民经济和社会发展各方面取得的成绩，对我国经济社会发展中存在的矛盾和问题作了十分到位的阐述，对 2007 年如何贯彻科学发展观，实现又好又快发展，思路明确，重点突出。2007 年的工作目标积极、稳妥、清晰，对突显构建和谐社会的重要性的工作作了全面部署，指出了政府工作的主要关注点和着力点，反映了当前需要切实解决的问题。总之，这是一个催人奋进、鼓舞人心的报告。

报告在总结实践经验时提出："只有解放思想、实事求是，坚定不移地走中国特色社会主义道路，坚持科学发展、和谐发展、和平发展、才能最终实现现代化的宏伟目标。"这一点总结得非常精辟，我们完全赞同。我们认为，这条经验来源于实践又

---

* 这是何鲁丽同志在国务院召开的党外人士座谈会上的发言。

对今后的工作具有重要指导作用，十分宝贵，必须坚定不移贯彻始终。

报告提出，实现 2007 年经济社会发展的目标和任务必须把握好五条政策原则，即：稳定、完善和落实政策；加强和改善宏观调控，重点是控制固定资产投资和信贷规模，在优化结构中促进经济总量平衡；大力提高经济增长质量和效益；注重社会发展和改善民生；以改革开放为动力推进各项工作。这几条非常重要，对做好 2007 年的工作具有重要指导意义，应当贯彻好、落实好。

下面，我结合民革中央一年来调研考察中了解到的有关情况，就报告内容和 2007 年的工作谈几点看法和建议，仅供参考。

一、关于 2007 年国民经济和社会发展的相关指标。报告提出，今年国民经济和社会发展的主要目标是："在优化结构、提高效益和降低消耗的基础上，国内生产总值增长 8% 左右；单位国内生产总值能耗降低 4%，主要污染物排放总量减少 2%；城镇新增就业人数不低于 900 万人"。我们认为，降低单位 GDP 能耗和减少污染排放总量是已写进"十一五"规划中的约束性指标——主要污染物排放总量削减 10%，单位 GDP 能耗降低 20%。鉴于 2006 年我国单位 GDP 能耗和主要污染物排放总量不降反升的严峻形势和实际情况，我们认为：一方面，要大力宣传和落实科学发展观，各级政府的领导干部要切实树立全新的发展观和政绩观，加大力度做好节能降耗减排工作；另一方面，在制定具体指标时应切合实际，总的降耗指标不一定按年度平均分配，而是根据实际情况分区域、分行业建立降耗减排的指标和监督考核体系，这样较为科学。

我们十分赞同报告提出的完善能耗和环保标准，要突出抓好钢铁、有色金属、煤炭、电力、石油、化工、造纸、建材、建筑等重点行业年耗能万吨标准煤以上重点企业的节能减排工作，健全节能环保政策体系、大力发展循环经济、加大农村环境保护力度、强化执法监督管理等措施，确保这些措施落实到位。

二、关于消费和投资不协调问题。当前，我国投资过快、消费增长较慢的问题依然突出。扩大消费需求，提高消费增长水平，要努力增加城乡居民收入特别是中低收入者的收入。但鉴于我国社会保障体系尚不完善以及国民的消费习惯和心理，增加的收入不一定就能转化为消费，有可能作为储蓄转入银行存款。所以，单纯靠增加收入来解决消费增长是不够的。建议把给老百姓的实惠通过政府加大公益事业投入的相关措施，如医疗卫生、文化教育、体育健身、等等，直接转化为群众的消费，使百姓直接受益。

三、关于发展现代农业和推进社会主义新农村建设。我国粮食产量连续三年稳定增长，农民人均纯收入增幅连续三年超过6%，农村基础设施和生产生活条件不断改善，社会主义新农村建设正在扎实向前推进。但解决"三农"问题，建设社会主义新农村，是一项长期而艰巨的历史任务。报告中提出新农村建设"要着力推进农村实用人才队伍和农村人力资源开发。加强农村劳动力培训，提高农民科学种养技术和转移就业能力，培养造就新型农民"。这个问题提得非常重要、正确和及时。推进社会主义新农村建设，关键在于发展农村经济、增加农民收入、培养新型农民。最近，中共中央国务院颁布了《关于积极发展现代农业扎实推进社会主义新农村建设的若干意见》。《意见》把发展现代农业作为新农村建设的首要任务，再次确定了"三个继续高于"的原则。财政支农固定资产投入、土地出让收入用于农村建设高于上年，是政府工作报告中"三农"问题细化具体部署，必将为农业发展，农民增收，农村建设带来动力保证效应。

推进农村综合改革是建设社会主义新农村的重要内容，这方面，中共中央已经给了很多财政和政策的支持，也正在积极进行试点工作。但如何进一步深化农村综合改革，有关部门应该进一步加大研究力度。在农业税取消之后，国家要根据农村的实际情况，出台相关的配套政策，给予县乡政府一定的支持，以维持基层政权的正常运转，巩固税费改革的成果，并积极引导、组织农民推进社会主义新农村建设。

四、报告将"大力抓好节能降耗、保护环境和集约用地"作为单独一个章节来阐述，提出 2007 年要把节能降耗、保护环境和集约用地作为转变经济增长方式的突破口和重要抓手，很有必要。这充分体现了党中央、国务院对这些问题的高度重视。"节能降耗、保护环境和集约用地"是关系到我国可持续发展的重大问题，但这些问题在解决过程中还存在较大困难。比如节约集约用地问题，虽然从 2006 年各省（市）统计上报的占用土地数量来看是减少了，但实际上乱占滥用土地的情况仍然不少。鉴于 2006 年的实际情况，要坚决实行最严格的土地管理制度，切实搞好土地调控和管理，采取最坚决的措施，严格土地管理责任制，以确保"十一五"规划目标的实现。

五、关于安全生产问题。安全生产情况依然很不乐观，近年来事故频繁。出了事就查一个、处理一个，显得很被动，远远没有做到防患于未然。这不仅影响到经济的发展，而且影响到社会

的和谐和安定。因此，一定要高度重视这项工作，认真贯彻
"安全第一，预防为主，综合治理"的方针，层层落实安全生产
责任制，严格执行安全生产各项政策措施，加大安全生产投入，
夯实各项基础性管理工作，强化企业安全生产主体责任，加强安
全生产教育和培训。要依法监管、严肃查处安全生产事故。

　　六、关于人口和计划生育问题。不久前，中共中央、国务院
召开的人口和计划生育工作会议，非常及时和必要，对稳定我国
低生育水平起到了积极效果。《中共中央国务院关于全面加强人
口和计划生育工作统筹解决人口问题的决定》，是指导新时期人
口和计划生育工作的纲领性文件。实行计划生育，使我国完成了
由贫困到温饱再到总体小康的历史性跨越，为经济社会发展提供
了强有力的保证，功不可没，贡献巨大。全面建设小康社会和构
建社会主义和谐社会必须坚持计划生育基本国策和稳定现行生育
政策毫不动摇。

二、民革自身建设

把《团结报》办得更好[*]

（1996 年 11 月 1 日）

《团结报》是民革中央主办的一份统一战线性质的报纸，创刊于 1956 年。当时，我国的社会主义改造取得了基本胜利，社会主义制度已经确立。毛泽东主席提出了中国共产党同各民主党派"长期共存、互相监督"的八字方针，爱国统一战线出现了新局面。为了适应形势发展的需要，推动民革党员为社会主义服务和加强自我教育，在中共中央统战部的支持和帮助下，民革中央创办了《团结报》。

《团结报》创办初期，是民革内部发行的，读者对象是民革党员和所联系的群众。开始是四开四版，半月一期，以后改为每周一期。内容主要宣传有关政策，刊登学习辅导材料，报道民革组织的活动和党员为社会主义服务的事迹，也发表一些文史资料和文艺作品。负责编辑的是民革中央宣传部。由于内部发行，报纸有一定的局限性，但是对提高党员的社会主义积极性和自我教育的自觉性，增强团结，推进工作，起到了较好的作用。"文化

---

[*] 这是何鲁丽同志 1996 年 11 月 1 日在《团结报》创刊四十周年纪念座谈会上的讲话。

大革命"开始后,民革被迫停止活动,《团结报》也随之停刊。

中共十一届三中全会以后,民革恢复了活动,《团结报》也于1980年初复刊。十多年来,报纸有了较大的发展。报社正式成立,为民革中央所属的一个新闻事业单位。报纸篇幅扩充到对开四版,每周两期,国内外公开发行。编采力量得到加强,设备条件有所改善,建立了初步的规模。特别是《团结报》以邓小平建设有中国特色社会主义理论和"一个中心、两个基本点"的基本路线为指导,着重就新时期爱国统一战线,中国共产党领导的多党合作和政治协商制度,民革和各兄弟党派参政议政、民主监督和为两个文明建设服务,祖国统一大业,进行宣传报道,逐步形成了自己的特色,受到了读者的好评,曾被评为全国新闻工作先进集体,在国内外产生一定的影响。近年来,由于报刊市场竞争激烈,《团结报》自身条件不够,力量有限,发行量下降较多,正在通过内部改革,提高质量,充实内容,加强发行工作,力求早日扭转这种局面。

四十年来,《团结报》从最初的一张内部发行的小报能够发展到今天的规模,首先应当感谢中共中央和中央有关部门的关怀、指导和帮助,感谢各兄弟党派、有关团体和新闻界、文化界的支持和鼓励,感谢读者的关心和爱护,同时,也是同报社全体工作同志的团结努力、辛勤劳动分不开的。

回顾《团结报》四十年来的历程,我们深深感到,作为民主党派主办的统一战线性质的报纸,必须始终不渝地坚持正确的政治方向,遵循邓小平建设有中国特色社会主义理论和"一个中心、两个基本点"的基本路线,同中国共产党在政治上保持一致。《团结报》的性质决定它必须把发扬民革接受中国共产党领导、同中国共产党亲密合作的光荣传统，为社会主义现代化建设和祖国统一大业服务，放在首要地位。四十年来，《团结报》在这方面基本上是做得好的，因而能够经住考验，不断前进。这是《团结报》最为重要的一条经验，也是一项根本原则，今后一定要坚持下去。同时，在坚持正确的政治方向前提下，《团结报》应当有自己的特色。根据我们的体会，《团结报》要高举爱国主义和社会主义旗帜，立足国内，面向海外，以发展最广泛的爱国统一战线，坚持和完善中国共产党领导的多党合作和政治协商制度，民主党派参政议政、民主监督和为两个文明建设服务，促进祖国和平统一为重点，进行宣传报道。特别是爱国主义，应当成为《团结报》的主旋律，以利于增强民族凝聚力，团结海内外中华儿女，实现统一祖国、振兴中华的历史任务。《团结报》已经开辟的"爱国一家"、"台湾之窗"、"亲人信箱"以及"中山文荟"、"史海钩沉"等专栏和副刊，反映了民革报纸的特点，受到读者欢迎，应当继续办好。

最近，中共十四届六中全会通过了《中共中央关于加强社会主义精神文明建设若干重要问题的决议》（以下简称《决议》），这是指导今后一个时期社会主义精神文明建设的纲领性文件。《决议》对新闻工作也提出了具体要求。江泽民同志在视察《人民日报》时的重要讲话，从理论和实践的高度，深刻阐明了新闻舆论在整个社会主义事业中的地位和作用，进一步明确了新闻工作的指导思想和基本原则，并对新闻工作者提出明确的要求，寄予殷切的期望，是新时期新闻工作的指针。我们《团结报》全体同志要认真学习贯彻中共十四届六中全会《决议》和江泽民同志重要讲话，用《决议》和讲话的精神，加强报社的自身建设，提高工作人员的政治思想素质和业务水平，团结一致，群策群力，奋发进取，改革创新，把《团结报》办得更好，不辜负大家的期望。

推进民革参政议政工作
迈上新台阶[*]

（1996 年 12 月 5 日）

民革是参政党。参政党参政议政是中国共产党领导的多党合作和政治协商的基本政治制度的要求，是建设有中国特色社会主义的重要内容，是实现共产党与民主党派"长期共存、互相监督、肝胆相照、荣辱与共"的具体体现。在中国革命和建设的实践中，从毛泽东、邓小平到江泽民，共产党的几代领导人都一贯主张和重视参政党的参政议政工作，注重发挥民主监督、参政议政对促进国家重大决策的科学化与民主化的作用，并在实践中不断完善民主监督、参政议政的内容和形式。随着形势发展的需要和民主党派职能作用的发挥，1994 年，政协第八届全国委员会第二次会议对政协章程进行了修改，此后，《政协全国委员会关于政治协商、民主监督、参政议政的规定》又明确提出了参政议政的内容、形式和要求，逐步实现政治协商、民主监督和参政议政的规范化、制度化。这都对民革的参政议政工作具有重要

指导意义。

民革八大以来，民革在邓小平同志建设有中国特色社会主义理论的指引下，紧紧围绕"抓住机遇、深化改革、扩大开放、促进发展、保持稳定"的方针，牢固树立以经济建设为中心的指导思想，积极参加社会实践，各项工作都呈现出朝气蓬勃的新局面，参政议政工作取得了可喜的成绩。民革成员中现有各级人民代表1249名，各级政协委员5843名。这些同志积极参与了改革开放和现代化建设重要决策的协商、讨论；还有17位成员进入了省厅级政府领导班子，直接参与政府决策与管理，为当地的建设与发展发挥了积极作用。民革中央成立了经济、教科文卫和祖国统一3个专门委员会。各级民革组织，还就国家经济建设、社会发展、祖国统一和精神文明建设等方面的若干重要问题进行调查研究，提出了许多很好的意见和建议，不少建议得到了党政部门的重视和采纳，显示出民革在国家物质文明、精神文明建设和民主法制建设中发挥着越来越重要的作用。

当前，我国正处在经济体制和经济增长方式转变的重要时期，各项建设与发展事业面临着新的形势和任务。今年3月，全国人大通过了"九五"计划和2010年远景目标纲要。这既为民革参政议政提供了更广泛的领域，同时也对民革的参政议政工作提出了新的要求和任务。因此，如何做好新形势下的参政议政工作，是摆在我们全党面前的一个重要课题。对此，全党同志必须提高对参政议政重要性的认识，增强参政议政的自觉性和主动精神，努力提高参政议政的能力和水平。

做好参政议政工作，首先要讲政治。江泽民同志多次指出，"领导干部要讲政治"。我们民革的领导同志也要讲政治。民革作为参政党，在进行政治协商、民主监督和参政议政中，一定要注意坚持正确的政治方向，树立大局意识。我们要始终不渝地坚持和接受共产党的领导，参政议政中提出的各种意见和建议，必须有利于加强和改善共产党的领导，有利于维护国家安定团结的政治局面，有利于改革开放和现代化建设，有利于完成祖国统一大业。

做好参政议政工作，要从实际出发，选好题目，出好点子，搞好调查研究。要发挥我们民革人才济济的群体优势，调动大家的积极性，急党和政府之所急，急人民群众之所需，积极主动地提出建设性的意见和建议，为政府科学决策建言献策。李沛瑶主席生前已为我们作出了榜样。

做好参政议政工作，要注意选好角度和着力点，处理好与各方面的关系。民革在参政议政过程中，离不开其他部门，尤其是各级党政部门的支持和帮助。各级民革组织在参政议政工作中要注意主动与有关部门沟通信息、交流情况、密切配合。

做好参政议政工作，一定要发挥民革的集体智慧，要把中央和地方组织的积极性结合起来，要把全体成员的积极性调动起来。

参政党参政议政水平的高低，从一定程度上说，取决于参政党自身素质的高低。因此，加强民革自身的建设，不断提高每个党员的政治理论素质和业务素质，是提高参政议政水平的一个重要方面。参政议政所涉及的范围和领域十分广泛，这就要求我们，尤其是各级领导同志，必须不断学习。学习马列主义、毛泽东思想和邓小平建设有中国特色社会主义理论，学习共产党的路线、方针和政策，领会精神实质。我们还应该学会从政治的角度，从历史和时代的高度，用科学的态度和正确的思想方法观察问题、分析问题和解决问题，提高思想理论水平和调研工作能力。只有这样，我们才能在参政议政过程中提出有建设性的意见和建议，切实提高参政议政的能力和水平。

前不久，中共中央十四届六中全会作出了《中共中央关于加强社会主义精神文明建设若干重要问题的决议》，从跨世纪的高度，系统地提出社会主义精神文明建设的总体要求和重要方针，还明确指出，在精神文明建设中要十分重视民主党派的作用。这既是对我们的鼓励和鞭策，又是对我们的要求。民革全党同志要认真学习和深刻领会决议精神，提高对精神文明建设的重要性与紧迫性的认识，把精神文明建设作为民革当前及今后相当长一个时期内参政议政的重要内容。工作在精神文明建设第一线的同志，要发挥自己的优势，为在全国范围内形成物质文明和精神文明建设协调发展的良好局面贡献我们的力量。

在中国国民党革命委员会成立
五十周年纪念大会上的讲话*

（1997 年 11 月 24 日）

正当全国人民高举邓小平理论伟大旗帜，学习和贯彻中国共产党第十五次全国代表大会精神的时候，我们迎来了中国国民党革命委员会成立五十周年。

过去的五十年，是中国发生翻天覆地变化的五十年，是中国共产党领导全国人民夺取民主革命伟大胜利和社会主义事业辉煌成就的五十年，是鸦片战争以来无数仁人志士为之奋斗牺牲的崇高理想终于实现的五十年。我们民革成立于这伟大变革的年代，参加了革命和建设的实践，得到了锻炼，经受了考验，经历了民主革命和社会主义两个不同的历史阶段，走过了从爱国主义到社会主义的发展道路，为国家和人民作出了应有的贡献。民革五十年的历史表明，我们没有辜负孙中山先生的遗教，没有辜负中国共产党的关怀，没有辜负人民的信任。

民革是 1948 年元旦在香港宣布成立的。当时，中国共产党

＊ 这是何鲁丽同志 1997 年 11 月 24 日在中国国民党革命委员会成立五十周年纪念大会上的讲话，发表于《团结》杂志 1997 年第 6 期。

领导的人民武装力量转入战略反攻，国民党反动统治集团军事上
节节失败，政治上日益孤立，内部分崩离析，败象毕露。为了适
应形势发展的需要，进一步形成合力，协调行动，国民党民主派
组织三民主义同志联合会、中国国民党民主促进会和其他爱国民
主人士的代表于 1947 年 11 月在香港举行国民党民主派第一次联
合代表会议，决定成立中国国民党革命委员会，推举宋庆龄为名
誉主席、李济深为主席。民联、民促参加民革后仍然保留各自的
组织。民革的成立，是国民党各派爱国民主力量的大联合，也是
1927 年大革命失败以来国民党爱国民主力量在同国民党反动统
治集团长期斗争过程中不断发展和集结的结果。民革的成立，标
志着国民党爱国民主力量同国民党反动统治集团从政治上和组织
上划清界限，公开决裂。它不是国民党内的民主派别，而是成为
中国的一个民主党派，以推翻国民党反动政权为目标，投入人民
革命斗争。

民革成立后，同中国共产党亲密合作，共同战斗，并利用同
国民党的历史关系，争取国民党军政人员认清形势、弃暗投明。
1948 年 4 月 30 日，中共中央发布纪念"五一"劳动节口号，提
出召开新政治协商会议的号召，民革立即发表声明，积极响应，
并致电中共中央领导人，表示接受中国共产党领导，为建立新中
国而奋斗，得到毛泽东主席复电欢迎。此后，民革领导人陆续到
达解放区，并于 1949 年在北平会合，参加新政协的筹备工作。
同年 9 月，民革、民联、民促和国民党其他爱国民主人士的代
表，出席了中国人民政治协商会议第一届全体会议，参与了
《共同纲领》的制定和中华人民共和国的创建。从此，民革进入
了新的历史阶段。

建国以后，民革作为中国共产党领导的多党合作中的一个民主党派，参加了人民民主专政的国家政权，民革许多领导人担任了政府的重要职务。为了更好地担负起新的历史使命，经过多方协商，民革、民联、民促和国民党其他爱国民主人士四个方面的代表于 1949 年 11 月在北京举行国民党民主派第二次代表会议。这次会议取得了三项主要成果：一是确立了接受中国共产党领导，为新民主主义服务的政治路线，以《共同纲领》为民革的政治纲领，并制定相应的组织路线；二是决定了民革进一步成为国民党爱国民主力量的统一组织，民联、民促同时宣告结束；三是选举了具有广泛代表性的新的中央领导机构。这是民革历史上又一次重要会议，对此后民革的发展产生了重大影响。

建国初期的 7 年，民革推动和组织全体党员认真学习马列主义、毛泽东思想，积极参加三大运动和社会主义改造，努力做好岗位工作，为巩固人民民主专政，恢复和发展国民经济，实现过渡时期总任务，发挥应有的作用。通过学习和实践，进行自我教育，党员的政治觉悟显著提高，在从民主革命到社会主义的历史性转变中坚持了正确的政治方向，跟上了时代前进的步伐。与此同时，在中共各级党组织的支持和帮助下，我们吸收了大批新党员，建立和健全了地方组织，扩大了社会联系面，民革的面貌在各方面都发生了可喜的变化。1957 年毛泽东主席在最高国务会议上的重要讲话中提出了共产党和民主党派"长期共存、互相监督"的方针，给民革全党以极大的鼓舞和激励。

1957 年以后，尽管受到反右扩大化和"左"的错误的影响，处在相当困难的境地，民革仍然教育党员坚持学习，努力为社会主义服务，并同全国人民一道渡过了三年困难时期。"文革"时期，民革被迫停止活动，许多领导人和党员受到林彪、"四人帮"的迫害，损失严重。但是，民革各级组织和党员经受住了严峻的考验，始终没有动摇对中国共产党的领导和社会主义的信心。正如朱学范同志在民革成立四十周年纪念大会上的讲话中所指出的：经过"文革"的考验，民革组织和党员大大加深了对共产党的理解、信赖和感情。同时，民革也以自身在"文革"中的表现，证明自己无愧于共产党的亲密朋友。十年共患难、同命运的经历，在共产党和民革合作的历史上留下了难忘的篇章。

粉碎"四人帮"以后，特别是中共十一届三中全会以来，我国进入了社会主义建设的新时期，民革也进入了历史上最好的时期。根据中共十一届三中全会精神，民革把工作重点转移到为社会主义现代化服务的轨道上来，并制定了以服务社会主义现代化为中心、以促进祖国统一为重点的工作方针。这就使新时期的民革工作同社会主义的根本任务——发展社会生产力密切结合，同改革开放和两个文明建设密切结合，同振兴中华、统一祖国的宏伟目标密切结合，极大地调动了党员和所联系的群众的积极性和创造性，增加了生机和活力，拓宽了工作新领域，开创了工作新局面。特别是邓小平同志1979年6月在全国政协五届二次会议的开幕词，全面而深刻地阐明了新时期统一战线和人民政协的任务，精辟地分析了我国社会阶级状况发生根本变化后的新情况，充分地肯定了民主党派的历史贡献，明确地提出了新时期民主党派的性质、任务和作用。他指出：我国各民主党派在民主革命中有过光荣的历史，在社会主义改造中也作了重要的贡献。这些都是中国人民所不会忘记的。现在它们都已经成为各自所联系的一部分社会主义劳动者和一部分拥护社会主义的爱国者的政治联盟，都是在中国共产党领导下为社会主义服务的政治力量。邓小平同志这篇可以称为新时期统一战线理论奠基之作的讲话，在民革全党产生了巨大的鼓舞力量。它彻底肃清了林彪、"四人帮"在统一战线方面散布的流毒，从根本上解除了长期困扰在民革党员心头的疑虑，极大地激发了民革党员的光荣感和责任感，满怀信心地为实现新时期爱国统一战线的历史任务而奋斗。

十几年来，民革积极参加国家政治生活和爱国统一战线活动，面向社会，多方面地开辟为改革开放和两个文明建设服务的领域，扩大同台湾、香港、澳门和国外有关人士的联系，开展促进祖国统一的工作，努力维护安定团结的政治局面，协助推进社会主义民主和法制建设，为建设有中国特色社会主义贡献自己的一切力量。在这期间，民革的自身建设也有了很大的进展。党员的政治素质和知识水平不断提高，年龄结构得到显著改善，党员总数从恢复活动时的八千人增加到现在的五万四千多人。1989年底，中共中央发布了《关于坚持和完善中国共产党领导的多党合作和政治协商制度的意见》，进一步明确了民革参政党的地位和参政议政、民主监督的职能。按照《意见》的要求，我们一方面加强参政议政，实行民主监督，并逐步向规范化、制度化、经常化发展，努力发挥参政党的作用；另一方面加大自身建设的力度，建立和健全参政党的机制。通过两方面的努力，进一步开创民革工作的新局面。

今天，民革第九次全国代表大会同时举行，这是本世纪内民革最后一次代表大会，有着承前启后、继往开来的重大意义。我们一定以邓小平理论为指导，贯彻中共十五大的精神，在总结经验的基础上，制定今后的任务，更好地为实现跨世纪的奋斗目标服务；同时，选好新一届民革中央领导机构，搞好世纪之交的新老交替，特别是政治交接，保证民革的光荣传统得到继承和发扬。我们完全有信心把一个坚持正确的政治方向、团结奋进的民革带进二十一世纪。

在纪念民革成立五十周年的时候，总结历史经验，集中到一点，就是必须坚决接受中国共产党的领导，同中国共产党在政治上始终保持高度一致。中国共产党是全中国人民的领导核心，没有共产党就没有新中国，这是历史的结论，人民的心声。对于我们民革来说，没有共产党的领导就没有民革的今天。民革从成立到现在，一直得到中国共产党的大力支持和热情关怀，特别是在历史转折的每一个重要关头，中国共产党总是为我们指明正确的方向，引导我们前进。这是我们永远不能忘记的。接受中国共产党的领导，这是民革必然的历史选择，是民革的光荣传统，是民革老一辈领导人的政治交代，是民革立党之本。我们要在世纪之交搞好政治交接，核心就是坚定不移地接受中国共产党的领导，任何时候、任何情况下，决不动摇。我们一定要更加紧密地团结在以江泽民同志为核心的中共中央周围，坚持中国共产党领导的多党合作，迎接新世纪的到来。

民革的五十年，是在马克思列宁主义、毛泽东思想、邓小平理论指引下走过来的。我们深深体会到，没有革命的理论，便没有革命的行动。正确的理论指导，对于一个政党具有极端重要的意义。过去，我们依靠毛泽东思想的指引，经历了从民主革命到社会主义的历史进程，并作出了应有的贡献。今天，我们要为实现新时期的宏伟目标服务，就必须依靠邓小平理论的指引。邓小平理论是毛泽东思想的继承和发展，是指导中国人民在改革开放中胜利实现社会主义现代化的正确理论。十几年来的事实雄辩地证明，在当代中国，只有把马克思主义同当代中国实践和时代特征结合起来的邓小平理论，而没有别的理论能够解决社会主义的前途和命运问题。中共十五大在党章中已经把邓小平理论确立为中国共产党的指导思想。这一历史性决策，完全反映了全国人民的共同意志和心愿。我们民革作为中国共产党领导的多党合作中的一个参政党，也应当而且必须以邓小平理论为指导。民革中央建议民革第九次全国代表大会，将"在邓小平理论指引下"写进党章，成为全党共同遵守的根本政治准则。我们民革全体党员要坚持不懈地努力学习；要继续发扬自我教育的优良传统，把学习邓小平理论，领会精神实质，用以提高认识，指导行动，建立在更加自觉的基础之上。

江泽民同志在中共十五大报告中回顾了中华民族百年奋斗的历史，把孙中山先生同毛泽东主席和邓小平同志并列为本世纪我国站在时代前列的三位伟大人物。这是中国共产党坚持唯物史观又一次对孙中山先生的高度评价。我们深受感动。民革对孙中山先生一向怀有崇高的敬意和深厚的感情。民革许多创始人都是追随孙中山先生参加辛亥革命和北伐战争。孙中山先生爱国、革命和不断进步的精神，是凝聚国民党各派爱国民主力量的精神纽带，也是民革成立的思想基础。这种精神教育了民革几代人。特别是孙中山先生从新生的中国共产党身上看到了中国的希望，亲自制定了联俄、联共、扶助农工三大政策，建立了第一次国共合作，表现了非凡的政治远见和革命魄力，至今仍是激励我们坚持中国共产党领导的多党合作的精神力量。继承和发扬孙中山先生爱国、革命和不断进步的精神，是民革特有的传统，一定要坚持下去。

这里，我们愿意向台湾国民党当局再进一言，孙中山先生曾经指出：世界潮流，浩浩荡荡，顺之则昌，逆之则亡。中国要统一，这是不可抗拒的历史潮流。现在，香港已经顺利回归，澳门回归也已指日可待，台湾问题更加突出地摆在全国人民面前。台湾只有同祖国统一才有前途。两岸分离的状态是不能持久的，企图制造"两个中国"、"一中一台"，更是注定要失败的。江泽民主席在中共十五大报告中对台湾当局再次发出郑重的呼吁，建议海峡两岸在一个中国的原则下，先就正式结束两岸敌对状态进行谈判，并达成协议。在此基础上，共同承担义务，维护中国的主权和领土完整，并对今后两岸关系的发展进行规划。这完全是合情合理，符合包括台湾同胞在内的全国人民的根本利益的。我们希望台湾国民党当局不要忘记孙中山先生的遗教，抛弃种种不切实际的幻想，回到一个中国的立场上来，对江泽民主席的呼吁作出积极的回应，为发展两岸关系，最终实现和平统一多做一些顺应民心的实事。

中共十五大的圆满成功，在我国迈向新世纪的征途上树立了一座新的历史里程碑。大会的主题"高举邓小平理论伟大旗帜，把建设有中国特色社会主义事业全面推向二十一世纪"，适应了时代的要求，反映了人民的愿望。大会选举产生的以江泽民同志为核心的新一届中共中央领导机构，是众望所归，是深受全国各族人民爱戴和信赖的坚强领导集体。学习和贯彻中共十五大精神，是民革今后一个时期的中心任务。我们一定要以邓小平理论和中共十五大精神为指导，遵循社会主义初级阶段的基本路线和基本纲领，为改革开放和社会主义现代化的跨世纪发展作出新的贡献。

二十世纪就要过去，二十一世纪即将来临。在新世纪的前五十年，我国将基本实现现代化，建成富强民主文明的社会主义国家。光明灿烂的前景已经展现在我们面前。让我们在邓小平理论指引下，在以江泽民同志为核心的中共中央领导下，高举爱国主义和社会主义旗帜，再接再厉，奋发进取，同全国人民一道，共创更加美好的未来。

民革全国思想宣传工作会议开幕词

（1997 年 12 月 12 日）

　　这次思想宣传工作会议，是在民革第九次全国代表大会闭幕后，民革中央召开的第一个全国性会议。这充分体现了中央对思想宣传工作的高度重视。刚刚结束的民革九大，在邓小平理论和中共十五大精神指导下，经过全体代表的共同努力，开得圆满成功，是一个团结、民主、求实、鼓劲的大会。大会提出，全党要在邓小平理论指引下，更好地发挥参政议政、民主监督的作用，积极为改革开放和社会主义现代化建设服务，坚决维护安定团结的政治局面，坚持和完善中国共产党领导的多党合作和政治协商制度，推进社会主义民主和法制建设，为实现中共十五大提出的跨世纪宏伟目标作出更大的贡献。这次大会基本完成了组织上的新老交替，选举产生了新一届中央委员会，在年龄、知识、专业、群体结构等方面有了改善，但政治交接才起步，需要我们大力推进自身建设。我们这次会议，就是要研究如何通过宣传思想工作，进一步动员全体党员和各级领导干部，认清形势，统一思想，振奋精神。

　　落实民革九大提出的各项任务，首先必须把学习贯彻中共十五大精神作为当前和今后一个时期的重要任务，当然也是宣传工作的主要工作内容。江泽民同志在中共十五大作的重要报告，科学地总结历史，规划未来，对我国改革开放和社会主义现代化建设的跨世纪发展作出了全面部署，是中国共产党带领全国各族人民迈向新世纪的政治宣言和行动纲领。中共十五大精神集中到一点就是要高举邓小平理论伟大旗帜，把建设有中国特色社会主义事业全面推向二十一世纪。学习中共十五大精神。必须和学习邓小平理论结合起来。邓小平理论是马克思主义同当代中国实际和时代特征相结合的产物，是毛泽东思想在新的历史条件下的继承和发展，是马克思主义在当代中国发展的新阶段。中共十五大报告运用邓小平理论，对什么是社会主义，如何建设有中国特色的社会主义等一系列重大问题作了精辟的阐述，对我国经济、政治、文化等领域的改革和发展作了全面部署。学习邓小平理论，要把握其"解放思想，实事求是"这一理论精髓，全面掌握其科学体系，用这一理论总揽全局，指导我们的各项工作。

在深入学习中共十五大精神和邓小平理论的同时，还要引导全体党员加强对民革优良传统的学习和继承，在五十年的奋斗历程中，民革几代人始终坚持中国共产党的领导不动摇，坚持走社会主义道路不动摇，继承和发扬孙中山先生爱国、革命和不断进步的精神，为振兴中华而努力。今年民革九大的召开，又适逢纪念民革成立五十周年，民革中央和各地组织都进行了各种形式的纪念活动。要以此为契机，结合学习民革九大文件，学习中共中央给大会的贺词，激发广大党员为实现九大提出的各项任务而奋斗的热情。

多年来，特别是民革八大以来，我们的宣传思想工作，根据中央的部署和安排，围绕中共中央和国家的中心任务，积极组织党员学习邓小平建设有中国特色社会主义理论和各项方针政策，提高了党员的政治思想素质；积极宣传中国共产党领导的多党合作和政治协商制度的特点和优点，提高了全体党员坚持和完善我国这一基本政治制度的决心和信心；围绕纪念抗日战争胜利五十周年、香港回归等大事，广泛开展爱国主义教育，激励全党为实现中华的全面振兴，祖国的完全统一而努力奋斗。同时，我们还通过报道民革各级组织和广大党员参政议政、为两个文明建设服务的成绩，教育党员立足本职，敬业爱岗，并在其他许多方面，宣传思想工作做了大量工作，取得了显著成绩，如团结报、团结杂志、团结出版社、各地的报刊，在思想宣传工作中发挥了良好的作用。

但是，随着形势不断发展，新的情况和问题不断出现。当前，国际形势总体上趋向缓和，和平与发展是当今时代的主题。但是，冷战思维依然存在，西方敌对势力对我进行"西化"、"分化"的图谋从来没有停止过。在国内，随着经济体制改革新的突破，政治体制改革的继续推进和精神文明建设的不断加强，我们的形势越来越好。在大好形势下，我们也应该看到，建立和完善社会主义市场经济体制的过程，必然带来经济和社会生活的许多重大变动，带来新的矛盾和问题。从民革自身来看，近年来发展了一大批年纪较轻的党员，这些同志有较高的科学文化知识，富有创新、开拓意识，为民革各级组织增添了活力和生机。但也应该看到，他们多从事自然科学专业工作，经历比较单一，对中国共产党领导的多党合作和政治协商制度的特点和优点，对民革同中国共产党患难与共、风雨同舟的历史，对邓小平新时期统一战线理论和关于多党合作的论述，也都还有待于加深学习和了解。所有这些方面，都给民革的思想宣传工作提出了新的任务，要通过多种形式的思想教育来提高全党，尤其是各级领导干部的思想政治素质和理论素养。要求我们把握全国大局和民革全党工作大局，分析问题作出判断，并充分调动全体党员的积极性，为落实九大提出的各项任务而努力工作。我们这次会议，要总结这些年来民革宣传思想工作的成绩和经验，研究面临的新形势、新情况，探索宣传思想工作的特点和规律，不断提高工作水平。

宣传思想工作在民革各项工作中占有十分重要的地位。宣传思想工作做好了，其他各项工作就有了有利的思想基础和政治保证，就有了良好的政治舆论氛围。中共十五大跨世纪奋斗目标的提出，民革九大为这一跨世纪奋斗目标服务的工作方针的确立，新的形势给我们做宣传思想工作的同志提出了更高的要求。首先，宣传思想工作者一定要不断加强自身的学习和提高。要加强理论学习，统一思想，不断提高自身的政治思想水平和业务素质。其次，要有一个好的精神状态，要振奋精神，充分认识宣传思想工作的重要意义和作用。树立起崇高的使命感和责任感，发挥自己的全部聪明才智，全身心地投入到这一工作中去。第三，要脚踏实地地做艰苦细致的工作，认真进行调查研究，关心和理解党员和所联系的群众心情，切实了解和掌握广大党员的思想状况和动态，有针对性地组织学习和进行宣传，做到有的放矢，取得实效。第四，要进行创造性的工作。宣传思想工作是一门科学，也是一门艺术，要努力探索民主党派宣传思想工作的特点和规律，根据不同实际情况，创造出各种生动活泼、新颖有效的宣传思想工作的方法。第五，发扬民革自觉学习、自我教育的优良传统，不断提高全体党员的政治思想水平。上述几点，是新形势对民革宣传思想工作队伍的要求，也是中央的希望。相信通过大家共同的努力，民革的宣传思想工作水平一定会得到进一步提高。这里我还要强调，各级领导都要重视宣传思想工作，要紧抓不懈。

为繁荣社会主义文化事业多作贡献[*]

（1998 年 1 月 14 日）

团结出版社是民革中央直属的文化事业单位。它自 1987 年 12 月 25 日成立，至今已有十年的历史。这十年是我们的国家在邓小平理论的指引下，改革开放和社会主义现代化建设事业突飞猛进的十年，也是社会主义文化出版事业蓬勃发展的十年。团结出版社的同志们抓住难得的机遇，坚持"一个中心、两个基本点"的基本路线，坚持出版工作为人民服务、为社会主义现代化事业服务的方向，做了一些积极有益的工作。

团结出版社建社以来，全社同志团结进取、积极探索，努力形成自己的图书出版特色，在为爱国统一战线和祖国统一大业服务方面，在坚持爱国主义、集体主义和社会主义主旋律、为社会主义精神文明建设服务方面，在弘扬优秀传统文化、重视文化积累、为繁荣社会主义文化事业服务方面，出版了一批质量好、品位高、有积极社会影响的图书。十年的艰苦创业，出版社不但取得了较好的社会效益，也打下了一定的经济基础，形成了一

---

* 这是何鲁丽同志在团结出版社成立十周年座谈会上的讲话。

定的规模；更重要的是，有了一支各方面骨干力量基本配备的编辑出版队伍。这些都为出版社的健康发展打下了良好的基础。但是，我们应该看到，我们的工作还远远未能适应时代的要求，人民的需要。在我们总结成绩的同时，要注意看到差距，要善于总结和吸取工作中的经验教训。江泽民同志在中共十五大报告中提出："对新闻出版业要加强管理，优化结构，提高质量。"国家新闻出版署对图书出版工作也提出了"控制总量，调整结构，提高质量，增加效益"，实现出版工作阶段性转移的目标。按照中共中央和国务院主管部门的要求，团结出版社的同志们要从本社的实际出发，继续坚持正确的出版方向，努力改进工作。要注意加强队伍的思想建设、组织建设，加强业务学习和岗位培训，全面提高编辑出版人员的素质，使我们的队伍成为一支思想作风过硬，有较高编辑水平和业务能力的集体；要注意加强出版社的制度建设，进一步建立健全各项规章制度，特别是要注意完善图书质量保障制度和出版发行的责任制度，使出版社的管理逐渐制度化、规范化；要注意研究新时期新形势下图书出版工作的规律，依据团结出版社的出版范围，更好地调整出书结构，形成自己的图书特色，多出好书，多出精品，为社会提供更多更好的精神食粮；要注意从图书出版的政治思想、知识内容和编辑质量等方面严格把关，提高图书整体质量，同时积极做好宣传发行工作，以特色和质量树形象，以市场求发展，争取出版工作更好的社会效益和经济效益。

发展文化出版事业是社会主义文化建设的重要内容，是建设有中国特色社会主义事业上的一个组成部分。做好这项工作，对于提高公民思想道德素质和科学文化素质，加强精神文明建设，推动社会全面进步，具有重要意义。团结出版要努力为繁荣社会主义的文化出版事业作贡献。

在纪念屈武同志诞辰一百周年
座谈会上的讲话[*]

（1998 年 7 月 10 日）

　　屈武[1]同志是我们德高望重的革命前辈，著名的政治活动家，中国国民党革命委员会卓越的领导人。他在将近一个世纪的漫长的岁月中，经历了从旧中国到新中国，从民主革命到社会主义革命和建设的历史进程，从一个真诚的爱国主义者，锻炼成为坚定的共产主义战士。他的一生是革命的一生，是不断追求真理的一生，是为了人民解放和国家富强而努力奋斗的一生。屈武同志在青少年时代目睹军阀混战、列强欺凌、国家贫弱，立志救国，积极投身爱国运动。伟大的五四运动爆发后，他作为陕西学生的代表赴北京请愿，与北京学生代表一起，当面向总统徐世昌提出"外抗强权，内除国贼"的正义要求。他慷慨陈词，以头撞壁、血溅总统府的爱国壮举，一直为人们所传颂。此后，他有幸多次受到孙中山先生的接见，面聆教诲，思想上受到极大影响。更加坚定了他投身民主革命的决心。在天津南开中学和北京

大学读书期间，他热情宣传新思想、新文化，开始接受马克思主义，并在李大钊同志的直接领导下从事革命活动。屈武同志亲身经历了国共两党两次合作，深刻体会到"合则两蒙其利，分则两受其害"。第一次国共合作时期，他真诚拥护孙中山先生的三大政策，积极投身国民革命。

1926 年初，屈武同志当选为国民党二届中央候补执行委员，随后他前往苏联，学习政治和军事。大革命失败后，以宋庆龄为代表的部分国民党中央委员，联名发表了著名的《中央委员宣言》，严辞谴责国民党反动派背叛革命、屠杀工农的罪行，表示要坚持孙中山先生的三大政策，继续斗争。屈武同志当时虽然远在苏联，也刊名于这个宣言，在历史转折的重要关头，保持了坚定正确的政治立场。抗日战争爆发后，国共两党实行第二次合作，屈武同志回到祖国，参加抗战。他衷心拥护中国共产党的抗日民族统一战线，积极从事抗日民主活动。1941 年，在周恩来同志领导下，屈武同志与王昆仑、王炳南、许宝驹等同志在重庆成立革命组织——中国民主革命同盟，争取和团结国民党内的爱国民主力量，为维护第二次国共合作，夺取抗日战争的胜利，作出了积极的贡献。他们的工作受到毛泽东同志的高度评价。抗日战争胜利后，屈武同志在担任新疆省政府委员兼迪化市市长期间，根据周恩来同志的嘱托，协助张治中将军，经过艰苦努力，将被盛世才关押的一百多名中共党员营救出狱，安全护送到延安，为革命保存了一支重要骨干力量。解放战争胜利前夕，国共两党和平谈判在北平举行，屈武同志作为南京政府代表团的顾问，随团到达北平，为争取国内和平而努力奔走。和谈破裂后，他按照周恩来同志的嘱咐，返回新疆，协助陶峙岳将军和包尔汉先生举行起义，为新疆的和平解放作出了重要贡献。

新中国成立以后，屈武同志先后在政务院、全国人大常委会、全国政协担任重要职务。他恪尽职守，勤奋工作，为新中国的建设奉献自己的才智。他曾长期担任国务院对外文化联络委员会和一些对外友好协会的领导职务，多次率团出国访问，为加强中国人民同各国人民的文化交流和友好往来，促进友谊和团结，做了许多有益的工作。"文化大革命"中，屈武同志受到林彪、江青反革命集团的严重迫害，身陷囹圄多年。他虽然身处逆境，始终没有向邪恶势力屈服，表现了一个革命者的坚强意志和刚正不阿的品质。十年内乱结束以后，屈武同志作为民革中央临时领导小组的成员，与朱蕴山、王昆仑、朱学范等同志一道，在重整民革组织、恢复活动、协助党和政府落实政策等方面，做了大量艰苦细致的工作。中共十一届三中全会以后，我国进入以经济建设为中心的新的历史时期。1979 年民革召开第五次全国代表大会，决定把全党工作重点转移到为四化建设服务上来。屈武同志目睹改革开放和经济建设给国家带来的新景象，精神无比振奋。他在《人民日报》上发表题为《一心一意为实现四化和完成统一大业贡献力量》的文章，表达自己要"把有生之年贡献于祖国建设大业"的决心。民革五大以后，屈武同志历任民革中央副主席、代主席、主席职务，他为加强新时期民革的自身建设，开创民革工作的新局面，发挥了重要作用。1987 年底，屈武同志鉴于自己年事已高，从民革工作的全局出发，主动提出辞去民革中央主席职务，并举荐朱学范同志继任中央主席。民革中央全会同意了他的请求，一致推举他为民革中央名誉主席。屈武同志以实际行动，在民革实现废除领导职务终身制，受到全党的尊敬和赞誉。特别是在他逝世前不久，他和侯镜如同志联名并代表朱学范同志，向中央推荐李沛瑶同志为新一届民革中央主席人选，为民革中央领导班子的新老交替，迈出关键性的一步，作出了突出的贡献。可以说，屈武同志关心民革，几十年如一日，直到生命的最后一息。

屈武同志亲身经历中国将近一个世纪以来的巨大变化，深知胜利的来之不易。他经常勉励民革同志，一定要坚持中国共产党的领导，坚持社会主义的道路，要把孙中山先生爱国、革命和不断进步的精神代代相传下去。他说："现在是一个黄金时代，只要我们坚决维护安定团结的政治局面，坚持贯彻执行基本路线，坚定不移地沿着建设有中国特色社会主义道路走下去，中国是大有希望的。"他的这些教诲，我们永远不会忘记，并将继续激励和鼓舞我们前进。屈武同志生前有一个最大的心愿，就是盼望祖国实现和平统一。长期以来他一直为此进行不懈的努力。他衷心拥护邓小平同志提出的"和平统一、一国两制"方针，认为这是解决台湾问题、实现统一大业唯一正确的途径。屈武同志是早期国民党党员，又是国民党元老于右任先生的女婿，与蒋经国先生有手足之谊，在国民党上层有着广泛的交往。数十年来，他通过在台湾和海外这种广泛的社会关系，积极开展促进祖国统一的工作。他发表了大量谈话和文章、向台湾亲友致电致信，表述自己对两岸分离的痛惜和对台湾亲朋故旧的思念之情，呼吁台湾国民党当局接受中国共产党的建议，进行两党对等谈判，实现第三次国共合作。1983年，他致电蒋经国先生，敦促与中国共产党"握手言和"，以"共竟祖国统一之伟业，同造中华振兴之宏图"。两岸开放探亲以后，屈武同志不辞年迈，接待了大量来访的台湾客人，向他们介绍祖国的情况，宣传有关方针政策，为发展两岸关系，促进人员交往尽了自己最大的努力。他多次表示，愿为祖国统一大业竭尽最后一份力量。直到逝世前夕，他还留下遗言："我只有一个愿望，等到海峡两岸人民团圆那天，你们为我斟上一杯茅台酒，让我在九泉之下分享祖国统一的欢乐。"

屈武同志离开我们已经 6 年了，回顾他一生漫长、丰富、曲折的奋斗历程，我们能从中获得许多教育和启迪。我们国家正处在改革和发展的关键时期，民革作为中国共产党领导的多党合作中的一个参政党，负有庄严的历史使命。我们全党同志更要学习屈武同志坚定的革命信念、崇高的爱国情操和无私奉献的精神，在邓小平理论指引下，紧密团结在以江泽民同志为核心的中共中央周围，同心同德，开拓前进，为实现无数革命前辈毕生追求的统一祖国、振兴中华的美好理想而努力奋斗。

注 释

〔1〕 屈武（1898—1992），陕西渭南人，字经文。北京大学肄业。五四运动时为陕西学生联合会会长。1924 年参加冯玉祥发动的北京政变。1926 年赴苏联莫斯科中山大学和陆军大学学习。1937 年抗日战争爆发后回国，曾任国民政府军事委员会高级参议兼苏联顾问事务处副处长、陆军大学教官、立法院立法委员、中苏文化协会秘书长、陕西省政府建设厅厅长、新疆省政府委员兼迪化（今乌鲁木齐）市长。1949 年任国民政府和谈代表团顾问，参加国共和谈。同年 9 月参加新疆和平起义。后任乌鲁木齐市长、政务院副秘书长兼参事室副主任、对外文化联络委员会副主任、全国人大常委会副秘书长、中苏友好协会会长、民革中央主席、全国政协副主席。著有《论苏德战争》。

建立健全工作机制
做好民革祖统工作[*]

（1998 年 10 月 12 日）

对今后一个阶段民革祖统工作我简要地强调几点。

一是深入学习和理解中共中央对台的方针、政策，尤其1995 年江泽民主席关于解决台湾问题的八项主张，中共十五大报告，中央对台工作会议精神，等等，才能结合实际加以贯彻，把握全局，发挥民革优势，有所作为。

二是发挥民革参政党的整体作用，建立、健全更加有效的工作机制。民革中央和各级祖统的领导干部应切实加深这方面工作的领导，这是民革作为一个参政党的重点工作，应纳入工作议程，及时分析情况、研究工作。反映和协助解决工作中的具体困难。民革中央联络部与地方要加强情况的交流，互通信息、建议和意见，联合开展一些工作，共同为推进祖国和平统一的历史进程多贡献、多出力，为促进祖国统一大业，围绕做好台湾人民的工作进行参政议政。

---

* 这是何鲁丽同志 1998 年 10 月 12 日在民革祖统工作会议闭幕式上的讲话节录。

　　三是总结经验，提高工作水平。无论是围绕祖统的参政议政，进行有关台情调查研究，不是对岛内及海外的宣传、联络，对台经贸活动中协助"三引进"，与岛内及海外人士交往，参与政治、经贸、科技、文化等方面的交流，以及同志们提出的送上门来的工作，到祖国大陆投资办企业，旅游，探亲访友，读书深造的台湾同胞的工作都需要我们认真总结经验，研究新问题，把这些工作不断在广度和深度发展，并提到一个新的水平上。

　　四是培养一支懂政策和台情，讲纪律，肯奉献的民革祖统工作高素质的干部队伍。祖统工作政策性强，台情变化带来台湾民众心态的变化，要懂政策，了解台情，这是做好工作的重要前提。因此，从中央到省、地要注意培养、配备专兼职专管的干部，并教育、带动民革广大党员，发挥积极主动性。

　　五是加强与有关单位、团体的联系和协作。在祖统工作这一系统工程中，注意发挥我们独特作用的同时还要开展一些新的工作渠道、方法，拓展工作层面，从而与更多的台湾省籍的同胞和移居海外的台胞接触。注意在与台湾各界同胞交往中，拉近他们与祖国大陆的心理距离，增加认同，为统一祖国创造条件。

庆祝中华人民共和国成立五十周年
努力实现中华民族伟大复兴*

（1999 年 9 月 14 日）

今天，我们在这里隆重集会，庆祝中华人民共和国成立五十周年。半个世纪前的 10 月 1 日，对中国人民来说，是一个光辉的日子，一个扬眉吐气的日子，一个从此摆脱了黑暗和贫困走向光明和幸福的日子。这一天，随着第一面五星红旗的庄严升起，标志着中国人民从此站立起来，成为国家的主人，中国的历史由此进入一个崭新的时代。

在共和国五十华诞即将来临的时刻，我们怀着崇敬的心情，深深缅怀中华人民共和国的缔造者和领导者毛泽东、周恩来、刘少奇、朱德、邓小平等老一辈无产阶级革命家，深深缅怀为新中国的诞生作出了重要贡献的民革老一辈领导人和其他老一辈爱国民主人士，深深缅怀在长期革命斗争中为中国的民族独立和人民解放而英勇献身的所有革命先烈。

回首半个世纪的风雨历程。我们为新中国所取得的巨大进步

---

* 这是何鲁丽同志在民革中央召开的庆祝中华人民共和国成立五十周年座谈会上的讲话，发表于《团结》杂志 1999 年第 5 期。

而自豪，也为社会主义事业所展现的美好前景而欢欣鼓舞。在这不平凡的五十年里，全国各族人民在中国共产党的领导下，经过艰苦卓绝的奋斗，使国家的面貌发生了翻天覆地的变化，经济建设和社会发展取得举世瞩目的成就。特别是中共十一届三中全会以后，在以改革开放为显著特征的历史新时期，整个国家焕发出蓬勃的生机和活力。我国政治稳定，经济发展，民族团结，社会生产力、综合国力和人民生活水平都上了一个大台阶。我们高兴地看到，伟大的革命先行者孙中山先生毕生为之奋斗的统一祖国、振兴中华的理想，已经或正在变为现实。

我国坚持奉行独立自主的和平外交政策，开创了外交工作的新局面，国际影响日益扩大，国际地位不断提高。

按照"一国两制"方针促进祖国和平统一，取得历史性的胜利。香港已经回归祖国，澳门也即将回到祖国怀抱。祖国大陆同台湾的经济、文化、科技交流和人员往来日益密切，两岸同胞都在为改善两岸关系而努力。最近李登辉提出荒谬的"两国论"，并将其写入国民党的文件，充分暴露了他分裂中国的罪恶图谋。李登辉的所作所为不仅是对自己历史和中华民族的背叛，也是在葬送国民党的前途；是在将台湾人民一步步推向战争的深渊，理所当然要遭到全体中国人的严厉谴责和强烈反对。实现祖国的完全统一是不可阻挡的历史潮流，李登辉搞分裂绝不会有好下场。

我国社会主义民主政治建设取得重要进展。人民代表大会制度、共产党领导的多党合作和政治协商制度、民族区域自治制度进一步健全和完善。作为中国共产党领导的多党合作中的一员，我们对这一基本政治制度的优越性及其在社会主义民主政治建设中所发挥的重要作用，体会尤其深刻。

新中国的成立，为共产党领导的多党合作和政治协商制度的巩固与发展，创造了有利条件。在中国共产党的领导下，民革积极参加革命和建设的实践，为社会主义事业作出了应有的贡献。进入改革开放新时期以后，特别是《中共中央关于坚持和完善中国共产党领导的多党合作和政治协商制度的意见》发表以后，民主党派被定位为参政党，成为为建设有中国特色社会主义事业和祖国统一大业服务的重要政治力量，中国共产党领导的多党合作和政治协商制度也进入一个新的发展阶段。

在新的形势下，民革实现了工作重点的转移，制定了以服务社会主义现代化建设为中心、以促进祖国和平统一为重点的工作方针，各级组织和广大党员的积极性极大地调动起来，增强了光荣感和使命感，各项工作呈现出新的局面。民革认真履行参政党的职责，积极发挥参政议政、民主监督的作用，参加国家政权，参与国家事务的管理，参与国家大政方针的协商和法律法规的制定，围绕改革和发展中的重大问题开展调查研究，提出建设性意见，踊跃献计献策。此外，各级组织充分利用自己的特点和优势，通过多种方式和途径，积极为社会主义两个文明建设服务，为祖国统一大业服务，取得可喜的成绩。在履行职责和为社会服务的过程中，民革自身也得到锻炼和发展。思想建设和组织建设得到加强，党员素质不断提高，队伍的年龄与知识结构明显改善，各项工作逐步走上制度化、规范化的轨道。

民革以自己的经历充分证明了，只有在社会主义的新中国，在坚持和完善中国共产党领导的多党合作和政治协商制度的条件下，民主党派才能找到自己的位置，不断发展和提高自己，随着时代一同前进，把自己的理想融于人民的事业，在社会主义现代化建设中发挥自己的作用，作出应有的贡献。我们深深体会到，中国共产党领导的多党合作和政治协商制度是符合我国国情的一项政治制度，它有着无可比拟的优越性和强大生命力，坚持和完善这项制度，对于发扬社会主义民主、推进政治制度改革，具有重要意义。

新中国成立以来的五十年，是中国历史上变化最为深刻、成就最为辉煌、社会进步最快的五十年。过去那个积弱积贫、战乱不断、任人欺凌和宰割的旧中国已经一去不复返了，一个社会制度优越、经济持续发展、初步实现繁荣昌盛的充满生机和活力的社会主义国家，巍然屹立于世界民族之林。

抚今追昔，饮水思源，在纪念共和国成立五十周年的时候，我们不会忘记，是伟大的中国共产党领导中国人民改变了自己的命运，走上富民强国之路。历史经验告诉我们：没有共产党，就没有新中国。没有中国共产党的领导，就没有中国革命的胜利，就没有中国的社会主义事业，就没有中国的前途和希望。中国共产党是全中国人民的领导核心，这是历史的结论，人民的选择。坚决接受中国共产党的领导，与中国共产党在政治上始终保持高度的一致，这是民革的优良传统，是民革老一辈领导人的政治交代，我们在任何时候、任何情况下都不能动摇。

历史经验还告诉我们：必须始终坚持以马克思列宁主义、毛泽东思想、邓小平理论为指导，坚定不移地走建设有中国特色社会主义的道路。中国革命和建设的实践已经证明，没有革命的理论，便没有革命的行动。中国的民主革命能够取得成功，社会主义事业能够兴旺发达，改革开放和现代化建设能够取得巨大成就，都是由于有了正确理论的指导。邓小平理论是当代中国的马克思主义，是毛泽东思想的继承和发展，是指导中国人民在改革开放中胜利实现社会主义现代化的唯一正确的理论。在当代中国，只有把马克思主义同当代中国实践和时代特征结合起来的邓小平理论，而没有别的理论能够解决社会主义的前途和命运问题。坚持以邓小平理论为指导，是我们取得建设有中国特色社会主义事业最后胜利、实现伟大理想的根本保证。

现在，我们正处在世纪之交的重要历史时刻，改革、发展、稳定的任务十分艰巨。我们要以庆祝建国五十周年为契机，振奋精神，激励斗志，高举邓小平理论伟大旗帜，更加紧密地团结在以江泽民同志为核心的中共中央周围，同心同德，开拓前进，为把建设有中国特色社会主义事业全面推向二十一世纪，实现中华民族的伟大复兴而努力奋斗！

报国尽此心　传统永相传[*]

（1999 年 12 月）

　　这本《报国尽此心——民革领导人传》收录了 29 位民革前辈的传记。读完之后，我深为民革前辈们的追求、奋斗和奉献精神所感动。民革前辈多数出生于 19 世纪末，当时中国正处在半封建半殖民地社会，国家被帝国主义列强所欺侮。人民生活在水深火热之中。为了挽救民族危亡，他们追随伟大的革命先行者孙中山先生投身革命，在纷纭复杂、变幻莫测的时代风云中不断求索，走上了正确的、进步的道路，其中许多人走到了时代的前列，成为著名的政治活动家。这些民革前辈在中国共产党的帮助下，创立了民革，使民革成为中国革命统一战线和社会主义时期爱国统一战线中的重要成员，成为中国共产党领导的多党合作和政治协商制度中的一个重要成员，在国家政治生活中发挥着重要的作用。不仅如此，民革前辈更给我们留下了极为丰富、极为宝贵的精神财富，这就是民革的光荣传统。这些凝结着民革前辈的智慧和热血的光荣传统，是民革自身建设的宝贵资源，所有民革

---

　　* 本文是何鲁丽同志为团结出版社出版的《报国尽此心——民革领导人传》一书所写的序。

党员都应当认真学习、继承和发扬。

民革的光荣传统，我理解，主要包括以下几个方面。

第一，接受和坚持中国共产党的领导的传统。自从1948年民革响应中国共产党关于召开新政治协商会议的号召，宣布接受中国共产党的领导之日起，民革始终与中国共产党保持着亲密合作、荣辱与共的关系。而正因为坚持接受中国共产党的领导，民革才能够为中国社会主义现代化建设和祖国统一作出贡献，才能成为有利于国家和民族、有着旺盛的生机和活力的政治组织。继承民革前辈坚持中国共产党领导的光荣传统，是民革的立党之本。

第二，爱国的传统。本书述及的民革领导人都是著名的爱国主义者。在中国民主革命时期，他们始终坚持反对帝国主义及其所支持的国内反动势力的立场；在社会主义建设时期，他们热爱和努力建设社会主义新中国；在祖国统一问题上，他们坚决反对各种分裂祖国、阻碍祖国统一的图谋和活动，为争取早日实现祖国的完全统一竭忠尽智，贡献了毕生的心血和精力。我们作为民革前辈的后继者，一定要把这个光荣传统接过来，在中国共产党领导下，为推动祖国统一作出我们应有的贡献。

第三，无私奉献的传统。在民革前辈中，有不少人曾经为中国革命事业作出了重要贡献，但却不居功自傲，从不计较个人名利得失，默默无闻，踏踏实实，这种为国家为民族无私奉献的崇高品质，也应当成为民革的传家之宝，一代一代传下去。

第四，努力学习、自我教育的传统。民革前辈中的多数人作为国民党民主派长期生活在国民党统治区，但这一切并不妨碍他们探索和追求真理；也正因为如此，他们才能走上新民主主义革命道路。新中国建立以后，民革前辈更加刻苦学习，自觉改造世界观、人生观，因而成为社会主义新中国的政治活动家。在改革开放、建设社会主义现代化的新时代，广大民革党员要认真学习马列主义、毛泽东思想，特别是邓小平理论，要从参政党肩负的历史责任出发，增强学习理论的自觉性，努力提高思想政治素质，在纷繁复杂的国际国内环境中，正确判断形势，坚持正确的政治方向。这样，我们才能像民革前辈那样不断取得进步，不断为国家的建设和发展作出贡献。

第五，团结的传统。本书所述及的民革领导人，原来曾经分属于国民党民主派的不同组织，经历各不相同，是因为反对蒋介石的独裁统治才在中国共产党的帮助下走到一起建立民革组织的。共同的政治立场使他们紧密地团结在一起，共同奋斗，才有了我们今天的民革。团结是民革前辈给我们留下的宝贵传统，民革的各级组织，特别是各级领导干部应当很好地继承这个传统，并把它永远地留传下去。

民革前辈的优秀品质还有很多方面，本书都作了生动的叙述。在这本《民革领导人传》出版之际，我谨向广大民革党员和社会各界人士推荐此书，它是民革党员学习民革前辈光荣传统的生动教材，也是了解民革、研究民革的重要资料。值此机会，我也向为编撰此书付出辛勤劳动的同志们表示感谢。

关于民革为西部大开发服务的几点意见*

（2000 年 6 月 2 日）

实施西部大开发，是一项功在千秋、利在当代的伟大事业，关系到我们国家、民族的前途和发展。作为参政党，我们民革有着义不容辞的责任和义务。下面，就民革如何开展为西部大开发服务的工作谈几点意见。

第一，加强学习提高认识，引导广大民革成员积极投身于西部大开发建设。

民革要为西部大开发多作贡献，首先是加强学习，提高我们的思想认识，转变我们的观念，增强我们分析问题、解决问题的能力。目前，最重要的是在全面、系统学习马列主义、毛泽东思想和邓小平理论的基础上，认真学好邓小平同志关于"两个大局"的战略思想，学好江泽民总书记关于西部大开发的重要讲话，学好中共中央、国务院关于实施西部大开发战略的一系列重要指示。这是我们开展西部大开发工作的基础和必要前提。民革的各级组织和领导，都要高度重视学习，切实加强领导，积极组

---

* 这是何鲁丽同志在民革全国西部大开发研讨会上的总结讲话节录。

织广大成员学习好、贯彻好中共中央、国务院关于西部大开发的一系列重要指示，充分认识西部大开发的重大战略意义，把思想真正统一到中共中央、国务院的一系列指示精神上来。

最近，江泽民总书记在面向新世纪和认真总结历史经验的基础上提出了"三个代表"重要思想，丰富和发展了毛泽东、邓小平关于党的基本建设理论，有着十分重大的理论意义和现实意义。"三个代表"重要思想，虽然是面向中国共产党提出来的，但对民革同样有着重大的指导意义和教育意义。我们民革的全体同志一定要认真学习"三个代表"重要思想，深刻领会这一重要思想的精神实质。学好这一重要思想，可以使我们在新的历史条件下，更加坚决地接受中国共产党的领导，更好地坚持和完善中国共产党领导的多党合作和政治协商制度，坚定不移地走建设有中国特色社会主义的道路，做好包括西部大开发在内的各项工作。

除了注重理论、政策学习外，我们还要注意对各种新知识的学习。我们正处在一个各种新知识层出不穷的知识经济时代，不懂得、不了解这些知识，就很可能使我们的工作跟不上时代和形势的发展。西部大开发是一项十分艰巨和复杂的系统工程，涉及到经济、政治、社会、科学、文化、环保等各个领域的内容，不注意学习，我们的参政议政工作就很难参到关键处、议到点子上。希望民革的同志一定要高度重视新知识的学习。

第二，要进一步组织领导好民革围绕西部大开发的参政议政工作。

党中央、国务院去年决定实施西部大开发战略促进西部地区尽快发展和富裕起来，非常正确、适时。民革作为一个参政党，完全拥护这一战略决策，并要围绕西部大开发积极参政议政。努力为西部大开发多作贡献，是我们民革当前和今后一个较长时期的一项重要工作，必须认真组织好、领导好。这次会议上不少同志都谈到了这个问题，认为必须抓紧抓好。民革中央为更好地规范和协调民革全党这方面的工作，制定了《民革中央关于加强工作，努力为西部大开发多作贡献的意见（讨论稿）》，提交会上讨论，同志们提了许多很好的意见和建议。会议以后，中央常委会将根据大家的意见和建议对这个文件作修改，然后再正式下发。各级组织要结合各自实际，认真执行。我们计划，从现在起，每年由民革中央经社部牵头，精心选择一至两个重要课题，组织有关的几个省、市、自治区的民革组织，共同进行全面、深入的调研，科学论证，形成调研成果，提出具有可操作性、前瞻性的意见和建议。我们在选择参政议政的调研课题时，一定要有新的思路，要结合民革的优势和特点，结合当前的形式与任务，针对西部地区及我们整个国家的客观实际，精心选题，不搞形式主义。一旦选定了参政议政的题目，就要集中有限的人力物力，深入实际，去全面、客观、细致地进行调查研究，充分论证，并适时以不同的形式向有关部门建言献策。只有这样，我们关于西部大开发的参政议政工作，才能真正见到成效，取得更大的成果。各省级组织也要在过去工作的基础上，充分发挥民革的优势和特点，发挥广大党员的积极性、创造性，把智力支边、扶贫工作与西部大开发工作结合起来，按定点，长期、全面联系和科教入手的原则，力争多办实事，多出成效。

　　第三，民革要在西部大开发建设中进一步认真履行民主监督职能。

民主监督工作是我们参政党的重要职能之一，与参政议政是相辅相成的，任何时候都不应忽视和偏废。西部大开发涉及面广，工作很多，会遇到许多新问题、新情况，需要我们充分发挥民主监督的职能，帮助党和政府更加科学、有序和有效地实施西部大开发战略。"长期共存、互相监督"的方针，反映了我国的新型政党关系。执政党与参政党互相监督，目的是为了加强和改善党的领导，坚持和完善中国共产党领导的多党合作和政治协商制度。履行民主监督职责的同时，一定要注意及时与中共各级党委联系，以取得党委的支持和帮助。

第四，民革各级组织在西部大开发中始终要发挥维护和发展安定团结的作用。

要更加扎实有效地做好反映社情民意的工作（包括在政协工作中）。要在民革党员及所联系的群众中多做教育疏导和解疑释难工作，以增进共识，理顺情绪，化解矛盾为目的。要宣传党的民族政策，增进各民族的团结。

第五，民革东部各省市组织要进一步加大对西部对口支援的力度。

实施西部大开发，是我们全民族的共同事业。改革开放之初，西部地区人民顾全大局，积极支持国家集中人力、财力，先发展东部沿海地区。如今东部沿海地区逐步发展并已经积累了相当的实力，按照邓小平同志"两个大局"的战略思想和中共中央的部署，现在要全力支持广大西部地区的开发与发展。这不只是社会主义的本质要求，是我国全面实现社会主义现代化的需要，同时也是东部沿海地区继续深入发展的需要。在这次研讨会上，无论是发言或书面材料，都提出了东西携手，共同为西部大开发出力的明确观点。东部地区民革各级组织要团结动员广大党员，积极投入到支援西部大开发的工作中去。民革东部地区的各省级组织，要参照国务院关于东西部地区省、市、自治区对口支援的安排，与西部相应省级民革组织建立固定、经常的联系，积极帮助西部地区引进项目、资金、技术、人才等，动员和组织民革党员所联系的专家、企业家到西部地区考察，投资建厂，提供咨询服务，同时与西部地区组织经常交流有关信息和工作经验。东部地区的民革组织过去在国家和各地的改革发展中，作出过自己的贡献，也在为西部的对口支援中，做了许多工作，我们相信，在今后支援西部大开发的工作中，也一定能作出更加突出的贡献。

总结经验　发扬成绩　再创辉煌[*]

（2000 年 11 月 23 日）

　　今天我们欢聚一堂，在这里召开民革全国先进集体和先进个人总结表彰大会。首先，我代表民革中央，向来自全国各地民革组织的先进个人和先进集体的代表表示崇高的敬意和亲切的问候！向为民革工作的不断发展进步作出了贡献的同志们表示衷心的感谢！

　　在 1984 年之后 15 年的今天，我们召开民革全国先进集体和先进个人总结表彰大会，展示近年来我们民革工作的丰硕成果，总结和交流我们在实际工作中形成的丰富经验，大家感到非常喜悦和振奋，心中充满了再创辉煌、更上一层楼的激情，会议已经达到了振奋精神、团结鼓劲的目的。

　　上一次表彰大会是在 1984 年召开的，当时，我国的改革开放和社会主义现代化建设的新时期刚刚开始不久，我国社会主义民主政治正在扩大和发展，民革在"文革"后恢复工作才短短 7年，就已经取得了很大的成绩，而此后的 15 年，民革工作在各

----

　　[*] 本文是何鲁丽同志在民革全国先进集体和先进个人总结表彰大会上的讲话。

个方面都取得了更大的进展，不仅在履行参政党职能方面，而且在自身建设方面，包括思想建设、组织建设、制度建设、机关建设各方面都有长足进步。近年来，特别是 1989 年确立参政党地位以来，在中共中央 1989 年 14 号文件所阐明的"一个参加，三个参与"原则指导之下，我们从国家经济社会全面发展的总体战略目标出发，从维护国家稳定的大局出发，紧紧围绕党和国家的中心任务的大局，围绕振兴中华、统一祖国的工作目标全方位开展工作，积极建言献策，为促进改革开放，经济发展和社会的全面进步，促进祖国的统一大业作出了应有的贡献。这些年的工作实践表明，民革越来越能够作为一个政党在中国共产党领导的多党合作和政治协商制度中发挥作用，而且在发挥着越来越重要的作用，体现了我国社会主义民主政治建设的不断推进，体现了我国政治制度的特色和优势。我们的工作受到中共中央领导同志的高度评价。1996 年 3 月 4 日，江泽民同志在参加全国政协会议民革组的座谈会时说："这些年来，民革围绕促进经济建设这个中心任务和促进祖国的统一大业，进行了大量工作，开展了广泛的调查研究，成绩是显著的。他们就智力支边扶贫、抑制通货膨胀、建立社会保障体制、促进农村剩余劳动力有序转移、促进区域协调发展、南水北调工程和维护祖国统一等重大问题，提出了不少很有见地和价值的建议。这些建议受到了中共中央、国务院的高度重视和肯定。总之，民革的同志们积极履行参政议政和民主监督职能，在建设有中国特色社会主义事业中发挥了积极的作用。"江泽民同志的评价，充分肯定了民革工作的成绩和意义。

近年来，在民革工作不断推进的过程中，各地各级组织创造了更为丰富的经验，涌现了大批先进集体和先进个人。许多单位和个人已经多次在从中央到地方各个层次上受到了各种各样的奖励、表彰和表扬，有许多同志是受到国家、省级、地市级领导机关表彰的劳动模范、五一奖章获得者、功臣、标兵、优秀分子、先进工作者。许多民革党员不仅在单位里在本职工作上是模范、先进工作者、骨干、带头人，等等，而且作为民革党员在履行参政党党员的职责方面，也能够与中共党组织及其他党派的同志亲密合作，在本地区、本系统、本单位中积极履行参政议政职能，发挥了应有的作用，成为所在地区、单位中共党组织的重要依靠力量，树立了民革党员的良好社会形象，受到了中共党组织和社会各界的好评。对此，广大民革党员感到欢欣鼓舞，感到无比自豪，一些同志希望召开总结表彰大会，以此表彰先进、总结经验、振奋精神、推进工作，我们也感到很有必要。民革各级组织经过推选和评比，这次总结表彰大会表彰了 30 个先进集体和 300 个先进个人，年龄最大的 90 岁，最年轻的才 27 岁。同志们从事的工作除了党派机关工作，还有几乎各种社会职业，在每一个行业都为民革争了光。当然，这次总结表彰大会不是专项工作的总结表彰，由于名额的限制，可能各方面工作中都有一些做得比较好的单位和个人没有被表彰。这次受表彰的单位和个人，仅仅是工作成绩比较优秀的民革组织和民革党员当中的一部分，还有更多的同志在默默无闻地无私奉献，我们的工作更需要他们发挥作用。值此机会，我代表民革中央向所有为我们民革工作做出成绩、作出贡献的同志们表示衷心的感谢和诚挚的问候！

　　这次受表彰的同志各自都有不同的先进事迹，但从总体上看，他们的事迹代表了改革开放时代民革的精神风貌。在这次会议期间，来自全国各地的同志们交流了各自的工作经验，非常丰富，也非常精彩。这些做法和经验，概括起来，主要有以下几个方面。

第一，认真学习，不断提高思想政治素质。

认真学习，是我们民革的优良传统，是民革党员和民革组织成长进步的重要条件。这一条是每一份先进事迹材料都讲到的。邓小平说过："不注意学习，忙于事务，思想就容易庸俗化。如果说要变质，那末思想的庸俗化就是一个危险的起点。"我们的同志不仅思想上有所进步，工作上也取得了优异成绩，首要一条，就是学习抓得很紧，不断提高思想政治素质，从而始终把建设有中国特色社会主义作为自己的理想信念，能够在错综复杂的形势下始终坚持正确方向，始终保持适应形势需要、正确判断是非的能力。许多同志认识到，建设有中国特色社会主义的理论政策，是植根于中国国情基础上的解决中国问题的唯一正确理论，要形成坚定的社会主义信念，就必须深入了解和研究国情。在始终坚持认真学习的同时，同志们还特别注重深入实际进行调查研究，坚持在充分了解和研究国情特点的基础上，更加坚定建设有中国特色的社会主义的信念。

各级民革组织都坚持把思想建设摆在首位，组织学习邓小平理论、中国共产党的路线方针政策，并重点突出抓了三个方面的教育。一是形势教育。各级民革组织利用一切有利条件和契机进行形势教育。每当国内外发生重大政治事件的时候，像1999年发生以美国为首的北约轰炸中国驻南联盟大使馆、"法轮功"邪教组织聚众滋事、李登辉抛出"两国论"等政治事件时，各地都及时组织党员学习中共中央的方针政策，借此机会教育党员提高认识，始终与中共中央保持一致。二是进行多党合作理论政策教育。中国共产党领导的多党合作和政治协商制度是唯一适合中国国情的政党制度，绝大多数民革党员在参加民革组织之前就已经形成了这样的正确认识。进入民革组织后，在民革各级组织进一步深入进行多党合作理论政策的学习研究当中，不断增强坚持和完善中国共产党领导的多党合作和政治协商制度的自觉性和抵制西方多党制思潮的影响。三是进行民革历史和优良传统教育。学习孙中山爱国、革命和不断进步的精神，增强广大民革党员继续接受中国共产党领导、坚持和完善中国共产党领导的多党合作和政治协商制度的自觉性。

民革各级组织在组织民革党员学习时，特别注重联系实际。一是十分重视调查研究工作，把它作为自身建设和发挥参政党作用的关键来抓，取得了良好的效果。调查研究工作的深入开展，不仅使广大民革党员在深入了解和把握国情的基础上，不断地深化对邓小平理论、中国共产党的路线方针政策和共产党领导的多党合作和政治协商制度的认同感，而且也在调查研究中发现了一些问题，形成了一些解决实际问题的政策性的建议和意见，为履行好参政议政的职能奠定了基础。二是紧密联系民革党员的思想实际，有的地方组织的领导还和每一个党员谈心，交流思想，了解他们的意见和要求，同时针对每一个人的思想状况，进行过细的思想政治工作。

通过坚持学习和民革组织的思想政治工作，广大民革党员思想认识统一到中国共产党领导的多党合作和政治协商制度的规范和要求上来，形成了良好的思想政治素质。在同志们的实际工作中突出表现为一种强烈的爱国主义精神。无论是在本职工作中还是在履行参政党党员的职责的时候，广大民革党员始终都出于报效祖国的赤子之心，始终是为了中华民族的振兴，为了祖国的统一而努力工作。这里我想给大家讲一件事情。大家都知道，最近一些年来，在中央或地方召开的许多重要会议开始的时候，过去都是奏国歌，现在改为唱国歌了。这虽然是一个很小的变化，但却是增进民族感情的一种好形式。大家可能不知道，会议前的奏国歌改为唱国歌，这个小小的改变就是来自我们民革上海市委会推选的先进个人蒋术同志在1987年提出的一个建议。他的这个建议先是在上海被采纳，很快就在全国推广开了。这个建议影响很大，从一个侧面体现了我们民革党员的爱国主义感情。为国争光、为国效力，是我们民革同志的一个突出特点，是我们成为坚持和完善中国共产党领导的多党合作和政治协商制度的依靠力量的思想政治基础。

第二，以强烈的政党意识，努力做好参政议政工作。

参政议政工作是我们参政党的主要工作，在没有确立参政党地位之前，我们也一直在参政议政。改革开放以来，随着中国共产党领导的多党合作和政治协商制度的逐步完善，我们参政议政工作的水平和质量在不断提高。15年来，广大民革党员的政党意识不断增强，民革在履行参政党政治协商、民主监督、参政议政职能方面，规范化、制度化程度不断提高，逐步地由党派领导人作为有代表性人物的参政议政转变为主要以整个党派作为一个参政党组织去参加国家政治生活，逐步地由在一些具体问题、技术性的问题提出意见和建议转变为在各种重大社会政治问题上参政议政，逐步地由不定期的活动转变成为由若干制度所规范的经常性的工作。我们有许多民革党员已经开始形成一种具有一定远见、视野开阔的政治眼光。一大批参政党意识很强的民革党员已经成为我们参政议政工作的骨干力量。

同时，各地民革组织在开展参政议政工作的时候，也以开拓创新精神，积极探索参政议政工作的时代特点和规律，取得了丰硕的成果，形成了丰富的经验。15 年来，民革各级组织共提出提案 4335 件，党员个人提案共 21859 件，这些提案大都受到承办单位的重视，有些并已付诸实施。各地在不断总结经验的基础上，已经形成了一系列卓有成效的做法。比如民革上海市房地局支部在党员中开展"三个一"活动，即为参政议政贡献一份提案、为沟通社情民意反映一条信息、为民革工作提供一项建议。这项活动疏通了基层组织建言献策的渠道，也为参政议政提供了群众基础。这样的例子很多。在这些经验的基础上，我们的参政议政工作正在形成一系列规范的制度，推动着参政议政水平和质量的不断提高。

第三，围绕国家经济建设的中心任务开展工作，积极为两个文明建设服务。

这方面的工作有两个层面：一是以民革组织的名义做的工作，如智力扶贫支边、办学等等。近年来，各级组织多次开展文化下乡、送书、送药、义诊等活动，取得了良好的社会效益。在办学方面，我们取得了很大的成绩，截至 1999 年末，全国各级民革组织兴办的各级各类学校有 140 所（党员个人办学 41 所），现在全部在校学生达 120373 人，总计为国家培养了两百余万人。

另一方面，广大民革党员以个人的名义为改革开放和两个文明建设做了大量工作，不仅表明了民革党员的爱国主义精神和奉献精神，同时也证明我们民革人才济济。这样的事例实在太多了，这里我只说一说两位老同志的事迹。北京的陈济生同志，今年82岁了，他是北京农学院的副教授。陈老在推广小尾寒羊的养殖技术方面做了大量工作，他参与的鲁羊扶贫项目已经推广到全国16个省110个县市，他无偿办培训班300多期，培训数万人次，多次获得国家有关部门的奖励和表彰。另一位是这次受表彰的民革党员中年龄最大的王绍曾同志。王老是古代文化典籍整理研究的专家，现为《四库全书存目丛书》编委会学术顾问。1981年71岁时王老就积劳成疾，身患癌症，但他以惊人的毅力与疾病作斗争，在此后20年里先后承担了8项国家和省部委古籍整理重点项目，推出了一大批具有重大学术价值的研究成果，多次获得国家和省级社会科学优秀成果奖。这里只举了两位老同志的例子，我们的后起之秀不但很多，而且工作也十分出色，限于时间，这里不能一一列举了。

第四，利用有利条件，积极为促进祖国统一作贡献。

民革的祖统工作一直比较有成绩。改革开放以来，民革的祖统工作也经历了一些转变。比如：从以接待为主到主动地把"请进来"与"走出去"结合起来开展全方位的祖统工作；从依靠民革党员个人与台港澳及海外人士的血缘、业缘、学缘联系到发挥民革的政党功能；从侧重于感情联络到在海外联谊活动中坚持宣传"一国两制"和中共中央关于祖国统一方针政策；从以联系台湾原国民党人士为主到广泛联系众多政党、社团的人士。近些年来，我们在祖统工作方面涌现了一批先进集体和先进个人，创造了非常丰富的经验。现在，根据形势的发展变化，我们的各级组织都在进一步努力探索和开拓祖统工作的方式方法，在寻找更好地体现民革特色、发挥民革优势、贡献民革力量的新路子。

为促进祖国和平统一,民革各级组织在做好促进祖国和平统一的各种接待联谊工作的同时,注意把祖统工作和为经济建设服务有机地结合起来,向各级有关方面提出建议和提案,有许多建议和提案被有关部门吸收和采纳,并付诸实施。

第五,发挥优势,在本职工作中出成绩。

绝大多数民革党员都能够正确处理参政党党员的工作和自己本职工作的关系。不管本职工作多么繁忙,也要积极履行参政议政职责。同时,决不因为自己是参政党党员,就忽视本职工作,而是努力做到两方面齐头并进,两方面都出成绩,表现出了突出的爱岗敬业精神和良好的职业道德。

本职工作出成绩也有两种类型,一是担任公职的同志,一是自己经营企业的同志。我们民革党员从事的社会职业种类很多,不管干什么工作,大多数同志都是各方面的专家,在各自的领域里都有良好的成绩,以创新的精神,为国家经济建设、社会发展做了大量工作。我们民革同志不仅在本职工作中勇于创新,在民革工作中也充分发挥自己的聪明才智,努力创新。这里我给大家举几个事例。一个是民革河南省委会副主委、河南农业大学能源与环境系副主任张全国同志,在"煤矸石层燃技术研究"中取得重大成果。据民革河南省委会提供的材料,这项技术推广后每年可为国家创造经济效益 13 亿元以上。还有一个例子也与煤炭有关。民革山西省委会推选的先进个人、中国科学院山西煤炭化学研究所研究员曹立仁同志,以强烈的创新精神,为解放军总装备部酒泉卫星发射基地解决了火箭发射燃料和助燃剂的废气净化问题,为国家节约了用于向国外购买此项技术和设备的巨额资金。这样的事例还有很多。各级民革组织、广大民革党员都以越来越强烈的创新精神投身工作，努力适应时代对我们提出的要求，这是我们民革能够继续为坚持和完善中国共产党领导的多党合作和政治协商制度发挥作用的重要条件。

广大民革党员的爱岗敬业精神，本身也是一种无私奉献精神。许多民革党员对工作极端负责任，不惜牺牲自己的一切，也要把工作做好。特别是许多民革组织的机关专职干部，他们有不少人为了民革工作牺牲了自己在专业领域的发展前途，在比较困难的条件下，努力顾全民革工作的大局，为民革工作的开展和进步作出了特殊的贡献。民革党员在工作中勇于奉献的事例很多，有的还非常感人。安徽省的程承耀同志，在担任歙县副县长以后，在身患膀胱癌的情况下，仍然始终坚持工作，带病做了大量工作，许多人都为他的精神所感动。中共中央统战部常务副部长刘延东同志了解到程承耀同志的事迹以后称赞道："他严于律己，无私奉献，不愧是人民的好公仆，我党的亲密战友，民主党派领导干部的优秀代表。"

第六，摆正位置，积极配合各级中共党委工作。

各级民革组织始终保持与中共党组织特别是各级统战部门的联系，这是民革工作得到深入开展并取得成绩的一个重要原因。我们民革与执政的中国共产党是亲密无间的友党，各级民革组织积极主动地争取中共党组织对民革工作的支持和帮助，在共同致力于社会主义现代化建设和祖国统一事业中同舟共济，荣辱与共，互相监督，形成了合作共事的良好氛围，广大民革党员心情舒畅，一心一意致力于民族复兴的伟大事业，因而能够在中国共产党领导的多党合作事业中做出成绩。

在与中共党组织合作共事的过程中，广大民革党员显示了难能可贵的团结合作的精神。一方面，不仅与中共党组织建立了亲密无间的合作共事关系，同时在我们民革组织特别是各级领导班子内部也始终保持团结稳定。这次表彰的先进集体的事迹材料，无一例外都提到了"团结合作"这一条优点。做到这一点，体现了民革党员干部良好的思想政治素质，这也是民革组织与中共党组织建立良好合作关系的重要条件。

民革先进集体、先进个人的这些精神和做法，是我们民革的宝贵财富和优良传统，我们要在继续发扬光大的同时，不断研究新问题，探索新的工作方法，总结新的工作经验，推动民革工作取得新的成绩。

同志们，再过两个月，我们就要进入21世纪，邓小平同志提出的三步走战略当中的第三步战略就要开始实施，中华民族伟大复兴的实现已经不再遥远。新的时代呼唤着我们为国家、为民族的发展和振兴更加努力工作，作出更大的贡献。我们作为参政党，肩负着与执政党同样重要的历史责任，让我们以更加饱满的热情投身到振兴中华、统一祖国的伟大事业中去，高举邓小平理论伟大旗帜，紧密团结在以江泽民同志为核心的中共中央周围，为进一步坚持和完善中国共产党领导的多党合作和政治协商制度，为建设有中国特色社会主义事业作出更大的贡献！

切实做好民革换届工作*

（2001 年 4 月 22 日）

通过两天的讨论，大家对学习贯彻全国统战工作会议的精神以及有关换届的主要问题文件有了比较深刻的理解，对这次换届的指导思想、基本方针、具体政策，取得了进一步的认识。应该说，会议达到了统一思想的预期目的，这是同志们共同努力的结果。

通过这次会议，大家的认识普遍有了提高，主要表现在以下几个方面。

一、对这次换届的重要意义，有了明确的认识。

讨论中，大家一致认为，这次换届不同以往，这是我们民革进入新世纪后的第一次换届，它关系到民革在二十一世纪的新面貌、新形象，关系到民革在新世纪能否继续沿着正确的方向前进，关系到中国共产党领导的多党合作和政治协商制度的巩固与发展。同时，这次换届不单纯是领导人的新老交替，更重要的是要进一步搞好政治交接，巩固和发展上次换届以来政治交接的成

---

* 这是何鲁丽同志 2001 年 4 月 22 日在民革换届工作会议上的总结讲话，发表于《团结》杂志 2001 年第 3 期。

果，进一步提高我们领导班子的整体素质，这是新世纪多党合作的政治保证。许多同志的发言，都能从实现新世纪的奋斗目标、民革新的历史重任的战略高度来看待这次换届，表现出强烈的历史使命感和政治责任感。这是会议最大的收获，反映了同志们在政治上更加成熟。

二、这次换届必须以全国统战工作会议精神为指导，这一点已成为大家的共识。

全国统战工作会议对共产党领导的多党合作和政治协商制度在我国社会主义民主政治建设中的重要地位和作用给予了很高的评价，对这项基本政治制度在新形势下的发展提出了新的要求，进一步强调了坚持和完善共产党领导的多党合作和政治协商制度，必须坚持中国共产党的领导，坚持以邓小平理论为指导，坚持社会主义初级阶段的基本路线和基本纲领，坚持"长期共存、互相监督、肝胆相照、荣辱与共"的基本方针。这次会议还提出了衡量我国政党制度的四条标准，精辟论述了我国民主党派进步性与广泛性相统一的特点，对民主党派在新世纪如何更好地发挥作用和加强自身建设，提出了新的要求和希望。我们的换届必须认真贯彻全国统战工作会议精神，按照全国统战工作会议所确定的原则、方针和政策来指导我们的工作，通过这次换届，使我们的自身建设有一个新的提高，把我们的领导机构和领导班子建设成为坚强有力的领导集体，为在新世纪更好地担负起参政党的职责打下坚实的基础。

三、对搞好这次换届有了充分的思想准备。

在这次会议上，通过学习文件，大家对换届的指导思想和有关方针政策有了进一步的了解，并在思想上形成了共识，这对于我们顺利完成换届任务，保证换届的质量，是非常重要的。有了正确的方针政策的指导，有了大家思想认识上的一致，我们的换届工作就一定能够顺利进行并取得圆满的成果。

这次换届新老交替的幅度较大，领导机构成员调整较多，大家对这一点表示理解和赞成，认为只有不断补充新鲜血液，我们的队伍才能始终保持生气和活力，才能更好地适应时代和形势发展的需要，把我们的工作进一步推向前进。这说明同志们具有开阔的胸怀和前瞻的眼光，这是我们的换届能够顺利进行的又一个重要保证。特别值得一提的是，在这次会议上许多老同志表现出很高的风格，表示不但要以正确的态度对待新老交替，届时愉快地退下来，并不再担任荣誉职务，而且要站好最后一班岗，主持好换届工作，向组织作出自己的政治交代。这种不计较个人进退，以大局为重，以民革的事业为重的精神，十分令人感动，也值得我们学习。我们相信，有这样一批顾大局、识大体，对民革怀有深厚感情的老同志，我们这次换届任务一定能够顺利完成。

关于换届的意义和有关规定，童傅[1]同志的报告已经讲得很清楚，我不再重复。我对今后的工作，再讲几点要求。

一、通过传达和学习会议精神，进一步统一思想。

同志们回去以后，要及时、认真地传达这次会议的精神和有关文件。

传达的步骤是从主副委会议到常委会议，逐次扩大。首先是学习，这是贯彻全国统战工作会议和这次换届工作会议精神的重要前提。每次传达，要认真讨论，谈认识、谈体会，把思想统一到文件精神上来。讨论中，要充分发扬民主，鼓励大家畅所欲言，并有针对地做好思想工作。

换届的指导思想、基本方针、具体政策，对于省以下组织的换届也是应当遵循的，要向他们传达，组织学习和讨论，统一思想，提高认识。

换届的重要意义，还要分头向基层支部的负责同志和机关干部传达，做好他们的思想工作，帮助他们提高认识，为换届打下更加扎实的思想基础和创造良好的环境条件。

统一思想工作，不能仅靠一次会议解决问题，要紧密联系实际，要反复进行，把思想认识真正统一到中央的要求和会议的精神上来，做深做细做透。对有的同志，要着重耐心地做思想政治工作。

二、制定方案，定出时间表，建立得力的换届工作班子。

各省级组织都要及早动手，根据文件精神，结合各自实际情况，制定有关换届的方案，定出时间表，规定进度，使工作真正落实下来，有计划有步骤地进行，并定期检查，发现问题及时解决。

在主委会议领导下，建立得力的工作班子，具体负责换届工作。工作班子的人选，要慎重配备，人选要恰当，由原则性、政策性、纪律性较强的同志组成，并经常委会议通过。

省级以下组织的换届也要按照以上办法进行，而且在时间上要更早一点，同时要取得当地统战部的协助。要通过市、县级组织的换届为省级组织换届打下坚实的组织基础。各省级组织的换届方案，今年年底以前报中央批准。

三、要深入细致地做好各项准备工作。

换届工作是一个系统工程。要加强领导，主要领导人要切实负起责任。换届的各项工作均要有准备、有计划、按步骤进行。

一切工作都要做在前面，筹备工作要有一定的透明度。这次换届，有许多有利条件，这是主流，但也要充分估计到工作的难度和复杂性，切不可掉以轻心。对于可能遇到的困难，可能发生的问题，都要心中有数。做到事前有准备方案，事中有应对突发情况的对策并有补救措施。特别是思想工作，要做深做细做透，要贯穿换届的全过程。不论是退的、留的、进的，都要分别做好工作，真正做到"退的放心，留的安心，进的称心"。

要切实贯彻团结稳定、积极稳妥的方针。工作中要充分发扬民主，贯彻民主集中制，重大问题一定要经过集体讨论，既要防止一个人或少数人说了算，又要防止人人有否决权，议而不决。要按程序议事、办事。程序的遵守是贯彻民主集中制不可缺少的环节。会上要充分讨论，发表意见。决定的事贯彻时，大家要齐心协力，少数要服从多数，要有组织纪律性。要讲大局、讲原则、坚持团结，努力创造和谐的气氛，保证换届工作的顺利进行。在这方面，领导同志带头，以身作则，更是关键。

四、选好新一届领导班子和领导机构，是重中之重。

领导班子建设是重点。引进新人，选拔干部必须进行全面认真考核，广泛听取各方面的意见。要坚决依靠当地中共党委的领导和党委统战部的帮助，把这项工作做好。对于选拔新人，要把政治上是否合格作为首要标准。一定要坚持条件，不能降低标准。实在一时物色不到理想的人选，也要宁缺毋滥，以后再逐步充实。主委、专职副主委、秘书长一定要配好。

对退下来的老同志，也要做好工作，使他们心情愉快。特别是他们退下来以后，要经常关心问候，有的活动可以请他们参加，在他们力所能及的情况下，充分发挥他们的作用。有困难要帮助解决，使他们感到组织的温暖。

总之，通过换届，要增强团结和组织凝聚力，更好地发挥民革参政党的作用。同时，结合换届，把培养、选拔后备干部工作提高到一个新水平，并在建立和健全参政党机制方面，也应当有新的进展。

在这次会议上大家提出了一些具体问题，现就几个带有普遍性的问题作些简要说明。

第一，规模不变的问题。

文件规定新一届"省级组织领导班子职数和常务委员会、委员会规模，原则上与上届持平"，是指 1997 年换届时所确定的规模（含缺额数），不是指现在实际的规模。

有的同志提出省级委员会和常委会的规模，应当按党员人数比例作出一个统一的规定。因各党派都未搞，所以这次换届还难以办到。

关于规模问题，仍按文件精神执行。特殊情况需要变动的，要商地方统战部并报民革中央批准。

第二，年龄界限的问题。

这次的换届文件在进退年龄界限上，对出生日期有了准确的叙述，比起 1997 年对这个问题的说明是前进了一大步。

关于省委会主委、副主委进退的年龄要求是有明确规定的，同时要按组织程序严格掌握审批。

此外，要考虑到组成领导班子和领导机构合理年龄梯次的需要，避免新提名的领导成员年龄过于集中在同一个年龄段上的现象。

关于省级以下地方组织换届的进退年龄界限，省级换届文件中写明"原则上应低于省级组织"。具体方案将由地方党委、统战部会同本省民主党派协商确定。

第三，省级组织换届后担任主委的同志，提名为中央委员候选人的问题。

1997年换届时，中央换届文件就有这样一条规定。本次换届仍沿袭这个精神。即新当选的省级组织主委，应提名为新一届中央委员候选人，希望经过选举能够进入中央委员会，参与其中的工作。在这个问题上，相信大家能够充分理解。

第四，不宜继续提名的问题。

在不宜继续提名的问题上，文件列举了五种情况并作出了规定。在这个问题上，要求大家很好地把握政策。

当然，处理这个问题要非常慎重，要与地方党委、统战部充分协商决定，同时做好不被提名人的思想工作。

第五，候补委员的问题。

此次换届，为拓宽培养、选拔中青年骨干的渠道，中央委员会仍将设置一定数量的候补中央委员。

目前，30个省级组织中尚有10个省仍保留委员会候补委员的设置。至于2002年换届时各省如何考虑，可结合本省、市的实际情况，商当地统战部后决定，中央不做统一要求。

第六，荣誉职务问题。

关于这个问题，两个换届文件和童傅同志的讲话已阐明观点，这里就不再解释了。

第七，提名代表问题。

中央换届文件中规定，将设一定数量的中央提名代表。此次换届，本着选举代表人数要多，提名代表人数尽量精简的原则，中央将根据实际情况研究后再进一步确定。

至于省级组织设不设提名代表，我们仍建议以各省民主党派协商一致的意见为准。

第八，全国代表大会代表的名额和产生办法。

第十次全国代表大会代表的名额和产生办法将根据民革章程有关规定制定，其中将涉及代表大会代表的总数及分配给各省的名额和产生办法。它将作为换届文件的配套文件，经今年下半年的中央常务委员会决定后下发。

同志们回去以后，希望就换届工作同中央保持密切联系，省级组织的换届方案应及时报告中央批准。有关工作的进行情况和问题应主动同当地中共党委、统战都沟通协商，争取他们的支持和帮助，以保证工作顺利进行。

在这次会议上，同志们对中央的工作提出了一些意见和建议，我们表示感谢。对这些意见、建议，中央将认真对待和加以研究。我们将以这次换届为契机，进一步加强和改进中央的工作，以更高的标准来要求自己，切实把我们的工作再提高到一个新的水平，让我们共同努力，为建设适应新形势的高素质参政党而奋斗。

注　释

〔1〕童傅，时任民革中央副主席。

推动民革思想政治工作深入开展[*]

（2001 年 5 月 28 日）

今天我们在这里召开民革全国思想政治工作会议。我们这个会议，是要以《中共中央关于加强和改进思想政治工作的若干意见》和全国统战工作会议精神为指导，研究如何进一步贯彻落实《民革中央关于加强和改进思想政治工作的意见》所提出的各项任务和要求，推动民革思想政治工作深入开展。

同志们，当前我们的思想政治工作正面临着前所未有的大好形势和各方面的有利条件。经过 20 年的改革开放，在中国共产党领导下，我们在世纪之交胜利实现了现代化建设的前两步战略目标，我国生产力迅速提高，综合国力大大增强，人民生活总体上达到小康水平。这就为我们的思想政治工作提供了坚实的物质基础。在政治上，我们坚持马列主义、毛泽东思想、邓小平理论的指导地位，不断坚持和完善我国的根本政治制度和基本政治制度，社会主义民主和法制建设取得巨大进展，这就为我们的思想政治工作提供了有力的政治保证。遵照小平同志"两手抓、两

---

* 这是何鲁丽同志 2001 年 5 月 28 日在民革思想政治工作会议上的讲话节录。

手都要硬"的思想，以江泽民同志为核心的中共中央在大力发展社会主义物质文明的同时，狠抓社会主义精神文明的建设，特别是《中共中央关于加强和改进思想政治工作的若干意见》的发表，为我们做好思想政治工作提供了明确的指导思想和系统的方针原则。全国统战工作会议的召开，江泽民总书记在会上的重要讲话和会后下发的《中共中央关于加强统一战线工作的决定》，为我们参政党的思想政治工作提出了新的要求和丰富的内容，创造了十分有利的条件。从民革自身来说，通过九大以来几年的努力，我们已经初步形成了全党上下、各级组织都高度重视思想政治工作的可喜局面。因此，我们一定要紧紧抓住这一大好时机，继续加大思想政治工作的力度，不断提高广大党员的思想政治素质，为更好地履行参政党职能，在胜利实施"十五"计划纲要，完成新世纪奋斗目标的过程中，作出新的更大的贡献。

做好民革的思想政治工作，当前一个重要环节是要认真贯彻落实《民革中央关于加强和改进思想政治工作的意见》。近几年来，民革在制度建设方面作了很大努力，在总结大量实践经验的基础上，制定了一系列规章制度，出台了一批规范性文件。民革中央关于思想政治工作的这个《意见》，就是其中的一个重要文件。有了这个制度性文件，我们的思想政治工作就有规可依，有章可循，就能深入持久地开展下去。现在关键的问题是要狠抓落实。定了制度不落实或落实不到位，制度就失去了严肃性，就形同虚设。所以，在民革中央关于思想政治工作的这个文件下发后不久，我们就召开这次会议专门研究贯彻落实的问题，其目的就是要充分发挥这个文件的作用，把民革思想政治工作真正落到实处。

在民革全国参政议政工作
机制研讨会上的讲话[*]

（2001 年 6 月 5 日）

今天，我们在这里召开民革全国参政议政工作机制研讨会，认真总结过去的工作经验，探讨新形势下建立健全参政议政工作机制问题，这对于进一步提高参政议政质量和水平，推进全党参政议政工作规范化、制度化，坚持和完善中国共产党领导的多党合作制度是十分重要的。

去年年底，中共中央召开了全国统战工作会议，作出了《中共中央关于加强统一战线工作的决定》，江泽民总书记发表了重要讲话，强调要进一步坚持和完善中国共产党领导的多党合作和政治协商制度，论述了中国政党制度的特点和优点，特别是提出了衡量中国政党制度的四条标准，为我们进一步坚持中国共产党领导的多党合作和政治协商制度指明了方向，提供了依据。江泽民同志的讲话丰富和发展了邓小平理论，是指导新世纪统一战线工作的纲领性文件，是我们民主党派做好各项工作的指南。

---

* 这是何鲁丽同志 2001 年 6 月 5 日在民革全国参政议政工作机制研讨会上的讲话。

近十年来，民革全党参政议政意识不断增强，参政议政领域不断拓展，参政议政质量不断提高，在我国经济建设、社会发展中发挥了应有的作用。民革中央于 1996 年、1999 年两次召开了全国参政议政工作研讨会，并制定了《民革中央关于参政议政工作若干问题的规定》，使全党参政议政更加制度化、规范化。民革全党在建立健全参政议政机制方面做了许多有益的探索和尝试，注意调动广大党员参政议政的积极性，发挥民革整体优势，并积累了一些富有创新意识的工作经验。这说明我们不仅从思想上高度重视参政议政工作，而且已经注意从民主党派工作的本质和内在运作规律的深度上去探索和把握参政议政工作。为了进一步提高民革全党参政议政的水平，不断推进参政议政规范化、制度化建设，切实履行好参政党的职能，我再强调两点要求。

搞好参政议政工作，首先要加强学习。中共历代领导都高度重视学习问题，江泽民主席反复强调，要求我们学习、学习、再学习。民革中央一直把学习作为自身建设的重点，近几年来，民革全党特别是干部的学习得到不断提高，取得一定成绩，但还需再接再厉。在纷繁复杂的形势面前，我们只有下功夫努力学习邓小平理论，学习多党合作理论以及统一战线工作的方针政策，不断提高我们掌握邓小平理论的水平，贯彻执行中国共产党的基本路线、基本政策的自觉性，不断增强政治鉴别力和政治敏锐性，才能在大事面前不糊涂，关键时刻不动摇，始终保持政治上的清醒和坚定。讲学习，首先是学理论。此外，在科学技术不断创新的时代，我们还要学习多方面的知识（经济、法律、科技等），不断充实自己，才能跟上时代前进的步伐。同时要加强调查研究，紧紧围绕改革发展稳定的大局参政议政，工作才会有前瞻性和创造性，我们才能不辱使命、不负众望，拿出高质量的参政议政成果，切实履行好参政党的职责。

建立健全参政议政机制，一定要抓好自身建设。自身建设是做好各项工作的基础。参政议政水平的高低，主要取决于参政党自身素质的高低。参政党只有努力掌握邓小平理论，认清形势，了解政策，才能在我国政治生活中提出有价值、有分量的意见和建议。因此，参政议政机制建立一定要和全党自身建设密切结合。组织部门发展党员要注意选择那些政治素质好、年富力强，有参政议政能力的同志，对热心参政议政工作并做出突出成绩的优秀人才，要为他们提供台阶和更广阔的舞台，让他们得到锻炼和有机会充分施展才能。宣传部门在加强思想政治工作时，要积极为参政议政提供切实的政治保证、精神动力和智力支持，使民革党员深入认识民主党派参政议政的性质、地位、作用，熟悉参政议政的途径、方式、程序。去年，民革中央宣传部在全党开展了"我为参政议政贡献什么"的系列活动，编辑出版了《民革党员参政议政手册》，配合参政议政做了大量工作。各级组织的机关是协调、支持、保障和服务参政议政工作的关键部门。因此，一定要切实改进和加强机关的制度建设和作风建设。

同志们，今年是新世纪的开端，也是实施"十五"计划的第一年，新的形势和任务为我们参政议政提供了更广泛的领域，也对我们的参政议政工作提出了新的更高的要求。希望与会的全体同志，认真总结好过去我们参政议政的成绩和经验，深入探讨建立健全全党参政议政机制。会议要起到推进作用，争取更大实效。让我们在全国统战工作会议精神指引下，以高度的政治责任感，团结奋斗，开拓进取，全面加强自身建设，担负起时代赋予我们的光荣使命，为全面开创二十一世纪民革工作的新局面而努力奋斗。

在民革中央纪念辛亥革命九十周年座谈会上的讲话[*]

（2001 年 10 月 10 日）

今天是辛亥革命九十周年纪念日，我们民革中央举办座谈会，大家共同纪念这个有意义的日子，缅怀辛亥革命的领导者孙中山先生和辛亥革命志士。

昨天，在首都各界纪念辛亥革命九十周年大会上，江泽民主席发表了重要讲话，他高度评价了辛亥革命的伟大历史意义和巨大的进步作用，阐述了在中国共产党领导下中国人民继续辛亥革命所开创的事业取得了令世界瞩目的巨大成就。江泽民主席还特别强调孙中山先生始终致力的祖国的完全统一，进一步阐明了解决台湾问题的基本思想和原则。对江泽民主席的讲话，我完全拥护。

辛亥革命这个伟大历史事件，与我们民革有着深刻的历史联系。因为我们民革的前辈、老一代领导人，以宋庆龄为代表的国民党左派，曾经与孙中山先生共同经历辛亥革命血与火的洗礼，

---

　　* 这是何鲁丽同志 2001 年 10 月 10 日在民革中央纪念辛亥革命九十周年座谈会上的讲话。

他们坚持孙中山先生提出的联俄、联共、扶助农工的三大政策，坚持孙中山先生倡导的新三民主义，继承孙中山先生爱国、革命和不断进步的精神，是孙中山先生患难与共的战友和学生。所以，今天我们民革召开座谈会，纪念辛亥革命九十周年，缅怀辛亥志士和民革先贤，具有特殊的意义。我们要认真学习和深入领会江泽民主席在首都纪念辛亥革命九十周年大会上的讲话精神，坚持和不断完善中国共产党领导的多党合作和政治协商制度，积极参政议政，促进祖国和平统一，加快我国社会主义现代化建设的步伐，实现孙中山先生振兴中华的伟大理想。

辛亥革命推翻的不仅仅是一个清王朝，而是统治中国数千年的君主专制制度，正如江泽民主席指出的，它"为中国的进步打开了闸门"，为中华民族带来了思想的大解放。孙中山先生当年向全世界宣告的"中国内陆将全行对外开放"、"引进外资"、"引进外才"等建设政策和建国方略，在中国共产党领导下，不仅已经实现，而且有了很大的发展。孙中山先生的自由平等的理想，也正在建设有中国特色的社会主义进程中逐步得以实现。

孙中山先生一直致力于祖国的完全统一，直到晚年北上，留下临终遗言，仍心系祖国统一。他还特别关注台湾问题，在他历年的演讲、宣言、谈话及文字中，论及台湾和台湾光复，就有三十多处。在首都各界纪念辛亥革命九十周年大会上，江泽民主席着重地强调了祖国统一问题。我们完全拥护江泽民主席阐明的关于解决台湾问题的基本思想和原则，完全赞成这一合情合理、切实可行的政治主张。台湾当局新领导人不肯承认一个中国的原则，不肯承认两会"九二共识"，这是导致两岸关系至今处于僵持状态的根本症结，也是破坏岛内社会安定、经济发展的重要原因。但是，祖国统一的历史潮流是任何人也阻挡不了的，我相信，只要两岸同胞共同努力，积极推动两岸直接"三通"，孤立岛内一小撮台独势力，祖国统一终究是要实现的。

由于历史的原因，我们民革党员与台湾各界人士有着千丝万缕的联系，在台湾有许多亲人、朋友，这是实现祖国统一的积极因素。我们具备多方面的条件发挥作用，积极寻求与岛内党派、团体和各界人士对话，共同促进祖国统一。我们要继续按照邓小平提出的"和平统一、一国两制"的基本方针和江泽民主席提出的八项主张，为实现祖国的完全统一进行不懈的努力。

辛亥革命已经过去九十年了。中国的民主革命，如果从1895年孙中山先生创建兴中会算起，已经是一百多年了。我们的国家经历了从资产阶级的旧民主主义革命，到由中国共产党领导的新民主主义革命，发展到进入社会主义初级阶段的发展过程，中华民族在二十世纪这一百年的艰苦奋斗，就是为了振兴中华！面对一个充满机遇和挑战的新世纪，我们更要继承和发扬孙中山先生爱国、革命和不断进步的精神，在中国共产党领导的多党合作和政治协商的政治格局中，进一步发挥参政党的作用，为促进祖国统一，实现中华民族的腾飞，贡献我们的力量。

切实加强民革领导班子作风建设[*]

（2001 年 10 月 30 日）

今年下半年以来，民革全党都在认真学习贯彻江泽民同志"七一"重要讲话和中共十五届六中全会决定的精神。大家对这两个文件的重要性有了一致的认识。中共十五届六中全会决定把执政党的作风建设提到"关系党的形象，关系人心向背，关系党和国家的生死存亡"的高度来认识，提出了"八个坚持、八个反对"的具体要求，既体现了以江泽民同志为核心的中共中央第三代领导集体对党风建设的高度重视和从严治党的坚定决心，也表明在新形势下加强和改进执政党的作风建设的极端紧迫性和重要性。中国共产党是中国最大多数人民根本利益的忠实代表，是建设有中国特色社会主义事业的坚强领导核心。加强和改进中国共产党的建设，对于巩固共产党的领导地位，提高共产党的执政水平和领导水平，增强拒腐防变和抵御风险的能力，继续推进改革开放和现代化建设，确保建设有中国特色社会主义事业顺利发展，具有极为重要的意义。对这一点，我们一定要有清楚

---

  * 这是何鲁丽同志 2001 年 10 月 30 日在民革中央中心学习组座谈会上的讲话，发表于《团结》杂志 2001 年第 6 期。

的认识。我们要在认真学习和深刻领会中共十五届六中全会精神的基础上，充分发挥共产党的战友和诤友的作用，真诚地支持、帮助和配合中国共产党搞好党的作风建设。这是我们学习贯彻江泽民同志"七一"重要讲话和中共十五届六中全会决定精神的重要任务之一。而另一个重要任务，就是要以这两个文件精神为指导，搞好我们参政党自身的作风建设。

我们民革是与中国共产党长期风雨同舟、患难与共的亲密战友，是与共产党一起共同致力于建设有中国特色社会主义的参政党。与中国共产党一同与时俱进，加强和改进参政党的作风建设，既是我们自身发展和保持进步性的需要，也是坚持和完善中国共产党领导的多党合作和政治协商制度、推进我国民主政治建设的需要。江泽民同志"七一"重要讲话和中共十五届六中全会的决定，虽然是执政党建设的纲领性文件，但对我们搞好参政党的建设同样具有重要指导意义。回顾民革半个多世纪的发展历程，我们始终注意加强学习，注重思想建设，始终在政治上、行动上与中国共产党保持一致，因此在各个不同的历史时期都做到了紧跟时代前进的步伐，在社会主义革命、建设、改革中作出了应有的贡献。近几年来，第九届中央领导集体和各级组织努力适应新形势、新任务的需要，注意发扬民革的好作风，坚持一手抓参政议政，一手抓自身建设，取得明显的成绩。在参政议政方面，注重深入实际开展调查研究，依靠广大党员的智慧，发挥整体的作用，在广泛听取意见的基础上，以实事求是的精神向中共和政府部门提出我们的意见和建议。在自身建设方面，我们的指导思想是十分明确的，始终强调要把思想建设放在首位，通过抓理论学习、抓思想政治工作，努力提高全体党员的思想政治素质，以此来带动其他工作的开展。对领导班子建设，我们强调了要坚持民主集中制，要完善制度，发扬民主，加强团结和协作，要深入实际，关心基层组织和党员的工作，形成良好的工作作风。为了实现以上要求，几年来我们召开了一些会议，制定了有关的文件，做了大量工作。目前，从总体上看，我们各级领导班子的作风是好的，各级组织在作风建设上都作出了努力，从而保证了全党良好的精神面貌，推动了各项工作的发展。应该说，这些年我们对加强作风建设思想上是重视的，也抓出了一定的成绩。但是也要看到，我们的工作还有不足之处，离形势和任务对参政党的要求还有差距。各地发展也不平衡，并不是所有的领导同志都给予了足够的重视。在思想作风、工作作风、领导作风等方面，还存在这样那样的问题。就拿我们中央委员会特别是在京的中央主席会议成员来说，在作风建设上还有不少需要加强和改进的地方。认真检查起来，我们认为中央主席会议一班人在作风方面还存在以下一些问题。

一是深入基层、密切联系广大党员做得不够。几年来，我们虽然也到过一些地方组织和党员们见过面，开过一些座谈会，但多是借出差机会顺便进行的，来去匆匆，时间很短，接触党员的面不宽，很少专程深入基层组织去了解情况、广泛听取党员的意见。在指导地方工作方面也主要是通过开会或发文件，提出原则性意见，很少亲临地方组织作有针对性的工作指导、帮助地方组织解决困难。对下发的各种文件的落实情况，还缺乏切实有力的检查。这使得我们对全党的情况特别是对基层组织的情况缺乏全面了解，不利于指导和加强全党的工作。形成这种局面固然有我们社会活动多、时间少的客观原因，但也有主观上重视不够的问题。

二是接受各级组织和广大党员的监督不够。党的领导班子和领导干部接受组织和党员的监督，是保持党的活力和形成良好作风的重要保证，也是我们的党章赋予每一个党员的基本权利。但是，长期以来这项工作没有很好开展起来。由于我们下基层时间少，接触党员机会不多，党内监督机制不健全，监督渠道不畅通，因此很难听到地方组织和广大党员对中央领导同志和中央工作的意见。党员们也因为与中央联系少，对中央工作情况了解有限，而难以提出具体的意见和实施有效的监督。我们在主观上对参政党的党内监督也没有给予足够的重视，未能积极创造接受下级组织和广大党员监督的条件和环境。

三是中央主席会议成员之间开展批评与自我批评不够。中央每次召开主席会议主要是研究、讨论具体的工作，或者是学习文件，很少有机会坐下来谈一下心，交流、沟通一下思想，开展批评与自我批评。主席之间注重了团结、尊重、协作，而互相督促、指正不足。这容易导致一团和气，不利于工作水平的提高和工作作风的改进。

四是对中央机关全面建设关心不够。中央机关是全党工作的枢纽，起着承上启下，协调、指导全党工作的重要作用。对于中央机关的建设，我们还是重视的，在改善机关工作条件、加强制度建设、改进机关工作作风等方面也作了不少努力。经全体同志的努力，机关精神面貌良好，奋发向上，但还远远做得不够，特别是在关心机关干部、职工的工作、学习、生活，有针对性地做思想政治工作，以进一步提高机关干部、职工的素质，激发大家的积极性、主动性和创造性等方面，还有较大的差距。

以上这些问题的存在,反映出我们在作风建设上的差距和不足,我作为中央主席应当承担主要责任。我们将在广泛听取大家意见的基础上,召开主席会议,严肃对待存在的问题,认真研究解决的办法,切实改进我们的作风。中共十五届六中全会通过的《中共中央关于加强和改进党的作风建设的决定》,给我们树立了榜样,对于加强和改进民革的作风建设具有重要的教育、启迪和借鉴作用。针对以上存在的问题,我们初步考虑从以下几个方面加以改进。

第一,进一步加强学习,提高思想认识水平和领导水平。今后,我们要更好地坚持中心组学习制度,把学习活动推向深入,使之更有成效。除了继续深入学习马克思列宁主义、毛泽东思想和邓小平理论以外,当前重点是学习江泽民同志"七一"重要讲话精神和中共十五届六中全会精神,深刻领会其精神实质和重要意义,并和民革的实际结合起来,用以指导我们的工作和作风建设。要继承民革老一代的优良传统,努力学习,提高我们的思想认识水平和领导水平,增强责任心和使命感,把加强和改进作风建设摆上重要议事日程,切实抓出成效来。

第二,加强制度建设,完善工作机制,促进工作作风的转变。改进工作作风必须有制度保证,以加强约束力,减少随意性和盲目性。已经有的制度,我们将带头严格执行,为全党做出表率。此外,要研究制定一些新的制度,如中央领导人参加调研制度、到地方组织指导工作制度、下基层听取意见制度、联系党员制度和谈心制度等。要积极探索,尽快建立健全党内监督机制,鼓励各级组织和广大党员对中央实行监督,同时畅通渠道,使各级组织和广大党员的意见、建议能及时反映到中央,帮助中央改进作风。目前中央已建立起一个社情民意信息中心，我们要利用好这个机构，健全工作机制，使之成为中央联系地方组织和广大党员的重要渠道，不仅收集社情民意，而且收集党员对中央工作的意见。

第三，坚持民主集中制，健全领导班子民主生活。中央主席会议班子每年至少召开一次民主生活会，针对作风建设方面的问题开展严肃认真的批评与自我批评，提高民主生活会的质量。班子成员之间、各成员与所主管的部门工作人员之间要开展经常性的谈心活动，主动征求对方的意见。要进一步调动中央常委们的积极性，充分发挥常委们对主席班子的监督作用。坚持民主集中制必须贯彻"集体领导、民主集中、个别酝酿、会议决定"的方针，坚持做到重大问题经主席会议或常委会议集体讨论决定。会上要充分讨论，集思广益，严格执行规定的程序。重大决策出台前，要充分发扬民主，广泛征求各级组织和党员的意见，通过各种渠道使广大党员更多地了解中央的工作，增强党员的参与意识、监督意识，集中大家的力量和智慧，共同推进工作。

关于民革党员企业家的
政治学习问题*

（2001 年 11 月 1 日）

民革各级组织和广大党员，当前和今后一个时期学习的中心内容是江泽民同志"七一"重要讲话。为此，民革中央下发了有关的通知，要求民革全体党员认真学习深刻领会"七一"重要讲话，认清参政党的历史责任，进一步加强自身建设。要通过学习把我们的思想、行动统一到"七一"重要讲话的精神上来，把民革全党的力量凝聚到为完成新世纪的历史任务上来。历史和现实实践充分说明，中国共产党领导的多党合作和政治协商制度符合中国国情，我们要坚持和完善这个基本政治制度，在这方面绝对不能有丝毫的含糊和动摇。民革作为具有政治联盟性的政党，一直具有进步性与广泛性相统一的特点。在现阶段，这种进步性集中体现在民革同中国共产党的通力合作，共同致力于建设有中国特色社会主义事业。通过学习"七一"重要讲话，民革党员要不断提高自身的思想政治素质，才能从政治上分析形势，

---

* 这是何鲁丽同志 2001 年 11 月 1 日在民革全国咨询机构、企业家 21 世纪首次年会上的讲话节录。

明辨是非，分清主流与支流，正确与谬误，提高政治鉴别力和参政议政能力，更加自觉地坚持中国共产党领导的多党合作和政治协商制度。

改革开放以来，我国的社会阶层构成发生了新的变化，出现新的社会阶层。江泽民同志在"七一"重要讲话中指出："在党的路线方针政策指引下，这些新的社会阶层中的广大人员，通过诚实劳动和工作，通过合法经营，为发展社会主义社会的生产力和其他事业作出了贡献。他们与工人、农民、知识分子、干部和解放军指战员团结在一起，他们也是有中国特色社会主义事业的建设者。"

把新的社会阶层中的广大人员作为有中国特色社会主义事业的建设者，是从实际出发，尊重实践得出的科学结论，从理论上消除了长期困扰我们的一些模糊认识和不合时宜的观念。这些阶层中的民革党员应进一步坚定热爱祖国和坚持走社会主义道路的政治态度，担负起自己的历史责任和社会责任，积极为国民经济发展作贡献。

在咨询、中介机构等方面工作的民革党员，民营企业家中的民革党员，工作确实繁忙，时间不划一，更需要处理好学习和工作的关系，养成良好的学习习惯，积以时日，就一定能从知之不多到知之较多。首先作民革合格党员，政治素质好，科技文化素质高应该是民革党员中的民营企业家的形象，让我们朝这个方向努力。

中共中央最近印发了《公民道德建设实施纲要》，提出了"爱国守法、明礼诚信、团结友善、勤俭自强、敬业奉献"的基本道德规范，是我国群众性精神文明建设的一件大事。作为民革党员的民营企业家们要发扬社会主义道德风尚，积极参加社会活动和社会公益事业，努力塑造良好的民革企业家的社会形象，为推动我国社会的全面发展尽自己应有的责任。

爱国的一生　光荣的一生
奋斗的一生*

（2002 年 6 月 19 日）

　　今天我们在这里集会，纪念我国忠诚的爱国民主战士、著名的政治活动家、中国国民党革命委员会的卓越领导人王昆仑[1]同志诞辰一百周年，缅怀他对中国民主革命和社会主义事业作出的贡献。

　　王昆仑同志早年参加五四运动，1922 年作为爱国学生代表拜见了伟大革命先驱孙中山先生。在孙中山先生的启发和鼓励下，他参加了国民党，积极投身于孙中山领导的民主革命斗争。孙中山逝世后，蒋介石发动"四一二"反革命政变。王昆仑目睹国民党当局背叛孙中山先生倡导的三大革命政策，愤然辞职，在国民党内部开始从事反对独裁、争取民主的斗争。

　　王昆仑同志追求真理，追求进步，不断地探寻救国自强的政治道路。1931 年"九一八"事变后，日本侵略者占领我国东北三省，民族危机日益严重。国民党反动集团的不抵抗政策和中国

---

　　* 这是 2002 年 6 月 19 日何鲁丽同志在纪念王昆仑同志诞辰一百周年座谈会上的讲话，发表于《团结》杂志 2002 年第 4 期。

共产党领导的群众抗日救亡运动的高涨，使王昆仑同志认识到，只有中国共产党才能领导中国革命，只有跟共产党走，才能拯救中华民族。1933年，他加入中国共产党，从此走上为共产主义事业而奋斗的光荣道路。在抗日战争最困难的时期，王昆仑与王炳南、许宝驹、屈武等同志在重庆发起组织中国民主革命同盟，在中国共产党的领导下，坚持抗战，推进民主革命。1943年，他与谭平山等同志发起组织三民主义同志联合会，在国民党内部团结、争取爱国民主人士，开展反投降、反分裂、反内战、反独裁的斗争。在1945年召开的国民党第六次全国代表大会上，王昆仑同志出于民族义愤，不畏强暴，直斥国民党当局"消极抗日，积极反共"的反动政策，正气凛然，引起了很大震动。为此，他遭到国民党当局的迫害，流亡国外。在美国期间，他协助冯玉祥将军在旅美华侨和留学生中开展反蒋民主活动。1949年，他从国外辗转回到东北解放区，参加新政协的筹备工作，并出席了第一届政协全体会议，当选为全国政协常委。

新中国成立后，王昆仑同志被任命为政务院政务委员，直接参与政府的工作，在国家政治生活中努力发挥着自己的作用。此后，他历任第一、二、三、四届全国人大常委，北京市副市长，全国政协第五、六届副主席，民革第二、三、四届中央常委，第五届中央副主席、代主席、主席，第六届中央主席等职务。担任这些职务，使王昆仑同志深深认识到自己肩负责任的重大。他刻苦学习，勤奋工作，以极大的热情投入新中国的建设和共产党领导的多党合作事业。

王昆仑同志担任北京市副市长长达12年之久，为发展北京市的文化、卫生事业作出了重要贡献。他作为民革中央领导机构成员之一，一直十分关心和重视民革的自身建设。建国初期，民革面临着组织的整顿和建设的任务。在民革应该建设成一个什么样的党，应该以怎样的组织面貌参加新中国的政治生活这些问题上，王昆仑同志在一次讲话中强调，必须坚守《共同纲领》，划清敌我界限，吸收进步分子，拒绝反动分子，充实骨干组织，继承和发扬中山先生不断进步的革命精神，把民革建设成在中国共产党领导下的新民主主义的新型政党，以适应新社会的需要。他还指出，巩固与发展组织应坚持相一致与相结合的原则，不巩固就不能发展。这篇讲话经周总理指示在《人民日报》上全文发表，产生了很好的影响，同时也为民革制定正确的组织方针奠定了基础。

1956年社会主义改造基本完成后，毛泽东主席提出中国共产党同各民主党派"长期共存、互相监督"的方针。在统一战线进一步扩大的新形势下，时任民革中央宣传部长的王昆仑同志，向民革中央常委会提议创办一个公开发行的周报。不久，《团结报》问世，王昆仑同志亲任《团结报》社长。他谈到给报纸取名为"团结"的意义时说："'团结'是毛主席的一贯战略思想，干革命，搞建设，总是团结的人越多越好。"他要求报社编辑人员从爱国主义入手，以爱国主义为基调，办好报纸。他说："一个真正的爱国者，必然会跟共产党走，走社会主义道路"。四十多年来，《团结报》作为爱国统一战线的舆论工具，在团结爱国人士、宣传中国共产党领导的多党合作和政治协商制度、促进祖国和平统一等方面，发挥了重要的作用。

"文革"期间，王昆仑同志受到严重迫害。但即使是在处境极为艰难的情况下，王昆仑同志仍然保持着坚定的共产主义信念，对党和国家的前途充满信心。他在狱中写诗明志："纵思为党竭忠诚，考验还须更远程。革命乐观坚不改，是非敌我永分明。"表达了他的高尚情操和顽强意志。粉碎"四人帮"后，特别是中共十一届三中全会后，王昆仑同志参与民革中央的领导工作，为恢复和发展民革组织，平反冤假错案，实现工作重点转移，倾注了大量心血。

1981 年 12 月，七十九岁高龄的王昆仑同志当选民革中央主席。他不顾年迈体弱，日夜操劳，把自己生命中最后的光和热无私地奉献给民革事业。在他的主持和领导下，民革认真贯彻中共十一届三中全会精神，制定和实施了以服务社会主义现代化建设为中心、以促进祖国和平统一为重点的工作方针。在这一方针指引下，民革各级组织和广大党员的积极性被大大调动起来，大家以多种方式为社会主义现代化建设服务，为祖国和平统一大业服务，各方面工作呈现出新的局面。与此同时，民革的组织建设也快速发展，一批新生力量加入民革组织，各级工作机构逐步健全，党的机体充满生气和活力。

王昆仑同志十分关心祖国统一大业，盼望海峡两岸骨肉能够早日团圆。他通过撰写诗文，发表谈话，接待回国探亲观光的海外故旧，表达自己期盼祖国和平统一的强烈愿望，呼吁台湾和海外的老同事、老朋友响应祖国的号召，为完成统一祖国、振兴中华的伟业积极贡献力量。

王昆仑同志爱好文艺，擅长诗词，有很深的文学造诣。他的一些文艺创作，特别是关于《红楼梦》研究的文章，达到了很高的水平，在文化界、学术界颇有影响，受到高度评价。

王昆仑同志的一生，是爱国的一生、光荣的一生，是为国家富强、民族振兴而不懈奋斗的一生。他的高尚品德和不断进步的精神值得我们学习并激励我们前进。我们要以王昆仑同志为榜样，善于学习，严于律己，不断提高自己的思想修养，始终保持坚定的政治信念，为国家和人民的利益奉献自己的一切。我们要继承和发扬民革前辈们的优良传统，高举爱国主义和社会主义的旗帜，坚定不移地在中国共产党领导下，把建设有中国特色社会主义事业推向前进，为实现祖国和平统一和中华民族的伟大复兴而努力奋斗！

注　释

〔1〕王昆仑（1902—1985），江苏无锡人。北京大学哲学系毕业。1926年起任黄埔军校潮州分校政治教官、国民革命军总司令部政治部秘书长。1933年加入中国共产党。1941年后参加筹组中国民主革命同盟和三民主义同志联合会。曾任国民政府立法委员、国民党候补中央执行委员。1948年赴美考察，曾协助冯玉祥在旅美华人中开展反内战、反独裁的民主活动。1949年出席全国政协第一届全体会议。后历任政务院政务委员、北京市副市长、全国人大常委会委员、全国政协副主席、民革中央主席。善诗词，著有《红楼梦人物论》、昆曲剧本《晴雯》等。

为把民革建设成为适应新世纪要求的参政党而努力[*]

（2002 年 12 月 3 日）

五年工作的回顾

过去的五年，全国人民在以江泽民同志为核心的中共中央领导下，团结奋斗，开拓前进，取得改革开放和现代化建设的重大成就；爱国统一战线呈现新局面，中国共产党领导的多党合作和政治协商制度进一步完善和发展；民革全党在邓小平理论指引下，认真贯彻中共十五大和民革九大精神，围绕中心，服务大局，积极履行参政党职能，各方面工作取得新的成绩。几年来，全党认真学习领会江泽民同志一系列重要讲话精神特别是"三个代表"重要思想，围绕建设一个什么样的参政党和怎样建设参政党这一重大问题，在加强自身建设、建立健全参政党工作机制、保持民革进步性与广泛性相统一的特点、提高参政议政和民

＊ 这是何鲁丽同志 2002 年 12 月 3 日在中国国民党革命委员会第十次全国代表大会上的报告。

主监督的水平、做好促进祖国统一工作等方面，进行了积极的探索和实践，积累了有益的经验，有了更加明确的认识，为民革在新世纪的进一步发展，更好地发挥参政党的作用，打下了良好的基础。

一、努力建设高素质参政党

面对新的形势和任务，我们清醒地认识到：民革要与中国共产党亲密合作，在国家政治生活中更好地发挥作用，要提高参政议政、民主监督的水平，就必须加强党的建设，全面提高自身素质。民革九大向全党提出，要以高度的责任感和使命感，按照参政党的标准和要求不断加强自身建设，保证把一个政治上坚定、能够保持优良传统、充满生机和活力的民革带入 21 世纪。第九届中央高度重视民革自身建设问题，始终坚持把思想建设放在首位，要求全党以邓小平理论为指导，加强理论学习，做好思想政治工作，提高党员、干部的思想政治素质，增强接受中国共产党领导的坚定性和自觉性，继承和发扬民革优良传统。在民革九届四中全会上，中央提出"建设一个什么样的参政党和怎样建设参政党"的问题，要求全党认真进行思考和探讨。

五年来，中央先后召开了宣传思想工作会议、秘书长工作会议、组织工作会议、参政党建设理论与实践研讨会、思想政治工作研讨会，制定下发了《关于加强和改进思想政治工作的意见》、《关于学习贯彻全国统战工作会议精神的通知》、《关于学习贯彻中共十五届六中全会精神的通知》、《关于学习领会江泽民同志"七一"重要讲话精神的通知》等文件，有力地推动了全党自身建设特别是思想建设的发展。

各级组织为提高党员思想政治素质，开展了形式多样、内容丰富的思想教育活动。如举办邓小平理论研讨会、"三个代表"重要思想学习讨论会、新党员培训班、形势报告会，开展"内强素质、外树形象"活动，利用重大事件和纪念日举行座谈会等。经过全党的努力，我们的思想建设成效明显，党员思想政治素质不断提高，整个队伍呈现团结向上、积极进取的良好精神面貌。在为改革开放和社会主义现代化建设服务的实践中，各级组织和广大党员以奋发有为的精神状态努力工作，争作贡献，创造了新的业绩。在深刻变化的国际国内形势面前，在各种突发事件来临时和重大政治斗争中，全党在思想上、行动上始终与中共中央保持一致，坚持正确的立场和态度，发挥了参政党应有的作用。

建设高素质参政党，必须有组织上的保证。我们注意把思想建设与组织建设结合起来，坚持组织建设为参政党的政治任务服务，坚持以提高全党思想政治素质为着眼点，从各个环节上加强领导，提出要求，保证了组织建设健康发展。各级组织发展党员注重政治素质、参政议政能力和代表性，坚持对新党员进行民革党史和优良传统的教育。

基层组织建设得到加强，组织生活更加活跃，组织凝聚力进一步增强。后备干部队伍初步建立起来，干部的选拔、培养、使用更加规范。组织发展稳步推进，五年来共发展新党员12000余人，到2002年6月底党员总数为65982人。党员平均年龄为54.1岁，比五年前下降了2.21岁；文化层次明显提高，具有大专以上学历的党员占74%；具有中级以上职称的党员占64.1%，比五年前提高了7.55个百分点，党员队伍结构进一步得到改善。

　　领导班子建设坚持以政治交接为主线，不断推进新老交替，一大批政治素质好、德才兼备、年富力强的同志走上各级领导岗位，为民革组织增添了新的活力。各级领导班子认真贯彻民主集中制原则，加强思想建设和作风建设，讲学习、讲政治、讲正气，团结协作，顾全大局，不断提高领导水平和参政议政能力，带领广大党员为完成党的任务而辛勤工作。

　　机关建设在加强思想政治工作、完善规章制度、引进竞争机制、参照执行国家公务员暂行条例等方面，进行了一系列探索和实践，工作水平和效率进一步提高，工作条件不断改善。

　　二、为社会主义现代化建设和祖国统一大业贡献力量

　　各级组织和广大党员以高度的责任感、使命感和饱满的热情投入社会主义现代化建设事业，为完成中共十五大提出的各项任务而扎实工作，积极贡献自己的智慧和力量。紧紧围绕经济建设这个中心，为改革、发展、稳定的大局服务，履行好参政党职能，是全党始终坚持的工作方针。在中共中央、国务院和地方中共党委、政府召开的各种协商会、座谈会、情况通报会上，民革各级领导同志就国家和地方的大政方针和重大问题发表意见，提出建议，发挥参政议政、民主监督的作用。各级组织大兴调查研究之风，深入实际了解情况，针对经济、社会发展中的重大问题，向中共党委和政府部门提出建设性意见。在各级人大和政协会议上，我们所提的议案、提案和大会发言，数量大幅增加，质量明显提高。据初步统计，五年来全党在地市级以上政协会议上的集体提案总数达七千余件。这些提案内容涉及面广，针对性强，其中许多建议得到采纳，有的还受到国家领导人和地方党政

领导人的重视。许多提案被各级政协评为优秀提案。在九届全国
政协优秀提案和先进承办单位表彰会上，民革中央有 4 件提案被
评为优秀提案，是优秀提案较多的单位之一。民革中央还作为
34 个界别的代表在表彰会上发言，介绍民革参政议政的经验。
一些地方民革组织由于提案工作做得出色，被当地政协评为
"提案工作先进单位"。提案工作的进步，反映出全党参政议政、
民主监督水平的提高。

举荐民革党员担任人大代表、政协委员和到政府、司法等部
门担任领导职务或各种特约人员，是我们发挥参政议政、民主监
督作用的一种重要形式。目前，担任各级人大代表的民革党员有
1419 人，担任各级政协委员的有 7258 人，在县级以上政府和司
法部门任职的有 332 人，担任各级特约人员的党员有 1812 人。
这些同志廉洁自律，认真履行职责，发挥了民革党员应有的
作用。

实施西部大开发战略，是中共中央面向新世纪作出的一项重
大决策。民革积极响应中共中央的号召，把西部大开发作为参政
议政的重要内容，做了大量卓有成效的工作。2000 年，我们在
西宁召开了西部大开发研讨会，就西部大开发中的一些重大问题
以及民革如何为西部大开发作贡献进行了研讨。会后下发了
《民革中央关于积极参与西部大开发的意见》，对全党参与西部
大开发提出了要求。几年来，各级组织围绕西部大开发开展了一
系列调查研究，在政协会议上提出了一批有关西部大开发的提
案，为加快西部地区的发展积极建言献策。

反映社情民意是民主党派的一项重要职责，也是我们参政议
政工作的一个重要组成部分。为加强这项工作，中央设立了信息

中心，负责收集、处理来自地方组织和党员的社情民意信息。各省级组织也做到了有专人负责信息工作，积极向有关部门反映当地的社情民意。经过大家的努力，民革反映社情民意的工作正在走向经常化和规范化，所反映信息的质量也在逐步提高。

促进祖国和平统一是民革工作的重点。五年来，我们充分发挥在港、澳、台和海外联系广泛的优势，加大了对台工作和海外联谊的力度，工作做得更加扎实和活跃。我们每季度召开一次祖国统一工作委员会的会议，每年举行一次全国性工作会议，学习有关方针政策，研究台湾形势，作出工作安排。我们积极促进两岸经济、文化、科技等方面的交流与合作，多次组团赴台访问，接待台湾同胞来访，与在大陆的台商、台湾学生建立联系，尽可能团结更多的台湾同胞，共同推进祖国统一大业。在海外联谊方面，我们利用"走出去"的机会，扩大与海外华侨华人社团的交往，结交了许多新朋友，增进了友谊。在与台湾同胞和海外华侨华人的交往中，我们除了大力宣传"和平统一、一国两制"方针和有关政策，宣传祖国大陆经济建设的成就以外，还注意宣传大陆的政治制度和政党制度；在加强与国民党中上层人士联系的同时，还广泛联系各界各阶层代表人士和社团；不仅接触赞成统一的人士，也接触有各种思想倾向的人士。这样做，不仅有利于拓宽工作面，争取和团结更多的人士，而且有利于增进外界对中国全面的了解。

近几年，随着台湾当局领导人的更迭，岛内"台独"势力活动猖獗。面对"台独"势力妄图分裂祖国的行径，民革各级组织和广大党员表示了极大的愤慨，纷纷撰写文章，发表谈话，严厉谴责和批驳"台独"言行，旗帜鲜明地表达捍卫一个中国原则，反对分裂，维护祖国统一的坚定立场和态度。

我们根据两岸形势和台湾政局的变化，针对祖国统一工作中应当重视的一些问题进行了调研，在每年的政协会议上都提出了相关的提案。我们与其他单位一起，建立了联席会议制度，加强了与有关单位和专家、学者的联系与合作。我们组建了台情研究特约撰稿人队伍，以提高台情研究的质量和水平。

在为经济、社会发展和精神文明建设服务方面，各级组织和广大党员怀着强烈的社会责任感，努力多做实事、做好事，以实际行动服务社会，服务人民，做出了突出成绩。我们的智力支边扶贫工作，经过多年的努力，已经产生了明显的效果，一些定点扶贫对象已经实现了脱贫。一批由民革筹资建立的农村希望小学，在推进农村义务教育中发挥了作用。民革组织和党员兴办的各类学校，目前共有180所，其中组织办学109所，党员个人办学71所。在校生共约十万余人。这些学校大多数经历了由业余文化补习型向职业技术培训型、由短期培训向学历教育包括向高等学历教育转变的过程，在艰苦创业之中开拓前进，站稳了脚跟，得到了发展，提高了质量，为发展我国教育事业作出了贡献。民革组织的义诊、义演、义务咨询和文化、卫生、科技三下乡等活动，在深入持久地开展，受到人民群众的赞许和欢迎。民革组织成立的书画社和文化团体，现有六十余个，其中有的已拥有近千名会员。这些文化团体以弘扬中华优秀传统文化、促进社会主义精神文明建设为宗旨，深入农村、工厂、部队和城市社区开展活动，赴港、澳、台和国外进行文化交流，产生了很好的社会影响。

许多基层组织和党员长期坚持为群众服务，为社会献爱心，受到广泛好评。如扶弱济困、捐资助学、照顾孤寡老人、为社会弱势群体提供法律援助、帮教服刑和劳教人员、向灾区人民送温暖、为下岗职工排忧解难等，都是民革为社会服务、为社会主义精神文明建设作贡献的生动写照。

广大党员立足本职，在各自的岗位上勤奋工作，奉献才智。许多同志做出了突出的成绩，荣获国家或地方授予的"劳动模范"、"先进工作者"、"三八红旗手"、"杰出青年"等称号，有的在科技工作中获得国家级奖项，为民革赢得了荣誉。

民革的《团结报》、团结出版社、《团结》杂志和地方组织的报刊，坚持正确的工作方针和舆论导向，努力为统一战线服务，为民革工作服务，为社会主义精神文明建设服务，发挥了参政党舆论阵地的重要作用。

在为改革、发展、稳定的大局服务的过程中，我们注意改进工作作风和方法，更加注重调查研究，力争全面了解和反映实际情况；更加注重调动各级组织和广大党员的积极性，发挥集体的作用；更加注重制度建设，使各项工作有章可循；更加注重履行职能和自身建设的有机统一与结合，在工作实践中提高自身素质。

三、建立健全参政党工作机制，推进工作规范化、制度化

要建设高素质的参政党，更有效地履行职能，就必须有一套完善的工作机制，使各项工作规范有序地进行。过去的五年，我们在工作机制建设和制度建设方面，进行了大量探索和实践，初步形成了一套比较有效的做法。

在加强和改进思想政治工作方面，我们通过召开一系列会议

和制定有关文件，对民革思想政治工作的总体目标、方针原则、主要任务、工作机制、队伍建设等作了明确规定，提出了具体要求。这些举措，有利于民革思想政治工作的制度化和规范化。

在建立健全参政议政工作机制方面，中央先后召开了民革全国参政议政工作会议、参政议政工作机制研讨会、参政议政工作培训暨成果汇报会，制定下发了《民革中央关于参政议政工作若干问题的规定》。通过这些会议和文件，对全党参政议政工作规范化、制度化提出了要求，作出了规定，指出了努力的方向。中央强调，建立健全参政议政工作机制，首先要加强学习，抓好自身建设，提高队伍素质，增强参政议政的意识；要把思想建设、组织建设、机关建设与参政议政工作机制建设结合起来，为民革更好地履行职能提供思想上、组织上、人才上的保证；要坚持解放思想、实事求是的思想作风，大胆探索，勇于实践，认真总结经验，使参政议政工作机制建设既有创新又符合民革的实际。为了理顺工作关系，健全工作机构，我们对中央机关职能部门进行了调整，成立了调查研究部，负责协调、管理参政议政工作，加强了参政议政工作的力量。中央要求，机关各工作部门都要为参政议政服务，各专门委员会要起好参谋和助手的作用，为民革参政议政出力献策。中央加强了与地方组织的联系，调动地方组织和党员的积极性，集中全党的智慧和力量，搞好参政议政工作。我们每年召开一次全党参政议政工作成果汇报会，以达到总结成绩、交流经验、互相促进的目的。中央组织了多次调研活动，就参政议政工作机制建设问题与地方组织进行座谈、研讨，总结经验。此外我们还编印了《民革党员参政议政手册》，在党员中开展了"我为民革参政议政贡献什么"的大讨论。所有这些举措，都对我们加强参政议政工作机制建设起到了推动作用。

各级地方组织为推进参政议政机制建设做了大量工作。大部分省级组织成立了参政议政工作委员会，设立了主管参政议政工作的职能部门，召开了工作会议或研讨会，有的还制定了工作条例和参政议政工作交流制度，加强了对参政议政工作的领导和管理。各级组织不断探索做好参政议政工作的有效途径和方法，创造了许多成功的经验，如"议政日"、"一人一案"、"一个党员一条建议，一个支部一个提案"活动，定期与政府部门举行交流恳谈会，在调研中实行上下级组织之间的纵向联合、平行组织或省际组织之间的横向联合，邀请政府职能部门和党外专家共同参与调研，对参政议政工作实行奖励和表彰制度等。正是因为初步有了这样的工作机制，近几年来我们的参政议政工作才出现了更加活跃和稳步发展的局面。

在组织工作和机关工作机制建设方面，我们建立和完善了学习制度、领导班子工作制度、会议制度、地方委员会组织规程、支部工作条例、机关工作和管理制度等一系列规章制度。这些制度，有利于民主集中制的贯彻，基本保证了我们的工作能够规范有序地运转，减少了盲目性和随意性，增强了针对性和计划性。

四、弘扬与时俱进精神，坚持进步性与广泛性的统一

江泽民同志在第19次全国统战工作会议上的讲话，对民主党派进步性与广泛性的特点作了深刻阐述。他说，在现阶段，"这种进步性集中体现在各民主党派同我们党通力合作，共同致力于建设有中国特色社会主义事业。民主党派的广泛性，是同其社会基础及自身特点联系在一起的。各民主党派的成员来自不同

的社会阶层和群体，负有更多地反映和代表它们所联系的各部分群众的具体利益与要求的责任。民主党派具有的这种进步性和广泛性，就是民主党派长期存在的理由，也是我们实行共产党领导的多党合作的基础"。江泽民同志这一重要论述，既揭示了民主党派长期存在并与共产党亲密合作的必然性和必要性，也为民主党派在新的历史条件下继续前进和发展指明了方向。

长期以来，我们始终把保持民革的进步性作为自身建设的根本性任务来抓。强调全党必须坚定不移地接受中国共产党的领导，发扬同共产党亲密合作的优良传统，在思想上、行动上、政治上必须与以江泽民同志为核心的中共中央保持一致，坚决贯彻执行社会主义初级阶段的基本路线、基本纲领和方针政策，紧紧围绕党和国家的中心任务开展工作，认真履行参政党的职能。全党同志统一思想，坚定信念，始终紧密团结在以江泽民同志为核心的中共中央周围，努力为社会主义现代化建设服务，保持并发展了民革的进步性。

在坚持进步性的同时，我们团结带领全体党员和所联系群众一同前进，注意代表和反映他们的利益、愿望与要求，使民革在新的历史条件下继续保持了广泛性的特点。我们的党员来自不同的社会阶层和群体，许多人是某一方面的代表性人士，他们有着广泛的社会联系，具有一定的社会影响力。把他们团结在爱国主义和社会主义的旗帜下，为着共同的事业而奋斗，是民革政治联盟的政党性质所决定和要求的。在工作中，我们尊重和保护党员为社会主义服务的积极性，为他们更好地发挥作用、施展才华创造条件；我们注意听取和集中党员的意见，作为领导决策的依据；我们重视来自基层组织和广大党员的意见、建议、愿望和要

求，及时地向有关部门反映。我们参政议政工作中的许多意见和
建议，是来自基层组织和党员；我们向有关部门反映的社情民
意，绝大多数也是来自基层组织和党员，代表了他们和所联系群
众的心声与愿望。正是因为坚持了进步性与广泛性相统一的特
点，民革才能在中国共产党领导的多党合作中发挥作用，为中国
特色社会主义事业作出应有的贡献。

　　过去的五年，是民革在中国共产党领导下与时俱进，继往开
来，胜利走向新世纪的五年；是全党进一步贯彻社会主义初级阶
段基本路线、基本纲领，为推进社会主义现代化建设努力奋斗的
五年；是顺利实现政治交接，各级组织新一代领导人积极开展工
作的五年。五年来我们工作中取得的所有成绩和进步，是全党同
志共同努力的结果，是在民革老一代人艰苦创业、辛勤工作基础
上的发展，是我国政党制度优越性的充分体现。我们为取得的成
绩和进步感到振奋。但是也要清醒地看到，我们的工作还有不足
之处。主要表现在：对参政党建设的理论和规律研究不够，对如
何做好新形势下党员的思想政治工作，提高针对性和实效性，还
要继续探索和研究；中央与地方组织之间的联系和中央对地方组
织工作上的指导还需要加强；各地工作发展不平衡，部分基层组
织工作中的问题和困难尚未很好解决；参政党工作机制建设还要
加强，一些规章制度要进一步完善，机关工作中的竞争机制和激
励机制还未有效地建立起来；全党信息交流还不够及时和畅通，
工作尚未实现网络化；党内监督开展得不够，地方组织和广大党
员对中央领导班子的监督缺少畅通的渠道；党员中各种人才的作
用尚未得到充分的发挥。

　　这些问题和不足，要在今后的工作中，通过加强参政党的建

设，逐步加以解决和克服。

基本经验和体会

五年来，我们在履行参政党职能、加强自身建设、为现代化建设服务的实践中，积累了新的经验，有许多深刻的体会。认真总结这些经验和体会，对于做好今后的工作和民革自身的发展，有着重要的指导意义。

一、坚定不移地接受中国共产党的领导，坚持和完善共产党领导的多党合作和政治协商制度，是民革必须遵循的根本政治原则

坚持中国共产党的领导，是我国政党制度的显著特征，是民革与共产党合作共事的政治基础，也是民革的历史选择和优良传统。没有这一条，我国多党合作制度将不复存在，民革的作用也无从发挥。共产党领导的多党合作和政治协商制度是在长期革命和建设中形成和发展起来的，是符合我国国情的政党制度，具有与国外一党制和多党制不同的特点和优势。江泽民同志指出："坚定不移地坚持中国共产党的领导，坚定不移地坚持和完善人民代表大会制度、共产党领导的多党合作和政治协商制度，是关系巩固中国的社会主义制度，关系全国各族人民根本利益的重大政治原则问题，绝不能有丝毫的含糊和动摇。"我们必须按照江泽民同志的要求，毫不动摇地坚持这一政治原则，完成好参政党的历史使命。

二、始终坚持以邓小平理论为指导，认真学习领会"三个代表"重要思想，紧密团结在中共中央周围，是民革保持正确的政治方向、做好各项工作的根本保证

邓小平理论是当代中国的马克思主义，是指导中国人民建设中国特色社会主义事业的理论基础和行动指南。改革开放以来，我国现代化建设的伟大成就，爱国统一战线的新局面，共产党领导的多党合作制度的发展，都是邓小平理论指引的结果。我们只有坚持以邓小平理论为指导，才能始终坚持正确的政治方向，坚定信念，开拓前进。江泽民同志提出的"三个代表"重要思想，是邓小平理论的继承和发展，是新世纪中国共产党立党治国的伟大纲领，是引导和带领中国人民团结奋进、实现共同目标的光辉旗帜。以江泽民同志为核心的中共中央第三代领导集体，高度重视统一战线的作用，使现阶段爱国统一战线工作成为历史上最好的时期之一。这为多党合作制度的发展和民主党派的建设创造了良好环境。民革要提高素质，有所作为，就必须紧密团结在中共中央周围，认真学习领会"三个代表"的深刻内涵，积极参与"三个代表"的实践，在推进中国特色社会主义事业中发挥参政党的作用。

三、坚持社会主义初级阶段的基本纲领和基本路线，紧紧围绕党和国家的中心任务开展工作，努力为改革、发展、稳定的大局服务，是民革能够有所作为、实现自身价值的重要前提

社会主义初级阶段的基本路线和基本纲领，是邓小平理论的重要内容，是中国共产党领导全国人民实现社会主义现代化的基本方针政策和行动准则。民革的地位和进步性的特点，决定了我

们各项工作必须在遵循社会主义初级阶段基本路线和基本纲领的前提下，在中国共产党制定的各项方针政策的指引下，紧紧围绕党和国家的中心任务去开展。江泽民同志指出："必须把发展作为党执政兴国的第一要务"。在社会主义初级阶段，集中精力把经济建设搞上去，大力发展社会生产力，就是党和国家的中心任务。这也是包括民主党派在内的全国人民的根本利益所在。民革只有围绕这个中心任务去开展工作，努力为改革、发展、稳定的大局服务，推动我国经济、政治、社会全面发展，才符合最大多数人民的利益，才能对国家有所贡献，实现参政党存在的价值。

四、加强自身建设，建立健全参政党工作机制，全面提高队伍素质，坚持与时俱进，是保持民革进步性与广泛性相统一的必然要求

新的形势和任务，向民主党派提出了更高的要求。在建设中国特色社会主义的过程中，民革要保持与时代一同前进，与共产党亲密合作的优良传统，就必须加强自身建设，不断提高自己、发展自己。首先要下大力气抓好思想建设，加强学习和思想政治工作，提高党员的政治素质和思想道德水平，增强社会主义信念，为巩固和发展共产党领导的多党合作制度提供思想上的保证。其次是要加强组织建设。无论是发展新党员还是选拔培养干部，都要重视政治素质，坚持德才兼备的原则。要努力建设政治上坚定、作风优良的领导班子，建设具有凝聚力和活力的基层组织，为巩固和发展共产党领导的多党合作制度提供组织上的保证。再次，是要加强制度建设，建立健全参政党工作

机制，实现工作的规范化、制度化，为民革更好地履行参政党职能，巩固和发展共产党领导的多党合作制度提供制度上的保证。

只有全面提高自身素质，我们才能够经受住任何风浪的考验，始终沿着正确的方向前进，保持党的进步性，更好地代表广大党员的利益和愿望。

五、继承和弘扬孙中山先生爱国、革命和不断进步的精神，是进行思想教育、提高党员素质和保持民革特色、做好促进祖国统一工作的重要条件

孙中山先生是我国民主革命的先行者，是世纪伟人，中国人民永远崇敬他。半个多世纪以来，民革不忘孙中山统一祖国、振兴中华的遗志，始终以孙中山先生爱国、革命和不断进步的精神来鞭策和激励自己，鼓舞和教育了民革几代人。这是民革的光荣传统，也是民革的一个特色。我们要坚持这一光荣传统，把学习和继承孙中山的精神作为思想建设的重要内容，化为每个党员的自觉行动，使之发扬光大。在实际工作中，我们体会到，孙中山先生的爱国思想始终是团结、凝聚港澳台同胞和海外侨胞的重要因素，孙中山先生的伟大人格和崇高精神在中华儿女中一直有着巨大的感召力。因此，加强孙中山思想的研究，弘扬孙中山的精神，保持民革的这一特色，对于我们进一步做好促进祖国和平统一的工作，团结海内外所有中华儿女共同致力于统一祖国、振兴中华的伟大事业，具有十分重要的意义。

今后五年的任务

从新世纪开始，我国进入了全面建设小康社会，加快推进社会主义现代化的新的发展阶段。江泽民同志指出："21 世纪头 20 年，对我国来说，是一个必须紧紧抓住并且可以大有作为的重要战略机遇期。"正确认识形势，准确把握机遇，对于加快我国的发展，至关重要。

当前，国际局势正在发生深刻的变化。世界多极化和经济全球化的趋势在曲折中发展，科技进步日新月异，综合国力竞争日趋激烈。国际局势错综复杂，不可测、不稳定因素增多。但和平与发展仍是时代的主题。

国内改革开放和现代化建设取得巨大成就，社会进步，政治稳定，民族团结。在目前世界经济发展普遍减缓的情况下，我国经济仍然保持良好的增长势头。但也要看到，我国深化改革、扩大开放、进行经济战略调整的任务还十分艰巨；如何应对"入世"后带来的机遇和挑战，提高国民经济整体素质，增强国际竞争力和抗风险能力，保持社会政治稳定，加快现代化建设步伐，仍是摆在全国人民面前的重大课题。随着改革开放的深入和社会主义市场经济的发展，我国社会经济成分、组织形式、就业方式、利益关系和分配方式日益多样化，各种思想文化相互激荡，人们的思想和行为的选择性、差异性明显增加，前进的道路上新事物、新问题层出不穷。面对很不安宁的世界和激烈的国际竞争，面对艰巨繁重的改革和建设任务，面对不断变化的新形势，我们必须保持清醒的头脑，要坚定必胜的信心，树立忧患意识，抓住机遇，迎接挑战，努力工作，扎扎实实地把社会主义现代化建设推向前进。

在新世纪新阶段，民革要高举邓小平理论伟大旗帜，认真学习、实践"三个代表"重要思想，积极履行参政党的职责，为完成中共十六大提出的各项任务努力奋斗。要以与时俱进的精神，继续围绕建设一个什么样的参政党和怎样建设参政党这一重大问题，进行探索和实践，着眼于提高参政议政、民主监督的能力和水平，努力把民革建设成为适应新世纪要求、始终保持进步性与广泛性相统一的特点、具有完善的工作机制、能够在中国特色社会主义事业中有所作为的高素质参政党。

按照这一总体要求，我们对今后五年的工作提出以下建议。

第一，认真学习贯彻中共十六大精神。

中共十六大的召开，是进入新世纪以后我国政治生活中的一件大事。十六大以邓小平理论和"三个代表"重要思想为指导，确定了今后一个时期我国经济、政治、文化建设和改革的目标、任务和方针政策，为全国人民指明了前进的方向。学习领会和贯彻中共十六大精神，是当前和今后一个时期民革的重要政治任务。全党同志要通过学习，把思想和行动统一到十六大精神上来，把力量凝聚到完成十六大确定的目标和任务上来，结合民革的实际，进一步做好各项工作，为贯彻落实十六大精神发挥参政党的作用。

"三个代表"重要思想是中共十六大的灵魂。"三个代表"重要思想不仅是中国共产党的立党之本、执政之基、力量之源，也是指引全国人民在新世纪全面建设小康社会，加快推进社会主义现代化，开创中国特色社会主义事业新局面的行动纲领。民革是与中国共产党亲密合作、共同致力于中国特色社会主义事业的参政党，要学习贯彻好中共十六大精神，就必须认真学习和领会"三个代表"重要思想，并积极参与"三个代表"的实践。

要通过学习"三个代表"重要思想，充分认识中国共产党的先进性及其在中国特色社会主义事业中的领导核心地位，从而更加自觉地接受中国共产党的领导，坚定建设中国特色社会主义的信念。要通过学习"三个代表"重要思想，树立与时俱进精神，按照形势和任务的要求，加强自身建设，保持参政党的进步性，提高参政议政、民主监督的水平。我们要与共产党一同前进，不断提高和发展自己，始终保持与中国共产党长期合作的关系，坚持和完善中国共产党领导的多党合作和政治协商制度。我们要积极参与"三个代表"的实践，通过调动广大党员的积极性和创造性，发挥民革的优势，履行参政党的职能，努力为建设中国特色社会主义事业贡献力量。

第二，坚持不懈地抓参政党建设，进一步提高自身素质。

加强参政党的建设，是完成新世纪历史任务的客观需要，是坚持和完善我国政党制度的一项重要内容。把民革建设成为始终与中国共产党亲密合作、致力于建设中国特色社会主义事业的高素质参政党，是我们自身建设的目标。围绕这一目标，民革自身建设的内涵是：高举邓小平理论伟大旗帜，学习、实践"三个代表"重要思想，继承和发扬民革的优良传统，在新世纪与中国共产党长期亲密合作；坚持社会主义方向，致力于中国特色社会主义事业，为完成新世纪三大任务而努力；履行参政党职能，进一步提高参政议政、民主监督水平；全面提高队伍素质，能够经受各种困难和风险的考验；反映广大党员和所联系群众的具体利益和呼声，团结带领他们在多党合作的道路上不断前进。加强自身建设，必须把握以下原则：坚持中国共产党的领导与发扬社会主义民主相统一，体现民革政治联盟的性质和进步性与广泛性相统一的特点。

思想建设是民革自身建设的首要任务。要通过加强理论学习和思想政治工作，不断提高党员政治素质和思想道德素质，解决政治方向和信念问题。要以邓小平理论为指导，认真学习江泽民同志在中共十六大上的报告，学习"三个代表"重要思想，在中国共产党的领导下，以与时俱进的精神，不断探索和完善我国政党制度的理论和政策，加强参政党建设理论和规律的研究。要对党员进行爱国主义、社会主义、集体主义和民革优良传统的教育，大力弘扬孙中山先生爱国、革命和不断进步的精神，帮助党员树立正确的世界观、人生观和价值观，巩固民革与共产党长期合作的思想基础，提高党员贯彻执行社会主义初级阶段基本路线、基本纲领的坚定性和自觉性。

领导班子建设是民革自身建设的关键环节。要不断加强和改进各级领导班子的思想作风、学风、工作作风和领导作风的建设。要坚持解放思想、实事求是、理论联系实际、密切联系群众的作风，提倡开拓创新、锐意进取、注重调研、求真务实的精神。领导班子要自觉坚持民主集中制原则，实行集体领导和个人分工负责相结合的领导制度，按照"集体领导、民主集中、个别酝酿、会议决定"的规则和程序办事，不断提高领导能力和决策水平。领导干部要带头讲学习、讲政治、讲正气，增强团结意识、大局意识、稳定意识和责任意识，在各方面起好表率作用。要把干部队伍建设与组织发展工作结合起来，坚持按照民革章程的要求发展党员，把好组织发展关。要健全干部的选拔、培养、使用机制，加强干部的教育和管理，把提高思想政治素质、参政议政水平和组织协调能力作为干部培养的目标。要加大培养中青年干部的力度，为他们的锻炼和成长创造良好的条件。

要高度重视基层组织建设，发挥基层组织在发展、培养、教育、团结党员，完成党的任务方面的重要作用。加强基层组织建设的关键是建立一个能够切实履行工作职责的坚强有力的领导班子。上级组织要关心和指导基层组织的工作，帮助解决和反映工作中的困难。要争取中共组织的支持与帮助。

机关建设的根本任务是提高机关工作人员的综合素质和完善规章制度。机关要适应新形势新任务的要求，树立创新意识和服务意识，改进工作作风和工作方法，提高工作效率和工作水平。要参照国家公务员暂行条例的要求，做好机关工作人员录用、考核、培训、奖励、管理等工作，并使之制度化、规范化，把我们的各级机关建设成为团结、务实、高效、敬业的工作机构。

第三，加强制度建设，完善工作机制。

随着多党合作制度的完善和参政党工作的发展，加强参政党工作机制建设越来越重要。坚持和完善共产党领导的多党合作和政治协商制度，就是要在中国共产党领导下，实现多党合作和政治协商的制度化、规范化。工作机制建设是参政党自身建设中带根本性、长期性、保障性的建设。建立健全工作机制，一是要提高工作人员的素质，二是要加强制度建设。我们过去许多宝贵的经验和成功的做法要继续坚持，并进一步探索和创新，使之不断完善。今后，需要在以下几方面进行努力：建立人才的选拔、培养、使用制度，形成一支稳定的、具有较高政治素质和业务水平的参政议政骨干和党务工作者队伍；进一步加强上下级组织之间、地方组织之间的联系，并形成制度，以充分利用全党的人才和智力优势，发挥集体的作用；实现民革工作网络化，加强全党信息交流和资源共享；在工作中引进竞争和激励机制，调动党员的积极性和创造性；建立健全思想政治工作制度、领导班子民主生活会制度、党内监督制度。

第四，为完成新世纪历史任务贡献力量。

进入 21 世纪，我国面临着继续推进现代化建设、完成祖国统一、维护世界和平与促进共同发展的历史任务。完成这三大任务，是中国共产党和民主党派共同的历史使命，同时也为民革发挥参政党作用提供了更加广阔的空间。我们要与时俱进、开拓创新，以奋发有为、昂扬向上的精神状态做好各项工作，履行好参政党的职能，开创民革工作的新局面。发挥参政党作用，要在提高参政议政、民主监督的水平与质量上下功夫。要坚持以经济建设为中心，认真贯彻落实中共十六大精神，为建设社会主义物质文明、政治文明和精神文明服务，为改革、发展、稳定的大局服务，紧紧围绕中共十六大提出的全面建设小康社会的目标和任务开展参政议政工作，针对经济、政治、文化建设和体制改革中的重大问题深入实际调查研究，向中国共产党建言献策。要按照江泽民同志在全国统战工作会议上的要求，加大民主监督的力度，当好共产党的诤友，推进民主政治建设。

要高度重视和加强反映社情民意的工作。各级组织要有专人负责此项工作，拓宽信息渠道，健全工作制度，提高工作质量，及时准确地反映来自党员和群众的意见、建议和要求。要积极配合党和政府做好协调关系、化解矛盾、维护社会稳定的工作。

实现祖国完全统一，是全体中华儿女的共同心愿，也是我们民革不懈追求的目标。面对台湾局势的复杂变化和"台独"势力的分裂活动，我们要增强做好促进祖国统一工作的责任感和紧迫感。全党同志要坚定不移地贯彻"和平统一、一国两制"方针和江泽民同志关于解决台湾问题的八项主张，调动一切积极因素，深入做好对台工作和海外联谊工作，大力促进两岸的交流与交往，推动两岸早日实现直接"三通"。要以反"独"促统为中心，以中华优秀传统文化为纽带，以台湾人民为工作重点，弘扬孙中山爱国、革命和不断进步的精神，广泛团结港澳台同胞和海外侨胞，联合所有中华儿女，共同为祖国统一大业出力。要提高台情研究水平，加大宣传力度，批驳"台独"言论，反对分裂行为，维护祖国统一。在深入调查研究的基础上，做好有关发展两岸关系、推进祖国和平统一的参政议政工作。

要进一步深化为社会服务的工作。巩固扶贫、办学、咨询服务等工作的成果，在注重实效、提高工作质量上下功夫。要根据形势变化及时调整工作思路，扩大工作领域，创新工作方法，开创工作新局面。要认真贯彻执行《公民道德建设实施纲要》，调动广大党员的积极性，热情宣传《纲要》，带头遵守公民道德规范，为推进社会主义精神文明建设贡献力量。各级组织要教育和鼓励党员立足本职勤奋工作，在自己的工作岗位上建功立业，以出色的工作业绩为现代化建设服务。

第五，坚持和发展民革进步性与广泛性相统一的特点。

民革的进步性是在长期革命和建设中形成的，是历史使我们选择了接受中国共产党领导、与共产党亲密合作的道路。半个多世纪以来，民革经受了各种风浪的考验，始终坚持与中国共产党并肩奋斗，致力于共同的事业。正是由于具有这种进步性，我们才能够与中国共产党建立起长期合作的关系，与共产党一起推动历史前进；同时，也正是因为民革具有广泛性的特点，能够代表和反映全体党员和所联系群众的利益，我们才能在与中国共产党的合作中更好地发挥参政党的作用。

坚持和发展进步性与广泛性相统一的特点，巩固与中国共产党合作的基础，是我们一项长期的、根本性的任务。要把这一特点反映在民革的各项工作中。在履行参政议政、民主监督职能的过程中，我们所提的意见和建议，要有利于加强和改善共产党的领导，有利于巩固和发展共产党领导的多党合作制度，同时又要代表广大党员和所联系群众的利益，反映他们的愿望和要求。在加强自身建设中，无论是发展党员，培训干部，开展思想政治工作，还是进行领导机构的新老交替和政治交接，都要坚持把接受中国共产党领导，与共产党亲密合作作为重大政治原则和根本要求，绝不能有丝毫的含糊和动摇。

同志们，我们现在正处于一个重要的历史时期，全国人民正面临着全面建设小康社会，开创中国特色社会主义事业新局面的光荣而艰巨的任务。在中国共产党的坚强领导下，我们一定能够战胜一切艰难险阻，实现中华民族的美好理想。加快推进社会主义现代化，实现祖国完全统一，建设富强、民主、文明的社会主义国家，是我们始终不渝的追求。在新的形势和任务面前，全党同志一定要振奋精神，坚定信念，紧密团结在以胡锦涛同志为总书记的中共中央周围，齐心协力，步调一致，按照中共十六大指引的方向勇往直前，为实现中华民族的伟大复兴而努力奋斗！

加强民革自身建设　争取更大成绩*

（2002 年 12 月 9 日）

我们民革第十次全国代表大会今天刚刚闭幕，中共中央领导同志就亲切接见我们，表明中共中央对我们民主党派的关心和重视，我们感到非常荣幸和高兴。

民革第十次全国代表大会开得非常成功，是一次团结、鼓劲、民主、求实的会议。大会开幕时，中共中央、全国人大、国务院、全国政协及有关单位的领导同志亲临大会祝贺。贺国强同志代表中共中央致了热情洋溢的贺词，对民革在履行参政党职能、促进祖国和平统一、加强自身建设和为社会主义现代化建设服务等方面的工作给予了高度评价，并对民革今后的工作提出了希望，充分体现出中国共产党与民革之间"长期共存、互相监督、肝胆相照、荣辱与共"的亲密合作关系，使民革全体代表受到极大的振奋和鼓舞。

民革十大认真学习了中共十六大精神。代表们一致认为，中共十六大是中国共产党在开始实施社会主义现代化建设第三步战

---

　　* 这是何鲁丽同志在民革十大闭幕后中共中央领导同志会见新当选的民革领导人时的发言。

略部署的新形势下召开的一次十分重要的会议，在中国发展进程中具有重大的历史意义和现实意义。江泽民同志在大会上的报告，全面总结了中共十五大以来五年的工作和中共十三届四中全会以来十三年的基本经验，明确提出了我国在本世纪头二十年全面建设小康社会的奋斗目标，对我国改革开放和社会主义现代化建设作出了全面部署，是中国共产党团结和带领全国各族人民在新世纪新阶段继续奋勇前进的政治宣言和行动纲领。中共十六大把"三个代表"重要思想确立为党的指导思想，对中国共产党的建设和我国社会主义现代化建设都具有十分重大的意义。民革全党对中共十六大所取得的重大成果表示欣欣鼓舞，对江泽民同志的报告表示坚决拥护，对十六大选举出来的以胡锦涛同志为总书记的新一届中共中央领导集体表示充分信赖和坚决拥护。我们坚信，在中共十六大精神和"三个代表"重要思想的指引下，在新一届中共中央领导集体的坚强领导下，全国各族人民必将以更加昂扬的姿态投入社会主义现代化建设，为实现全面建设小康社会的宏伟目标而努力奋斗，取得中国特色社会主义事业的新胜利。

民革十大还认真总结了历史经验。与会代表一致认为，中共十三届四中全会以来的十三年，是我国爱国统一战线发展最好的历史时期之一，爱国统一战线呈现出团结、和谐、振奋、活跃的局面；中国共产党领导的多党合作和政治协商制度进一步完善和发展。在过去的五年里，民革各项工作取得了新的成绩，在改革开放和社会主义现代化建设中作出了一定的贡献，发挥了参政党的作用。所有这些成绩和大好的局面，都充分体现了我国政党制度的优越性，都是在以江泽民同志为核心的中共中央第三代领导集体的英明领导下取得的。总结经验，最根本的一条就是，必须坚定不移地接受中国共产党的领导。这是民革与共产党合作共事的政治基础，也是民革的历史选择和优良传统。今后，我们依然要始终坚持与中国共产党亲密合作，共同致力于中国特色社会主义事业。只有这样，我们才能够与时俱进，不断发展自己、提高自己，发挥好参政党的作用。这是我们民革在长期革命、建设和改革的实践中得出的一个最深刻的体会。半个多世纪以来，我们民革始终与中国共产党风雨同舟，患难与共，一同经受了各种风浪的考验。在这个过程中，中国共产党一直关心、支持和帮助我们，指引我们沿着正确的方向前进，使我们实现了从民主主义到社会主义的转变，成为中国共产党领导的多党合作中的一员，成为致力于中国特色社会主义事业的参政党。借此机会，我代表民革中央，谨向伟大的中国共产党表示崇高的敬意和衷心的感谢！

民革十大选举产生了新一届中央委员会，一批德才兼备、年富力强的同志进入新一届中央领导机构，在实现新老交替与合作方面又迈进了一大步。我们这次换届的成功，是在中国共产党的关心和帮助下，在全体民革党员的共同努力下实现的。我们深深知道，完成组织上的新老交替只是第一步，而实现政治上的交接是长期的战略任务。我们要通过认真学习邓小平理论和"三个代表"重要思想，加强思想建设、领导班子建设和组织建设，进一步提高全党的素质，确保民革的政治纲领能够得到贯彻，确保民革与中国共产党亲密合作的优良传统能够发扬光大，确保民革能够始终沿着正确的政治方向前进。我们要更好地继承和发扬孙中山先生爱国、革命和不断进步的精神，在中国共产党的领导下，为建设中国特色社会主义事业积极贡献力量。我们新一届中央领导集体有信心、有决心团结带领全体民革党员紧密团结在以胡锦涛同志为总书记的中共中央周围，为实现中共十六大确定的全面建设小康社会的宏伟目标而努力奋斗。实现祖国完全统一，是全体中华儿女的共同心愿，也是我们民革不懈奋斗的目标和工作的重点。我们一定要按照中共十六大报告的要求，坚定不移地贯彻"和平统一、一国两制"方针和江泽民同志关于发展两岸关系、推进祖国和平统一进程的八项主张，充分发挥民革的特点和优势，积极做好推进祖国和平统一的各项工作，促进两岸人员交往和各方面的交流与合作，坚决反对任何分裂中国的图谋，捍卫国家主权和领土完整，为实现祖国完全统一进行不懈的努力。

下一步，我们将组织民革各级组织和广大党员认真学习贯彻中共十六大精神，认真学习和实践"三个代表"重要思想，把全党的思想和行动统一到十六大精神上来，以与时俱进、开拓进取的精神，努力做好各项工作，紧紧围绕十六大确定的目标和任务参政议政、民主监督，履行好参政党的职责，为改革开放和社会主义现代化建设服务，为祖国统一大业服务，在实现中华民族伟大复兴的壮丽事业中作出新的更大的贡献。

搞好民革各级领导班子建设[*]

（2003 年 7 月 5 日）

　　本次常委会的议题：一是学习贯彻胡锦涛总书记"七一"重要讲话，研究部署如何在民革全党兴起学习"三个代表"重要思想新高潮。7 月 1 日，在"三个代表"重要思想理论研讨会上，胡锦涛总书记发表了重要讲话，讲话站在全局和战略高度，深刻阐述了兴起学习贯彻"三个代表"重要思想新高潮的重大意义和基本要求。讲话有很强的理论性、思想性和指导性。认真学习、领会、实践胡锦涛总书记讲话，兴起学习"三个代表"重要思想的新高潮是当前和今后一个时期民革工作的头等大事，是重中之重。二是研究关于加强民革各级领导班子建设的问题。领导班子建设是参政党自身建设的一个关键环节和长期任务，当前突出强调这一问题具有更为重要的意义。去年年底胜利召开的民革十大，在中共十六大精神指引下，围绕认真履行参政党职责、为完成中共十六大提出的各项任务努力奋斗这一主题，对今后五年民革的工作作了全面部署。其中，作为民革自身建设的一

---

　　* 这是何鲁丽同志 2003 年 7 月 5 日在民革十届三次中央常委会上的讲话，发表于《团结》杂志 2003 年第 4 期。

项重要任务就是加强领导班子建设。中央认为，加强民革各级领导班子建设不仅本身就是贯彻民革十大精神，而且也是大会部署的其他各项工作得以顺利贯彻落实的关键和重要保证。因此，我们这次常委会专题提出和研究如何抓住时机，迎接来自形势、任务和自身素质的多方面挑战，聚精会神地搞好领导班子的建设，是非常必要的，也是十分适时的。当前，全国各地和各条战线正在兴起学习贯彻"三个代表"重要思想的新高潮。"三个代表"重要思想反映了我国最广大人民的共同意愿，体现了当今世界和中国发展的时代精神，显示了马克思主义科学理论的强大力量，是中国共产党带领全国各族人民在新世纪新阶段继续团结奋斗的共同思想基础。贾庆林同志在统一战线人士纪念中共成立八十二周年座谈会上强调，统一战线广大成员要把学习贯彻"三个代表"重要思想作为当前首要政治任务，全面准确地把握"三个代表"重要思想的基本精神。民革作为统一战线的重要成员，一定要组织广大党员深入地学习、贯彻"三个代表"重要思想，特别是要深入学习胡锦涛同志在"三个代表"重要思想理论研讨会上的讲话，通过学习，使广大党员对中国共产党先进性的认识达到新的高度；各级组织在围绕中心、服务大局上作出新的贡献，在加强自身建设方面拿出新的举措。本次常委会首先就要认真学习胡锦涛同志的讲话，在"三个代表"重要思想的指引下，提高认识，统一思想，进一步深入开展"三增强"、"四热爱"教育活动，不断提高民革广大党员的思想政治素质，并着力研究和解决民革各级领导班子建设中的问题，把加强领导班子建设的工作部署好。

下面，我就民革领导班子建设问题讲几点意见，请同志们研究。

一、加强民革各级领导班子建设的
重要性和紧迫性

第一，参政党担负的使命和责任，迫切要求我们加强领导班子建设。

中共十六大明确提出的全面建设小康社会的宏伟目标，为全国各族人民展示了在中国特色社会主义道路上实现中华民族伟大复兴的光辉前景。实现这个目标，不但是历史和时代赋予中国共产党的庄严使命，也是历史和时代赋予我们参政党的庄严使命，我们肩负的责任光荣而艰巨，为我们参政党发挥积极作用提供了更为广阔的天地，同时也提出了更高的要求。这就是说，在为全面建设小康社会的目标而奋斗的过程中，我们不但要一如既往地为社会主义物质文明和精神文明建设多做工作，为国家的经济建设和社会发展各方面建言献策，贡献才智；还要为社会主义政治文明建设作出更多贡献。中共十六大把发展社会主义民主政治，建设社会主义政治文明，作为全面建设小康社会的重要目标，把加强同民主党派合作共事，更好地发挥我国社会主义政党制度的特点和优势，作为社会主义政治文明建设的重要内容。民革作为中国共产党领导的多党合作和政治协商制度中的参政党，必须以自身的政治行为和自身建设的卓越成绩，来坚决维护中国共产党的领导，坚持和发展我国的多党合作制度，推进社会主义政治文明建设，坚决抵制西方多党制、三权分立等政治观念的侵蚀。由此可见，在进入新世纪的时候，作为参政党的民革，面临的使命和责任是十分重大、光荣而艰巨的。

以胡锦涛同志为总书记的新一届中共中央领导集体，十分重视多党合作事业、重视发挥民主党派的作用。中共十六大刚刚闭幕，胡锦涛总书记亲自到各民主党派的中央机关走访，随后召开了三次高层政治协商和征求意见座谈会。在4月上旬国务院召开的关于经济形势问题征求意见座谈会上，温家宝总理提出今后每一个季度都要召开一次党外人士征求意见座谈会，听取各民主党派对国家当前重大问题的意见和建议并给予及时答复。温总理还诚恳提出要多接受党外人士的民主监督，他本人和国务院其他领导可以安排时间与需要与他们沟通的党外人士见面，国务院要努力为党外人士知情出力发挥作用提供条件。中央统战部继续每年组织民主党派、工商联、无党派人士就经济社会发展重大问题开展考察调研活动。所有这些都说明，以胡锦涛同志为总书记的中共中央领导集体，对民主党派肩负起自身的使命和责任，有着十分深切的期待。

面对这一殷切期待，为肩负起参政党光荣而艰巨的使命，动员和组织广大民革党员以充沛的政治热情和全部聪明才智投入到全面建设小康社会的宏伟事业中去，当前一个重要任务，就是要加强领导班子建设。毛泽东同志说过，政治路线确定之后，干部就是一个决定的因素。民革作为政党组织，如果没有各级领导班子坚强有力的领导，要始终保持坚定正确的政治方向和旺盛的组织活力，不懈地为实现政治目标而奋斗，是不可能的。因此，加强领导班子建设，是实现参政党使命、担负参政党责任的需要，是当前的急务，必须引起我们高度的重视。

第二，中共中央新一届领导集体高度重视领导班子建设，为我们树立了典范。

中共十六大以来，中共中央新一届领导集体高度重视领导班子建设给人们留下了极为深刻的印象。我感到，中共中央领导同志在抓领导班子建设方面，是我们学习的表率。

首先，中共中央新一届领导集体非常重视学习。仅今年第一季度短短三个月时间里，中共中央政治局就安排了三次集体学习。胡锦涛同志还强调，中央政治局进行的集体学习，要作为一项制度长期坚持。

其次，中共中央新一届领导集体高度重视作风建设。2002年12月6日，胡锦涛同志到西柏坡学习考察，并发表了重要讲话。胡锦涛同志重温毛泽东同志提出的"两个务必"，强调"要完成十六大提出的全面建设小康社会的奋斗目标，要完成基本实现现代化、把我国建设成为富强民主文明的社会主义国家的历史任务，要不断开创中国特色社会主义事业新局面，我们要走的路还长得很，我们肩负的任务还很艰巨，我们可能遇到的困难和挑战还会很多，我们必须始终谦虚谨慎、艰苦奋斗"。

再次，中共中央新一届领导集体高度重视调查研究。自中共中央新一届领导集体形成以后，中共中央的每一位领导同志都多次进行调查研究，到基层、到群众中去了解实际情况，深入体察民情，掌握第一手材料。深入细致的调查研究，对于党和国家的每一项工作都从最广大人民的根本利益出发，对于科学决策、民主决策，都起到了十分重要的作用。

中国共产党历来十分重视领导班子建设，积累了丰富的经验，形成了一整套领导班子建设的理论、方针、办法，特别是以胡锦涛同志为总书记的中共中央新一届领导集体高度重视领导班子建设，突出重点，切中要害，以身作则，身体力行，为我们树立了学习的榜样，是对我们有力的敦促。作为参政党，我们也一定要高度重视领导班子的建设，使我们的合作共事，与执政党高超的领导水平和执政能力相适应。

第三，从民革各级组织领导班子的现状来看，要发挥优势、弥补不足，必须加强领导班子的自身建设。

以去年年底民革十大召开为标志，民革各级组织基本上都顺利进行了新世纪第一次换届工作，各级组织的领导班子已经建立起来，具备了进一步加强各级领导班子建设的组织基础。各地组织在这段时间里都对加强领导班子建设的问题给予相当的重视，不断深化认识，加强实践探索，取得了许多成绩和经验。这次会议安排的几个发言，就反映了这方面进展。同时，综合各方面的情况，有这样几个问题是应该引起我们重视的。

民革各级领导班子既有政治素质好、思想活跃、政治敏锐性较强、参政议政积极性高、能力较强的特点，同时也存在着对民革优良传统了解不多、对多党合作的理论政策不够熟悉了解的问题。不仅新当选的领导班子成员有这样的问题，就是多年担任领导职务的同志，也不能说已经解决了这个问题。有的同志对民革十分热爱，但对民革的历史和传统知之不多，体会不深；有的同志工作认真，但对多党合作的基本理论、基本概念和基本政策尚不熟悉，对党派工作中的问题不能从多党合作大局的高度作出深刻的观察、思考和正确把握。所有这些问题都在一定程度上存在着，需要引起我们的重视。

民革各级领导班子既有专业知识水平比较高、业务能力强的特点，同时也不同程度存在着缺乏组织、领导和协调的经验和能力，存在着不熟悉民主党派和民主党派机关管理的问题。民主党派的领导工作，需要领导者具有从全局的高度进行谋划、组织、指挥、协调的能力，需要掌握做思想政治工作的艺术，需要具备坚强、执着和甘于奉献的品质。由于缺乏领导工作的经历和经验，我们有的同志虽然怀有把工作做好的强烈愿望，但是在如何针对本地区、本部门的实际情况设计和规范工作思路和方法，与时俱进推进各项工作上新水平上有差距，时常以学术研究的习惯性思路来领导党派工作；有的同志还不善于向同志和群众学习，不善于团结每一位同志，特别是领导班子中的每一位同志；有的同志还没有认识到调查研究的重要性，探索和研究民主党派领导工作的规律和方法的主动性不足，因此不能很快地进入角色。上述问题如果不能及时引起我们的注意，认真加以解决，就会极大地影响民革组织的整体活力，影响其参政党功能的充分发挥。

一些领导班子还存在着民主集中制执行不力，缺乏健全有效的工作机制，或者虽然有了制度却不能很好地贯彻执行的问题。有的班子对重大问题不经集体讨论，由个人说了算的现象还是存在，影响了班子其他成员的积极性；有的领导班子成员"八仙过海、各显神通"，没有通过好的机制，把大家的积极性和智慧整合成为合力；有的领导班子虽然制定了工作制度，但在实际工作中却是措施不到位，极个别的还形同虚设。

以上对民革各级领导班子的现状和存在问题的分析不一定全面和完全准确，这次常委会上还要进一步讨论民革自身建设中存在的问题和研究解决办法。同志们，我们清醒地认识到，要动员和带领民革各级组织和全体党员切实履行参政党职能，充分发挥参政党作用，为全面建设小康社会，为中华民族的伟大复兴努力奋斗，作出新的贡献，就一定要认真学习"三个代表"重要思想和中共十六大精神，与时俱进，充分认识加强民革各级领导班子建设的重大意义，抓住机遇，迎接挑战，把民革各级领导班子的建设提高到一个新的水平。

二、加强领导班子建设的目标和原则

确定民革领导班子建设的目标和原则，首先必须明确参政党自身建设的内涵和原则。领导班子建设是整个参政党建设的组成部分，在参政党自身建设中起着关键的作用，领导班子建设必须以参政党自身建设的需要为起点和基础。因此，我想首先对参政党自身建设的内涵和原则作一简要阐述。

民革是具有政治联盟性质的、致力于建设中国特色社会主义和祖国统一事业的政党，是中国共产党领导的多党合作和政治协商制度中的参政党。根据民革的这一性质，我们自身建设的内涵主要是：高举邓小平理论伟大旗帜，以"三个代表"重要思想为根本指针，继承和发扬坚持中国共产党领导的优良传统，在新世纪与中国共产党长期亲密合作；坚持社会主义方向，不断提高整体政治素质，经受住各种困难和风险的考验；切实履行参政党职能，进一步提高参政议政、民主监督水平，为全面建设小康社会的目标努力奋斗；全面反映广大成员及所联系的群众的具体利益和呼声，团结带领他们在多党合作的道路上不断前进。

根据参政党在我国政治生活中的地位、性质和特点，加强参政党建设应把握如下一些原则：即坚持共产党的领导与发扬社主义民主，体现政治联盟的特点，体现进步性与广泛性的统一。

按照参政党建设的内涵和原则的要求，民革领导班子建设的目标应该是：

——具有深厚的政治理论素养和敏锐的政治鉴别力，始终保持坚定正确的政治方向，坚定不移地接受中国共产党领导，与中国共产党保持一致，坚持和完善中国共产党领导的多党合作和政治协商制度，经得起各种困难和风险的考验；

——具有较强的组织、领导、指挥、协调的能力和把握大局的能力，在领导党务工作，特别是参政议政、民主监督工作的实践中，锻炼成长为参政议政能力强的参政党政治活动家和社会活动家群体；

——具备与时俱进、不断创新的品质，善于在不断变化的新形势下开拓创新，在不断创新、切实可行、运转高效的工作机制和工作制度的基础上，实现参政议政和自身建设的高质量和高水平；

——具备较强的开展思想政治工作的能力，能够带领各级组织，团结和引导民革广大党员，不断提高思想政治素质，在中国特色社会主义道路上，为全面建设小康社会作出新的贡献；

——具有较强的合作共事能力，坚持按照"十六字"方针，在多党合作事业中顾全大局，坚持团结和民主的原则，善于求同存异，在不断保持进步性的基础上，实现民革进步性和广泛性的统一。

为实现这一目标，领导班子建设的原则应该是：

第一，高举邓小平理论伟大旗帜，按照学习、实践"三个代表"重要思想的要求来进行领导班子建设。"三个代表"重要

思想是对中国共产党成立以来的全部历史经验和党带领人民建设
中国特色社会主义事业的新鲜经验的科学总结，反映了当代世界
和中国的发展变化对执政党和国家工作的新要求，是加快我国社
会主义现代化建设的步伐、建设社会主义政治文明、坚持和完善
中国共产党领导的多党合作和政治协商制度的强大理论武器。中
共十六大已经对全面贯彻"三个代表"重要思想进行了部署，
胡锦涛同志在"七一"重要讲话中对兴起学习"三个代表"重
要思想作了进一步动员。我们民革的同志一定要深入学习、实践
"三个代表"重要思想，以与时俱进的精神，把我们民革各级领
导班子建设成为努力学习"三个代表"重要思想，适应"三个
代表"要求、积极参与"三个代表"实践的战斗集体，不断体
现和提高民革作为一个参政党应有的进步性。

第二，严格按照民革章程规定的组织原则和领导干部的条件
进行领导班子建设。党的章程是为保证全党政治思想上的一致和
组织行动上的统一而制定的，对每一个党员都具有很强的约束力
和指导性，党的领导班子建设也必须按照党章规定的原则和具体
要求来进行。民革十大修改通过的民革章程，第十二条明确规定
"本党的根本组织原则和领导制度是民主集中制"，第三十六条
规定本党各级领导干部，必须具有五个方面的条件。我们进行领
导班子建设，就是要把民革章程的上述规定和其他有关规定作为
班子建设的重要内容，把章程的规定落到实处，并以此作为衡量
每一个领导班子成员的标准。

第三，加强领导班子建设要遵循理论联系实际的原则，把思
想政治教育和履行参政党职能的实践结合起来，把领导班子建设
与我们的各项工作的实际结合起来。当我们检验一个领导班子建

设的实效时候，不只是要看其成员在思想政治问题上的表态怎样，更要看他们在各种重大思想政治斗争的实际表现，看其能否真正保持政治上的清醒、理论上的坚定；不只是要看这个领导班子成员的业务表现，更要看其领导党务工作，特别是参政议政、民主监督工作的水平和能力；不只是看领导班子自身的思想作风，还要看其所领导的组织是不是一个充满活力的团结战斗的组织，是不是带出了一支既善于履行参政议政职能、又能够做好本职工作、具有良好社会形象的党员队伍。

三、加强民革各级领导班子建设的具体要求

第一，加强思想理论建设，建设学习型的领导班子。

搞好领导班子的思想理论建设，最重要的就是学习。在世界上各种政治、文化思潮互相激荡，科学技术突飞猛进的时代，只有加强学习，才能在政治上保持清醒坚定，观念上与时俱进，知识上不断更新。因此，我们要充分认识学习的重要性和紧迫性，增强学习的自觉性和主动性，把各级领导班子建设成为学习型的领导班子。

一个学习型的领导班子应该具有哪些特点呢？我看起码有这几个方面：一是学习目的要明确。我们加强学习，就是要不断提高政治理论素养，提高政治敏锐性和政治鉴别力，使我们能够在各种政治风浪中始终保持坚定和清醒，培养我们的战略眼光、世界眼光、长远眼光，培养我们的领导能力。二是学习要有制度保证。领导班子集体和成员应当倡导学习，坚持研究、思考问题，

这就必须有一个制度的约束，不能随意自便，更不能放任自流。我们这次会议上将提出一个有关领导班子建设的意见，其中就包括领导班子的学习制度。要通过有关的制度保证，把我们的学习真正抓紧抓好。三是学习内容要有重点。当前，要重点学习胡锦涛总书记重要讲话和《"三个代表"重要思想学习纲要》，深刻理解"三个代表"重要思想的时代背景、实践基础、科学内涵、精神实质和历史地位，从而深刻认识中国共产党的先进性。要加强学习与建设社会主义物质、政治、精神文明相关的经济、政治、法律、科技、管理、文化等方面的知识。在学习中要研究、关注和思考现实的重大思想理论问题、政治问题、形势问题，以及群众关心的各种社会热点、难点问题，使我们在领导各级组织的参政议政和其他各项工作中，能够与时俱进，开拓创新。四是在学习的实效上下功夫。毛泽东同志说过，学习的目的全在于应用，我们参政党加强学习是为了更好地履行参政议政、民主监督职能，学习的实效就应该在参政议政的水平和质量上体现出来。我们的领导班子成员多为人大代表、政协委员，或者是在政府、事业单位担任实职的领导干部，强调学习的实效尤其具有十分重要的意义，通过学习努力做到思想上有显著提高，工作上有显著进步。

第二，建立和完善领导工作机制和制度，建设制度完备、工作规范的领导班子。

——领导班子要善于谋划工作全局，设计和运作工作思路、工作机制。作为领导者，体现其组织领导能力、协调管理能力的一个基本方面就是谋划工作的全局，要善于根据本地区、本级组织的具体情况来规划、设计工作的思路和机制，要不断深入实践，深入民革基层，并在实践中创新。这是检验我们的领导水平和能力的一个关键内容。近年来，我们非常重视工作机制、工作制度的建设，已经取得了显著成效。建立和完善这些工作机制和工作制度，创造性地运行这些机制，模范地执行这些制度，是领导班子建设的重要任务。

——要全面贯彻民主集中制原则。一是坚持"集体领导、民主监督、个别酝酿、会议决定"的民主程序。二是在决策和实施决策的过程中，应当坚持集体领导，进一步完善领导班子内部的议事和决策机制，凡属重大问题，都要认真听取各方面意见，由领导集体决定。三是坚持和完善集体领导和个人分工负责相结合的制度，注意建立和完善领导班子成员的岗位责任制，注意发挥兼职领导的作用。既要防止一言堂，防止将个人意志凌驾于组织之上，搞一票否决，又要防止遇事推诿、互相扯皮和无人负责。在工作中一定要善于协调主委、驻会副主委、兼职副主委和秘书长的关系，尽可能调动各方面的积极性，发挥各方面的作用。四是要建立健全各项议事制度和工作制度，明确主委会议、机关办公会议等议事程序规则。五是要建立健全自我约束和监督机制。我们还需下大力气加强民革党内的民主，首先以各项民主制度建设为重点，建立对各级领导班子成员的考核制度，逐步通过谈心会、座谈会、年终述职会和届中评议等办法。我们各级班子还要通过多种形式使民革的基层组织对民革的各项工作的开展有更多的了解和参与，保证领导班子自觉接受广大党员和群众的监督。

第三，发扬民主的作风和团结的传统，发扬谦虚谨慎、艰苦奋斗的作风，建设作风优良的领导班子。

　　民主和团结是包括我们民主党派在内的政协工作的主题，也是我们民主党派立党的追求。发扬民主作风是实行民主集中制的基础，是民革事业顺利发展的重要保证，是广大党员对领导班子的根本要求。领导班子的团结是做好民革各项工作的重要保证，是团结凝聚党员群众的基本条件。能否善于发扬民主的作风和团结的传统，是衡量领导者和领导班子领导水平和能力的一个重要标准。

　　发扬民主的作风和团结的传统，班子成员之间要相互尊重，要努力做到经常"通气"，善于听取别人意见和建议。对各种不同意见即使是反对自己的意见，都应该胸怀宽广，欢迎人家把意见讲出来，并能够包容和接纳。要团结一切可以团结的人，特别是要善于团结反对自己包括反对错了的人。我们的领导班子就是要努力树立这样的作风。

　　发扬民主的作风和团结的传统，要求领导班子关心各级同志们的学习、工作和生活，关心老同志，想方设法解决、反映他们的实际困难。同时，要不断加强思想政治教育，通过制度建设进行严格的自律和他律，发挥各级组织的教育、管理和监督作用，领导班子要有团结各级组织奋力工作的精神。

　　为了多党合作事业和民革的事业不断发展，我们还必须努力发扬谦虚谨慎、艰苦奋斗的作风。毛泽东同志当年强调共产党进北京是"进城赶考"，我们民革各级新产生的领导班子刚刚上任，也有一个"赶考"的问题。为此，我们一定要认真学习胡锦涛同志年初考察西柏坡的重要讲话，始终保持不畏艰难、锐意进取的思想品格，不怕困难、百折不挠的坚强意志，自强不息、开拓进取的精神风貌，兢兢业业、无私奉献的工作态度。要崇尚节俭、提倡简朴、讲求效率。在大部分省、市级组织的物质条件得到极大改善的今天，我们仍要精打细算，不要铺张浪费，要讲究效益和成本核算，要提高我们工作的效益和质量。发扬谦虚谨慎、艰苦奋斗的作风，要从我做起，从现在做起。作为领导干部，我们领导班子的每一个成员都应该以身作则，永远保持蓬勃朝气、昂扬锐气、浩然正气，养成艰苦奋斗的生活方式和思想方式，为基层组织和广大党员作出榜样。

第四，主委要积极发挥"班长"在领导班子建设中的主导作用。

邓小平同志曾经说过，任何一个集体中都有一个核心，没有核心就很难形成集体。在我们民革的各级领导班子中，主委就是一个核心。作为领导班子的召集人，主委担负着比其他同志更为重要的责任，"班长"的思想作风、领导能力和精神气质深刻地影响着整个领导班子的工作水平和面貌，从而决定了那个组织的各项工作成绩和社会影响的强弱。主委所处的重要地位和作用决定了他必须在领导班子建设中发挥主导作用。

为此，各级组织的主委必须对自己提出更高的要求，发挥更加积极的作用。主委必须积极主动地去思考、谋划、推动领导班子建设的各项工作，自觉担当起领导责任。要把整个领导班子建设是否卓有成效作为衡量主委是否称职的依据。同时，要求领导班子成员做到的事情，主委自己必须首先做到，要自律、自重、自省、自警、自励，做领导班子建设的表率。主委必须自觉接受领导班子其他成员和广大党员的监督。要努力找差距，老老实实与其他兄弟党派、与民革各省市组织之间找差距，虚心学习别人，才能更加胸襟开阔，取得新的进步。

　　主委会一定要取得中共各级党委和统战部门的支持和帮助，采取各种措施，努力把我们的领导班子建设抓紧抓好。民革中央相信，在各级中共组织的支持和帮助下，在我们各级组织的主委同志的带领下，我们的领导班子建设一定能够呈现新的局面，取得新的成效。

　　同志们，我们正处在国家改革发展的重要战略机遇期，统一战线和多党合作事业也处于一个蓬勃发展的重要战略机遇期，我们各级领导班子刚刚开始新一届的工作，也可以说，是处于一个有利于加强自身建设的机遇期，我们一定要紧紧抓住当前这个时机，努力学习实践"三个代表"重要思想，在自身建设的实践中锻炼和提高自己，让我们更加紧密地团结在以胡锦涛同志为总书记的中共中央周围，为全面建设小康社会，为在中国特色社会主义道路上实现中华民族的伟大复兴作出新贡献！

更好地担负起参政党的历史责任*

（2003 年 8 月 29 日）

去年 12 月，民革召开第十次全国代表大会，中央委员会进行了换届。在这之后，中央对几个专门委员会的成员也相应进行了调整，增补了一批新同志特别是年轻的同志，组成了新一届经济委员会、教科文卫委员会和祖国和平统一促进委员会。这些专门委员会都是为中央参政议政工作服务的，是中央参政议政的参谋和助手。大家知道，参政议政、民主监督是民主党派的主要职能，要履行好这个职能，离不开全党同志的共同努力，离不开专委会委员们的智慧和才能。在座各位委员都是某一方面的专家，是学有所长、业有所精的人才，在民革履行参政党职能的过程中，大家都可以发挥重要作用。中共中央总书记胡锦涛同志在去年 12 月走访民革中央机关时，在讲话中对民革提出了要求，并寄予了很大希望。他说："民革汇集了各方面的专家学者，同台湾同胞和香港同胞、澳门同胞及海外侨胞有着广泛的联系。我们衷心希望民革深入学习贯彻中共十六大精神，更广泛地凝聚广大

---

* 这是何鲁丽同志 2003 年 8 月 29 日在民革中央经济、教科文卫委员会第一次全体会议上的讲话。

成员的智慧和力量，为实现全面建设小康社会的宏伟目标作出新的贡献。"他还说："希望你们进一步加强自身建设，提高参政议政能力，把民革建设成为同中国共产党亲密合作、能够经受住各种困难和风险的考验，致力于建设中国特色社会主义事业的参政党。"胡锦涛同志的讲话，对我们是一个很大的鼓舞。我们每一个同志都要认真领会讲话精神，牢记参政党的职责，为完成中共十六大提出的目标和任务积极贡献力量。

当前，统一战线的形势很好。新一届中共中央领导集体非常重视统战工作，重视发挥民主党派的作用。中共十六大以来，中共中央、国务院召开了多次民主协商会、座谈会、情况通报会，就党和国家的重大问题听取民主党派的意见。在今年4月11日国务院召开的党外人士座谈会上，温家宝总理提出国务院要建立重要情况通报和重大决策咨询制度，定期召开各民主党派、工商联和无党派人士座谈会，通报经济和社会发展的有关情况，在有关重大问题决策前通过多种形式征询意见和建议。7月11日，中共中央再次召开党外人士座谈会，胡锦涛、温家宝、贾庆林、曾庆红、黄菊等中央领导同志出席会议。温家宝总理通报了抗击非典和上半年经济运行情况及中共中央、国务院关于做好下半年经济工作和加强公共卫生建设的考虑，同时就以上工作听取了各民主党派中央领导人、全国工商联领导人及无党派人士的意见。以上情况表明，中共中央、国务院高度重视共产党领导的多党合作和政治协商制度的完善与发展，在大力推进社会主义民主政治建设。党中央的这种真诚态度和优良作风，不仅使我们感受到中国共产党坚持"长期共存、互相监督、肝胆相照、荣辱与共"方针的决心，同时也为我们更好地发挥参政党的作用，履行好参政议政、民主监督的职能创造了良好的条件和氛围。我们要倍加珍惜今天统一战线和多党合作的大好局面，增强责任感和使命感，更加努力地工作，坚定不移地在中国共产党的领导下，把中国特色社会主义事业全面推向前进。

为了充分发挥委员会和各位委员的作用，进一步做好今后的工作，我提出几点希望，与大家一起共勉。

第一，加强理论学习，提高自身素质，更好地担负起参政党的历史责任。

我们一贯强调，参政党要做到与时俱进，始终保持进步性的特点，就必须加强学习，坚持以马克思列宁主义、毛泽东思想、邓小平理论来武装头脑，指导工作。在当前，重点是要认真学习实践"三个代表"重要思想，并以此作为思想建设的头等大事来抓。"三个代表"重要思想反映了我国最广大人民的共同意愿，体现了当今世界和中国发展的时代精神，显示了马克思主义科学理论的强大力量，是中国共产党和全国人民在新世纪新阶段团结奋斗的共同思想基础。民革十大把学习实践"三个代表"重要思想写入了我们的党章，表明这也是民革的思想基础，体现了民革的进步性。胡锦涛同志在今年的"七一"讲话中指出："要实现全面建设小康社会的宏伟目标，必须把学习贯彻'三个代表'重要思想不断引向深入。"我们民革是与中国共产党亲密合作的友党，在为共同的目标而奋斗的过程中，我们应当担负起参政党的历史责任，认真学习"三个代表"重要思想，积极参与"三个代表"的实践，为实现全面建设小康社会的宏伟目标贡献力量。学习和实践"三个代表"重要思想，必须与加强自身建设和切实履行好参政党的职能结合起来，体现在坚持和完善中国共产党领导的多党合作和政治协商制度上，落实到为建设中国特色社会主义事业服务的行动中。

第二，当好中央参政议政的参谋和助手，提高参政议政的水平和质量。

中央设立专门委员会的目的，是为了加强参政议政工作，更好地发挥党员中各种人才的作用，提高民革参政议政的水平和质量。民革是致力于中国特色社会主义事业的参政党。民革为中国特色社会主义事业作贡献，主要是通过履行参政党的职能来体现的。也就是说，我们参政议政的水平和质量越高，对建设中国特色社会主义事业的贡献也就越大。

当前我国社会主义的自我完善和发展面临许多新问题，需要探索和解决。最近中共中央政治局会议提出完善社会主义市场经济体制问题，这是为实现中共十六大提出的建成完善的社会主义市场经济体制和更具活力、更加开放的经济体系的任务的重要决定。在提交中共十六届三中全会讨论以后实施中，民革作为参政党一定要继续围绕国家经济和社会发展的重大问题履行职责，起到助力作用。

各位委员，我们要共同努力进一步开展、活跃专门委员会的工作，使专委会在组织参政议政建议、提案方面，在培养参政议政人才方面，在使更多的民革党员参与到参政议政工作方面发挥作用。在当前经济科技迅速发展，各类人才辈出的时代，民革在智力、人才上的优势显得不突出，需要我们吸纳、培养一批适应参政议政要求的高素质人才。专门委员会要在培养参政议政队伍上发挥作用，要从国家改革、发展、稳定的大局出发，为民革提供参政议政素材，选择好课题，深入调研，发挥好群体优势，多角度论证，提出更切合实际、有可操作性的意见、建议。希望委员们在参政议政、民主监督的过程中，注意学习和研究党和国家的有关方针、政策、工作部署，这不仅有利于各位委员在专门委员会的工作，也会有利于和促进本职工作。希望委员们结合自己的专业和本职工作，为民革参政议政提供信息，利用自身工作联系为委员会与有关方面的合作搭桥出力。专门委员会要在如何进一步提高参政议政和民主监督质量、实效方面，不断探索新的思路，创造新的经验，切实发挥好参谋、助手作用。

第三，做好本职工作，当好宣传中国共产党领导的多党合作制度的宣传员。

民革成员（包括专委会的委员们）要做好本职工作，这是首要任务，也是参政议政的前提。不仅要在本单位做一个优秀工作人员，还应宣传我国的基本政治制度、政党制度，并注意维护好党派组织的形象。我们民革的许多党员就是这样做的，并被授予"劳动模范"、"三八红旗手"、"先进工作者"等光荣称号，不仅体现了自己的人生价值，也为民革赢得了荣誉。

学习与践行"三个代表"重要思想[*]

（2003 年 10 月 16 日）

我们这次常委会的主要议题是，学习贯彻中共十六届三中全会精神。刚刚闭幕的中共十六届三中全会，讨论通过了胡锦涛总书记受中共中央政治局委托所作的工作报告、《中共中央关于完善社会主义市场经济体制若干问题的决定》和《中共中央关于修改宪法部分内容的建议》，作出了一系列对我国社会政治生活具有重大意义的决策。民革中央对中共十六届三中全会作出的重大决策表示完全赞同和衷心拥护！中共十六届三中全会的胜利召开，对于全面推进我国改革开放和社会主义现代化建设，把中国特色社会主义伟大事业继续推向前进，具有重大的现实意义和深远的历史意义。

中共十六届三中全会是在全党和全国人民兴起学习贯彻"三个代表"重要思想新高潮，全国人民满怀信心地全面建设小康社会的历史进程中召开的一次重要会议。中共十六大以来，以胡锦涛同志为总书记的新一届中共中央领导集体，团结带领全党

---

[*] 这是何鲁丽同志 2003 年 10 月 16 日在民革十届四次中央常委会上的讲话。

全国各族人民，在改革开放和现代化建设中取得新的重大成就。面对突如其来的非典疫情，面对复杂的国际形势和繁重的改革发展稳定任务，新一届中共中央领导集体高举邓小平理论和"三个代表"重要思想伟大旗帜，全面贯彻十六大精神，紧紧依靠全党和全国人民，取得了防治非典工作的阶段性重大胜利，保持了经济较快增长和各项事业全面发展的良好势头，巩固了奋发向上、安定团结的政治局面。这一切充分体现了以胡锦涛同志为总书记的新一届中央领导集体坚持"两个务必"和立党为公、执政为民的决心，体现了新一届中央领导集体团结务实的精神和驾驭复杂局面的卓越领导能力，因而受到全党和全国人民的拥护和信赖。

中共十六届三中全会作出的《中共中央关于完善社会主义市场经济体制若干问题的决定》，是进一步深化经济体制改革，促进经济和社会全面发展的纲领性文件。《决定》对完善社会主义市场经济体制的各个方面作出了全面规划和部署，提出了全面深化改革的各项措施，必将为全面建设小康社会提供强有力的体制保证。

中共中央根据经济社会发展的客观要求，提出对宪法部分内容进行修改的一系列建议，特别是将"三个代表"重要思想写进宪法，作为党和国家各项工作的根本指导思想，反映了包括我们民主党派在内的全国人民的共同愿望。"三个代表"重要思想是对马克思列宁主义、毛泽东思想和邓小平理论的继承和发展，反映了当代世界和中国的发展变化对执政党和国家工作的新要求，是加强和改进执政党的建设、推进我国社会主义自我完善和发展的强大理论武器，也是国家改革、建设和发展各项事业的根本指针。将"三个代表"重要思想写进宪法，体现了党的政策主张与人民意志的高度统一，明确了全国人民在新世纪新阶段团结奋斗的共同思想基础，对于推动我国社会先进生产力和先进文化的发展、进一步实现最广大人民群众根本利益，将产生极为深刻的影响，具有重大的现实意义和深远的历史意义。

中共十六届三中全会的召开，为我们民革进一步履行好参政党职能，发挥好参政议政、民主监督作用，提出了新的任务和要求。在今后一个时期，我们要把学习贯彻中共十六届三中全会精神作为民革的中心工作，切实抓紧抓好。通过学习提高认识，统一思想，坚定信心，把我们的智慧和力量凝聚到贯彻落实中共十六届三中全会精神上来，在思想上行动上与中共中央保持高度一致，积极围绕中共十六届三中全会精神开展工作，努力履行参政议政、民主监督职责，为进一步完善社会主义市场经济体制作出民革应有的贡献。

前一段时间，民革中央就学习实践"三个代表"重要思想和胡锦涛总书记"七一"重要讲话作出了部署，提出了要求，各级民革组织高度重视这项工作，加强了领导，采取了措施，学习取得了明显成效。各级组织把学习"三个代表"重要思想和参政议政、自身建设的实际工作结合起来，有力地推动了各项工作的开展。从总体上看，民革各级组织学习"三个代表"重要思想的工作抓得紧、抓得实，学习意识很强。当然，各地学习情况也还不完全平衡，还需要我们抓紧不放。为了学习贯彻好中共十六届三中全会精神，进一步深入学习实践"三个代表"重要思想，这里我讲几点意见，请同志们研究。

第一，进一步认真学习、深刻领会"三个代表"重要思想，将学习实践"三个代表"重要思想的活动不断引向深入。

我们要把学习和实践"三个代表"重要思想，作为当前和今后首要的政治任务，抓紧抓好。"三个代表"重要思想的学习要与学习贯彻中共十六届三中全会精神结合起来，要与我们开展的"三增强"、"四热爱"教育活动结合起来。民革各级领导干部更要潜心钻研"三个代表"重要思想的理论体系，深刻理解"三个代表"重要思想的时代背景、历史地位、实践基础、科学内涵和精神实质。要从世界观、价值观、人生观上解决认识问题，达到新的高度。要结合民革实际，用"三个代表"重要思想指导我们的各项工作，提高履行参政党职能的水平，开创工作新局面。

各级民革组织要加强领导，周密安排，精心组织，制定措施，组织党员进一步深入学习"三个代表"重要思想。领导班子要组织中心学习组开展经常性的学习活动。要采取专题学习会、研讨会、报告会等多种形式，组织党员和机关干部坚持不懈地进行学习和研讨，力求深入，取得实效。各级组织要及时总结推广党员学习"三个代表"重要思想的经验，宣传学习实践"三个代表"重要思想过程中涌现出来的先进人物和事迹，在民革全党内营造学习实践"三个代表"重要思想的浓厚氛围。

第二，以"三个代表"重要思想指导实践，与时俱进，努力开创民革工作新局面。

"三个代表"重要思想是指导我们为实现全面建设小康社会战略目标而奋斗的根本指导思想，进一步深入学习"三个代表"重要思想，是我们民革在全面建设小康社会新阶段开创民革工作新局面的客观需要，是我们更好地发挥参政议政、民主监督作用的客观需要。当前，我们正处在国际国内形势发生重大而深刻变化的历史时期，抓住机遇，迎接挑战，加快发展，是全国人民的共同任务。新的形势、新的任务，迫切需要我们用马克思主义的世界观和方法论来观察、分析问题。"三个代表"重要思想是马克思主义与中国实际相结合的最新成果，它既坚持了马克思主义的世界观和方法论，又赋予鲜明的时代特点和实践要求。我们一定要用不断创新的科学理论来武装自己，用科学的理论来指导实践，把学习实践"三个代表"重要思想与为全面建设小康社会服务的实际结合起来，与履行参政议政、民主监督职能的实际结合起来，以我们的实际工作成绩来检验我们学习实践"三个代表"重要思想的效果。

我们学习"三个代表"重要思想的成果，必须落实到为完成十六届三中全会提出的任务服务上来，化为民革全体党员为全面建设小康社会作贡献的自觉行动。各级组织要注意把广大党员在学习中激发出来的政治热情和责任感、使命感引导到做好本职工作和为国家改革、建设和发展建功立业、奉献力量上来；要充分发挥我们的特长和优势，履行好参政党职能，围绕中共十六届三中全会提出的任务，针对完善社会主义市场经济体制的重大问题进行调查研究；正确把握国家经济发展的有关政策，积极向党和政府建言献策，充分发挥参政议政、民主监督的作用；要发挥自我教育的优势，加强思想政治工作，做好化解矛盾、理顺情绪、凝聚人心的工作，做好反映社情民意的工作，使广大党员和所联系群众增强团结，坚定信心，理解和支持改革；积极参与改革，在贯彻落实十六届三中全会精神中形成合力和助力，为改革和发展创造稳定的社会环境，营造和谐的社会氛围，为确保十六届三中全会提出的任务的胜利完成积极贡献力量。

第三，要把学习"三个代表"重要思想作为民革自身建设的中心环节和首要任务，在"三个代表"重要思想指引下不断加强自身建设。

"三个代表"重要思想不仅是党和国家各项工作的根本指针，也是进一步坚持和完善中国共产党领导的多党合作和政治协商制度的根本指导思想，我们要毫不动摇地坚持这项基本政治制度，并不断地完善它、发展它，从而推进社会主义政治文明建设。对于我们参政党来说，不仅必须在"三个代表"重要思想的指引下履行参政议政、民主监督的职责，而且必须在"三个代表"重要思想的指引下不断加强自身建设，把学习实践"三个代表"重要思想作为民革自身建设的中心环节和首要任务，作为民革思想政治建设长期坚持的主题，形成长期的学习制度。在组织建设、作风建设、机关建设和制度建设的各个方面、各个环节，都必须学习实践"三个代表"重要思想，努力做到学有所悟，学有所得，进一步提高自身素质，增强坚持基本理论、基本路线、基本纲领的自觉性和坚定性，从而更好地为社会主义现代化建设服务。

同志们，中共十六届三中全会是在建设中国特色社会主义的历史进程中具有重要地位的一次会议，是我国社会主义市场经济体制改革的又一个里程碑，必将开创改革开放和社会主义现代化建设的新局面。作为与中国共产党长期亲密合作的参政党，我们一定要在以胡锦涛为总书记的中共中央的领导下，团结一致，齐心协力，为完成中共十六届三中全会提出的各项任务，实现全面建设小康社会的宏伟目标而努力奋斗！

大力加强民革基层组织建设[*]

（2004 年 7 月 4 日）

本次常委会的中心议题，是研究如何加强民革基层组织建设。具体来说，就是要根据新世纪新阶段民革面临的形势和任务，总结各地基层组织建设的有效措施、新鲜经验和创新成果，深入研究、进一步明确民革基层组织建设的原则和基本任务，大力推动民革基层组织建设迈上一个新的台阶。把基层组织建设作为今年的重点工作来抓，并安排在本次常委会上专门研究，这是民革十届六次中常会根据民革十大精神定下来的。为了解当前民革基层组织建设的实际状况，总结经验，发现问题，民革中央自4 月份起派出几个调研组，对吉林、山东等 9 个省级组织进行了专题调研。童傅同志已经就调研的总体情况在这次会议上作了专门的报告，另有 6 位省市的同志发言，分别介绍了本地基层组织建设工作的情况和经验。童傅同志的报告和 6 位同志的发言，对于我们研究基层组织建设问题，提供了大量新鲜经验和具体生动的典型事例，是很好的启示和借鉴。

---

* 这是何鲁丽同志 2004 年 7 月 4 日在民革十届第七次中央常委会上的讲话。

　　下面，针对民革基层组织建设的形势，结合童傅同志的报告和几位同志发言的内容，谈点意见。主要谈两个方面的问题：一是当前民革基层组织建设的整体状况；二是进一步明确新世纪新阶段，民革基层组织建设的原则和基本任务。

<h2 style="text-align:center">一、民革十大以来基层组织建设
取得的成绩和进展</h2>

　　基层组织是民革的组织基础和工作基础。基层组织直接面对和联系广大党员，在发展、培养、教育、团结党员，动员全体党员落实民革的各项任务，为全面建设小康社会而努力奋斗，具有不可替代的作用。基层组织建设的成就，直接关系到民革作为参政党的发展和活力，关系到民革为建设中国特色社会主义现代化、为巩固和完善中国共产党领导的多党合作和政治协商制度所作的贡献。民革九大以来，我们一直高度重视基层组织建设问题，始终把基层组织建设作为自身建设的重要方面来抓。1999年，民革中央召开民革全国优秀基层党务工作者暨先进支部表彰大会，总结经验、推出典型，推动了基层组织建设迈上新的台阶。同时，民革中央提出了把思想政治工作的重心放到基层的工作方针，2000年出台的《民革中央关于加强和改进思想政治工作的意见》按照这一方针，对基层支部思想政治工作的目标、内容、原则、方法等作了系统和具体的规定。2002年，民革中央职能部门和各省级组织职能部门对各地基层支部按照《意见》要求，开展思想政治工作的经验进行了广泛的调研和总结。调研

成果汇编成《民革基层组织思想政治工作经验选编》一书，收入书中的 40 个基层组织的经验，又推动了更大范围、更多支部进一步深入开展思想政治工作和其他各项工作。

在九届中央工作的基础上，民革十大工作报告提出，在新世纪新阶段，继续高度重视基层组织建设，是参政党自身建设的重要任务之一。换届以来，在中共各级党委、民革中央和各级地方组织的指导下，各地基层组织按照民革十大修改通过的新章程关于支部工作基本职责的规定，充分发挥主观能动性和创造性，克服客观困难，积极开展工作，取得了十分可喜的成绩和进展。基层组织建设的整体形势，与几年前相比，无论是在各级领导班子的重视方面，还是在基层组织自身的积极性、主动性和活力方面，都有了很大的提高和增强，并呈现出继续向前发展的潜力。全面总结民革十大以来民革基层组织建设取得的成绩和进展，我认为可以概括为以下几个方面：

——各级地方组织对基层组织建设重要性的认识大大提高。我们深刻认识到，重视和抓好新世纪新阶段民革基层组织建设，完善基层组织工作机制，增强基层组织的活力，发挥基层组织的作用，事关民革工作大局，事关坚持和完善中国特色政党制度的大局。因此，必须加强对基层组织建设的领导，把基层组织建设作为各地组织领导班子的重要任务来抓。

——各级地方组织指导基层组织建设的力度大大加强。各地根据实际情况，采取了多种各具特色的措施和办法，极大地提高了基层组织建设的实效。有的地方多年来在全省各级组织推行"一人一案"活动，鼓励和吸引党员参与组织的参政议政工作，并以此为重点，激活基层组织工作、活动机制，带动支部其他各项工作的开展。有的地方开展标准化支部创建活动，把支部的思想建设、制度建设和参政议政工作进行量化，加强了对基层组织建设的管理。还有许多地方建立和完善领导班子成员与基层组织的定点联系制度，既强化了对基层组织的联系、指导，又畅通了领导同志了解基层、沟通信息的渠道。有的地方积极采取措施，在解决各地普遍存在的党员发展和政治安排这两个问题上取得较大进展，有力促进了基层组织的工作。所有这些做法和探索，都应该进行认真总结，完善其可行性和可操作性，并形成经验，结合各地实际加以推广。

——各地基层组织的工作和活动进一步制度化、规范化、经常化，支部活力大大增强，工作成绩令人瞩目。近年来，各地基层支部广泛、深入开展了以学习"三个代表"重要思想为重点的思想教育和理论学习，广大党员的思想政治素质和理论素质进一步提高，坚持和完善中国共产党领导的多党合作和政治协商制度的信心和信念更加坚定，政治责任感和政治参与感不断增强。组织发展工作稳定有序，新发展党员的数量适当、质量层次稳定提高。在深入有效的思想政治工作和稳定有序的组织发展的基础上，许多基层支部积极开拓创新，创造了多种多样适合自身特点、能够发挥自身优势的支部工作载体，动员和吸引党员广泛参与，做出了各具特色的成绩，特别是在发动党员参与组织的参政议政工作方面，成绩显著。近年来，省、市级组织直至中央每年提出的提案，许多都是出自基层组织和党员之手。

在基层组织建设取得显著成绩和进展的同时，我们也要看到存在着不少问题和困难，需要我们加以认真研究和解决。主要是：各地还有少数支部缺乏活力和凝聚力，不能经常性地开展工作和活动，因此难以发挥基层组织应有的作用。有些基层组织的党员老化现象比较突出，客观上无法正常开展支部活动。基层组织还普遍存在着无活动经费、无活动场所的问题，对于支部工作和活动，成为突出的制约因素。组织发展工作也面临着社会上具有民革背景的人士越来越少的现实，发展新党员遇到了客观上种种困难，影响了组织的新陈代谢和后备干部的培养。基层组织工作中存在的这些困难和问题，需要我们认真研究解决。

应该说，这些问题说到底是前进和发展中的问题，总体上来看，民革十大以来的基层组织建设工作，在原有工作的基础上，有了长足的进展，取得了新的成绩。这些进展和成绩的取得，是各地组织领导班子按照民革中央部署，在中共各地和各级党委领导和支持下，加强对基层组织建设的领导，采取有效措施、积极加以推动的结果，尤其是各地支部领导班子的同志们，他们辛勤奉献于基层党务工作第一线，为推动民革基层组织建设作了最直接的贡献。我谨在此代表民革中央，向他们致以崇高的敬意和衷心的感谢！

二、关于进一步加强民革基层组织 建设的若干重要问题

为进一步推动民革基层组织建设，充分发挥基层组织在参政党各项工作中的基础性作用，需要我们根据新世纪新阶段形势和任务的要求，在总结过去经验的基础上，对进一步加强民革基层组织建设的若干重要问题和思路，从理论和实践的结合上进行系

统的研究和概括。上面已经谈到，长期以来，特别是民革十大以来的基层组织建设实践，为我们提供了大量新鲜有益的经验，这在童傅同志的报告和各位省市同志的发言中，就有充分的体现。经过这次会议的研究讨论，我们认为，现在来做这一工作，是适时的、必要的。从中央到各地组织的领导班子，一定要按照本次会议的精神，切实负起责任，结合各地实际情况，继续采取积极有效的措施，加大对基层组织建设的指导力度，推动民革基层组织建设达到一个新的水平。下面，我结合大家讨论的情况，对进一步加强民革基层组织建设的原则和基本任务，作一个阐述。

第一，关于民革基层组织建设的原则。

民革十大工作报告指出，民革自身建设的目标，是要把民革建设成为始终与中国共产党亲密合作、致力于建设中国特色社会主义的参政党。其内涵是：高举邓小平理论伟大旗帜，学习、实践"三个代表"重要思想，继承和发扬民革优良传统，在新世纪与中国共产党长期亲密合作；坚持社会主义方向，致力于中国特色社会主义事业，为完成新世纪三大任务而努力奋斗；履行参政党职能，进一步提高参政议政、民主监督的水平；全面提高队伍素质，能够经受各种困难和风险的考验；反映广大党员和所联系群众的具体利益和呼声，团结带领他们在多党合作的道路上不断前进。要把上述民革自身建设目标和内涵具体落实到基层组织建设的实践中去。我们认为，在进一步加强民革基层组织建设的工作中，要坚持以下几个原则：

1. 坚持以"三个代表"重要思想为统领。"三个代表"重要思想作为全国各族人民各项工作的指导思想，与马克思列宁主义、毛泽东思想和邓小平理论一起，已经庄严载入《中华人民共和国宪法》。民革十大修改通过的章程，也把学习、实践"三个代表"重要思想，作为民革政治纲领首要的政治前提。因此，民革作为参政党，为维护宪法的尊严和权威，保证宪法的实施，坚持按照民革章程的精神和规定加强基层组织建设，就必须坚持以"三个代表"重要思想为统领。基层组织建设的一切工作，都要围绕学习、实践"三个代表"重要思想来进行。

2. 坚持进步性与广泛性相统一。民主党派进步性与广泛性相统一的特点，是江泽民同志对新时期民主党派性质的新概括，是多党合作理论的丰富和发展。这一概括，揭示了民主党派长期存在并与共产党亲密合作的必然性和必要性，也为民主党派在新的历史条件下继续前进和发展指明了方向。以"三个代表"重要思想为统领进行基层组织建设，很重要的一点就是要坚持进步性和广泛性相统一的原则。要始终把保持民革基层组织的进步性作为自身建设的根本性任务来抓。强调必须坚定不移地接受中国共产党的领导，发扬同共产党亲密合作的优良传统，在政治上、行动上与以胡锦涛同志为总书记的新一届中共中央领导集体保持一致，坚决贯彻执行社会主义初级阶段的基本路线、基本纲领和方针政策，注重学习、贯彻十六大提出的基本经验，紧紧围绕党和国家的中心任务开展工作，认真履行参政党的职能。

在坚持进步性的同时，必须使民革在新的历史条件下继续保持广泛性的特点。我们的党员来自不同的社会阶层和群体，许多人是某一方面的代表性人士，他们有着广泛的社会联系，具有一定的社会影响力。在基层组织建设中要团结带领全体党员和所联系群众一道前进，要注意代表和反映他们的具体利益、愿望和要求，把他们团结在爱国主义和社会主义的旗帜下，为着共同的事业而奋斗。这是民革政治联盟的政党性质所决定和要求的。

3. 坚持民革章程规定的组织原则和对基层组织的职能规定。民革章程规定了以民主集中制为核心的一系列组织制度、工作程序和行为规范，为加强民革各项工作的制度化、规范化建设提供了依据，对民革更好地履行基本职能、加强自身建设、规范党内生活，不断开拓创新、推进各项工作，具有重要的指导作用。特别是章程第三十四条，对基层组织的基本任务，作了明确的规定。进一步加强基层组织建设，就要按照民革章程规定的各项制度和对基层组织的工作要求推进基层组织工作，激发基层组织活力，发挥基层组织作用。要按照章程规定的组织制度、组织原则和对基层组织的职能规定，来推动和评价基层组织建设工作。《中国国民党革命委员会支部工作条例》是根据章程对基层支部工作的具体化规定，也要坚持执行。

4. 坚持依靠中共党委及其统战部门，积极取得他们的指导和支持。各地的经验表明，哪里的基层组织紧密依靠中共党委和统战部门开展工作，哪里的基层组织工作就开展得好，工作中的困难就能得到较好的解决。因此，省、市委会要十分重视及时向统战部门通报情况，主动争取统战部门的指导。对支部工作的重大事项，要事先征求统战部门的意见。各基层支部也要经常性地向所在地中共党委统战部门或所在单位中共党委汇报工作，取得他们对支部工作的支持和指导，在当地党委的统一领导下，围绕本地中心任务开展支部工作，为本地的经济建设和社会发展积极出谋划策，提出建设性的意见和建议；协助当地党委和统战部门做好联系群众、协调关系、化解矛盾、促进稳定的工作。

第二，进一步加强民革基层组织建设的基本任务。

1. 以思想建设为主导。思想政治工作是一切工作的灵魂和导向，要牢固树立思想政治工作的主导地位，以"三个代表"重要思想统领基层组织建设，特别要把认真学习、实践"三个代表"重要思想，作为当前和今后一个时期思想政治教育的重点。要按照《民革中央关于加强和改进思想政治工作的意见》，继续大力落实把思想政治工作放在基层的方针，加强和改进基层组织的思想政治工作，努力创新思想政治工作形式，组织各种为广大党员乐于参与、便于参与的生动活泼的思想教育活动。通过深入、细致、有效的思想政治工作，增强党员的政党意识、大局意识、服务意识，增强广大党员坚持中国共产党领导，坚持和完善多党合作制度的信念和决心。同时，要在思想政治工作中贯彻好民主党派进步性和广泛性相统一的原则，对党员的思想认识问题要多做和风细雨式的说服和教育工作，切忌简单生硬。在做工作的时候，既要和风细雨地解决党员的思想认识问题，又要关心党员在工作和生活中的困难，对党员反映的问题，要加以认真关注，尽可能创造条件，协助解决，努力营造一个高扬主旋律、富有包容性的思想政治工作氛围。

2. 以组织发展为基础。组织发展是基层组织建设的基础，任何一个政党，没有新党员的不断加入，就等于没有新鲜血液，就会老化萎缩，不但基层组织的各项工作无从谈起，政党的功能也要受到严重制约。民革基层组织发展党员，必须按照民革章程和 1996 年《关于民主党派组织发展若干问题座谈会纪要》的精神，坚持质量和数量相统一的原则，按照《中国国民党革命委员会发展党员手续和审批办法》进行，把好质量关。在组织发展工作中，要正确处理好数量与质量、发展与巩固、重点与非重点、发展骨干党员和发展一般党员的关系，使组织发展工作能够健康、稳定地开展。当前，各地都还有一定数量的支部，党员平均年龄偏高，组织老化现象较为严重。对这个问题，要具体情况具体分析，逐步、妥善地加以解决。

3. 以制度建设为保证。制度建设是参政党自身建设中带根本性、长期性、保障性的任务，在参政党基层组织建设中，也要把制度建设作为其他各方面工作的保障机制加以重视。要在民革章程原则规定的范围内，根据支部实际，制定必要的、能够保证支部工作正常开展、持久运转的规章制度，并严格执行，在执行过程中不断加以完善，使之真正发挥基层组织建设的制度保障作用。要认真制定和执行主委会议事制度、组织生活会制度、党员评议制度等各种规章制度，使基层组织普遍达到制度比较完善、机制比较健全、运作比较稳定有序的良好状态。

4. 以开展特色活动为工作载体。"有活动才有活力，有作为才有地位"，这是一些地方对于基层组织开展工作、组织活动的重要性的概括。基层支部围绕履行参政党基本职能开展活动，必须根据自身的特点和优势，创造各具特色的活动形式作为工作载体，才能充分发挥党员的特长，强烈吸引和凝聚党员积极参与，使活动富有成效，对本地经济建设和社会发展作出实实在在的贡献，树立自身的良好社会形象。多年来，我们有一大批支部立足基层，适应需求，以开展特色活动为工作载体，极大地激活了基层组织活力，吸引了越来越多党员的热情参与，赢得了社会各界的赞誉和肯定。比如：我们有许多基层支部根据各自党员中医务工作者、文艺工作者、法律工作者、科技工作者、经济界人士比较集中的优势，经常性开展义务医疗咨询、科技文化下乡、支教扶贫、普法教育等多种各具特色的活动；有的支部发动党员积极参与组织的参政议政工作，围绕本地经济建设和社会发展的重大问题，精选调研课题、开展调研活动、拿出调研成果，为上一级组织的参政议政工作作出了很大贡献。他们的经验值得总结和推广。同时，特色活动作为基层组织工作的载体，还需要我们不断探索，勇于创新，不断加以丰富和完善，始终保持其生机和活力。

5. 充分发挥支部主委在支部工作中的核心作用。"一个好支部其中必定有个好主委"，这是人们考察基层组织建设后的经验之谈，其中包含着很深刻的道理。主委是支部委员会的核心，核心是坚强的、得力的，支部委员会作为基层组织的领导机构和服务机构，才能有力组织和带动支部全体党员为完成参政党各项工作而共同奋斗。各地方组织一定要加强对支部主委工作的支持和指导，加强培训，尽可能提供有利的条件，不断提高支部主委及其一班人的政治把握能力、组织领导能力、参政议政能力和合作共事能力。在政治上、工作上、生活上给予支部主委更多的关心和支持，充分发挥其在基层组织各项工作中的核心作用。支部主委也一定要加强学习，不断提高自身的思想政治素质和能力素质，在支委会工作中搞好团结，发扬民主，通过团结支委会每个成员，形成坚强有力的领导班子，从而团结和带领支部全体党员，为完成参政党各项工作作出新贡献。

同志们！进一步加强民革基层组织建设，是我们参政党面临的形势和任务的需要，是贯彻落实民革十大提出的加强自身建设任务的重要内容。童傅同志在报告中已就民革中央在2004年关于基层组织建设工作的基本步骤和内容作了概要的说明，请大家共同研究，并根据本地的实际作出安排。参政党基层组织建设是一项长期的、与时俱进的任务，同时又是一项需要落实到每一个基层支部的、范围广泛的任务。因此，进一步加强民革基层组织建设，需要我们常抓不懈，整体推进，分类指导，抓好典型，才能取得扎扎实实的成效。我们身上的责任很重，担子不轻。让我们以更为强烈的使命感和责任感，把担子挑起来，紧密团结在以胡锦涛同志为总书记的中共中央领导集体周围，把民革作为参政党的自身建设推进到一个新的阶段，为中国共产党领导的多党合作和政治协商制度作出新的贡献。

在民革全国办公室工作
研讨会上的讲话

（2004 年 8 月 23 日）

今年是邓小平同志诞辰 100 周年，邓小平同志是中国特色社会主义理论的创立者，也是新时期多党合作事业的开创者，他确立了新时期多党合作的理论。邓小平同志关于多党合作的理论，在实践中得到继承和不断发展。1989 年，在邓小平同志的提议下，中共中央与各民主党派共同协商制定了《中共中央关于坚持和完善中国共产党领导的多党合作和政治协商制度的意见》，今年是其颁布 15 周年。15 年来，统一战线呈现了新的局面，多党合作事业大大向前推进。新一届中共中央领导集体非常重视统一战线和多党合作事业。2002 年 12 月，胡锦涛同志率部分中央领导同志到各民主党派中央、全国工商联机关走访，与各党派中央和全国工商联领导同志坦诚交换意见，并对民主党派提出了殷切的期望。胡锦涛同志走访民革中央时，对民革的工作和所发挥的作用给予了高度评价，同时希望广大民革党员深入学习贯彻中共十六大精神和"三个代表"重要思想，为实现全面建设小康社会和促进祖国和平统一的宏伟目标作出新的贡献。在今年 1 月中共中央召开的党外人士迎春座谈会上，胡锦涛总书记再次强调，要继续坚持"长期共存、互相监督、肝胆相照、荣辱与共"的方针，认真总结多党合作实践的好经验、好做法，进一步推进中国共产党领导的多党合作和政治协商制度的制度化、规范化、程序化，扎扎实实地把中国多党合作事业向前推进。胡锦涛总书记希望民主党派加强自身建设，进一步提高政治把握能力、参政议政能力、组织领导能力和合作共事能力，为坚持和发展新世纪多党合作指明了方向。当前，统一战线和多党合作事业呈现出团结、振奋、活跃的大好局面。民革各级组织和广大党员都在认真按照胡锦涛同志提出的要求，继承和发扬自觉接受中国共产党的领导、与中国共产党亲密合作的优良传统，认真履行参政议政、民主监督职能，为全面建设小康社会，开创中国特色社会主义事业新局面，为促进祖国和平统一作出贡献。

当前，我们面临着新形势给我们带来的新任务，我们必须在过去工作的基础上，再接再厉，努力开创工作新局面，作出新成绩。为做好民革办公室工作，我在这里谈几点要求。

一、进一步加强思想政治建设

学习邓小平理论、"三个代表"重要思想，这是我们要长期坚持的。在纪念邓小平同志诞辰 100 周年大会上，胡锦涛同志发表了重要讲话，系统回顾了邓小平同志为民族独立、人民解放和国家富强、人民幸福建立的不朽功勋；全面总结了邓小平同志高尚的品德、博大的胸怀、卓越的胆识和革命的风格；强调邓小平理论和"三个代表"重要思想是指引我们胜利和前进的伟大旗帜。当前，民革各级组织要重点学习胡锦涛同志在纪念邓小平同志诞辰100周年大会上的讲话。另一方面，民革的同志要认真学习民革十大精神和有关文件，掌握民革中央向各级同志在思想建设和其他方面提出的要求。在学习中，各级组织办公室的同志要不断提高政治理论素养，要坚持学习制度，营造良好的学习氛围。

二、进一步加强业务素质建设

作为参政党机关的办公室，首先要熟悉中国共产党领导的多党合作和政治协商制度的理论政策，了解掌握民主党派工作的方式、程序和方法，提高业务能力。要坚持用丰富的文化科学知识充实自己，努力优化知识结构，学习先进的科学管理办法，不断增强做好工作的实际本领。

三、进一步加强工作作风建设

加强作风建设，造就一个工作作风过硬的民革各级办公室干部队伍，对加强和改进民革工作，树立民革办事机构良好形象具有重要作用。我们应从以下几个方面共同努力。

一是锐意进取，开拓创新。做好民革机关工作，既要继承优良传统，又要着眼新的实践，与时俱进，开拓创新，使各级民革机关工作不断有所发展，有所前进。二是求真务实、恪尽职守。

民革机关最近几年有很大进步，条件有很大改善，但是民革机关相对比较清苦。一方面，领导和同志们要相互关心，排忧解难，使大家感到组织的温暖和关怀；另一方面，在机关内大力学习老一辈民革同志的奉献精神，提倡勤勉敬业作风。三是发扬团结协作作风。民革机关人员较少，内部是统一的整体，遇事要多商量、多沟通，既有分工又有合作，相互补台，团结形成合力。四是提高服务意识。办公室工作要为各级民革委员会及其领导班子服务，更要为广大党员干部服务。因为在比较困难的地方，机关就是党员之家。

四、进一步加强机关工作的制度化、规范化建设

民革各级机关多年来在这方面的努力已有了一定基础，机关制度建设取得了成绩。我们要认识到制度建设是带有根本性、全局性和长期性的任务。我们既要坚持多年来形成的好的工作机制和工作制度，又要根据变化了的情况进行必要的修订和制度创新。

以上提出的几点，希望和大家共同勉励，把民革机关作风建设向前迈进一步。

希望民革中央办公厅和各省、市级组织办公室的同志们在这几天的会议里，认真总结和交流工作经验，相互学习，取长补短，为开创民革机关工作的新局面作出更大的贡献。

不断提高民革基层组织建设水平[*]

（2004 年 11 月 22 日）

今天，民革中央在北京召开民革全国先进支部经验交流暨表彰会，隆重表彰了近年来在民革基层组织建设中作出突出成绩的154 个先进支部，10 位先进支部的同志代表获得表彰的支部在会上做了经验交流。童傅同志的讲话，全面论述了民革基层组织建设各个方面的内容，对切实加强基层组织建设提出了要求。会议气氛隆重热烈，大家的心情十分振奋。从所有获得表彰的支部的先进事迹，特别是从发言同志介绍的典型材料中，我们十分强烈地感受到了民革基层组织建设的大好形势，感受到了我们先进支部在参政党自身建设及各项工作中作出的可贵努力和突出贡献。你们的工作和贡献，集中代表了民革全国各地支部和全体党员优良的政治素质、昂扬的精神风貌和出色的工作成果。从一个特定角度，显示了民革作为参政党，通过加强自身建设，为全面建设小康社会而奋斗的生机和活力。我在这里谨代表民革中央，向今天大会上荣获表彰的 154 个先进支部的同志们，表示热烈的祝

---

* 这是何鲁丽同志 2004 年 11 月 22 日在民革全国先进支部经验交流暨表彰会上的讲话。

贺！并通过你们，向民革全国各基层支部的同志们，表示诚挚的问候！

民革中央把加强基层组织建设作为今年工作重点。早在2月份，民革中央就派出多个调查组，分赴各地进行基层组织建设的情况调研和经验总结。民革十届七次中常会专门研究了基层组织建设问题，进一步明确了新世纪新阶段，民革加强基层组织建设的原则和基本任务，就今后一个时期民革基层组织建设的工作，作了具体部署和安排。我们这次经验交流和表彰会，就是根据中常会精神和具体安排而召开的。中常会提出，民革加强基层组织建设要坚持以"三个代表"重要思想为统领、坚持进步性和广泛性相统一、坚持民革章程规定的组织原则和对基层支部的职能要求、坚持依靠中共党委和统战部门开展工作的原则。民革基层组织建设的基本任务，就是要以思想建设为主导、以组织发展为基础、以制度建设为保证、以开展特色活动为工作载体，充分发挥支部主委在支部工作中的核心作用。这些原则和基本任务，既是新世纪新阶段形势的发展对参政党自身建设要求的具体化，也是近年来民革全国基层组织自身建设实践的经验概括和总结。我们这次会议所表彰的154个支部，就是各地根据上述民革加强基层组织建设的原则、任务和要求，在广泛调研、深入总结、全面评选的基础上，由各地推荐，最终由民革中央批准而产生的。因此可以说，这154个支部受到表彰，是实至名归，当之无愧的。当然，由于受到名额限制，我们还有许多出色的支部这次没有得到表彰，但这丝毫也不影响他们同样也是优秀的、先进的支部。深入总结这次会议表彰的支部，以及其他优秀支部的先进经验，我们认为有以下这样几个共同特点。

第一，他们都是政治上过硬的支部。作为一个政党，政治方向、政治主张和党员的思想政治素质处于第一的、主导的地位。在支部自身建设的工作中，我们的支部始终把思想政治工作作为一切工作的灵魂和导向，牢固树立思想政治工作的主导地位，通过各种方式，引导党员认真学习、实践"三个代表"重要思想，增强对坚持中国共产党领导，坚持和完善多党合作政治制度的信心和决心，增强参政党意识、大局意识、服务意识，为全面建设小康社会贡献自己的力量。民革十大以来，我们还重视加强对民革章程的学习，使思想政治工作更富民革特色。有效的思想政治教育和理论学习，极大地激发了党员的政治使命感和责任感，激励他们在本职岗位和参政议政各项工作中积极奉献。在开展思想政治工作中，他们不但目标明确，而且方式方法丰富多彩，极大地提高了党员政治理论学习的热情，吸引了他们的积极参与。如广西区委会直属政协支部，他们的学习活动内容丰富充实、形式多样，形成很强的吸引力，曾有党员出差在外，接到支部的通知后，专程从外地赶回来，按时参加支部的学习。许多支部还把思想政治工作渗透到党员的生活和工作中，使思想政治教育充满人情味。贵州省遵义市委会第十支部推出"三新"工作思路（丰富支部生活新形式，开拓工作新局面，奉献参政议政新成果），以人为本，以诚感人，增强了党员的归属感和组织的凝聚力。

第二，他们都是制度健全、运作有序的支部。制度建设是参政党自身建设中带根本性、长期性、保障性的重要任务。近年来，我们的基层支部十分重视制度建设在自身建设中的重要作用，根据民革章程的规定和原则，结合支部实际，制定了一整套保证支部工作有序开展、持久运作的规章制度，使支部各项工作既生机勃勃，又有章可循，步上了可持续发展的良性轨道。如新疆区委会直属三支部，讨论通过了支部组织生活、议事规则、党员考核等一系列规章制度，使支部工作逐步制度化、规范化、程序化。

第三，他们都是发挥各自优势，作出各有特色的、突出成绩的支部。在牢固的思想政治基础和制度建设保证的条件下，我们的先进支部善于发现和发挥自身独特优势，充分利用支部党员的专长和特点，精心组织，创新工作载体，在引导和激励党员本职岗位作奉献方面，在参政党的各项工作，特别是参政议政、社会服务、促进祖国统一等方面，作出了各具特色的、令人称道的突出成绩。他们有的根据支部党员大多为来自银行、证券、保险等行业的专业人士，组织党员对国家金融领域的重点、热点问题进行深入调研，提出多个有关金融改革和金融安全的重大提案，得到有关方面高度重视，如北京市西城区第九支部。他们有的充分发挥党员80%具有台、港、澳及海外关系的优势，积极开展联谊活动，着力引进侨资兴办公益事业，创办三资企业，为当地经济建设和社会发展作贡献，如福建省泉州市永春总支部。他们有的根据支部党员大多为研究农业和农村问题的专家，组织党员对"三农"问题进行持久的跟踪和研究，他们产生建议和提案，有的被列为全国人大会议的督办议案，有的为政府采纳和实施。他们还在培训农民技术骨干，推广先进实用农业技术，积极举办"三下乡"活动方面，做了许多工作。安徽省委会直属安徽农大支部，就是这方面的典型事例。再如浙江省杭州市委会体育支部，通过各种方式，激励党员在本职岗位上作出成绩，支部党员中的体育教练，近年来为国家培养了各类体育项目世界冠军13

名，运动健将 55 名，向国家级运动队输送运动员 30 名，为发展我国的竞技体育事业作出了令人瞩目的贡献。上海市杨浦区文教二支部，组织党员中的大、中、小学老师，与上海市有关监狱部门合作，把法制教育、道德教育送到监狱大墙之内，对一些在押犯人实行帮教，促使犯人努力改造，重新做人。吉林省长春市东北师大总支部在全校率先设立特困生奖助基金，连续多年开展资助特困生活动，得到学校中共党委的肯定和推广。上述这些事例仅仅是我们先进支部大量典型事例中很小的一部分，但我们可以从这些事例中看到，近年来，我们基层支部发挥自身特点和优势，创新工作载体，开展特色活动，取得了令人欣喜的成绩。

第四，他们都是支部委员会充分发挥核心作用，团结带领全体党员共同奋斗的支部。毫无疑问，党员是我们支部的主体，支部工作开展得如何，要看绝大多数党员的积极性是否调动起来。因此，一个好的支部需要有好的带头人。在我们表彰的先进支部的事迹中，都可以看到支部委员会特别是支部主委，热爱民革事业，具有较高的思想政治素质和工作能力，为组织和带动支部全体同志完成民革各项工作，团结奋斗，扎实工作，开拓进取，发挥了核心作用。因此，也可以说明，把支部委员会成员的作用发挥好，具有多么重要的作用。

同志们，不久前中共中央召开十六届四中全会，审议通过了《中共中央关于加强党的执政能力建设的决定》，这是一个具有深远历史意义的重要文件。在四中全会文件精神指导下，中国共产党通过大力加强执政能力建设，必将使党的执政能力更加卓越、执政方略更加完善、执政体制更加健全、执政方式更加科学、执政基础更加巩固，从而在当前机遇与挑战并存、希望与压力同在的国内外条件下，更加有力地领导全国各族人民全面建设小康社会，实现中国特色社会主义现代化。深刻认识中共十六届四中全会的重要意义，深入学习四中全会精神，对于我们进一步增强接受中国共产党领导的自觉性和坚定性，做好参政党各项工作，有着重要的指导作用。在今后一个时期，我们首要的任务，就是要学习好、领会好四中全会的精神，在此基础上，充分发挥参政议政、民主监督的作用，积极支持中国共产党加强党的执政能力的建设，善于和勇于建言献策，当好共产党的挚友和净友。为此，我们要继续加强参政党自身建设，不断提高全党同志的政治把握能力、参政议政能力、组织领导能力、合作共事能力，为巩固和发展中国共产党领导的多党合作事业提供有力的思想政治和组织保证。基层支部是民革履行参政党职能的组织基础和工作基础，为落实好当前的任务，我们一定要继续大力加强基层组织建设，按照民革十届七次中央常委会提出的基层组织建设的原则和基本任务，逐步建立和完善基层组织建设常抓不懈的工作机制。民革各级组织要在学习先进支部经验的同时，加强对基层的联系和具体指导，增强支部委员会在新形势下做好基层工作的本领，把民革基层组织建设提到一个更高的水平。这次受表彰的先进支部，也要百尺竿头，更进一步，创造更多更好的经验，作出新的贡献。让我们紧密团结在以胡锦涛同志为总书记的中共中央周围，为巩固和发展中国共产党领导的多党合作和政治协商制度，为全面建设小康社会、实现社会主义现代化而努力奋斗！

全面加强民革自身建设[*]

（2005 年 3 月 23 日）

大家期盼已久的《中共中央关于进一步加强中国共产党领导的多党合作和政治协商制度建设的意见》（中发〔2005〕5 号文件）于最近颁布了，这是我国政治生活中特别是统一战线和多党合作中的一件大事。今天我们召开这个学习座谈会，就是为了更好地理解和贯彻文件精神。这个文件是经过中国共产党和各民主党派多次协商沟通，经过认真调查研究，并由胡锦涛同志先后主持召开中共中央政治局常委会和政治局会议讨论通过的。文件从酝酿、起草、修改到定稿的过程中，广泛地听取了包括我们民主党派在内的各方面的意见，可以说是多党合作和政治协商的产物，是集体智慧的结晶。文件的制定和实施，对于更好地坚持和完善中国共产党领导的多党合作和政治协商制度，进一步加强民主党派自身建设，充分发挥民主党派参政议政、民主监督的作用，发展社会主义民主政治，建设社会主义政治文明，具有重要的现实和历史意义。

　＊　这是何鲁丽同志 2005 年 3 月 23 日在民革中央中心学习组（扩大）学习《中共中央关于进一步加强中国共产党领导的多党合作和政治协商制度建设的意见》座谈会上的讲话，发表于《团结》杂志 2005 年第 2 期。

中共中央〔2005〕5号文件是在中共中央〔1989〕14号文件基础上的充实、完善和发展。1989年颁发的14号文件在推进多党合作事业发展和社会主义民主政治建设方面，起了十分重要的作用。14号文件确立了民主党派的参政党地位，高度评价了民主党派在国家政治生活中的重要作用，并为保证民主党派履行职能、发挥作用作出了具体规定。这不仅为民主党派加强自身建设、提高素质、完善工作机制、增强参政能力创造了条件、指明了方向，而且极大地调动了民主党派成员为社会主义现代化建设作贡献的积极性，民主党派的工作更加活跃，为社会服务的方式更加多样化，参政议政、民主监督的热情更加高涨，渠道进一步拓宽，成效更加显著。15年来，在中共中央14号文件精神的指导下，我国多党合作事业得到了全面发展，各民主党派与中国共产党的亲密合作关系进一步巩固，多党合作制度在国家政治生活中的地位和作用越来越重要，坚持重大问题协商于决策之前已基本形成制度，民主党派的作用得到进一步发挥，参政党建设不断加强，民主党派通过履行参政议政、民主监督职能，在改革开放和社会主义现代化建设中作出了积极贡献。以民革为例，15年来，民革中央在全国政协大会上就国家大政方针提出提案，上报中共中央、国务院的专项调查报告等近300份，有许多提案和建议，如《关于尽快制定"反分裂国家行为法"的建议》、《关于巩固淮河治河成果，进一步加大治污力度的建议》等都得到执政党和政府的高度重视，并得到采纳。到目前为止，民革党员中担任各级人大代表的有1526人，担任各级政协委员的有8233人，担任政府部门县处级领导干部的有408人，担任各级特约监督员、检察员、教育督导员、审计员的有1324人。这些情况充分说明了多党合作制度的发展，说明了参政党在国家政治生活中的地位和作用。与上述情况相适应，民革的自身建设，从理论到实践，也都取得了长足的进展。在思想建设上，我们结合学习邓小平理论和"三个代表"重要思想，制定了《民革中央关于加强和改进思想政治工作的若干意见》，开展了大规模的参政议政知识教育和民革章程学习活动，为多党合作提供了坚实的思想基础。在组织建设上，我们着重抓了领导班子建设和基层组织建设，今年还将重点抓后备干部队伍建设，为民革发挥参政党作用打下良好的组织基础。同时，我们还建立和健全了包括参政议政工作机制在内的一整套制度和工作机制，为实现参政党各项工作的制度化、规范化、程序化而努力。

中共十六大以来，以胡锦涛同志为总书记的新一届中共中央领导集体高度重视社会主义民主政治建设，重视发挥民主党派和无党派人士的作用，把多党合作事业进一步推向前进，在认真总结历史经验特别是14号文件颁布15年来经验的基础上，对我国政党制度进行完善、发展和理论创新，制定了《中共中央关于进一步加强中国共产党领导的多党合作和政治协商制度建设的意见》。这个文件有以下几个主要特点：

一是对多党合作事业发展进程中的实践经验作了全面总结，特别是把1989年14号文件颁布15年来的成功经验体现在文件之中。这些成功经验，有许多是民主党派和中国共产党共同创造的，把我们亲身实践得来的这些经验体现在这一重要文件中，是对我们参政党的极大鼓舞和肯定。

二是系统总结了1989年14号文件颁布15年来，特别是中共十六大以来我国多党合作理论研究方面的成果，进一步发展和丰富了毛泽东思想和邓小平理论中关于多党合作的理论，体现了"三个代表"重要思想的要求，体现了中共三代中央领导集体和以胡锦涛同志为总书记的中共中央关于多党合作和政治协商的重要理论和政策，反映了我国多党合作事业发展的规律。

三是重点强调了进一步加强中国共产党领导的多党合作和政治协商制度规范化建设的主题。新文件与14号文件相衔接，保持了各项方针政策的连续性和稳定性，又进一步完善了政治协商的内容、形式和程序，保证中国共产党领导的多党合作和政治协商制度能够得到贯彻落实；制定了明确的运行操作方式，推进中国共产党领导的多党合作和政治协商制度进一步制度化、规范化和程序化。

中共中央〔2005〕5号文件明确指出：坚持和完善中国共产党领导的多党合作和政治协商制度，是建设社会主义政治文明的重要内容。这一论断正确揭示了我国政治制度与社会主义政治文明的关系，充分体现了中国共产党对我国政党制度在国家政治生活中地位和作用的高度重视和深刻认识。发展社会主义民主政治，建设社会主义政治文明，是中共十六大确定的全面建设小康社会的重要目标。建设社会主义政治文明，核心的内容是要坚持和完善我国的社会主义政治制度，实现社会主义民主政治的制度化、规范化、程序化。这就要求必须进一步坚持和完善人民代表大会制度，坚持和完善中国共产党领导的多党合作和政治协商制度，坚持和完善民族区域自治制度等一系列政治制度。中国共产党领导的多党合作和政治协商制度是我国的一项基本政治制度，是符合我国国情、同我国的国体相适应的、具有中国特色的社会主义政党制度。这一政党制度的显著特点是：共产党领导、多党派合作，共产党执政、多党派参政。这反映了人民当家作主的社会主义民主的本质，体现了我国政治制度的特点和优势，具有巨大的优越性和强大的生命力。在新的历史条件下，发展社会主义民主政治、建设社会主义政治文明，其中一个重要内容就是坚持和完善中国共产党领导的多党合作和政治协商制度，扩大各界人士有序的政治参与，拓宽社会利益表达渠道，促进社会和谐发展，实现中国共产党的领导、人民当家作主和依法治国的有机统一。坚持中国共产党的领导，坚持和完善我国的政治制度和政党制度，坚持走中国特色社会主义政治发展的道路，绝不照抄照搬别国政治制度和政党制度的模式，是我们在建设社会主义政治文明中必须牢牢把握的政治原则。

中共中央〔2005〕5 号文件是指导新世纪新阶段我国多党合作事业和社会主义民主政治建设的纲领性文件，我们要认真学习、深刻领会和坚决贯彻落实文件精神，树立和贯彻科学发展观，紧紧围绕经济建设这个中心，自觉服务于改革发展稳定的大局，切实履行好参政党的职能，为促进经济社会全面发展和构建社会主义和谐社会贡献力量。贯彻落实好中共中央〔2005〕5 号文件精神，对于保持宽松稳定、团结和谐的政治环境和构建社会主义和谐社会具有重要意义。我们要充分发挥社会联系广泛的优势，协助党和政府做好化解矛盾、维护稳定、促进社会安定团结的工作，在顾全大局的同时注意反映成员和所联系群众的意见和要求，努力维护和发展民主团结、生动活泼的政治局面，树立和落实科学发展观，推动社会主义物质文明、政治文明、精神文明协调发展，为构建社会主义和谐社会创造良好的环境和条件。

我们要认真学习中共中央 5 号文件，以文件精神为指导，全面加强民革的自身建设，进一步提高参政议政的能力和水平。要进一步加强思想建设、组织建设、作风建设和制度建设，不断提高领导班子成员的政治把握力、参政议政能力、组织领导能力和合作共事能力，在全面建设小康社会、促进祖国和平统一的宏伟事业中发挥更大的作用，作出新的贡献。

指导多党合作事业发展的纲领性文件[*]

（2005 年 4 月 20 日）

在中共中央的关心下，我们各民主党派中央、全国工商联领导人和无党派人士有机会与中共各省、自治区、直辖市党委及统战部领导同志一起，共同学习《中共中央关于进一步加强中国共产党领导的多党合作和政治协商制度建设的意见》（中发〔2005〕5 号文件），交流心得，提高认识，很受启发。下面，我谨代表各民主党派中央、全国工商联和无党派人士，谈一点学习的体会。

5 号文件的制定实施，是我国政治生活中特别是统一战线和多党合作中的一件大事，我们感到十分振奋和鼓舞。5 号文件在认真总结实践经验的基础上，着眼于推进社会主义政治文明建设，进一步推进多党合作和政治协商的制度化、规范化、程序化，提出了许多新的理论观点和政策措施，是指导新世纪新阶段多党合作事业发展的纲领性文件。文件在起草、修改、定稿的过程中，中共中央多次与各民主党派中央、全国工商联和无党派人士协商、讨论、广泛地听取各方面的意见。可以说，这个文件反

---

* 这是何鲁丽同志 2005 年 4 月 20 日在多党合作专题研讨班上的讲话。

映了中国共产党和各民主党派、无党派人士的共同意愿，是多党合作和政治协商的成果，是集体智慧的结晶。我们认为，这个文件有以下几个显著的特征：

一是对中国共产党与各民主党派长期合作共事的实践经验进行全面总结，提出了多党合作和政治协商的一些重要政治准则，明确指出坚持中国共产党的领导是多党合作的首要前提和根本保证。民主党派只有坚持和遵循这些重要政治准则，才能找准自己的历史方位，始终保持正确的前进方向，在建设中国特色社会主义伟大事业中更好地发挥作用，实现自己的政治理想。

二是对中共中央 1989 年 14 号文件颁发 15 年来，特别是中共十六大以来我国的多党合作制度进行理论上的发展和创新，提出了一系列新思想、新观点、新论断。5 号文件首次明确发展是多党合作和政治协商的根本任务；提出坚持和完善我国的政党制度是建设社会主义政治文明的重要内容，并对新世纪新阶段我国民主党派的性质和作用作了更全面、更完善的表述。这些新思想新观点充分体现了邓小平理论和"三个代表"重要思想，体现了中国共产党对多党合作制度在国家政治生活中地位和作用的高度重视和深刻认识，反映了中国特色社会主义政党制度发展的规律，对于坚持中国特色社会主义政治发展道路有着重要的意义。

三是对政治协商、参政议政、民主监督的内容、形式、程序等作出了更明确、更具体、更具可操作性的规定，标志着我国多党合作和政治协商进入一个新的发展阶段，我国的政党制度进一步完善和发展，从而为各民主党派、无党派人士履行职能、发挥作用提供了更加广阔的空间，创造了更加良好的环境和条件。

5 号文件是在中共中央 1989 年 14 号文件基础上的充实、完

善和发展。15 年来，14 号文件在推进多党合作事业发展和社会
主义民主政治建设方面，起了十分重要的作用。各民主党派、无
党派人士与中国共产党的团结合作进一步巩固，多党合作制度在
国家政治生活中的地位和作用越来越重要，坚持重大问题协商于
决策之前已基本形成制度；民主党派、无党派人士的作用得到进
一步发挥，履行职能更加活跃，服务领域更加广泛，自身建设不
断加强，工作更富有成效。

我们相信，随着 5 号文件的贯彻实施，各民主党派和无党派
人士建设中国特色社会主义的积极性必将进一步调动起来，多党
合作事业必将呈现更加生机勃勃的新局面，我国社会主义民主政
治建设必将迈出新的步伐。

我们要把学习贯彻中共中央 5 号文件精神作为当前和今后一
个时期一项重要政治任务，深刻认识贯彻落实 5 号文件精神对于
坚持和完善我国的政党制度、发展社会主义民主政治、建设社会
主义政治文明的重大意义，自觉地以文件精神来指导我们的工作
和自身建设，在实践中来落实文件精神和发展多党合作事业。

学习贯彻 5 号文件精神，要坚持和遵循 6 条政治准则，坚定
不移地走中国特色的政治发展道路。中国共产党领导的多党合作
和政治协商制度是中国共产党领导人民经过长期实践探索出来
的，是符合中国国情的政党制度。这一制度体现了合作、参与、
协商、包容的精神，充分反映了社会主义民主政治的本质要求，
具有强大的政治生命力。坚持接受中国共产党的领导，是我们自
觉的选择。不管国际风云如何变幻，我们都要始终坚持和遵循多
党合作和政治协商的重要政治准则，坚定不移地走中国特色的政
治发展道路，与中国共产党亲密合作，为实现中华民族的伟大复

兴贡献智慧和力量。

学习贯彻5号文件精神，要按照参政党建设的目标、原则，努力把自身建设提高到新水平。5号文件的贯彻落实，对民主党派自身建设提出了新的更高的要求，要按照坚持中国共产党的领导、发扬社会主义民主、体现政治联盟特点、体现进步性和广泛性相统一的原则，以思想建设为核心，以组织建设为基础，以制度建设为保障，把参政党的自身建设提高到一个新的水平。我们要继续深入学习邓小平理论和"三个代表"重要思想，提高成员的思想政治素质，提高领导班子的政治把握能力、参政议政能力、组织领导能力和合作共事能力，使广大成员进一步增强接受中国共产党领导、走中国特色社会主义道路的自觉性和坚定性，深化对参政党地位、性质和历史使命的认识，健全工作机制，提高为改革开放和社会主义现代化建设服务的能力和水平，努力把民主党派建设成为适应时代要求的高素质参政党。

学习贯彻5号文件精神，要坚持把发展作为根本任务，积极发挥参政议政作用。各民主党派、工商联、无党派人士，要树立和落实科学发展观，紧紧围绕经济建设这个中心，围绕经济社会发展的重大问题和人民群众关注的热点问题，围绕"十一五"规划的制定和实施，深入调查研究，积极建言献策，切实履行好参政议政、民主监督的职能，自觉服务于改革发展稳定的大局，在社会主义现代化建设中发挥更大的作用。要协助党和政府做好化解矛盾、维护稳定、促进社会安定团结的工作，把各方面的智慧和力量凝聚到实现全面建设小康社会的奋斗目标上来，为促进社会主义物质文明、政治文明、精神文明协调发展，构建社会主义和谐社会贡献力量。

学习贯彻 5 号文件精神，要充分发挥各民主党派和无党派人士在港、澳、台和海外联系广泛的优势，进一步做好促进祖国和平统一的工作。我们要坚定不移地贯彻落实"和平统一、一国两制"基本方针、现阶段发展两岸关系推进祖国和平统一进程的八项主张和胡锦涛总书记就新形势下发展两岸关系的四点重要意见精神，以《反分裂国家法》为依据，进一步加强两岸交流交往和海外联谊工作，团结一切可以团结的力量，共同反对和遏制"台独"分裂势力及其分裂活动，坚决维护国家主权和领土完整，维护台海地区的和平与稳定，促进两岸关系发展，为完成祖国统一大业而努力奋斗。

让我们紧密团结在以胡锦涛同志为总书记的中共中央周围，高举爱国主义和社会主义的旗帜，以邓小平理论和"三个代表"重要思想为指导，坚持科学发展观，增强责任感、使命感和紧迫感，与时俱进，求真务实，奋发进取，扎实工作，在全面建设小康社会的宏伟事业中创造新业绩，作出新贡献！

缅怀民革前辈业绩
弘扬爱国主义精神[*]

（2005 年 6 月 7 日）

今天，我们在这里隆重聚会，纪念我国杰出的爱国民主战士和政治活动家，第五、六、七届全国人大常委会副委员长，中国国民党革命委员会原主席朱学范[1]同志诞辰一百周年。朱学范同志的一生是光荣的一生。他为中国的工人运动、邮电事业和多党合作事业作出的重要贡献，已经载入 20 世纪中华民族振兴的史册；他的爱国情操和崇高风范，至今仍是我们进行爱国主义教育，特别是对广大民革党员进行教育的好教材。尤其值得提出的是，今年是抗日战争胜利六十周年，回顾朱学范同志在抗战中作出的贡献，对于我们缅怀前辈，牢记历史，弘扬爱国主义精神，具有重要的现实意义。

朱学范同志首先是作为中国劳工运动的领袖，知名的工会活动家登上中国政治舞台的。他为中国工会的团结和统一、为中国工会走向世界付出了大量的心血，作出了重大贡献，在中国工人

---

　* 这是何鲁丽同志 2005 年 6 月 7 日在纪念朱学范同志诞辰一百周年座谈会上的讲话。

运动史上留下了光辉的一页。朱学范同志生于 1905 年，在那国家与民族内忧外患、饱受痛苦的时代，因从小生活在上海，帝国主义对中国的掠夺欺凌和中国工人受欺压凌辱的苦难，深深地刺痛了他年幼的心灵。他立志要为苦难的中国工人谋求福利，争取权益。1925 年，朱学范同志参加了五卅运动中的上海邮政大罢工，这次斗争让朱学范同志看到中国工人组织起来的力量。

从此，他参加工会，成为工会的骨干。在斗争中，他渐渐领悟到，中国工人必须联合起来，中国工人运动必须与民族的独立解放运动结合起来，才能真正维护自己的利益，求得自身解放。他先后参与了上海邮局工人的罢工、上海工人第三次武装起义、"一·二八"、"八一三"两次淞沪抗战，并在运动中表现出卓越的领导才能。他积极引导中国工人提高政治觉悟，从自发抗争转变为自觉反对殖民主义和阶级压迫。由于出色的组织领导才能和一心为工人利益而斗争的精神，1935 年起朱学范同志担任中国劳动协会常务理事、理事长，参加了第二十届至第二十七届国际劳工大会，先后任国际劳动局理事、国际工会联合会理事、世界工会联合会副主席。在国际劳工大会上，他多次揭露日本法西斯的侵略本质，争取各国工人对中国抗战的同情；他提醒各国代表，现在世界已经广泛地弥漫着侵略战争的恐怖，深刻地影响工人们的生存，阻碍社会进步。他强调，国际劳工组织是为了维持世界永久和平而设立的；他呼吁全世界工人联合起来，共同抗击国际法西斯主义的侵略。他的活动在国际上引起了强烈反响，国际劳工大会作出支援中国工人抗日的决定。各国工人的声援和捐款捐物源源不断，有力地支持了中国工人抗战，坚定了中国工人抗战必胜的信心。朱学范同志不但致力于争取中国工人的现实权益，而且注重中国工人的长远利益。他曾在美国、苏联、欧洲各国深入考察各国工人情况。当时苏联社会主义的工人阶级状况给他留下了深刻的印象，只有社会主义可以使中国的工人阶级翻身作主的思想在他心中逐渐生根。从此，他走上了与中国共产党合作的道路。抗日战争全面爆发后，他拥护由中国共产党领导的抗日民族统一战线，接受中共提出的关于工人联合抗日的主张。他认为，中国工人阶级只有在中国共产党的领导下，团结统一起来，才能发挥更大的作用。

1938年，在他的努力下，劳协与陕甘宁边区工会共同在武汉发起成立中国工人抗敌总会筹备会，动员和组织工人抗日。为此，《新华日报》发表社论给予了高度赞扬和评价。1945年，他排除国民党当局的阻挠，成功地策划解放区工会和中国劳协共同组团出席世界工会代表大会。这一举措，使世界各国工会第一次听到了中国解放区工会代表的声音，第一次领略到了中国解放区工会的风采，也了解了中国工人团结一致、共同抗日的决心。

朱学范同志作为杰出的爱国民主战士、中国国民党革命委员会的创始人和卓越的领导人之一，他拥护中国共产党的领导，为巩固和发展爱国统一战线、坚持和完善中国共产党领导的多党合作和政治协商制度作出了重要贡献。抗战胜利后，他呼吁民主和平，维护政治协商会议成果，致力于中国的民主政治建设。他毅然拒绝出席国民党单方面决定召开的伪国民大会，并发表声明揭露国民党当局反共反人民的阴谋。他的作为使独裁反共的国民党统治者深为害怕和忌恨。国民党当局开除他的党籍，解除他的职务，对他实行通缉和追杀。面对凶残的敌人，他坚强勇敢、不屈不挠，继续从事民主活动。

1947 年，他在香港与李济深、何香凝等国民党民主派共同筹组成立民革组织，以广泛团结爱国民主人士，推翻蒋介石的独裁统治。1948 年 1 月 1 日，民革在香港成立，他被选为民革中央执行委员会常委。他提出，中国革命只能"一边倒"，民革只有接受中国共产党的领导才能健康发展。他给毛泽东、周恩来同志发出第一份代表民革向中共中央表示接受中国共产党领导的电报。他积极推动民革响应中共"五一"号召，与李济深等 55 人联合发表了《我们对时局的意见》，支持中共中央关于实现和平的八项条件，坚决反对中间路线。新中国成立后，他是民革中央组织工作委员会主任委员，为民革的发展和建设做了大量工作。"文化大革命"后，历尽 7 年牢狱之灾的朱学范同志亲自带队在各地考察调研，为恢复民革组织的正常活动，为维护民革党员的合法权益，做了大量艰苦细致的工作。中共十一届三中全会后，特别是担任民革中央主席后，他不顾年迈体弱，以更大的干劲，更加饱满的热情投入工作。在他的带领下，民革全党积极参政议政，开展民主监督，取得了显著的成绩。他把祖国统一工作看作是民革工作的重中之重，要求民革全党发挥自己的独特优势，为祖国的和平统一作贡献。

朱学范同志是中华人民共和国邮电部首任部长，为创建新中国的邮电事业作出了重要贡献。他早年从事邮务工作，具有丰富的实践经验和广博的专业知识。他深知，多年的战争使旧中国留下的通信网络和设施支离破碎、残缺不全，而新中国的各项建设又都需要邮电通信来传达政令，沟通联系，推进工作。因此，摆在他面前的任务既艰巨又紧迫。他把邮电事业看作是国民经济建设的神经系统，全身心扑在邮电事业上。在担任邮电部长的十几

年间，他经常深入基层调查研究，了解情况，解决问题。他为改
变新中国初期邮电事业的落后与不发达的局面呕心沥血，使邮电
及时保证了党和国家政令的下达，信息的反馈，促进了国民经济
建设的恢复与发展。他还把邮电互通作为推动两岸关系发展的一
个重要桥梁，以此来打开两岸之间联系的突破口，提议两岸之间
可以率先实现通邮。

1979 年，大陆邮电部门开通了对台湾的电报、长途电话和
挂号信函业务。虽然要途经第三地，但这标志着两岸之间的
"三通"已经迈出了可喜的第一步，让分别近 30 年之久的两岸同
胞终于可以再次聆听亲人的声音，感受两岸亲人盼望统一的心律。

朱学范同志在政治上是富有远见卓识的。他积极参加国家大
政方针的协商，为多党合作、政治协商、民主监督的规范化、制
度化，为社会主义的法制建设，作出了重要的贡献。

1981 年，朱学范同志被增选为第五届全国人大常委会副委
员长，并连任第六、七届全国人大常委会副委员长。他在全国人
大常委会任职的 10 多年，正是我国结束"文革"动乱需要加强
人民代表大会制度建设，加强法制建设的时期。1982 年，朱学
范同志带领民革积极参与宪法的修改，为新宪法的通过和实施尽
职尽责。在宪法权威逐步确立，各项立法工作全面展开时，朱学
范同志不顾年事已高，不仅积极参加各项法律草案的审议，而且
亲自下基层调查研究，他曾到上海等地邀集国有大型企业的厂
长、党委书记、工会主席座谈，听取对《中华人民共和国国营
工业企业法（草案）》的意见。这 10 多年中，我国社会主义民
主和法制建设取得了显著成绩。1989 年，他又参加了《中共中
央关于坚持和完善中国共产党领导的多党合作和政治协商制度的

意见》方案的研讨与起草工作。文件正式颁布实施后，他立即撰文欢呼："这是我国社会主义民主建设的一件大事，也是我们民主党派的一件大事。"他充满信心地表示："随着文件的贯彻落实，共产党领导的多党合作和政治协商制度必将显示出它的优越性和生命力。"从文件实施到现在，15年的实践充分印证了他的预言。

20世纪已经过去，朱学范同志离开我们也已近10年。从世界范围来看，20世纪共有三大历史事件：两次世界大战；世界殖民体系的瓦解，民族独立国家的兴起；国际共产主义运动的兴起、发展，危机与变革。这三大事件在中国的大地上相互交织，集中演绎。朱学范同志视野开阔，政治敏锐，在极其复杂的形势下，不断调整和明确方向，顺应时代，把自己的智慧和奉献融入在中华民族独立、解放和振兴的历史进程中。他赢得了民革全党同志的爱戴，也赢得了广大群众的尊敬。今天，朱学范同志等老一辈民革前辈开创的民革事业，我们正在继续；拥护中国共产党的领导、与中共亲密合作的优良传统我们正在发扬光大。我们要学习朱学范同志的爱国精神和高尚情操，在邓小平理论和"三个代表"重要思想的指导下，为构建社会主义和谐社会，为中华民族的崛起而努力奋斗！

注　释

〔1〕朱学范（1905—1996），中国爱国民主人士，工会活动家。浙江嘉善人。上海法学院毕业，美国哈佛大学肄业。参加五卅运动和上海工人第三次武装起义。1927年起任上海邮务工会执委、全国邮务总工

会常委、上海市总工会主席、中国劳动协会理事长、世界工会联合会副主席。抗日战争时期，发起成立中国工人抗敌总会筹备委员会。1949 年出席全国政协第一届全体会议。后任邮电部部长，全国政协常委，全国人大常委会副委员长，中国国民党革命委员会主席、名誉主席，全国总工会副主席，中国红十字会名誉会长。

切实加强民革后备干部队伍建设[*]

（2005 年 6 月 12 日）

民革十届第十一次中常会，经过两天会议，今天就要结束了。本次常委会的中心议题，是深入学习、贯彻《中共中央关于进一步加强中国共产党领导的多党合作和政治协商制度建设的意见》（以下简称《意见》），在《意见》精神指导下，研究如何进一步加强民革后备干部队伍建设。童傅同志所作的主题报告，对于进一步加强民革后备干部队伍建设的方针、原则、步骤和要求，作了深入具体的说明，大家围绕童傅同志的报告，进行了广泛深入的研究和讨论。四个省（市）级组织就加强后备干部队伍建设的工作和体会作了大会发言。会议开得紧张有序，求真务实，取得了预期的成果。会后将根据常委会讨论的意见起草《民革中央关于加强后备干部队伍建设的意见》，提交下次常委会审议。关于进一步加强民革后备干部队伍建设的大政方针已经确定，今后的问题是要统一认识，狠抓落实。为此，我谈几点意见。

＊ 这是何鲁丽同志 2005 年 6 月 12 日在民革十届第十一次中央常委会上的讲话。

第一，要不断加强对民革后备干部队伍建设重要性和紧迫性的认识，把这项工作作为重大政治任务抓紧抓实。

进入新世纪新阶段，国际国内的形势发生了深刻变化，多党合作事业面临着新的重大使命和任务。中共十六大以来，以胡锦涛同志为总书记的中共中央继往开来、与时俱进，着眼于社会主义政治文明建设，在中共三代中央领导集体关于多党合作和政治协商的一整套制度设计、理论创新和政策措施的基础上，继续大力推进我国多党合作事业的发展。今年2月颁发的《意见》指出，"坚持和完善中国共产党领导的多党合作和政治协商制度是建设社会主义政治文明的重要内容。"《意见》强调："在新的历史条件下，发展社会主义民主政治、建设社会主义政治文明，其中一个重要方面就是坚持和完善中国共产党领导的多党合作和政治协商制度，扩大各界人士有序的政治参与，拓宽社会利益表达渠道，促进社会和谐发展，实现中国共产党的领导、人民当家作主和依法治国的有机统一。"这就把多党合作制度建设，提到了社会主义民主政治和社会主义政治文明的宏观视野和历史高度，赋予了多党合作新的重大历史使命和任务。民革作为参政党，是多党合作事业一个重要的、有机的组成部分，同样担负着这一新的重大历史使命和任务。加强民革后备干部队伍建设，培养选拔一支高素质的后备干部队伍，是为了我们能够更好地肩负起这一重大历史使命和光荣任务，保证多党合作事业和民革事业后继有人、不断发展的迫切要求，是关系多党合作事业全局的一项基础性、战略性任务。从民革本身来看，近年来我们后备干部队伍建设取得了很大的进展，许多省级组织已经做了大量工作，创造了一些很好的经验和模式，但各地的进展还不平衡，存在着一些薄弱环节，还存在着不少困难和不足，比如选拔的范围较为狭窄，方式比较单一，培养、锻炼的力度不够，等等。从后备干部队伍自身来看，他们中许多人长期从事教学、科研和技术工作，对我国国情和中国特色社会主义政治、经济、文化建设的全面情况了解不多；对参政党如何履行职能、发挥作用缺乏应有的理论准备；对参政议政、民主监督工作在制度规定、操作程序方面缺乏应有的实践锻炼；对参政党自身建设的各项工作缺乏应有的组织才能和领导经验。从目前的工作需要来说，我们面临着十届中央委员会届中调整和 2007 年上半年省级组织换届、下半年中央换届的紧迫任务。工作繁重，时不我待。因此，加强民革后备干部队伍建设，不但是一项长期的战略性任务，也是当前一项紧迫的阶段性任务，各地领导必须增强使命感和紧迫感，把加强后备干部队伍建设作为贯彻落实《意见》精神的重要工作来对待。能否做好这项工作，关系到民革的政治交接、新老交替，关系到多党合作事业的不断巩固和发展。各地组织的主要领导同志尤其要切实负起责任。作为"一把手"，要把能够培养、选拔、推出优秀人才，当作自己在领导岗位上最大的政绩、最出色的能力和最完美的德行来看待。

第二，加强民革后备干部队伍建设，要注意做好"四个结合"，使我们的工作更切合参政党实际，更有针对性。

第一个"结合"，一是选拔后备干部人选要注意做到政治标准和代表性相结合。民革作为参政党，进步性和广泛性的统一是其基本特征。这一特征体现在后备干部的选拔上，就要既强调人选的思想政治素质，严把政治关，要求后备干部人选努力学习实践邓小平理论和"三个代表"重要思想，拥护中国共产党在社会主义初级阶段的基本路线和基本纲领，自觉坚持中国共产党的领导，对坚持和完善中国共产党领导的多党合作和政治协商制度抱有坚定的信念，同时又要重视其民革特色，是否有一定的代表性，要考察其对民革组织的熟悉和热爱程度，对民革各项工作，特别是对民革参政议政、民主监督工作的积极参与和能力水平，与中国共产党合作共事的能力和水平。只有把政治标准和代表性有机结合起来，才能使我们参政党进步性和广泛性相统一的特征始终保持下去，并不断得到加强。

第二个"结合"，是后备干部队伍建设要与组织发展相结合。近年来，各地民革的组织发展工作不同程度出现合适的发展对象偏少、党员年龄结构老化的现象，由此导致了后备干部选拔范围狭窄、来源不广的问题。为逐步解决这个问题，首先我们要把所有优秀民革党员纳入视野范围之内，防止由少数人选人和在少数人中选人的倾向，积极争取中共党委和统战部门的支持，请他们帮助推荐适合条件的无党派人士加入民革组织。从长远和根本上来考虑，还是应该把后备干部的选拔培养与组织发展结合起来，在组织发展的基础上，逐步满足后备干部队伍建设的需要。这就要求我们完整、准确地理解民革章程第十七条之规定，民革发展党员的对象，一是同原中国国民党有关系的人士，二是同本党有历史联系和社会联系的人士，三是同台湾各界有联系的人士，四是其他人士。在这四个方面的人士中吸收有代表性的中上层人士和中高级知识分子。任何对民革章程这一规定作狭隘和片面理解的做法，都会更加缩小民革组织发展的对象范围，从而也使我们的后备干部队伍建设成为无源之水，缺乏可持续发展的可能。只有严格按照民革章程的规定，才能使民革组织的发展既保持其界别的特色，又有较为广阔的回旋余地，同时也为后备干部队伍建设提供源源不断的新鲜血液。民革所具有的政党性质和特点，决定了民革作为一个民主党派主要是通过代表人物发挥作用。因此，在组织发展工作中要把政治素质好、代表性强、有年龄优势的人士列为重点发展对象，并与后备干部队伍建设挂钩，使这些同志在加入民革组织后，尽快进入角色，成为后备干部的重要来源。

第三个"结合"，是后备干部的选拔和培养、锻炼、使用相结合。后备干部队伍建设不是一个单项工作，而是一个需要统筹规划和全盘考虑的系统工程。选拔和培养、锻炼、使用四个环节环环相扣，缺一不可。几年来，从民革中央到各地组织，在对选拔进来的后备干部进行多方面的培训和有意识的锻炼、使用方面做了大量工作，总结了许多好的做法和经验。要把这些好做法、好经验加以认真总结和完善，不断推广。比如，要有计划地安排后备干部参加本级组织的重大参政议政工作和活动，既提高他们的参政议政能力和水平，使他们不断深入了解参政党履行职能的有关制度规定和程序；又使他们在工作中得到展现才华、做出实绩的机会。要让他们多参加民革组织的政治活动，安排他们发言、发表文章，提高和扩大他们在民革党内的公认度、社会上的知名度和影响力。要创造条件，鼓励符合条件的后备干部参加中共党委和政府组织的公开选拔处级、局级领导干部的活动，通过这类活动不断锻炼和提高自己。对已经在政府、司法和其他部门任职、挂职的同志，要关心他们的成长，各地组织要与他们保持经常性联系，听取他们的工作和思想汇报，及时教育、帮助和指导。总之，要通过多种方式，把后备干部的选拔和培养、锻炼、使用结合起来，使他们进一步增长才干、提高素质、扩大知名度，为充实到各级领导班子中去打好基础。

第四个"结合"，是要把民革后备干部队伍建设与中共党委和政府的后备干部工作规划、步骤相结合，不断拓宽后备干部的培养和使用的渠道。民革后备干部队伍建设，说到底是执政党和国家后备干部队伍建设的一个有机组成部分。在我们进行这项工作的过程中，既要坚持中国共产党党管干部的原则，自觉把民革后备干部建设纳入执政党和政府干部培养的整体规划中去；又要负起我们自己的责任，以对社会负责、对多党合作事业和民革事业负责的精神，主动发现、培养、推荐优秀人才，主动了解各级党委的人才培养规划和各类干部的需求状况，及时、有效地把经得起民主评议、公开选拔、选举的优秀后备干部人才推荐出去。

第三，建立和健全后备干部的选拔、培养、使用、管理工作机制，进一步推进民革后备干部队伍建设的制度化、规范化、程序化。

《意见》的内容和各项具体政策措施，都充分体现了加强多党合作和政治协商制度化、规范化和程序化的基本精神。参政党后备干部队伍建设这项重大政治工作，也必须进一步加强制度化、规范化和程序化，在选拔、培养、使用和管理这四个后备干部队伍建设的基本环节上，不断建立和健全一套系统的、有约束力的、可操作性强的制度规范和运行机制，以避免工作中的随意性，避免因领导人的变动或其他原因而时起时落。我们可以看到，一些地方的后备干部队伍建设之所以难以打开局面，或者产生种种矛盾和纷扰，一个重要原因是没有形成或遵守严格的制度，工作机制尚不健全。因此，在后备干部队伍建设的整个过程中，要发扬民主集中制原则，广泛听取各方面意见和情况，反复协商然后做出决定，务求客观、公正，各方认可，特别是在选拔、培养、使用和管理这些基本环节上，必须坚持党管干部和干部分级管理的原则，加强与中共统战部门的沟通。同时，要在工作中不断探索、创新，把经过实践证明是行之有效的、符合参政党特点的好做法、好经验总结起来，固定下来，不断健全和完善我们后备干部队伍建设的制度和工作运行机制。

参政党后备干部队伍建设事关中国共产党领导的多党合作和政治协商制度的长期存在和发展，事关我国政治制度的稳定和社会主义和谐社会的建设，具有十分重大的意义。周恩来同志在上个世纪五十年代就指出："我们党的寿命有多长，民主党派的寿命就有多长，一直要共存到将来社会的发展不需要政党的时候为止。"由此可见，我们的后备干部队伍建设任重道远，使命光荣。为了多党合作事业和民革事业后继有人，代代相传，让我们不辱使命，以更大的政治责任感和使命感，把民革后备干部队伍建设推向一个新的阶段！

开创民革妇女工作新局面*

（2005 年 10 月 11 日）

今年是贯彻落实科学发展观、全面建设小康社会的关键一年，全国人民面临着更加艰巨的改革与发展任务。在推进社会主义现代化建设的进程中，我国始终高度重视发挥妇女作用，积极推动妇女事业的发展，强调了要牢固树立马克思主义妇女观，贯彻男女平等的基本国策。随着经济发展，我国的妇女事业也不断向前推进，妇女的地位有了进一步提高；妇女在政治、经济、文化等领域的权益受到保护，妇女参与政治生活的水平不断提高，妇女工作取得了显著的成就，并且正面临着加快发展的良好机遇。

今年也是我国多党合作事业发展历程中极为重要的一年。中共中央颁发了《中共中央关于进一步加强中国共产党领导的多党合作和政治协商制度建设的意见》，这是我国政治生活中特别是统一战线和多党合作事业中的一件大事，必将对新世纪新阶段的多党合作事业产生深远的影响。中共中央〔1989〕14 号文件

＊ 这是何鲁丽同志 2005 年 10 月 11 日在民革全国妇女工作研讨会上的讲话节录。

颁布 15 年来，我国的多党合作和政治协商制度不断完善和发展。今年中共中央 5 号文件把 15 年来的实践经验上升到理论高度，把成功做法上升为制度，进一步推进我国多党合作和政治协商制度的制度化、规范化、程序化，为民主党派在国家政治生活中发挥作用提供了更加广阔的空间，创造了更加良好的环境和条件。这些都给我们民主党派的妇女工作带来了更多的发展机会，更广泛的服务领域。同时，也是对妇女工作提出的新要求和新挑战。

近年来，民革的妇女工作始终坚持以邓小平理论和"三个代表"重要思想为指导，不断适应新时期统一战线和多党合作发展的需要，围绕参政议政工作的大局开展工作，取得了显著的成绩。各级妇委会充分调动广大女党员的积极性和创造性，组织开展适合女党员的活动，深入调查研究，为参政议政、民主监督做了大量卓有成效的工作。同时，我们在各行各业中从业的女党员，在本职岗位上为国家的科研、教育、卫生、金融、商业、企业等各项事业的发展作出了应有贡献，部分女党员成绩突出，受到各级政府、妇联等的表彰。女党员已成为参政议政和为社会服务中一支不可忽视的重要力量。

为了进一步发挥妇委会的作用，做好今后民革的妇女工作，在这里，我提出几点希望。

一、加强学习，不断提高广大女党员的思想政治素质和参政议政能力。

时代对女性提出了更高的要求。女党员们不论是做好本职工作，还是做好民革的工作，都需要不断学习新知识，增长新本领，提高自身素质，这样才能紧跟时代步伐，顺应迅速变化的形势。一方面，女党员们要增强自我学习的能力，树立"自觉学习、终身学习"的理念，力求做学习型女性；另一方面，民革各级妇委会也要通过各种形式，安排好女党员的学习活动，组织她们学习党和国家有关方针政策、统一战线和多党合作理论、与妇女儿童联系密切的相关知识，从而增强参政党意识，提高理论水平和参政议政工作水平。当前，要把学习中共中央〔2005〕5号文件精神作为首要政治任务，深刻领会文件的精神实质和新的理论观点，把学习贯彻文件精神同学习贯彻"三个代表"重要思想、中共十六大和十六届四中全会精神结合起来。同时，希望大家也要认真学习8月29日胡锦涛同志在纪念联合国第四次世界妇女大会10周年会议上的讲话精神，认清当前我国妇女事业发展的前景。

二、在科学发展观的指导下，创新民革妇女工作的内容，不断扩展工作方式，推动民革妇女工作与时俱进。

作为民主党派的妇女工作，不但要突出"参政党的职能特点"，也要兼顾"妇女的性别特点"。随着新形势的发展，妇女工作的领域不断拓宽，内容也越来越丰富。如何把民革的妇女工作与参政党工作有机结合起来，不断创新工作方式，开创工作的新局面，是各级妇委会今后一段时间里需要不断探索和实践的重要问题。我们一要坚持以与时俱进、开拓创新的精神为指导，推动民主党派妇女工作的发展和不断进步。各地妇委会要把握多党合作事业的新要求、新发展，结合本地区的中心任务，积极主动、有创造性地开展符合民主党派特点的妇女工作。二要不断丰富工作内容，拓展工作方式，改进工作方法，增强妇女工作的针对性和实效性。开展丰富多彩，突出女性特点的活动，鼓励、引导女党员们积极投入到参政议政、民主监督的大局中，发挥她们的特点和优势，为"三个文明"建设和构建社会主义和谐社会服务。

三、加强各级妇委会的自身建设，增强做好新形势下妇女工作的责任感和使命感。

妇委会是联系女党员的桥梁和纽带，各级组织要加强对妇委会工作的重视力度，做好妇委会自身建设工作，不断增强妇委会的凝聚力，发挥应有的作用。

要健全妇委会组织，加强各级妇委会领导班子建设，选拔、配备有能力、肯奉献的女党员担任领导。完善妇委会工作制度，明确工作职责。妇委会要密切同女党员的联系，认真组织女干部座谈、交流联谊会等，协助民革各级组织的组织部门建立和调整女党员人才信息库，加强与当地妇联的联系。

在民革全国参政议政成果汇报会
开幕式上的讲话 *

（2005 年 11 月 1 日）

　　今年的参政议政成果汇报会是在一个非常好的形势下召开的。2 月，中共中央正式颁发了《中共中央关于进一步加强中国共产党领导的多党合作和政治协商制度建设的意见》（中发〔2005〕5 号）。中共中央 5 号文件是以胡锦涛为总书记的中共中央在邓小平理论和"三个代表"重要思想指导下，在国际形势发生新的深刻变化、国内改革发展处于关键阶段的历史条件中，在认真总结历史经验和理论创新成果的基础上制定的，充分体现了中共中央几代领导集体关于多党合作和政治协商的重要理论观点及政策思想。5 号文件与《中共中央关于坚持和完善中国共产党领导的多党合作和政治协商制度的意见》（中发〔1989〕14号）相衔接，在保持各项方针、政策的连续性和稳定性基础上，根据新形势、新任务和新要求，本着高度重视多党合作事业和尊重、维护、照顾同盟者利益的精神，对大力推进多党合作和政治

---

　　* 这是何鲁丽同志 2005 年 11 月 1 日在民革全国参政议政成果汇报会开幕式上的讲话。

协商制度建设，提出了一系列新的理论观点和政策思想，丰富了马克思主义政党理论，反映了中国社会主义政党制度发展的特点和规律，体现了中国共产党和各民主党派、无党派人士的共同愿望，是指导新世纪新阶段中国多党合作事业发展的纲领性文件。5号文件的制定和颁发，推进了中国共产党领导的多党合作和政治协商的制度化、规范化、程序化建设，为中国特色社会主义政党制度的蓬勃发展，为中国共产党与各民主党派、无党派人士的团结合作不断巩固，为参政党进一步搞好自身建设和履行好参政议政、民主监督职能，提供了坚实的制度保障，创造了很好的条件和环境，开辟了一条前景无比光明的道路。民革全体同志一定要认真学习5号文件，更加自觉地坚持和完善中国共产党领导的多党合作和政治协商制度。

10月8日至11日，中国共产党在北京胜利召开十六届五中全会，讨论通过了《中共中央关于制定国民经济和社会发展第十一个五年规划的建议》，对我国未来五年的经济和社会发展作出了全面部署。中共十六届五中全会，是在提前完成"十五"计划主要发展目标的前提下召开的。过去的五年，各地区各部门在邓小平理论、"三个代表"重要思想指导和中共中央的正确领导下，深入贯彻中共十六大和十六届三中、四中全会精神，全面落实科学发展观，加强和改善宏观调控，着力推进改革开放，加快调整经济结构和转变经济增长方式，聚精会神搞建设、一心一意谋发展，使我国的社会主义经济建设、政治建设、文化建设、社会建设取得新进展，经济社会保持良好的发展势头，国家的经济实力、综合国力和国际地位显著提高。"十五"计划确定的主要发展目标提前实现，经济体制改革不断深化，对外贸易迈上新台阶，国家财政收入大幅度增加，价格总水平保持基本稳定，城乡人民生活进一步改善，民族团结不断巩固，各项社会事业取得新进步，社会主义民主政治和精神文明建设继续加强，构建和谐社会的努力正在取得成效。这些都为"十一五"时期的发展奠定了良好基础，使我们站在了一个新的历史起点上。不久前神舟六号载人航天飞行的圆满成功，充分体现了中国人民勇攀世界科技高峰的进取精神，体现了中国人民伟大的创造力和创新精神，体现了中国的综合国力、经济活力和国际竞争力，振民心，扬国威，每一个华夏儿女都无不为之自豪和骄傲。

今年，民革全党以思想建设为核心，以组织建设为基础，以制度建设为保障，在建设适应新世纪新阶段要求的高素质参政党这一工作中继续取得了新成绩。年初以来，我们在深入学习领会中共中央5号文件精神的基础上，本着搞好政治交接的原则，认真总结了去年开展基层组织建设的经验，着眼于明年就要开始进行的民革各级领导班子换届工作，开展了以加强民革后备干部队伍建设为重点的组织建设工作，制定了《民革中央关于加强民革后备干部队伍建设的意见》，并在这方面取得了一定的进展。与此同时，各级组织以中共中央5号文件精神为指导，全面开展思想建设、组织建设和制度建设，使民革的各项工作都有了一个较为明显的进步，为我们全面做好新世纪新阶段的参政议政工作，打下了一个良好的基础。

目前的形势给我们的参政议政工作提供了新的机遇和广阔的空间，为我们全面做好参政议政工作创造了有利的条件。在这次会上，朱培康副主席还要对民革一年来的参政议政工作进行总结，并对明年的工作进行布置。

下面，我对如何在新形势下做好民革的参政议政工作谈几点意见：

一、充分认识科学发展观的重要指导意义，坚持以科学发展观来指导我们的参政议政工作。坚持以人为本，全面、协调、可持续的科学发展观，是以胡锦涛同志为总书记的中共中央从新世纪新阶段国家发展全局出发提出的重大战略思想。它是指导发展的世界观和方法论的集中体现，是中国共产党坚持解放思想、实事求是、与时俱进、理论创新的重大成果，是社会主义现代化建设指导思想的重大发展，是全面建设小康社会、构建社会主义和谐社会的必然要求。这一与时俱进的马克思主义发展观，为我们妥善应对和解决经济社会发展中的诸多矛盾提供了重要的指导思想和工作基本原则，对于我们正确认识和把握经济社会发展全局，审时度势，因势利导，顺利实现全面建设小康社会的宏伟目标，不断开创中国特色社会主义事业新局面，有着十分重要的指导意义。民革全体同志一定要牢固树立和认真贯彻科学发展观，充分认识科学发展观的基本内涵、精神实质和对于建设中国特色社会主义事业的重大意义，把思想统一到科学发展观上来，自觉在参政议政、民主监督实践中运用科学发展观的理论和原则来指导我们的工作。

二、进一步深入学习《中共中央关于进一步加强中国共产党领导的多党合作和政治协商制度建设的意见》，深刻领会其精神实质，全面加强自身建设。中共中央5号文件是指导新世纪新阶段多党合作事业发展的纲领，也是指导民主党派发展、进步的纲领，学习好、领会好其精神实质，对于民主党派加强自身建设，全面做好参政议政、民主监督工作，有着十分重大的意义。

我们要通过认真学习，准确领会 5 号文件的重点、实质和核心，进一步坚定走中国特色社会主义政治发展道路的信心与决心，更加自觉地坚持和完善中国共产党领导的多党合作和政治协商制度。同时，在文件精神的指导下，民革各级组织要全面做好以思想建设为核心、以组织建设为基础、以制度建设为保障的各项自身建设，努力提高各级领导班子及其领导成员的政治把握能力、参政议政能力、组织领导能力、合作共事能力。只有这样，我们才能适应新的历史条件下多党合作制度发展的需要，做好参政议政工作。5 号文件提出，发展是中国共产党执政兴国的第一要务，也是各民主党派参政议政的第一要务。我们在参政议政工作实践中，要牢牢把握发展这个根本任务，紧紧围绕经济建设这个中心，自觉服务改革、发展、稳定大局，把各方面的智慧、力量凝聚到实现全面建设小康社会和构建社会主义和谐社会这个目标上来，为促进社会主义物质文明、政治文明、精神文明的协调发展和人的全面发展，实现中华民族的伟大复兴，作出我们的更大贡献。

三、认真学习贯彻和全面把握中共十六届五中全会精神，明确任务，坚定信心，为未来五年的参政议政工作打下一个坚实的基础。中共十六届五中全会，是在我国抓住机遇、加快发展的关键时期召开的一次具有重大意义的历史性会议。全会通过的《中共中央关于制定国民经济和社会发展第十一个五年规划的建议》，以科学发展观统领经济社会发展全局，站在历史的新高度，从战略全局出发，制定和描绘了我国在新世纪第二个五年期间经济社会发展的宏伟蓝图。《建议》综合考虑未来五年我国发展的趋势和条件，提出了"十一五"时期包括经济增长、质量效益、自主创新、社会发展、改革开放、教育科学、资源环境、人民生活和民主法制等方面在内的经济社会发展目标，确定了我国下一个五年经济社会发展的指导方针、奋斗目标、主要任务和重大举措，明确提出了今后五年经济社会发展和改革开放的主要任务。《建议》为"十一五"时期规划的奋斗目标和主要任务，符合我国国情，顺应时代要求，反映人民愿望，必将进一步加快推进我国改革开放和社会主义现代化建设。深刻领会、准确理解全会精神，明确"十一五"规划所提出的各项主要任务，是做好明年及未来五年参政议政工作的关键。民革全体同志要认真学习领会中共十六届五中全会精神，全面把握我国经济社会发展所面临的形势与任务，把思想、行动统一到全会精神和中共中央对形势的科学判断上来，把智慧和力量凝聚到实现"十一五"规划确定的目标、任务上来，紧紧围绕"十一五"时期的主要任务，围绕经济社会发展中的重大问题，在以人为本，全面、协调、可持续的科学发展观指导下，结合民革实际和自身的优势、特点，进一步履行好参政议政、民主监督的参政党职能，为明年"十一五"规划开好局，为"十一五"规划的全面实现，贡献我们的力量。

四、解放思想，实事求是，与时俱进，勇于创新，把民革的参政议政工作推上一个新的台阶。参政议政是民主党派的重要职能，是民主党派与中国共产党共同建设中国特色社会主义的主要工作形式。因此，做好参政议政工作，对于民主党派有着十分重要的意义。过去几年，我们民革的参政议政工作取得了一些成绩，有了一些成功经验。然而，与新时期、新任务对我们的要求相比，我们的工作还有相当的差距，还需要进一步的提高。要提高参政议政工作的质量与水平，就必须始终把学习摆在重要位置上，把握好时代特征与中国国情，把握好政治协商、参政议政、民主监督的内容与形式，不断充实参政议政内容，提高工作质量和水平，扩大民革参政议政的影响。民革全党特别是各级领导干部，都要增强机遇意识、大局意识，正确认识形势，努力提高贯彻科学发展观的能力，提高思想、理论、政策水平，提高务实创新的能力，增强为国家经济社会发展服务的本领。另外，在参政议政实践中，要注意充分调动民革全党同志的积极性、主动性，认真总结参政议政实践的经验，把握规律，研究新问题新情况，健全制度，创新工作思路、工作渠道与工作形式，使参政议政机制更加完善，参政议政成果更加突出。还要注意把参政议政人才的培养放在突出位置上，把组织发展工作，后备干部选拔培养工作，同参政议政工作有机结合起来，大力加强参政议政的队伍建设，推动民革参政议政工作不断前进。

纪念李济深*

（2005 年 12 月 15 日）

今年是中国国民党革命委员会第一任主席李济深[1]先生诞辰 120 周年，我们在这里集会，以举行《李济深全传》、《李济深画传》出版座谈会的形式纪念他。我代表全国人大和民革全体党员向我们民革前辈领导人李济深先生表示深切的怀念和崇高的敬意，向李济深先生的家属表示亲切的问候，对《李济深全传》、《李济深画传》的出版表示热烈的祝贺！

李济深先生是著名的爱国民主人士，中国国民党革命委员会卓越的创始人和领导人。他以毕生精力致力于中华民族的振兴事业，为近代中华民族的两大历史进程——辛亥革命、新中国成立作出了积极的贡献。他经历坎坷，面对时代的挑战始终坚定不移，表现出非凡的智慧、力量和道德勇气。李济深先生出生于19 世纪末，国家深重的灾难，民族深刻的危机，使他从青年时就产生了强烈的使命感。他痛恨帝国主义对中国的疯狂侵略，痛恨满清政府的腐败无能、丧权辱国。军事救国，是他最初的选

择。辛亥革命爆发，李济深先生满怀希望地南下，投身孙中山先生领导的北伐军，参加了迫使清帝退位、推翻封建帝制的辛亥革命。然而，革命的果实落入大大小小的军阀手中，帝国主义依旧在中国横行霸道。李济深先生以百折不挠的精神求索救国之道，曾穷尽书林，借鉴中西兴国之策，直到他了解了孙中山先生的三民主义才豁然开朗。

1921 年，他再次南下追随孙中山先生，以铲除军阀、统一全国，实行民主政治为己任。他以卓越的军事指挥才能，先后平叛广东军阀陈炯明，出任西江善后督办，成为孙中山先生麾下的名将。他兼具政治家的智慧、军事家的战略，在广西吸纳革命力量，扫平境内军阀，使两广成为孙中山革命政权的根据地。他赞同孙中山先生改组国民党，实行联俄、联共、扶助农工的三大政策，先后出任黄埔军校教练部主任、副校长；他努力促成国民革命军北伐，担任过北伐军的总参谋长、第四军军长和北伐军后方留守总司令；他运筹帷幄，参与制定了"集中兵力、各个击破"的北伐战略方针；他大智大勇，指挥广东 7 个警备区，保证后方根据地的安全、保证北伐军的军需补给。北伐后，李济深先生出任中央政治委员会广州分会主席，管辖两广、福建，威望日重。孙中山先生逝世后，北伐虽然成功，旧军阀倒了，而蒋介石利用手中的权力实行独裁统治又成为中国最大的新军阀。1929 年，蒋介石为达到铲除异己的目的，以"湘案"为借口，将李济深先生囚禁于汤山。李济深先生善于思考，在挫折和困难中，他认识到，单纯军事救国的努力，只会成为野心家实行独裁政治的砝码，政治是统帅、是灵魂，只有实行民主政治才是救国的根本。从此，他致力于中国的民主宪政。1931 年，我国东北三省沦陷，李济深先生反对蒋介石"攘外必先安内"的反动政策，主张坚决打击日本侵略者。他激于爱国义愤，支持蒋光鼐、蔡廷锴率领十九路军在上海打响正面抵抗的第一场战斗。淞沪抗战后，蒋介石调十九路军到福建"围剿"红军。李济深先生与十九路军集结国民党民主派，主动同中国共产党联系，签订合作抗日协定，成立福建人民革命政府，毅然举起反蒋抗日的旗帜。福建事变失败后，李济深先生在香港组织中华民族革命同盟，继续从事反蒋抗日活动。李济深先生政治上敏锐，富于远见卓识。在历史转折的年代里，他逐渐认识到，中国共产党才是抗日救国的中流砥柱。1936 年，中共中央发出通电，主张成立抗日民族统一战线。李济深先生积极响应，他致电南京国民政府，要求实行团结抗日。

1937 年，抗日战争全面爆发，蒋介石迫于国内外舆论压力，电邀李济深先生到南京共赴国难。李济深先生心胸宽阔，为了民族大义捐弃前嫌，与蒋介石合作。他致函蒋介石，主张邀请毛泽东、周恩来、冯玉祥等参加组织最高国防委员会，共负抗战大责；他告诫蒋介石，必须坚持抗战、实行民主。武汉沦陷后，蒋介石请李济深先生出任国民政府战地党政委员会副主任。李济深先生主张用人不分党派，邀请周恩来、张友渔等担任该会政治委员和设计委员，开展抗日民主活动。1940 年，他出任军事委员会桂林办公厅主任。虽然这是个无指挥权、无军队的机构，但李济深先生在国民党军队和政界中都享有很高的声望。他利用这个职位和声望，坚持抗战、坚持团结，真诚地与中国共产党合作。皖南事变后，他积极联络国民党内部的爱国民主力量，维护国共合作，支持抗日民主运动，对共产党员及爱国民主人士多方保护。抗战胜利后，全国人民都渴盼和平、渴望实行民主政治，而蒋介石于1946年撕毁政协决议，向解放区发动进攻，再次把人民置于战火之中。李济深先生领导国民党民主派组织中国国民党民主促进会，继续同中国共产党合作，在极其困难的条件下开展反对蒋介石内战独裁、争取和平民主的斗争。面对残暴的国民党特务，他毫不畏惧，多次发表声明、谈话和文章，从民族大义和人民利益出发，揭露和谴责国民党当局的倒行逆施。

1947年冬，革命形势迅猛发展，李济深先生联合三民主义同志联合会、中国国民党民主促进会和国民党其他爱国民主人士的代表，在香港召开中国国民党民主派第一次联合代表大会。1948年1月，成立了中国国民党革命委员会。会上，李济深先生当选为主席。在民革的成立宣言中明确提出："推翻蒋介石卖国独裁政权，实现中国独立、民主与和平"。当人民解放战争迅速展开时，李济深先生领导民革积极配合，大力开展革命宣传和策反工作，为打倒蒋介石、解放全中国作出了重要贡献。1948年，为召开新政治协商会议，成立联合政府，中共中央发布"五一"口号。李济深先生代表民革和其他民主党派、无党派人士一起联名致电中共中央表示热烈响应。

1949年，他参加了新政治协商会议的筹备，为新中国的创立做了大量的工作。在人民政协第一届全体会议上，他当选为中央人民政府副主席、政协全国委员会副主席。10月1日，他作为国家领导人出席了开国大典。

1954年，在第一届全国人民代表大会上，他当选为全国人大常委会副委员长。他带领民革接受中国共产党的领导，拥护社会主义。他同中国共产党亲密合作，动员和团结原国民党及与国民党有历史关系的人士，参加社会主义建设。他为制定国家大政方针，推进社会主义事业尽心尽力；为巩固和扩大爱国统一战线，促进祖国统一，增强同各国人民的友谊作出奉献，他是共和国初期享有声望的领导人之一。

李济深先生的一生，伴随了中华民族从危机中艰难自救的过程。由于他具有强烈的爱国情怀、执着的救国理念，所以在错综复杂的历史环境中，能够不断调整方向，顺应时代潮流，为中华民族的独立和解放作出自己的贡献。《李济深全传》、《李济深画传》的出版是对李济深先生最好的纪念。这两部书，翔实地记录了李济深先生的爱国、革命和不断进步的一生。特别是《李济深画传》，在李济深先生家属的努力查找收集下，在各有关单位的大力支持下，编入了大量的鲜为人知的历史图片和资料，真实形象地向我们展示了李济深先生在中华民族艰难曲折的进程中不屈不挠的救国事迹，是李济深先生一生真实的写照。《李济深画传》融生动的文字传记、珍贵的历史照片、资料为一体，形式新颖、资料丰富，是教育启迪当代人，更好地弘扬中华民族精神的好教材。我相信，这两部书的出版，对于广大读者了解认识李济深先生在近现代史的奋斗历程和突出贡献，定能发挥其应有的作用。李济深先生光辉的一生、高尚的品格、无私奉献的精神，永远值得我们学习！

注　释

〔1〕李济深（1885—1959），中国爱国民主人士。字任潮，广西苍梧人。北京陆军大学毕业。曾任粤军第一师代理师长，国民革命军第四军军长、总司令部留守主任，广东省政府主席、国民党中央政治委员会广东分会主席、黄埔军校副校长，总揽广东党政军大权。1927年参加广州四一五大屠杀。1929年联合桂系李宗仁等反蒋，被蒋软禁于南京汤山。1931年始获自由。1933年11月与陈铭枢等在福州成立抗日反蒋的中华共和国人民革命政府，任主席兼军委主席。1935年在香港创建中华民族革命同盟，任中央委员会主席。抗日战争爆发后，响应中国共产党一致抗日的号召，反对国民党政府的反共政策。解放战争时期，反对蒋介石发动内战和实行独裁，1948年1月发起成立中国国民党革命委员会，任主席。1949年出席全国政协第一届全体会议。后任中央人民政府副主席、全国人大常委会副委员长、全国政协副主席、民革中央主席。

积极推进民革社会服务工作*

（2005 年 12 月 21 日）

　　这次民革全国社会服务工作经验交流暨表彰会是在第十个五年计划胜利完成、新的五年规划就要开始的重要时刻召开的，对于进一步加强民革社会服务工作具有重要意义。

　　民革作为与中国共产党亲密合作、共同致力于建设中国特色社会主义的参政党，自觉地根据中国共产党工作重心的转移，适时地制定了"以服务社会主义现代化建设为中心，以促进祖国和平统一为重点"的工作方针，极大地调动和激发了广大党员及所联系群众的积极性和创造性。经过 20 多年不断开拓创新，社会服务工作的内容已较丰富，在智力支边、兴教办学、举办书画社、开展"三下乡"活动、利用联系广泛的优势招商引资为地方经济建设作贡献方面，取得了显著成绩。我们通过智力支边扶贫，为国家消除贫困、落实"八七扶贫攻坚计划"贡献了力量；通过办学，为国家建设培养了一大批各类人才；通过书画活动，弘扬了优秀的传统文化，加强了海内外交流，促进了精神文

---

　　* 这是何鲁丽同志 2005 年 12 月 21 日在民革全国社会服务工作经验交流暨表彰会上的讲话节录。

明建设；开展"三下乡"活动，努力增强农民的科技、法律意识，丰富农村文化生活，为农民解决了一些实际困难；通过招商引资，为促进地方经济建设出力；民革党员所办的企业，为发展地方经济，扩大就业和安置下岗职工，维护社会稳定作出了贡献；深入社区开展服务工作，为构建和谐社会作了有益的尝试。

民革各级组织和广大党员，在社会服务工作中的感人事迹和敬业奉献精神，许多报刊有过报道。这次评选出来的先进集体和先进个人，是这种精神和事迹的又一次展示。成绩的取得，是广大民革党员、社会联系人士，包括海外的朋友们，怀着振兴中华的热忱，积极贡献自己的智慧和力量的结果。在此，我代表民革中央向你们并通过你们向为民革社会服务工作尽心尽力的同志和朋友表示崇高的敬意！

民革开展的社会服务工作，始终得到了中共各级党委和政府的关心和支持，也得到了中共中央的充分肯定。胡锦涛同志在2002年12月冒雪走访各民主党派中央和全国工商联机关时指出："要继续坚持和发扬中国共产党和各民主党派在长期团结奋斗中形成的亲密合作的优良传统，更好地发挥我国社会主义制度的特点和优势。"在民革中央，胡锦涛同志特别指出："民革具有爱国、革命的光荣历史，是中国共产党久经考验的亲密友党。长期以来，民革同我们党团结合作，建立了深厚的革命情谊，为我国的革命、建设和改革事业作出了重要贡献。""民革动员广大成员积极开展支边扶贫、办学讲学和咨询服务等多种形式的活动，为促进经济发展和社会全面进步作出了积极的贡献。"胡锦涛同志的讲话给我们极大激励，为我们进一步做好社会服务工作指明了方向。

　　社会服务工作是一项开创性工作。民主党派围绕党和国家的中心任务开展各种形式的社会服务工作，为推进社会主义经济、政治、文化和社会建设贡献力量。通过开展社会服务工作，我们宣传了党和国家的方针政策，增强了对党和国家方针、政策的理解；宣传了中国共产党领导的多党合作和政治协商制度的优越性，让社会各界对中国政党制度有了进一步了解；拓宽了参政党的工作领域，使我们的广大党员在深入社会、服务社会的过程中了解国情、体察民意，接受教育，发挥才能，经受锻炼，提高了自身的素质；丰富基层组织的活动内容，增强了组织的活力和凝聚力；密切和社会的联系，扩大了民革的社会影响，受到好评。

　　社会服务工作是参政党履行职能的一项重要工作。民革中央和各级地方组织在社会服务工作中发现问题，组织调研，向党和政府有关部门提出很多重要提案和建议，对当地的经济建设和社会发展起了积极的推动作用，为人民群众解决了许多实际问题和困难。

　　我国改革发展正处在关键阶段，民革的社会服务工作要在新世纪新阶段有新的发展。第一，必须认真学习贯彻《中共中央关于进一步加强中国共产党领导的多党合作和政治协商制度建设的意见》，深刻领会其精神实质，全面加强自身建设。5号文件是以胡锦涛同志为总书记的中共中央在邓小平理论和"三个代表"重要思想指导下，在国际形势发生新变化、国内改革发展处于关键阶段的历史条件下，在认真总结历史经验和理论创新成果的基础上制定的，充分体现了中共中央几代领导集体关于中国共产党领导的多党合作和政治协商制度的重要理论观点和政策思想。通过学习，我们要准确领会文件的重点、实质和核心，更加自觉地接受共产党的领导，坚持和完善中国共产党领导的多党合作和政治协商制度。

第二，牢记发展是中国共产党执政兴国的第一要务，也是参政党履行职能的第一要务。我们在社会服务工作的实践活动中，要牢牢把握发展这个根本任务，紧紧围绕经济建设这个中心，自觉服务改革、发展、稳定大局，把各方面的智慧、力量凝聚到全面建设小康社会和构建社会主义和谐社会这个目标上来，为实现中华民族的伟大复兴作出我们更大的贡献。

第三，要认真学习贯彻中共十六届五中全会精神。胡锦涛同志在11月22日召开的党外人士座谈会上指出，中共十六届五中全会描绘的宏伟蓝图要变成美好的现实，需要各民主党派、工商联和无党派人士等统一战线广大成员发挥优势、献计出力。民革的全体同志，要认真学习、深刻领会《中共中央关于制定国民经济和社会发展第十一个五年规划的建议》的精神实质，全面把握我国经济和社会发展所面临的形势和任务，把思想和行动统一到全会精神和中共中央对形势的科学判断上来，把智慧和力量凝聚到实现"十一五"规划所确定的目标、任务上来。最重要的就是要用以人为本、全面、协调可持续的科学发展观统领经济社会发展的全局，把科学发展观切实贯穿于经济社会发展的各个方面。全面建设小康社会的过程，就是全面落实科学发展观的一个过程，为民主党派在新时期开展社会服务工作提供了更加广阔的舞台和空间。我们可以在为促进民族团结进步、缩小东西部地区发展差距、促进区域协调发展方面，在为"三农"服务、智力支边扶贫、建设社会主义新农村、建设文明和谐社区等方面，发挥人才荟萃、联系广泛的优势，调动一切可以调动的因素，结合民革的实际情况进一步做好社会服务工作。

第四，各级领导同志要充分认识开展社会服务工作的重要意义，要加强对社会服务工作的领导和组织工作。社会服务工作是民主党派的主要工作职能之一，是参政议政的延伸和拓展，是民主党派参政议政工作的重要实践活动，也是我们服务国家经济建设和社会发展的实际行动，在推进社会主义和谐社会建设方面可以发挥独特的作用。我们要在发扬成绩、总结经验的基础上，不断开拓社会服务工作的新形式、新方法、新途径。

在开展社会服务工作的过程中，我们要把维护社会稳定作为自己的重要职责。要积极反映社情民意，多做统一思想，凝聚人心，理顺情绪，化解矛盾，协调关系的工作，要在弘扬优秀民族文化，推动公民道德建设，加强对青少年教育等方面作出我们应有的贡献。

前不久在庆祝神舟六号载人航天飞行圆满成功的大会上，胡锦涛同志发表了重要讲话，高度评价我国在载人航天事业上取得的巨大成就，全面阐述了载人航天精神的深刻思想内涵，号召全社会大力弘扬载人航天精神。民革全体党员一定要认真学习、坚决贯彻胡锦涛同志的重要讲话精神，要凝聚全党的智慧和力量，把载人航天精神转化为我们做好各项工作的实际行动。

自觉坚持和维护多党合作制度
大力加强参政党建设[*]

（2005 年 12 月 24 日）

2005 年 2 月，以胡锦涛同志为总书记的中共中央在邓小平理论和"三个代表"重要思想指导下，着眼于社会主义政治文明建设，为促进中国共产党领导的多党合作进一步制度化、规范化、程序化，制定并颁发了《中共中央关于进一步加强中国共产党领导的多党合作和政治协商制度建设的意见》。作为指导新世纪新阶段中国多党合作事业的纲领性文件，《意见》的重点是加强多党合作和政治协商的制度化、规范化、程序化，实质是推进社会主义政治文明建设，核心是坚持走中国特色社会主义政治发展道路，充分体现了中共中央几代领导集体关于多党合作和政治协商的重要理论观点及政策思想，反映了社会主义政党制度发展的特点和规律，体现了中国共产党和各民主党派、无党派人士的共同愿望。

中国共产党领导的多党合作和政治协商制度，从确立以来，已历经了半个多世纪的发展。半个多世纪的实践证明，深深植根

---

* 这是何鲁丽同志为《中国的参政党》一书所作的序。

于革命、建设、改革实践中的这一中国特色社会主义政治制度和政党制度，充分体现了人民当家作主的社会主义民主本质，符合中国的国情，符合中国特色社会主义事业的发展要求，符合中国各族人民的共同意愿和根本利益，有利于扩大公民有序的政治参与，有利于畅通社会利益表达渠道，有利于促进社会主义政治文明建设，具有鲜明的中国特色和强大的生命力，为当今世界独有的一项政党制度。以"共产党领导、多党派合作，共产党执政、多党派参政"为显著特征的这一政治制度和政党制度，强调以协商、合作代替竞争、冲突，很好地将共产党领导与多党派合作有机地结合在一起，实现了集中统一领导与广泛政治参与的统一，国家稳定与社会进步的统一，充满活力与富有效率的统一。

《中共中央关于进一步加强中国共产党领导的多党合作和政治协商制度建设的意见》强调指出："在新的历史条件下，发展社会主义民主政治、建设社会主义政治文明，其中一个重要方面就是坚持和完善中国共产党领导的多党合作和政治协商制度，扩大各界人士有序的政治参与，拓宽社会利益表达渠道，促进社会和谐发展，实现中国共产党的领导、人民当家作主和依法治国的有机统一。"作为共同建设中国特色社会主义事业的参政党，在中国共产党的领导下，更好地坚持和完善多党合作和政治协商制度，进一步发展社会主义民主政治和建设社会主义政治文明，是民主党派义不容辞的职责。21世纪初的中国，高举马克思列宁主义、毛泽东思想、邓小平理论和"三个代表"重要思想伟大旗帜，依循科学发展观的统领，实现推进现代化建设、完成祖国统一、维护世界和平与促进共同发展这三大历史性任务，在中国特色社会主义道路上实现中华民族的伟大复兴，已经成为广大中华儿女殷切期盼并为之不懈奋斗的宏伟大业。民主党派要想在这个奋斗过程中，为中国特色社会主义建设事业和中华民族伟大复兴作出更多、更大的贡献，就必须在社会发展多样化、社会结构复杂化、利益群体多元化的现实面前，在中国共产党的领导、支持和帮助下，进一步加强自身建设，真正把自己建设成为适应新世纪新阶段要求的高素质参政党。

要把自己真正建设成为适应新世纪新阶段要求的高素质参政党，就应该很好地总结半个多世纪来民主党派在中国共产党领导下共同发展和完善多党合作制度的历史经验。中国各民主党派从成立之日起，就开始了与中国共产党的合作。在新民主主义革命中，各民主党派从革命斗争实践中逐步认识到，要完成中国的民主革命，建立起一个独立、自由、富强的新中国，只有依靠中国共产党的领导。在这一思想引导下，中国各民主党派从此走上了自觉接受中国共产党领导、与中国共产党亲密合作的道路，并且与中国共产党一起，创立了中国共产党领导的多党合作和政治协商制度。之后，又在中国共产党的领导下，在多党合作和政治协商制度的框架之内，与中国共产党"长期共存、互相监督、肝胆相照、荣辱与共"，为社会主义建设和多党合作事业共同奋斗，成为了接受中国共产党领导、同中国共产党通力合作的亲密友党，成为了进步性与广泛性相统一、致力于中国特色社会主义事业的参政党。在《中共中央关于进一步加强中国共产党领导的多党合作和政治协商制度建设的意见》精神指导下，很好地总结这半个多世纪中国多党合作和政治协商制度发展的历史，很好地总结这半个多世纪各民主党派与中国共产党亲密合作的经验，很好地总结这半个多世纪民主党派自身建设的得失，对于正

在紧密结合中国迅速变化着的实际，从社会发展规律、社会主义
建设规律以及参政党建设规律出发，建设一个高素质参政党的各
民主党派来说，有着十分重要的现实意义。另外，积极宣传中国
共产党领导的多党合作和政治协商制度，积极宣传参政党的理论
与实践，让更多的人了解中国特色社会主义的政治制度与政党制
度，了解中国的参政党，也是中国各民主党派的一个重要任务。
出于这样的考虑，我们组织编写了这本《中国的参政党》。

　　《中国的参政党》一书的编写，是我们初步总结半个多世纪
多党合作和政治协商制度的发展过程，初步总结中国民主党派的
自身建设实践，以及向广大读者介绍中国特色社会主义政治制度
与政党制度、介绍中国参政党的一种尝试。希望有更多的人来关
注、研究多党合作的理论与实践，从而更好地指导新世纪新阶段
的参政党建设，不断推动中国共产党领导的多党合作事业健康
发展。

在民革换届工作会议上的总结讲话*

（2006 年 4 月 5 日）

本次会议议题集中，任务明确，大家通过听取和学习童傅同志的报告，提高了认识，统一了思想，分析了各省的基本情况，明确了任务。会议期间，与会同志围绕如何做好换届工作进行了讨论和研究，形成了共识，概括起来，有以下几点：

第一，提高了对做好换届工作重要性和紧迫性的认识。大家充分认识到，这次换届在新世纪国际国内大背景下进行，对于不断巩固和发展中国共产党领导的多党合作和政治协商制度，发展社会主义民主政治，推进社会主义政治文明，具有重大意义；充分认识到，这次换届对于民革进一步加强自身建设，更好地发挥参政党作用，实现民革自身可持续发展，具有重大而深远的意义。因此，从中央到地方，都要从全局和战略的高度，深刻认识和理解做好换届工作的重要性和紧迫性。同志们在发言和讨论中都表达了做好换届工作的信心和决心，这为我们顺利完成换届任务打下了良好的基础。

第二，对这次换届工作的指导思想形成了共识：换届要坚持

---

* 这是何鲁丽同志 2006 年 4 月 5 日在民革换届工作会议上的总结讲话。

以邓小平理论和"三个代表"重要思想为指导，全面提高领导班子的政治素质，坚持走中国特色社会主义政治发展道路。

这次换届是在我国经济和社会发展站在"十一五"新起点，全面建设小康社会进入承上启下新的发展阶段进行的。要坚持以邓小平理论和"三个代表"重要思想为指导，坚持正确的政治方向和政治标准，着眼于坚持和完善中国共产党领导的多党合作和政治协商制度；坚定不移地走中国特色政治发展道路，严把政治关，切实搞好换届工作。只有这样，我们才能更加自觉地接受中国共产党的领导，形成政治坚定、朝气蓬勃、奋发有为的新一届领导班子，与时俱进，以更高的水平履行参政党职能；带领全体党员齐心协力为完成"十一五"时期的各项任务，奋力推进全面建设小康社会的宏伟事业，作出新的贡献。

第三，明确了换届工作的任务。童傅同志的报告对做好民革换届工作的意义、原则、步骤作了具体说明，提出了明确的任务和具体的要求，指导性、操作性都很强。同志们围绕童傅同志的报告进行了深入的研究和讨论，在分组讨论中围绕报告提出了学习贯彻的意见和建议。各省级组织要结合自身实际，认真贯彻落实。通过本次会议，换届工作的主要任务和具体要求已经明确，关键在于落实。

在这里，我就贯彻本次会议精神和做好换届工作再谈几点要求。

第一，按照中共中央 2005 年 5 号文件的要求，加强民革自身建设，全面提高领导班子的政治素质。

中共中央 2005 年 5 号文件，以邓小平理论和"三个代表"重要思想为指导，贯穿加强和改善中国共产党的领导与发扬社会主义民主两条主线，在认真总结多党合作和政治协商的理论成果和成功经验的基础上，从充分体现发挥民主党派作用和加强参政党建设两个方面，着力推进多党合作和政治协商制度建设，提出了一系列新的理论观点和政策措施，是新世纪新阶段指导我国多党合作和政治协商制度发展的纲领性文件，对民主党派加强自身建设具有重要指导意义。中共中央 2005 年 5 号文件明确提出要按照参政党建设的目标和原则，支持民主党派加强自身建设。在今年 1 月 24 日中共中央举行的党外人士迎春座谈会上，胡锦涛总书记就加强多党合作提出的四点希望中也提出，要"着眼于巩固民主团结的政治局面，为社会主义民主政治建设献计出力。要坚定不移地走中国特色政治发展道路，根据各民主党派章程规定的参政党建设目标和原则，坚持以思想建设为核心，以组织建设为基础，以制度建设为保障，全面加强自身建设，全面履行参政党职能，不断提高参政议政、民主监督的能力和水平"。这次换届是民革自身建设的一件大事。要按照中共中央 2005 年 5 号文件和胡锦涛总书记的要求，全面推进民革的自身建设，提高领导班子的政治素质，最根本的就是，要使广大党员和干部提高接受中国共产党领导的自觉性，充分认识中国特色政党制度的合理性和优越性，深刻认识坚持和完善中国共产党领导的多党合作和政治协商制度是发展社会主义民主政治、建设社会主义政治文明的必然要求和重要内容，也是构建社会主义和谐社会的政治保障。要始终不渝地遵循多党合作的六条重要政治准则，把这次换届作为学习贯彻六条准则的过程，将六条重要政治准则贯穿于换届工作的始终，保证民革的自身建设沿着正确的政治方向发展。

最近，《中共中央关于加强人民政协工作的意见》颁布实施。这既为各民主党派在人民政协发挥参政党作用提供了广阔空间和制度保障，也对民主党派的工作提出了新的要求。民革要将学习《中共中央关于加强人民政协工作的意见》精神同学习中共中央 2005 年 5 号文件精神结合起来，全面把握精神实质，用以指导实践、推动工作，不断提高履行参政党职能的能力，为巩固和发展中国共产党领导的多党合作和政治协商制度，推进人民政协事业发展和社会主义政治文明建设，构建社会主义和谐社会，作出参政党应有的贡献。

第二，认真学习贯彻民革章程，切实推进制度建设。

民革章程是规范和约束全党行为的总章程，对民革的政治纲领、指导思想、组织原则、组织制度、工作程序等都作了明确规定，集中体现了全党的整体意志，为全党统一思想、统一行动提供了根本准则和依据，在民革党内具有最高的权威性和最强的约束力。我们要深刻认识学习贯彻民革章程的重要意义，全党同志都要自觉按照章程行动，要把学习贯彻民革章程作为民革全党的一项重要任务长抓不懈。这次换届的过程也是我们学习贯彻民革章程的过程。要通过学习民革章程，切实加强制度建设，为推进民革工作提供制度保障。民革章程为加强民革各项工作的制度化、规范化、程序化建设提供了依据。制度带有根本性、全局性、稳定性和长期性。没有完备的制度建设，民革就不可能成长为成熟的参政党，也不可能担负起参政党的时代重任。领导干部要做自觉遵守和执行制度的表率，在全党形成良好的风气。

民主集中制是民革的根本组织制度和领导制度，坚持民主集中制是民革制度建设的重点，特别是在换届工作中更要严格执行民主集中制。集体领导是贯彻民主集中制的关键环节。凡是重大问题，都要按照"集体领导、民主集中、个别酝酿、会议决定"的民主程序由集体讨论决定，不能由个人一锤定音。要按照少数服从多数的原则作出决策。要注重运用谈心、民主生活会、批评与自我批评等方式，在民革内部形成民主环境，在换届工作中建立和完善民主推荐、测评、评议等机制，形成制度。用制度来规范换届的各项工作和活动，确保民革省级组织换届的平稳顺利。

第三，发扬优良传统，搞好新老交替和政治交接，全面推进组织建设。

这次换届是对民革组织建设的一次重大考验和全面检查。要把做好换届工作作为重要契机，加大组织建设力度。做好新老交替和政治交接是民革组织建设的重中之重，是一项随着时代发展必须持之以恒的政治任务。政治交接的核心是要坚持走中国特色政治发展道路，使民革老一辈在长期革命、建设和改革实践中形成的坚持中国共产党领导、与中国共产党亲密合作的优良传统和报效国家、无私奉献的高尚风范薪火相传、发扬光大，保证多党合作事业得到巩固和发展。因此，要以政治交接为着眼点来实现人事上的新老交替，确保民革的优良传统能够代代相传，民革的事业能够继续推进。

半个多世纪以来，民革作为中国共产党的亲密友党，始终同中国共产党风雨同舟、肝胆相照、密切合作，为多党合作事业和国家经济社会的发展作出了应有的贡献。进入新世纪，民革的党员队伍进一步发展壮大。民革新一代党员，大多在建国后出生，与新中国一起成长，接受过比较系统的社会主义教育，有较好的思想基础和政治素质，朝气蓬勃、专业知识丰富，具有开拓精神。他们的显著特点是：更加关注自我价值的实现，价值取向多元化，行为灵活务实，重独立思考，但由于没有经历旧中国和新中国的鲜明对比，对民革与共产党风雨同舟的合作传统缺乏切身的体验和实践。个别同志对西方民主、西方政党制度和我们国家的政治制度、政党制度的缘起、历史演变、具体运作过程缺乏全面的认知；一些同志长年在自己的专业技术岗位上工作，对具体的国情往往了解不够，缺乏行政阅历和管理实践，政治辨别和政治把握能力以及领导和组织协调能力有待进一步提高，需要对他们加强政治引导和组织协调能力的培养。这些都要求我们必须适应新的形势，不断加强组织建设。

　　干部队伍建设是民革组织建设的中心任务。当前，我们要抓住换届正处于关键时期这样一个机遇，推动后备干部队伍建设，以高度的责任感，统筹考虑，分步实施，早抓实抓，形成机制，努力提高现有干部队伍的素质，通过加强理论学习培训、社会实践考察、安排挂职或兼职等形式，为干部积累经验、增长才干、提高威信创造条件和舞台，培养出一支政治素质好、代表性强的骨干队伍。通过发挥骨干力量的示范和引领作用，带动组织建设整体向前推进，切实做好新一代代表人物和后备干部队伍的选拔培养工作，努力实现新老交替基础上的政治交接，使组织建设迈上一个新的台阶。

　　第四，精心组织、周密安排，制定好措施和方案，做好换届的具体工作。

　　换届工作是一项系统工程，是关系民革自身建设和多党合作事业发展的大事，一定要高度重视、加强领导、做好充分准备。会后，希望大家全面贯彻会议精神，进一步统一思想，精心组织、周密安排，制定好方案和工作计划，做好换届的具体工作。

一是认真学习和领会换届的有关文件精神，把思想统一到中央文件精神上来，做好思想政治工作，为换届打下扎实的思想基础，营造团结、民主、振奋、向上的换届氛围，积极倡导"不计较个人得失，以大局为重，以事业为重"的高尚情操。二是严格工作程序，坚持按程序办事。要建立得力的换届工作班子，使推荐、选举工作扎实细致，严格履行遴选程序，确保换届平稳顺利。要努力扩大干部选拔任用工作中的民主，广泛听取意见，对不同意见要有讨论，形成班子的集体意见，选举出广大党员信任和满意的新一届领导班子。要坚持人选的政治标准和德才标准，注重代表性、影响力和群众公认。优化领导班子的知识结构、年龄梯次和专兼职比例，使领导班子成员具有互补性。要注重保持主、副委班子、常委会、委员会人员构成的民革特色，形成政治坚定、结构合理、团结合作、工作高效的新一届领导集体。三是积极争取和依靠地方中共党委和统战部门的支持、帮助。这是多年来我们做好工作的基本经验。要与中共统战部门多沟通、早沟通、主动沟通，及时反映我们换届工作中的情况和意见，获得支持和帮助。在沟通协商中出现不同意见是正常的，但要充分尊重地方中共党委的意见。四是努力把机关建设提高到一个新的水平。大家在讨论中提出的关于秘书长的相关问题，中央将积极向有关部门反映。经过人事调整和换届之后，将有一批中青年新生力量进入到各省级组织领导班子，机关建设也应该有新气象。虽然大家来自不同的专业和单位，但都是为了民革的事业相聚到一起，工作中会有一个互相磨合、相互适应的过程，要高度重视和搞好班子的团结。团结是领导班子的生命，团结出凝聚力、出战斗力，这是颠扑不破的真理。要十分重视做好退下来同志的思想工作，并尽可能地为他们提供学习和继续发挥民革党员作用的机会。安排好他们的生活，有困难尽力帮助解决，使他们感受到组织的温暖。

第五，在做好换届工作的同时，切实做好今年的各项工作。

我们这次会议是研究部署省级组织的换届工作，这将成为今后一年多我们的一项极为重要的工作。大家虽然在思想上、组织上做了准备，但即便是进退比率较小的省级组织，也不能有所放松，都要高度重视、精心组织，做好换届工作。

我们在抓好换届工作的同时，其他工作也不能停顿和中断，而是要把党员们在换届过程中焕发起来的政治热情和工作积极性转化到更好地为现代化建设服务上来，转化到贯彻落实两会精神上来，以更加饱满的热情做好今年的各项工作。

换届时各省级组织都有主委或副主委要退出领导岗位，中央相信大家会正确对待换届，会做好各项工作，做到工作不断、人心不散、秩序不乱；退下来的同志一定会高风亮节，顾全大局，以高度使命感、责任感，主持好这次换届。

在这个会上，我再谈一下关于学习和树立社会主义荣辱观的问题。今年两会期间，胡锦涛同志在参加政协委员分组讨论时，对广大干部群众提出了"八荣八耻"的要求。这是对社会主义荣辱观的深刻概括，是对社会主义世界观、人生观、价值观的生动表述，具有很强的思想性、指导性和现实针对性，对于我们民主党派成员加强思想道德建设、提高组织凝聚力和创造力具有重要指导意义。《民革中央关于开展社会主义荣辱观教育活动的通知》已经下发，希望大家认真贯彻执行。民革中央中心学习组将于近期组织学习，认真领会胡锦涛总书记重要讲话的精神实质、深刻内涵，并加以贯彻落实。民革全党一定要把树立社会主义荣辱观教育作为自身建设的一项重要内容和长期任务抓紧抓好。全体民革党员尤其是各级领导干部要牢固树立和模范践行社会主义荣辱观，在推进社会主义思想道德建设、构建和谐社会的进程中发挥我们应有的作用，作出积极的贡献。

　　同志们，我们国家正站在新的历史起点上，向着更加宏伟的目标迈进。让我们紧密团结在以胡锦涛同志为总书记的中共中央周围，高举邓小平理论和"三个代表"重要思想伟大旗帜，认真贯彻落实科学发展观，切实履行参政党职能，坚定信心，奋发有为，为推进社会主义现代化建设，为完成祖国统一大业，为实现中华民族的伟大复兴，作出新的更大的贡献！

积极践行社会主义荣辱观*

（2006 年 4 月 6 日）

　　胡锦涛总书记在参加全国政协十届四次会议民盟、民进联组会上就社会主义荣辱观发表重要讲话，对社会主义荣辱观的主要特征作了精辟的阐述，这就是坚持以热爱祖国为荣、以危害祖国为耻，以服务人民为荣、以背离人民为耻，以崇尚科学为荣、以愚昧无知为耻，以辛勤劳动为荣、以好逸恶劳为耻，以团结互助为荣、以损人利己为耻，以诚实守信为荣、以见利忘义为耻，以遵纪守法为荣、以违法乱纪为耻，以艰苦奋斗为荣、以骄奢淫逸为耻。胡锦涛总书记的重要讲话反映了全体人民的共同心愿，在全社会引起强烈反响。大力倡导和树立以"八荣八耻"为主要内容的社会主义荣辱观，对于坚持以邓小平理论和"三个代表"重要思想为指导，贯彻落实科学发展观，加强社会主义精神文明建设，构建社会主义和谐社会，具有十分重要的意义。日前，民革中央已经专门发出通知，要求各地组织发动广大民革党员认真学习贯彻胡锦涛总书记的讲话精神，为倡导和树立新型社会主义

　　* 这是何鲁丽同志 2006 年 4 月 6 日在民革中央中心学习组学习座谈会上的讲话，发表于《团结》杂志 2006 年第 2 期。

荣辱观，加强公民道德建设作出自己的贡献。今天，民革中央中心学习组在这里举行座谈会，专题学习胡锦涛总书记的这一重要讲话，下面，我谈一谈学习讲话的几点体会。

第一，以"八荣八耻"为主要内容的社会主义荣辱观体现了社会主义价值观的鲜明导向，是社会主义基本道德规范和构建和谐社会的本质要求。荣辱观是人们对荣誉和耻辱的根本看法和态度，是世界观、人生观、价值观的体现。荣辱观古已有之，荣辱之心人皆有之，但不同时代、不同民族的荣辱观是有所不同的。"八荣八耻"是马克思主义道德观的精辟概括。以"八荣八耻"为主要内容的社会主义荣辱观成为广大人民群众约束自身行为的基本道德规范，是构建社会主义和谐社会的本质要求。要建设一个民主法治、公平正义、诚信友爱、充满活力、安定有序、人与自然和谐相处的社会主义和谐社会，必须要在全社会达成一个广泛认同的健康向上的价值理念，从而调动各界人士在构建和谐社会的目标下，精诚合作，戮力同心。以"八荣八耻"为主要内容的社会主义荣辱观是与社会主义市场经济和我国国情相适应的道德体系，是构建社会主义和谐社会中每个公民应有的价值取向和行为准则，必将对构建社会主义和谐社会发挥方向引领和重大指导作用。它既绝然不同于以"三纲五常"为核心的中国封建道德观，也绝然不同于以个人主义为核心的资本主义道德观。它是科学发展观的重要组成部分，明确了社会主义社会里是非、善恶、美丑的界限，体现了社会主义初级阶段的特征，确立了在我国社会主义社会，全体公民普遍认同和自觉遵守的行为准则。

以"八荣八耻"为主要内容的社会主义荣辱观以为人民服

务为核心，以集体主义为原则，以爱祖国、爱人民、爱劳动、爱科学、爱社会主义为基本要求，旗帜鲜明地提出了我们应该坚持什么、反对什么，倡导什么、抵制什么，是对《公民道德建设实施纲要》中20字公民道德规范的具体阐述，为我国公民道德建设树立了新的标尺，是新形势下社会主义思想道德建设的重要指导方针。

第二，以"八荣八耻"为主要内容的社会主义荣辱观体现了依法治国同以德治国相统一的治国方略。实行依法治国和以德治国的基本方略，是建设中国特色社会主义的重要内容和保证，其根本目的都是为了保证人民群众真正成为国家的主人。以德治国，就是要以马列主义、毛泽东思想、邓小平理论和"三个代表"重要思想为指导，积极建立适应社会主义市场经济发展的社会主义思想道德体系。因此，坚持依法治国和以德治国相统一的治国方略，除了要在发展社会主义市场经济中确立与之相适应的社会主义法律体系，还必须在全社会形成与之相适应的社会主义思想道德体系。

以"八荣八耻"为主要内容的社会主义荣辱观大力倡导社会公德、职业道德、家庭美德，致力于建设团结互助、平等友爱、共同前进的人际关系，是与我国国情和社会主义市场经济发展相适应的社会主义核心道德价值追求。同时，它要求人们严格地、自觉地遵守法律。这就体现了依法治国与以德治国相结合的治国方略的必然要求，是法治精神与人文关怀的统一。因此，在全社会大力倡导社会主义荣辱观，把"八荣八耻"转化为广大人民群众的自觉行动，必然有利于促进良好社会风气的形成和发展，有利于维护社会主义法律的尊严和权威，构成保证法律实施的重要力量。

第三，以"八荣八耻"为主要内容的社会主义荣辱观体现了鲜明的时代精神，同时具有深厚的中华传统美德基础。以"八荣八耻"为主要内容的社会主义荣辱观充分吸收了时代精神的丰富内涵，与我们现在正在进行的伟大事业结合了起来，密切针对目前社会发展中存在的一些问题，体现了在落实科学发展观、完成"十一五"规划纲要所规定的各项任务的历史进程中亟待树立的思想道德观念，具有鲜明的时代特征。比如：加强自主创新能力建设，要求以崇尚科学为荣、以愚昧无知为耻；促进社会和谐，推进社会主义和谐社会建设，要求以团结互助为荣、以损人利己为耻；健全社会主义市场经济，要求以诚实守信为荣、以见利忘义为耻；实施依法治国战略，建设社会主义法治国家，要求以遵纪守法为荣、以违法乱纪为耻；不断开创中国特色社会主义事业新局面，把我国建设成为富强民主文明的社会主义国家需要一代又一代人的不断努力，要求以艰苦奋斗为荣、以骄奢淫逸为耻等。

同时，中华传统道德十分重视荣辱观念。中国的古人曾说，好荣恶辱，是君子、小人所共同的，但什么是荣，什么是辱，君子和小人却泾渭分明，绝然不同。在源远流长的中国传统文化中，爱国主义是中华民族精神的核心，是中华民族的优良传统，也是荣辱观的核心。"八荣八耻"继承、发扬了中华传统荣辱观的优秀成分和优良道德因素，使社会主义荣辱观具有了深厚的传统文化底蕴。

从这个意义来看，社会主义荣辱观是中国共产党人在继承和发扬中华民族传统美德，借鉴一切文明成果，与时代精神有机结合的基础上，对建立和坚持社会主义道德体系的思考和创新成果。

第四，坚持学习和实践相结合的原则，积极践行以"八荣八耻"为主要内容的社会主义荣辱观。我们学习胡锦涛总书记就社会主义荣辱观发表的重要讲话，是为了更好地践行社会主义荣辱观，把"八荣八耻"的道德价值追求转化为自觉行动。因此，我们在学习的过程中要坚持知行合一的实践原则，把社会主义荣辱观作为规范自己行为的基本准则。

与一定经济基础相适应的道德体系不是一朝一夕就可以形成的，我们一定要把树立和践行社会主义荣辱观作为广大民革党员思想道德建设的基础性工程和长期任务，切实抓紧抓好。当前，各地组织要按照《民革中央关于开展社会主义荣辱观教育活动的通知》，认真学习胡锦涛总书记重要讲话精神，坚持不懈地践行社会主义荣辱观。民革各级领导干部要成为社会主义荣辱观的积极实践者，在学习和践行社会主义荣辱观中发挥示范作用。民革各级组织要在履行参政党基本职能和日常工作中自觉践行社会主义荣辱观，根据民革中央历来强调的"要把思想政治工作的重心放在基层"的精神，把组织、指导基层支部开展社会主义荣辱观教育活动作为工作重点，把它作为近期基层支部学习活动的主要内容。要结合本地实际，积极建言献策，协助当地中共党委、政府把树立社会主义荣辱观的任务落到实处。民革广大党员要从我做起，从小事做起，结合自己的本职工作，把社会主义荣辱观内化为理想信念，增进自身美德，做为荣之事、拒取辱之行。

民革各级组织要充分发挥自身优势，在所联系的群众中做好社会主义荣辱观的教育和宣传工作，大力弘扬爱国主义、集体主义、社会主义思想，倡导社会主义基本道德规范，引导各自所联系的群众认真学习、努力践行社会主义荣辱观。《团结报》和民革各级组织的自办报刊要大力宣传社会主义荣辱观的基本内容和精神实质，宣传各地贯彻落实社会主义荣辱观的生动实践和新鲜经验，使社会主义荣辱观深入人心，成为民革广大党员和所联系群众的共识。

新的形势赋予了我们新的历史使命，我们一定要认真学习胡锦涛总书记的重要讲话，积极践行社会主义荣辱观，充分调动民革各方面的力量，最终形成强大工作合力，为促进社会主义良好道德风气的形成和发展作出民革的贡献！

努力办好《团结报》[*]

（2006 年 5 月 26 日）

今天，我们在这里召开座谈会，纪念《团结报》创刊五十周年。

五十年前，民革老一辈领导人主持创办了《团结报》，由此诞生了一张由民主党派主办、服务于统一战线和民主党派工作的报纸。由于历史的原因，1966 年《团结报》曾一度停刊。中共十一届三中全会以后，爱国统一战线进入新的发展阶段，随着民主党派逐步恢复活动，《团结报》也于 1980 年 2 月复刊。

五十年来，《团结报》走过了一条不平坦的发展道路，从一张报道民革党内工作的小报发展成为以宣传爱国统一战线和中国共产党领导的多党合作和政治协商制度，重点报道包括民革在内的各民主党派履行参政议政、民主监督职能的综合性报纸。

《团结报》五十年的发展道路，见证了我国社会主义革命和建设事业曲折而辉煌的发展历程。改革开放以来，国家发生了翻天覆地的变化，综合国力逐步增强，人民生活水平大幅提高。在

---

* 这是何鲁丽同志 2006 年 5 月 26 日在《团结报》创刊五十周年纪念座谈会上的讲话，刊于《团结报》2006 年 5 月 26 日。

新的历史时期，《团结报》再一次焕发了青春和活力，站在时代的潮头，与国家一同进步，与事业一起发展。

《团结报》五十年来的发展，与中国共产党领导的统一战线事业密不可分，更与中国共产党领导的多党合作和政治协商制度的建立和完善紧密相连。中国共产党领导的多党合作和政治协商制度是我国的一项基本政治制度。这项制度的确立和实行，是我国社会历史发展的必然选择。半个多世纪的实践证明，深深植根于革命、建设、改革实践中的这一具有中国特色的政治制度和政党制度，符合我国的国情，有利于扩大公民有序的政治参与，是社会主义政治文明建设的重要内容，具有强大的生命力。

1989 年，中共中央制定了《关于坚持和完善中国共产党领导的多党合作和政治协商制度的意见》，第一次明确了我国民主党派的参政党地位，这在我国多党合作和政治协商制度史上具有里程碑意义。十几年来，在中国共产党的领导下，多党合作事业蓬勃发展，多党合作和政治协商制度在国家政治生活中的地位日益显著，为促进我国改革开放和社会主义现代化建设事业发挥着越来越重要的作用。

进入新世纪新阶段，国际国内形势发生了重大而深刻的变化。为适应新形势和新任务的要求，2005 年初和 2006 年初，中共中央先后颁布了《中共中央关于进一步加强中国共产党领导的多党合作和政治协商制度建设的意见》和《中共中央关于加强人民政协工作的意见》。这两个重要文件的制定和实施，是以胡锦涛同志为总书记的中共中央着眼发展社会主义民主政治，推进社会主义政治文明建设作出的重大战略举措，是指导新世纪新阶段统一战线、多党合作和人民政协事业发展的纲领性文件。两个《意见》都坚持以邓小平理论和"三个代表"重要思想为指导，全面贯彻落实科学发展观，集中体现了中共中央三代领导集体和以胡锦涛同志为总书记的党中央关于多党合作和人民政协的重要思想。认真学习好、贯彻落实好这两个重要文件，是当前和今后长时期我们民主党派的首要任务。

中共中央不仅高度重视中国共产党领导的多党合作和政治协商制度的建设，而且高度重视对这一制度的宣传。2003 年 7 月，中央统战部、中央宣传部和中央外宣办专门发出《关于加强中国共产党领导的多党合作和政治协商制度宣传的意见》。这个文件明确指出了在新世纪新阶段，面对国际国内一些人对我国社会主义政党制度还不够了解的情况，广泛深入地宣传我国这项基本政治制度的重要意义。《团结报》作为我们民主党派主办的报纸，在宣传这项制度时，与其他新闻媒体比较，具有自己独特的角度和优势，会产生特殊的宣传效果，这就要求我们要把《团结报》办得更好，发挥出其他新闻媒体难以替代的宣传作用。

随着我国爱国统一战线的不断发展和中国共产党领导的多党合作和政治协商制度的日臻完善，作为参政党的各民主党派在落实科学发展观、构建社会主义和谐社会的伟大事业中，在全面加强社会主义经济建设、政治建设、文化建设、社会建设和争取祖国完全统一的伟大征程中必将发挥越来越重要的作用。《团结报》作为我们民主党派主办的报纸，承担着宣传我国民主党派履行职能、在国家政治生活中发挥积极作用的重要任务。宣传好中国共产党的基本路线和国家的大政方针，宣传好爱国统一战线的理论、方针、政策，宣传好共产党领导的多党合作和政治协商制度，宣传好以"一国两制"方针推动祖国的和平统一，宣传好民革和其他民主党派在履行职能和加强自身建设上所取得的成绩，是《团结报》要履行好的基本职责。

今年1月，中共中央总书记胡锦涛同志在党外人士迎春座谈会上强调，伟大的事业需要坚强的团结，坚强的团结推进伟大的事业。胡锦涛总书记希望各民主党派、工商联和无党派人士进一步加强自身建设，发挥各自优势，团结广大成员和所联系的群众，同心协力做好改革发展稳定的各项工作。同时，胡锦涛同志还就加强多党合作提出了"四个着眼于"的殷切希望。我们要按照胡锦涛同志的要求，扎扎实实地做好工作。今年3月召开的十届全国人大四次会议批准了国民经济和社会发展第十一个五年规划纲要，确定了"十一五"时期经济社会发展的奋斗目标和主要任务，是未来五年我国经济社会发展的宏伟蓝图，是全国各族人民共同的行动纲领。发展是中国共产党执政兴国的第一要务，也是我们民主党派参政议政的第一要务。我们要围绕促进经济社会平稳较快发展的重大问题，深入调查研究，积极建言献策，为"十一五"规划的顺利实现贡献我们的力量。

今年3月，胡锦涛同志在参加政协民盟、民进联组会上提出了以"八荣八耻"为主要内容的社会主义荣辱观，集中体现了社会主义价值观的鲜明导向，对进一步加强社会主义精神文明建设具有极为重要的指导意义。当前，在全社会掀起了社会主义荣辱观教育活动的热潮，我们民主党派在参与、推动这项教育活动中，也负有重要的政治责任和宣传义务。

同志们，我国的多党合作事业在中国共产党的领导下正在蓬勃发展，新形势新任务为我们民主党派进一步发挥作用提供了更加广阔的舞台，同时对我们民主党派履行参政议政、民主监督职能也提出了更高的要求。在这种形势下，以宣传爱国统一战线，宣传中国共产党领导的多党合作和政治协商制度，宣传民主党派履行职能、为现代化建设事业作贡献为主要内容的《团结报》，不仅面临着前所未有的发展机遇，也承担了更重要的宣传任务。为了不负重任，不辱使命，《团结报》必须始终不渝地坚持正确的政治方向，坚持以邓小平理论和"三个代表"重要思想为指导，坚持正确的舆论导向，坚持以发展为中心，大力加强报社的思想建设、业务建设和制度建设，充分调动和发挥全社职工的积极性和创造性，努力提高政治素质和业务水平，为进一步做好统一战线和多党合作的宣传工作，促进我国民主政治建设和落实科学发展观，构建社会主义和谐社会作出应有的贡献。

不断提高对共产党先进性的认识
进一步加强民革自身建设*

（2006 年 7 月 10 日）

今年是中国共产党成立八十五周年。胡锦涛总书记在庆祝中国共产党成立八十五周年暨总结保持共产党员先进性教育活动大会上发表了重要讲话。民革中央中心学习组今天举行座谈会，回顾中国共产党成立八十五年来的光辉历程，回顾民革在中国共产党领导下风雨同舟，为国家民族共同奋斗的历史，是十分有意义的。

胡锦涛同志的重要讲话，在全国各地引起了热烈的反响，也在民主党派广大干部和成员中引起了热烈的反响。大家一致认为，胡锦涛同志的重要讲话，科学概括了中国共产党八十五年来始终保持和发展先进性的创造性实践及其所取得的宝贵经验，全面总结了 2005 年以来为时一年半的、以实践"三个代表"重要思想为主要内容的保持共产党员先进性教育活动，系统阐述了党的先进性建设的重要地位、战略意义、时代内涵、根本任务、实

---

* 这是何鲁丽同志 2006 年 7 月 10 日在民革中央中心学习组学习胡锦涛同志"七一"重要讲话精神座谈会上的中心发言，刊于《团结报》2006 年 7 月 18 日。

践主体和实现途径等一系列重要理论问题。讲话内容丰富，内涵深刻，高屋建瓴，是进一步全面加强执政党建设，始终保持中国共产党先进性的纲领性文件，不仅对于中国共产党，对于各民主党派不断增强对中国共产党领导的信念、对完善发展多党合作和政治协商制度的信心，坚定不移地走中国特色政治发展的道路，对于各民主党派加强自身建设，更好地履行职能，更好地完成新时期的历史使命，都具有非常重要的指导意义。民革全党对胡锦涛同志的讲话表示衷心拥护，对中国共产党在领导全国人民建设中国特色社会主义过程中所取得的辉煌成就，以及在努力加强党的建设、不断推进理论与实践创新的过程中所表现出的与时俱进的精神品质和卓越执政能力，深表敬意，对中国特色社会主义的前景和未来充满希望。

中国共产党八十五年的历史，是为中华民族的独立、解放、繁荣，为中国人民的自由、民主、幸福而不懈奋斗的历史。胡锦涛同志在讲话中精辟概括了这一历史。他指出，在新民主主义革命时期，我们经过二十八年艰苦卓绝的斗争，推翻了帝国主义、封建主义、官僚资本主义的反动统治，实现了民族独立和人民解放，建立了人民当家作主的新中国。在社会主义革命和建设时期，我们确立了社会主义基本制度，在一穷二白的基础上建立了独立的比较完整的工业体系和国民经济体系，使古老的中国以崭新的姿态屹立在世界的东方。在改革开放和社会主义现代化建设时期，我们开创了中国特色社会主义道路，坚持以经济建设为中心、坚持四项基本原则、坚持改革开放，初步建立起社会主义市场经济体制，大幅度提高了我国的综合国力和人民生活水平，为全面建设小康社会、基本实现社会主义现代化开辟了广阔的前景。这三件大事，从根本上改变了中国人民的前途命运，决定了中国历史的发展方向，在世界上产生了深刻而广泛的影响。

从胡锦涛同志的精辟论述中，我们深深感到，历史之所以选择中国共产党，中国人民之所以信任和拥护中国共产党的领导，最根本的原因，在于中国共产党始终代表着中国先进生产力的发展要求，代表着中国先进文化的前进方向，代表着中国最广大人民的根本利益；在于中国共产党在关系中华民族命运和前途的每一个关键时刻、每一个重大关头，始终能够把握历史大势、顺应时代潮流，带领并依靠全国各族人民，为实现国家和人民的根本利益而不懈奋斗。

为了始终保持中国共产党的先进性，2005年新年伊始，以胡锦涛同志为总书记的中共中央统一部署，在全体共产党员中开展了历时一年半、以实践"三个代表"重要思想为主要内容的保持共产党员先进性教育活动。这是中国共产党成立以来参加党员最多、规模最大的一次党内马克思主义正面教育、自我教育活动，是以党的建设新的伟大工程促进中国特色社会主义伟大事业的一次新的实践，取得了丰富的实践成果、制度成果和理论成果。我们相信，通过先进性教育活动，中国共产党一定能够更加坚强地团结领导全国各族人民，在新世纪新阶段谱写更加壮丽的篇章！

从中国共产党领导全国各族人民进行革命、建设和改革的历程中，我们深刻体会到，中国共产党领导的多党合作和政治协商制度，是符合中国国情、具有中国特色的社会主义政党制度，是我国政治稳定、社会安定、民族团结、经济发展的重要保证，是我们国家重要的政治优势。这种制度既避免了多党竞争、互相倾轧所造成的混乱，又克服了一党专制、缺少监督所导致的弊病；既能实现集中统一领导，又能实现广泛的政治参与；既有利于政局的稳定和人民的团结，又有利于生产力的持续发展。人民政协广泛协商于决策之前的体制，大大增强了决策的科学化、民主化。由此可见，中国共产党领导的多党合作和政治协商制度是最符合中国国情的政治制度。

民革从孕育、成立到发展所走过的道路，是同中国共产党合作和逐步接受中国共产党领导的正确道路，是从爱国主义到社会主义的不断前进的光荣道路。民革之所以能够走上新民主主义革命道路并在此后的半个多世纪中，逐步成为共产党领导的多党合作总格局中的一个参政党，并为祖国的现代化建设和统一大业作出贡献的民主党派，完全是由于中国共产党为民族解放浴血奋战的光辉业绩和为建立新中国而确立的广泛统一战线的巨大感召和影响。我们从历史的回眸中可以再次得出结论：没有共产党的领导，就没有中国的今天，也就没有民革的今天。民革从成立到现在，一直得到中国共产党的大力支持和热情关怀，特别是在历史发展的每一个重要关头，中国共产党总是为我们指明正确的方向，引导我们前进。没有中国共产党的领导，民革就不可能在社会主义革命、建设和改革中，成为国家政治生活中一支活跃的政治力量。所以，接受中国共产党的领导是民革必然的历史选择，是民革的光荣传统。民革中央已故主席朱学范曾说过："在坚持中国共产党领导这一点上，民革不允许有不同的声音。"半个多世纪以来，不管经过多大风、多大浪，民革从来没有动摇过对共产党的信任和信心，一直坚定地依靠共产党的领导。

　　学习胡锦涛总书记的重要讲话，回顾中国共产党领导的多党合作和政治协商制度建立和不断发展完善的历史，我们深深体会到，中国共产党一直走在时代的最前列，始终保持先进性，成为我国多党合作制度中的领导核心。我们为有这样一个始终代表中国最广大人民根本利益的领导核心，而感到由衷的欣慰和骄傲。

　　早在民主革命时期，以毛泽东同志为代表的中国共产党人，根据马克思主义的基本原理，从中国具体的历史条件和各阶级的实际情况出发，广泛团结各派爱国民主力量，与各民主党派建立了合作关系，并在共同斗争中不断发展了这种关系。1948 年 4月 30 日，中国共产党发布纪念"五一"劳动节口号，各民主党派立刻积极响应，声明中国共产党的主张"适合人民时势之要求，尤符同人等之本旨"，公开表示拥护中国共产党的领导和新民主主义的路线，标志着各民主党派自觉接受中国共产党的领导，完成了从爱国主义向新民主主义的历史性转变。

　　建国以后，随着中国共产党领导的多党合作和政治协商制度的建立，各民主党派更加坚定了接受中国共产党领导的决心，走过了从新民主主义到社会主义的道路。1989 年，《中共中央关于坚持和完善中国共产党领导的多党合作和政治协商制度的意见》的发布，明确了中国共产党领导的多党合作和政治协商制度是我国一项基本政治制度，明确了民主党派在国家政治生活中的参政党地位，提出了民主党派参政的基本点、履行职责的总原则和各项具体措施。在文件精神的指引下，中国特色政党制度的发展进入了一个新的历史时期。

　　在以胡锦涛同志为总书记的中共中央领导下，2005 年中共中央制定下发了《中共中央关于进一步加强中国共产党领导的多党合作和政治协商制度建设的意见》，2006 年又制定下发了《中共中央关于加强人民政协工作的意见》。中共中央两个《意见》以邓小平理论、"三个代表"重要思想和中央一系列治国理政的理念为指导，全面总结了多党合作和政治协商的理论成果和成功经验，深刻分析了多党合作和政治协商制度面临的新形势和新任务，从建设社会主义政治文明着眼，对多党合作和政治协商的原则、内容、方式、程序等作了科学规范，提出了一系列新的理论观点和政策思想，其核心是走中国特色政治发展的道路。两个文件的颁布实施，大大推进了我国多党合作的制度化、规范化和程序化。我们相信，在中国共产党的坚强领导下，以两个《意见》精神为指导，我国的多党合作和政治协商事业一定会显示出更加强大的生命力，在建设中国特色社会主义事业和实现中华民族伟大振兴的历史进程中，发挥更加显著的作用。

中国共产党加强党的先进性建设，全心全意为人民服务，为我们树立了榜样和典范。民革作为参政党，要不断加强自身建设，适应新的历史条件下多党合作的需要，加强自身在广泛性基础上的进步性，努力提高参政议政的能力和水平。中国共产党的执政能力和领导水平提高了，民革参政议政、民主监督的水平也要提高。只有这样，才能始终保持在广泛性基础上的进步性，在建设中国特色社会主义事业中发挥应有的作用。也只有这样，才能更好地坚持中国共产党的领导，推动中国共产党领导的多党合作和政治协商制度不断完善和发展。

"十一五"是我国发展的关键时期，要实现"十一五"时期的各项任务，需要全国各族人民在中国共产党的坚强领导下，切实贯彻落实科学发展观，同心同德，励精图治，艰苦奋斗。对民革来说，最重要的就是要不断坚持和完善中国共产党领导的多党合作和政治协商制度，履行好参政党职能。民革全党要认真贯彻落实好胡锦涛同志的"七一"讲话精神，学习借鉴中国共产党保持先进性教育的实践经验，根据参政党进步性和广泛性相统一的特点，结合自身具体情况，进一步创新工作方法和工作机制，健全制度，着眼于提高四个能力，全面加强自身建设，为在新时期充分发挥参政党作用，推进国家重大战略问题的民主科学决策，为国家发展建言献策，为实现"十一五"规划提出的各项目标作出应有的贡献。为指导民革全党更好学习胡锦涛总书记的"七一"重要讲话精神，民革中央向各地组织发出了通知，对学习活动提出具体要求。各地要按照通知要求，把学习活动切实组织好、实施好。

在庆祝中国共产党成立八十五周年之际，我们一定要深入学习胡锦涛总书记"七一"重要讲话，认真学习中国共产党加强先进性建设的丰富经验，进一步深刻认识中国共产党的伟大历史贡献，深刻认识共产党的先进性和执政的必然性，解放思想，实事求是，与时俱进，积极探索参政党建设的基本规律、基本方法，适应时代发展的要求，不断加强自身建设，进一步提高政治把握能力、参政议政能力、组织领导能力、合作共事能力，从而使自身在广泛性基础上的进步性与中国共产党的先进性相适应，充分体现时代的特点和内涵，同执政党一道，努力开创多党合作事业的新局面，为全面贯彻落实科学发展观，推进社会主义物质文明、政治文明、精神文明建设作出新的更大贡献！

继承和发扬孙中山爱国、革命、不断进步精神[*]

（2006 年 11 月 9 日）

在纪念伟大的民主革命先行者孙中山先生诞辰 140 周年之际，民革中央组织力量编写出版了《爱国、革命、不断进步——中山精神读本》一书。目的是为民革广大党员和干部继承、发扬孙中山爱国、革命、不断进步的精神，提供一个普及和提高相结合的基础读物。也希望以此推动民革广大党员和干部，对孙中山爱国、革命、不断进步精神展开更深入的研究。民革中央对本书的编写工作十分重视，责成宣传部组成专门的写作班子开展工作，周铁农同志对本书的写作大纲提出了具体要求和意见；初稿形成后，各位副主席都认真审阅了稿子，提出了许多宝贵的修改意见。写作组的同志为本书的写作付出了大量辛勤的劳动，各位专家从学术上对本书内容作了认真审阅。在此，我首先要对上述各位同志的辛勤劳动，表示衷心的感谢！

---

* 这是何鲁丽同志 2006 年 11 月 9 日在《爱国、革命、不断进步——中山精神读本》暨《孙中山图传》出版座谈会上的讲话。

　　与此同时，团结出版社还出版了《孙中山图传》一书，为广大社会读者提供了一个图文并茂、通俗易懂的关于孙中山生平事迹的读物，值得推荐。

　　中山先生的一生是爱国的一生。中山先生深深地爱着自己的祖国和人民，爱国是他全部事业的出发点和归宿。在毕生奋斗的艰苦过程中，他碰到了许多难以想象的困难，遭受了无数次挫折失败，但从不退却、从不妥协、从不灰心，爱国之志终不稍衰。从早年的《上李鸿章书》到生命最后一息的"和平、奋斗、救中国"呼喊，无不体现了他那份拳拳的爱国深情。"爱国若命"，正是他对自己恰如其分的概括。

　　中山先生的一生是革命的一生。为了实现"振兴中华"这一目标，中山先生穷毕生之精力，愈挫愈奋，再接再厉，鞠躬尽瘁，死而后已。为推翻腐朽的清政府专制统治，他先后领导了多次武装起义，建立起亚洲第一个共和国；辛亥革命后，又先后发动讨袁、护国、护法和北伐等一系列斗争，维护民主共和。纵观孙中山先生一生的历次革命斗争，虽然每一次的具体目标各有不同，但最终目的都是爱国和救国。在帝国主义、封建主义统治下的中国，爱国必须革命，这是孙中山毕生坚持的道路，也是当时中国唯一正确的道路。

　　中山先生的一生是不断进步的一生。孙中山和历史上任何伟大人物一样，都不可能不受到历史的局限。但他善于从实践中、从失败教训中学习，从不停止探索前进的步伐，不断否定自己思想中旧的东西，吸收新的东西。"适乎世界之潮流，合乎人群之需要"，一直是孙中山行动的准则。他从改良主义者转变到革命家，从组建兴中会、同盟会转变到改组国民党，从联络会党利用旧军阀转变到扶助农工、与共产党合作、建立自己的武装，从幻想帝国主义帮助转变到以俄为师、打倒帝国主义，都是随着时代和客观环境的变化而与时俱进的。

孕育和体现在中山先生伟大革命实践中的中山精神，是中华民族的宝贵精神财富。毛泽东同志指出，孙中山"在政治思想方面留给我们许多有益的东西"，"现代中国人，除了一小撮反动分子以外，都是孙先生革命事业的继承者"。江泽民同志在孙中山诞辰130周年纪念大会上的讲话中指出："孙中山先生给中华民族和中国人民留下许多宝贵的精神遗产，特别是他的爱国思想、革命意志和进取精神，值得我们永远学习、继承和发扬。"对中山先生的这些崇高评价和重要论述对我们民革继承、发扬孙中山精神，是巨大的鼓舞和激励，也为我们学习、宣传、研究中山精神指明了正确的方向。

继承、发扬孙中山爱国、革命、不断进步的精神，是民革优良传统的重要组成部分。在民革孕育、成立和发展的漫长历史阶段中，一直受到孙中山的思想和精神的重要影响。特别是孙中山亲手制定联俄、联共、扶助农工的三大政策，倡导第一次国共合作的思想和成功实践，孙中山从新生的中国共产党身上看到中国光明前途的远见卓识，是民革前辈在民主革命各个历史阶段与中国共产党真诚合作，并在新中国建立以后发展成为坚持中国共产党领导、坚持走社会主义道路的思想基础和精神激励。继承、发扬孙中山爱国、革命、不断进步精神，对于我们进一步增强坚持中国共产党领导的多党合作和政治协商制度的信心和决心，是十分必要和有益的启迪。

那么，什么是孙中山爱国、革命、不断进步精神的具体内

涵？民革作为参政党，如何继承和发扬孙中山先生这一精神，在
全面建设小康社会、构建社会主义和谐社会的过程中，作出我们
新的贡献？这是我们民革广大党员和干部在新的历史条件下必须
认真思考和解答的问题。《中山精神读本》正是为回答和解决这
个问题而编写的。本书对中山精神的核心、内涵和特质作了概括
和阐述。本书强调，对祖国强烈、炽热、深沉的热爱，是中山精
神的核心；爱国需要革命，革命是为了建设的理念，是中山精神
的主要内涵；顺应时代潮流，与时俱进，是中山精神的特质。从
时代精神的角度看，中山精神集中体现了中华民族精神在近现代
的基本内容和典型特点。围绕对孙中山爱国、革命、不断进步精
神的这一概括和阐述，本书简明扼要地介绍了孙中山的生平、业
绩、思想；系统叙述和说明了民革继承、发扬中山精神的历史过
程和时代特点。民革同志读一读这本书，对于什么是孙中山爱
国、革命、不断进步的精神，如何继承和发扬这一精神等问题，
相信会有新的认识、新的体会。

　　在新的历史条件下，民革继承、发扬孙中山爱国、革命、不
断进步的精神，要突出其鲜明的时代特点，要与民革不断提高参
政议政的质量和水平，为全面建设小康社会、构建社会主义和谐
社会作贡献的历史使命结合起来。民革作为参政党，保持特色、
突出特点，为发展这一第一要务服务，为促进祖国和平统一大业
服务，是我们的根本职责。因此，我们在本书中强调，继承和发
扬中山先生爱国、革命、不断进步的精神，就是要牢牢记取中山
先生关于国共合作的思想和成功实践，不断增强对坚持中国共产
党领导的信心和决心，坚定不移地走中国特色政治发展道路；以
孙中山建设蓝图为借鉴，不断提高参政议政的质量和水平；以孙

中山爱国思想为纽带，促进海峡两岸的交流合作，促进祖国和平统一。促进祖国和平统一，是民革工作的重点。在与海内外所联系人士进行交流、联谊的过程中，我们发现，孙中山爱国思想和他追求国家统一的思想事迹，在海内外所有拥护祖国统一的华夏儿女中有着巨大的感召力和榜样作用。以孙中山爱国思想为纽带，团结、联合海内外朋友为祖国统一大业共同努力，是民革一项十分有特色的工作，一定要做实做好。

中山先生诞生至今140年过去了，今天，中国共产党团结和领导中国人民经过半个多世纪艰苦卓绝的奋斗，孙中山先生当年的美好理想和宏伟规划在许多方面已成为活生生的现实，甚至已经远远超过。这是我们可以告慰于中山先生的。民革各级干部和全体党员，要把继承、发扬孙中山爱国、革命、不断进步的精神和全力投入构建社会主义和谐社会的宏伟事业结合起来，紧密团结在以胡锦涛同志为总书记的中共中央周围，以邓小平理论和"三个代表"重要思想为指导，全面贯彻落实科学发展观，为构建社会主义和谐社会，实现中华民族伟大振兴而不懈努力！

继承和发扬孙中山爱国、革命、不断进步精神是民革的基本特色[*]

（2006 年 11 月 9 日）

再过几天，就是伟大的民主革命先行者孙中山先生诞辰一百四十周年纪念日。今天，民革中央在这里隆重举行纪念孙中山诞辰一百四十周年学术研讨会，这是民革对这位世纪伟人一百四十周年诞辰最好的纪念，也是多年来民革继承、发扬孙中山爱国、革命、不断进步精神的一次集中展示。参加今天学术研讨会的，有北京学术界孙中山研究的专家，有民革各省级组织的负责同志和民革中央孙中山研究学会的常务理事、理事，还有民革北京市委会的部分干部和党员同志。

江泽民同志在中共十五大报告中，把孙中山先生与毛泽东、邓小平同志并列为二十世纪中国站在时代前列的三位伟大人物。孙中山先生的伟大之处，就在于他从青年时代起就怀着满腔悲愤，以炙热的爱国激情投身革命，他大声疾呼"亟拯斯民于水火，切扶大厦之将倾"，在人民大众中进行艰苦的革命宣传和组

＊ 这是何鲁丽同志 2006 年 11 月 9 日在民革中央纪念孙中山诞辰一百四十周年学术研讨会上的讲话，发表于《团结》杂志 2006 年增刊。

织发动工作。他高举民主革命的旗帜，同资产阶级改良派、保皇派进行了不妥协的斗争，多次发动武装起义，最终领导辛亥革命，推翻了清王朝，结束了中国延续两千余年的封建帝制，从此开启了黑暗中国通向光明的闸门。

孙中山先生的伟大之处，就在于他以非凡的远见卓识，最早从年轻的中国共产党身上看到了中国的前途和光明，他倡导的首次国共合作，把中国民主革命推向又一个高潮。在五四运动和中国共产党成立后，孙中山先生认识到，中国共产党及其领导的声势浩大的工农运动是革命的坚定力量。在中国共产党的支持帮助下，孙中山先生把三民主义发展为新三民主义，实行联俄、联共、扶助农工的三大政策，实现国共合作，把反帝反封建的民主革命推向前进。孙中山先生这种顺应历史潮流，与时俱进的伟大精神，值得我们永远学习和发扬。

孙中山先生的伟大之处，就在于当中国还处于内忧外患、贫穷落后境地之时，就振聋发聩地第一个喊出了"振兴中华"的时代强音。他明确提出"建设是革命的唯一目的"，并在《建国方略》等著作中擘画了中国现代化建设的蓝图，显示了对未来中国发展的卓越见解和宏伟气魄。在改革开放和现代化建设取得巨大成就的今天，在中国共产党领导下，孙中山先生当年的许多规划和设想已成为活生生的现实，许多方面已经远远超过。抚今思昔，我们在无限欣喜的同时，也更加增添了对孙中山先生的崇敬之情。

孙中山先生的伟大之处，就在于他贯穿于毕生奋斗中的高尚人格和精神风范。在漫长的革命生涯中，他恪守"为主义而奋斗"的宗旨，为实现国家独立富强和人民幸福，不惜失去"谋生之地位",抛弃"固有之资财",为革命倾家荡产,长期亡命异国他乡。只要能实现这一崇高理想,孙中山先生决不贪恋权力和势位。民国初年,孙中山"尽让政权与袁氏",虽然也是为客观情势所迫,但根本上还是与他"天下为公"的宽广胸怀紧密相连。他认为,只要清廷推翻,共和造就,国家能免南北分裂之祸,人民能脱专制残暴之苦,那么个人的进退又何足挂怀!在个人生活上,孙中山先生一贯以淡泊自持,"简单朴素"。他一生筹集革命经费何止上百万,但决没有一分钱用于自己的享受和私利。他在《家事遗嘱》中所言,"尽瘁国事,不治家产",是他坦荡的自白,也是他一生的真实写照。

在纪念孙中山先生诞辰一百三十周年大会上,江泽民同志深情地说:"孙中山先生毕生为民族独立、国家富强、民主自由、人民幸福而奋斗。今天,缅怀孙中山先生为中国民主革命事业所建立的历史功勋,缅怀他为改造中国而鞠躬尽瘁的光辉一生,我们心中充满着深深的崇敬之情。"江泽民同志的这段话,道出了海内外所有敬仰孙中山先生的中国人的心声,道出了我们民革全体党员的心声。

民革作为中国共产党领导的多党合作和政治协商制度中的参政党,作为由原国民党民主派为主创建的民主党派,对孙中山先生一向怀有崇高的敬意和深厚的感情。民革许多创始人都追随孙中山先生参加了辛亥革命和北伐战争。孙中山先生爱国、革命和不断进步的精神,是凝聚国民党各派爱国民主力量的精神纽带,也是民革成立的思想基础。这种精神教育了民革几代人。特别是孙中山先生从新生的中国共产党身上看到了中国的希望,亲自制定了联俄、联共、扶助农工三大政策,建立了第一次国共合作,表现了非凡的政治远见和革命魄力，至今仍是激励我们坚持中国共产党领导的多党合作的精神力量。继承和发扬孙中山先生爱国、革命和不断进步的精神，是民革特有的传统，是民革作为参政党最显著的特色。

民革同志继承和发扬孙中山先生爱国、革命、不断进步的精神，要深入研究和把握这一精神的核心、主要内涵和显著特征。对祖国强烈、炽热、深沉的热爱之情，是中山精神的核心。孙中山先生深深地爱着自己的祖国和人民，他因祖国的悲惨境遇而痛苦，但又充满着民族的自信和自豪，没有半点殖民地半殖民地国家中常见的那种民族自卑感，更没有丝毫的拜倒在洋人面前的奴颜和媚骨。他对中华民族的未来十分乐观，1904年，他在给美国人民的呼吁信中写道："拯救中国完全是我们自己的责任"，"一旦我们革新中国的伟大目标得以完成，不但在我们的美丽的国家将会出现新纪元的曙光，整个人类也将得以共享更为光明的前景。普遍和平必将随中国的新生接踵而至，一个从来也梦想不到的宏伟场所，将要向文明世界的社会经济活动而敞开"。面对帝国主义的侵略压迫和中华民族独立、生存这一近代中国最突出的矛盾，面对昏庸腐败、专制独裁、卖国求荣的清王朝，孙中山先生提纲挈领地提出了民族、民权、民生三大主张，其实质就是要解决国家的独立、民主和富强，并以毕生艰苦卓绝的奋斗来实现它。爱国，必须以革命的手段争取国家的独立和人民民主，必须在革命成功以后集中精力开展大规模的建设。孙中山先生说过，"建设是革命的唯一目的，如不存心建设，即不必破坏，更不必言革命"。爱国必须革命、革命是为了建设的理念，这是孙中山爱国、革命、不断进步精神的主要内涵。在我们国家正在全力进行现代化建设的今天，重温孙中山先生的这段话，真是倍感亲切，对于激励民革全体党员全身心投入到改革、开放、建设的宏伟事业中去，贡献自己的全部力量，具有十分积极的教育意义。

在孙中山爱国思想和实践中，全力维护和实现国家统一，是十分重要而富有现实意义的内容。辛亥革命以后，军阀割据混战，国家四分五裂。反对国家分裂，维护和实现国家统一，成为孙中山全部爱国事业的一项迫切任务。孙中山先生为此奔走呼号，不但在行动上竭尽全力，而且对于中国为什么要统一、如何统一、统一的阻碍何在等重大问题从理论上作出深刻的回答，构成了孙中山中国统一的思想。孙中山指出，统一是深入中华民族心灵的"历史意识"。他说："中国是一个统一的国家，这一点已牢牢地印在我国的历史意识之中，正是这种意识才使我们能作为一个国家而被保存下来，尽管它过去遇到了许多破坏的力量"。他指出，统一是全体人民的根本利益和共同希望。他说："统一是中国全体国民的希望。能够统一，全国人民便享福；不能统一，便要受害。"孙中山先生还提出了完整的国家统一的构想，这就是民族的统一、领土的统一以及军政、内治、财政的统一。当前，台湾与祖国大陆已经隔了半个多世纪，这不符合中国历史发展的趋向和全体中国人民的根本利益。重温孙中山关于中国统一的思想，以孙中山爱国思想为纽带，团结和推动海内外所有爱国的中国人共同努力，对于促进海峡两岸经济文化交流，最终实现国家的完全统一，有着十分强烈的现实意义。

顺应时代潮流，与时俱进，是孙中山爱国、革命、不断进步精神的特质。孙中山先生之所以伟大，不仅在于他毕生为国家的独立、民主、富强奋斗不懈，更在于他眼光远大、不断进步，在革命发展的每一个重大关头，能够顺应历史发展的趋势，调整自己的思想和政策，"适乎世界之潮流，合乎人群之需要"。他善于从实践中学习，包括从失败的教训中学习，从不停止探索前进的步伐；他不断否定自己思想中的旧东西，不断吸收新东西，毕生追求真理，不屈不挠探索国家富强的道路。孙中山先生这一顺应历史潮流，与时俱进的特点，是他能够对近代中国历史作出重大贡献的重要因素。特别是他接受中国共产党的帮助，把三民主义发展为新三民主义，并在此基础上实现国共两党合作，把反帝反封建的革命斗争推到一个新的历史阶段，集中表现了他顺应历史潮流、与时俱进的精神特质，是他为谋求中国的独立、民主和富强而奋斗的重大成果。

深入认识和具体把握孙中山爱国、革命、不断进步精神的核心、内涵和特质，对于民革同志继承和发扬这一精神，不断提高自身思想政治素质，保持民革特色，突出工作特点，围绕发展这一参政议政第一要务，特别是围绕促进祖国和平统一大业这一工作重点作出新的独特的贡献，具有十分积极的作用。我们要以民革前辈坚持孙中山三大政策，在民主革命各个历史阶段与中国共产党真诚合作，并在新中国建立后自觉接受中国共产党领导的事迹为榜样，不断增强对坚持中国共产党领导的多党合作和政治协商制度的信心和决心，坚定不移地走中国特色政治发展道路。要深入研究孙中山国家现代化建设的思想，结合实际，吸收和借鉴他的建设思想的有益成分，不断提高自身参政议政的质量和水平；要以孙中山爱国思想为纽带，为全力遏制"台独"，促进海峡两岸的经济文化交流，促进祖国和平统一，作出我们最大的努力。

　　不久前召开的中共十六届六中全会，作出了《中共中央关于构建社会主义和谐社会若干重大问题的决定》。这是以胡锦涛同志为总书记的中共中央领导集体全面分析当前的形势和任务，从中国特色社会主义事业总体布局和全面建设小康社会全局出发所作出的重大决策。在这一构建社会主义和谐社会的纲领性文件指引下，一个富强民主文明和谐的社会主义现代化国家必将出现在祖国的大地上，这是我们可以告慰于孙中山先生的。民革各级干部和全体党员，要把继承、发扬孙中山爱国、革命、不断进步的精神和全力投入构建社会主义和谐社会的宏伟事业结合起来，紧密团结在以胡锦涛同志为总书记的中共中央周围，为全面建设小康社会，实现中华民族伟大复兴而努力奋斗！

加强民革参政议政工作[*]

（2006 年 12 月 11 日）

多年来，民革各级组织和广大党员紧紧围绕党和国家的中心任务和改革发展的大局，围绕振兴中华、统一祖国的宏伟目标，积极履行参政党职能，为推进社会主义现代化建设和祖国和平统一大业，做了大量工作，作出了应有的贡献。在民革各方面工作不断推进的过程中，涌现出许多先进集体和先进个人，在社会上树立了民革组织和民革党员的良好形象，同时也以我们的工作实践和参政议政的成绩，充分展示和证明了我国多党合作制度的优越性。最近几年，民革中央曾就多方面工作进行总结表彰，而专门就参政议政工作进行表彰，这尚属首次。根据民革各级组织的推选，民革中央将表彰参政议政工作先进集体 100 个和先进个人 221 名。由于名额的限制，还有一些工作做得比较好的单位和个人没有被表彰，更多的同志在默默无闻地无私奉献。我们希望通过表彰先进、总结经验，进一步振奋精神，推动民革参政议政工作再上新台阶。

---

* 这是何鲁丽同志 2006 年 12 月 11 日在民革全国参政议政工作经验交流暨表彰会议上的讲话。

　　值此机会，我对今后工作讲几点意见。

　　第一，全面贯彻落实科学发展观，学习贯彻中央经济工作会议精神，增强做好参政议政工作的责任感、使命感和紧迫感。

　　最近，中央召开经济工作会议，深入分析当前的国内经济形势和国际经济环境，全面总结今年的经济工作，提出了明年经济工作的总体要求，这就是：要以邓小平理论和"三个代表"重要思想为指导，认真贯彻党的十六大和十六届三中、四中、五中、六中全会精神，全面落实科学发展观，加快构建社会主义和谐社会，继续加强和改善宏观调控，着力调整经济结构和转变增长方式，着力加强资源节约和环境保护，着力推进改革开放和自主创新，着力促进社会发展和解决民生问题，推动经济社会发展切实转入科学发展的轨道，努力实现国民经济又好又快发展，为党的十七大召开创造良好环境。这一总体要求对于深入贯彻落实科学发展观，加快构建社会主义和谐社会，做好明年的经济发展工作，具有十分重要的意义，也是我们民主党派履行参政议政、民主监督职能、做好明年工作必须遵循的原则。民革各级组织和广大党员，一定要认真学习、深刻领会这次中央经济工作会议精神，统一思想，增强信心，为完成明年经济工作任务作出应有的贡献。

　　今年是实施"十一五"规划的第一年，在中国共产党的领导下，全国各族人民坚持以邓小平理论和"三个代表"重要思想为指导，全面贯彻落实科学发展观，紧紧抓住发展这个第一要务，社会主义经济建设、政治建设、文化建设、社会建设取得新的成就，中国特色社会主义事业取得新的进展。中共中央对统一战线和多党合作事业高度重视，去年以来，先后颁布了《中共中央关于进一步加强中国共产党领导的多党合作和政治协商制度建设的意见》、《中共中央关于加强人民政协工作的意见》。这两个文件对进一步实现多党合作和政治协商的规范化、制度化、程序化作出了规定。在今年召开的第20次全国统战工作会议上，胡锦涛同志的重要讲话和中共中央下发的《关于巩固和壮大新世纪新阶段统一战线的意见》，对巩固和发展中国共产党领导的多党合作的政治格局、建立和谐的政党关系提出了要求。中共中央这一系列重大举措，为中国共产党领导的多党合作和政治协商制度在新世纪新阶段的进一步发展完善，为参政党在全面建设小康社会、实现中华民族伟大复兴的伟大事业中发挥更大作用创造了前所未有的良好条件。

从多党合作的各方面实际工作来看，在中共中央、国务院重大决策前的高层政治协商越来越频繁，参政党履行参政议政、民主监督职能也在进一步制度化、规范化。今年以来，以中共中央、国务院名义举行的高层政治协商和征求意见座谈会有20次之多。今年3月份，中共中央决定在今年召开的六中全会上研究构建社会主义和谐社会问题，随即就向党外人士征询意见。在《中共中央关于构建社会主义和谐社会若干重大问题的决定》初稿形成之后，又专门征求党外人士的意见。在中共十六届六中全会召开之前的党外人士座谈会上，胡锦涛总书记再次明确提出："希望大家切实把维护团结稳定、促进社会和谐作为参政议政、民主监督的重要内容，协助党和政府做好促进协调发展、加强制度建设、建设和谐文化、完善社会管理、激发社会活力等方面的工作。"这为参政党发挥作用提供了难得的历史性机遇，民革各级组织和广大党员要以高度的责任感、使命感、紧迫感和百倍的努力，努力开创科学发展的新局面，切实把我们参政议政、民主监督的职责履行好，从而进一步推进多党合作事业的发展，推进社会主义政治文明建设。

第二，进一步加强自身建设，不断提高思想政治素质和参政议政能力。

进一步履行好参政议政、民主监督职能，需要我们更加重视自身建设，不断提高民革各级组织和广大党员的思想政治素质和参政议政能力。在全面建设小康社会、构建社会主义和谐社会的今天，社会主义现代化建设已经站在了一个更高的起点上，但我们仍然面临许多困难和问题，今后还将不断遇到各种各样的新问题。我们要始终坚持中国共产党的领导、坚持走中国特色的政治发展道路，就必须不断提高思想政治素质，始终保持政治上的清醒和坚定，善于从政治的高度，从改革发展稳定的大局出发，去认识和把握各种新情况、新问题，努力为多党合作事业的发展作出应有的贡献。

加强自身建设，一定要把学习放在首位。我们要以新一届中共中央领导集体为榜样，努力像他们那样刻苦学习。从中共中央新一届领导集体形成以来，坚持每月一次政治局领导集体学习的制度，迄今为止已经集体学习 36 次，为全党和全国人民，也为我们民主党派做出了表率。民革各级组织和广大党员，要着眼于提高贯彻落实科学发展观的知识水平和工作能力，提高履行参政党职能的能力，把学习作为一项重要的工作抓紧抓好。要继续深入学习马克思列宁主义、毛泽东思想、邓小平理论和"三个代表"重要思想，重点掌握贯穿其中的基本观点和基本方法，全面理解、准确把握中央关于经济社会发展的指导方针和一系列战略决策，不断增强贯彻落实科学发展观的自觉性和坚定性。要着重学习科学发展观。科学发展观是指导发展的世界观和方法论的集中体现，是运用马克思主义的立场、观点、方法认识和分析社会主义现代化建设的丰富实践，深化对经济社会发展一般规律认识的成果，是我们推进经济建设、政治建设、文化建设、社会建设必须长期坚持的根本指导方针。学习贯彻科学发展观，是我们做好参政议政工作的前提和基础，民革全党都要加强学习，提高认识，努力把思想统一到科学发展观上来，坚持以科学发展观统领各项工作。要认真学习以胡锦涛为总书记的中共中央提出的关于治国理政的一系列重要战略思想，学习统一战线和多党合作理论，努力提高政治敏锐性和政治鉴别力，不断增强坚持接受中国共产党领导和抵制西方多党制思潮影响的自觉性。同时，也要学习民革历史和优良传统，学习孙中山先生爱国、革命和不断进步的精神，增强民革组织的向心力和凝聚力，增强为中国特色社会主义事业和多党合作事业多作贡献的光荣感和责任感。

在中共十六届六中全会召开之前的党外人士座谈会上，胡锦涛总书记还提出："希望大家发挥联系面广、智力密集的优势，加强对构建社会主义和谐社会重大理论和现实问题的研究，及时发现和反映和谐社会建设过程中的突出问题，推进和谐社会理论建设和创新，为构建社会主义和谐社会多提供真知灼见。"能不能"及时发现和反映"问题、多提供"真知灼见"，关键在于学习，在于深入调查研究全面建设小康社会和构建社会主义和谐社会进程中的有关问题。要学习相关领域的知识，不断完善知识结构，提高业务素质，学习现代经济知识、科技知识、社会管理知识、法律知识，全面提高参政议政工作的能力和水平。

胡锦涛总书记十分关心民主党派的建设。他在前不久召开的党外人士座谈会上再次强调:"希望大家加强自身建设,增进参政党内部和谐,密切同自己所联系的社会成员的关系,始终成为促进社会和谐的积极力量。"民革要做到这一点,就要求我们把自身建设的着眼点和着力点放在提高综合素质和提高履行参政党职能的能力和水平方面,自身建设的各项工作,包括思想建设、组织建设、制度建设、机关建设、等等,都必须服务和服从于履行参政议政、民主监督的职能。只有这样,才能实现参政党的内部和谐,进而更好地为构建社会主义和谐社会服务。

第三,发挥民革的特点和优势,进一步加强促进祖国和平统一方面的参政议政工作。

促进祖国和平统一,是民革工作的重点;围绕祖国统一大业积极建言献策,是民革参政议政工作的重要内容。多年来,民革各级组织十分重视促进祖国和平统一方面的参政议政工作。民革中央在每年的全国政协大会上都要提交相关内容的提案和大会发言,在日常参政议政工作中向有关方面提交调研报告和社情民意信息。许多省级组织和市级组织在参政议政工作中,也都有这方面的内容。民革一些省级组织,如福建省民革组织,结合自己的实际,在参政议政工作中涉及祖国统一的内容占有更大的分量。这次会议在对参政议政工作先进集体和先进个人的表彰中,也相对突出地表彰了在这方面工作作出成绩的单位和个人。广大民革党员要认真学习贯彻中共中央关于对台工作的一系列方针政策,坚持"和平统一、一国两制"的基本方针,坚决反对和遏制"台独"分裂势力。民革要充分发挥海内外联系面广的特点和优势,认真进行调查研究,开拓思路,扩大视野,创新工作形式,把促进祖国和平统一方面的参政议政工作做得更扎实，为早日实现祖国和平统一作出应有的贡献。

第四，进一步做好本职工作，更好地塑造民革党员的社会形象。

参加这次会议的同志，在民革组织中是参政议政工作的骨干力量，在自己的本职工作中也是骨干力量。绝大多数民革党员都能够正确处理民革工作和自己本职工作的关系，不管本职工作多么繁忙，也要积极参加民革的活动，为民革参政议政工作贡献力量。同时，又立足于自己的工作岗位建功立业，许多同志在本职工作中作出了突出成绩，甚至成为本行业的先进模范人物，表现出可贵的爱岗敬业精神和良好的职业道德。希望同志们继续做好本职工作，在岗位上发挥更大作用，创造新业绩，努力为全面建设小康社会、构建社会主义和谐社会多作贡献。你们在本职工作中取得的成绩越大，对民革的贡献也就越大。

当前，我们正处在爱国统一战线和多党合作发展史上最好的时期之一，社会主义民主政治建设的发展，为我们履行参政党职能创造了更好的条件和环境；全面建设小康社会、构建社会主义和谐社会的伟大事业，为我们提供了一个施展抱负和才华的广阔舞台。我们一定要紧密团结在以胡锦涛同志为总书记的中共中央周围，开拓进取，扎实工作，为全面推进社会主义现代化建设和祖国和平统一大业，为建设社会主义政治文明，为坚持和完善中国共产党领导的多党合作和政治协商制度，贡献我们的智慧和力量！

坚持中国特色政治发展道路
搞好政治交接[*]

（2007 年 2 月 25 日）

    2007 年，民革要进行各省级组织和中央的换届，这是我们全年工作的重点。换届不是简单的新老交替，其实质和核心是要搞好政治交接，使民革的事业后继有人，把老一代领导同志坚持走中国特色政治发展道路的传统、信心和决心传承下去，保证中国共产党领导的多党合作和政治协商制度得到更好的坚持和完善。为此，我们必须深入研究和明确以下几个重要问题：中国特色政治发展道路的主要内涵和基本特征是什么？为什么必须坚持中国特色政治发展道路？民革作为参政党，怎样在换届工作中深刻体现这一政治交接的核心内容？怎样把坚持走中国特色政治发展道路的教育作为民革全党在今后一个长时期中思想政治工作的重点内容？现在我就上述问题谈几点意见，供同志们研究。

---

  * 这是何鲁丽同志 2007 年 2 月 25 日在民革中央中心学习组专题学习座谈会上的中心发言，发表于《团结》杂志 2007 年第 1 期。

一、要深入理解和把握中国特色政治发展
道路的主要内涵和基本特征

政治发展是政治关系包括政治行为、政治体系、政治文化的变革和调整，同时也是政治关系各种外延形态和表现形式的发展变化，是一个国家发展的重要方面。世界上各个国家，由于经济发展、历史传统和文化、人口、地理等具体国情不同，必然会形成各自的政治发展道路。在中国现代历史的发展中，全国各族人民在中国共产党领导下，在长期的革命、建设和改革开放事业中，坚持把马克思主义基本原理与中国实际相结合，走出了一条符合中国国情、具有中国特色的政治发展道路。1949 年，随着中华人民共和国成立，我们建立了在长期反帝、反封建斗争中孕育起来的、适合中国国情的国家制度，确立了以马克思主义为指导的社会主义立国精神。1978 年，中国开始进行全面而深刻的改革，这是包括经济体制和政治体制改革的社会主义制度的自我完善，开创了中国特色社会主义现代化建设的新阶段。中共十四大提出了建立有中国特色的社会主义市场经济体制的宏伟任务，十五大又提出了"依法治国，建设社会主义法治国家"，标示着中国特色政治发展道路的不断发展。进入新世纪，中共中央新一届领导集体进一步推进马克思主义中国化，着眼于全面建设小康社会、构建社会主义和谐社会，全面推进中国特色社会主义的经济建设、政治建设、文化建设和社会建设，提出了以人为本的科学发展观，使中国特色政治发展道路的内涵更加丰富、更加明

确。这一政治发展道路，植根于中华民族几千年历史和文化的深厚土壤，产生于中国共产党和中国人民为争取民族独立和国家富强而进行的伟大斗争实践，发展于中国特色社会主义进程之中，是一条充分体现社会主义性质，能够为国家富强、民族振兴、人民幸福和社会和谐提供根本保障的政治发展道路。它的主要内涵是：以马克思列宁主义、毛泽东思想、邓小平理论和"三个代表"重要思想为指导，坚持中国共产党的领导，坚持社会主义制度，坚持人民民主专政，实行由人民代表大会制度、中国共产党领导的多党合作和政治协商制度、民族区域自治制度构成的政治制度，不断发展社会主义民主，实现政治体制的自我改革和自我完善。

具体地看，中国特色政治发展道路具有以下主要特征：（1）坚持以马克思列宁主义、毛泽东思想、邓小平理论和"三个代表"重要思想为指导，全面贯彻落实科学发展观。实践证明，坚持马克思主义在意识形态领域的指导地位，以马克思主义中国化的最新成果教育人民，指导我国现代化建设事业，保证了我国正确的政治发展方向，巩固了全国各族人民团结奋斗的共同思想基础。（2）坚持中国共产党领导。中国共产党是先进的执政党，是我国现代化建设和民主政治建设领导者、组织者和推动者，是我国的政治发展的领导力量和根本保障。推动中国政治发展，必须按照中国特色社会主义现代化建设的需要，在中国共产党的领导下进行，任何背离共产党领导的言论和行动都是错误的。（3）坚持以实现中华民族的根本利益为出发点和归宿，为中国特色现代化建设事业提供根本的政治基础。走中国特色政治发展道路，就是要走出一条最有利于实现全中国各族人民的根本利益的道路，就是要团结和凝聚全国各族人民为实现中华民族的伟大复兴而共同奋斗。（4）坚持和完善适合我国国情的政治制度和政党制度。中国共产党领导中国人民在长期实践中逐步探索并建立起一套适合我国国情的政治制度，即人民代表大会制度、中国共产党领导的多党合作和政治协商制度、民族区域自治制度。这三项政治制度构成了中国特色政治发展道路的政治制度框架。在中国共产党领导的多党合作制度中，各民主党派作为与中国共产党风雨同舟、肝胆相照的亲密友党和社会主义参政党，以"一参加、三参与"为参政基本点，积极履行参政议政、民主监督职能，充分发挥在国家政治社会生活中的作用，既有利于共产党与各民主党派在共同政治基础上加强合作，通过平等协商形成科学决策，集中力量办大事，又有利于避免多党竞争、互相倾轧造成的政治动荡和一党制的种种弊端，有利于调动一切积极因素、团结一切可以团结的力量，共同致力于中国特色政治发展道路事业。（5）坚持运用选举民主和协商民主两种重要社会主义民主形式。中国特色协商民主是社会主义民主政治的一大创造，它为人类政治文明提供了一种新型的民主形式。实践证明，协商民主既尊重多数人的共同意愿，又充分照顾到少数人的合理要求，这种尊重少数、包容少数的做法顺应现代民主发展的潮流，是对选举民主坚持多数决定原则的补充。两种民主形式功能作用相辅相成，促进社会主义民主得以更好地实现，是我国人民当家作主的具体体现，是中国特色政治发展道路的重要内容。

　　进入新世纪新阶段，国际国内形势发生了重大而深刻的变化，新形势新任务对我国的政治发展提出了新的要求，需要在全面总结多年来理论成果和成功经验的基础上，提出新的理论观点、政策思想和具体措施。为此，2005年和2006年中共中央先后颁布了《中共中央关于进一步加强中国共产党领导的多党合作和政治协商制度建设的意见》、《中共中央关于加强人民政协工作的意见》，转发了《中共全国人大常委会党组关于进一步发挥全国人大代表作用，加强全国人大常委会制度建设的若干意见》。这三个重要文件制定和实施，是以胡锦涛同志为总书记的中共中央着眼发展社会主义民主政治，推进社会主义政治文明建设，坚持走中国特色政治发展道路作出的重大战略举措，目的是要进一步坚持好、完善好我国的根本政治制度人民代表大会制度和基本的政治制度中国共产党领导的多党合作和政治协商制度。认真学习好、贯彻落实好这三个重要文件，是当前和今后一个时期坚持走中国特色社会主义政治发展道路的重要内容。

二、坚持中国特色政治发展道路，是我国近现代历史发展的必然，是把我国建设成为富强、民主、文明、和谐的社会主义现代化国家的根本保证，是参政党的历史责任

首先，坚持中国特色政治发展道路是我国近现代历史发展的必然。1840年鸦片战争打开了古老中国的大门之后，中华民族陷入了深重的内忧外患之中，曾经是世界上最强大的国家衰落了，中国在世界上大大落后了。"振兴中华"的口号成了时代最强音。但是，如何振兴，中国应该走怎么样的道路？无数志士仁

人为此作了艰难的探索和尝试。19 世纪下半叶，维新派人士力图效法日本与俄国，走君主立宪制的政治发展道路。这在当时是时新的潮流。康有为曾设想："变法三年可以自立，此后则蒸蒸日上，富强可驾万国。"维新运动的失败，证明君主立宪制在中国是行不通的。20 世纪初，以孙中山为首的革命者转而采取资产阶级革命道路，以推翻帝制和建立英美模式的议会民主制为理想。辛亥革命推翻了统治中国几千年的君主专制制度后，孙中山曾乐观地估计革命后十年建设可以与西方"并驾齐驱"。但辛亥革命的胜利果实被袁世凯窃取，民国初年实行的西方式多党制搞得乌烟瘴气，民怨沸腾，令孙中山深深失望。1927 年"四一二"反革命政变后，国民党实行一党专制，推行"一个党、一个主义、一个领袖"的一党专政的政治制度，最终导致了政治上的孤立、经济上的崩溃和军事上的失败。中国共产党在创立初期，也曾照搬苏联的革命模式，导致中国革命遭受严重挫折。在一百多年的近代历史中，中国几乎对世界上出现过的各种主要政治发展模式都进行了尝试和选择。经过几代人的艰难探索和多次痛苦的失败以后，中国共产党人在深刻总结历史经验和教训的基础上，把马克思主义与中国革命具体实践相结合，带领中国人民取得了民主革命的胜利，建立了新中国，确立了一条全新的中国特色政治发展道路。在坚持走这一道路的过程中，虽然也遭受过曲折，但取得的成就更为举世所公认。改革开放以来，中国特色政治发展道路的内容不断丰富和深化，为我国的经济、文化、社会各方面的巨大发展提供了坚强的政治保证。历史证明，中国特色政治发展道路，是保证我国走向富强、民主、文明、和谐的唯一正确的政治选择。

　　第二，坚持中国特色政治发展道路符合我国国情，为我国社会主义生产力的发展和社会主义民主的发展，建设社会主义和谐社会，提供了发展方向、制度框架和领导核心的坚强保证。究竟以什么样的标准来衡量政治发展道路是否符合国情、适应发展的需要呢？邓小平同志在深刻总结我国革命和建设经验的基础上，明确指出："我们评价一个国家的政治体制、政治结构和政策是否正确，关键看三条：第一是看国家的政局是否稳定；第二是看能否增进人民的团结，改善人民的生活；第三是看生产力能否得到持续发展。"生产力是最活跃、最革命的因素，是社会发展的基础和最终决定力量。因此，衡量政治发展道路的优劣，关键要看它是否促进了以及在多大程度上促进了社会生产力的发展。

　　新中国成立后，我国在一穷二白的基础上建立了独立的和比较完整的国民经济体系，经济实力和综合国力显著增强。仅仅用了20多年的时间，不仅改变了旧中国的落后面貌，而且基本上建立起门类齐全的现代工业体系，工业、农业、国防和科学技术领域的许多方面进入了世界先进行列。尤其是改革开放以来，在中国共产党的社会主义初级阶段基本路线、基本纲领指引下，摒弃了"以阶级斗争为纲"那一套极左的东西，全国人民团结一心搞经济建设，国民生产总值连续20多年保持了9%左右的增长速度，人民生活水平得到很大改善。13亿中国人不仅解决了温饱问题，而且总体上达到小康水平，创造了经济发展的世界奇迹。这充分证明了中国特色政治发展道路为生产力快速、持续发展提供了广阔的空间，发挥了巨大的保证作用。

　　与此同时，这条政治发展道路，也充分保证了社会主义民主的不断发展。"没有民主，就没有社会主义"。社会主义民主是社会主义制度的核心价值之一，其本质是人民当家作主。在一个有 13 亿人口的发展中大国，人民利益的广泛性和实现人民利益的艰巨性，要求有一个代表最广大人民根本利益的政治核心，来领导人民掌握和使用好国家权力，正确处理各种社会矛盾。中国共产党的领导为人民当家作主和依法治国提供了坚强的领导核心。以人民代表大会制度为根本政治制度、以中国共产党领导的多党合作和政治协商制度以及民族区域自治制度为基本政治制度的政治制度框架，为扩大全国各族人民、各界人士有序的政治参与，拓宽社会利益表达渠道，不断提高人民当家作主的积极性和创造性，提供了政治制度上的保证。广大人民在中国共产党的领导下，依照宪法和法律规定，通过各种途径和形式，实现了管理国家事务、管理经济和文化事业、管理社会事务的权利。同时，我国积极推行政治体制改革，如调整政府的管理职能，增强政府的服务职能，健全法制，厉行法治，扩大基层民主，完善基层民主管理制度等，推动中国特色政治发展道路不断适应中国特色社会主义建设的需要，建立了与社会主义市场经济相适应的政治制度环境。由此可见，中国特色政治发展道路是一条充满活力的政治发展道路，能够通过自我发展、自我完善，始终与我国经济社会全面发展的要求相一致。

坚持中国特色政治发展道路，是建设社会主义和谐社会的政治保证。在社会主义制度框架下，中国共产党带领全国各族人民，以邓小平理论和"三个代表"重要思想作为团结奋斗的思想基础，以坚持社会主义初级阶段的基本路线、基本纲领和基本经验作为最大的政治共识，从而在共同奋斗目标的基础上，形成了高度的政治认同和强大的社会凝聚力，保证了我国政治体制和政治格局的稳定。同时，适合中国国情的民主政治制度，既维护人民的根本利益，又照顾各方面的具体利益，其中所蕴含的合作、参与、协商和包容的精神，可以有效协调社会各方面的关系，使一些社会矛盾和问题能够在现有的体制框架内得到妥善化解，有利于形成全体人民各尽所能、各得其所而又和谐相处的局面。坚持中国特色政治发展道路，有利于保持国家政局稳定和社会安定团结，是推进社会主义和谐社会建设的政治保障。

第三，在中国特色政治发展道路的形成和坚持的过程中，包括民革在内的各民主党派作出了重大贡献，坚持中国特色政治发展道路我们责无旁贷。1948 年 4 月 30 日，中国共产党发布纪念"五一"劳动节口号。各民主党派积极响应，声明中国共产党的主张"适合人民时势之要求，尤符同人等之本旨"，公开表示拥护中国共产党领导和新民主主义路线，并积极参与了新政协的筹备和召开工作，为中国共产党领导的多党合作和政治协商制度的确立以及建国初期实行的新民主主义的政治制度和经济制度的形成作出了重大贡献。新中国建立以后，各民主党派的老一辈领导人又为过渡时期总路线的确定和贯彻以及人民代表大会制度的创立做了大量工作。民革第一任主席李济深在当时就曾指出："人民代表大会的召开，可以使人民民主制度发挥更大力量……使各种工作做得更好，作出更大贡献。"

中共十一届三中全会以后，各民主党派坚决拥护中国共产党的社会主义初级阶段基本路线和基本纲领，坚定地支持改革开放的重大战略决策，动员全体成员投入到以经济建设为中心的社会主义现代化事业中去。各民主党派还积极参与《中共中央关于坚持和完善中国共产党领导的多党合作和政治协商制度的意见》

的制定和执行，为多党合作事业的发展作出了新的贡献。进入新世纪，中国的政治、经济、文化和社会生活各方面都发生了新的重大变化，各民主党派坚持邓小平理论和"三个代表"重要思想，全面贯彻落实科学发展观，紧密团结在以胡锦涛同志为总书记的中共中央周围，积极参与了《中共中央关于进一步加强中国共产党领导的多党合作和政治协商制度建设的意见》的制定和执行，为巩固和发展中国特色政治发展道路作出了应有的贡献。

由此可见，中国特色政治发展道路的形成和坚持，也凝聚着民主党派的智慧和力量，特别是老一辈民主党派领导人为之付出了大量心血，进行了不懈努力，作出了重大贡献。坚持中国特色政治发展道路，已经成为民主党派优秀传统的核心。我们继承传统、发扬传统，最根本的，就是要继承这一优良传统的核心和实质，在坚持中国特色政治发展道路上决不能有丝毫的动摇。

三、要把坚持中国特色政治发展道路、搞好政治交接作为换届工作的主线，并带动和促进在民革全党范围内开展坚持中国特色政治发展道路的教育

为落实这一工作思路，首先要明确换届工作的实质和核心是政治交接。今年，民革省级组织和中央要进行换届，换届工作是现阶段民革各级组织工作的重点，换届的核心是政治交接。民革

中央对换届工作提出了总体要求，并把政治交接概括为五个方面的内容，这五个方面内容是衡量换届工作是否成功的重要政治标准，其中最重要的就是坚持中国特色政治发展道路。其核心是坚定不移地坚持中国共产党的领导，使民革老一辈在长期革命、建设和改革实践中形成的坚持中国共产党领导、与中国共产党亲密合作的优良传统和报效国家、无私奉献的高尚风范薪火相传、发扬光大，保证多党合作事业得到巩固和发展。这就要求我们以政治交接为着眼点来实现人事上的新老交替，按照中国共产党的干部路线和"党管干部"的原则，紧密依靠中共各级党委和统战部门，把政治素质好、能力高的人选拔到领导岗位，形成政治坚定、朝气蓬勃、奋发有为、广大党员信任和满意的新一届领导班子。

换届要以制度为保障，按照民主集中制，落实换届文件。民革章程规定："本党的根本组织原则和领导制度是民主集中制。"贯彻民主集中制原则是做好换届工作的根本保证。"集体领导、民主集中、个别酝酿、会议决定"的决策程序是民主集中制原则的具体体现，要在换届过程中予以贯彻实施。作为民革各级领导，要以民革的事业为重，用宽广的胸怀面对来自民革组织的"民主推荐"和"民主测评"；用正确的世界观、人生观、价值观、权力观、利益观、地位观，正确对待个人的进与退；用实际行动体现识大体顾大局的高尚情操，确保换届任务圆满地完成。

第二，要以换届工作中突出政治交接的主线，进行坚持中国特色政治发展道路的教育为契机，在全党范围内开展一次坚持中国特色政治发展道路的教育活动。在教育活动中，要从理论和实践的结合上，深入认识和把握中国特色政治发展道路的主要内涵和基本特征，深刻认识坚持中国特色政治发展道路的历史必然性和现实必要性。要重点学习中共中央两个 5 号文件，围绕两个 5 号文件，学习民革章程和党史，使民革广大干部和党员进一步加深对坚持中国特色政治发展道路，特别是对我国政党制度必然性、合理性和优越性的认识，自觉抵御西方多党制和三权分立的影响，进一步增强对坚持中国共产党领导、坚持多党合作和政治协商制度的信念、信心和决心。

民革作为参政党，其党员思想政治素质是高是低，有条重要的判断标准，就是看坚持和完善中国共产党领导的多党合作和政治协商制度的政治责任感是强还是弱。坚持和完善中国共产党领导的多党合作和政治协商制度是我们民革自身建设的一项重要政治责任，这既是从国家民族的根本利益出发，也是参政党自身具体利益的要求。参政党要表达自己的政治主张，有效反映和代表广大党员和所联系群众的具体利益和要求，维护自身的政治权益，就一定要坚持中国共产党领导，坚持和完善多党合作和政治协商制度，切实履行好参政党的职能，为促进经济社会全面发展和构建社会主义和谐社会贡献力量。

民革章程是规范和约束全党行为的总章程，对民革的政治纲领、指导思想、组织原则、组织制度、工作程序等重大问题作了明确规定。我们要深刻认识学习贯彻民革章程的重要意义。通过系统深入地学习党章，认真执行党章的规定，可以保证民革从组织制度上按照党章的要求，坚持和完善多党合作和政治协商制度，从而不断增强对坚持中国特色政治发展道路的信心和决心。

今年是民革成立 60 周年，要以此为契机，加强对民革党史的学习、了解。60 年来，民革从孕育、成立到发展所走过的道路，是同中国共产党合作和逐步接受中国共产党领导的正确道路，是从爱国主义到社会主义的不断前进的光荣道路。接受中国共产党的领导是民革必然的历史选择，是民革的光荣传统。民革中央已故主席朱学范曾说过："在坚持中国共产党领导这一点上，民革不允许有不同的声音。"学习民革党史，要使各级干部和广大党员了解中国特色政治发展道路，从确立到坚持，民革及历代领导人都参与其中，作出了重大贡献，从而增强对坚持这一政治发展道路的自觉性、自豪感和使命感。

第三，参政议政是参政党的基本职能，认真履行好参政议政职能，发挥好参政党作用，既是坚持中国特色政治发展道路的内在要求，也是参政党坚持中国特色政治发展道路的重要体现。民革作为参政党，要以参政议政的实际成果来体现坚持中国特色政治发展道路的信念和决心。

参政议政、民主监督是参政党在国家政治生活中发挥作用的基本途径，是参政党存在价值的重要体现方式。不断提高参政议政、民主监督的质量和水平，就要按照中共中央两个5号文件精神的要求，牢牢把握发展这个第一要务，贯彻和落实科学发展观，紧紧围绕国家改革发展稳定的大局，促进社会主义物质文明、政治文明、精神文明的协调发展和人的全面发展。积极、主动反映和代表各自所联系群众的具体利益和要求，帮助执政党协调好最广大人民群众根本利益和具体阶层、群体具体利益之间的关系，为构建社会主义和谐社会建言献策。

新一届领导班子一定要始终把参政议政工作作为工作的重点。要通过提高领导班子成员的政治把握能力、参政议政能力、组织协调能力和合作共事能力，来带动民革组织整体参政能力的提高；通过整合党员中的各级人大代表、政协委员、政府部门任职的领导干部和各种特约人员的参政议政力量，来带动民革组织整体参政议政智力资源的整合；还要把全体党员在换届过程中焕发起来的政治热情和工作积极性转化到更好地履行参政议政职能上来，以更加饱满的热情为现代化建设服务，为构建和谐社会作贡献。

坚持中国特色政治发展道路，是民革的立党之本，也是我们的历史使命。进行坚持中国特色政治发展道路的教育，不但是今年换届工作的主线，而且是事关全体党员的重要任务；不但是今年的一项重要任务，而且是一项长期任务，是需要持续进行的思想政治工作主要内容。各地各级领导一定要认真规划、缜密安排、切实实施，把这次教育活动开展好，不断增强各级干部和广大党员坚持走中国特色政治发展道路的信心和决心，保证民革在这条正确道路上走实、走稳、走好。

增强团结　促进民革党内和谐[*]

（2007 年 7 月 10 日）

今年上半年以来民革地方组织的换届工作是圆满成功的，大部分省级组织已经顺利完成了换届任务。各地民革的工作将在新一届领导班子的带领下，进入一个新的阶段。本次会议还传达了《各民主党派中央关于加强地方组织领导班子建设座谈会纪要》（以下简称《纪要》）。《纪要》是各民主党派中央有关负责同志，在各自地方组织即将完成换届的情况下，就新形势下落实政治交接的各项要求，多次进行座谈研究形成的。各地新一届领导班子在现阶段的一项重要工作，就是要结合《纪要》精神，通过继续深入开展"坚持走中国特色社会主义政治发展道路，搞好政治交接"的学习教育，加强自身建设。这次常委会要重点研究这个问题，并形成相关文件，作出工作部署。

作为本届中央最后一次集中研究自身建设问题的常委会，本次会议还有一个重要议题，就是研究关于进一步增强团结，促进民革党内和谐的有关问题。增强团结，促进民革党内和谐，既是

---

* 这是何鲁丽同志 2007 年 7 月 10 日在民革十届第二十次中央常委会上的讲话。

构建社会主义和谐社会对参政党提出的必然要求，也是各省级组织换届以后民革自身建设实践发展的必然要求。下面，我就这个问题讲几点意见，供同志们研究。

一、增强团结，促进党内和谐，是民革进一步加强自身建设，为构建和谐社会充分发挥积极作用的重要任务

以胡锦涛同志为总书记的中共中央从中国特色社会主义事业总体布局和全面建设小康社会全局出发，作出了构建社会主义和谐社会的重大决策。这一决策，反映了建设富强民主文明和谐的社会主义现代化国家的内在要求，体现了全国各族人民的共同愿望，对于统一思想，凝聚人心，鼓舞斗志，动员全国人民为全面建设小康社会而奋斗，具有重大而深远的意义。

民革作为参政党，深刻领会中共中央这一决策的重大意义，为促进社会和谐特别是政党关系的和谐作出不懈努力，是我们一项重大政治任务。这就要求我们在多年来大力推动自身建设的基础上，以增强团结、促进民革党内和谐为主题，进一步深化和贯通我们自身建设的各项工作，统一思想，理顺关系，整合资源，凝聚力量，不断提高参政议政的水平和能力，为构建社会主义和谐社会作出我们应有的贡献。对此，我们可以从三个方面来认识。

第一个方面，增强团结，促进党内和谐，是民革为促进和谐政党关系作贡献的必然要求。中共十六届六中全会关于构建社会

主义和谐社会的重要决定，把实现政党关系的和谐，作为社会和谐的重要因素来强调。在我国的政党体制中，执政的中国共产党与作为参政党的各民主党派的关系是"长期共存、互相监督、肝胆相照、荣辱与共"。参政党的党内和谐，与执政党的党内和谐一样，都是巩固和促进政党关系和谐的必要基础。因此，以自身的和谐促进政党关系的和谐，进而促进整个社会的和谐，是参政党责无旁贷的责任。

在促进党内和谐上，中国共产党给我们做出了表率，为我们树立了学习的榜样。以胡锦涛为总书记的中共中央领导集体十分重视党内和谐建设，继十六届六中全会的决定提出"以党内和谐促进社会和谐"之后，胡锦涛总书记在 2007 年全国政协新年茶话会上再一次强调，要"扩大党内民主，促进党内和谐"。中共中央采取的一系列加强党内和谐建设的举措，给人们留下了极为深刻的印象。比如，中共中央以构建使广大党员长期受教育、永葆先进性的长效机制为契机，进一步统一思想认识，坚定理想信念，形成共同的理想追求，实现党内思想的和谐。比如，随着社会发展和形势的变化，先后颁布了《中国共产党党内监督条例》、《中国共产党党员权利保障条例》等文件，加强党内监督，规范党员行为，积极有效地化解党内各种矛盾，统筹兼顾理顺党内各种关系，进一步改进和完善党内各项机制和体制，实现党内组织的和谐。又比如，高度重视作风建设，从党和人民事业兴衰成败的高度，从全面建设小康社会、构建社会主义和谐社会的全局出发，充分认识加强领导干部作风建设的极端重要性和紧迫性，切实把加强领导干部作风建设放在更加突出的位置，以作风建设促进党内和谐。中国共产党高度重视党内和谐建设的一系列举措，极大地提高了执政能力，加强和改善了对多党合作的领导，为巩固和促进我国政党关系的和谐创造了良好前提。

同时，中共中央还于 2005 年和 2006 年制定了《中共中央关于进一步加强中国共产党领导的多党合作和政治协商制度建设的意见》和《中共中央关于加强人民政协工作的意见》两个重要文件。两个文件以坚持中国特色社会主义政治发展道路，推进多党合作和政治协商的制度化、规范化、程序化为主线，从加强共产党领导和发挥参政党作用两个方面，提出了一系列新的理论观点和方针政策。这就为构建和促进我国政党关系的和谐提供了政治上、政策上的充分保障。民革作为参政党，向自身提出增强团结、加强党内和谐建设，进而促进与执政党关系的和谐任务，是我们学习贯彻中共中央这两个重要文件精神的具体行动，也是为构建社会主义和谐社会作出我们应有的贡献。

第二个方面，增强团结，促进党内和谐，大力提高参政议政的水平和能力，是民革为构建社会主义和谐社会作贡献的必然要求。参政议政是参政党的基本职能。围绕和谐社会建设深入调查研究，积极建言献策，反映社情民意，协助执政党做好化解社会矛盾、协调各方利益的工作，是参政议政的重要内容。

这就要求我们不断提高参政议政的质量和水平。为此，一个必要的前提就是增强团结，促进党内和谐。和谐产生智慧，和谐凝聚力量。通过党内和谐建设，在全党形成充分发扬民主、充满组织活力、各方协调一致的和谐局面，最大限度地发挥每一个党员的积极性和创造性，有效整合党内资源，形成合力，极大地提高我们参政议政的水平和能力，在社会主义和谐社会的构建中发挥应有的作用，是我们面临的迫切任务。

　　第三个方面，增强团结，促进党内和谐，也是民革自身建设实践发展的必然要求。几年来，民革中央一直十分重视抓自身建设，采取一年一个专题不断推进的做法，使民革的自身建设向着制度化、规范化和程序化的方向推进，取得了重大的进展。通过不断加强自身建设，民革全体党员的整体素质有了明显提高，组织凝聚力有了明显增强，各项工作取得了新的成绩。

　　在思想建设上，坚持中国共产党的领导，坚持中国特色政治发展道路已经成为民革全党的普遍共识。广大干部、党员对多党合作的信心和信念极大地增强，为中国特色社会主义宏伟事业作贡献的积极性空前高涨。当前，民革全党的整体思想状况，可以用"健康、稳定、积极、进取"八个字来概括。

　　在组织建设上，各地组织按照民革中央的工作部署，重点抓了领导班子建设、基层组织建设、后备干部队伍建设、机关建设，并在实践探索中形成了许多好的经验，促进了领导班子水平不断提高、基层组织活动正常开展、后备干部队伍培养体制逐步形成的良性局面。各级机关进一步发挥工作枢纽和服务的功能，为民革日常党务工作的正常运转，提供了良好的条件和支持。

　　在制度建设上，我们基本上建立了覆盖参政党工作各个方面，能够支持和保障参政党履行基本职能、不断加强自身建设、正常开展日常党务工作的一系列制度规定，并形成了系统，基本实现了有章可循、运作有序的要求。

　　当然，在取得可喜成绩的同时，我们也要看到在自身建设的各个方面也还存在一些不容忽视的问题，有需要继续提高、深化的地方。比如：在思想建设上还要不断增强辨别和抵御各种错误思想的能力。在领导班子建设上还要不断贯彻民主集中制，增强领导干部的"四种能力"。特别是随着地方组织换届的基本完成，一批年轻的同志走上各地的领导岗位，这些同志年富力强，知识面宽、视野较广、思想活跃、接受能力强，同时也面临着对多党合作实践的体会、对民革自身建设规律和民革优良传统的认识需要不断加深，从事党务工作的能力需要不断提高、经验需要不断积累的任务。在制度建设方面，还要解决各地组织进展不平衡的问题，面临着各方面制度不断健全和完善的任务。因此，在民革自身建设不断推进的过程中，其内在逻辑必然地要求我们以增强团结，促进党内和谐为主题，把不足的地方加以弥补和改善，把已做的工作进一步深化和贯通。从巩固和促进党内和谐的高度，总结经验、弥补不足、继续推进，使我们的自身建设达到一个新的水平和高度。

今年第四季度将召开民革第十一次全国代表大会。大会将深入学习贯彻中共十七大精神，系统总结五年来民革工作的成绩和取得的经验，具体部署今后五年的工作，选举产生民革中央新一届领导集体。这是民革党内政治生活中的一件大事。这次大会在中国共产党领导全国各族人民为构建社会主义和谐社会共同奋斗的形势下召开，这就要求我们既要把大会开成一个进一步贯彻科学发展观、促进社会和谐，为夺取全面建设小康社会新胜利的动员大会，会议本身也应是团结的大会、和谐的大会。因此，我们这次常委会以增强团结、促进党内和谐为主题研究加强民革自身建设的问题，也是为民革第十一次全国代表大会营造良好的氛围，提供必要的精神动力。

二、深入认识民革党内和谐的总体要求

增强团结，促进民革党内和谐，首先要明确把握和深入认识这种团结与和谐的总体要求。这就是在政治方向、政治目标一致的前提下，以民革章程为规范和约束，通过化解矛盾、协调关系、求同存异，达到党内关系融洽、党内生活健康、党的自身建设和各方面工作运行有序，使民革全党在指导思想和共同目标基础上思想统一、组织协调、作风优良和行动一致，从而形成民主团结、充满活力、心情舒畅、生动活泼的局面。具体说来，我认为应当有如下三个方面的要求。

第一，民革党内和谐要以共同理想信念为基础。

建立在全党理想信念一致基础上的思想和谐是民革党内和谐的首要特征，是实现党内和谐的灵魂。这一共同的理想信念就是通过中国特色社会主义道路实现民族振兴、国家富强、人民幸福。为此，必须坚持社会主义初级阶段的基本路线和基本纲领、坚持中国共产党的领导、坚持走中国特色社会主义政治发展道路、坚持多党合作和政治协商制度。民革广大干部、党员，同时要把孙中山爱国、革命和不断进步的精神作为自己重要的传统，加以继承和发扬。以这些理想信念和传统为主导、为支撑，就为党内和谐提供了坚实的思想基础，是民革党内和谐的灵魂和核心。

第二，民革党内和谐要以体现进步性和广泛性相统一为特征。

　　进步性和广泛性相统一是民革作为参政党的重要特点。进步性集中体现在与中国共产党通力合作，共同致力于建设中国特色社会主义事业；广泛性则体现在它的包容性和多样性。参政党成员来自不同的阶层和群体，团结、包容他们，反映和代表他们的具体利益和要求，是参政党工作的重要内容。坚持进步性和广泛性相统一，是参政党重要的特点，也是我们在增强团结，巩固和促进党内和谐中需要加以坚持和体现的。

　　为此，我们首先必须高扬我们共同的理想信念，大力继承和发扬长期与中国共产党亲密合作、肝胆相照的优良传统，坚定不移地坚持中国共产党领导，坚定不移地坚持多党合作和政治协商制度，坚定不移地不断提高和增强我们的进步性。同时，民主党派历来具有政治联盟性质，这一性质决定了民主党派具有在政治一致性基础上的多样性和包容性。民革党员来自各个社会阶层和群体，自身的发展和成长道路不同，并且随着社会主义市场经济体制的确立，出现了就业方式、分配方式、生活方式、价值追求多样化的趋势。这一趋势也必然会反映到我们党员的思想上来。因此，我们在不断坚持和增强进步性的基础上，对这种情况要善于包容和引导。对于不同的思想观点乃至是一些错误的思想认识，不是要采取简单说教的做法，而是要通过加强学习，倡导"自我学习、自我教育、自我提高"的方式。在民革成员中不断增强政治认同与共识，既体现民主党派广泛性的特点，又以进步性统率和引领广泛性。要把这一精神贯穿于民革的思想教育原则、制度设计和制定、活动的组织方式等方面，实现党内最广泛的团结，调动一切积极因素为构建社会主义和谐社会，促进社会主义现代化建设事业服务。

在促进党内和谐中体现进步性和广泛性相统一的特点，还要求我们照顾不同情况、不同的利益需求。在带领民革全体党员同共产党一起，为实现中华民族共同利益而奋斗的同时，民革又负有反映所联系群众的具体利益与合理要求的作用和责任，维护他们正当的利益和权益要求，及时建议执政党和政府研究情况，制定或调整有关政策、法律、法规，使其合理的具体利益和要求得到实现。党员合法权益受到侵害时，民革组织要通过各种合法途径向有关部门反映情况，帮助党员维护自身的合法权益，这是促进民革党内和谐的重要方面。在重视这些工作的基础上，民革的党内和谐才能得到不断巩固和发展。

第三，民革党内和谐要以充分发扬民主，贯彻实行民主集中制为保证。

党内民主是党的生命，是解决党内矛盾与问题的基本手段和途径，是实现党内和谐的基本因素。促进党内和谐，必须以发扬党内民主，切实贯彻实行民主集中制为保证。

贯彻实行民主集中制的基础是民主。只有发扬民主，才能活跃党内政治生活，发扬每个党员和各级组织的积极性和创造性，提高对多党合作事业的责任感和使命感。集中是参政党党内民主发展的必然要求和结果，它要求党内民主在集中指导下进行，必须受党章和规章制度的约束。发扬党内民主就是让广大党员充分行使民主权利，积极拓展党员参与的渠道，建立通畅的党内意见表达机制，制定充分反映党员和党组织意愿的各项制度，让党的各级领导干部特别是主要领导同志能够听到来自民革基层组织的声音，听到普通民革党员的意见、建议，积极创造下级组织和广大党员监督的条件和环境。实行集中，就是要严格执行个人服从组织、少数服从多数、下级组织服从上级组织、全党服从中央的组织原则。下级组织有责任向上级组织反映情况，请示和汇报工作。在决策作出、制度形成后，要维护其权威性，按决策和制度办事。领导班子的集体领导要和分工负责相结合。只有实现集中指导下的民主和民主基础上的集中，以民主集中制为保证，我们的党内和谐，才是既充满活力、和而不同的，又是步调一致、运作有序的。

三、切实把握促进民革党内和谐的着力点

实现党内和谐涉及党的思想建设、组织建设、制度建设和作风建设，与党内生活的各个方面紧密联系、协调贯通，必须从党的自身建设整体上予以推进。总的来说，增强团结，促进民革党内和谐要以党章的学习、执行为抓手。民革章程是规范和约束全党行为的总章程，对民革的政治纲领、指导思想、组织原则、组织制度、工作程序等重大问题作了明确规定。要通过进一步系统深入地学习党章，认真执行党章的规定，发挥章程的规范和约束功能，在此基础上增强党内的团结，实现党内的和谐。具体地说，增强团结，促进民革党内和谐应从以下几方面入手。

第一，凝聚共识，增强和深化政治认同。

"共产党领导、多党派合作，共产党执政、多党派参政"，是我国政党制度最显著的特征，也是民革作为参政党最基本的政治认同。当前在民革全党开展的"坚持中国特色社会主义政治发展道路，搞好政治交接"教育活动就是增强和深化政治认同、

凝聚共识的一个重要举措。通过这个教育活动，教育和引导民革各级干部和广大党员，特别是领导干部，从进一步继承和发扬民革优良传统入手，深入理解和把握中国特色社会主义政治发展道路的主要内涵和基本特征；从中国具体国情出发，加深对坚持中国特色社会主义政治发展道路，特别是我国政党制度必然性、合理性和优越性的认识，自觉抵御照抄照搬西方多党制和三权分立思想的影响。当前，这个教育活动正在民革全党各级组织开展。我们要把这个教育活动作为凝聚政治共识、深化政治认同的重要方式，抓紧抓好，要进一步贯彻、落实民革中央关于开展教育活动的决定精神，切实按照教育活动的实施方案的部署，把活动组织好、领导好、开展好，努力达到最大的实效。

在民革成立60周年纪念之际，要开展各种形式的宣传、教育、学习活动，通过回顾民革历史，以具体、生动的史实和人物，了解民革60年来与中国共产党肝胆相照、荣辱与共的光荣历程，继承和发扬民革坚持接受中国共产党领导的优良传统，孙中山爱国、革命、不断进步的精神，民主团结和无私奉献的高尚风范，激励广大民革干部和党员把这一优良传统和高尚风范继承下去、发扬光大，进一步增强共识。

第二，完善机制，营造和优化制度环境。

民革党内和谐程度与其制度化水平密切相关。因此，必须以制度建设为保障，努力创新和完善党内工作机制，为党内和谐提供良好的制度环境。加强制度建设，是增强广大民革党员的组织观念、凝聚全体党员力量的有效途径。把民革各级组织在各项工作和党内生活的做法和经验提升为全体党员所认同、所遵守的运行规则和程序，让广大干部和党员按照制度和规则参与民革工作和党内生活，才能有效地调动各级组织和广大党员的积极性和主动性，形成民革组织的凝聚力和战斗力，实现民革党内和谐。

为此，各级组织要进一步贯彻民革中央近几年来出台的《民革中央关于加强和改进思想政治工作的若干意见》、《民革中央关于参政议政工作若干问题的规定》、《民革中央关于进一步加强制度建设的意见》、《民革中央关于加强后备干部队伍建设的意见》等一系列文件精神，以及各级领导班子的中心学习组制度、基层支部的定期学习活动制度等一系列规章制度，使民革的各项工作做到有章可循、有序运行，消除不必要的冲突和摩擦，为党内的团结和谐奠定制度基础。

当然，我们的制度建设还有一些方面不够完善，不相配套，各地建章立制的工作也很不平衡。主要还存在以下几方面的不足：一是一些必要的制度还没有建立起来，导致若干方面的工作尚无章可循，使这些工作受到影响；二是原有的一些规章制度已不能适应当前形势需要，没有及时调整；三是程序化成为一个比较薄弱的环节，以至于一些好的制度因缺乏科学、规范的程序而无法操作，影响了民革一些工作的实际效果；四是制度创新力度不够，往往不能根据形势的不断发展变化及时建立和完善新的制度。

为巩固已经取得的制度建设的成果，克服制度建设中的不足和欠缺，我们要从增强团结，促进党内和谐的角度，进一步推进制度建设。要在民革自身建设的目标和原则下，按照《民革中央关于进一步加强制度建设的意见》，坚持从参政党的性质、特点和具体条件出发，坚持以人为本，体现制度的服务和管理功能，坚持制度的可操作性，加强程序化建设等原则，建立健全领导决策制度、组织和发展制度、日常党务运行制度、干部选拔、推荐、任用和管理制度，以适应中国共产党领导的多党合作和政治协商的制度化、规范化、程序化的要求，以制度建设的实际成果，促进党内和谐。

第三，发扬民主，活跃民革党内政治生活。

一个和谐的社会，民主必然是这个社会的主流现象。一个社会如此，一个政党内部也如此。民革作为多党合作制度中的参政党，为了巩固和促进党内和谐，必须发扬民主，活跃党内政治生活。

首先，要提高民革全党同志对民主的认识。在中国，没有中国共产党领导就没有人民民主。共产党执政，从根本上说，就是保证人民当家作主，最广泛地动员和组织人民群众依法管理国家和社会事务，管理经济和文化事业，维护和实现广大人民群众的根本利益。中国共产党始终以民主作为自己的旗帜和追求的理想，给我们提供了深刻的启示和榜样。发展社会主义民主，建设社会主义政治文明，是全面建设小康社会的任务，是坚持和完善中国共产党领导的多党合作和政治协商制度的重要内容。民革作为这一制度中的参政党，进一步发扬党内民主，活跃党内生活，是发展社会主义民主的必然要求，是为了最大限度地调动党员的积极性、主动性和创造性，在全党形成畅所欲言、心情舒畅、生动活泼、开拓创新、团结奋进的局面，最大限度地把广大党员凝聚在一起，积极参与到参政议政以及其他各项工作中来，从而团结和带动所联系群众，一起为中国特色社会主义事业努力奋斗，作出自己的贡献。

其次，要建立健全一系列党内制度，保证民主决策和党员民主权益的实现。民革在进一步健全完善党内民主制度中，既要在设计、制定制度时，坚持从党员中来到党员中去，尽可能吸收广大党员参与各项制度的讨论、制定和监督执行，使各项制度为党员所认可、接受和遵从，又要在制度中充分体现、表达和维护广大党员政治参与的意愿和对民主的追求，为他们的政治参与和民主要求提供制度空间，保证民主决策和党员民主权益的实现。

要发扬民主的作风，营造民革党内民主氛围。各级领导干部一定要认真贯彻民主集中制，严格按照程序，在充分调研和协商的基础上作出决策；要带头树立民主观念，培养民主作风，形成民主传统；以自己的模范行为做出表率，从而带领广大党员，共同营造出民主团结的良好氛围。

第四，加强领导班子建设，以领导班子的团结，促进民革全党和谐。

党内和谐，关键是领导班子和谐；领导班子和谐，关键又是被形象称之为"班长"的主要负责同志与班子成员之间的和谐。只有领导班子和谐，才能为全体民革党员提供榜样，并营造一种和谐的政治环境。"班长"与班子成员之间和谐了，可以消除阻力、形成合力、增强活力、提高领导能力，成为一个想干事、会干事、能干成事的和谐的领导班子，从而极大地促进党内和谐。

从现状来看，民革各级领导班子总体上是团结和谐、积极健康的，但也存在一些影响团结和谐的因素。当前，民革各级组织的换届基本完成，新的领导班子建立起来了，应该抓住时机，在总结上届工作的基础上，以贯彻落实《各民主党派中央关于加强地方组织领导班子建设座谈会纪要》为契机，进一步建立健全领导班子的各项规章制度，以领导班子的制度建设带动和促进各方面工作制度和机制的建立和健全，加强各级领导班子的和谐，以领导班子的和谐促进民革全党的和谐。

进一步健全完善集体领导制度，有效贯彻集体领导原则，是保证领导班子和谐的首要条件。一是"班长"必须发挥主导作用，为班子成员做表率，理解和支持班子成员，带头遵守规章制度。要心胸开阔，善于包容和协调不同意见。二是必须注意发挥班子其他成员聪明才智的互补作用，确保班子每个成员能够充分表达自己的意见，确保领导班子作出的每个决定都是集思广益的结果。班子成员要胸怀全局，站在全局的角度来思考和研究问题，自觉摆正位置，副职要当好"班长"的助手，创造性地做好分管的工作。三是班子成员之间要相互尊重，相互支持，分工不分家。班子成员之间出现矛盾和问题，要及时沟通，开展批评与自我批评。

建立完善谈心交心制度。开展谈心活动对增进党内同志的相互了解、相互理解，求同存异，消除误会、化解矛盾将起到显著的作用，也是领导班子解决自身问题的有效形式。要将定期谈心作为加强领导班子自身建设的重要制度。"一把手"在注意日常工作的交流沟通的同时，应定期与班子成员谈心交心，互通情况，及时消除可能产生的误会，讨论交流进一步搞好工作的看法，开展批评和自我批评，增强团结。

建立领导班子成员述职考核制度，加强对领导班子成员的考核与监督，从而增强班子成员的责任意识。领导班子成员述职和考核制度正在一些地方组织试行，领导班子成员的述职和考核的内容、程序，述职和考核的结果以何种方式体现出来，等等，已经有一些地方组织创造了很好的做法。为保证民革基层组织和广大党员对民革的各项工作有更多的了解和参与，保证领导班子自觉接受广大党员和群众的监督取得了一定的经验。要把他们的做法加以总结、推广。

新一届领导班子要始终把参政议政工作作为工作的重点。要通过提高领导班子成员的政治把握能力、参政议政能力、组织领导能力和合作共事能力，来带动民革组织整体参政能力的提高；通过整合党员中的各级人大代表、政协委员、政府部门任职的领导干部和各种特约人员的参政议政力量，来带动民革组织整体参政议政智力资源的整合；还要把全体党员在换届过程中焕发起来的政治热情和工作积极性转化到更好地履行参政议政职能上来，以更加饱满的热情为社会主义现代化建设服务。

努力做好团结出版社工作[*]

（2007 年 12 月 3 日）

团结出版社建社二十周年，适逢民革诞生六十周年和民革十一大即将召开。二十年来，民革中央十分重视团结出版社的发展，团结出版社的工作始终是民革工作的一部分。二十年来，团结出版社坚持为社会主义建设服务、为民革和统战工作服务的出版方针，开拓进取、锐意改革，形成了特色，取得了可喜的成绩，在社会各界和广大读者中树立了良好的形象。回顾团结出版社二十年的创业历程，我们可以总结几点：

一、坚持正确方向，把握时代脉搏，扎实履行为社会主义事业服务，为民革和统战工作服务的使命，出版了一大批宣传中共中央统战思想理论政策、宣传民革工作经验、讴歌老一辈民革领导人业绩的图书。例如，《毛泽东与党外朋友》、《周恩来和党外朋友》、《邓小平论祖国统一》、《论"台独"》、《台湾前途与"一国两制"》、《中国的参政党》、《爱国、革命、不断进步——中山精神读本》，以及《孙中山大传》、《宋庆龄大传》、《李济深全传》、《朱学范传》等，取得了良好的社会效益，得到了民

---

* 本文是 2007 年 12 月 3 日何鲁丽同志在团结出版社建社二十周年座谈会上的讲话。

革党员和社会广大读者的肯定。

二、团结出版社努力把弘扬优秀的民族文化、倡导时代的人文精神、加强高品质的文化积累作为自己的出版追求，坚持走特色出版之路。近十年来，团结出版社在图书出版工作中认真落实"优化结构、追求特色"的发展战略，在历史文化、人物传记、文化生活、民国研究等领域，出版了一大批思想内容健康、原创性强、文化内涵丰富的图书，逐渐形成了自己的出版特色，得到了图书市场的认可。

三、深化改革，加强管理，坚持走科学发展之路。团结出版社从建社之初的十几名员工，发展到现今拥有五十多名技有所长、学有所专的出版人才队伍，发展到如今一个初具规模的出版社，最根本的经验就是认真贯彻中共中央关于文化体制改革的指示精神，稳妥地进行出版社三项制度改革，不断改革和完善出版社内部机制，从改革找出路，从管理要效益。通过近十年的改革实践，在领导班子建设、出版队伍建设、制度建设等方面都有了长足进步，取得了可喜的成绩。

在刚刚闭幕的中共十七大上，胡锦涛总书记在报告中提出"推动社会主义文化大发展大繁荣"的宏伟目标。团结出版社一定要认真学习领会中共十七大的精神，研读十七大的文件，进一步落实中共中央关于文化体制改革的指示精神，做好各项工作，要始终把社会效益放在首位，努力使出版社社会效益和经济效益都取得良好成绩。我们相信，团结出版社只要坚持正确的出版方向，深入贯彻落实科学发展观，一定能够成为一个有自己出版特色、有较高文化品位的出版社，成为社会主义文化百花园中有着自己独特品格的绚丽花朵。

坚定不移走中国特色社会主义政治发展道路 为全面建设小康社会而奋斗*

（2007 年 12 月 9 日）

过去五年的工作

过去的五年，是中国共产党领导全国各族人民，高举中国特色社会主义伟大旗帜，坚持以邓小平理论和"三个代表"重要思想为指导，深入贯彻落实科学发展观，全面建设小康社会，加快推进社会主义现代化，取得经济建设和社会发展辉煌成就的五年，是我国民主政治建设和中国共产党领导的多党合作事业快速、健康、和谐发展的五年，也是民革全党团结奋斗、开拓进取，切实加强自身建设积极履行参政党职能，各方面工作取得明显进步和突出成绩的五年。

---

* 这是何鲁丽同志 2007 年 12 月 9 日在中国国民党革命委员会第十一次全国代表大会上的报告。

一、扎实推进自身建设，全党素质进一步提高

中共中央 1989 年颁布的《关于坚持和完善中国共产党领导的多党合作和政治协商制度的意见》，2005 年颁布的《关于进一步加强中国共产党领导的多党合作和政治协商制度建设的意见》和 2006 年颁布的《关于进一步加强人民政协工作的意见》（以下简称"中共中央两个 5 号文件"），是指导中国共产党领导的多党合作和政治协商制度发展的纲领性文件。五年来，民革在这些文件精神的鼓舞和指导下，适应新世纪新阶段多党合作事业发展的需要，大力加强思想建设、组织建设和制度建设，取得显著成绩，为民革更好地履行参政党职能、发挥参政党作用，提供了思想、组织和制度保证。

着力加强思想建设和理论学习，弘扬优良传统，提高政治素质。长期以来，民革坚持把思想建设放在首位，高度重视理论学习。民革各级领导班子以身作则，带头学习政治理论。中心学习组定期召开专题学习座谈会，先后开展了邓小平理论、"三个代表"重要思想、中共十六大精神、科学发展观、《江泽民文选》、中共中央两个 5 号文件精神、中共十七大精神等专题学习活动，主要领导同志作主题发言，将学习引向深入。在各级中心学习组的带动下，全党形成良好的学习风气。各级组织通过举办理论学习班、研讨班和选派党员到各级社会主义学院培训等方式，提高党员思想政治素质。

为加强党员思想教育，民革中央在全党开展了学习民革章程的活动，编写了《民革章程学习问答》，举办了民革章程学习成果座谈会和"我的精神家园——纪念民革成立 60 周年"演讲比赛。2007 年，根据自身建设发展和换届工作的需要，民革全党

开展了"坚持中国特色社会主义政治发展道路，搞好政治交接"教育活动，并在十届十九次中央常委会上作出了决议。这一系列专项教育活动，使民革广大党员和干部从继承和发扬民革优良传统入手，正确认识中国特色社会主义政治发展道路的主要内涵和基本特征，正确认识我国政党制度形成的必然性及其优越性，更加坚定了走中国特色社会主义政治发展道路的信心和决心。

为总结半个多世纪以来我国多党合作发展的历史经验，弘扬民革与中国共产党亲密合作的优良传统，增强思想宣传教育工作的说服力，更有针对性地搞好自身建设，民革中央先后编写出版了《中国的参政党》、《参政党建设理论与实践》、《民革中央领导人（九—十届）论自身建设》、《民革领导人传》（续集）、《中国国民党革命委员会 60 年》等书籍，在参政党建设理论研究方面进行了积极探索。这些书籍的出版，也为民革开展思想教育提供了生动的教材。

配合理论研究，民革中央还与有关高等院校、科研机构联合举办学术研讨会，先后就"马克思主义政党理论与多党合作"、"宪法权威与法制统一"、"司法体制改革"、"推进社会主义新农村建设"等问题开展专题研讨，促进民革与社会各界特别是学术界的交流，不仅提高了自身理论水平，同时也为做好参政议政工作提供了帮助。民革各地方组织编写大量学习材料，举办各种研讨会，发表了不少关于参政党建设的理论文章。

各级组织针对民革的特点，结合重要纪念日，开展丰富多彩的专项活动，弘扬民革优良传统。在纪念中国人民抗日战争胜利 60 周年之际，民革中央召开了长城抗战学术研讨会，组织人员参加中央国家机关的纪念活动。民革各级组织发表一系列记述民革前辈抗战事迹的文章，举办各种纪念会、座谈会和祭奠抗日英烈等活动。这些活动弘扬了爱国主义精神，使广大党员从中受到教育。

民革始终坚持以孙中山先生爱国、革命和不断进步的精神作为全党思想教育的重要内容，用以鼓舞和激励自己不断前进。2006年，为纪念孙中山先生诞辰140周年，民革中央编写、出版了《爱国、革命、不断进步——中山精神读本》和《孙中山图传》，举办孙中山思想学术研讨会，组织由中央电视台录制播放的《世纪中山——放歌梧州》大型歌会，举行南京中山陵谒陵仪式。各地民革组织也举办了一系列隆重的纪念活动，广大党员通过踊跃参加这些活动和撰写纪念文章，表达对孙中山先生的崇敬之情和继承孙中山精神、报效国家的决心。

五年来，民革的思想宣传工作得到加强，各级组织以不同形式宣传民革的优良传统，宣传民革工作和民革党员的先进事迹，有力地配合了思想建设。《团结报》、团结出版社、《团结》杂志和民革地方组织的报刊，坚持正确的政治方向和服务宗旨，坚持民革特色，适应统一战线和多党合作事业发展的需要，不断加强队伍建设，强化责任意识，提高工作水平，为多党合作事业服务、为民革工作服务、为构建社会主义和谐社会服务，发挥了参政党舆论阵地的重要作用。民革的报纸和刊物配合专项学习活动适时发表评论和理论文章，为推进思想建设作出了积极努力。

组织建设突出重点，分步实施，整体推进。五年来，民革着力推进组织建设，形成了自己的特色。2002年换届之后，民革中央领导班子认真研究新时期自身建设问题，确定了"思想建设常抓不懈，组织建设突出重点"的工作思路，即在本届中央委员会期间，组织建设每年抓一个专题，突出重点，分步实施，最终达到整体推进的目的。

从2003年开始，在每年第二季度的中央常委会上，由主席会议确定一个专题，通过交流经验、小组讨论，集中大家的意见形成共识，最后以中央常委会文件的形式下发各级组织贯彻执行。几年来全党先后重点抓了领导班子建设、基层组织建设、后备干部队伍建设和制度建设，由此推动了自身建设全面发展。

在全党同志的共同努力下，民革的组织建设取得显著成绩。各级领导班子做到了思想清醒、政治坚定、作风务实、团结协作，进一步提高了政治把握能力、参政议政能力、组织领导能力和合作共事能力；基层组织绝大多数充满生机和活力，很好地发挥了团结、联系、教育、管理党员的作用；后备干部队伍建设已见成效，在今年省、市级组织的换届中，一大批年富力强的同志走上了领导岗位；党员培训工作得到加强，五年来地市级以上组织共举办各种培训班一千余次，新党员基本上都接受了培训；组织发展工作按照"三个为主"的原则扎实推进，五年共发展新党员20832人，其中具大学及以上学历的占66％，具中级及以上职称的占61.2％，党员组成结构有了一定的改善。截至2007年6月底，民革党员总数达82651人，平均年龄为53.2岁。绝大多数省级组织建立了党员信息库和后备人才库，对党员实行动态管理。

今年民革省级组织全部完成换届。为搞好新一届领导班子建设，十届第二十次中常会以增强团结、促进民革党内和谐为主题进行了研究，对省级领导班子的自身建设提出新要求。

　　加强制度建设和机关建设，工作效率和水平不断提高。制度建设是做好各项工作的保障。经过全党的努力，目前各级组织已基本建立起以民革章程为核心，以民主集中制为原则，涵盖各方面工作，能为民革履行参政党职能提供支持和保障的比较健全、规范的制度体系。主要有领导班子议事制度、中心学习组学习制度、参政议政工作制度、组织发展制度、基层组织学习和活动制度、机关日常工作制度、干部人事管理制度等。这些制度的建立，使各项工作做到有章可循、运转有序，工作效率和水平进一步提高。特别是在参政议政工作制度建设方面，各级组织根据实际情况建立了一系列可操作的制度，包括专门委员会工作制度，课题的征集、遴选、调研制度，调研成果的分析整理和调研报告的撰写与审批制度，调研报告被采用的奖励制度等。民革中央从2001 年起就建立了全党参政议政成果汇报会制度，迄今已召开七次会议。这些制度，为民革做好参政议政工作，提高参政议政质量，提供了重要保障。2006 年第二季度的中央常委会着重研究了制度建设问题，并以中常会名义下发了《关于进一步加强制度建设的意见》，对制度建设作出部署。

　　随着规章制度的不断完善，机关工作有了很大改进。民革各级机关按照《中华人民共和国公务员法》的要求，通过制度建设规范机关工作和加强干部管理；通过培训、轮岗、挂职锻炼等方式，提高机关干部的政治素质和业务能力。各级机关的政治意识、大局意识和服务意识进一步增强，工作效率进一步提高，为保证民革工作的运转和参政党职能的履行发挥了重要作用。

二、认真履行参政党职能，为全面建设小康社会积极贡献力量

中共十六大以来，中共中央大力推进社会主义民主政治建设，先后颁布两个 5 号文件，多党合作和政治协商进一步制度化、规范化、程序化，爱国统一战线呈现团结活泼的新局面。多党合作的发展，为民主党派履行职能创造了良好条件。五年来，民革围绕全面建设小康社会的目标发挥参政党作用，工作更加活跃和富有成效。

（一）积极参政议政，促进决策科学化、民主化。随着多党合作制度的进一步完善，中国共产党同民主党派的政治协商日益规范和深入。五年来，中共中央、国务院共召开各种协商会、座谈会、情况通报会、征求意见会近百次，民革中央领导人在这些会议上就党和国家的重大问题和重大决策发表意见，提出建议，认真履行参政议政、民主监督的职责。民革地方组织领导同志也在当地中共党委和政府举行的各种政治协商活动中，就地方经济建设和社会发展的重大问题进行协商，提出意见建议，为促进决策的科学化、民主化发挥作用。民革领导人在这些会议上提出的意见和建议，有不少得到了采纳。

民革全党担任各级人大代表、各级政府和司法部门领导职务、各级政协委员的党员共有 10588 人。这些同志以不同身份参加各级政权，参与国家和地方大政方针和领导人选的协商，参与国家和地方事务的管理，参与国家和地方方针政策、法律法规的制定和执行，发挥参政议政的作用，为发展社会主义民主政治贡献力量。

（二）围绕改革发展中的重大问题开展调查研究，踊跃建言

献策。民革各级组织坚持把发展作为参政议政的第一要务，围绕经济建设这个中心和全面建设小康社会的目标，针对国家和地方经济社会发展中的重大问题，结合自身实际，发挥集体优势，经过深入调查研究，以调研报告和政协提案等方式，提出了大量意见和建议，发挥参政议政、民主监督的作用。据初步统计，2003年至2006年年底，民革各级组织在地市级以上政协会议提交集体提案10000余件，其中近2000件被各级政协评为优秀提案，受到领导同志批示和被列为重点督办的提案有2700余件。民革中央和地方组织提交的《关于振兴我国重大装备制造业的建议》、《关于统筹城乡发展、推进城乡一体化的建议》、《关于进一步做好农村饮用水工作的建议》、《重视环境保护，确保社会和谐》、《关于促进中小企业发展的几点建议》等调研报告和提案，受到政府部门的高度重视和评价，产生了很好的效果。

民革中央长期关注"三农"问题，开展了大量调查研究，提出一系列重要建议，形成民革参政议政的特点。其中关于深化农村综合改革、化解乡村债务、建设社会主义新农村等内容的调研报告，得到温家宝总理和其他中共中央领导同志的批示，为中共中央决策提供了重要参考。各地民革组织也结合当地经济社会发展中的某些重要问题长期跟踪调研，提出意见和建议，形成参政议政的重点领域。

（三）发挥民主监督作用，推进社会主义民主政治建设。多年来，民革在发挥民主监督作用方面进行了积极努力。在全国政协会议上，民革中央曾就如何更好地发挥人民政协的民主监督作用、调动民主党派履行民主监督职能的积极性等提出建议。民革领导人在参加政治协商会、征求意见会的过程中，民革各级组织在政协提案中，所提的一些意见和建议就包含有民主监督的内容。例如对一些重要文件内容提出修改意见，对一些法律法规和政策执行中的情况提出不同看法，对社会生活中一些不良现象提出批评等。民革组织和党员所反映的社情民意信息，有相当一部分具有民主监督的性质。目前，在各级司法和政府部门担任特约人员的民革党员有 1309 人，这些同志认真履行自己的职责，为促进这些部门依法办事和勤政廉政建设而努力工作，发挥民主监督的作用。

（四）反映社情民意工作取得新进展。民革各级组织坚持把反映社情民意作为履行参政党职能的一项基础性和经常性工作抓紧抓好，反映社情民意的意识普遍增强。许多地方组织坚持开展"一党员一建议，一支部一提案"活动，建立健全信息员网络，完善工作机制，加大工作力度，社情民意信息报送量不断增加，质量逐步提高。不少组织和党员所反映的信息得到中共和政府部门的重视和采纳。五年来民革地方组织和党员提供的信息，经由民革中央向全国政协报送了 1690 件。其中《关于推动我国公众参与生态环境保护的建议》、《建议尽快解决乡村债务问题》、《我国国民收入分配中存在的问题及对策》、《对完善我国公司监事会制度的几点建议》、《关于发展农村义务教育，保障教育公平的建议》、《加快税制改革步伐，支持企业自主创新发展》等信息，相继得到国家领导人的批示。民革反映的社情民意，在为中共党委和政府部门决策服务，协助做好理顺群众情绪、化解社会矛盾、维护社会稳定、促进社会和谐工作方面发挥了积极作用。

（五）社会服务工作更加深入扎实。五年来，民革各级组织坚持贯彻科学发展观，按照"发挥优势、突出重点、量力而行、注重实效、持之以恒"的原则，开展了卓有成效的社会服务工作。各级组织认真贯彻落实《民革中央关于进一步做好智力支边扶贫工作的意见》精神，智力支边扶贫的形式和内容不断丰富和深化，工作更加深入扎实。根据新形势的需要，民革中央在贵州省纳雍县的定点扶贫做到重心下移，进村入户，形成既对县域经济发展给予宏观支持，又选择示范村进行定点帮扶的新的工作方法。一方面协助县政府进行农业产业结构调整，增加农民收入；另一方面通过科技培训提高农民素质。五年来，民革中央共组织各方面专家 100 余人次，在纳雍县培训干部和农民达 2891人次。许多地方民革组织参加了中央在纳雍的扶贫，做了大量工作，为加快纳雍县经济社会发展作出了贡献。民革甘肃省委会的"扶羊助学"工程、民革宁夏区委会的"中山 01 号"和"中山02 号"科技扶贫开发项目、民革云南省委会的"农业科技讲习所"项目、民革广西区委会在百色地区的科技教育扶贫工作和民革山东省委会推广的"秸秆生物反应堆"技术，发挥了典型示范作用，推动了全党扶贫工作的开展。五年来，各级组织开展送科技、文化、医疗、法律下乡活动达 2000 余次，受到广大农民朋友的欢迎。由于在民族地区社会服务工作突出，2005 年，民革中央社会服务部和民革甘肃省委会被国务院授予"民族团结进步先进集体"称号。

各级组织积极引导民革企业家投身支边扶贫和光彩事业，组织广大党员捐款捐物用于扶贫济困、支持农村义务教育，五年中各级组织和广大党员捐赠数额达 2.5 亿元。各地民革党员充分利用在海内外联系广泛的优势，通过各种渠道协助当地政府招商引资，为地方经济建设和社会发展贡献力量。

民革各级组织和党员发挥人才优势积极兴教办学，为发展我国教育事业作出了贡献。截至 2006 年年底，民革组织和党员兴办各类学校 260 所，在校生 32 万人，累计结毕业人数 300 多万人。

民革各级组织为了发挥党员中书画家的作用，成立了各种书画组织。2006 年，民革中央画院在北京成立。这些书画院社通过开展书画活动为海内外文化交流和人民群众服务，同时弘扬中华优秀传统文化。

五年来，广大民革党员立足本职勤奋工作，为改革开放和社会主义现代化建设贡献智慧和力量。许多党员在自己的岗位上做出显著成绩，成为先进模范人物。

三、坚持以促进祖国和平统一为工作重点，为发展两岸关系、维护台海稳定作出新贡献

中共十六大以来，以胡锦涛同志为总书记的中共中央牢牢把握对台工作的主动权，遵循"和平统一、一国两制"方针和现阶段发展两岸关系、推进祖国和平统一进程的八项主张，提出坚持一个中国原则决不动摇，争取和平统一的努力决不放弃，贯彻寄希望于台湾人民的方针决不改变，反对"台独"分裂活动决不妥协的四点重要意见，进一步明确了对台工作指导原则。2006年，胡锦涛总书记站在历史的新高度，又提出"和平发展理应成为两岸关系发展的主题，成为两岸同胞共同为之奋斗的目标"的重要主张，深化构建和平稳定发展的两岸关系重要主张的内涵，指明两岸关系发展的方向，遏制了"台独"分裂活动，促

进了台海的和平稳定。

但是，台海的形势依然严峻，"台独"分裂势力顽固坚持其激进的"台独"路线，从"一边一国"、"终统"、"台湾正名"、"去中国化"到推动所谓"宪政改造"，进行"台湾法理独立"活动，把分裂活动推进到前所未有的程度。特别是陈水扁当局推动以台湾名义加入联合国的公投、以台湾名义申请加入联合国等"台独"分裂活动，这是当前台海和平稳定面临的最严重、最危险、最紧迫的问题。反对和遏制"台独"分裂活动是当前对台工作的首要任务。

五年来，民革全党深入学习和坚决贯彻中共中央对台工作大政方针，坚持以做好台湾人民工作为核心，以反"独"、遏"独"为首要任务，努力把握大局，发挥优势，积极作为，不断开拓创新，使民革促进祖国和平统一的工作呈现出新的局面。

（一）适应形势发展需要，大力加强涉台思想宣传工作。各级组织把对台方针政策的学习列入重要议事日程，通过学习加深理解，提高认识；把促进祖国和平统一工作中的思想建设与台湾研究、涉台参政议政和对台交流、宣传等各项工作紧密结合起来，增强民革促进祖国和平统一工作的政治性、思想性，提高全体党员的政治素质，使民革促进祖国和平统一工作得到了更加全面的发展。经过努力，民革已建立起涉台宣传、台湾研究特邀撰稿人和台湾问题、国际问题专家学者三支队伍，构成了多侧面、广视角的涉台宣传、研究骨干力量；采取多种形式加强对台宣传，先后举办了"在全球化视野下的中国文化"学术研讨会和"光亮杯"海峡两岸心连心征文活动。2004年与知名网站联合举办"纪念邓小平同志诞辰100周年——'和平统一、一国两制'

暨台湾知识大奖赛",创下该网站一个月内 900 多万次的高点击率,取得较好效果。

(二)提高涉台参政议政水平,为发展两岸关系建言献策。做好涉台参政议政工作,是民革履行参政党职能的重要内容。几年来,在大量调查研究的基础上,民革中央向中共中央和国务院报送了《关于进一步做好台湾中间选民工作的建议》、《关于进一步做好台湾中南部民众工作的建议》、《关于充分发挥海峡西岸经济区对台前沿平台作用的建议》等报告,受到胡锦涛总书记等党和国家主要领导同志的高度重视,并作出重要批示。民革中央先后向全国政协提交的《关于设立"海峡两岸人民和平合作区"的建议》和《以"三个代表"重要思想为指导,切实加强海峡两岸青少年交流工作的建议》、《关于反制"法理台独"的几点意见和建议》等多件提案,被全国政协确定为重要提案。在涉台参政议政工作中,民革与高等院校科研机构合作,共同调研,联合攻关,努力探索民主党派参政议政的新路子。

(三)坚持以做台湾人民工作为重点,对台交流交往更加活跃。民革从自身特点和优势出发,在继续深入做好中国国民党等台湾有关政党工作的基础上,按照中共中央的总体部署,把工作向台湾县市议员、中南部民众及台湾青年等重点领域延伸,努力打造新的工作"精品"。2004 年夏季,民革中央组织北京大学台生中的一批博士、硕士研究生举办暑期研习营,取得了很好的效果。由此,民革中央将开展对台湾青年的工作作为一项重点来抓,先后组织了五批"台湾高校杰出青年参访团"来大陆参观访问,共接待台湾数十所高校的 300 余名学生来访。通过这项活动,使台湾青年学生加深了对祖国大陆的了解,增进了对祖国的感情和对中华文化的认同感。

民革各级组织和广大党员采取多种形式和渠道，在加强两岸经贸、科技、文化交流和海外联谊方面做了大量工作，取得显著成绩。近几年中，民革组织的出访团组百余个，接待台、港、澳及海外人士来访上万人次，其中重要的来访社团上百个，重要人士千余人。民革的海外联谊活动，已经从美国、日本拓展到亚、欧、南美的十余个国家，在海外结交大量新朋友，扩展了民革促进祖国和平统一工作的范围。在对台交流交往和海外联谊中，民革以中华中山文化交流协会为载体开展工作，大力弘扬孙中山先生的爱国主义精神和统一祖国、振兴中华的思想，突出民革特色，产生了良好效果。

（四）巩固传统优势，创新工作方法，深化工作内容。开展对中国国民党等有关政党的工作是民革的传统工作内容。随着形势的变化，民革与国民党中青年一代中的重要人士建立起广泛联系，帮助他们更多、更全面、更深入地了解祖国大陆，从而巩固和增强他们的中华民族意识，坚定他们反"台独"的信心和勇气。

民革做国民党等有关政党工作的另一个新举措，是以重要人士为纽带，开辟新的渠道和领域，形成了新的局面。2006 年以来，民革中央通过国民党知名人士的联系和组织，先后两次邀请台湾南部乡里长和基层民间社团负责人来祖国大陆参访，打开了开展对台湾中南部人民工作的一个重要窗口。民革还通过国民党籍民意代表，组织台湾新竹县议会议员和地方德高望重的实力派人士，以"台湾客家文化交流之旅参访团"名义来祖国大陆参访。这种集历史、文化、民俗、学术研讨和亲情恳谈于一体的参访活动，使来访的台胞深切感受到中华传统文化的丰富多彩和博大精深。

回顾五年的工作，有以下几个特点：一是在自身建设中重视抓基础性建设，通过思想建设、理论建设、基层组织建设、后备干部队伍建设和制度建设全面提升自身素质；二是在探索参政党建设和参政党工作规律方面作出积极努力并在探索各项工作规律的基础上，形成一系列民革特有的工作机制和制度；三是紧紧围绕关系人民群众切身利益的突出问题献计出力，坚持把"三农"问题和民生问题作为参政议政的重点领域，开展了大量调查研究，提出一批重要建议；四是在各项工作中注意突出民革特色，把继承和弘扬孙中山先生爱国、革命和不断进步的精神融于自身建设、思想宣传、参政议政和促进祖国和平统一工作之中，使民革的这一特色转化成为工作的优势；五是注意整合全党资源，依靠集体的力量，发挥优势，团结协作，共同推进民革工作。

五年来所取得的成绩，为民革今后的发展打下了坚实的基础。但是也要看到，我们的工作还有不少需要改善和提高的地方。面对新形势新任务，民革在加强自身建设和提高参政议政能力方面还需要加大力度；组织发展和后备干部培养工作还要从战略的高度予以重视和加强；思想建设和理论研究还需要进一步创新形式、深化内容、提高水平；如何加强党内监督、发扬好党内民主、健全党员诉求表达机制，还需要在实践中进行研究和探索；民革中央对地方组织工作的指导和帮助还需要进一步加强；民革机关工作中考核和激励机制还不够完善，需要建立健全科学的考核和竞争上岗制度，以调动机关干部的主动性和积极性，形成敬业奉献的良好风气，等等。这些问题都有待于在今后的工作中逐步加以解决。

总的来说，过去五年民革的工作有了很大进步。这是全党同志团结奋斗、共同努力的结果，也是中国共产党和社会各界关心、支持的结果。借此机会，我代表民革中央，向全体民革党员表示衷心的感谢！向中共各级党委、各级人大、各级政府、各级政协，向兄弟民主党派、有关单位和人士，表示衷心的感谢！

经验和体会

过去的五年，我国社会主义民主政治建设取得重大进展。中共中央两个 5 号文件的颁发和第 20 次全国统战工作会议的召开，标志着我国多党合作和统一战线事业进入新的发展阶段。各民主党派认真履行参政议政、民主监督职能，在国家政治和社会生活中发挥着越来越重要的作用。在为改革开放和现代化建设服务的过程中，民革对如何进一步发挥好参政党的作用有了更深刻的认识。回顾这几年的历程，我们体会最深的是：

一、必须坚持以邓小平理论和"三个代表"重要思想为指导，深入贯彻落实科学发展观，坚持中国共产党的领导，坚持中国共产党领导的多党合作和政治协商制度，坚定不移地走中国特色社会主义政治发展道路

坚持以邓小平理论和"三个代表"重要思想为指导，深入贯彻落实科学发展观，是中国特色社会主义理论体系的重要内容，是中国共产党领导改革开放和社会主义现代化建设的根本经

验，是全国各族人民团结奋斗的共同思想基础，我们要始终坚持，毫不动摇；坚持中国共产党的领导，是我国政党关系和谐的根本保证，是坚持走中国特色社会主义政治发展道路的核心，是包括民革在内的各民主党派与中国共产党合作共事的政治基础；坚持和完善中国共产党领导的多党合作和政治协商制度，是建设社会主义政治文明的重要内容，是民主党派有序地政治参与、发挥作用的主要形式和制度保障。以上这些，是坚持走中国特色社会主义政治发展道路的必然要求，是民革在履行参政党职能、为社会主义现代化建设服务的过程中必须始终坚持的政治准则。

二、必须坚持以发展作为民革参政议政的第一要务，紧紧围绕经济建设这个中心，围绕改革开放、科学发展、和谐稳定的大局和关系民生的重大问题建言献策，为全面建设小康社会贡献力量

发展是中国共产党执政兴国的第一要务，也是各民主党派参政议政的第一要务。胡锦涛总书记曾经指出："要坚持把发展作为多党合作和政治协商的根本任务。中国共产党、各民主党派和无党派人士都要坚持以经济建设为中心，同心同德地为实现社会主义物质文明、政治文明、精神文明协调发展和人的全面发展作贡献。"这既是中国共产党与各民主党派亲密合作、为共同的事业而奋斗的必然要求，也是民革发挥参政党作用，报效国家、服务人民的必由之路。

三、必须以与时俱进的精神状态，坚持不懈地抓自身建设，不断提高党员思想政治素质，增强组织活力和凝聚力，更好地承担起参政党的历史责任

围绕建设一个什么样的参政党和怎样建设参政党这一重大问题，不断推动民革的自身建设，积极探索参政党建设的规律，全面提高党员素质，提高领导班子成员的政治把握能力、参政议政能力、组织领导能力和合作共事能力，是民革一项长期的任务。通过自身建设，努力把民革建设成为适应新世纪新阶段多党合作发展要求、始终坚持走中国特色社会主义政治发展道路、具有完善的工作机制和制度的高素质参政党，才能保持民革进步性与广泛性相统一，担当重任，有所作为，在建设中国特色社会主义事业中作出应有的贡献。

四、必须在各项工作中注意突出民革特色，大力弘扬孙中山先生爱国、革命和不断进步的精神，充分发挥民革在台湾和海外联系广泛的优势，进一步做好凝聚力量、促进祖国和平统一工作

继承和弘扬孙中山先生爱国、革命和不断进步的精神，是民革最基本、最显著的特色。坚持这一特色，有利于我们发挥优势、扩大工作面、履行好参政党的职能，也有利于我们保持进步性和广泛性相统一的特点，增强组织凝聚力，促进团结与和谐。以孙中山先生爱国、革命和不断进步的精神作为民革自身建设的重要内容和团结所有中华儿女的精神纽带，是民革的优良传统，也是我们在参政议政和促进祖国统一大业中能够发挥积极作用的一个优势。进一步加强孙中山思想的研究，弘扬孙中山的精神，对于民革组织的建设发展，对于加强民革与台湾同胞和海外侨胞

的联系，做好促进祖国和平统一工作，团结海内外中华儿女共同致力于统一祖国、振兴中华的伟大事业，具有十分重要的现实意义。

今后五年的任务

不久前召开的中国共产党第十七次全国代表大会，是在我国改革发展关键阶段召开的一次十分重要的大会。胡锦涛总书记代表中共十六届中央委员会所作的报告，以马克思列宁主义、毛泽东思想、邓小平理论和"三个代表"重要思想为指导，深入贯彻落实科学发展观，深刻回答了中国共产党在改革发展关键阶段举什么旗、走什么路、以什么样的精神状态、朝着什么样的发展目标继续前进等重大问题，全面阐述了科学发展观的科学内涵、精神实质和根本要求，对继续推进改革开放和社会主义现代化建设、实现全面建设小康社会宏伟目标作出了全面部署，为我国的改革发展指明了前进的方向。胡锦涛总书记的报告，是中国共产党团结带领全国各族人民坚定不移走中国特色社会主义道路、在新的历史起点上继续发展中国特色社会主义的政治宣言和行动纲领，是马克思主义的纲领性文献。

中共十七大的胜利召开和取得的重大成果，对于进一步统一思想、凝聚力量，更好地动员和团结全国各族人民高举中国特色社会主义伟大旗帜，深入贯彻落实科学发展观，奋力开创中国特色社会主义事业新局面，具有重要的现实意义和深远的历史意义。

认真学习贯彻中共十七大精神，为实现十七大确定的奋斗目标和工作任务贡献力量，是民革当前和今后一个时期的首要政治任务。学习贯彻中共十七大精神，首先要认真研读十七大文件，深刻领会十七大的主题、历史地位和时代意义，深刻领会中国特色社会主义道路和中国特色社会主义理论体系，深刻领会科学发展观的科学内涵、精神实质和根本要求，深刻领会实现全面建设小康社会奋斗目标的新要求和社会主义经济建设、政治建设、文化建设、社会建设的重大部署。通过学习，进一步增强高举中国特色社会主义伟大旗帜的坚定性和自觉性，坚持走中国特色社会主义道路，坚持中国特色社会主义理论体系，把民革全党的思想和行动统一到中共十七大精神上来，把智慧和力量凝聚到夺取全面建设小康社会新胜利伟大事业上来，扎实做好各方面工作，为贯彻落实中共十七大精神积极贡献力量。

做好民革今后工作的指导思想是：坚定不移地高举中国特色社会主义伟大旗帜，坚持以邓小平理论和"三个代表"重要思想为指导，深入贯彻落实科学发展观，按照中共十七大的部署，继续解放思想，坚持改革开放，推动科学发展，促进社会和谐，积极履行参政党职能，为全面建设小康社会贡献力量。要坚持走中国特色社会主义政治发展道路，以政治交接为主线，积极探索加强参政党建设和履行参政党职能的规律，为把民革建设成为适应时代发展要求的高素质参政党而努力奋斗。

按照这一指导思想，我们对今后五年工作提出以下建议。

第一，加强参政议政、民主监督能力建设，提高工作水平，为实现中共十七大确定的目标和任务献计出力。

完成中共十七大提出的各项任务，是中国共产党和各民主党派的共同责任。民革各级组织和广大党员，要以更加饱满的政治热情和奋发有为的精神状态，投身到为全面建设小康社会服务、加快推进社会主义现代化的实践中去，努力工作，多作贡献。

胡锦涛总书记在 2007 年党外人士迎春座谈会上指出，希望各民主党派、工商联和无党派人士紧紧围绕党和国家工作大局，积极履行参政议政、民主监督职能，紧密团结广大成员和所联系的群众，不断提高建言献策水平，致力于促进科学发展，致力于加强中国共产党领导的多党合作，致力于推动社会主义核心价值体系建设，致力于维护和促进社会和谐，为全面建设小康社会、加快构建社会主义和谐社会贡献智慧和力量。我们要按照胡锦涛总书记的要求，坚持以发展作为参政议政的第一要务，把科学发展观贯穿于履行职能的各个环节，紧紧围绕中共十七大提出的目标和任务，结合民革的实际和特点，选择有利于促进改革开放、科学发展、社会和谐的重大课题和涉及广大人民群众切身利益的重要问题，经过深入调查研究，向中共党委和政府提出切实可行的意见建议。要切实加强参政议政、民主监督能力建设，不断完善和创新参政议政工作机制，依靠集体的力量，整合各方面资源，进一步提高参政议政、民主监督的水平，开创民革工作的新局面。要加强反映社情民意工作，及时准确反映来自党员和所联系群众合理的意见、建议和要求，积极配合中共党委和政府部门做好协调关系、理顺情绪、化解矛盾和维护社会和谐稳定的工作。

发挥民革的人才和智力优势，开展智力支边扶贫、义务咨询、兴教办学、送科技文化医疗法律下乡等活动，是民革为经济社会发展作贡献的重要形式，也是民革参政议政工作的拓展和延伸。今后五年，民革的社会服务工作要在巩固现有成绩的基础上，进一步深化服务内容，提高服务质量，积极探索新的服务领域和服务方式；要坚持以人为本，更加关注民生，关注弱势群体，为促进社会和谐多做实事；要把社会服务工作与参政议政工作结合起来，通过社会服务的实践，认真总结经验，针对某些普遍性、代表性的问题，经过分析研究，提出政策性建议。

第二，牢牢把握两岸关系和平发展的主题，进一步做好促进祖国和平统一工作。

中共十七大报告对祖国统一问题作了深刻阐述，提出了今后一个时期对台工作的指导思想和总体要求，是指导今后对台工作的纲领性文件。促进祖国和平统一是民革工作的重点。面对台湾局势的复杂变化和"台独"分裂势力的猖狂活动，我们要进一步增强责任感和紧迫感，加大对台工作力度，把促进祖国和平统一工作提高到一个新的水平。要坚决贯彻中共十七大确定的对台工作大政方针，坚持"和平统一、一国两制"的基本方针和现阶段发展两岸关系、推进祖国和平统一进程的八项主张，坚持一个中国原则决不动摇，争取和平统一的努力决不放弃，贯彻寄希望于台湾人民的方针决不改变，反对"台独"分裂活动决不妥协，牢牢把握两岸关系和平发展的主题，按照"真诚为两岸同胞谋福祉、为台海地区谋和平"的要求，大力发展两岸关系，扩大和深化两岸人员往来和经济文化的交流与合作，支持海峡西岸经济发展，推动两岸直接"三通"。在巩固老关系的基础上，广泛结交新朋友，开辟新渠道，创新工作方式，深入做好台湾人民的工作。继续加强海外联谊，巩固和扩大与海外侨胞的联系，团结一切可以团结的力量，共同反对和遏制"台独"分裂势力及其活动，推动两岸关系朝着和平稳定方向发展。要进一步提高台情研究水平，关注岛内政局变化和民意舆情，加大对台宣传的力度，做好涉台参政议政工作，为促进祖国和平统一献计出力。

第三，坚持以政治交接为主线，为把民革建设成为高素质参政党而不懈努力。

提高民革自身素质，是多党合作事业发展的需要，也是民革更好地履行参政党职能的需要。民革全党要按照中共中央关于坚持和完善中国共产党领导的多党合作和政治协商制度一系列重要文件精神的要求，切实加强自身建设，努力把民革建设成为坚定不移走中国特色社会主义政治发展道路、始终保持优良传统、适应时代发展要求、能够很好地发挥参政议政、民主监督作用的高素质参政党。

加强民革自身建设，要以思想建设为核心。通过加强政治理论学习和思想教育，建设学习型参政党，促进社会主义核心价值体系建设，不断提高党员的政治素质和思想道德素质，使全体党员牢固树立中国特色社会主义的共同理想和坚定信念，牢固树立社会主义荣辱观，立足本职建功立业，为中国特色社会主义事业多作贡献。要在广大干部和党员中深入开展"坚持走中国特色社会主义政治发展道路，搞好政治交接"教育活动，使民革与中国共产党长期亲密合作、自觉接受中国共产党领导、坚持走中国特色社会主义道路的优良传统能够传承下去，使孙中山先生爱国、革命和不断进步的精神能够在新的历史条件下继续发扬光大。要继续抓好参政党建设的理论研究，结合民革自身特点，积极探索参政党建设的规律和有效途径，为推进多党合作事业的发展而大胆实践和创新。

　　加强民革自身建设，要以组织建设为基础。要按照民革章程的规定，切实做好组织发展工作，坚持"三个为主"的原则，着重发展政治素质好、参政议政能力强、有代表性的人士。领导班子建设要按照《各民主党派中央关于加强地方组织领导班子建设座谈会纪要》的要求，在搞好政治交接、加强班子思想建设的基础上，着重于提高领导班子成员的政治把握能力、参政议政能力、组织领导能力和合作共事能力；要认真贯彻民主集中制，实行集体领导和分工负责制，建立健全会议制度和内部监督机制，做促进党内和谐、发扬党内民主的模范，形成团结民主、求真务实、廉洁自律的良好作风。后备干部队伍建设是关系到民革事业和我国多党合作制度长远发展的战略性任务，各级领导班子要充分认识其重要性和紧迫性，认真贯彻落实《民革中央关于加强后备干部队伍建设的意见》，建立健全后备干部的选拔、培养、使用、管理机制，通过教育培训、轮岗交流、挂职锻炼等途径，加强对干部的培养，使优秀干部能够脱颖而出。要高度重视基层组织建设，做到常抓不懈。上级组织要关心和指导基层组织的工作，帮助解决和反映工作中的困难与问题。

　　加强民革自身建设，要以制度建设为保障。要进一步落实2006年民革中央常委会提出的《民革中央关于进一步加强制度建设的意见》，以民革章程为依据，促进制度的系统化，坚持以人为本，加强领导和决策制度、组织发展制度、日常党务运行制度、选举制度和党内监督制度的建设，进一步完善思想政治工作机制、发扬党内民主的机制、参政议政工作机制、后备干部队伍建设机制和其他工作机制。要把贯彻实施《中华人民共和国公务员法》与制度建设和机关建设结合起来，加强对机关工作的

何鲁丽文集

（下）

人民出版社

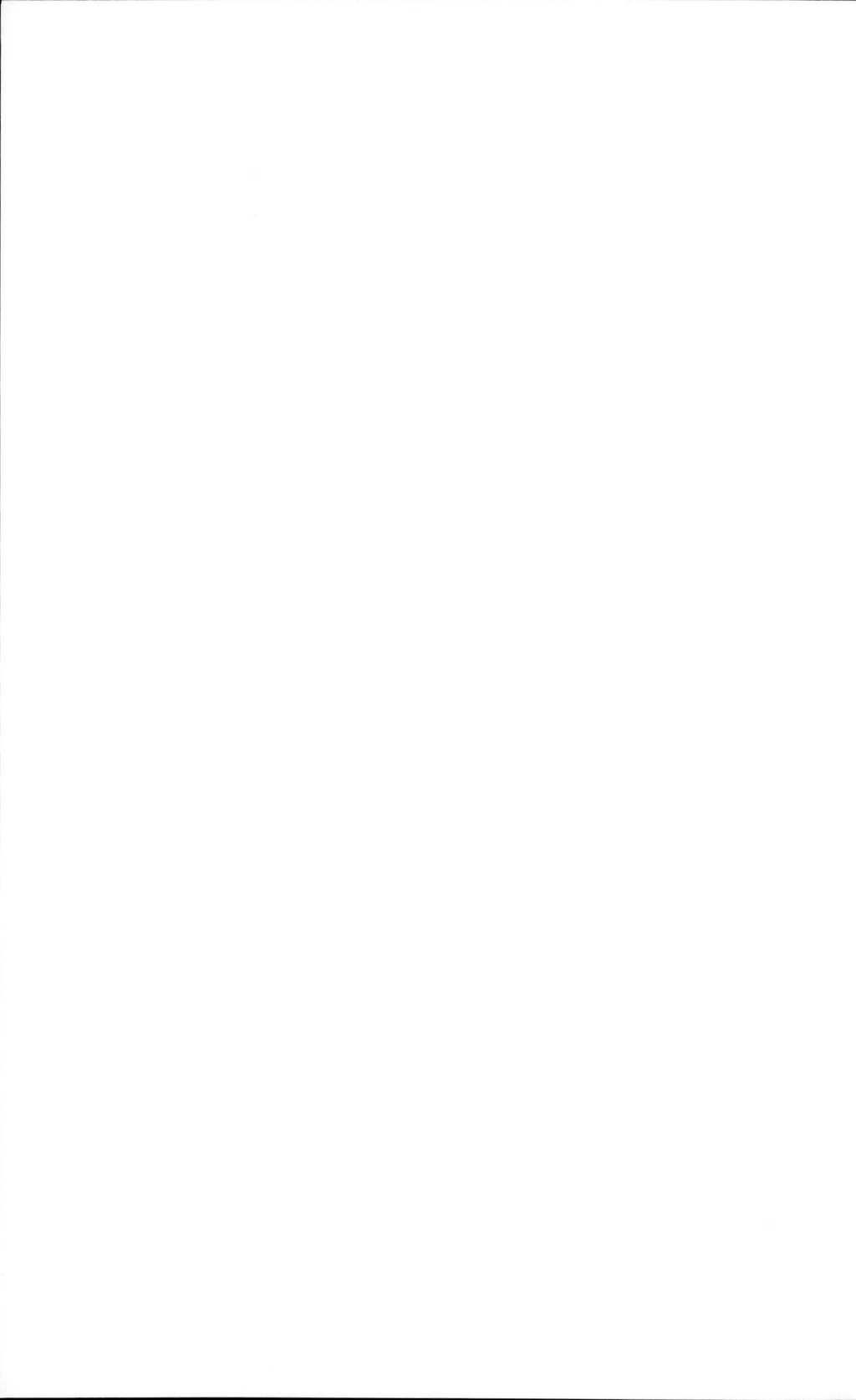

四、社会政治活动

五、促进祖国和平统一

三、人大、政协和统战工作

在纪念孙中山先生诞辰一百三十周年大会上的讲话[*]

（1996 年 11 月 12 日）

孙中山先生的一生是伟大的一生，革命的一生。他为祖国的独立、自由、民主和富强，为人民的幸福，贡献了毕生的精力，他所建立的不朽功勋，永垂史册。

孙中山先生是伟大的民族英雄，杰出的爱国主义者。在青年时代，他目睹外国帝国主义的侵略和国内封建势力的统治给国家和人民带来的深重灾难，立志投身革命。他秘密联络海内外爱国志士，成立以振兴中华为宗旨的兴中会。之后，又在此基础上，创建了中国第一个资产阶级革命政党——中国同盟会，提出"驱除鞑虏，恢复中华，创立民国，平均地权"的政治主张，从而揭开了中国资产阶级民主革命的历史篇章。他不畏险阻，四处奔走，宣传革命主张，并与主张君主立宪的改良派进行坚决的斗争，同时组织和领导了多次武装起义，百折不挠，直至取得辛亥革命的胜利。辛亥革命推翻了腐败的清王朝，结束了在中国延续

---

* 这是何鲁丽同志在全国政协举办的纪念孙中山先生诞辰一百三十周年大会上的讲话。

两千多年的封建专制制度，建立了共和国，大大地推进了民主革命的进程。毛主席称辛亥革命为"比较完全意义上的革命"，并高度评价孙中山先生的历史功勋。

孙中山先生的爱国主义，还突出地表现为坚韧不拔、奋斗不息的革命精神。辛亥革命以后，胜利果实落到了帝国主义支持的封建军阀手里，中国依然处在半殖民地半封建的地位，人民依然处在水深火热之中。为了挽救革命，孙中山先生置个人安危于不顾，勇敢顽强地同帝国主义和封建军阀进行了不屈不挠的斗争，虽历经挫折而矢志不坠，正如他自己所说："吾志所向，一往无前，愈挫愈奋，再接再厉。"他生前不及见到民主革命的胜利，弥留之际还留下"革命尚未成功，同志仍须努力"的嘱托，发出"和平、奋斗、救中国"的呼声，真正做到了鞠躬尽瘁，死而后已。

孙中山先生一生追求真理，不断进步，始终站在时代的前列，顺历史潮流而前进。他从不固步自封，善于学习和接受一切先进的思想和事物，孜孜不倦地探寻救国救民的正确道路。随着俄国十月革命胜利和我国五四运动的爆发，特别是中国共产党的诞生和中国无产阶级登上历史舞台，孙中山先生看到了希望和光明。他以伟大政治家的远见和胆略毅然提出中国革命"非以俄为师，断无成就"，把中国共产党人引为自己最可靠的战友。他排除国民党右派势力的种种干扰，真诚地接受中国共产党的帮助，改组了国民党，把旧三民主义发展成为联俄、联共、扶助农工的新三民主义，主持实现了国共两党的第一次合作，这是他一生中最伟大的转变。这个转变，适应了新民主主义革命的需要，推动了1924年至1927年的大革命高潮。这是孙中山先生继辛亥革命之后的又一个历史功勋。

　　维护国家统一，反对分裂割据，是孙中山先生的一贯主张和奋斗目标。在他投身革命的整个过程中，始终把争取民族独立和捍卫祖国统一紧紧连接在一起，并为此进行了不懈的奋斗。孙中山先生认为，和平统一是"中国前途的一线生机"，是"全国人民子子孙孙万世的幸福"，只有实现了统一，才能振兴中国。他一生的重要革命活动，无论是领导辛亥革命、反袁斗争和护法运动，还是他晚年实行的第一次国共合作以及最后抱病北上商讨国是，都是同尽快实现中国统一的愿望密切相关。他曾经说过："中国人民再也不能容忍别人瓜分自己的国家，他们希望统一，成为一个强大的和不可动摇的民族。"并且告诫国民党人："外人断不能瓜分中国，只怕中国人自己瓜分起来，那就不可救了！"他总结了历史经验，深刻地指出："中国是一个统一的国家，这一点已牢牢地印在我国的历史意识之中，正是这种意识才使我们能作为一个国家而被保存下来，尽管它过去遇到了许多破坏的力量"。时至今日，孙中山先生这些教诲仍然有着重要的现实意义。目前，台湾与祖国大陆依旧处于分离状态，这是令人痛心的。尽早结束这种不幸局面，实现祖国统一，是包括台湾同胞在内的全体中华儿女的共同心愿。国家要统一，民族要团结，这是大势所趋，人心所向。任何制造国家分裂，搞"两个中国"、"一中一台"的图谋，都是注定要失败的。随着香港、澳门在本世纪内相继回归祖国，人们盼望两岸统一的心情将会更加迫切。我们真诚地希望，台湾国民党当局不要忘记孙中山先生的遗教，能够以国家民族的利益为重，彻底放弃分裂活动，回到正确的立场上来，接受中国共产党的建议，按照"和平统一、一国两制"

的方针，通过谈判，共竟祖国统一大业。

孙中山先生毕生致力国民革命，目的不仅仅是要实现中国的独立、民主和统一，而且要建设国家，"为众生谋幸福"，改变中国"国贫民瘠"的面貌，使中国走上富强昌盛的道路。为此，他草拟了许多有关国家建设的具体方案。这些方案在当时的条件下虽然未能实现，但是孙中山先生盼望祖国强盛、人民幸福的美好愿望，深深地印在我们心中。今天，我们可以告慰于孙中山先生的是，中国人民在中国共产党的领导下，不仅取得了民主革命的胜利，建立了中华人民共和国，而且走上了社会主义道路，取得了举世瞩目的伟大成就。特别是中共十一届三中全会以来，我们的综合国力已显著增强，国际地位大大提高，人民的物质文化生活有了明显改善。一个跨世纪的国民经济和社会发展的宏伟蓝图已经展现在全国人民面前，我国的前途充满希望和光明，孙中山先生当年的理想，不仅已经成为现实，而且在许多方面大大超过了。在世纪之交的重要时刻，我们深切缅怀这位伟人，要高举爱国主义和社会主义旗帜，更加紧密地团结在以江泽民同志为核心的中共中央周围，遵循邓小平同志建设有中国特色的社会主义理论和"一个中心、两个基本点"的基本路线，同心同德，群策群力，积极推进社会主义物质文明和精神文明建设，为实现跨世纪的宏伟目标，把我国建设成为富强、民主、文明的社会主义现代化国家而奋斗。我们深信，孙中山先生毕生为之奋斗的"登中国于富强之域，跻斯民于康乐之天"的遗愿，在不久的将来，一定能够完全实现。

我们中国国民党革命委员会继承和发扬孙中山先生爱国、革命和不断进步的精神，自觉地接受中国共产党的领导，同中国共产党建立了"长期共存、互相监督、肝胆相照、荣辱与共"的亲密关系，在将近半个世纪的岁月里，风雨同舟，为民主革命和社会主义事业而奋斗。今后我们将一如既往，继续发扬孙中山先生的崇高精神和民革的光荣传统，在中国共产党领导下，为建设有中国特色社会主义的伟大事业履行我们的历史职责。

贯彻落实《义务教育法》
推进义务教育普及工作*

（1996 年 12 月 15 日）

今天我们召开的是一个十分重要而又有特殊意义的座谈会，因为这个座谈会是为了纪念我国义务教育法颁布十周年而举行的。《中华人民共和国义务教育法》（以下简称《义务教育法》）颁布实施的十年，是我国基础教育，特别是义务教育取得显著成绩的十年。它的颁布实施，有力地推动并加快了我国义务教育普及的进程，对全民族科学文化素质的提高、综合国力的增强起到了不可估量的决定性作用，成为我国教育立法史和依法治教开端的重要篇章。

《义务教育法》的颁布是在我们这样一个人口众多、差异较大国情之下实施义务教育的一个有力的法律保障。十年来，党中央、国务院确立了教育优先发展战略地位，把实施义务教育作为落实这一地位和实现社会主义现代化建设第二步战略目标的重要步骤。为了加快普及义务教育的步伐，党中央又响亮地提出了本

---

* 这是何鲁丽同志 1996 年 12 月 15 日在纪念《中华人民共和国义务教育法》颁布十周年座谈会上的讲话。

世纪末在全国基本普及九年义务教育和基本扫除青壮年文盲的目标。各级党委和政府以及各有关部门进一步增强了依法治教的观念，加大了对义务教育的投入力度，特别是明确了各级政府在优先发展义务教育方面的责任和义务。与此同时，这十年也是《义务教育法》日益深入人心、家喻户晓、尊师重教蔚然成风的十年，《义务教育法》已成为全社会树立和增强义务教育法制观念，兴教、支教自觉行动的重要法律依据。十年来，各级政协把参政议政的重点放在紧紧围绕党中央的重大决策和战略部署上。《义务教育法》的贯彻，关系到科教兴国战略的实施，关系到国民素质的全面提高，关系到国家昌盛和民族振兴，这是各级政协参政议政的重要内容之一，许多委员为实施《义务教育法》献计献策，作出了值得称颂的努力。可以说，《义务教育法》颁布实施十年的巨大成果和有益经验，是我们今后搞好义务教育工作的基础，使我们对本世纪末实现"两基"更加充满信心。

八届全国人大四次会议批准通过的《中华人民共和国国民经济和社会发展"九五"计划和2010年远景目标纲要》，把实现基本普及义务教育和基本扫除青壮年文盲的目标列入了《纲要》。这再一次表明了党中央和国务院的坚定决心，也反映了广大人民群众支持和拥护《义务教育法》，对实现这一目标充满信心。虽然我们在实施义务教育工作方面会有不少的困难和问题，但是，只要我们坚定不移地贯彻实施《义务教育法》，扎扎实实地推进义务教育的普及工作，依法解决当前义务教育工作中存在的问题和困难，我们就能如期实现"两基"目标。

今天，我们在这里隆重地举行纪念《义务教育法》颁布十周年座谈会，就是为了重温《义务教育法》，认真回顾并总结这十年实施的经验，更加广泛地宣传《义务教育法》，进一步增强义务教育法制观念，使《义务教育法》继续成为实施"两基"工作的有力保障。我们坚信，在党中央和国务院的正确领导下，依靠各级政府和全社会的共同努力，我们一定能实现我们既定的目标。

统战工作的楷模　民主党派的挚友[*]

——纪念周恩来同志诞辰一百周年

（1998 年 2 月 18 日）

　　今年 3 月 5 日，是伟大的马克思主义者和无产阶级革命家，我们敬爱的周恩来同志诞辰一百周年。周恩来同志是中国共产党和中华人民共和国的卓越领导人，他把自己毕生的心血和精力都无私地奉献给了祖国和人民，为中国新民主主义革命的胜利和社会主义事业的发展，作出了不可磨灭的贡献。他以自己坚定的革命精神，高尚的人格品质，卓越的领导才能，赢得亿万人民的尊敬和爱戴。

　　周恩来同志是中国共产党建党以来从事统一战线工作的杰出典范。他对中国共产党领导的统一战线理论的建立，对统一战线的形成和发展，作出了重大贡献。他对我们民革的关心、支持和帮助，永远铭记在我们心中。

　　周恩来同志与民革老一辈领导人之间的交往和友谊，早在第一次国共合作时期就已经开始了。当时，孙中山先生接受中国共

---

　　* 这是何鲁丽同志在全国政协办公厅、中共中央统战部举办的纪念周恩来同志诞辰一百周年座谈会上的发言，刊于《团结报》1998 年 3 月 4 日。

产党的主张，对中国国民党进行了改组，提出联俄、联共、扶助农工三大政策，同共产党结成反帝、反封建的统一战线，并创办了黄埔军官学校。这一时期，周恩来同志曾先后担任黄埔军校政治部主任、国民革命军第一军政治部主任、第一军副党代表等职务，在统一战线工作中发挥了重要的作用，并同廖仲恺、何香凝、李济深、张治中等建立了密切的关系和真诚的友谊。

大革命失败后，周恩来同志坚决支持以宋庆龄、何香凝为代表的国民党左派，与背叛革命的蒋介石集团进行斗争。1931年11月，国民党第十九路军将领蒋光鼐、蔡廷锴、陈铭枢联合李济深、冯玉祥、陈友仁、李章达等，在福建成立中华共和国人民革命政府，提出"打倒以南京政府为中心的国民党"的口号。毛泽东、周恩来等大力支持福建人民政府的革命行动，主张红军与十九路军联合起来，共同进行反蒋抗日。周恩来还参加了与福建人民政府代表的谈判，达成共同抗日反蒋的协定。在蒋介石派重兵围剿福建人民政府的紧急情况下，周恩来代表苏区临时中央政府主席毛泽东和红军总司令朱德，起草了致李济深、陈铭枢、蒋光鼐、蔡廷锴等的电报，向他们提出摆脱险境的建议。但是，由于当时条件的限制，福建人民政府最终招致失败。

1935年，中共瓦窑堡会议确立了建立抗日民族统一战线的方针。此后，周恩来多次写信给国民党上层人物和有关民主人士，宣传共产党的主张，呼吁实现新的国共合作。周恩来的这些努力，对于抗日民族统一战线的建立和发展，起了极其重要的作用。

抗日战争时期，国民党民主派和爱国民主分子拥护中国共产党"坚持抗战，反对妥协，坚持团结，反对分裂，坚持进步，反对倒退"的方针，反对蒋介石集团破坏抗日民族统一战线的行为，积极参加抗日民主运动，并开始酝酿建立国民党民主派的组织。在周恩来、董必武及中共中央南方局的直接关心和支持下，1943 年 2 月，谭平山、王昆仑、陈铭枢、杨杰、郭春涛、朱蕴山等在重庆发起组织民主同志座谈会，以座谈时事的形式，联系和团结国民党上层人士。以后，座谈会改名"三民主义同志联合会"（简称民联），于 1945 年 10 月在重庆正式成立，开展反蒋活动。由李济深、何香凝、蔡廷锴、李章达等发起筹备的"中国国民党民主促进会"（简称民促），也在周恩来同志领导的中共中央南方局的支持、帮助下，于 1946 年春在广州正式成立。这两个国民党民主派的组织，后来都成为民革的主要组成部分。抗战期间，李济深在桂林任国民党军委会办公厅主任，同中国共产党保持着合作关系。桂林沦陷后，李济深回到广西苍梧老家，组织家乡人民进行抗日。这是李济深最困难的时期。这期间，中共中央南方局和中共东江游击队按照周恩来的指示，多次派人与李济深联系，商谈合作抗日问题，并在经费上提供帮助（带给李济深黄金 10 两，人参 1 斤，作为活动经费），给了李济深很大的支持和鼓舞。

在解放战争时期，周恩来同志广泛地团结民主党派和各方面进步人士，扩大爱国民主统一战线，与蒋介石集团作斗争。这一时期，国民党民主派和其他爱国民主人士因遭受国民党当局的迫害，纷纷出走香港，在那里坚持反蒋爱国活动。1947 年 2 月，李济深来到香港，与何香凝、柳亚子、蔡廷锴、李章达、朱学范、朱蕴山等商议，准备成立国民党民主派的新组织，联合民联、民促，集中力量，共同开展反蒋斗争。中共中央香港分局根据周恩来的指示，与李济深等保持着联系，并协助开展工作。在中共组织的支持帮助下，1948 年 1 月 1 日，中国国民党革命委员会在香港宣布成立，李济深被选为民革中央主席。1948 年下半年，在周恩来同志的直接指挥下，经过中共中央华南局的周密安排，民革、民联、民促的领导人及其他爱国民主人士先后到达东北解放区，参加新政协的筹备工作。1949 年 4 月，国共和谈在北平举行。周恩来和张治中这一对老朋友分别作为两党的代表又坐到一起。谈判失败后，张治中准备回去复命，周恩来恳切挽留，反复做工作，终于使张治中决定留下，并参加了新政协会议。已故民革中央主席朱学范也是周恩来多年的老朋友，早在30 年代朱学范从事工人运动时，就与周恩来建立了密切的关系。抗战时期和解放战争时期，朱学范领导中国劳动协会积极投入抗日运动和反蒋斗争，受到周恩来的赞扬，表示"要支持朱学范，联合劳协"，共同开展活动。为了保护朱学范不受国民党当局的迫害，周恩来亲自安排朱学范秘密前往香港。以后，周恩来又派刘宁一陪同朱学范奔赴东北解放区，投身人民解放事业。正是由于周恩来同志和中共组织的长期关怀与帮助，使李济深、何香凝、张治中、朱学范等一大批国民党民主派人士和其他爱国民主人士切身感受到中国共产党争取和平、民主的真诚态度和决心，从而使他们走上接受中国共产党的领导，为建立新中国而奋斗的光明道路。

新中国成立后，周恩来仍然十分关心民革的建设。1949 年11 月，中国国民党民主派代表会议在北京召开，民革、民联、民促、国民党其他爱国民主分子四个方面的代表出席会议，就统一组织问题进行了讨论。周恩来同志到会讲了话。他提出建议，希望孙中山先生的信徒，不分先后，为实现革命的三大政策，为遵守《共同纲领》、为人民服务，首先要团结起来，统一组织，才能集中力量，在新民主主义建设工程中发挥作用。根据周恩来的建议，四方代表取得一致意见，决定以中国国民党革命委员会作为统一的组织名称，民联和民促宣布结束。从而实现了国民党民主派的大团结和大统一，使民革在组织上大大前进了一步。

在"文化大革命"中，周恩来同志在处境极为困难的情况下，仍然惦记着民革的老朋友们并尽力保护了一批民革领导人。例如，1966 年 8 月，他根据毛泽东的指示，提出了一份应予保护的干部名单，其中包括民革中央领导人程潜、何香凝、张治中、邵力子、蒋光鼐、蔡廷锴等。民革中央副主席、甘肃省省长邓宝珊在兰州受到冲击，周恩来得知后，立即派飞机将邓接到北京，保护起来。1971 年林彪集团覆灭后，周恩来首先提出要为被迫害的人落实政策。在他的多方努力和直接过问下，民革一批受迫害被关进监狱的领导人如王昆仑、屈武、朱学范等，得以陆续"解放"出来。

数十年来，周恩来同志与民革老一辈领导人之间的真挚友谊，以及他对民革组织的关怀，特别是从政治上所给予的教育和帮助，深刻地反映了中国共产党与民革之间风雨同舟、患难与共的战友关系，更是体现了周恩来同志作为伟大的无产阶级革命家的高尚风范、远大眼光和平等待人的民主作风。他留给我们的宝贵精神遗产，将永远鼓舞和激励我们前进。今天，我们纪念他，就要高举邓小平理论伟大旗帜，紧密团结在以江泽民同志为核心的中共中央周围，坚持社会主义初级阶段的基本路线，认真贯彻中共十五大精神，坚定不移地把建设有中国特色社会主义事业进行到底。同时，要坚持学习，讲政治，讲正气，不忘记周恩来同志的教导，做到"活到老、学到老、改造到老"，不断提高我们的思想政治水平，更好地履行参政党的职责，为实现振兴中华、统一祖国的宏伟目标而努力奋斗。

敬爱的周恩来同志永远活在我们心中！

发扬优良传统　继续开拓前进[*]

（1998 年 9 月 22 日）

　　五十年前，中共中央在这里[1]发布了具有重要历史意义的纪念"五一"劳动节口号，从而在全国掀起新政协运动的高潮，推动了人民革命战争的胜利发展。今天我们到革命圣地西柏坡来参观、学习，重温这段重要的历史，仍然能够从中得到深刻的教育和启示。

　　1948 年上半年，正值中国共产党领导的人民解放战争进入战略反攻阶段，人民解放军在各个战场上取得节节胜利，国民党统治区的爱国民主运动蓬勃发展，全国范围内新的革命高潮已经到来的重要时刻，中共中央于 4 月 30 日在西柏坡发布了纪念"五一"劳动节口号。口号中提出："全国劳动人民团结起来，联合全国知识分子、自由资产阶级、各民主党派、社会贤达和其他爱国分子，巩固与扩大反对帝国主义、反对封建主义、反对官僚资本主义的统一战线，为着打倒蒋介石，建立新中国而共同奋斗。""各民主党派、各人民团体、各社会贤达迅速召开政治协

---

　　[*] 这是何鲁丽同志在纪念中共中央"五一"劳动节口号发布五十周年座谈会上的讲话。

商会议，讨论并实现召集人民代表大会，成立民主联合政府！"
中共中央的这一号召，表达了中国人民的愿望和要求，也反映了
各民主党派和所有爱国民主人士的政治主张，得到了社会各界的
热烈拥护和积极响应。5月1日，毛泽东同志又致电李济深、沈
钧儒等民主党派领导人，重申"五一"口号的精神，并邀请各
民主党派和人民团体的代表前往解放区，参加新政治协商会议。

中国共产党的正确主张和真诚态度极大地鼓舞了各民主党派
和爱国民主人士。他们纷纷发表通电，指出"五一"口号"适
合人民时势之要求"，"事关国家民族前途，至为重要"，表示愿
与中国共产党一起，共同为建立民主联合政府而奋斗。

各民主党派一致公开响应"五一"口号的主张，接受了新
民主主义革命的纲领、路线，特别是在革命领导力量和革命方式
这两个中国革命的根本问题上基本取得了共同认识，从而进一步
发展和壮大了人民民主统一战线，促进了各民主党派与中国共产
党的密切合作，推动了全国民主力量的广泛团结，加速了中国民
主革命的进程。这标志着各民主党派接受中国共产党领导，为中
国共产党领导的多党合作和政治协商制度的形成和建立奠定了基
础。从这年8月开始，各民主党派和民主人士的代表陆续进入解
放区，在中国共产党的领导下积极参与新政协的筹备工作，为中
国人民政治协商会议的胜利召开和新中国的建立贡献了力量。

新中国成立后，在巩固人民民主专政、反对国内外敌人的斗
争中，在社会主义革命和建设事业中，各民主党派同中国共产党
密切配合，一道经受考验，共同前进。特别是中国共产党第十一
届三中全会以来，各民主党派积极拥护和贯彻中国共产党的基本
路线，动员广大成员和所联系的群众，为振兴中华、统一祖国大

业努力奋斗，竭诚奉献。五十年来，各民主党派始终与中国共产党亲密合作，风雨同舟，共同走过了艰难曲折而又光荣辉煌的历史道路。今天我们伟大祖国的面貌已经发生了深刻的变化，当年无数革命先辈为之奋斗的建立独立、自由、富强的新中国的理想，已经成为现实。在半个世纪的奋斗历程中，各民主党派与时代一同前进，实现了由爱国主义到社会主义的历史转变，成为建设有中国特色社会主义事业的一支重要力量。

　　1997 年，各民主党派都进行了换届，产生了新一届跨世纪的领导机构。在实现组织上新老交替的同时，各党派都把完成政治上的交接作为今后自身建设的首要任务。把与中国共产党亲密合作的优良传统继承下去，使老一辈领导人的坚定政治信念、高尚品质和爱国精神能够代代相传，保证各民主党派的政治纲领更好地延续与发展，已成为各民主党派换届后的共同任务。江泽民总书记在 1997 年 12 月 23 日召开的党外人士座谈会上曾经指出，中国共产党与各民主党派、工商联在长期合作中，在许多基本原则和重大方针上取得了广泛共识，这就是：坚持以邓小平理论为指导，坚持社会主义初级阶段的基本路线和基本纲领，坚持中国共产党领导的多党合作和政治协商制度，坚持"长期共存、互相监督、肝胆相照、荣辱与共"的方针。坚持这些原则和方针不仅是中国共产党与民主党派合作的政治基础，也是我们民主党派在长期革命和建设的实践中得出的基本经验，是我们在实现政治交接中所必须继承和发扬的优良传统。

　　当前，我国的改革已进入攻坚阶段，发展正处在关键时期，总的形势是很好的，但是我们面临的任务，还十分艰巨，还有许多困难。国内经济发展中多年积累的深层次问题还未得到根本解决，在新情况下又有新的问题需要研究解决，亚洲金融危机对我国经济的负面影响和压力还在加重，今年特大洪水灾害又造成了巨大的损失等等，都是摆在我们面前的严峻挑战。我们要更加紧密地团结在中共中央周围，发扬亲密合作、患难与共的优良传统，与中国共产党风雨同舟、并肩奋斗，共同去战胜困难，完成改革和发展的任务。我们要继续深入地学习邓小平理论，用以指导我们的思想和工作，自觉地坚持社会主义初级阶段的基本路线和基本纲领，在政治上始终与中共中央保持一致。我们要毫不动摇地坚持中国共产党领导的多党合作和政治协商制度，充分发挥参政党的作用，认真履行参政议政和民主监督的职责，推进国家的民主法制建设，我们要继续为促进祖国的完全统一而努力奋斗，为维护安定团结的政治局面，实现跨世纪的宏伟目标贡献力量。

我们坚信，在以江泽民同志为核心的中共中央领导下，全国各族人民高举邓小平理论的伟大旗帜，同心同德，开拓前进，一定能够夺取改革开放和现代化建设的新胜利，全面完成中共十五大提出的各项任务，把建设有中国特色社会主义的事业胜利推向二十一世纪。

注　释

〔1〕这里，是指西柏坡。

政治协商重实效 参政议政谱新篇[*]

（1998 年 12 月 14 日）

回顾改革开放二十年的奋斗历程，纪念中共十一届三中全会召开二十周年，我同大家一样，为伟大祖国的历史性巨变和现代化建设的辉煌成就感到自豪，为中国共产党领导的多党合作和政治协商制度及其实践的蓬勃发展感到振奋。我参加过全国政协七届、八届工作，从这段光荣而不平凡的经历中切身体会到：在邓小平理论指导下，二十年来，我国的爱国统一战线空前发展，中国共产党领导的多党合作和政治协商制度空前发展，人民政协事业空前发展。

人民政协是在"文革"结束后的重大历史转折中开始恢复活动的。邓小平同志担任第五届全国政协主席，是新时期人民政协事业的奠基人。他在以非凡的气度和胆识创立建设有中国特色社会主义理论的同时，团结各党派、各团体和各族各界代表人士拨乱反正，开拓前进，恢复和发展人民政协工作。他科学阐明了新时期我国阶级状况的变化和统一战线、各民主党派的性质，对

新时期人民政协的性质、职能、方针、任务等作出一系列具有深远意义的论述。这些论述是邓小平理论的重要组成部分，是新时期人民政协工作的科学指南。在以邓小平同志为核心的中共中央领导下，中国共产党领导的多党合作和政治协商制度被确定为我国的一项基本政治制度并得到健全和发展，政治协商、民主监督作为人民政协的主要职能载入政协章程，人民政协的性质、作用在宪法中得到充分体现，人民政协进入新的发展阶段，出现蓬勃向上的新局面。

以江泽民同志为核心的第三代中央领导集体高举邓小平理论伟大旗帜，高度重视人民政协的工作，对新形势下的统一战线和人民政协工作作出了一系列重大决策和论述，使人民政协事业在八届以来得到较大发展。各级人民政协继承和发扬历届政协的好传统、好作风、好经验，切实有效地履行职能，努力使人民政协成为中国共产党团结各界、协商问题、听取意见、协调关系的重要渠道，并注重在实践中不断探索，不断总结，从而在思路和方法、在领域和渠道等方面都取得了显著进步。

李瑞环主席在政协八届一次会议上提出，新一届政协要高举团结的大旗，继承和发扬优良传统，创造和总结新鲜经验，"适应新形势，探索新路子，作出新贡献"，开创人民政协工作的新局面。全国政协按照中共中央的部署，遵循"帮忙而不添乱，尽职而不越位，切实而不表面"的原则，在前进中开拓，在开拓中前进，把人民政协工作提到了一个新的水平。特别是八届二次会议通过的政协章程修正案和1995年中共中央关于贯彻执行《政协全国委员会关于政治协商、民主监督、参政议政的规定》的通知，把参政议政列入主要职能，拓宽了政协工作的渠道和领域，大大推进了政协履行职能的制度化、规范化进程，促进了政协工作的新发展。

几年来，全国政协围绕国家中心任务和群众普遍关心的重要问题，组织委员广泛开展了专题调研和视察考察活动。广大委员在深入调研的基础上认真撰写会议发言稿和提案等，共计形成专题调研报告或专项建议 187 件、视察报告 80 份、会议发言稿近2000 份、提案 11700 余件。其中，《关于缓解铁路资金紧张，改革铁路管理机制案》、《关于加强宏观调控、抑制通货膨胀的几点建议》、《调动多方面力量参与制订"九五"计划和 2010 年远景目标的建议》、《关于实行"两个转变"的动态分析与看法》、《加强社会主义精神文明建设的若干建议》、《切实解决农民负担问题的建议》、《我国高新技术产业开发区建设问题的报告》、《卫生事业改革与发展中的若干问题和建议》、《加快草原畜牧业发展的建议》等，受到有关方面高度重视并在工作中予以采纳，产生了良好的效果，有些意见还被直接吸收到中央有关文件中。关于对民族区域自治法、妇女权益保障法、教师法、税法等法律的执行情况以及对纠正不正之风方面所提出的建议和批评，受到了有关方面的重视，促进了中央有关精神的落实和一些实际问题的解决。

全国政协为进一步做好视察工作，多次听取各界委员和地方政协意见，不断改进视察方式。八届期间共组织各类视察团 93个，领导带头深入实际，深入基层调查研究。李瑞环同志视察新疆和田，倡导和推动运用社会资金打井治水，并积极建议国家有关部门采取有力措施，解决了当地 474 万人和 1400 万头牲畜的饮水问题。多位副主席分别率队视察，就保护农业、水资源开发、铁路建设、森林防火、扶贫等问题提出许多重要意见，关于在宁夏建设扶贫扬黄灌区工程的建议等，被国务院列入规划并逐步付诸实施。在视察过程中，委员们还尽力帮助地方办实事，为促进东西部经济技术合作牵线搭桥，受到当地政府和群众的欢迎。这些围绕改革开放现代化建设中重大问题开展调查研究、建言献策、反映社情民意的工作，为党和国家决策提供了重要参考。

全国政协牢牢把握民主和团结两大主题，坚持"长期共存、互相监督、肝胆相照、荣辱与共"这一中国共产党与民主党派合作的基本方针，充分运用爱国统一战线组织的有利条件，围绕大目标，促进大团结大联合。通过学习贯彻社会主义初级阶段基本理论、基本政策和参与国家重大事务的讨论协商以及组织各类形势报告会，增进了参加人民政协的各党派、各团体和各族各界代表人士对国家形势和重大方针政策的共识，不断巩固团结合作的共同政治基础。

1993 年，"中国共产党领导的多党合作和政治协商制度将长期存在和发展"被载入宪法，成为国家意志。中共十五大把坚持和完善这一基本政治制度提高到建设有中国特色社会主义民主政治的高度，列入社会主义初级阶段的基本纲领，作为社会主义民主建设和政治体制改革的重要任务。八届政协加强同民主党派和工商联的联系与协作，李瑞环同志等政协领导走访各民主党派中央和全国工商联，听取意见，沟通思想，帮助解决工作中的实际问题，并高度重视民主党派和工商联的提案、发言，发挥他们在政协中的作用。目前各民主党派、工商联有 57887 名成员担任各级政协委员，其中有 768 人担任全国政协委员。他们认真履行政治协商、民主监督和参政议政职能，为两个文明建设作出了贡献。

今天，在迈向新世纪的征途中，我们回首这不平凡的二十年，回顾政协的发展历程，我作为全国政协的一位原任副主席和委员，深切感到：人民政协与共和国的前途命运息息相关、不可分割，只有把政协的事业融入祖国振兴的宏伟大业，才能发挥优势，作出贡献；人民政协作为建设有中国特色社会主义事业的重要组成部分，在改革开放和现代化建设中具有不可替代的重要作用，前程远大，大有可为；中国共产党的领导是人民政协事业发展的根本保证，只要我们紧密团结在以江泽民同志为核心的中共中央周围，高举邓小平理论伟大旗帜，就一定能为实现跨世纪的宏伟目标作出新的贡献。

沿着中共十一届三中全会开辟的道路继续前进[*]

（1998 年 12 月 17 日）

当我们回顾改革开放二十年奋斗历程、迎接新世纪来临之际，无不为我国社会主义现代化建设事业取得了举世瞩目的成就而骄傲和自豪，无不为社会主义中国显示出前所未有的生机和活力而振奋。我国新时期历史性的巨变，源于中国共产党十一届三中全会的胜利召开，源于中国共产党在领导改革开放和社会主义现代化建设进程中，实现了马克思列宁主义同中国实际相结合的第二次历史性飞跃，创立了建设有中国特色社会主义的新理论——邓小平理论。二十年来，在邓小平理论指引下，全国各族人民坚持十一届三中全会所确定的路线和方针，紧密围绕经济建设这个中心，锐意改革，开拓前进，取得社会主义现代化建设的辉煌成就，我们伟大祖国的面貌发生了深刻的变化。与此同时，中国共产党领导的多党合作和政治协商制度不断完善和发展，呈现出蓬勃的生机和活力。民主党派的工作也呈现出崭新的局面。

---

[*] 这是何鲁丽同志在民革中央纪念中共十一届三中全会二十周年座谈会上的讲话。

回首二十年的光辉历程，我们对十一届三中全会的重大历史意义有了更切身的体会，我们深深缅怀为开创改革开放新时期作出巨大贡献的邓小平同志。

中共十一届三中全会召开后，随着中国共产党的马克思主义思想路线的恢复和确立，邓小平同志创造性地提出了一系列指导改革开放、现代化建设的重大思想观点和方针政策，逐步形成了建设有中国特色社会主义理论。与此同时，中国共产党纠正了在统一战线问题上的失误，邓小平同志根据中国现实和时代发展的新情况，提出一系列新的观点和思想，逐步形成了新时期统一战线理论。

"文化大革命"结束以后，民革和其他民主党派一样，开始逐步恢复组织活动，组织党员进行政治学习，揭批林彪、"四人帮"反革命集团的罪行。中共十一届三中全会后，统一战线进入一个新的发展阶段。民革各级组织在十一届三中全会精神指引下，积极开展活动，发展组织，协助党和政府落实政策，平反冤假错案，在国家政治生活和经济建设中努力发挥自己的作用。

1979年6月，邓小平同志在全国政协五届二次会议上的重要讲话，在民革广大党员中引起强烈反响。民革党员一扫思想上长期存在的迷惑和疑虑，普遍感到心情舒畅，精神振奋，为四个现代化建设服务的热情空前高涨，各项工作也进一步活跃起来。

同年10月，民革召开第五次全国代表大会，确定新时期民革工作的方针和任务，明确提出："要坚定不移地把民革工作的重点转移到为社会主义现代化建设服务这个中心上来，在中国共产党的领导下，充分调动全体成员及所联系人士的积极性，努力为社会主义现代化建设服务，为完成祖国统一大业服务。"这次代表大会是民革历史上一次极为重要的会议，它标志着在中共十一届三中全会精神指导下，民革的工作同新时期全国工作的大局紧密结合起来，走上了为改革开放和社会主义现代化建设服务的广阔天地。

这一时期，民革各级组织和广大党员充分发挥自己的人才和智力优势，以饱满的热情踊跃投身于为四化建设服务的实践，在积极参与国家政治生活，为经济建设献计献策的同时，还大力兴办各类学校，开展智力支边扶贫，从事各种咨询服务和其他社会服务活动，取得显著的成效。广大民革党员立足本职努力工作，在自己岗位上作出突出成绩，成为先进模范人物。据不完全统计，仅在民革五大以后的 4 年里，就有 3000 多位党员先后被评为各级劳动模范、先进工作者、三八红旗手等。

1982 年，中共十二大将中共与民主党派"长期共存、互相监督"的八字方针发展为"长期共存、互相监督、肝胆相照、荣辱与共"的十六字方针，进一步激发了民主党派的积极性和创造性，民主党派成为中国共产党领导下为社会主义服务的一支政治力量。1989 年底，根据邓小平同志的指示，在党中央领导下，中共和各民主党派共同研究制定了《中共中央关于坚持和完善中国共产党领导的多党合作和政治协商制度的意见》（以下简称《意见》）。这个文件明确了各民主党派的参政党地位，提出了坚持和完善有中国特色社会主义政党制度所必须遵循的原则、方针和政策，充分反映了邓小平同志的统一战线思想，是指导中国共产党和民主党派合作共事的纲领性文件。近十年来，以江泽民同志为核心的中共中央认真贯彻《意见》精神，推动中国共产党领导的多党合作和政治协商制度进一步完善和发展，从中共中央、国务院到地方，重大问题与民主党派协商已形成制度。1993年，"中国共产党领导的多党合作和政治协商制度将长期存在和发展"被载入中华人民共和国宪法。

社会主义民主制度的不断加强，使民革为社会主义现代化建设服务的积极性进一步提高。各级组织认真履行参政党的职责，发挥参政议政、民主监督的作用，大兴调查研究之风，围绕改革和发展中的重大问题积极向中共和政府部门建言献策，提出建设性意见，反映社情民意。有许多意见和建议受到重视和采纳。担任各级人大代表、政协委员和政府部门领导职务的数千名民革党员，以及被聘为特约监察员、检察员、审计员、教育督导员、土地监察专员的党员，也都很好地履行了自己的职责，发挥了应有的作用。可以说，90年代民革的参政议政工作开始步入最为活跃的时期。此外，民革为社会服务的工作也有了长足发展。目前，民革组织和党员共办有各类学校210所，累计毕业和结业学生170余万人，现有在校生11万人。智力支边扶贫加大了力度，建立了不少固定扶贫点，已经收到明显成效。近几年又开展了为下岗职工排忧解难，为希望工程献爱心，送文化、科技、卫生三下乡等活动，受到社会好评。通过多种方式和途径，民革为推动社会主义两个文明建设，为维护安定团结的政治局面，作出了积极的贡献。

促进祖国和平统一，一直是民革工作的重点。在邓小平同志的"一国两制"方针和江泽民同志关于发展两岸关系、推进祖国和平统一的八项主张的指导下，我们充分利用自己的优势，加强对台湾和海外的联系，在扩大两岸人员交往，促进两岸经贸、科技、文化的交流与合作，广交朋友，增进友谊，宣传政策，加深了解，引进资金、技术等方面，做了大量卓有成效的工作，为推动两岸关系的发展作出了应有的贡献。我们将再接再厉，进行不懈的努力，在完成祖国统一大业中继续发挥自己的作用。

二十年来，在为改革开放和社会主义现代化建设服务的过程中，我们不仅在思想上、政治上得到了锻炼和提高，而且在组织上也得到壮大和发展。目前，民革在 30 个省、自治区、直辖市建立了组织，基层组织共有 3000 多个，党员总数由二十年前的 8000 余人增加到现在的 57000 多人。这些情况说明，适应经济体制改革不断深化的要求，我国政治体制改革稳步推进，有中国特色社会主义的民主制度建设不断加强，给民革组织带来了无限的生机和活力。

二十年的历程告诉我们，没有邓小平理论，就没有多党合作的崭新局面。今天，在世纪之交的重要历史时刻，我们要更加坚定不移地以邓小平理论为指导，坚持社会主义初级阶段的基本路线和基本纲领，坚持中国共产党领导的多党合作和政治协商制度，紧密地团结在以江泽民同志为核心的中共中央周围，沿着十一届三中全会所开辟的道路继续前进，为实现中共十五大提出的跨世纪宏伟目标而努力奋斗。

深入学习邓小平新时期统一战线理论[*]

（1998 年 12 月 21 日）

邓小平新时期统一战线理论是邓小平理论的重要组成部分，是在中共十一届三中全会以后形成和发展起来的。改革开放二十年的实践和所取得的辉煌成就向我们昭示了："在当代中国，只有把马克思主义同当代中国实践和时代特征结合起来的邓小平理论，而没有别的理论能够解决社会主义的前途和命运问题。"二十年来我国爱国统一战线走过的光辉历程，也充分证明了江泽民同志在中共十五大报告中作出以上论断的正确性。

中共十一届三中全会以后，我国进入以社会主义现代化建设为中心的历史新时期。邓小平同志在探索和回答什么是社会主义，如何巩固、发展和建设社会主义的过程中，根据国内阶级关系的根本变化和工作重点的战略转移，创造性地提出了一系列新的统一战线理论、方针和政策，在丰富和发展毛泽东统一战线理论的基础上，形成了邓小平新时期统一战线理论。二十年来，在邓小平新时期统一战线理论的指导下，在爱国主义和社会主义的

---

   * 这是何鲁丽同志在《邓小平新时期统一战线理论学习纲要》出版发行座谈会上的发言节录。

旗帜下，爱国统一战线不断发展和壮大，形成了以社会主义劳动者和拥护社会主义的爱国者为主体的，包括港澳同胞、台湾同胞和海外侨胞在内的中华民族空前的大团结、大联合。这一局面的形成，最大限度地凝聚起一切力量，调动起各方面的积极性、主动性和创造性，共同为祖国统一大业、为建设有中国特色社会主义事业服务。统一战线的新局面，大大推动了中国共产党领导的多党合作和政治协商制度的发展，明确了民主党派的参政党地位，给民主党派的工作带来无限的生机和活力。

二十年来，我们民主党派在邓小平新时期统一战线理论的指导下，在中国共产党的正确领导和支持下，坚持解放思想、实事求是的思想路线，在努力搞好自身建设的同时，紧紧围绕经济建设这个中心，充分发挥各自的特点和优势，认真履行参政党的职责，积极开展参政议政，实行民主监督，为推进改革开放和社会主义现代化建设，促进祖国和平统一，维护安定团结的政治局面，发展和完善中国共产党领导的多党合作和政治协商制度，作出了积极的贡献。经过二十年的发展，我们民主党派无论是在思想建设还是在组织建设、制度建设等各方面，都取得了长足的进步，成为为建设有中国特色社会主义事业服务的重要政治力量。这二十年来，是我们民主党派发展最快、贡献最大，工作最有成绩、最有活力的一个时期。

邓小平新时期统一战线理论是指导我国新时期社会主义统战事业发展和民主党派工作的唯一正确理论。它的内容博大精深，内涵极为丰富和深刻，具有十分鲜明的中国特色和时代特征。为了全面、正确地领会和掌握邓小平理论科学体系及其精神实质，我们在深入学习邓小平理论的同时，正在有重点地组织学习邓小平新时期统一战线的理论。《邓小平新时期统一战线理论学习纲要》的出版发行，为我们的学习提供了很好的条件。这本书以《中共中央关于在全党深入学习邓小平理论的通知》精神为指导，对邓小平新时期统一战线理论进行了系统、深刻的阐述，结构严谨，内容全面，文字深入浅出，是一本宣传、讲解邓小平新时期统一战线理论的好教材。感谢中共中央统战部编写了这本好书，我们决心以这本书的出版发行为契机，组织全体成员认真学习邓小平新时期统一战线理论，进而把邓小平理论的学习和宣传推向深入。我们要坚持理论联系实际的学风，把邓小平理论与改革开放和社会主义现代化建设的实际结合起来，与民主党派的工作结合起来，提高用科学的理论指导实践，分析和解决实际问题的能力和水平。

各民主党派已完成跨世纪新老交替换届工作，我们要进一步搞好政治交接，大力加强自身建设，继承和发扬同中国共产党风雨同舟、亲密合作的优良传统，巩固和发展爱国统一战线，坚持和完善中国共产党领导的多党合作和政治协商制度，坚定不移地走建设有中国特色社会主义道路，认真做好参政议政、民主监督工作，为改革开放和社会主义现代化建设事业作出更大的贡献。

让我们高举邓小平理论伟大旗帜，更加紧密地团结在以江泽民同志为核心的中共中央周围，沿着中共十一届三中全会开辟的正确道路，深入贯彻落实中共十五大精神，统一思想、坚定信心，抓住机遇、知难而进，团结一致、艰苦奋斗，以改革和发展的新胜利迎接建国五十周年，迎接充满希望的二十一世纪！

在《中国民主党派史》出版座谈会上的讲话

（1999 年 9 月 15 日）

　　由各民主党派中央联合编写的《中国民主党派史》，经过几年的努力，已由辽宁人民出版社出版，这是关乎中国共产党领导的爱国统一战线以及各民主党派的建设和发展的一件大事。我谨代表民革中央，向精心组织和参与此书的编撰工作的中共中央统战部和各民主党派的有关部门的同志们，向辽宁人民出版社表示衷心祝贺和感谢！此书的出版发行适逢中华人民共和国 50 年大庆，可以说是奉献给祖国 50 华诞的礼物，可喜可贺。

　　中国民主党派的历史，是和中国共产党领导的中国革命的历史紧密联系在一起的。我们民主党派实际上都是中国革命的产物，是适应革命的需要而产生的；中国民主党派的历史，更是和中华人民共和国的历史联系在一起的，是适应中华人民共和国的建立和建设的需要而存在和发展的。中国民主党派的历史，是现当代中国政治史的一个重要方面，学习研究民主党派史，是研究现当代中国社会政治发展规律、研究总结治理国家的历史经验所不可缺少的。

　　中国民主党派的历史，也是中国共产党领导的多党合作和政治协商制度史的组成部分，它反映了中国社会政治运行和发展的客观规律。学习研究民主党派史，对于研究总结中国共产党领导的多党合作和政治协商制度的建设经验，推动这一符合中国国情、适应中国社会政治运动规律的政党制度的进一步发展完善，也是十分重要的。对于进一步宣传中国共产党领导的多党合作和政治协商制度，让人们更多地了解和认识中国这个基本政治制度的历史必然性和优越性，也具有重要意义。

对于我们民主党派来说，认真学习、研究、总结我们在中国共产党领导下为民族为国家作贡献的历史经验，研究和总结我们履行政治协商、参政议政、民主监督的历史经验，以及各民主党派的前辈领导人在与中国共产党合作共事中形成的光荣传统，对于促进我们加强自身建设，搞好政治交接，不断提高我们的思想政治素质，提高参政议政的水平和质量，都是非常必要的。

我希望我们民革的广大党员一定要认真读一读这本《中国民主党派史》。我们不仅要认真学习研究民革的历史，而且要学习研究中共党史和各兄弟党派的历史，努力学习他们为国家建设发展作贡献的历史经验和自身建设的历史经验，推动我们民革在新的历史条件下为祖国的建设发展和和平统一事业作出新的贡献。

在庆祝中国人民政治协商会议
成立五十周年大会上的讲话

（1999 年 9 月 22 日）

五十年前，中国人民政治协商会议在北平正式召开，宣告了人民政协的光荣诞生，并同时开启了社会主义新中国的历史新篇章。今天，我们在这里隆重纪念这个具有重大历史意义的时刻，回顾人民政协五十年的光辉历程，不禁更加深切怀念为人民政协的建立和发展作出过巨大贡献的毛泽东、周恩来、邓小平等老一辈无产阶级革命家，怀念千千万万为人民政协事业努力奋斗过的革命先辈们。值此时机，我谨代表各民主党派、全国工商联和无党派民主人士，最热烈地祝贺人民政协五十周年华诞。

中国人民政治协商会议的创建和发展，源于中国共产党领导中国人民进行革命和建设的伟大实践。以毛泽东同志为核心的中共中央第一代领导集体，在用马克思主义指导中国革命实践的过程中，注意把党领导的统一战线同中国社会主要矛盾的解决、同人民民主的要求相结合，使统一战线在革命斗争中不断发展壮大，并最终成为中国革命取得胜利的三大法宝之一。1948 年 4 月 30 日，在人民解放战争即将取得决定性胜利之际，中共中央发出纪念"五一"劳动节口号，号召迅速召开新的政治协商会议，成立人民民主政府，得到了已经真诚接受中国共产党领导的各民主党派、无党派民主人士和全国各阶层人民的广泛响应。在中国共产党的领导下，1949 年 9 月，由中国共产党、各民主党派、各人民团体、各地区、人民解放军、各少数民族、海外华侨及其他爱国民主人士的代表，在北平隆重召开中国人民政治协商会议第一届全体会议，制定了具有临时宪法性质的《共同纲领》。人民政协的建立，是中国共产党领导中国人民长期斗争的胜利成果，是中国新民主主义革命历史发展的必然选择，是中国共产党人创造性地将马克思主义统战理论、政党理论同中国具体实际相结合的产物，它标志着共产党领导的多党合作和政治协商制度这一我国基本政治制度的正式确立。五十年来，作为有中国特色社会主义民主政治制度的重要组成部分，作为共产党领导的多党合作和政治协商的重要机构，作为我国最广泛的爱国统一战线组织，人民政协在国家建设、经济发展、社会进步、祖国统一和社会主义民主政治建设等方面，发挥了十分重要的作用。特别是 1978 年中共十一届三中全会以后，以邓小平同志为核心的中共中央第二代领导集体，根据我国社会阶级状况已经发生根本变化的客观现实，将统一战线发展成为工人阶级领导的、工农联盟为基础的全体社会主义劳动者、拥护社会主义的爱国者和拥护祖国统一的爱国者的最广泛的联盟，使新时期的人民政协工作进入了一个全新的发展阶段。中共十四大以后，以江泽民同志为核心的中共中央第三代领导集体，又在全面总结建国以来统战工作基本经验的基础上，对人民政协工作进行了进一步的规范，明确了民主党派的参政党地位，使人民政协的政治协商、民主监督和参政议政工作迈上了一个新台阶。今天，我国已从五十年前的那个战乱不已、民穷国弱的半殖民地半封建国家，发展成为政治稳定、经济繁荣、社会进步和人民生活实现了从贫困到小康之历史性跨越的社会主义强国。在此过程中，人民政协作出了不可磨灭的巨大贡献。

人民政协辉煌的五十年，也是我们各民主党派、全国工商联和无党派民主人士在中国共产党的领导下，高举爱国主义和社会主义旗帜，为民族振兴、国家昌盛和人民幸福共同奋斗的五十年。五十年前，随着共产党领导的多党合作和政治协商制度的确立，随着人民政协的成立，我们各民主党派便事实上成为了参与管理国家事务的参政党。五十年来，我们在中国共产党的领导下，在人民政协这个多党合作和政治协商的重要机构里，行使着自己参政议政、民主监督的参政党职能，并逐步得到加强，在国家的政治生活、经济生活及各项建设中都发挥了积极的作用，取得了很大的成绩。我们深切地感到，人民政协的建立，为我们民主党派、全国工商联充分发挥作用及自身的发展和建设，提供了十分有利的基础和条件。正如邓小平同志在全国政协五届三次会议上所指出的那样，人民政协是在共产党领导下实现各党派和无党派民主人士团结合作的重要组织，也是我们政治体制中发扬社会主义民主、实现互相监督的重要形式。任何不带偏见的人都可以看到，正是由于有了人民政协这个中国人民爱国统一战线的最好组织形式，才使我们各民主党派、全国工商联和无党派民主人士最充分地发挥了建设国家、服务人民的作用，并且使自身的组织建设和思想建设得到了很大的发展和加强。

回顾人民政协五十年的光辉历程，回顾各民主党派在中国共产党领导下为社会主义祖国共同奋斗的五十年，我们愈加清楚地认识到：必须坚定不移地坚持中国共产党对人民政协的领导，坚持共产党领导的多党合作和政治协商制度。没有中国共产党，就没有社会主义新中国，就没有中华民族灿烂辉煌的明天，这已经是被历史反复证明了的真理。在中国，只有共产党才能领导人民开创建设有中国特色的社会主义道路，实现民族振兴、国家富强、人民幸福和祖国统一的宏伟目标；只有在人民政协里坚持共产党的政治领导，以共产党为核心，才能在共同利益、共同目标的基础之上，汇聚起各个方面的力量和积极性，使人民政协事业在中华民族的伟大复兴进程中更加灿烂辉煌。

人民政协五十年的光辉历程还以无可辩驳的事实表明，人民政协是发扬社会主义民主、健全社会主义法制，以及团结一切可以团结的人、调动一切积极因素和有利于决策民主化、科学化的最有效的组织形式，有着其他形式所不可比拟的巨大优越性和强大生命力。它的建立和发展，是中国共产党坚持实事求是，一切从实际出发，从我国社会主义初级阶段的基本国情出发，发展和完善社会主义民主政治制度的成功实践，是我国社会主义民主政治制度建设的一大创造。五十年来，参加人民政协的各党派、各团体和各族各界代表人士，始终风雨同舟，和衷共济，为建设有中国特色社会主义的宏伟大业，写下了光辉的篇章。展望即将到来的新世纪，我们深信，在中国共产党的领导下，人民政协必将在建设有中国特色社会主义的伟大事业中，在完成祖国和平统一的神圣使命和推动人类和平、发展的历史进程中，写下更加辉煌的历史篇章。

我们决心高举邓小平理论伟大旗帜，更加紧密地团结在以江泽民同志为核心的中共中央周围，始终不渝地坚持中国共产党的领导，坚持和完善共产党领导的多党合作和政治协商制度，坚定不移地走有中国特色的社会主义道路，自觉维护安定团结的政治局面，积极围绕改革开放的国家大局，努力做好参政议政、民主监督工作，为中华民族的伟大振兴和祖国的统一，为建设有中国特色社会主义事业的全面推进，为巩固、发展、完善人民政协事业和社会主义民主政治制度，作出我们无愧于人民和时代的贡献！

风雨同舟五十年　春华秋实共经历*

（1999 年 12 月）

中国共产党领导的多党合作和政治协商制度是在长期的革命与建设中形成和发展起来的。五十年来，中国国民党革命委员会作为多党合作中的一员，与中国共产党风雨同舟真诚合作，伴随新中国的建立和成长，春华秋实共同经历了曲折而光辉的历程。

1948 年，正当人民解放战争胜利地进入战略反攻阶段，全国范围内新的革命高潮已经到来的历史性时刻，中共中央于 4 月 30 日在西柏坡发布了纪念"五一"劳动节口号，提出："全国劳动人民团结起来，联合全国知识分子、自由资产阶级、各民主党派、社会贤达和其他爱国分子，巩固与扩大反对帝国主义、反对封建主义、反对官僚资本主义的统一战线，为着打倒蒋介石，建立新中国而共同奋斗。""各民主党派、各人民团体、各社会贤达迅速召开政治协商会议，讨论并实现召集人民代表大会，成立民主联合政府！"5 月 1 日，中共中央主席毛泽东就召集政治协商会议、成立民主联合政府问题又致函李济深、沈钧儒，提议由民革中央、民盟中央和中国共产党共同"于本月发表三党联合

---

* 这是何鲁丽同志在《中国统一战线》1999 年第 12 期发表的署名文章。

声明，以为号召"。随信附了三党联合声明草案，并就联合声明的内容、文字以及是否增加其他党派、人民团体联署发表等问题征求李济深和沈钧儒的意见。

5月2日，民革举行会议展开讨论。一致认为，中共中央"五一"号召，对于团结各民主党派，动员广大人民民主力量，促进革命胜利，具有重大的历史意义。民革领导人李济深、何香凝等联名致电中共中央毛泽东主席，响应号召。李济深还和其他各民主党派和无党派人士领导人联合发出通电，表示完全赞同"五一"号召。民革中央在经过多次讨论的基础上，发表了《响应中共"五一"号召的声明》，明确表示：中共中央提出的迅速召集新政协，成立民主联合政府的建议是"为消灭卖国独裁的反动统治和建立独立民主幸福的新中国所应循的途径"。表示接受中国共产党的领导，为建立新中国而奋斗。

响应中共"五一"号召，参加新政协，确认中国共产党的领导地位，是民革史上的一个重大转折。从成立初期的联苏反蒋发展到拥护共产党的领导和新民主主义的路线，这是民革的重大进步，是民革最终成为中国现代史上一支进步政治力量的标志，也是民革继续发展的重要政治基础。

此后，在中国共产党的领导下，民革利用在国民党内部的各种历史、社会关系，积极争取国民党军政人员认清形势、弃暗投明。民革进行了大量策反宣传，1948年9月，民革中央发表《告国民党将士书》，指出："黄埔同学及其属于国民党的军人"，"为了国家民族的生存，应该毫不犹豫地脱离政府，到革命委员会来，和人民解放军并肩作战"。淮海战役打响后，民革中央又发表《告蒋管区本党同志书》；"号召民众、组织民众，作政治起义，脱离反动政权，建立人民的革命政权。"民革中央执委、民联中常委、民革民联西南地区负责人杨杰，由于做了大量这方面的工作，1949年9月19日在准备赴北平出席新政协会议之际，被国民党特务杀害于香港寓所。21日，中国人民政治协商会议开幕当天即通过临时决议，以大会名义致电民革及杨杰家属，对杨杰表示吊唁。在一年多的时间里，民革紧密配合中国共产党，通过多种渠道，在国民党内进行争取工作，推动了国民党军政人员归向人民，为争取民主主义革命的胜利发挥了重要作用。

从1948年8月起，民革及其他民主党派的代表和有关民主人士就在中国共产党的周密安排下陆续到达解放区，参加新政治协商会议的筹备工作。1949年6月15日，李济深代表民革中央在新政协筹备会上发表讲话，说："新政治协商会议筹备会，是建设一个符合人民愿望的新中国的开始，我们是以非常的欢欣鼓舞的心情来参加的"。"我们要筹备好一个足以代表全国各革命阶层群众，老的少的，男的女的，团结一起，各尽其所能，为肃清一切反动残余和建设新民主的中国而奋斗到底"。这一时期，李济深作为筹委会副主任，参加领导了各项筹备工作，朱学范、谭平山等民革成员分别参加了新政协《共同纲领》、组织法、宣言、代表名额等小组的工作，为政协会议的正式召开而工作。

1949年9月21日，中国人民政治协商会议第一届全体会议在中南海怀仁堂隆重开幕。民革、民联、民促和国民党其他爱国民主人士的代表出席了会议。何香凝代表民革中央在会上讲话，她说："现在蒋介石垮台了，人民政协开幕了，孙中山先生致力革命40年，谋求中国的自由平等，节制资本，耕者有其田，联合世界上以平等待我之民族，这个革命目的，在毛主席的领导下得到了实现，我们可以告慰在九泉下的孙先生了。""我们今天要来做一个模范的新民主主义工作者，就要做人民政治协商会议《共同纲领》的模范力行者。我们要全心全意地拥护中央人民政府。""在中国共产党毛主席和即将由大会产生的中华人民共和国中央人民政府的领导之下，为实现《共同纲领》、大会决议而奋斗到底！"

中国国民党革命委员会作为中国民主革命统一战线的成员，参加了第一届中国人民政治协商会议，参与了具有临时宪法性质和作用的人民政协《共同纲领》的制定以及其他创建中华人民共和国的各项活动，为新中国的诞生作出了积极的贡献，这是与中国共产党真诚合作的结果，也是民革的光荣。

新中国成立后，共产党不仅把民主党派当作统一战线的工作对象，而且当作重要的依靠力量。民革作为中国共产党领导的多党合作中的一个民主党派，参加了人民民主专政的国家政权。民革许多领导人担任了政府的重要职务，李济深当选为中央人民政府副主席。在政务院组成人员中，何香凝、谭平山、陈铭枢分别为华侨事务委员会、人民监察委员会、法制委员会主任；李德全、朱学范分别为卫生部、邮电部部长。还有不少民主党派成员参加了人民政府各部门的领导工作，与中共一道担负起管理国家和建设国家的历史重任。这标志着民主党派不再是旧中国反动统治下的在野党，而成为共产党领导的多党合作和政治协商中事实上的参政党。

在国家政治生活中，中国共产党利用多种形式为民主党派提供参政议政的有效途径和机会，与民主党派一起讨论协商，让民主党派参与国家各方面方针、政策的制定和实施。建国初期，中共中央决定设立几种比较稳定的形式：一是双周座谈会，内容为听取政府有关部门的工作报告，座谈时事问题，协商有关单位提出的问题等。双周座谈会成为各民主党派成员参与国家重大决策的讨论、制定的比较稳定的一种形式。二是协商座谈会，是建国初期中共与民主党派民主协商国是的又一种形式，着重就党的方针政策、国家时事、国内外形势及党派关系等问题与各民主党派、无党派人士进行民主协商或通报情况。三是最高国务会议，依据中华人民共和国宪法于1954年设立，这是民主党派参政议政的形式。中国共产党认真听取并采纳民主党派和无党派民主人士的意见。例如：民革中央主席李济深曾建议全国人大和全国政协会议同时举行，政协委员列席人大会议。这一建议从1959年开始被采纳，直到现在，已成为惯例。

在社会主义革命和建设事业中，民革和各民主党派一样，同中国共产党同心同德，一道经受锻炼和考验。在"长期共存，互相监督"方针的指引下，推动社会主义事业的发展，不断丰富和完善多党合作政治协商的内容。中共十一届三中全会召开后，党和国家的工作重点转移到社会主义现代化建设上。在全国政协五届二次会议上邓小平主席《新时期的统一战线和人民政协的任务》的讲话，全面而深刻地阐明了新时期统一战线和人民政协的任务，充分肯定了民主党派的历史贡献，给民主党派以极大的鼓舞，并且为多党合作政治协商这一基本政治制度的发展拓展了新的领域。民革积极拥护和贯彻中国共产党的基本路线，把工作重点转移到为社会主义现代化服务的轨道上来，积极促进祖国统一，努力加强自身建设，不断开创工作新局面。

　　为使共产党领导的多党合作和政治协商制度进一步规范化、制度化，1989 年 1 月，中共中央根据邓小平的指示，邀请各民主党派中央领导人会同全国人大常委会，国务院，全国政协，中共中央组织部、宣传部、统战部等部门负责人共同组成专门小组，拟定民主党派成员参政和履行监督职责的方案。民革中央主席朱学范参加了文件的研讨和起草工作。中共十三届四中全会以后，根据以江泽民为核心的党中央的指示，专门小组对文件初稿又进行了几次重要的修改。1989 年底，中共中央正式发布了《关于坚持和完善中国共产党领导的多党合作和政治协商制度的意见》，我国民主党派参政议政的地位得以确立，参政议政、民主监督成为基本政治职能，在国家政治生活和社会生活中的作用进一步增强。新的历史时期，民革认真履行参政党职能，积极参加政治协商民主监督参政议政。紧紧围绕经济建设和社会发展开展调查研究，先后在政协会议上以大会发言或提案形式，就加强廉政建设、加强产权保护、养老保险改革、抑制通货膨胀、珍惜自然资源、保护生态环境、发展民办教育等问题提出建议，受到中共中央和国务院的高度重视，为党和国家科学决策以及推进有关部门的工作提供了参考依据。民革各级组织充分发挥人才优势，为改革开放和两个文明建设服务，在咨询服务、智力支边扶贫、兴办业余教育、支持和参加希望工程等方面做了大量工作，取得了显著成绩。民革一直把维护社会稳定作为一项重要的政治任务，要求全党正确认识形势，处理好改革、发展和稳定的关系，充分发挥参政党的作用，通过各种方式和途径了解、反映社情民意，协调关系，化解矛盾，为巩固和发展安定团结的局面建言献策。民革充分发挥自身特点和优势，努力加强同香港和台湾、澳门以及海外人士的联系，宣传"和平统一、一国两制"的基本方针，推进海峡两岸的交流与合作，坚决反分裂、反"台独"，反对外来势力干涉中国内政，为促进祖国统一大业作出了不懈努力。

半个世纪以来，中国人民在中国共产党的领导下，以巨大而坚定的步伐走向富强、民主和文明，这在中华民族发展史上是前所未有的，对整个人类社会发展的影响也是广泛而深远的。

半个世纪以来，人民政协始终与人民息息相通，同国家休戚与共。历届政协为国家的昌盛、祖国的统一、社会的进步、人民的幸福，为人民政协的自身建设与发展，尽心竭力，作出了不可磨灭的贡献，也获得了人民的信任和赞誉。

半个世纪以来，民革弘扬孙中山先生爱国、革命和不断进步的精神，自觉接受中国共产党的领导，充分利用人民政协这个参政议政的重要场所，发挥参政党的作用，与中国共产党亲密合作，风雨同舟，肝胆相照，荣辱与共。

回眸五十年的历程，我们切身体会到：民革的创建、成长和发展，离不开中国共产党的支持和帮助。中国共产党是中国革命和建设事业的领导核心，是我们患难与共的亲密战友。自觉接受中国共产党的领导，是全党同志的一致选择，是我们在五十年的实践中得出的基本经验。只有坚持共产党领导的多党合作和政治协商制度，中华民族才能更加团结，国家才能繁荣昌盛，民革才能在中国的社会发展中找准自己的位置，发挥自己的政治作用。

在全国法院民主党派和无党派
领导干部座谈会上的讲话

（2000 年 2 月 25 日）

来参加全国法院民主党派和无党派领导干部座谈会，我感到很高兴，因为召开这样的会议，是建国以来第一次，会议充分证明我国社会主义民主制度建设已经取得长足的进步，充分证明贯彻实施中共十五大提出的依法治国方略已经取得了很大的成绩，充分证明中国共产党领导的多党合作和政治协商制度得到了进一步的坚持和完善。同时也表明，在全国法院系统中工作的民主党派和无党派领导干部已经并正在发挥着重要作用，这使我感到十分欣慰。在此，我谨代表各民主党派和无党派人士，向全国法院系统对在法院工作的民主党派和无党派领导干部给予支持和关心的领导和同志们表示衷心感谢，向在全国各级法院中工作的民主党派和无党派的同志们表示慰问，对他们在工作中积极努力，并以自己的勤奋和智慧为社会主义民主和法制建设作出的贡献，表示祝贺和感谢！

这次会议，特别是肖扬[1]同志的讲话，对民主党派和无党派人士担任法院领导干部的重要意义给予了充分的肯定，对进一步做好新形势下全国法院民主党派和无党派领导干部的选拔使用工作提出了具体的要求，对在法院工作的民主党派和无党派领导干部也提出了很高的要求和期望。我相信，随着我国社会主义民主法制建设的进一步推进，随着依法治国方略的进一步实施，全国法院系统中的多党合作会取得更大的成绩，中国共产党领导的多党合作和政治协商制度的优越性会得到进一步的体现。

我非常同意肖扬同志在讲话中对全国法院中民主党派和无党派领导干部提出的要求，希望同志们努力按照这些要求去做。同时，借此机会，我也代表各民主党派和无党派人士，对全国法院中工作的民主党派和无党派领导干部提出一些希望。

一是希望同志们努力学习马列主义、毛泽东思想、邓小平理论，牢固树立正确的世界观、人生观、价值观，树立全心全意为人民服务的宗旨；学习党和国家的路线方针政策，学习业务知识，努力成为真正的法律专家。认真学习、自我教育是我们民主党派的光荣传统，到法院工作，工作再忙，这个传统都不能丢。

二是积极配合中共方面的同志们依法做好工作。要从推进我国社会主义现代化建设事业的高度，从推进社会主义民主法制建设的高度，从贯彻实施依法治国方略，建设伟大的社会主义法治国家的高度，从进一步坚持和完善中国共产党领导的多党合作和政治协商制度的高度，充分认识在法院系统中搞好多党合作的重要意义，对待工作要有高度的责任感和光荣感，要牢固树立全局观念和大局意识，遵循社会主义司法工作的原则，把审判工作置于党的领导之下，坚持审判工作为党的中心工作服务的方针，在此基础上，充分发挥自己的聪明才智，努力在工作中作出更大的成绩。

三是在工作中要虚心向中共的同志们学习。学习他们的长
处，弥补自己的不足，既要严于律己，又要大胆工作，勇于提出
自己的意见和见解。要在相互监督中保持清正廉洁，公正司法，
要经受住社会主义市场经济条件下权力、金钱、人情、关系等的
考验，切实履行好人民赋予的职责，做真正的人民法官。

实施依法治国的方略是执政党和我们各民主党派和无党派人
士的共同责任，让我们共同努力吧！

注　释

〔1〕肖扬，时任中华人民共和国最高人民法院院长。

在纪念孙中山逝世七十五周年
座谈会上的讲话[*]

（2000 年 3 月 12 日）

今天我们大家在这里聚会，一起缅怀和纪念伟大的革命先行者孙中山先生。

孙中山先生是伟大的革命家、思想家和爱国主义者，虽然他已经离开我们整整七十五周年了，但他的崇高精神仍在激励和鼓舞着全中国人民为国家的统一和富强继续努力奋斗。

为了中国民主革命事业的成功，孙中山先生穷毕生之精力，不屈不挠，愈挫愈奋，鞠躬尽瘁，死而后已。他领导的辛亥革命，推翻了长达两千多年的封建帝制，建立了新型的现代意义上的国家。他先后发动讨袁、护法和第一次北伐战争，同反动军阀势力进行了坚决的斗争。他追求真理，孜孜不倦，毅然改组中国国民党，实行联俄、联共、扶助农工的三大政策，适时把旧三民主义发展为新三民主义，促成了国共两党的第一次合作，使反帝反封建的民主革命胜利发展。

　＊　这是何鲁丽同志在人民日报、人民政协报、中央文献出版社、澳门"一国两制"研究中心和团结报联合主办的纪念孙中山逝世七十五周年座谈会上的讲话。

为了改造中国，振兴中华，孙中山先生忧国忧民，忠于理想，殚精竭虑，呕心擘画，提出了具有远见卓识的《建国方略》，表现出他对祖国美好未来的憧憬和筹谋。可以告慰孙中山先生的是，作为他的事业的坚定支持者、合作者和继承者，中国共产党团结和领导中国人民经过半个多世纪艰苦卓绝的奋斗，已使我们可爱的祖国发生了翻天覆地的变化，并正走向繁荣富强、民主文明。

江泽民主席高度评价孙中山先生的丰功伟绩和高尚品格，他指出："孙中山先生给中华民族和中国人民留下许多宝贵的精神遗产，特别是他的爱国思想、革命意志和进取精神，值得我们永远学习、继承和发扬。"

民革继承和发扬孙中山先生的爱国、革命、不断进步的思想，最令我们崇仰的是贯穿孙中山先生一生的强烈的爱国主义情操。他说：做人的最大事情是什么呢？就是要知道怎么样爱国。他一生的追求与奋斗，充满了对祖国的忠诚与热爱，是中华民族数千年爱国传统的体现和凝结。他坚决主张维护国家主权和统一，反对一切分裂祖国的行为。他指出："中国是一个统一的国家，这一点已牢牢地印在我国的历史意识之中，正是这种意识才使我们能作为一个国家而被保存下来，尽管它过去遇到了许多破坏的力量"，"统一是中国全体国民的希望"，"赞成统一是吾友，反对统一是吾敌"。

谋求国家的独立与统一，是中华民族高于一切的价值体现和理想追求。可以说，爱国主义同帝国主义侵略的搏斗与较量，成为中国近代史发展的原动力。我们学习孙中山先生的爱国主义精神，仍然有着十分重要的现实意义。在跨入世纪之交的今天，祖国统一大业已取得重大的阶段性进展，香港、澳门已相继回到祖国怀抱，并实践着邓小平先生提出的"一国两制"构想，继续保持繁荣稳定。解决台湾问题，最终实现祖国的完全统一，已经历史性地摆在包括台湾同胞在内的全中国人民面前。孙中山先生非常关心当时处于日本殖民统治下的台湾同胞的命运，他曾三次赴台，对台湾人民的反帝爱国斗争产生了巨大影响。实现祖国统一，是孙中山先生的夙愿，更是我们后来者责无旁贷的神圣职责。

近年来，在中国政府和海峡两岸人民的共同努力下，两岸关系发生了巨大变化。最近，中国政府发布了《一个中国的原则与台湾问题》白皮书，全面、系统地阐述了中国政府有关一个中国原则的方针政策。在当前两岸关系发展的关键时期，白皮书的发表具有重要意义。江泽民主席在参加政协九届三次会议民革台盟台联联盟会时强调，两岸同胞情同手足，应为早日实现祖国完全统一而共同努力。朱镕基总理在九届全国人大三次会议上的政府工作报告中又作了关于解决台湾问题、完成祖国统一大业的重要论述。我们将继续贯彻"和平统一、一国两制"的基本方针和江泽民主席提出的八项主张，尽最大努力争取以和平方式解决台湾问题。但是，我们也注意到，岛内以李登辉为首的"台独"分裂分子仍在等待时机，继续欺骗民众、欺骗舆论，妄图以各种方式推行其分裂阴谋。台湾问题不能无限期地拖延下去。我们真诚地寄希望于台湾人民，相信在事关国家主权和领土完整、事关中华民族的根本利益、事关台湾前途命运的攸关问题上，台湾人民一定会作出正确的选择。

"革命尚未成功，同志仍须努力。"孙中山先生的遗训言犹在耳。我们希望，海内外所有爱国的炎黄子孙团结起来，共同努力，为实现统一祖国、振兴中华的目标而继续奋斗。

贯彻执行《文物保护法》
切实加强文物保护工作*

（2000 年 5 月 15 日）

陕西省作为我国文物资源最为丰富的大省，现在已经普遍建立了文物保护行政机构和研究机构，进行了三次较大规模的文物普查，建立了一批与文物保护相适应的基础设施，初步形成了一支具有较高政治、业务素质的专业队伍和较为完整的管理体系，在文物保护方面，作出了显著的成绩。

一、各级领导重视，认真贯彻执行《文物保护法》

省、市、县、乡各级党委已将文物保护工作纳入议事日程，各级政府已基本做到文物保护工作的"五纳入"。各级人大已将文物保护执法检查作为重要工作来抓，特别是省人大在认真检查、提出改进意见的基础上，还进行了追踪检查工作，收到了较

---

* 这是何鲁丽同志 2000 年 5 月 15 日在全国人大教科文卫委员会赴陕西省《文物保护法》执法检查组反馈意见座谈会上的讲话。

好的效果。这是与各级领导的重视、真抓实干分不开的。

二、结合本省实际，制定了与《文物保护法》相配套的地方性法规

我国《文物保护法》颁布之后，各级人大、政府都负有重要的责任，特别是陕西省这样的文物大省责任就更大。这次检查中我们看到陕西省各级人大、政府已经很好地负起了责任。到目前为止，全省已经颁布了近 10 个地方性法规，并建立健全了一大批与之相适应的各项制度，如田野文物管理网、领导责任制、建档制度等，形成了与《文物保护法》及《实施细则》、《条例》相配套的管理制度，使文物保护工作步入了法制化、规范化的轨道。

三、人大执法监督有力，政府贯彻执行《文物保护法》坚决

陕西省认真贯彻《文物保护法》，基本上做到了依法保护文物。全省从抓《文物保护法》的学习入手，开展普法教育，提高了文物保护意识和法律意识，特别是在普法教育过程中，创造了丰富多彩的形式和灵活多样的方法。不仅是文物部门，社会各界和有关部门，特别是农村都参与了活动。

各级公安部门在保护文物方面，投入了大量警力、财力，无

论是预防犯罪，还是侦破案件，都作出了很大的成绩。有些地方，还创造了很好的经验，做到了连续十几年未发生盗窃文物案件，保证了文物的安全。海关、规划、建设、工商等部门都为保护文物作出了贡献。

各级人大对政府贯彻执行《文物保护法》的监督，都是有力的，并且积累了执法监督检查的一些好经验、好做法。这些经验与做法也是全国人大在执法检查和监督工作中值得借鉴的。

四、文物事业有了显著的发展

检查组的成员有的不止一次到过陕西省，先后看过秦俑博物馆、法门寺等重点文物保护单位，但是这次实地考察，感到陕西省在文物保护工作方面有了较大进步，文物事业有了显著的发展。特别是陕西省在文物保护工作中注意运用科研成果、不断积累管理经验，从整体到局部，对文物的抢救、保护、利用和管理水平有了较大的提高。例如，今年"五一"的高峰旅游期间，重点文物保护点既保证了文物的安全，又保证了秩序的正常。同时，这些管理水平较高的文保单位也带动了市县，甚至乡的各保护单位水平的提高。检查组这次考察了不少陵、墓、庙、馆和遗址，去年11月，全国人大代表视察了延安革命文物和黄帝陵，总的使我们感到，陕西省无愧于文物大省的地位，保护文物的工作也是卓有成效的。

下面谈几点意见：

（一）关于进一步提高文物保护意识和管理水平。

　　我国是世界著名的文明古国和文物大国。江泽民总书记曾经指出："现实中国是历史中国的发展。中国是一个有五千多年文明历史的国家，从历史文化来了解和认识中国，是一个重要的视角。"陕西省作为全国的文物大省，重要文物多，中外游客多。文物保护工作做好了，不仅是对内、对外宣传陕西的窗口，也是宣传中国的一个重要窗口，责任重大而光荣。但是，也确有保护水平不高，违法案件等个别问题。特别是法人违法案件仍时有发生，应当引起重视。这需要进一步提高对文物保护重要性的认识，需要进一步加强学习，普及宣传《文物保护法》。要领导带头学习，带头宣传，推动全社会学法、懂法、认真执法，增强保护文物的自觉性。对文物比较集中的农村更要宣传好。我们希望，从城市到农村，从开放的馆、址到挖掘现场，从领导到群众，从文物管理部门到公安、工商、海关、教育等部门，都要加强这方面的工作，站在一个更高的角度来全面认识文物的功能和价值，在全社会形成保护文物人人有责的良好氛围。同时，要充分利用好文物资源，广泛开展爱国主义教育。

　　（二）关于文物管理体制的改革。

　　陕西省作为全国的文物大省，结合本省的实际，现已提出了文物保护工作改革的思路，并正在实施与探索，这是一件大事、难事。文物事业和工作是社会的组成部分，同其他事业、工作一样，在改革深入，社会市场经济发展过程中面临许多新情况、新问题。是墨守成规，还是适应发展、改革进取，是一个不容回避的问题。通过改革要加强政府宏观调控能力，强化行业管理职能，改善事业单位的管理，向着既适应社会主义市场经济规律，又符合文物事业特殊要求的方向迈进。我们希望，陕西省在改革实践中，勇于探索，不断总结，不断完善，使文物保护工作和文物保护水平再上一个新台阶。

（三）关于继续认真做好文物保护的基础工作。

认真做好文物工作规划和计划。发展文物事业必须要有一个好的基础，陕西省已经做了大量工作，但要继续巩固基础。首先是抓好队伍建设，造就一支高水平的文物专业工作队伍；其次要不断改善博物馆的布展、解说等方面的工作；尤其要抓好文物的资料、档案工作，要形成严格的管理制度，做到文物和有关资料及时归档。

（四）关于文物事业的规划。

陕西省的文物印证着中国悠久的历史，灿烂的文化，光荣的革命传统，也是西安等历史文化名城的精髓，保护好这些"遗产"是我们的历史使命和重大责任。这些"遗产"同时也是陕西省的一项优势资源，在保护为主的原则下如何加大有效地利用，需要我们认真地研究，制定出文物工作的规划和计划。

今年从中央到地方都在制定"十五"规划，今年也是西部大开发迈出实质性步伐的一年，陕西省应该抓住机遇，在制定全省规划中将文物保护工作更全面地纳入经济和社会发展规划，纳入城乡建设、生态环境建设的规划。皇陵的开发，大遗址、古城风貌的保护更应如此（包括争取纳入国家规划）。文物工作政策性强，技术性也强，涉及面广，无论从中长期全面规划的编制，到局部日期计划的规定，都应当比较严谨。希望陕西省结合国情省情，充分论证，听取各方面的意见，对重点与一般，急与缓，统筹安排，有计划、有步骤地，扎扎实实地做好文物的发掘、保护、利用和管理工作。

（五）关于文物事业的物质保障。

发展文物事业必须要有物质保障。没有物质的保障，文物事业的许多任务无法落实。资金的短缺是长期以来困扰文物工作的一大问题。这次我们听取的各级政府的报告中、各单位的情况介绍中都谈到这个问题。从我们这几天考察、检查中也确实看到陕西文物事业的重大责任和负担集于一身，我们的检查报告中将会如实反映这方面的情况和要求。解决这个问题，除了各级财政加大投入之外，还要运用价格等经济手段，发挥文物景点的潜力，进一步满足群众的物质文化生活的需求，并实现一定的创收；同时要积极引导和鼓励社会捐助多渠道筹资，用于文物事业发展。但要防止急功近利，以免造成遗憾。有时，这种遗憾是后人无法弥补的。

代表人民根本利益
无愧人民衷心拥戴*

——写在中国共产党成立 79 周年之际

（2000 年 6 月 29 日）

在世纪之交、千年更替之际，我们迎来了中国共产党成立 79 周年纪念日。在新世纪的曙光中回首即将过去的 20 世纪，我们深深感到，正像江泽民总书记所说的那样，中国共产党始终代表中国最广大人民的根本利益，她不愧是中国社会主义现代化事业领导核心，无愧于全中国各族人民的衷心拥戴。作为中国共产党领导的多党合作和政治协商制度中的一员，我们民革为有这样一个始终代表中国最广大人民的根本利益的领导核心感到由衷地欣慰，为在中国共产党领导下取得社会主义现代化建设事业的全面胜利充满信心。

始终代表中国最广大人民的根本利益，是中国共产党的根本宗旨，是中国共产党领导革命和建设事业的根本出发点和归宿。20 世纪的中国历史就是中国共产党领导人民实现中国最广大人民根本利益的历史，这是我们民革同志的切身体会。早在 1948

---

* 这是何鲁丽同志发表在 2000 年 6 月 29 日《人民日报》上的署名文章。

年5月5日李济深领衔发表的响应中共"五一"口号的通电中，各民主党派和无党派民主人士的前辈们就曾经表达过这样的心声：中国共产党"适合人民时势之要求，尤符同人等之本旨"。中国共产党最终战胜靠美国扶植和武装起来的强大的蒋介石国民党集团，取得革命的胜利，根本在于代表了最广大人民的利益，得到人民群众的支持。因为中国共产党始终代表中国最广大人民的根本利益，民革才在革命胜利前夕公开声明接受中国共产党的领导，并在中国共产党的领导下，为中国革命的胜利作出了我们应有的贡献。

始终代表中国最广大人民的根本利益，在中国共产党成为执政党以后，不仅继续表现为代表中国先进文化的前进方向，而且突出表现为代表中国先进生产力的发展要求，"三个代表"成为中国共产党的立党之本、执政之基、力量之源。建国50多年来，特别是在改革开放以来，建设有中国特色社会主义全部工作的出发点和落脚点，就是全心全意为人民谋利益；而我国综合国力不断增强、生产力水平不断提高、人民生活质量不断改善，中国最广大人民的利益不断得到实现，这正是全中国各族人民衷心拥护中国共产党领导的原因，也是民革始终坚持接受中国共产党领导这一光荣传统、并在中国共产党领导的多党合作和政治协商制度中不断地为振兴中华、统一祖国的伟大事业作出贡献的根本原因。在现阶段，中国人民正在中国共产党领导下，为中共十五大提出的跨世纪发展的蓝图而奋斗，实现中华民族的伟大复兴的辉煌前景已经显现在我们的眼前。适逢这样一个伟大的历史时代，我们民革为能够在中国共产党领导下，为进一步实现中国最广大人民的根本利益作出我们应有的贡献而感到自豪和骄傲。

　　中国共产党始终代表中国最广大人民的根本利益，是全中国人民衷心拥护的领导力量，我们民革坚持接受中国共产党的领导，这是在任何风浪的考验面前都不会改变的。当前，我国改革处于攻坚阶段，发展处于关键时期，我国社会正在出现经济成分和经济利益多样化、社会生活方式多样化、社会组织形式多样化、就业岗位和就业方式多样化，正在呈现无限的生机和活力，各种矛盾和复杂情况也随之产生，特别是随着我国进入世界贸易组织，在我国经济社会更加快速、健康发展的同时，也必然伴生许多新情况、新问题。在这样的历史条件下，民革作为参政党的一员，要更好地担负起参政党的历史责任，就必须更加紧密地团结在以江泽民同志为核心的中共中央周围，高举邓小平理论伟大旗帜，以更加踏实勤奋的工作，努力为完成跨世纪发展的宏伟任务、为维护社会稳定、为进一步坚持和完善中国共产党领导的多党合作和政治协商制度作出更大的贡献。

加强和改进思想政治工作是民主党派的重要职责[*]

（2000 年 7 月 1 日）

江泽民总书记在中央思想政治工作会议上的重要讲话，论述精辟深刻，内容丰富，高屋建瓴，并在理论上有新的发展，具有极其重要的现实意义和深远的历史意义，是指导我们做好新形势下思想政治工作的纲领性文件。

学习江泽民总书记的讲话，使我们进一步提高了对加强和改进思想政治工作重要性、紧迫性的认识，增强了做好思想政治工作的信心和决心。加强和改进思想政治工作，不仅是中国共产党的重要任务，也是我们民主党派的重要职责。最近，民革召开了中央常务委员会，对加强和改进民革全党的思想政治工作进行了研究和部署。我们还要进一步组织全体民革党员认真学习和领会江泽民总书记重要讲话的精神，坚决贯彻落实江泽民总书记关于加强和改进思想政治工作的一系列指示和要求。

民革要继续发扬与中国共产党风雨同舟、亲密合作的优良传

＊ 这是何鲁丽同志在中央统战部学习江泽民总书记在中央思想政治工作会议上重要讲话精神座谈会上的讲话节录。

统，坚定不移地以邓小平理论为指导，坚持和完善中国共产党领导的多党合作和政治协商制度。中国共产党领导的多党合作和政治协商制度是符合我国国情的一项基本政治制度，坚持和完善这项制度，对于我们民主党派更好地在国家政治生活中发挥作用，推进社会主义民主政治建设，实现现代化目标具有极其重要的意义。我们要通过加强思想政治工作，通过学习民革的历史和学习民革九大精神，进一步了解共产党多党合作制度形成和发展过程，充分认识其优越性。民革各级组织认真总结经验，结合实际，积极探索思想政治工作新的方法，切实做好民革党员和所联系人士的思想政治工作，把全党的力量凝聚到为社会主义现代化建设服务上来，把大家的思想统一到中共中央所确定的路线、纲领、方针、政策上来，进一步发挥好参政议政、民主监督的作用，为维护社会政治稳定，祖国的统一，全面推进建设有中国特色社会主义事业作出我们应有的贡献。

落实《归侨侨眷权益保护法》
保护归侨侨眷合法权益[*]

（2000 年 11 月 17 日）

我国《归侨侨眷权益保护法》实施十周年了，今年 10 月，九届全国人大常委会第十八次会议通过了关于修改《归侨侨眷权益保护法》的决定，国家主席江泽民签署第 39 号令公布施行。这部法的修改和颁布施行是侨务工作的一件大事，对于进一步做好保护归侨侨眷的合法权益的工作十分重要。

3000 多万海外侨胞和 3000 多万归侨侨眷是我国的国情特点之一。邓小平同志曾经说：我们有几千万爱国同胞在海外，他们希望中国兴旺发达，他们对祖国的发展作出了很多贡献，这在世界上是独一无二的。这也是我国大发展的独特机遇。特别是在改革开放的新形势下，依法护侨，开展侨务工作不仅对凝聚侨心、发挥侨力有着重要的意义，而且可以通过侨的渠道和窗口，使世界各国更多地了解中国社会主义民主和法制建设的进程，了解中

国重视保护公民权益的做法，了解中国依法治国基本方略实施的成效。1982年，我国新宪法就在第五十条中明确规定"中华人民共和国保护华侨的正当的权利和利益，保护归侨和侨眷的合法的权利和利益"；并在第八十九条明确规定国务院要做好"两个保护侨益"的职责。宪法的这些规定具有重要意义：不仅确定了中国护侨的基本原则，而且要求把护侨的基本原则落实到侨务工作中去。

为了落实宪法护侨原则规定，做好侨务工作，1990年9月7日，七届全国人大常委会第十七次会议通过了《中华人民共和国归侨侨眷权益保护法》，这是我国侨务法制建设的重要成果，使我国的侨务工作走上了依法护侨的轨道。十年来的实践证明，《归侨侨眷权益保护法》对保护归侨侨眷合法权益，调动归侨侨眷和海外侨胞爱国爱乡的积极性，参与祖国的改革开放和社会主义现代化建设事业等方面发挥了很好的作用。这是一部为海外侨胞和国内归侨侨眷所拥护的法律。从九届全国人大常委会审议修改这部法律的反映来看，常委们不仅积极赞成适时修改这部法，而且根据形势发展的需要、国内外侨情的发展变化，对如何修改侨法、使修改后的侨法更能切合形势、体现侨情、符合侨心进行了热烈而又认真、细致的讨论，提出了许多好的意见和建议，使这部法经过修改更加适应新形势下的侨务工作，更加有利于保护归侨侨眷的权益。

《归侨侨眷权益保护法》实施十年来，各级人大及其常委会、各级人民政府、各司法机关在督促侨法实施、严格执法、公正司法、保护侨益等方面做了大量卓有成效的工作。但也应看到，在实现依法治国基本方略的新形势下，我们要做的工作还很多，任务还很繁重，特别是修改后的侨法公布施行之后，有更多新的工作要做：

一、进一步做好侨务立法工作，推动保护归侨侨眷合法权益的法律、法规体系进一步完善。

除了适时根据需要和可能修改实施办法外，还要围绕《归侨侨眷权益保护法》制定相应的配套行政法规、地方性法规、规章等，使保护侨益的内容更加规范。要按照李鹏委员长提出的要求，进一步加强国内外的侨情调研，为全国人大常委会制定法律提供依据。海外华侨和国内归侨侨眷是我国公民的重要组成部分，其意志和愿望需要在法律中得以体现，法律也应有保护其权益的内容。我们要深入调查研究，了解需要立法保护的内容。当前要就反映较强烈的海外侨胞正当权益保护，侨胞在国内投资权益保护等问题进行调研，根据需要和可能，适时制定成法律或有关决定，在国家的立法中，尽可能把海外侨胞和归侨侨眷的要求考虑进去，在有中国特色社会主义法律体系中，体现保护归侨侨眷合法权益的内容。

二、进一步做好涉侨法律实施的检查监督工作。

各级人大及其常委会加强对宪法、法律有关保护侨益规定实施情况的执法检查更是必不可少的。今后，我们不仅要加强对《归侨侨眷权益保护法》实施情况的监督检查，还要对其他涉侨法律和其他法律中涉侨规定实施情况注意督促、检查；对一些久拖未决的侵害侨益的重要案件，要依照全国人大常委会的有关规定进行督促检查，加强督办催办，使归侨侨眷合法权益得以切实保护，为进一步调动归侨侨眷和海外侨胞参与国家改革开放和社会主义现代化建设的积极性而努力。

三、进一步做好侨务法律的普及宣传工作。

在《中华人民共和国归侨侨眷权益保护法》修正后重新公布实施之际，要开展一次普法宣传教育。江泽民主席指出：分布于世界各地的华夏子孙是中华民族一个重要的资源宝库。因此侨务工作是我国一项长期重要的工作。侨务法律调整的对象虽然主要是归侨侨眷和海外侨胞，但法律的实施则与全体人民密切相关。要使修改后侨法切实施行，我们就要深入持久地向广大干部群众做好宣传教育工作，以全面提高全民的护侨法律意识，增强广大干部，尤其是各级领导干部的侨务法律意识和依法护侨的观念，树立法律的权威。同时，也要向海外侨胞和归侨侨眷宣传侨法，使他们充分认识到在享有宪法和法律赋予的权利的同时，也必须履行宪法和法律赋予的各项义务；既要知法守法，又要懂得运用法律的手段维护自身的权益不受侵犯。要通过普法宣传，进一步凝聚侨心，使广大归侨侨眷增强爱国爱乡之情，在以江泽民总书记为核心的党中央领导下，与全国人民一道，为实现中华民族的伟大复兴和祖国的统一大业而努力奋斗。

进一步加强民主党派自身建设*

（2001 年 3 月 30 日）

这次参加学习贯彻全国统战工作会议精神研讨班，感到很有收获，深化了对全国统战工作会议精神的理解，对于我们按照统战工作会议精神的要求进一步履行好参政党的职能、加强自身建设将会产生十分积极的影响。

这次全国统战工作会议，是面向新世纪、在向第三步战略目标迈进的历史时刻召开的重要会议。江泽民总书记在这次会议上的重要讲话和《中共中央关于加强统一战线工作的决定》，进一步强调了新世纪统战工作的重要地位和作用，阐述了统一战线的基本理论和方针政策，指明了坚持和完善中国共产党领导的多党合作和政治协商制度的方向，明确了新世纪统战工作的形势和任务。民革作为统一战线的对象、多党合作制中的一个民主党派，有责任为贯彻落实全国统战工作会议精神做好工作。

在这次全国统战工作会议上，江泽民同志用较大的篇幅，对共产党领导的多党合作和政治协商制度进行了全面、深刻的阐

---

* 这是何鲁丽同志在学习贯彻落实全国统战工作会议精神专题研究班结业典礼上的发言。

述，特别是明确提出了我国政党制度的显著特征，衡量政党制度的标准，强调要完善民主监督机制、加大民主监督的力度，对民主党派在发展社会主义民主政治中的重要作用提到了很高的高度，为新世纪继续坚持、完善、落实共产党领导的多党合作和政治协商制度提供了重要的理论政策依据，为我们民主党派进一步履行好职责、搞好自身建设指明了方向。

现阶段是我国多党合作的最好时期，民主党派在国家政治生活中发挥着越来越重要的作用，工作更加活跃，成绩十分显著。这次全国统战工作会议和江泽民总书记的讲话对我们民主党派寄予厚望，提出了很高的要求。同时，形势的发展变化也对我们民主党派更好地发挥作用提出了更高的要求。在我国开始实施国民经济和社会发展"十五"计划、开始实施第三步战略目标的今天，我们正面临各种机遇和挑战，政治、经济、文化及社会生活各个方面正在发生着极为深刻的变化，经济成分和经济利益多样化、社会生活方式多样化、社会组织形式多样化、就业岗位和就业方式多样化，不仅激发着人民群众无限的创造力，也带来人民内部一些矛盾的经常发生。同时，我国在坚持对外开放的条件下建设社会主义现代化，世界政治格局多极化和经济全球化趋势对我国的影响越来越广泛、深刻，随着我国加入世界贸易组织和进一步扩大开放，西方的价值观和生活方式势必会有更多的机会对我国社会生产方式、生活方式的变革产生影响，各种敌对势力也在不断制造事端和矛盾，难免要出现这样那样的政治风浪。我们作为参政党，要担负起自己的历史责任、履行好职责，就必须不断加强自身建设，进一步提高自己的思想政治素质，为进一步坚持、完善、落实中国共产党领导的多党合作和政治协商制度，为推动"十五"计划的执行和新世纪三大任务的完成，为完成中华民族伟大复兴的历史任务，作出新的贡献，发挥更大作用。

进一步加强民主党派的自身建设，是贯彻落实全国统战工作会议精神的重要方面。我们认为，现阶段民主党派的自身建设必须按照全国统战工作会议精神的要求来进行，具体来说，主要应当有五个方面：

一、按照江泽民总书记提出的衡量我国政党制度四条标准的要求加强自身建设。

江泽民总书记指出：衡量中国的政治制度和政党制度，最根本的是要从中国的国情出发，从中国革命、建设和改革实践的效果着眼，一是看能否促进社会生产力的持续发展和社会全面进步；二是看能否实现和发展人民民主，增强党和国家的活力，保持和发挥社会主义制度的特点与优势；三是看能否保持国家政局的稳定和社会安定团结；四是看能否实现和维护最广大人民的根本利益。根据这四项标准，我们可以看到，我国的多党合作制度在这几个方面都一直在发挥着不可替代的积极作用，实践充分证明了中国共产党领导的多党合作和政治协商制度的优越性，充分证明了进一步坚持、完善和落实好这项基本政治制度的必要性和重要意义。我们认为，江泽民同志提出的衡量我国政治制度和政党制度的四项标准，既是我国多党合作实践经验的高度概括和总结，同时也是我们坚持、完善和落实多党合作制度的努力方向。因此，我们要按照这四条标准和要求履行好政治协商、民主监督和参政议政的职能，这是坚持好、完善好和落实好多党合作制度的基础和条件。

二、按照《中共中央关于加强统一战线工作的决定》提出的多党合作中要做到"四个坚持"的要求来加强自身建设。

1997年12月，江泽民总书记在党外人士座谈会上的讲话中提出我国多党合作中的"四个坚持"的要求，即：坚持以邓小平理论为指导，坚持社会主义初级阶段的基本路线和纲领，坚持中国共产党领导的多党合作和政治协商制度，坚持"长期共存、互相监督、肝胆相照、荣辱与共"的方针。这次《中共中央关于加强统一战线工作的决定》进一步强调了这"四个坚持"。这"四个坚持"是全面贯彻落实全国统战工作会议精神的关键前提，是进一步坚持、完善和落实我国多党合作制度的基础，对于我们民主党派履行职能、搞好自身建设来说，也是最根本和基本的前提和关键。尤其是我们的自身建设必须按照"四个坚持"的要求来进行，在自身建设中体现和实现"四个坚持"的要求，从而保证我们的自身建设取得应有的成效，达到进一步推动我国多党合作实践发展的目的。

三、按照进一步发挥民主党派的民主监督作用的要求来加强自身建设。

江泽民总书记在这次全国统战工作会议上特别强调指出："要完善民主监督机制，畅通下情上达的渠道，加大民主监督的力度。"这一要求不仅对于民主党派充分履行职能，发扬社会主义民主，坚持和改善中国共产党的领导，巩固和发展多党合作具有重要意义，而且对于进一步加强民主党派的自身建设，也具有十分重要的意义。发挥好民主监督的作用，不仅需要我们有较高的思想政治素质，还需要有做好民主监督工作的能力和水平。这就需要我们按照履行好民主监督职能的要求加紧自身建设工作。只有按照进一步发挥民主监督作用的要求搞好自身建设，民主党派才能履行好民主监督的职能。

四、按照进一步加强多党合作的制度化、规范化建设的要求来加强自身建设。

江泽民同志在这次全国统战工作会议上的讲话和《中共中央关于加强统一战线工作的决定》中都指出："要建立健全配套措施，使多党合作进一步规范化、制度化。"这是新形势下坚持和完善我国多党合作制度的一个十分重要的方面。这次全国统战工作会议科学总结了最近一些年来多党合作的实践经验，提出了许多新的任务和要求，其中有许多内容都将通过制度化加以规范和巩固起来。那么，我们在做好自身建设的工作的时候，也要按照进一步加强多党合作的制度化、规范化建设的要求来进行，使参政党自身建设工作也得到进一步的规范化和制度化。

五、按照我国民主党派进步性和广泛性相结合的原则加强自身建设。

在这次全国统战工作会议上，江泽民同志还专门对民主党派的进步性和广泛性进行了分析，他指出："现阶段，这种进步性集中体现在各民主党派同我们党通力合作，共同致力于建设有中国特色社会主义事业。民主党派的广泛性，是同其社会基础及自身特点联系在一起的。各民主党派，成员来自不同的社会阶层和群体，负有更多地反映和代表他们所联系的各部分群众的具体利益和要求的责任。"总书记的这一科学分析，不仅揭示了我国民主党派的社会构成的特点，也为我们进一步搞好自身建设指明了方向和途径。我们要通过搞好自身建设来保持我们民主党派的进步性和广泛性，充分体现我们民主党派应有的特点，从而发挥我们应有的不可替代的作用。

　　按照这些要求搞好自身建设，我们认为，现阶段要着重抓好以下三个方面的工作。

　　第一，进一步加强思想建设，提高思想政治素质。从民革同志的情况来看，要按照这次全国统战工作会议精神的要求、按照我们所担负的历史责任的要求，去履行职责、做好工作，我们的思想政治素质还需要进一步提高，在自身建设中仍然必须始终把思想建设摆在突出位置。在当前国际国内形势错综复杂，西方敌对势力加紧对我实施"西化"、"分化"图谋，国内正处于改革开放和现代化建设的关键时刻，必须不断提高广大民革党员的思想政治素质，从而不断增强把握形势、坚持正确的政治方向的能力，为实施"十五"计划、完成新世纪的奋斗目标奠定坚实的思想基础。去年我们制定了《民革中央关于进一步加强和改进思想政治工作的意见》，今天我们将抓紧落实，进一步提高民革思想政治工作的针对性和实效性。

　　在思想建设工作中，我们仍然要突出搞好政治交接这条主线，进一步巩固前一阶段政治交接的成果。从 1997 年换届起，我们就突出抓了以搞好政治交接为重点的思想政治教育工作，取得了明显的成效，民革党员中坚持接受中国共产党领导的观念已经深入人心。随着形势的发展变化和新成员的不断增加，政治交接的任务仍然很重，需要不断地进行接受中国共产党领导的优良传统教育，推动共产党领导的多党合作和政治协商制度的进一步坚持、完善、落实。

　　第二，按照全国统战工作会议精神的要求，做好 2002 年换届的准备工作。我们要从坚持、完善、落实中国共产党领导的多党合作和政治协商制度的高度，充分认识做好换届工作的重要意义，把这一件事关民革在新世纪发展的大事做好。我们要以邓小平理论为指导，遵循中国共产党的基本路线和基本纲领，着眼于坚持和完善中国共产党领导的多党合作和政治协商制度，着眼于促进民革更好地围绕全国工作大局发挥参政党作用，着眼于继承和发扬民革与中国共产党同心同德、亲密合作的优良传统，来搞好新世纪的第一次换届工作。通过换届，确保始终坚持正确的政治方向，推动民革形成与新的形势和任务相适应的政治纲领、组织制度和领导机构。在换届工作中，我们将按照中共中央统战部和各民主党派协商以后制定的《关于协助各民主党派做好2002年换届工作的意见》规定的政策做好工作，努力从组织上巩固和发展政治交接成果，进一步改善班子结构，逐步建立健全物色、培养、选拔干部的科学机制，努力通过我们的工作，建设起一个富有生机和活力的民革组织，为我们在新世纪发挥更大作用奠定组织基础和人才基础。

第三，进一步加强对参政议政工作机制的探索，努力提高参政议政工作的水平和质量。

随着中国共产党领导的多党合作和政治协商制度的不断发展和完善，形势和任务对参政党履行职责、做好参政议政工作提出了更高的要求。江泽民同志在全国统战工作会议上提出坚持好、完善好、落实好共产党领导的多党合作和政治协商制度的任务，这就要求我们按照所担负的历史责任，结合民革的特点，不断探索履行好参政党职能的方式、途径。

怎样使我们的参政议政工作提高到新的台阶、新的层次，需要我们在理论上和实践上进行不懈的艰苦的探索。随着"十五"计划的实施，随着改革开放和社会主义现代化建设的进一步推进，我们将面临许多新问题、新情况。要使我们的参政议政工作能够适应新的形势，使"参政参到点子上、议政议到关键处"，真正能够发挥我们应有的作用，除了要努力创造其他方面的条件以外，还需要我们形成一个好的参政议政工作方法，形成一个好的参政议政工作机制，并建立起一整套有效的参政议政工作制度，从而能够集中民革全党智慧和力量、把民革参政议政工作应有的水平和质量体现出来，推动民革参政议政工作在新的世纪开创新局面。

这次全国统战工作会议，为我国多党合作制度在新世纪的发展规划了蓝图，大政方针已经确定，关键是要抓好落实。我们相信，只要我们认真贯彻落实全国统战工作会议精神，努力按照全国统战工作会议精神搞好我们党派的自身建设，就一定能够创造一个多党合作事业的新的春天。让我们高举邓小平理论伟大旗帜，更加紧密地团结在以江泽民同志为核心的党中央周围，共同推动多党合作事业的发展，为完成新世纪三大任务作出更大贡献！

在中国民主同盟成立六十周年
纪念大会上的讲话

（2001 年 6 月 19 日）

在人类迈入二十一世纪的历史性时刻，中国民主同盟迎来了它六十岁的生日。在这喜庆的日子里，我谨代表中国国民党革命委员会、中国民主建国会、中国民主促进会、中国农工民主党、中国致公党、九三学社、台湾民主自治同盟和中华全国工商业联合会向中国民主同盟的领导及全体盟员表示热烈的祝贺和诚挚的敬意！

中国民主同盟诞生于中华民族内忧外患、水深火热的危难时期，自它成立之日起，就提出抗日、民主、团结的主张，以救国救民为己任，在中国共产党领导下，与中国各阶层人民一道组成最广泛的抗日民族统一战线，为最终取得抗日战争的全面胜利作出了积极贡献。在争取和平、民主，反对国民党反动独裁统治的斗争中，民盟高举"反对独裁，要求民主；反对内战，要求和平"的旗帜，同中国共产党并肩携手，为彻底摧毁国民党反动政权，召开新政协，创建民主、和平、独立、统一的新中国而奋斗，李公朴、闻一多等民盟先烈献出了宝贵的生命，民盟志士和共产党人的鲜血流在了一起。新中国成立后，民盟在中国共产党的领导下，积极参加人民政权建设和国家事务管理，为人民政权的巩固，特别是在参加国家的文教建设方面，发挥了重要作用。

中共十一届三中全会以后，民盟服务于大局，坚持以经济建设为中心，坚持四项基本原则，坚持改革开放，加强自身建设，积极参政议政。在"长期共存、互相监督、肝胆相照、荣辱与共"方针的指引下，民盟团结广大盟员和所联系的知识分子，继承革命先辈优良传统，充分发扬爱国热情，紧紧围绕国家大局，积极发挥智力优势，在建设有中国特色社会主义道路上，积极参政议政，为国家的发展、民族的强盛尽心竭力，取得了新的显著的成绩。特别是在贯彻科教兴国战略的实施中，民盟充分发挥自身的特点和优势，在高等教育体制改革、素质教育的实施、推进知识创新、加速科技成果转化等各方面做了一系列的研讨，并积极开展办学讲学、支边扶贫、项目咨询等社会实践活动。在充分调研的基础上，就教育、科技、知识分子问题提出了许多重要的意见和建议，受到执政党和政府的高度重视。同时，在区域发展战略研究方面，民盟也颇具特色。在实地调查研究、充分论证的基础上，民盟中央先后向中共中央、国务院提出了许多有分量的意见和建议，为国家政策的制定提供了重要依据。

民盟第八次全国代表大会以来，新一届领导班子带领广大盟员，以邓小平理论为指导，认真学习贯彻中共十五大和十五届三中全会、四中全会、五中全会精神，把加强自身建设，搞好政治交接，提高参政议政水平作为重要任务，为发展经济，维护国家的政治稳定和社会安定作出了重要贡献。

去年底召开的全国统战工作会议，高屋建瓴、统揽全局，规划了新时期的统一战线工作，为新世纪民主党派工作提供了良好的政治环境。同时，也对民主党派的工作提出了新的更高的要求。今年是"十五"计划的第一年，也是实现我国现代化建设第三步战略目标的第一年。在这个时候，我们纪念民盟成立六十周年，回顾民盟与时俱进的发展历程，有着不同寻常的意义。纪念是为了激励，回顾是为了前进。在面向二十一世纪的现代化征程中，让我们携起手来，坚持发扬民主党派与中国共产党风雨同舟、荣辱与共的优良传统，积极发挥各民主党派的主动性和创造性，坚持和完善中国共产党领导的多党合作和政治协商制度，紧密团结在以江泽民同志为核心的中共中央周围，同心同德，群策群力，为实现中华民族的伟大复兴而努力奋斗！

民革发展离不开共产党领导[*]

（2001 年 7 月）

中国共产党诞生 80 周年了。80 年的历史证明，中国共产党无愧为世界上最伟大的工人阶级政党，她从诞生之日起，就为着中华民族解放、社会进步和人民幸福，进行了不屈不挠的斗争；在 80 年的奋斗历程中，她始终站在斗争的最前列，走在时代的最前列，代表着最广大人民的根本利益。

回顾 20 世纪跌宕起伏的百年风云，回顾中国共产党与民革半个多世纪风雨同舟、一道前进的历程，我们民革为有这样一个始终代表中国最广大人民的根本利益的领导核心感到由衷的欣慰。我们相信，在新的世纪里，中国共产党领导的多党合作和政治协商制度将进一步完善，民革作为我国这个基本政治制度中的重要一员，一定能在为社会主义现代化建设事业服务中作出新的更大的贡献。

---

* 这是何鲁丽同志在《中央社会主义学院学报》2001 年第 7—8 期合刊上发表的署名文章。

一

民革从孕育、成立到发展所走过的道路，是同中国共产党合作和逐步接受中国共产党领导的正确道路，是从爱国主义到社会主义的不断前进的光荣道路。民革走过的每一步，都离不开中国共产党的支持、帮助和领导。没有中国共产党的领导，民革就不可能成为为社会主义服务的政治力量。

1921年，中国共产党的诞生，给灾难深重的中国人民带来了希望。自从有了中国共产党，中国革命的面目就为之一新。孙中山在重重困难中看到了光明，他决心"以俄为师"，走扶助工农群众、联合共产党、进行反帝反封建的民主革命的道路。在共产国际和中国共产党的具体帮助下，他毅然接受了中国共产党提出的关于中国革命的主张。1924年，中国国民党第一次全国代表大会召开，大会确立了联俄、联共、扶助农工的三大政策，同中国共产党结成反帝反封建的统一战线。

在对待三大政策的态度上，国民党内部出现了左派和右派的政治分野。以廖仲恺、宋庆龄、何香凝为代表的国民党左派积极拥护孙中山的政治主张，真心诚意地站在人民大众一边，反帝反封建。国民党左派是最早的国民党民主派，他们中的不少人后来成为民革的创始人。共产党一直与他们有不同程度的合作关系，帮助左派坚决反对右派的反共独裁政策，双方保持密切的合作。

二

"九一八"事变后，中国共产党发出团结抗日的号召，动员各界同胞抗日救国。1935 年 8 月 1 日，中共中央发表了《为抗日救国告全体同胞书》，并领导了声势浩大的"一二·九抗日救国运动"，掀起了全国抗日救亡的新高潮。在中国共产党抗日民族统一战线政策和"一二·九"运动的推动和影响下，国共两党进行谈判。至此，国共第二次合作的抗日民族统一战线正式建立。

1937 年，抗日战争全面爆发，在国民参政会上，共产党同国民党民主派和其他爱国民主人士以及无党派的参政员在一些重大问题上密切合作，共同努力，推动全面抗战的实现。"皖南事变"后，在中国共产党正确方针指引下，国民党民主派和爱国民主分子进一步集结，积极参加抗日民主运动，并根据斗争发展的需要，开始酝酿建立国民党民主派的组织。

1941 年，在重庆秘密成立的中国民主革命同盟（简称"民革"，后改称"小民革"），就是中国共产党领导的并有共产党人参加的革命组织。该组织成为国民党政府里一些可争取分子与中共发生联系的桥梁，不少成员后来成为民革组织的重要骨干。1943 年，在中共中央南方局的支持下，谭平山、王昆仑等筹建了中国国民党民主同志联合会，后改为三民主义同志联合会（简称"民联"）。1946 年，李济深、何香凝、蔡廷锴组建的中国国民党民主促进会（简称"民促"）也得到中共大力支持，周恩来代表中共中央南方局给中共广东省临委发出电报指示，支持李济深的民主运动。

<h1 style="text-align:center">三</h1>

抗战胜利后，共产党继续同国民党爱国民主力量和各民主党派保持密切的合作，一起为争取和平民主，反对内战独裁而斗争。在国民党反动派不顾全国人民的反对，悍然撕毁政协决议，发动全面内战的时刻，中国共产党以极大的努力团结民主党派和民主人士。毛泽东、周恩来等中共领导人和党的组织同民主党派的领导人保持着密切关系，鼓励和支持他们坚持反对国民党独裁统治的斗争，帮助民主党派的左派，加强他们在政治上的地位。各民主党派和中国共产党站在一边，严正声明不承认国民党反动派召开的伪国大和制定的伪宪法，积极参加国民党统治区的民主运动。

随着形势的发展，民联、民促产生了联合的要求。1948年1月，民革成立。民革从酝酿到成立，都是在中国共产党的支持和帮助下进行的。民革一成立，就与中国共产党领导的人民解放事业的命运联系在一起，成为中共的亲密友党。它坚持和共产党合作，赞同成立联合政府的主张，同意新民主主义纲领的基本原则。

1948年，中共中央发布了纪念"五一"国际劳动节的口号，号召"各民主党派、各人民团体、各社会贤达迅速召开政治协商会议，讨论并实现召集人民代表大会，成立民主联合政府"。

5月5日，民革中央主席李济深领衔发表响应"五一"口号的通电，表达了中国共产党"适合人民时势之要求，尤符同人等之本旨"的心声。6月25日，民革又发表了《响应中共"五一"号召的声明》，明确表示，民革不仅同意中共中央的建议，而且要"以此号召本党同志、全国人民，为新政协之实现，人民代表大会之召开，民主联合政府之成立而共同努力"。谭平山在《适时的号召》一文中指出：新政协的领导责任"更不能不放在中国共产党肩上"。在中国共产党的周密安排下，民革领导人先后到达解放区，参加新政协的筹备工作。1949年1月22日，李济深等发表《我们对于时局的意见》，表示"愿在中共领导下，献其绵薄，贯彻始终，以冀中国人民民主革命之迅速成功，独立、自由、和平、幸福的新中国之早日实现"。1月27日，民革单独发表《对于时局的声明》，进一步阐明了民革的政治态度，强调反帝反封建的斗争"必须在中国的无产阶级政党——中共领导下，才有不再中途夭折的保证"。2月3日，李济深致电中共领导人，表示在人民解放运动中愿以自己的一切言论和行动密切配合中国共产党的政策和主张。所有这些声明和措施表明，民革确认了中国共产党的领导地位，增强了同中国共产党在政治上的一致性。

民革从成立初期的联共反蒋到拥护共产党的领导和新民主主义革命的路线，这是民革的重大转变和进步，也是民革继续前进的重要政治基础。民革在共产党的指引和帮助下，走过了民主革命的道路，同各兄弟党派和全国人民一道，进入了新的历史时期。

民革之所以能够走上新民主主义革命道路并在此后的半个多

世纪中，逐步成为共产党领导的多党合作总格局中的一个参政党，并为祖国的现代化建设和统一大业作出贡献的民主党派，完全是由于中国共产党为民族解放浴血奋战的光辉业绩和为建立新中国而确立的广泛统一战线的巨大影响。

四

随着中华人民共和国的成立，民革作为人民民主统一战线的成员，参加了中国共产党领导的多党合作和人民民主专政的国家政权，担负起新的历史任务。在中国共产党的统一战线方针和政策指引下，中国共产党同各民主党派实现了在社会主义条件下的长期合作。1949 年 11 月，民革召开第二次全国代表大会，大会宣言指出，革命领导权"必须建筑在团结了广大工农群众的中国共产党身上"，进一步确定了接受中国共产党的领导、为新民主主义服务的政治路线。

中国共产党十分重视发挥民主党派的作用，并诚心诚意帮助民主党派巩固和发展组织。1950 年，各民主党派开会时，中共中央就确定了要帮助民主党派发展的方针。在中共各级党组织的支持和帮助下，民革吸收了大批新成员，建立健全了地方组织，扩大了社会联系面，民革的面貌在各方面都发生了可喜的变化。

1956 年，中共八大充分肯定了民主党派在建国后的作用，提出了共产党与民主党派"长期共存，互相监督"的方针，为实现共产党领导的多党合作，正确处理共产党与民主党派的关系奠定了政治基础。人民民主统一战线发展到了一个新阶段。

新中国成立以后，民革在共产党领导下，走过了从新民主主义到社会主义的道路，坚持拥护中国共产党、拥护社会主义、热爱祖国和人民的立场，表现了同共产党和人民风雨同舟、患难与共的决心。即使是在十年"文化大革命"中，绝大多数民革成员，尽管身处逆境，仍然坚信共产党的领导，没有动摇对社会主义的信心，同共产党一道经受考验，共同前进，在共产党和民主党派合作的历史上写下了难忘的篇章，为在新的历史时期建立和发展肝胆相照、荣辱与共的关系奠定了坚实的基础。

五

中共十一届三中全会以后，我国进入以实现四个现代化为中心任务的新的历史时期。1979 年 10 月，民革召开第五次全国代表大会，决定把民革工作重点转移到为社会主义现代化建设服务上来。邓小平等党和国家领导人接见各民主党派代表，邓小平作了重要讲话。他说："在我国新的历史时期，统一战线仍然是一个重要法宝，不是可以削弱，而是应该加强，不是可以缩小，而是应该扩大。"从此，民革工作同社会主义时期的根本任务即发展社会生产力紧密联系，极大地调动了广大民革成员的积极性、创造性，民革工作获得了新的生机和活力。

1982 年，中共十二大强调中国共产党必须加强与各民主党派及其他党外朋友的合作关系时，第一次明确提出了"长期共存、互相监督、肝胆相照、荣辱与共"的十六字方针。共产党作为执政党，对民主党派政治上充分信任，思想上多沟通，真诚团结，合作共事；民主党派竭诚接受中国共产党的领导，为改革开放和社会主义现代化建设贡献自己的全部力量。这一方针的提出和坚持实行，对民革工作的蓬勃开展有着极大的推动作用。

1989 年，《中共中央关于坚持和完善中国共产党领导的多党合作和政治协商制度的意见》的发布，体现了中国共产党和各民主党派的共同意志，是在新形势下合作共事的行动准则。中国共产党领导的多党合作和政治协商制度进一步完备、规范和制度化。

1993 年，八届全国人大一次会议通过宪法修正案，将"中国共产党领导的多党合作和政治协商制度将长期存在和发展"正式写入宪法。它表明这一符合中国国情的政治制度已经具有法律的保证。

这些路线、方针、政策的制定与执行给多党合作事业的发展带来了前所未有的机遇。民革作为参政党，在共产党的正确领导下，围绕经济建设这个中心任务和促进祖国的统一大业，进行了大量工作，取得了一些成绩，主要体现在四个方面。

一、坚持共产党领导的多党合作，积极参政议政，履行参政党职能，发挥参政党作用。

——参加政治协商。作为执政党的中共，在作出重大决策前，都要召开民主协商会、座谈会、情况通报会，与各民主党派和无党派人士进行反复讨论、协商，征求意见，而且已经形成一种制度。民革通过参加国家政权、参与国家大政方针的制定、参与国家事务的管理等活动，在国家政治生活中发挥积极作用。如1993 年，民革中央经济委员会通过调研，就当时面临的金融形势，提出了《对抑制当前我国出现的通货膨胀趋势的几点建议》，得到朱镕基总理的充分肯定。朱镕基总理在最高层民主协商会和全国银行行长会议上谈到，"党中央、国务院准备采取措施，对经济形势进行宏观调控，民革中央经济委员会建议采取的政策措施和我们的意见基本一致"，对民革的建议作了高度评价。

——在人大、政协发挥作用。现在，民革党员中有 1392 人担任各级人大代表，7104 人担任各级政协委员，九届全国人大代表 46 人，九届全国政协委员 71 人。担任各级人大代表和政协委员的党员依法积极履行各自的职责，深入调查研究，积极建言献策，反映社情民意。特别是在政协大会期间，民革组织和委员个人的提案数量逐年增加，内容涉及工业、农业、科技、教育、环保、文化、祖国统一等领域，质量明显提高。如 1993 年关于早日进行南水北调工程建设的建议，受到国家计委等有关负责同志的重视和肯定；还有关于《加强知识产权保护工作的建议》、《珍惜自然资源，保护生态环境的建议》、《建立健全国家安全生产监督管理体系的建议》等都受到政府有关方面的重视，许多内容纳入了政府的决策。

——担任政府和政府部门领导职务的党员尽职尽责。民主党派党员担任国家和政府的领导职务，是实现共产党领导的多党合作的一项重要内容，中共中央十分重视。现任各级政府领导职务的民革党员达 298 名，他们勤勤恳恳，忠于职守，廉洁自律，努力工作，与中共领导干部和其他干部团结共事，亲密合作。被聘为各级特约监察员、检察员、审计员、教育督导员的 1812 名党员同样尽职尽责，作出了应有的贡献。

——发挥智力优势和人才优势，为社会主义两个文明建设服务。通过办学讲学、支边扶贫、社会咨询服务等方面的工作，为现代化建设和改革开放做实事、做好事。同时，通过这些服务，了解社情民意，为参政议政提供了丰富的素材，充实了参政议政的内容。

——各地方民革组织在履行参政议政、民主监督职责时，除了在各种协商会、座谈会上发表意见，反映社情民意以外，还结合当地社会经济发展的重大问题开展调查研究，向中共和政府部门提出建议，为地方经济建设和社会发展作贡献。

二、加强自身建设是民革的一个优良传统，参政党地位确立后，民革按照参政党要求，努力建立和健全参政党机制，对自身建设提出了更高的要求。

——思想建设是自身建设的首要任务。民革把组织党员学习《邓小平文选》作为思想建设的头等大事来抓，还召开了"学习《邓小平文选》，推进民革工作"经验交流会等大型活动，推动全党学习的深入开展。对党员的思想政治状况进行调研，多次召开全党思想政治工作研讨会，研究探讨思想政治工作的方法途径。比如今年5月底召开的民革全国思想政治工作会议，通过学习全国统战工作会议的精神，交流经验，探讨问题，进一步推动民革思想政治工作健康发展。各级组织通过具有民革特色的、有力的思想政治工作，对党员进行思想政治教育，提高了党员坚持中国共产党领导的自觉性，加深了党员对中国共产党各项基本路线、方针、政策的理解，增强了党员巩固和发展多党合作制度的政治责任感。

——组织建设是自身建设的重要组成部分。民革组织发展注重发展与巩固相结合，在注重质量前提下，有计划稳步发展。截至 2000 年，民革共有党员 62000 多人，省级组织 30 个，市县级组织 267 个，基层组织 3303 个。具有大中专以上学历的 55000 多人，占民革党员人数的 88.7%。各级组织切实抓紧抓好基层组织建设和后备干部队伍建设，一大批年轻的、素质较好的干部充实到各级领导机构中，增加了组织的活力。

——制度建设是自身建设的重要保证。建立健全制度规范，可以保证党派各项工作有章可循。近几年来，民革各级组织在制度建设方面作出了大量努力，进行了积极探索，制定了一系列规章制度，出台了一批规章性文件，初步形成了具有民革特色的制度系统。《民革中央关于参政议政工作若干问题的规定》、《民革中央关于加强和改进思想政治工作的意见》和《民革中央关于加强后备队伍建设的意见》等，都为民革工作规范、高效进行提供了保障。

——民革党员在各自的本职岗位上努力工作，不少人创造了优异成绩，涌现出许多全国劳动模范、五一劳动奖章获得者、三八红旗手等。

三、大力宣传、贯彻"和平统一、一国两制"方针，发挥民革优势，加大对台和海外联谊工作力度，积极推进祖国统一大业。

民革从成立起，就非常关心祖国的完全统一，特别是 1981 年，叶剑英委员长提出了解决台湾问题、和平统一祖国的九条方针后，民革就把促进祖国和平统一作为工作重点。1995 年，江泽民主席提出解决台湾问题的八项主张，指导民革促进祖国和平统一的工作更加深入、扎实地开展起来。为宣传贯彻叶剑英委员长的九条方针和江泽民主席的八项主张，民革在加强海峡两岸经济文化交流，促进祖国和平统一方面，做了许多有益的事情。

　　——中央和地方组织的领导同志以及广大党员，通过发表谈话、撰写文章、举办座谈会及与台、港、澳和海外亲友接触等多种方式，宣传"一国两制"方针和社会主义建设的成就，弘扬爱国主义和中华优秀文化精神，批驳分裂祖国的"台独"言行。民革中央编写出版的《邓小平论祖国统一》、《论"台独"》、《再论"台独"》等书，在海内外产生了广泛的影响。

　　——推进涉台参政议政工作，拓展祖国统一工作新领域。民革围绕经济建设这个中心，抓住海峡两岸人民普遍关心的问题，开展涉台调研，积极建言献策，多次向中共中央和国务院有关部门提交建议和专题调研报告，内容涉及加强对台湾和海外的宣传、保护台商合法权益、做好台胞接待工作、发展两岸经贸关系等领域，如提出了《关于两岸空中直航问题的建议》、《进一步发展海峡两岸经贸关系的几点建议》和《关于保护台商合法权益的几项建议》等。

　　——采取"走出去，请进来"的方式，加强与台胞和海外华人的联系，广交朋友，促进友谊，增进共识。不少地方组织的领导干部和党员利用在台、港、澳和海外的关系，以个人名义邀请那里的亲友回乡观光、访问，以多种形式开展联谊活动，团结一切力量共同致力于祖国统一大业。

　　民革以自身的行动和表现，证明自己是无愧于爱国统一战线的一支重要力量，无愧于共产党的亲密朋友。

六

我们从历史的回眸中可以再次得出结论：没有中国共产党的领导，就没有中国的今天，没有民主党派的今天，也就没有民革的今天。民革从成立到现在，一直得到中国共产党的大力支持和热情关怀，特别是在历史发展的每一个重要关头，中国共产党总是为我们指明正确的方向，引导我们前进。所以，接受中国共产党的领导是民革必然的历史选择，是民革的光荣传统。民革中央已故主席朱学范曾说过："在坚持中国共产党领导这一点上，民革不允许有不同的声音。"半个多世纪以来，不管经过多大风、多大浪，民革从来没有动摇过对共产党的信任和信心，一直坚定地依靠共产党的领导。

实践也充分证明，中国共产党领导的多党合作和政治协商制度是符合中国国情、具有中国特色的社会主义政党制度，是我国政治稳定、社会安定、民族团结、经济发展的重要保证，是我们国家重要的政治优势。这种制度既避免了多党竞争、互相倾轧所造成的混乱，又克服了一党专制、缺少监督所导致的弊病；既能实现集中统一领导，又能实现广泛的政治参与；既有利于政局的稳定和人民的团结，又有利于生产力的持续发展。因此，坚持和完善中国共产党领导的多党合作和政治协商制度是中国社会发展的必然选择，是人民的选择，也是民革的选择。

80年来，中国共产党之所以能够不断夺取革命、建设和改革事业的伟大胜利，创造出前无古人的辉煌业绩，仍葆有强大的生命力，是因为始终以大无畏的革命精神带领广大群众为真理、光明和社会进步而奋斗，始终代表着中国近现代历史前进的方向。面对新世纪，基于中国共产党长期处于执政党地位的重大历史使命，以江泽民同志为核心的党的第三代中央领导集体，继承和发展马克思主义建党思想，系统地提出了共产党要代表先进社会生产力发展要求，代表先进文化前进方向，代表最广大人民根本利益的重要思想。"三个代表"揭示了共产党永远得到人民拥护、永远立于不败之地的基本规律；表明了共产党是一个朝气蓬勃、勇于开拓、善于创新的伟大政党。这一重要思想把先进生产力、先进文化和最广大人民的根本利益有机统一起来，赋予党的先进性以新的时代内涵和本质规定，形成了一个具有完整性、准确性、科学性的理论体系，是对无产阶级政党建设规律认识的历史性飞跃。它唱出了中华民族的最强音，奏响了社会主义发展的主旋律。"三个代表"内涵深刻，是对中国共产党的性质、宗旨和根本任务的新概括，需要我们民主党派不断深入认识和理解。我们要认真学习"三个代表"重要思想，深刻领会"三个代表"的精神实质，进一步提高我们坚持共产党领导、坚持党的基本理论和基本路线的自觉性。

在新世纪的钟声就要敲响的时候，中共中央召开了全国统战工作会议。在深入学习全国统战工作会议精神的时候，我们特别要深刻领会江泽民总书记重要讲话中的以下内容。第一，提出确立和实施适合我国国情的政治制度和政党制度，对国家的发展和稳定具有极为重要的意义。因此，必须把作为我国基本政治制度之一的多党合作和政治协商制度坚持好、完善好、落实好，使多党合作进一步规范化、制度化。第二，提出了我国政党制度的显著特征和优越性。他说，我国在辛亥革命后一度照搬西方多党制，后来国民党又实行一党专制，结果都失败了。中国共产党运用马克思主义政党学说，深刻总结国内外的历史教训，在长期的革命和建设的实践中，同各民主党派一起和衷共济，安危与共，创立和发展了共产党领导的多党合作和政治协商制度。这项制度，是中国人民长期奋斗的结果，也是中国人民政治经验和智慧的结晶。这一制度的显著特征在于：共产党领导、多党派合作，共产党执政、多党派参政，各民主党派不是在野党和反对党，而是与共产党亲密合作的友党和参政党，共产党和各民主党派在国家重大问题上进行民主协商、科学决策，集中力量办大事，共产党与各民主党派互相监督，促进共产党领导的改善和民主党派自身建设的加强。第三，提出了衡量我国政治制度和政党制度的四条标准。他提出，衡量中国的政治制度和政党制度，最根本的是要从中国的国情出发，从中国革命、建设和改革实践的效果着眼，一是看能否促进社会生产力的持续发展和社会全面进步；二是看能否实现和发展人民民主，增强党和国家的活力，保持和发挥社会主义的特点和优势；三是看能否保持国家政局的稳定和社会安定团结；四是看能否实现和维护最广大人民的根本利益。这四条标准对于充分认识我国政党制度的合理性、必然性和优越性，自觉抵制西方多党制的影响，具有重要的理论和实践意义。第四，提出民主党派是政治联盟性质的、具有进步性和广泛性相统一的政党。江泽民总书记指出，民主党派的进步性，是与他们积极参加中共领导的成立新中国和建设新中国，实现中国的独立、统一、民主和富强的历史伟业紧密地联系在一起的。现阶段，这种进步性集中体现在各民主党派与共产党通力合作，共同致力于建设有中国特色的社会主义事业。民主党派的广泛性，是同其社会基础和自身特点联系在一起的。各民主党派成员，来自不同的社会阶层和群体，负有更多地反映和代表他们所联系的各部分群众的具体利益和要求的责任。江泽民总书记的论述，不但阐明了民主党派长期存在的理由和多党合作的基础，也为我们在参政议政中既要就国家的大政方针、全局性问题提出意见和建议，也要积极反映所联系群众的利益和愿望奠定了理论基础。学习江泽民同志这些重要论述，我们感到责任更大、担子更重，同时也感到方向更明、信心更强。

在我们满怀喜悦的心情庆祝中国共产党 80 华诞的时候，我们一定要以全国统战工作会议精神为指导，坚定地依靠中国共产党的领导，加强自身建设，搞好政治交接，使民革成为适应 21 世纪发展的高素质参政党。

继承孙中山领导的辛亥革命爱国精神
为统一祖国、振兴中华而奋斗*

（2001 年 7 月 27 日）

90 年前发生在中国的辛亥革命，是一场震古烁今的伟大革命运动，它不仅推翻了清王朝的统治，结束了在中国延续了两千余年的封建帝制，开创了完全意义上的近代民族民主革命，而且为中国的进步打开了闸门，使民主主义思想成为不可抗拒的历史潮流，对推动中国的社会进步和促进中国人民的思想解放，起到了不可估量的巨大作用。

从 19 世纪中叶开始，中国在帝国主义列强和本国封建势力压迫下，陷入苦难深重和极度屈辱的深渊中。腐朽没落的清王朝面对列强的侵略，对内残酷镇压人民群众的反抗斗争，压制进步，拒绝变法与改革；对外妥协退让，签订一系列丧权辱国的卖国条约，使中华民族濒临毁灭的悲惨境地。中国人民不甘屈服，奋起斗争，从太平天国的农民革命到变法图强的戊戌维新和有着广泛群众规模的义和团运动，无数仁人志士前赴后继，英勇奋

---

* 这是何鲁丽同志在中国辛亥革命研究会、民革中央孙中山研究学会和民革广东省委会联合举办"辛亥革命与二十世纪中华民族的振兴"学术研讨会开幕式上的讲话节录。

斗。辛亥革命是这种反抗斗争的继续，也是以孙中山先生为代表的新兴社会力量所领导的、以建立一个资产阶级民主共和国为目标的全新革命。这场革命推翻了没落腐朽的清王朝，结束了几千年封建君主制度在中国的统治，使民主共和国的观念逐步深入人心；中国原有的反动统治秩序被完全打乱，为此后中国人民的革命斗争开辟了广阔的道路。

但是，由于当时中国新兴资产阶级的软弱，它没有也不可能完全割断同帝国主义和封建势力的联系，同时又没有与广大的劳动群众相结合，致使资产阶级革命派没有足够的力量把反帝反封建的民主革命进行到底。辛亥革命的果实为外国列强支持的以袁世凯为首的北洋军阀所篡夺，中国社会仍处于半殖民地半封建状态，战乱频仍，民不聊生。孙中山先生曾沉痛地说："政治上、社会上种种黑暗腐败比前清更甚，人民困苦日甚一日。"尽管如此，辛亥革命的历史功绩仍然是不可磨灭的。它是中国近代史上的一个伟大的里程碑。以孙中山先生为代表的革命先驱爱国、强国、民主的思想，对中国共产党为争取民族独立、国家统一、人民幸福，夺取新民主主义革命的胜利，继而进行社会主义革命和现代化建设的伟大事业产生了深远的影响，至今仍具有着广泛而积极的现实意义。

首先，中国共产党领导的新民主主义革命乃至社会主义现代化建设是辛亥革命的继续和发展。今年既是辛亥革命爆发90周年，也是中国共产党诞生80周年。毛泽东在《如何研究中共党史》一文中曾经指出："研究中国共产党的历史，还应该把党成立以前的辛亥革命和五四运动的材料研究一下。不然，就不能明了历史的发展。"80年来，中国共产党领导中国人民进行新民主主义的革命，推翻封建殖民统治，建立社会主义新中国，取得了现代化建设事业的巨大成就。回顾中国共产党的 80 年历程，它是与辛亥革命的历史紧密相连的。新民主主义革命和社会主义事业的巨大成就，正是在旧民主主义革命，即孙中山领导的辛亥革命的基础上经过艰苦卓绝的努力取得的。中国共产党的早期领导者无一例外都参加过辛亥革命或者受到过辛亥革命的影响。他们沐浴辛亥革命思想的洗礼，又受到俄国十月革命的影响，走上了从新民主主义革命到社会主义革命的道路。辛亥革命的领导者孙中山先生总结了历史的惨痛教训，在中国共产党成立后，积极推进第一次国共合作。因此，我们"可以把新民主主义革命和社会主义的胜利看作是辛亥革命的继续和发展，这些胜利也是辛亥革命最后结出的丰硕果实"。

其次，孙中山先生作为辛亥革命的旗帜，他提出的富民强国的思想，至今仍不失为激励我们进行社会主义现代化建设的宝贵的精神财富。当年辛亥革命推翻清王朝封建统治，建立起中华民国的时候，孙中山等辛亥革命前辈无不以前所未有的雄心和热情，描绘着中国社会现代化的宏伟蓝图。孙中山先生曾充满信心地向全世界宣告：推翻清王朝的封建专制统治，三民主义已达其一；民国建立以后，中国内陆将全部对外开放，不但要引进外资，还要引进外才。他期盼着加速民族经济发展，让中国民族资本走向国际市场，跻身于世界民族之林，以此逐步实现中华民族的繁荣富强。孙中山先生的理想在当时的历史条件下是难以实现的。今天，中国在共产党的领导下，坚持以经济建设为中心，坚持改革开放，经济实力和综合国力显著增强，十二亿多中国人不仅解决了温饱问题，而且总体上达到小康水平。全国人民的思想道德素质和教育科学文化素质也不断提高，向世界展现了中华民族新的精神风貌。孙中山先生民富国强的理想正在变为现实。这是我们可以告慰于孙中山先生的。我们相信，孙中山先生的爱国精神和进步思想将对我们今后的现代化建设事业继续产生影响，激励我们前进。

第三，孙中山先生孜孜不倦奋斗和终生追求的祖国统一大业，是海内外炎黄子孙的共同心声，也是中华民族历史发展的必然趋势。近代中国长期遭受帝国主义侵略和掠夺，中国人民饱尝欺凌和屈辱。辛亥革命推翻了一个封建皇帝，以后却出现了很多土皇帝。他们投靠列强，划地为王，实行封建军阀割据，给中国人民带来了深重的灾难。孙中山先生从血与火的现实中认识到，祖国统一是民族独立和富强的前提。他的革命活动从一开始就对内反对军阀割据，反对内乱；对外反对列强瓜分，维护民族独立。在就任中华民国临时大总统时，孙中山先生明确提出，建设民国，要实现民族、领土、军政、内治、财政的"五个统一"。"能够统一，全国人民便享福；不能统一，便要受害。"谋求祖国统一，是他毕生的重要政治活动。

尽管屡遭挫折，但他愈挫愈奋，直至晚年北上，留下临终遗言，仍心系祖国统一。至今未能解决的台湾问题，也是孙中山先生关切的大事。据有的学者统计，在孙中山先生历年的演讲、宣言、谈话及文字中，论及台湾和台湾光复之处，就有 35 处之多。由此可见他对台湾问题的一贯关注。

祖国统一是孙中山先生的遗愿，也是中华民族的根本利益所在，是海内外广大中华儿女的共同心愿。为争取民族独立、国家统一和强盛，无数志士仁人不畏流血牺牲，前赴后继，付出了极其惨重的代价，才有祖国的今天。但是祖国至今尚未实现完全统一，这是海峡两岸乃至世界上所有中华儿女始终关切的。中华民族五千年悠久历史和灿烂文化的熏陶，在中国人民心中形成了崇尚统一，维护统一的价值观，是一种强烈的民族意识。纵观当今世界，经济全球化趋势日益发展，挑战与机遇并存。我们只有完成祖国的完全统一，才能实现两岸经济的共同发展、国家的富强和民族的全面复兴。这是海峡两岸同胞和广大海外华人华侨的共同心愿和奋斗目标。

历史已经证明，辛亥革命所蕴含的丰富内涵和重大意义，远远大于推翻一个封建君主王朝。随着社会的发展，历史和现实总会不断提出一些新的课题。我们今天研究辛亥革命和孙中山先生的革命思想，就是要更加深刻地认识辛亥革命的伟大历史功绩，继承和发扬孙中山先生爱国、革命和不断进步的精神，推动祖国的统一和现代化建设事业的进程。

辛亥革命已经过去90年了。90年来，我们祖国的面貌已经发生翻天覆地的变化，一个初步实现繁荣昌盛、充满生机和活力的社会主义中国正以崭新的姿态巍然屹立在世界的东方。在回顾历史的时候，我们不能忘记，是伟大的中国共产党领导全国人民继承革命先辈开辟的事业，经过艰苦卓绝的奋斗，取得中国革命、建设和改革的成功，彻底改变了中华民族的命运。没有中国共产党的领导，就没有中国的今天，这是历史的结论。前不久，江泽民主席在"七一"讲话中明确提出新世纪中国共产党和中国人民的历史任务，描绘了我们国家美好的未来，振奋和鼓舞人心。我们坚信，面对新的世纪和新的任务，全国人民必将更加紧密地团结起来，同心同德，再接再厉，沿着建设有中国特色社会主义的康庄大道开拓前进，去夺取改革开放和现代化建设的新胜利，统一祖国、振兴中华的伟大目标一定能够实现！

进一步提高坚持中国共产党
领导的自觉性[*]

（2001 年 8 月 24 日）

江泽民同志在庆祝中国共产党成立 80 周年大会上的重要讲话，以马列主义、毛泽东思想、邓小平理论为指导，贯彻解放思想、实事求是的思想路线，系统总结了中国共产党 80 年的光辉历程和基本经验，全面阐述了"三个代表"重要思想的科学内涵，深刻回答了新的历史条件下加强和改进中国共产党的建设需要解决的重大问题；讲话分析和回答了当前我国经济和社会发展所面临的一系列重大理论问题和实践问题，进一步指明了新世纪的历史任务和奋斗目标。讲话的内容丰富、立意深远，在一系列重大问题上创造性地提出了许多重要的新思想、新观点、新论断，充满了马克思主义与时俱进的理论品质和创新精神。对于全面推进建设有中国特色社会主义伟大事业，具有极其重要的指导意义。"三个代表"这一重要思想，可以说是继毛泽东思想、邓小平理论之后，中国共产党第三代中央领导集体坚持马列主义基本原理与中国具体实际相结合的又一理论成果。"三个代表"与

_* 这是何鲁丽同志在《人民日报》上发表的署名文章。

前两者一脉相成又与时俱进。学习"三个代表"的重要思想，使我们更加充分地认识到中国共产党的先进性，从而进一步提高坚持中国共产党领导的自觉性。

结合中国现代史、中国共产党80年历史和我国多党合作政治制度不断巩固和发展的历史学习江泽民同志的"七一"讲话，可以看到，中国共产党成立80年来，中国完成了由新民主主义革命到社会主义革命的转变；经历了由半殖民地半封建社会到新民主主义社会，再到社会主义社会的历史性跨越；中国人民推翻了帝国主义、封建主义和官僚资本主义的长期黑暗统治，建立了人民当家作主的新中国，进而以中国特有的方式创立了社会主义制度，改变了旧中国一穷二白的落后面貌。特别是中共十一届三中全会以来，中国共产党总结历史经验，从实际出发，开辟了建设有中国特色的社会主义的崭新道路，使社会主义在中国焕发出勃勃生机。中国共产党领导的多党合作和政治协商制度也在这一过程中建立、完善、发展，民主党派在这一制度中得以充分发挥自身优势，为国家和民族作出了自己特有的贡献。

回顾中国共产党与民革半个多世纪风雨同舟、一道前进的历程，民革的历史是同中国共产党合作和接受中国共产党领导的历史。民革走过的每一步，都离不开中国共产党的支持、帮助和领导。没有中国共产党的领导，民革就不可能成为为社会主义服务的政治力量。我们民革全体党员要深入学习、全面领会、认真贯彻江泽民同志讲话精神，加强自身建设，坚持和完善中国共产党领导的多党合作和政治协商制度。

在纪念辛亥革命九十周年
大会上的发言*

（2001 年 10 月 9 日）

今天，首都各界隆重集会，纪念辛亥革命九十周年。我谨代表中国国民党革命委员会、中国民主同盟、中国民主建国会、中国民主促进会、中国农工民主党、中国致公党、九三学社、台湾民主自治同盟和中华全国工商业联合会，向孙中山先生表示深切的怀念和崇高的敬意！向在推翻帝制、创建共和的斗争中英勇献身的辛亥先烈们表示深深的怀念！同时，向今天与会的辛亥革命者的后裔，以及应邀参加纪念活动的海内外朋友们致以亲切的问候！

九十年前发生在中国的辛亥革命，是由伟大的革命先行者孙中山先生领导的一次具有伟大历史意义的民主革命。它不仅推翻了清王朝的统治，结束了延续两千多年的封建帝制，而且为中国的进步打开了闸门，使民主主义思想成为不可抗拒的历史潮流，对推动中国的社会进步和促进中国人民的思想解放，起到了不可

　＊　这是何鲁丽同志在全国政协举办的纪念辛亥革命九十周年大会上的发言。

估量的巨大作用。

近代中国的历史，是一部国家饱经忧患、灾难深重，人民反抗压迫、英勇奋斗的悲壮史。自 19 世纪中叶开始，帝国主义列强竞相入侵，封建统治者腐败不堪，丧权辱国，中国一步步沦入半殖民地半封建境地，国势日衰，生灵涂炭，面临被西方列强瓜分的危局。中国人民不甘屈辱，奋起抗争；无数仁人志士，前赴后继，救亡图存。以孙中山先生为代表的革命先驱，怀着炽烈的爱国热情，发动辛亥革命，结束了中国两千多年来的封建专制制度，建立了中国历史上第一个民主共和国。辛亥革命揭开了中国近代历史的新篇章，它向全世界表明，中华民族是不容欺侮的，中国的命运要由中国人自己来主宰。

尽管辛亥革命的胜利果实被外国列强支持的北洋军阀所篡夺，但中国革命的潮流是任何人阻挡不了的。孙中山先生继续同帝国主义和封建军阀进行斗争，几经挫折，愈挫愈奋，百折不挠，坚持不懈。他站在时代潮流的前面，不断追求真理，寻求救国救民的正确道路。俄国十月革命的胜利和中国共产党的成立，使他看到了新的力量和新的希望。他以伟大革命家的远见和魄力，真诚地接受中国共产党的帮助，制定了联俄、联共、扶助农工的三大政策，改组国民党，实行国共合作，发动北伐战争。孙中山先生全身心投入中国人民的解放事业，耗尽了毕生的精力，直到临终前，还谆谆告诫人们："革命尚未成功，同志仍须努力。"

孙中山先生逝世后，中国共产党人继承他的事业，领导全国人民，团结一切爱国力量，继续进行艰苦卓绝的奋斗，终于取得新民主主义革命的胜利，建立了人民当家作主的新中国，并且把孙中山先生未完成的民主革命发展为社会主义革命，从而彻底改变了中华民族的命运，使中国的面貌发生了翻天覆地的变化。现在我们伟大祖国到处充满勃勃生机，全国人民在中国共产党领导下，正坚定不移地沿着建设有中国特色社会主义道路胜利前进。孙中山先生和辛亥革命志士们所追求的理想，正在变为现实，而且我们今天所取得的成就，在许多方面已经大大超出了他们当年的设想。历史证明，没有共产党，就没有新中国。中国共产党的领导是中国走向繁荣昌盛的根本保证。我们相信，孙中山先生毕生追求的"振兴中华"的目标，一定能在中国共产党领导下，经过全体中华儿女的共同努力而得以实现。

辛亥革命已经过去了九十个年头，它推动历史前进的伟大意义，它对后世产生的深远影响，永载史册，不可磨灭。我们今天纪念辛亥革命，就是要牢记历史所给予我们的教育和启迪，就是要继承革命先辈们的优良传统，特别是要学习孙中山先生爱国、革命和不断进步的优秀品格。现在，我们已经进入充满希望和挑战的二十一世纪，我国社会主义现代化建设第三步战略部署已经起步。在新的任务面前，中国共产党提出了"三个代表"重要思想作为立党之本、执政之基、力量之源。在这种形势下，作为参政党，我们尤其需要大力弘扬爱国主义精神，坚定必胜的信念，更加紧密地团结在以江泽民同志为核心的中共中央周围，把建设有中国特色社会主义伟大事业全面推向前进。

我们各民主党派和工商联的早期领导人，许多是辛亥革命的参加者，有的是孙中山先生的战友或学生。作为爱国统一战线的成员，作为中国共产党领导的多党合作的参政党和社会团体，我们为中国今日的巨变和未来的美好前景感到欢欣鼓舞，我们要继续坚持中国共产党的领导，为建设富强、民主、文明的社会主义现代化国家积极履行我们的职责，为实现中华民族的伟大复兴贡献力量。

在纪念辛亥革命九十周年的时刻，我们更加渴望早日实现国家的完全统一。实现祖国的统一，是孙中山先生毕生的重要活动和不懈追求。早在就任中华民国临时大总统时，孙中山先生就提出，建设民国，要实现民族、领土、军政、内治、财政的"五个统一"。他说："能够统一，全国人民便享福；不能统一，便要受害。"孙中山先生晚年北上，留下临终遗言，仍心系祖国统一。孙中山先生还特别关注台湾问题，在他历年的演讲、宣言、谈话及文字中，论及台湾和台湾光复之处，就有三十多处。实现祖国统一是历史的潮流，是中华民族的根本利益所在，也是海内外所有中华儿女的共同心愿。

半个多世纪以来，中国共产党为实现祖国的完全统一进行了不懈的努力，特别是邓小平同志提出的"和平统一、一国两制"基本方针，为香港和澳门顺利回归祖国铺平了道路，也为解决台湾与祖国大陆和平统一问题指明了方向。1995年元月，江泽民主席发表《为促进祖国统一大业的完成而继续奋斗》的重要讲话，阐明了关于解决台湾问题的基本思想和原则，是现阶段发展两岸关系、促进祖国和平统一进程的纲领性文件。我们各民主党派和工商联，完全赞成并坚决拥护这一合情合理、切实可行的政治主张。一年多来台湾局势发生了重大变化，对两岸关系产生了重大影响。台湾当局新领导人至今不肯承认一个中国原则，不肯承认"九二共识"，这是导致两岸关系至今处于僵持状态的根本症结，也是破坏岛内社会安定、经济发展的重要因素，可谓

"鲁难起于萧墙之内"。纵观新世纪世界发展的趋势，和平、发展仍然是时代发展的主题。在科学技术迅猛发展，经济竞争日趋激烈的今天，海峡两岸"合则两利、分则两害"。为了两岸同胞的长远福祉，也为了台湾社会的长治久安，我们希望台湾当局审时度势，顺应时代发展潮流和人民意愿，早日回到一个中国原则立场上来，在此基础上恢复两岸对话与谈判。

具有光荣爱国主义传统的广大台湾同胞，曾与祖国大陆同胞一道，为抵御外来侵略、反抗殖民统治、捍卫祖国尊严，前仆后继，浴血斗争，谱写了惊天地、泣鬼神的光辉历史篇章。近几十年来，广大台湾同胞又用自己勤劳的双手，将祖国宝岛建设得美丽、富饶，同样为中华民族的振兴作出了宝贵贡献。两岸同胞骨肉一体、命运休戚，我们恳切希望与广大台湾同胞并肩携手，共同推动两岸直接"三通"，促进祖国实现完全统一。我们也愿意与认同一个中国，坚持"九二共识"的台湾各党派、团体和各界人士交流与对话，共商国是、共促统一。我们坚信，只要两岸同胞携起手来，共同努力，孙中山先生统一祖国、振兴中华的宏伟遗愿，一定会在中华大地上成为现实！

同志们、朋友们，21世纪的中国，既面临机遇，也面临挑战，我们对祖国的前途充满信心。让我们高举爱国主义和社会主义的旗帜，团结一致，同心协力，再接再厉，开拓前进，为创造中华民族的辉煌未来而努力奋斗！

在纪念"一·二八"淞沪抗战
七十周年座谈会上的讲话[*]

（2002 年 1 月 23 日）

今天，我们在这里隆重集会，纪念"一·二八"淞沪抗战七十周年。此时此刻，我们深切缅怀当年指挥"一·二八"淞沪抗战的民革的老前辈蒋光鼐、蔡廷锴、张治中等将军，深深怀念当年参加"一·二八"淞沪抗战英勇抗击日本侵略者的国民党第十九路军爱国将士。

"一·二八"淞沪抗战是中国近现代史上中华民族英勇抗击帝国主义侵略的重要一役。1932 年 1 月 28 日晚，日本侵略军对上海发动大举进攻。当时驻防淞沪的国民党第十九路军的广大爱国将士，在蒋光鼐、蔡廷锴将军的率领下，奋起抵抗。在全国人民的声援下，在上海各界民众的密切配合支持下，将士们同仇敌忾，前仆后继，英勇杀敌，狠狠打击了日本侵略军的嚣张气焰，用鲜血和生命捍卫了中华民族的尊严，谱写了一曲可歌可泣的爱国主义壮丽诗篇。

---

[*] 2002 年 1 月 23 日，民革中央与中国人民抗日战争纪念馆在京共同召开了纪念"一·二八"淞沪抗战七十周年座谈会，这是何鲁丽同志在会上的讲话。

　　"一·二八"抗战将士高举团结御侮、救亡图存的爱国主义旗帜的英雄行为，激发了全国人民的爱国热情，对最终取得八年抗战的全面胜利产生了积极而深远的影响。"一·二八"抗日将士的英勇事迹，必将流芳千古。

　　七十年弹指一挥间，抗日战争胜利，新中国成立，改革开放取得巨大成就，香港、澳门回归祖国，中国从积贫积弱逐步走向繁荣富强，神州大地发生了翻天覆地的变化。在中国共产党的领导下，中国人民翻身做了主人，走上了独立自主的富民强国之路。值此纪念"一·二八"淞沪抗战七十周年之际，放眼祖国万里河山，到处是一片欣欣向荣，蒸蒸日上的喜人景象。中国的沧桑变迁，使我们更加深刻地认识到：只有中国共产党，才能领导中国人民取得民族独立、人民解放和社会主义的胜利，才能开创建设有中国特色社会主义的道路，实现民族复兴、国家富强和人民幸福。

　　新世纪的第一年，我们伟大的祖国在全面建设小康社会、加快推进社会主义现代化建设的新阶段，高歌奋进，步伐雄健。在这一年里，我们隆重庆祝了中国共产党成立八十周年，认真学习江泽民同志"七一"重要讲话和中共十五届六中全会精神。中国共产党领导的多党合作和政治协商制度得到进一步巩固和发展。我国"十五"计划开局良好，圆满举办了亚太经合组织第九次领导人非正式会议，加入世界贸易组织，北京申办2008年奥运会成功。我国的现代化建设取得巨大成就，政治稳定，经济发展，民族团结，社会进步，人民生活不断得到改善，国际地位不断提高。

　　解决台湾问题，实现祖国完全统一，是中华民族的根本利益所在。多年来，中国共产党和我国政府始终坚持并切实贯彻"和平统一、一国两制"的基本方针和江泽民主席对台八项主张，积极推动祖国和平统一大业。进入新世纪以来，海峡两岸经济合作、人员往来和各项交流加强，"和平统一、一国两制"方针得到越来越多的台湾人民的欢迎和认同。两岸相继加入世贸组织，为发展两岸经贸关系提供了新的机遇。我们将在一个中国原则基础上，继续推动两岸关系的改善，加强与台湾人民的联系和往来。合则两利、分则两害，两岸统一是大势所趋，是任何力量也改变不了的。

实现祖国统一和中华民族的伟大复兴，是无比美好的事业，也是十分艰巨的事业，更需要我们继承和发扬革命先辈的光荣传统。"一·二八"抗日将士所表现出来的爱国主义，是各族人民共同的精神支柱，是国家、民族自强不息的强大凝聚力和生命力的根本体现，具有极大的感召力和凝聚力。在任何时候，爱国主义始终是凝聚人民、团结群众的重要思想基础，是改革开放和现代化建设的强大精神动力。

同志们、朋友们，21世纪是充满希望的世纪，是实现祖国统一和中华民族伟大复兴的世纪，让我们继承和发扬"一·二八"抗日将士光荣的爱国主义传统，更加紧密地团结在以江泽民同志为核心的中共中央周围，坚定信心，奋发努力，开拓进取，共同创造祖国统一与民族复兴的美好明天！

落实《妇女权益保障法》
开创妇女工作新局面 *

（2002 年 4 月 8 日）

今年是《妇女权益保障法》颁布 10 周年。10 年来，各地党委、人大、政府都把贯彻实施这部法律作为重要任务来抓，在普法宣传、贯彻落实、执法教育、加强监督等方面做了大量的工作，并结合实际出台了一些保护妇女权益方面的地方性法规和优惠政策，使妇女的合法权益得到了一定的保障，我国妇女的人身权利、参政议政、教育培训、卫生保健、劳动权益保护等状况，较 10 年前有了一定程度的改善。但同时也必须看到，我们的工作还有较大差距，面临的任务还十分艰巨，男女平等的基本国策尚未得到全面落实。侵犯妇女合法权益的事件还时有发生，有的已成为社会不稳定的因素，引起有关部门和领导的高度重视。近年来，在人大代表和政协委员的议（提）案中也常见到这方面内容，要求各级人大加强执法监督，要求政府加大执法力度。

为了促进这部法律的深入贯彻实施，全国人大内务司法委员

---

* 这是何鲁丽同志 2002 年 4 月 8 日在广东省《妇女权益保障法》贯彻实施情况汇报会上的讲话。

会于今年 4 月组成 6 个组，分赴广东、上海、山东、四川、陕西、湖南六省（市）对该法的执行情况进行检查；6 月，全国人大常委会将安排听取国务院关于该法实施情况的专题报告；9 月，全国人大内司委还将同有关部门联合召开该法颁布 10 周年座谈会。

检查组出发前，专门听取了全国妇联、全国总工会、公安部、民政部、劳动和社会保障部等 5 个部门（单位）贯彻这部法律的工作情况汇报。彭佩云副委员长和我都参加了这次执法检查活动。

这次执法检查侧重三方面内容：一是妇女政治权利的保障，主要是妇女参政议政的情况。妇女参与国家事务的管理，是全面提高妇女地位、实现妇女进一步解放的重要标志。10 年来，各地在提高妇女参政水平方面，做了大量的工作，但与我国社会快速发展的总体水平相比，仍不相适应，与国际社会一些先进国家相比，还存在明显差距。目前主要问题是，人大女代表比例增长缓慢，如全国人大女代表比例，20 年一直徘徊在 21% 左右。各级领导干部中女干部比例偏低，中高级女干部年龄偏大，女后备干部数量偏少等。二是保障妇女劳动权益，主要是妇女就业和劳动保护情况。当前，妇女就业、再就业问题比较突出，性别歧视比较严重，女大学生、研究生就业困难的现象也比较普遍。一些企业特别是一些非公有制企业，妇女特殊劳动保护问题得不到有效保障，男女同工不同酬问题进一步显性化。部分国有转制企业女职工劳动保护呈滑坡趋势。三是保障妇女人身权利，主要是依法打击暴力残害、拐卖妇女和治理社会丑恶现象的情况。这方面的违法犯罪活动虽经多次严厉打击，但屡禁不止，目前又花样翻新，问题仍很严重。另外，还要重点了解农村妇女土地承包权益的保障情况，主要是农村出嫁女、离婚妇女被剥夺土地承包权的问题比较突出；在农村城镇化的过程中，土地入股分红、土地补偿费、房屋补偿费男女分配不公的问题普遍存在。

这次广东的检查，听取省里汇报后，主要到广州、珠海、深圳和汕尾市，重点是沿海地区，好、中、差情况都要看看。不但要注意好的典型和经验，同时也要了解沿海经济发达地区妇女工作的新特点，以及这些地方在执法工作中出现的新情况、新问题，这对研究探索新时期妇女事业发展的新思路，进一步推动《妇女权益保障法》的深入贯彻实施具有重要意义。检查期间，检查组除了听取政府及有关部门执法工作情况汇报外，还要深入到企业、农村和街道，召开不同类型的座谈会，走访群众家庭，实地了解《妇女权益保障法》贯彻实施情况。

广东省改革起步较早，经济比较发达，非公有制经济发展较快，很多工作走在全国的前面。在贯彻《妇女权益保障法》工作中，你们一定有不少好的典型经验和特点，当然也会有你们的问题。通过执法检查，要全面了解情况，发现问题，总结经验。尤其要围绕贯彻落实中央依法治国方略和江泽民同志"三个代表"的重要思想，从当地经济、社会发展的新情况出发，求真务实，卓有成效地解决好妇女事业发展中的突出问题，不断开创妇女工作的新局面。这也是我们这次执法检查的主要目的。

开展《食品卫生法》执法检查
保障食品卫生安全 *

（2002 年 5 月 21 日）

根据九届全国人大五次会议批准的全国人民代表大会常务委员会工作报告和全国人大常委会 2002 年执法检查工作的安排部署，决定常委会对食品卫生法进行执法检查。

4 月 30 日，检查组在北京听取了卫生部、农业部、国家工商行政管理总局、国家质检总局等四个部门的领导汇报贯彻实施《食品卫生法》和加强食品安全管理的情况，李鹏委员长到会并对这次检查工作作了重要讲话。此次检查组分成四个小组，从 5 月 8 日以后，分别对上海、江苏、广东、河北、河南等省检查食品卫生法贯彻实施情况。并委托北京、山东、安徽、广西、辽宁、陕西、甘肃、四川、海南 9 省（区、市）人大常委会对本省（区、市）贯彻实施《食品卫生法》的情况进行检查。通过执法检查，推动该法更好地贯彻实施，保障广大人民群众的食品卫生安全和身体健康，促进食品生产、加工、销售等产业健康

＊ 这是何鲁丽同志 2002 年 5 月 21 日在河北省《食品卫生法》执法检查工作时的讲话。

发展。

党和政府历来十分重视食品的安全问题。1983 年全国人大常委会审议通过了我国第一部食品卫生的专门法律，即《中华人民共和国食品卫生法（试行）》。经过 12 年的实践探索，特别是在我国由计划经济转向市场经济的过程中，法制化管理要求不断提高，依法行政工作逐步深入开展，1995 年 10 月 31 日全国人大常委会正式制定实施了《中华人民共和国食品卫生法》。目前，这部法律已经颁布实施六年多了。六年多来，食品卫生水平逐年有所提高，一方面随着人民群众的生活水平的提高，消费者已不再满足于温饱，而是更注重食品的卫生和营养，依法维护自身健康权益的意识明显增加。从中国消费者协会投诉统计资料来看，消费者有关食品方面的投诉在历年的投诉统计中占据较高的比例，仅从 1998 年至 2000 年，食品问题的投诉占总投诉量的 20%左右，约 46 万件。今年，两会期间全国人大代表、全国政协委员对食品卫生问题提出许多议案和提案，要求加强食品卫生工作，加大执法力度。另一方面，某些人为追求利润置食品卫生与安全于不顾，如加工病死禽畜肉，肉中注水，改换过期食品的标签，在食品中掺杂使假，甚至使用有毒、有害物质等严重威胁人民生命的安全和身体健康，引起社会上的关注。

食品卫生工作不仅在我国，在全世界都是备受关注的。我国加入世贸组织之后，食品行业面临着机遇和挑战。世界贸易组织中有三个有关食品卫生和安全方面的协定，即《农业协定》、《动物卫生/植物卫生措施应用协定》、《贸易技术壁垒协定》，食品卫生不仅是一个社会公共卫生问题，又能影响国际贸易，是一个重要经济问题。

这次检查的主要内容是：一、食品卫生法制建设情况。二、食品卫生的监督管理。三、有关部门执行《食品卫生法》的情况，以及执法中出现的新情况，新问题。重点是社会公众关注的基本食品生产经营的卫生状况和其监督管理的问题。检查中除了听取政府及有关部门知法工作情况汇报外，还要到一些市、县、企业考察，召开不同类型的座谈会，实地了解《食品卫生法》贯彻实施的情况。河北省是一个农业和食品供应的大省，你们一定有不少好的典型和工作经验，当然也会有些问题要通过执法检查，全面了解情况，发现问题，总结经验，提出切实可行的改进意见和建议。食品卫生法是一部与人民群众生活密切相关的重要法律，它能否全面正确地得到贯彻实施，直接关系到人民群众的身体健康和生活质量。贯彻《食品卫生法》就是全心全意为人民服务的体现，是代表人民群众利益的体现，我们要从江泽民总书记"三个代表"重要思想的高度来认识这个问题。《食品卫生法》颁布实施的六年以来，执法情况总体比较好，有成绩，但是还有许多薄弱环节，食品卫生形势仍比较严峻。我们要以这次执法检查为契机，宣传普及卫生的法律、法规，提高全社会的法律意识，同时各级人大也要加强对食品卫生法实施的监督工作，共同努力，不断开创食品卫生和安全工作的新局面。

学习贯彻"三个代表"重要思想
为开创现代化建设新局面贡献力量*

（2002 年 6 月 10 日）

5 月 31 日，在中央党校省部级干部进修班毕业典礼上，江泽民同志发表了重要讲话。这个讲话是继去年"七一"重要讲话后，对"三个代表"重要思想的又一次全面、深刻的阐述。讲话以"三个代表"重要思想为主线，分析了中国共产党在我国进入新的发展阶段的历史任务，提出了贯彻落实"三个代表"重要思想的具体要求。江泽民同志的这一讲话，是在重要时刻发表的一篇十分重要的讲话。进入新世纪，我国进入了全面建设小康社会、加快推进社会主义现代化的新的发展阶段。今年中国共产党将要召开十六大，全国各族人民正以昂扬奋进的精神状态和卓有成效的工作业绩迎接十六大的召开。国际上，世界多极化和经济全球化趋势在曲折中发展，科技进步日新月异，综合国力竞争日趋激烈，国际局势正在发生深刻的变化。正是在这样的国际国内形势下，江泽民同志发表了这篇重要讲话。讲话高屋建瓴，内涵丰富，思想深刻，论述精辟，进一步丰富和发展了马克思主

---

* 这是何鲁丽同志在民革中央中心学习组扩大会议上的讲话。

义理论，体现了马克思主义的历史唯物主义观点，是对建设有中国特色社会主义伟大事业发展规律新的认识和总结，是对"三个代表"重要思想的进一步丰富和深化。认真学习和深刻领会这一讲话精神，不仅对于执政党和我们整个国家的社会主义现代化建设事业具有十分重要的意义，对于我们民革同志在中国共产党领导下高举邓小平理论的伟大旗帜，学习贯彻"三个代表"重要思想，为实现历史和时代赋予我们参政党的庄严使命而奋斗，也具有极为重要的指导意义，我们对江泽民同志的这一重要讲话表示坚决拥护。

为更好地学习贯彻江泽民同志"5·31"重要讲话精神，民革全党同志要做到以下几点：

第一，要认真学习江泽民同志的这一重要讲话，深刻领会这一讲话精神实质，一定要把思想统一到江泽民同志"5·31"重要讲话精神上来，更加坚定地高举邓小平理论伟大旗帜，更加自觉地同以江泽民同志为核心的党中央保持一致，解放思想、实事求是，与时俱进、开拓创新，为坚持和完善中国共产党领导的多党合作和政治协商制度而奋斗，为建设有中国特色社会主义的经济、政治、文化，开创建设有中国特色社会主义事业的新局面积极贡献力量。

学习江泽民同志"5·31"讲话，要着重深刻领会"三个代表"重要思想的精神实质。"三个代表"重要思想是对中国共产党成立以来的全部历史经验和党带领人民建设有中国特色社会主义事业的新鲜经验的科学总结；是以江泽民同志为核心的党中央第三代领导集体，坚持把马克思主义基本原理与中国具体实际相结合，在理论上的第三次飞跃。"三个代表"重要思想与马克思列宁主义、毛泽东思想、邓小平理论一脉相承，进一步丰富和发展了马克思主义，反映了当代世界和中国的发展变化对执政党和国家工作的新要求，是中国共产党理论建设的第三个里程碑，是中国共产党的立党之本、执政之基、力量之源，是加强和改进执政党的建设、推进我国社会主义制度自我完善和发展的强大理论武器。对我们民革来说，"三个代表"的重要思想也是我们一切工作的根本指导思想，深刻领会"三个代表"重要思想的精神实质，是我们做好一切工作的根本前提。

第二，要以江泽民同志"5·31"重要讲话精神和"三个代表"重要思想为指导，进一步加强自身建设。现在我们民革省级组织陆续召开党员代表大会，进行换届，民革全国代表大会也将在今年第四季度召开，在换届过程中实现政治交接，是我们自身建设的重要任务。民革党员特别是各级领导同志，一定要以江泽民同志"5·31"重要讲话精神为指导，搞好我们的政治交接，为建设一个适应建设有中国特色社会主义事业要求、能够坚定不移地坚持和完善中国共产党领导的多党合作和政治协商制度的高素质的参政党而努力。这里我要特别强调一点，就是要加强学习，不断增强我们的学习意识。江泽民同志在"5·31"讲话中指出：二十一世纪头一二十年，对我国来说，是必须紧紧抓住并且可以大有作为的重要战略机遇期。我们要抓住机遇、与时俱进，就必须不断学习，不断适应新的形势。江泽民同志在讲话中强调，贯彻好"三个代表"要求，必须使全党始终保持与时俱进的精神状态，不断开拓马克思主义理论发展的新境界；要使党和国家的事业不停顿，首先理论上不能停顿。对于我们参政党来说，就是要不断学习，不断适应变化中的复杂形势。只有不断提高我们的思想政治素质和理论水平，我们才有可能与时俱进，坚持把发展作为第一任务，为开创现代化建设新局面作出我们参政党的贡献。

第三，要认真学习和深刻领会江泽民同志在讲话中关于发展社会主义民主政治，建设社会主义政治文明的重要论述，为坚持和完善中国共产党领导的多党合作和政治协商制度、发展社会主义民主政治作出新贡献。江泽民同志在讲话中指出，要在坚持四项基本原则的前提下，继续积极稳妥地推进政治体制改革，发展有中国特色社会主义民主政治，巩固民主团结、生动活泼、安定和谐的政治局面。他强调，推进政治体制改革，要从我国国情出发，着重加强社会主义民主政治制度建设，实现社会主义民主政治的制度化、规范化、程序化，坚定不移地走自己的政治发展道路，坚持社会主义政治制度的自我完善和发展，决不照搬西方政治制度模式。江泽民同志的这一重要论述，对于进一步推进我国社会主义民主政治建设具有极其重要的指导意义。我们民革要结合参政议政、民主监督的实践认真学习、深刻领会，努力为坚持和完善中国共产党领导的多党合作和政治协商制度，为维护社会政治稳定，为推进社会主义政治文明的建设，作出我们的贡献。

同志们，江泽民同志的"5·31"重要讲话是在中共十六大之前所作的具有重要政治意义的讲话，我们一定以这一重要讲话精神为指导，高举邓小平理论伟大旗帜，解放思想、实事求是，与时俱进、开拓创新，进一步坚持和完善中国共产党领导的多党合作和政治协商制度；更加自觉地讲大局、讲团结、讲稳定，紧密团结在以江泽民同志为核心的党中央周围，扎扎实实地做好各项工作，为实现中华民族的伟大复兴而努力奋斗。

结合实际　深入学习*

（2002 年 7 月）

中国共产党第十六次全国代表大会将于今年下半年召开。这次大会，是新世纪我国进入全面建设小康社会、加快推进社会主义现代化的新的发展阶段召开的极为重要的会议，是全国各族人民政治生活中的一件大事。民革作为参政党，当前最重要的任务，就是要结合参政党实际，深入学习"三个代表"重要思想，以扎实、创新的工作，不断加强和完善中国共产党领导的多党合作和政治协商制度，迎接中共十六大的胜利召开。

自去年江泽民总书记的"七一"重要讲话发表一年以来，民革中央带领民革各级组织和全体党员深入学习"三个代表"重要思想，推动民革参政议政、民主监督和自身建设不断向前发展，做了大量工作。结合迎接中共十六大召开的新形势、新任务，为把"三个代表"重要思想的学习进一步引向深入，我们要在学习和工作中把握以下几点。

一、进一步深刻认识中国共产党的先进性。

中国共产党成立至今 80 多年的历史，是进行艰苦卓绝的奋

＊　这是何鲁丽同志在《群言》杂志 2002 年第 7 期上发表的署名文章。

斗，从一个胜利走向另一个胜利的历史。在以毛泽东、邓小平、江泽民为核心的三代中央领导集体的领导下，中国共产党带领全国各族人民取得了革命、建设和改革的伟大成就，赢得了人民的衷心爱戴和拥护。这其中最根本的原因，就是中国共产党始终代表中国先进生产力的发展要求、中国先进文化的发展方向、中国最广大人民的根本利益。江泽民同志"三个代表"重要思想，是一个完整、准确、科学的理论体系，从中可以使我们对中国共产党的先进性有一个最集中、最深刻、最充分的认识，对于民革各级领导和广大党员在多党合作和政治协商中始终坚持和自觉维护中国共产党的领导，具有十分重要的意义。

二、进一步深刻认识中国共产党实现中华民族伟大复兴的神圣使命和来自这一神圣使命的伟大凝聚力、战斗力和创造力，增强提高参政议政、民主监督的质量和水平的紧迫感。

十一届三中全会以来，在邓小平理论指引下，中国共产党逐步形成了一条社会主义初级阶段的基本路线。这条路线来自于对社会主义初级阶段我国基本国情和基本矛盾的正确认识，来自于对社会主义革命和建设的历史经验的深刻思考和总结，体现了中国共产党领导水平和执政能力与历史发展要求的高度统一。以江泽民同志为核心的中共中央进一步丰富和发展了对社会主义初级阶段发展规律的认识，妥善处理改革、发展、稳定三者之间的关系，把改革的力度、发展的速度和社会可以承受的程度有机统一起来，保持三者互相协调、互相促进，有力地推进了改革开放和社会主义现代化建设。如果我们的参政议政、民主监督的质量和水平不能相应地提高，就难以充分发挥参政党在中国政党制度和政治生活中的作用。

三、深刻理解和全面把握"三个代表"的科学内涵是提高民革参政议政、民主监督的质量和水平的关键。

"七一"讲话深刻阐明了"三个代表"是一个相互联系、相互促进的有机整体，强调发展先进生产力是发展先进文化、实现最广大人民根本利益的基础条件；发展先进文化，是为我国经济发展和社会进步提供强大的精神动力和智力支持；不断发展先进生产力和先进文化，归根到底都是为了满足人民群众日益增长的物质文化生活需要，不断实现最广大人民的根本利益。江泽民总书记这一论述贯通了中国共产党最低纲领和最高纲领的相互统一性，明确了发展先进生产力、先进文化与中国共产党根本宗旨的辩证关系。把握了这一点，对于我们深入理解社会主义初级阶段基本路线、基本纲领和基本政策，使我们的参政议政、民主监督工作在方向、范围上始终与此保持一致，具有十分重要的现实意义。

学习"三个代表"重要思想要与学习江泽民同志关于新时期统一战线的理论结合起来，特别是要与深刻理解江总书记关于民主党派性质的论断结合起来，从而形成新世纪民革参政议政、民主监督工作的重点和特色。在 2000 年底召开的全国统战工作会议上，江总书记对民主党派是政治联盟性质的、具有进步性和广泛性相统一的政党这一性质，作了明确的论断。他指出，民主党派的进步性，是与他们积极参加中共领导的建立新中国和建设新中国，实现中国的独立、统一、民主和富强的历史伟业紧密联系在一起的。现阶段，这种进步性集中体现在各民主党派和中共通力合作，共同致力于建设有中国特色的社会主义事业上。民主党派的广泛性，是同其社会基础和自身特点联系在一起的，各民主党派成员来自于不同的社会阶层和群体，负有更多地反映和代表他们所联系的各部分群众的具体利益和要求的责任。这一进步性和广泛性的统一，是民主党派长期存在的理由，也是多党合作的基础。江总书记的这一论述，为我们在参政议政中既要就改革开放、现代化建设的大政方针、全局性问题提出意见和建议，也要积极反映和代表所联系群众的具体利益和要求奠定了理论基础，民主党派在就国家大政方针积极参政议政、实行民主监督的同时，大力反映所联系群众的利益和愿望，协助执政党协调好人民群众的根本利益和整体利益与不同阶层、不同方面群众的具体利益的关系，这是提高参政议政、民主监督质量和水平的重要途径和方式。

四、要把深入学习"三个代表"重要思想和学习、贯彻《中共中央关于加强和改进党的作风建设的决定》结合起来，以《决定》的精神指导民革领导班子的作风建设，特别是当前民革各级组织的换届工作。

去年10月底，民革中央中心学习组学习中共十五届六中全会精神，研究加强民革领导班子作风建设，根据主席会议集体的意见，提出了改进和加强中央领导班子作风建设的三点意见，即进一步加强学习，提高思想政治水平和领导水平；加强制度建设，完善工作机制，促进工作作风的转变；坚持民主集中制，健全领导班子民主生活。这些意见，不仅是中央领导班子的自我要求，也是对各级领导班子的要求，新进入领导班子的年轻同志，一定要谦虚谨慎，主动向老同志学习，团结一致，共同把各级领导班子的作风建设搞得更好。以优秀的工作作风，促进各项工作进一步向前推进，带领全体党员以实际行动迎接中国共产党第十六次全国代表大会的胜利召开！

深入开展"三增强""四热爱"教育活动[*]

（2003 年 6 月 30 日）

　　今天我们在这里举行纪念中国共产党成立八十二周年座谈会，心情十分振奋。回顾这段时期，在以胡锦涛同志为总书记的党中央的坚强领导下，全国人民万众一心、众志成城，与非典型肺炎展开了艰巨斗争，取得了重大胜利。通过抗击非典的斗争，我们更加深刻地认识到，中国共产党始终站在斗争的最前列，走在时代的最前列，为最广大人民的根本利益而奋斗，模范地实践着"三个代表"重要思想，无愧为我们这个时代最先进最伟大的党；我们更加坚信，在中国共产党的领导下，我们能够战胜一切困难险阻，完成十六大提出的全面建设小康社会的宏伟目标，在中国特色社会主义道路上，实现中华民族的全面振兴。

　　中国共产党诞生之日起，就为着中华民族解放、社会进步和人民幸福，进行了不屈不挠的斗争。在长达八十多年的历史进程中，带领我们开辟了一条民族独立、人民解放、国家富强的光辉

---

[*] 这是何鲁丽同志在中共中央统战部举办的统一战线纪念中国共产党成立八十二周年座谈会上的发言。

道路。当年，毛泽东同志根据中国国情，创造性地把马克思主义的普遍真理与中国革命的实际相结合，提出把广大农民群众作为中国革命的主力军，坚持在农村建立革命根据地，走农村包围城市、武装夺取政权、最后取得全国胜利的道路，推翻了三座大山的压迫，领导中国革命取得胜利，建立了社会主义的新中国。改革开放以来，邓小平同志带领全党坚持解放思想、实事求是的思想路线，围绕"什么是社会主义，怎样建设社会主义"这一根本问题，提出"三个有利于"标准，大胆进行实践创新和理论创新，使我国改革开放和现代化建设走上了健康发展的道路，取得举世瞩目的伟大成就。以江泽民同志为核心的党的第三代中央领导集体，不断总结实践经验，提出了具有划时代意义的"三个代表"重要思想，从而解决了"建设一个什么样的党、怎样建设党"的根本问题，使改革开放和社会主义现代化建设事业步入新阶段。今年上半年，我们国家面临了一场突如其来的非典灾难，以胡锦涛同志为总书记的党中央从全面贯彻"三个代表"重要思想的高度，始终把人民群众的安危冷暖和身体健康放在心上，始终把人民的利益放在第一位；党中央、国务院运筹帷幄、科学决策，各地区各部门把抗击非典作为一项重大政治任务，服从大局、顾全大局，互相支持、协同作战，一方有难、八方支持，集中体现了社会主义制度的优越性；全国上下奏响了一曲万众一心、众志成城、团结互助、和衷共济、迎难而上、敢于胜利的壮丽凯歌，生动体现了中华民族强大的凝聚力。通过这场抗击非典的斗争，进一步表明了共产党是一个不怕困难、勇于斗争、朝气蓬勃的伟大政党，充分显示了中国共产党强大的号召力，中华民族强大的凝聚力，社会主义制度巨大的优越性，是共产党对

"三个代表"最好的实践。

日前，中共中央统战部发出《关于在统一战线成员中开展"三增强""四热爱"教育活动的通知》，要求通过抗击非典的斗争，在广大统一战线成员中开展增强对中国共产党"三个代表"重要思想、增强对社会主义制度优越性、增强对中华民族凝聚力的认识，从而更加热爱中国共产党、热爱祖国、热爱社会主义、热爱人民的"三增强""四热爱"教育活动。在抗击非典斗争取得阶段性胜利的时候，开展这样一个教育活动，是十分及时、十分重要的，是统战系统为庆祝建党八十二周年有重要意义的活动。

民革中央向各省级组织发出《关于开展"三增强""四热爱"教育活动的实施意见》，要求各地组织充分认识开展"三增强""四热爱"教育活动的重大意义，把这项活动作为当前思想政治工作的一项重要内容切实加强，在各地中共党委统战部门的统一部署下，认真按照《实施意见》的要求，把活动深入、扎实地开展起来，抓出实效，进一步提高全体党员的思想政治素质。在开展"三增强""四热爱"教育活动中，民革各地组织引导广大党员紧密联系中共中央、国务院领导全国人民抗击非典伟大斗争这个实际，抓住进一步提高不断坚持和完善中国共产党领导的多党合作和政治协商制度的信心和决心这个根本，把广大党员在活动中激发的高度的政治热情，落实到做好本职工作，同时积极为民革组织的参政议政多作贡献这个重点，开展了形式多样的活动，取得了很好的效果。

在学习中，民革广大党员更加深刻地体会到进一步增强对中国共产党"三个代表"重要思想的认识，把学习贯彻"三个代表"重要思想与学习贯彻中共十六大精神结合起来的重要性。"三个代表"重要思想是对中国共产党成立以来的全面历史经验和党带领人民建设中国特色社会主义事业的新鲜经验的科学总结，反映了当代世界和中国的发展变化对执政党和国家工作的新要求，是加快社会主义现代化建设的步伐，建设社会主义政治文明，坚持和完善中国共产党领导的多党合作和政治协商制度的强大理论武器。中共十六大对全面贯彻"三个代表"重要思想作了周密部署。最近，中共中央宣传部又编写了《"三个代表"重要思想学习纲要》。通过学习《纲要》，深刻理解"三个代表"重要思想的时代背景、实践基础、科学内涵、精神实质和历史地位，民革广大党员进一步增强了对中国共产党"三个代表"重要思想的认识，大大提高了学习、实践"三个代表"重要思想的积极性。

在庆祝中国共产党成立八十二周年之际，我们再一次回顾民革从酝酿到成立到发展的历史。我们深切地感受到，在历史发展的每一个重要关头，中国共产党总是为我们指明正确的方向，引导我们前进。接受中国共产党的领导是民革必然的历史选择，是民革的光荣传统。民革发展的历史使我们充分认识到，没有共产党就没有新中国，没有共产党的领导就没有中国的现代化，也就没有我们民革的今天。通过"三增强""四热爱"教育活动，民革广大党员进一步认识了中国共产党的先进性，进一步认识到中国共产党是全心全意为人民服务的党，从而增强了接受中国共产党领导的自觉性，增强了维护中国共产党执政地位的坚定性。

今天，我们在这里隆重集会，满怀深情，以昂扬奋进的精神状态和喜悦心情迎来了伟大的中国共产党诞生八十二周年的光辉节日。抚今追昔，我们深深缅怀以毛泽东、邓小平为代表的已故的老一辈无产阶级革命家，深深怀念用自己的鲜血染红党旗的千千万万中国共产党的优秀儿女。是中国共产党率领中国人民突破千难万险，历经千回百转，使一个繁荣富强的新中国屹立在世界的东方，一步步地走到了今天，又一步步地走向了充满希望的明天！展望未来，我们一定要在以胡锦涛同志为总书记的党中央的坚强领导下，继承光荣的革命传统，紧跟时代步伐，以更加饱满的热情，更加扎实的作风，履行参政党职能，为建设富强民主文明的社会主义现代化国家努力奋斗！

关于修改政协章程的若干意见[*]

（2003 年 9 月 15 日）

我代表民革中央，就关于修改政协章程问题，提出几点意见：

一、修改后的政协章程，应当充分体现中共十六大精神，体现"三个代表"重要思想的要求和与时俱进的精神。

十六大报告提出，要坚持和完善共产党领导的多党合作和政治协商制度，保证人民政协发挥政治协商、民主监督和参政议政的作用，巩固和发展最广泛的爱国统一战线。根据十六大提出的这一指导方针，在我国进入全面建设小康社会、加快社会主义现代化建设的新阶段，人民政协应当在国家政治生活、社会生活和对外友好活动中，在进行社会主义现代化建设、维护国家的统一和团结的斗争中发挥更大作用。因此，修改政协章程是必要的，应当在新的章程中体现人民政协在全面建设小康社会新阶段应有的新面貌、新姿态，从而推进社会主义政治制度的自我完善和发展，发挥社会主义制度的特点和优势。

我们认为，修改后的章程应对人民政协怎样贯彻"三个代

---

* 这是何鲁丽同志在全国政协参加关于修改政协章程座谈会上的发言。

表"重要思想，对人民政协在社会主义政治文明建设中怎样发挥作用，对人民政协怎样推动社会力量积极参加社会主义物质文明、精神文明和政治文明建设事业等内容加以阐述。"三个代表"重要思想是马克思列宁主义、毛泽东思想和邓小平理论的继承和发展，反映了当代和平中国的发展变化对党和国家工作的新要求，不仅是加强和改进党的建设、推动我国社会主义自我完善和发展的强大理论武器，也是现阶段推进我国社会主义现代化建设各项事业的根本指导方针。修改后的人民政协章程，应当通篇都体现"三个代表"重要思想的要求，体现人民政协在全面建设小康社会新阶段的特点和形象。

二、建议章程增加有关政协委员和政协专委会的条款，以利于充分发挥政协委员和专委会的作用，充分体现政协工作民主团结的主题。

政协委员必须有一定的代表性、一定的群众影响力，形象好，有政治责任感、参政议政能力强。章程应当对政协委员履行章程的职责提出明确要求，对政协委员发挥作用的范围、方式作出基本的规范。

政协专委会应当是政协组织将政协委员的个体优势转化为整体优势的载体，是一个体现政协工作"民主团结"主题，体现政协特点和优势的工作机构，章程应当对此加以阐述。我们认为，可以从各界政协委员中选拔一些参政议政能力强、经验丰富、年富力强的同志充实到专委会工作机构中，以进一步加强收集、提炼、整合社会各界的意见建议的工作，更好地履行人民政协政治协商、民主监督、参政议政的职能。

三、新的政协章程应对如何推进人民政协履行职能的制度化、规范化和程序化进行必要的补充和修订。

比如，除了应继续保留章程原有的规范政协工作的一些内容条款外，还应适当增加阐明政协组织与其他部门之间实行政治协商等有关条款（如协商的内容、方式、反馈意见等），使政协履行政治协商职能有更加明确的方法和可操作性。

四、关于统一战线的表述。

在宪法修改座谈会上民革已提出对统一战线的表述建议，在政协总纲中是否可以增加建设者的表述。

五、根据多年来民革参加政协活动的实践和体会，我们认为可以汲取地方政协工作中的一些成功的、有效的经验，使章程内容更加贴近实际，更加富有活力。近年来，许多地方政协组织积极探索和研究政协工作的规律和特点，取得了非常丰富的经验，有的经验已经成为一些地方政协工作的规范和制度。我们在修改人民政协章程时，有必要把各级政协组织在实际工作中创造出来的新鲜经验吸纳到新的章程里。

我们认为，目前的政协章程从总体看是一个好的章程，是多年来政协组织、政协参加单位和全体委员共同实践、努力的结果。因此，修改后的章程一定要继续保持其中的特色和精华，要保持章程的连续性和相对稳定性。对章程内容必须要改的部分一定要吃得准、改得好，经得住时间和实践的考验。

贯彻执行《统计法》 为社会主义现代化建设服务[*]

（2003 年 12 月 8 日）

今天，全国人大财经委、全国人大常委会法工委、国家统计局、国务院法制办、司法部联合在这里召开座谈会，纪念《统计法》颁布二十周年，这是一次很有意义的活动。希望通过召开这次座谈会，认真总结一下《统计法》颁布二十年来统计法制工作的主要成绩和经验，并以此为契机，深入宣传、普及《统计法》，进一步增强党政领导和社会公众的统计法律意识，提高全民遵守《统计法》的自觉性，为依法统计创造良好的社会环境。

1983 年 12 月 8 日，第六届全国人大常委会第三次会议审议通过了《中华人民共和国统计法》，从此开辟了我国统计工作有法可依的新局面。《统计法》颁布二十年来，我国的统计事业健康发展，统计在反映国情国力、辅助科学决策、宣传改革开放伟大成就等方面，发挥了重要作用。这些成绩的取得，《统计法》

---

[*] 本文是何鲁丽同志 2003 年 12 月 8 日在全国人大财经委、全国人大常委会法工委、国家统计局、国务院法制办、司法部联合举办的纪念《统计法》颁布二十周年座谈会上的讲话。

发挥了重要的保障作用。二十年来，统计法制建设取得了显著成绩。一是加强统计立法，形成了比较完善的统计法律制度。为适应建立社会主义市场经济体制的要求，1996 年 5 月，全国人大常委会对《统计法》进行了重大修改；国务院颁布了配套的统计行政法规和规范性文件。与此同时，31 个省、区、市人大常委会都制定了地方性统计法规。二是开展统计普法宣传教育，提高了全社会的统计法律意识。通过形式多样、生动活泼的统计普法活动，各级领导干部、广大统计人员和社会公众的统计法制观念逐步增强。三是严格统计执法检查，维护了《统计法》的权威。通过查处一大批统计违法案件，维护了统计工作秩序，保障了统计数据质量。

党的十六届三中全会提出完善我国社会主义市场经济体制的战略任务，并提出要"完善统计体制，健全经济运行监测体系，加强各宏观经济调控部门的功能互补和信息共享"，向统计工作提出了许多新课题、新任务。随着经济的发展和改革的深入，各方面对统计工作的要求越来越高，统计工作的任务越来越重，难度也越来越大。有的地方统计数据甚至受到长官意志的干预，个别领导干部法制观念淡薄，在统计上弄虚作假、虚报浮夸。解决这些问题，完成好新的艰巨的统计工作任务，从根本上说，要靠全面、严格地贯彻执行《统计法》。全国人大常委会和地方各级人大常委会要加强统计执法监督检查。各级政府要支持统计部门开展统计执法检查工作，为统计工作创造好的环境和条件。统计部门要切实履行好《统计法》赋予的执法职能，带头严格遵守《统计法》，自觉维护《统计法》的权威，与一切违反《统计法》的行为作坚决的斗争。对于在统计上弄虚作假、虚报浮夸，谋取所谓"政绩"和小团体利益的违法行为，要一查到底，绝不姑息。

　　要继续广泛深入开展统计普法宣传。各级领导干部要进一步提高对在统计上弄虚作假的严重危害性的认识，明确自己在统计活动中的责任。任何人都不得要求统计机构、统计人员编造或者修改统计数据。否则，就要受到法律的追究。所有国家机关、社会团体、企业事业组织和个体工商户等统计调查对象，都必须依法如实提供统计资料，一切虚报、瞒报、拒报、迟报、伪造、篡改统计数字的行为，都是违法行为。统计人员要进一步提高统计法律素质，做遵守《统计法》的表率，依法开展统计活动。要通过普法，使广大公民进一步了解统计工作的重要意义，明确自身在统计活动中的权利和义务，自觉地支持、配合政府统计工作，为统计工作营造良好的社会氛围。同时，要继续加强统计立法工作，逐步建立和完善符合社会主义市场经济体制要求的统计法律制度。

　　同志们，《统计法》是依法统计的基本准则，希望各级国家机关严格遵守《统计法》，坚决执行《统计法》，充分发挥法制在改善统计工作环境、维护统计工作秩序、保障统计数据质量等方面的重要作用，使统计工作在全面建设小康社会、加快推进社会主义现代化建设中发挥更大的作用。

做好人大代表培训工作[*]

（2003 年 12 月 13 日）

搞好人大代表和人大干部的培训，是切实加强人大常委会自身建设的一项重要工作。下面，我对培训工作谈几点意见：

一、把党的十六届三中全会精神贯彻到人大培训工作中。

党的十六届三中全会是我们党在新世纪新阶段领导全国人民全面建设小康社会、开创中国特色社会主义事业新局面的历史进程中召开的一次十分重要的会议。会议以邓小平理论和"三个代表"重要思想为指导，全面贯彻党的十六大精神，听取和讨论了胡锦涛总书记受中央政治局委托作的工作报告，审议通过了《中共中央关于完善社会主义市场经济体制若干问题的决定》和《中共中央关于修改宪法部分内容的建议》。胡锦涛总书记在全会闭幕时发表了重要讲话，就贯彻落实全会精神、做好当前和今后一个时期党和国家的工作提出了明确要求。这次会议对于发展党内民主，进一步深化经济体制改革，完善我国社会主义民主制度，都具有深远的意义。吴邦国委员长在十届全国人大常委会第

---

* 这是何鲁丽同志 2003 年 12 月 13 日在内蒙古、广西、贵州、云南部分十届人大代表培训班上的讲话。

五次会议闭幕会上的讲话中指出，贯彻落实好全会精神，是各级人大及其常委会当前和今后一个时期的一项重要政治任务，必须切实抓紧抓好，真正把思想和行动统一到全会精神上来。我们要按照吴邦国委员长的要求，认真学习，深刻领会，把全会精神贯彻到人大培训工作中，努力把人大培训工作提高到一个新水平。

搞好人大常委会的自身建设，是十届全国人大常委会确定的2003年工作要点之一。人大培训工作，特别是人大代表的培训工作，是加强人大常委会自身建设的一项重要的基础性工作。人大代表是各级国家权力机关组成人员代表人民的利益和意志，依照宪法和法律赋予的各项职权参加行使国家权力。各级人大换届时间不长，人大代表中有许多同志是人大工作的"新兵"。据我了解，十届全国人大代表中有三分之二是新当选的。对人大代表，特别是对新当选的代表进行培训，加强理论和法律知识的学习，帮助他们尽快了解和把握人大的性质、地位和任务，熟悉、掌握人大工作的各项程序和工作制度，适应人大的工作方法，很有必要。十届全国人大一次会议召开前，按照中央的安排，全国人大组织新当选的全国人大代表进行了两天半的培训学习，为开好大会统一了思想，也为代表培训打下了基础。新一届的全国人大常委会领导同志十分重视人大代表特别是西部地区、民族地区人大代表的培训工作。十届全国人大常委会2003年工作要点中明确要求，加强培训工作，搞好对全国人大代表、地方人大干部、全国人大常委会机关干部的培训。7月份，全国人大常委会办公厅下发了通知，就代表培训的指导思想、内容、时间、效果等提出了要求。

对全国人大代表进行培训，确实很有必要，尤其是对西部地区、民族地区的代表培训更要给予支持。吴邦国委员长明确提出，全国人大常委会要根据西部地区、民族地区的特点，进一步加强内蒙古、广西、西藏、宁夏、新疆，以及贵州、云南、青海等省区的人大干部和人大代表培训工作。我们正是按照吴邦国委员长的指示，在深圳组织了这一次由内蒙古、广西、贵州、云南的部分十届全国人大代表参加的培训班。盛华仁副委员长兼秘书长讲，为保证代表培训工作的进行，全国人大机关在经费比较紧张的情况下，优先安排了这次代表培训班的经费，这是对西部地区、民族地区代表培训给予的特殊支持。希望大家珍惜这次机会，认真学习。

二、人大代表培训要坚持理论联系实际，为人大代表全面了解情况创造条件。

人大工作是我们党和国家工作的重要组成部分，关系党和国家工作的大局，关系人民群众的根本利益。人大及其常委会是我国的国家权力机关，承担着宪法和法律赋予的立法、监督宪法和法律实施、选举决定国家机关领导人员、决定重大事项等职责。做好人大的各项工作，不仅要有很强的政治责任感，还需要较高的思想理论和政策水平、良好的法律素质。同时，人大是集体行使职权，民主决定问题，工作具有很强的法定性、程序性和规范性。人大及其常委会每行使一项职权，都要按照发扬民主和严格按照法定程序办事的原则，实行民主集中制，集体决定问题，少数服从多数，多数赞成才能获得通过，各项程序都十分严谨。人大代表作为国家权力机关的组成人员，对人大及其常委会作用的发挥和做好人大工作起着关键性的作用。因此，无论是新当选的代表，还是在人大工作多年的老代表，都需要加强学习，提高自身的素质和能力，才能更好地依法履行代表职责。

加强学习，首先是要深入学习马列主义、毛泽东思想、邓小平理论和"三个代表"重要思想。当前，特别是要把学习"三个代表"重要思想，作为人大代表的重要政治任务。吴邦国委员长在常委会第三次会议讲话中指出，人大是人民选举产生的，是代表人民行使国家权力的机关，宪法和法律规定的各项职能都与实践"三个代表"重要思想密切相关，人大依法进行的每一项工作都直接关系到"三个代表"重要思想的贯彻落实。吴邦国委员长要求，各级人大常委会、各级人大机关，在人大机关工作的每一位同志，都要通过刻苦学习，切实把"三个代表"重要思想贯彻到人大依法履行职责的各个方面和整个工作过程中去。人大工作要以"三个代表"重要思想为指导，坚持正确的政治方向。要把坚持党的领导、人民当家作主和依法治国有机统一起来。人大代表学习"三个代表"重要思想，就是要更好地解决怎样代表人民利益，怎样全心全意为人民服务这个根本问题。人大代表的根本立场是要代表人民的利益。要用人民拥护不拥护、赞成不赞成、高兴不高兴、答应不答应，作为衡量人大代表履行职责、发挥代表作用的根本标准。这样才能推动先进生产力，发展先进文化，维护广大人民利益。

人大代表还要注意学习人大制度理论和有关法律，努力掌握履行代表职责所必需的知识。我们是人民当家作主的社会主义国家，人民是通过全国人大和地方各级人大来行使国家权力的。人民代表大会制度是我们国家的政体，是全国各族人民管理国家的基本形式，是我国的根本政治制度。人大代表是国家权力机关的组成人员，代表人民的利益和意志，依照宪法和法律赋予的各项职权，参加行使国家权力。人大代表应该通过学习，认识和把握人大的性质、地位、任务，了解人民代表大会制度所包含的基本观点、基本知识，熟悉、掌握人大工作的各项程序、工作制度和工作方法。这样才能树立起强烈的使命感和责任感，才能履行好宪法和法律赋予的各项职责，才能确保人民行使当家作主权力的实现。这次培训，请法律委员会张春生同志专门为代表们讲授组织法、代表法，以及人大代表如何依法履行职务方面的内容。这样安排的目的就是为了加强理论指导，深化代表工作。

人大代表培训还要坚持理论联系实际。为了使代表们更全面地了解情况，知情知政，对国家的大政方针，对改革、发展、稳定的全局，有比较全面的了解，这期培训班除了讲授人大制度理论和有关知识，还请了国务院西部开发领导小组办公室的负责同志给大家作有关西部开发的报告。把培训班安排在深圳举办，也有利于西部地区、民族地区的全国人大代表亲身感受到改革开放的"窗口"——深圳这些年的发展变化。由于深圳紧临港澳，所以，还借这个机会组织大家到香港、澳门特别行政区考察参观。希望通过培训学习、考察参观，使大家不仅了解本地的情况，也了解全国的情况，这样可以进一步开阔视野，使大家更加全面地了解认识改革开放和现代化建设的成就，更加深刻地理解党的路线、方针、政策；使大家通过比较、对照、总结，通过学习东部的经验，总结自己的经验，勤于思考找出符合实际的发展道路，进一步推进西部大开发战略的实施，促进东西部的共同发展。

三、人大代表要密切联系群众，将从培训学习中获得的认识上的飞跃落实到新的实践中。

人大代表来自人民，代表人民，对人民负责，受人民监督。因此，密切联系群众，始终是代表履行职责、发挥作用的力量源泉和政治优势。胡锦涛总书记反复强调，要立党为公，执政为民，做到权为民所用，情为民所系，利为民所谋。吴邦国委员长在常委会第一次会议上强调，人大工作的最大优势是密切联系群众，最大的危险是脱离群众。在任何时候任何情况下，我们都必须坚持走群众路线，坚持全心全意为人民服务的宗旨，把实现人民群众利益作为一切工作的出发点和归宿，人大代表要做联系群众的模范、团结群众的模范、遵守宪法和法律的模范。

参加这次培训班的全国人大代表都来自西部地区和民族地区，与东部发达地区相比，西部地区、民族地区的经济发展水平还不高，人民群众的生产生活还比较困难，一些社会问题解决难度还很大，而且在维护祖国统一、加强民族团结方面，负有重大责任。因此，对西部地区、民族地区的全国人大代表和各级人大代表来说，密切联系群众，更具有重要意义。希望同志们能把在培训中学到的理论知识和先进经验带回去，学以致用，结合本地区的实际情况，改进作风，深入基层，深入实际，密切联系西部地区、民族地区的人民群众，主动接受选民和人民群众的监督，听取各方面的意见，反映人民群众的意愿，充分发挥代表作用，把代表工作做得更扎实、更活跃。

以"三个代表"重要思想为指导
坚持和完善中国共产党领导的
多党合作和政治协商制度*

（2004 年 2 月）

"三个代表"重要思想是对马克思列宁主义、毛泽东思想、邓小平理论的继承和发展，反映了当代世界和中国的发展变化对中国共产党和国家工作的新要求，是我国社会主义自我完善和发展的强大理论武器。"三个代表"重要思想是全面建设小康社会的根本指针，也是坚持和完善中国共产党领导的多党合作和政治协商制度的指针。

一、学习"三个代表"重要思想，进一步深化对我国政党制度的认识，增强接受中国共产党领导的自觉性、坚定性。

"三个代表"重要思想是对马克思列宁主义、毛泽东思想，特别是邓小平理论的继承和发展，是一脉相承而又与时俱进的完整的科学体系，包含了多党合作的理论。"三个代表"重要思想集中体现在党的十六大报告关于十三年基本经验的概括中，集中反映在对全面建设小康社会作出的战略布置上，并提出了一系列

---

* 这是何鲁丽同志发表在《团结》杂志 2004 年第 1 期的署名文章。

新思想、新观点、新论断。十六大报告中，中国共产党领导人民建设中国特色社会主义必须坚持的十条基本经验之四——坚持四项基本原则发展社会主义民主政治，其中写入了坚持和完善中国共产党领导的多党合作和政治协商制度。十六大报告在政治建设和政治体制改革的任务中，写入要"坚持和完善共产党领导的多党合作和政治协商制度。坚持'长期共存、互相监督、肝胆相照、荣辱与共'的方针，加强同民主党派合作共事，更好地发挥我国社会主义政党制度的特点和优势"。

作为参政党，我们学习贯彻中共十六大精神，学习领会"三个代表"重要思想，要坚定不移地接受共产党的领导，坚持和完善我国的政治和政党制度，维护我国多党合作的政治格局。

回顾我国多党合作走过的历程，我们清晰深刻地认识到，是毛泽东同志创立了中国多党合作的总格局，邓小平同志为推动其发展作出了重要的贡献，江泽民同志根据新时期、新形势的要求，以"三个代表"重要思想统领我国多党合作事业，将这一事业全面推向新的阶段。

1979 年，邓小平同志指出，"在中国共产党的领导下，实行多党派的合作，这是我国具体历史条件和现实条件所决定的，也是我国政治制度中的一个特点和优点"。邓小平同志又说，"多党合作是发扬社会主义民主，实行相互监督的重要形式"。这是从政治制度的角度来认识多党合作。1982 年，在中共十二大报告中正式提出"长期共存、互相监督、肝胆相照、荣辱与共"的十六字方针，这是八字方针在新的历史条件下的发展，是中国共产党同民主党派长期合作的科学总结，反映了新时期为共同目标奋斗的中国共产党与民主党派结成了战友和诤友关系。邓小平

同志在 1987 年与外宾的一次谈话中首次明确提出我们国家"实
行中国共产党领导的多党合作和政治协商制度",完整规范地提
出"中国共产党领导的多党合作和政治协商"这个政治概念,
使中国共产党同各民主党派团结得更加紧密,合作的思想政治基
础更为牢固。

　　1989 年,在邓小平同志的提议和以江泽民同志为核心的党
中央的主持下,与各民主党派共同协商制定了《中共中央关于
坚持和完善中国共产党领导的多党合作和政治协商制度的意
见》,这个纲领性文件的制定和颁布,标志着我国的多党合作制
进入了规范化、制度化的新阶段,文件对于推进多党合作制度的
进一步完善,对于更有效地发挥民主党派参政议政、民主监督作
用,产生了深远影响。

　　十五大以来,江泽民同志在我国多党合作方面,有过许多深
刻的论述,提出"共产党领导、多党派合作,共产党执政、多
党派参政",这是中国特色政党制度的显著特征。江泽民同志指
出:"衡量中国的政治制度和政党制度,最根本的是要从中国的
国情出发,从中国革命、建设和改革实践的效果着眼,一是看能
否促进社会生产力的持续发展和社会全面进步;二是看能否实现
和发展人民民主,增强党和国家的活力,保持和发挥社会主义制
度的特点与优势;三是看能否保持国家政局的稳定和社会的安定
团结;四是看能否实现和维护最广大人民的根本利益。""各民
主党派作为具有政治联盟性质的政党,一直具有进步性和广泛性
相统一的特点。"这些论述,为我国政党制度的优势和坚持这个
制度,为民主党派长期存在的理由提供了科学依据。江泽民同志
进一步提出,保持宽松稳定、团结和谐的政治环境是多党合作的

一项重要原则，等等。这是以江泽民同志为核心的第三代中国共产党领导集体，在多党合作方面提出的一系列符合时代要求的理论创新。同时，又进一步在理论的基础上提出并制定了新的方针政策，开创了多党合作的新局面。"三个代表"重要思想为马克思主义政党学说注入了与时俱进的新内容。

党的十六大以来，以胡锦涛为总书记的中共中央领导集体以"三个代表"重要思想为指导，充分肯定多党合作和政治协商制度的特有优势，高度重视多党合作。胡锦涛总书记在 2002 年 12 月冒雪逐一走访各民主党派中央和全国工商联，并指出："要继续坚持和发扬中国共产党和各民主党派在长期团结奋斗中形成的亲密合作的优良传统，更好地发挥我国社会主义政党制度的特点和优势。"在 2003 年中共中央举行的党外人士迎春座谈会上，胡锦涛同志指出，"对我们在多党合作的长期实践中形成的一些好做法，今后都要坚持下去，努力把多党合作搞得更好，更富有成效"，并强调"只有紧紧围绕我们的共同目标和共同事业，多党合作才有坚实的基础，才能始终保持旺盛的生机和活力，才能造福于人民和国家"。胡锦涛同志希望各民主党派进一步学习贯彻十六大精神，加强自身建设，更好地履行参政党职能。以胡锦涛为总书记的党的新一代领导集体，加强了多党合作的制度化建设，有力地推动了多党合作的进一步发展。

我国政党制度的形成和发展是中国近代历史进程的必然选择，是建设有中国特色社会主义事业的客观要求。我国实行的政党制度具有自己的优势和强大的生命力，这一制度为我国的改革开放和稳定提供了强有力的政治保证，经过实践检验是正确、有效，适合我国国情的好制度。我国的政党制度从根本上不同于西方的政党制，既避免了多党竞争、相互倾轧造成的政治动荡，又避免了一党专制的弊端。离开中国的国情，企图照搬西方政治模式是极其错误的，必然造成灾难性后果，在这方面我们绝不能有丝毫的含糊和动摇。

坚持党的领导是我国政党制度的核心问题，是最根本的问题。中国共产党是我们事业的核心力量，其领导地位是在几十年的长期革命、建设、改革的实践中形成和巩固的，是历史的选择和现实。党的十六大确立了"三个代表"重要思想为党的指导思想，中国共产党作为"三个代表"重要思想的组织者、推动者和实践者，始终保持先进性，必然代表最广大人民领导全国政权执政。各民主党派在长期实践中自觉选择中国共产党的领导，从而保证了多党合作的正确方向和旺盛生命力。我们学习"三个代表"重要思想，对用"三个代表"这一理论武装的中国共产党的先进性有了更为深切的认识，对维护中国共产党领导地位更加坚定，对接受中国共产党领导更加自觉。

二、学习"三个代表"重要思想，加强民革自身建设，切实履行参政党职能。

2003年7月1日在"三个代表"重要思想理论研讨会上，胡锦涛总书记发表了重要讲话，讲话站在全局和战略的高度，深刻阐述了兴起学习贯彻"三个代表"重要思想新高潮的重大意义和基本要求。胡锦涛总书记在"七一"重要讲话中强调指出："当前，摆在全党全国人民面前的一项重大政治任务，就是把'三个代表'重要思想学习好、贯彻好、落实好，务必在武装思想和指导实践两个方面都取得新的成效"。学习好、贯彻好、落实好"三个代表"重要思想，关系着全面建设小康社会奋斗目标的实现，关系着中国特色社会主义事业的长远发展，关系着中华民族的伟大复兴。在民革中，我们要结合已开展的"三增强""四热爱"的教育活动，把学习贯彻"三个代表"重要思想新高潮不断引向深入，在民革全党内夯实全党全国人民在新世纪、新阶段团结奋斗的共同思想基础。

1. 以"三个代表"重要思想为指导切实加强自身建设。

民革要坚持正确的政治方向，不断提高全党思想政治素质和理论水平，就要以"三个代表"重要思想作为我们思想建设的指南。

当前我们处在国际环境和国际政治斗争复杂多变的时期，霸权主义、强权政治有新发展。世界多极化和经济全球化的趋势在曲折中发展。科技进步日新月异，以高科技为先导，以经济为基础的综合国力竞争日趋激烈。社会主义和资本主义在意识形态领域的较量和斗争依然长期存在，是复杂的，有时是非常尖锐的。我们将长期面对西方敌对势力对我的"西化"和"分化"的政治图谋。

从国内来看，我国仍处在社会主义初期阶段。面对改革的深化、开放的扩大、经济体制转轨的变化，新的情况和新的问题不断涌现。

在这样的国内外形势下，民革要坚持共产党领导，跟上时代的步伐，坚定走中国特色社会主义道路，就迫切需要用"三个代表"重要思想武装头脑。"三个代表"重要思想是在总结世界新变化和我国改革建设新发展，群众伟大实践新经验的基础之上的理论创新，是当代中国的马列主义。我们以"三个代表"重要思想为指导观察分析问题，才能在错综复杂的矛盾和斗争中，分清是非，保持政治上的清醒，才能把思想统一到中共中央应对复杂国际形势作出的重要判断和决策上来，统一到中共中央对工作的总体要求和部署上来，才能不断增强政治鉴别力和敏锐性，自觉抵制西方敌对势力的"西化"、"分化"的思想言论和政治图谋，才能增强大局意识，更好地领会和贯彻执行中国共产党的路线、方针、政策。

学习"三个代表"重要思想，要以马克思主义的学习态度，坚持和发扬理论联系实际的作风，要联系中国共产党的基本理论、基本路线、基本纲领和基本经验，使广大民革党员进一步认识中国共产党的先进性，坚决维护党的领导地位，继承和发扬民革的优良传统，与共产党通力合作，保持民革的进步性。通过学习，使民革全党的思想认识提高到一个新水平。

自身建设是一个政党的永恒主题。民革在学习贯彻"三个代表"重要思想的过程中，也要提出和回答，建设一个什么样的参政党、怎样建设参政党的问题。我们要不断总结自身建设的经验，把学习实践"三个代表"重要思想作为我们首要的长期政治任务，努力把民革建设成为一个适应新时期发展的参政党。

2. 学习"三个代表"重要思想，切实履行参政职能。

2003 年 11 月 18 日，胡锦涛总书记在中共中央召开党外人士座谈会上指出，"各民主党派要担负起时代赋予的光荣任务，也必须紧紧围绕发展这个第一要务，把发挥参政党的职能和作用落实到推动经济发展和社会全面进步上来"，向参政党提出了光荣又艰巨的要求。胡锦涛总书记希望党外人士对完善社会主义市场经济体制和其他方面的体制建设，积极调查研究，建言献策；发挥人才荟萃的优势，积极推动科技进步和创新；多做了解民情，反映民意，集中民智的工作，为巩固和发展民主团结、安定和谐、生动活泼的政治局面作出贡献。这些都是对参政党的殷切希望。民革各级干部和广大党员要深入学习"三个代表"重要思想，深刻领会和把握贯穿其中的解放思想、实事求是、与时俱进的精髓，作为我们履行参政党职能实践的指南，不断提高参政议政、民主监督的能力和水平，为落实十六大提出的宏伟目标，为落实十六届三中全会精神，完善社会主义市场体制，开展调查研究，建言献策。

——努力搞好各项社会服务工作，探索在新情况下搞好社会服务工作的方式方法，发挥自身特点和优势继续兴教办学，智力支边，参与式扶贫等，并提高其实效。

——引导广大成员在本职岗位上建功立业，在推动社会精神文明建设中身体力行。

——把维护稳定作为自己重要职责。充分发挥民革具有广泛性的特点，坚持一致性和多样性的统一，反映社情民意；在统一思想，凝聚人心，化解矛盾，理顺情绪上下功夫，为维护安定团结的政治局面作贡献。

民主党派努力学习贯彻"三个代表"重要思想，切实履行参政党职能，才能成为先进生产力发展和社会全面进步的促进者、先进文化发展的推动者、广大人民群众利益的维护和服务者，才能无愧于时代对我们的要求。

沿着邓小平同志开辟的
道路继续前进*

（2004 年 8 月 16 日）

今天，我们在这里集会，纪念敬爱的邓小平同志诞辰一百周年，感慨万千。邓小平同志是一代伟人，是中国共产党和中华人民共和国的卓越领导人，他把自己毕生的心血和精力都无私地奉献给了祖国和人民。他以自己坚定的信念、高尚的情操、卓越的领导才能，赢得了亿万人民的尊敬和爱戴。

江泽民同志指出："邓小平同志这样说过：如果没有毛泽东同志，我们中国人民至少还要在黑暗中摸索更长的时间。我们今天同样应当说，如果没有邓小平同志，中国人民就不可能有今天的新生活，中国就不可能有今天改革开放的新局面和社会主义现代化的光明前景。"

回顾改革开放的奋斗历程，我们深深缅怀为开创改革开放新时期作出巨大贡献的邓小平同志。他留给我们的最可宝贵的财富，就是他创立的建设有中国特色社会主义理论和在这一理论指

---

* 这是何鲁丽同志在统一战线各界人士纪念邓小平诞辰一百周年座谈会上的发言。

导下制定的社会主义初级阶段的基本路线。中共十一届三中全会前，邓小平同志提出实行改革开放；实行改革开放后，他提出现代化建设必须坚持四项基本原则；中共十二大上他提出建设有中国特色的社会主义的重要论断；中共十三大上他提出党在社会主义初级阶段的基本路线；中共十三大根据他的设想，作出了社会主义初级阶段经济发展分三步走的战略部署。在中国改革开放和现代化建设中，邓小平同志解决了什么是社会主义，怎样建设社会主义等一系列基本问题，为中国改革开放和现代化建设指明了前进的方向和道路，他是我们实行改革开放和现代化建设的总设计师。

在邓小平同志建设有中国特色社会主义理论中，统一战线占有重要的地位。邓小平同志极大地丰富和创造性地发展了毛泽东同志的统一战线理论。他明确指出，在社会主义建设新时期，统一战线仍然是一个重要法宝。1979 年 6 月，邓小平在中国人民政治协商会议第五届全国委员会第二次会议的开幕词中指出：我国各民主党派"都已经成为各自所联系的一部分社会主义劳动者和一部分拥护社会主义的爱国者的政治联盟，都是在中国共产党领导下为社会主义服务的政治力量"。邓小平对于我国阶级状况已发生了根本变化的分析，为党的统一战线工作的历史性转变奠定了理论基础，开创了爱国统一战线的历史新阶段。

邓小平新时期统一战线理论作为统一战线的精神支柱，极大地调动了广大统战成员投身社会主义现代化建设事业的积极性、主动性和创造性，使统一战线在新的历史条件下焕发出勃勃生机。这些年来，统一战线在国际斗争风云变幻、国内改革不断深化的复杂形势下，在经济、政治、自然的严峻考验面前，既保持了团结稳定的政治局面，又创造了振奋活跃的民主气氛，最根本的就是始终坚持邓小平理论特别是邓小平新时期统一战线理论的指导。现在，最广泛的爱国统一战线正在巩固和发展，共产党领导的多党合作和政治协商制度正在逐步完善，并在全面建设小康社会中发挥越来越大的作用。

邓小平同志提出的党领导下的多党合作，是我国政治制度的一个特点和优点，是理论上的一大贡献。1979 年邓小平同志指出，"在中国共产党的领导下，实行多党派的合作，这是我国具体历史条件和现实条件所决定的，也是我国政治制度中的一个特点和优点"。邓小平同志又说，"多党合作是发扬社会主义民主，实行相互监督的重要形式"，这是从政治制度的角度来认识多党合作。1982 年在中共十二大报告中正式提出"长期共存、互相监督、肝胆相照、荣辱与共"的十六字方针，这是"八字方针"在新的历史条件下的发展，是中国共产党同民主党派长期合作的科学总结，反映了新时期为共同目标奋斗的中国共产党与民主党派结成了战友和诤友的关系。邓小平同志在 1987 年与外宾的一次谈话中首次明确提出我们国家"实行中国共产党领导的多党合作和政治协商制度"，完整规范地提出"中国共产党领导的多党合作和政治协商"这个政治概念，使中国共产党同各民主党派团结得更加紧密，合作的思想政治基础更为牢固。

1989 年，在邓小平同志的提议下，中共中央与各民主党派共同协商制定了《中共中央关于坚持和完善中国共产党领导的多党合作和政治协商制度的意见》，肯定了这个制度是中国的基本政治制度。在多党合作中，共产党是执政党，是领导核心，各民主党派是同共产党通力合作的亲密友党，是参政党。这个纲领性文件的制定和颁布，标志着我国的多党合作制度进入了规范化、制度化的新阶段，文件对于推进多党合作制度的进一步完善，对于更有效地发挥民主党派参政议政、民主监督作用，产生了深远的影响。15 年来在中国共产党的正确领导下，多党合作理论与实践取得重大发展。以江泽民同志为核心的党的第三代中央领导集体，在新的历史条件下，创造性地回答了"为什么要坚持和完善多党合作制度，怎样坚持和完善多党合作制度"这一重大历史性课题，形成了新的理论创新，大大推动了多党合作事业的发展。党的十六大以来，以胡锦涛同志为总书记的中共中央以"三个代表"重要思想为指导，高度重视推动和发展邓小平同志开创的多党合作事业。今年年初，胡锦涛同志在党外人士迎春座谈会上指出："要认真总结多党合作的好经验好做法，着眼于推进社会主义政治文明，进一步推进中国共产党领导的多党合作和政治协商制度的制度化、规范化、程序化，扎扎实实地把我国多党合作事业推向前进。"

回顾和总结 15 年来多党合作的经验，其中最根本的一条是坚定不移地坚持了中国共产党的领导。中国共产党的领导地位是在长期革命、建设和改革的实践中形成和巩固的，是历史的选择。党的十六大确立了"三个代表"重要思想为党的指导思想，中国共产党作为"三个代表"重要思想的组织者、推动者和实践者，始终保持了执政党的先进性。我们学习"三个代表"重要思想，对中国共产党的先进性有了更为深刻的认识，更加自觉地接受中国共产党领导，更加坚定了坚持共产党领导的多党合作格局的决心。

数十年来，邓小平同志与民革老一辈领导人之间的真挚友谊，以及他对民革组织的关怀，特别是从政治上所给予的教育和帮助，深刻地反映了中国共产党与民革之间风雨同舟、患难与共的战友关系，体现了邓小平同志这位伟大的无产阶级革命家的高尚风范、远大眼光、坦荡胸怀和平等待人的民主作风。他留给我们的宝贵精神财富，将永远激励我们前进。

通过纪念邓小平同志诞辰一百周年，我们要更加深入地理解和掌握邓小平理论的丰富内容和精神实质，更加充分地认识高举邓小平理论伟大旗帜全面贯彻"三个代表"重要思想的伟大意义，更加坚定走中国特色社会主义道路的信念。我们要在以胡锦涛同志为总书记的中共中央的领导下，解放思想，实事求是，与时俱进，为不断坚持和完善中国共产党领导的多党合作和政治协商制度，为全面建设小康社会，实现中华民族的伟大复兴而努力奋斗。这是对小平同志的最好纪念。

敬爱的邓小平同志永远活在我们心中！

在全国政协举办的国庆五十五周年暨中秋茶话会上的讲话

（2004 年 9 月 15 日）

在 2004 年国庆节和中秋节即将来临之际，我们怀着喜悦的心情，在这里欢聚一堂，共庆佳节。首先，我谨代表民革中央向在座的各位同志、各位来宾、各位朋友，向港澳同胞、台湾同胞、海内外和所有中华儿女致以节日的良好祝愿，祝大家身体健康，阖家幸福！

今年是中华人民共和国成立五十五周年。五十五年来，特别是改革开放的二十多年来，全国人民在中国共产党的领导下，万众一心，团结奋斗，取得了社会主义现代化建设的辉煌成就，国家面貌发生了历史性的变化。近几年来，我国国民经济持续保持快速稳定的增长势头，物质文明、政治文明和精神文明协调发展，社会主义民主法制建设和精神文明建设进一步完善，国际地位和政治影响力不断增强。值得一提的是，在刚刚结束的第 28 届雅典奥运会上，我国运动健儿不畏强手，披荆斩棘，共获得了 32 枚金牌，位列金牌榜第二，取得了前所未有的优异成绩。再一次向全世界展示了中华民族自强不息、奋发有为的精神，也充分激发了全国人民的民族自豪感，凝聚了人心，鼓舞了斗志。

今年也是人民政协成立五十五周年。五十五年来，爱国统一战线和共产党领导的多党合作事业不断向前发展，目前正呈现出团结、振奋、活跃的大好局面。邓小平理论和"三个代表"重要思想，是新时期爱国统一战线前进的光辉旗帜；邓小平所提出的"一个国家、两种制度"的方针更是解决台湾问题，实现祖国和平统一的基本政策。

在邓小平理论和"三个代表"重要思想的指引下，民革今年上半年的各项工作取得了显著的进展。各级组织和广大党员按照中央的要求，将加强基层组织建设作为自身建设的重点，积极参政议政，不断提高建言献策的能力，做好反映社情民意的工作和为社会服务的工作，为国家的经济发展、社会进步作出了新的贡献。同时，进一步增强责任感和紧迫感，调动一切积极因素，以反"独"、遏"独"为中心，把做台湾人民工作作为重点，在弘扬孙中山先生爱国、革命和不断进步精神的基础上，广泛团结港澳台同胞和海外侨胞，继续深入做好对台工作和海外联谊工作。

每逢佳节倍思亲，在象征团圆的中秋佳节到来之时，我们更加怀念海峡对岸的台湾同胞。一直以来，台湾同胞求和平、求安定、求发展的愿望都没有改变，绝大多数台湾同胞希望积极发展两岸关系，保持台湾地区的繁荣稳定。解决台湾问题、实现祖国的完全统一，是海内外所有中华儿女的共同心愿，也是中华民族的根本利益所在。但是我们遗憾地看到，以陈水扁为首的"台独"分子，不断制造各种事端，蓄意破坏两岸关系，造成了两岸关系趋于严峻化、复杂化。最近，台湾当局又借所谓"台湾正名运动"、"修改历史课程"等手段大搞"去中国化"，竭力挑衅大陆与台湾同属一个中国的现状，公然提出通过"公投"走向"台独"的时间表，进一步加快了"台独"的步伐，这不能不引起一切拥护祖国统一和热爱和平的人们的警惕。"台独"没有和平，分裂没有稳定。我们要一如既往地坚持"和平统一、一国两制"的基本方针，江泽民同志关于现阶段发展两岸关系、推进祖国和平统一进程的八项主张以及胡锦涛同志关于现阶段解决台湾问题的四点意见，在一个中国原则的基础上推动恢复两岸对话与谈判，加强两岸同胞相互往来与交流，更加细致耐心地做好台湾人民的工作。我们也希望海峡两岸人民尽快携起手来，全面扩大两岸交流交往，积极促进两岸实现直接"三通"，开创两岸经济合作的新局面，共同反对台湾当局的"台独"阴谋。

同志们、朋友们，展望祖国的前程，我们对未来更加充满信心。让我们高举邓小平理论伟大旗帜，全面贯彻"三个代表"重要思想，紧密团结在以胡锦涛同志为总书记的中共中央周围，奋发图强，开拓进取，为完成改革和发展的各项任务，实现全面建设小康社会的宏伟目标，推动祖国和平统一大业而努力奋斗！

多党合作事业的里程碑 *

——纪念《中共中央关于坚持和完善中国共产党领导的多党合作和政治协商制度的意见》发布十五周年

（2004 年 11 月 25 日）

1989 年，中国共产党在领导人民进行长期革命、建设和改革实践中，科学总结了我国政党制度的实践成果和历史经验，以一贯对国家和民族的前途高度负责的态度，发布了《中共中央关于坚持和完善中国共产党领导的多党合作和政治协商制度的意见》（以下简称《意见》）。

《意见》是中国共产党和各民主党派亲密合作的产物。1989 年 1 月 2 日，邓小平同志对民主党派成员关于共产党领导的多党合作问题所提建议作了重要批示："可组织一个专门小组（成员要有民主党派的），专门拟定民主党派成员参政和履行监督职责的方案，并在一年内完成，明年开始实行。"遵照邓小平同志的批示，中共中央成立文件起草领导小组，当时民革中央主席朱学范等领导人参与了方案的研讨和起草，中共中央与各民主党派在

---

* 这是何鲁丽同志 2004 年 11 月 25 日在《团结报》上发表的署名文章。

共同协商的基础上制定了《意见》。《意见》于 1989 年 12 月 30
日颁布实施后，朱学老立即撰文热情欢呼"这是我国社会主义
民主建设的一件大事，也是我们民主党派的一件大事"。他充满
信心地表示，"随着文件的贯彻落实，共产党领导的多党合作和
政治协商制度必将显示出它的优越性和生命力"。他还说，"我
们民革将推动各级组织和全体党员认真学习文件，在统一思想、
提高认识的基础上，自觉把文件的精神落实到实际工作中去"。
朱学老的文章，道出民革全体党员的心声，多党合作 15 年的实
践，也完全证实了他当年的预见。

　　《意见》发布以后，中国共产党和各民主党派认真贯彻落实
《意见》精神，使这一中国特色的社会主义政党制度地位更加明
确，在国家政治生活中的作用更为积极和重要。在 1993 年八届
全国人大一次会议通过的宪法修正案中，确立了我国这一基本政
治制度在宪法中的地位；中共十五大把这项基本政治制度列入党
在社会主义初级阶段的基本政治纲领；中共十六大又把这项基本
政治制度与建设社会主义政治文明联系起来，与全面建设小康社
会联系起来，体现了我国社会主义政党制度与时俱进的特点和旺
盛的生命力。以胡锦涛同志为总书记的中共中央领导集体以邓小
平理论和"三个代表"重要思想为指导，充分肯定多党合作和
政治协商制度的特有优势，高度重视多党合作。胡锦涛总书记在
2002 年 12 月逐一走访各民主党派和工商联时指出："要继续坚
持和发扬中国共产党和各民主党派在长期团结奋斗中形成的亲密
合作的优良传统，更好地发挥我国社会主义政治制度的特点和优
势。"在 2003 年中共中央举行的党外人士迎春座谈会上，胡锦涛
同志指出，"对我们在多党合作的长期实践中形成的一些好的做

法，今后都要坚持下去，努力把多党合作搞得更好，更富有成效"，并强调"只有紧紧围绕我们的共同目标和共同事业，多党合作才有坚实的基础，才能始终保持旺盛的生机和活力，才能造福于人民和国家"。以胡锦涛同志为总书记的中共中央领导集体，加强了多党合作的制度化建设，有力地推动了新世纪新阶段多党合作的进一步发展。

15年来，民革各地各级组织深入持久地学习贯彻《意见》精神，并把学习《意见》精神同学习邓小平理论、"三个代表"重要思想和中共十六大精神结合起来，同在统战系统开展的"三增强""四热爱"教育活动结合起来。通过学习贯彻《意见》精神的实践，我们对坚持和完善这一基本政治制度有了更加深刻的认识：一、要坚定不移地坚持和完善我国的基本政治制度和政党制度，维护多党合作的政治格局，这是包括民革在内的各民主党派在长期实践中所作出的正确选择。二、要坚定不移地接受中国共产党的领导，与中国共产党在政治上保持高度的一致，这是民革的优良传统，是民革老一辈领导人的政治交代，我们必须始终坚持，毫不动摇。三、深刻认识和切实履行好参政党职责，对于充分发挥民主党派的参政党作用，对于坚持和完善中国共产党领导的多党合作和政治协商制度，具有十分重要的意义。四、不断加强自身建设，全面提高整体素质，是参政党进一步发挥作用、担负起新的历史使命的必然要求。我们要在自身建设的实践中，积极地探寻自身建设的客观规律，不断加强思想建设、领导班子建设、组织建设和制度建设，以保证民革更好地履行参政党职能。

《意见》贯穿两条主线：一条是加强和完善中国共产党的领

导；另一条是发扬社会主义民主，充分发挥民主党派的作用。这
两条主线的贯彻落实为我国多党合作事业的发展提供了坚实的制
度保证，为民主党派履行职能、发挥参政党作用提供了广阔的空
间。15 年来，民革积极履行参政党职能，不断建立和健全参政
议政、民主监督的工作机制，加强自身建设，针对国家的改革开
放、经济建设和社会发展中的重大问题积极开展调查研究，提出
了许多意见和建议，受到了中共中央和国务院的高度重视，在国
家政治生活中发挥着越来越积极的作用。仅在"三农"问题上，
民革中央就对粮食主产区农业发展和农民增收、农村合作医疗制
度建设、统筹城乡发展和推进城乡一体化、农民专业合作组织等
等问题进行专题调研，提出了一系列相关的提案。从提案的情况
来看，民革提交的提案涉及领域越来越广泛，看问题的角度越来
越有全局性。民革还利用自身人才智力优势，开展智力扶贫、办
学和举办义诊、文化下乡、书画展等多种活动，服务社会。民革
各级组织在全国 26 个省建立了扶贫点，兴办学校 96 所，向社会
输送人才近 14 万。民革不忘孙中山统一祖国、振兴中华的遗志，
始终以孙中山先生爱国、革命和不断进步的精神鞭策和激励自
己，利用自身的特点和优势，积极为祖国的统一大业服务。民革
中央曾组织力量先后编写出版了《邓小平论祖国统一》、《论
"台独"》、《再论"台独"》等书，宣传了"和平统一、一国两
制"的大政方针，揭露了"台独"分子的言行，受到社会好评。
在海峡两岸形势发生重大变化的新形势下，民革积极做好促进祖
国统一的参政议政工作。民革中央在全国政协十届二次会议上作
了题为《以"三个代表"重要思想为指导　深入扎实地做好台
湾人民工作》的大会书面发言，并就切实加强两岸青少年交流

工作向大会提交提案。民革以自己的经历充分证明了，只有在中国共产党的领导下，在坚持和完善共产党领导的多党合作和政治协商制度的条件下，民主党派才能与时俱进，发挥自己的作用，作出应有的贡献。

前不久，中共中央召开十六届四中全会，通过了《中共中央关于加强党的执政能力建设的决定》，提出了加强党的执政能力建设这一关系到国家长治久安的重大课题。我们要把学习中共十六届四中全会精神与纪念《意见》发布15周年结合起来，在认真学习中国共产党加强执政能力建设经验的基础上，积极探索参政党自身建设的基本规律、基本方法、基本形式，切实加强自身建设，不断提高自身的政治把握能力、参政议政能力、组织领导能力和合作共事能力，积极支持和帮助执政党全面做好加强执政能力建设的工作，为中国共产党加强执政能力建设服务，这既是历史和时代的要求，也是我们应尽的职责。

形势在发展，多党合作事业也要在实践中不断完善和发展。我们一定要以邓小平理论和"三个代表"重要思想为指导，为进一步坚持和完善中国共产党领导的多党合作和政治协商制度作出我们的贡献。

加强人大代表培训
提高代表履职能力[*]

（2005 年 7 月 5 日）

　　本期培训班是继今年在杭州举办全国人大代表培训班之后，又一期面向全国人大代表的培训班。不久前，中共中央 9 号文件转发了《中共全国人大常委会党组关于进一步发挥全国人大代表作用，加强全国人大常委会制度建设的若干意见》。中共中央 9 号文件总结了我国人民代表大会制度 50 多年来，特别是党的十六大以来我国社会主义民主政治建设和人民代表大会制度建设的实践经验。同时根据我国人民代表大会制度建设的实际情况，提出了在一个时期要重点做好的两方面工作。一是进一步发挥全国人大代表的作用，支持和保证其依法履行职责和行使权力；二是加强全国人大常委会的制度建设，使全国人大及其常委会更好地发挥最高国家权力机关、工作机关和代表机关的作用。如何做好这两方面的工作，文件提出了明确要求，作出了一系列具体规定。这个文件对于进一步坚持和完善我们的人民代表大会制度，

---

　　* 这是何鲁丽同志 2005 年 7 月 5 日在北戴河全国人大代表培训班上的讲话节录。

对于发展社会主义民主，健全社会主义法制，建设社会主义政治文明，构建社会主义和谐社会具有重要的现实意义和深远的历史意义，是新形势下坚持和完善人民代表大会制度，做好人大工作重要的指导性文献。这次举办这期全国人大代表培训班，就是要认真学习和贯彻中央9号文件精神，努力提高全国人大代表的履行职能的能力，更好地发挥全国人大代表的作用。下面我讲几点意见，供大家在学习时参考。

一、认真学习贯彻中央9号文件精神，自觉坚持、完善人民代表大会制度。

为了深入学习贯彻中央9号文件精神，这期培训班专门安排了学习这一重要文件的辅导课程，文件的具体内容我就不多讲了。这里我就如何坚持和完善人民代表大会制度、做好新形势下的人大工作强调三点：

第一，必须坚持正确的政治方向。人大工作的政治性很强。做好人大工作，必须始终以马克思列宁主义、毛泽东思想、邓小平理论和"三个代表"重要思想为指导，坚持社会主义的政治方向。坚持中国共产党的领导是加强人民代表大会制度建设、做好人大工作的基本前提和根本保证。西方的多党轮流执政不适合中国国情。人大及其常委会要自觉接受党的领导，通过法定程序，使党的主张成为国家意志，使党组织推荐的人选成为国家机关的领导人员，并对他们进行监督。坚持和完善人民代表大会制度还必须从我国国情和实际出发，坚持人民代表大会统一行使国家权力，不搞"三权鼎立"和"两院制"，坚定不移地走中国特色社会主义政治发展道路。

第二，必须坚持民主集中制原则。民主集中制既是国家政权组成的基本原则，也是人大及其常委会依法行使职权必须遵循的基本原则。人大及其常委会主要是通过会议形式，严格依法按程序办事，集体决定问题，集体行使职权。在审议议案的过程中，每位人大代表和常委会组成人员各抒己见，充分发表意见；在认真审议的基础上，依照法定程序进行表决，实行一人一票，按照多数人的意见作出决定。只有严格按民主集中制原则办事，才能保证人大制定的法律、作出的决议和决定符合最广大人民的根本利益，并具有极大的权威。

第三，必须坚持走群众路线。人民代表大会制度的先进性和生命力在于它深深植根于人民群众之中。这一制度的最大优势是密切联系人民群众，必须把人民群众的根本利益和共同意志作为人大一切工作的出发点和归宿。只有走群众路线，坚持以人为本，切实做到权为民所用，情为民所系，利为民所谋，使人大工作顺应民心，反映民意，集中民智，贴近民生，才能使人民代表大会制度永远保持旺盛的生命力。

以上三点，是全国人大成立 50 年来特别是党的十六大以来实践经验的总结，是坚持和完善人民代表大会制度、做好新形势下人大工作的根本政治原则，任何时候、任何情况下都不能动摇，我们必须牢牢把握。

二、充分认识人大代表加强培训学习的重要性和紧迫性。

党中央历来对坚持和完善人民代表大会制度十分重视。去年在纪念全国人民代表大会成立 50 周年大会上，胡锦涛总书记强调，坚持和完善人民代表大会制度是全党全社会的共同责任。党的十六届四中全会也提出要坚持和完善人民代表大会制度，支持人民代表大会及其常委会依法履行职能。全国人大常委会的制度建设，要做的工作很多，涉及方方面面。其中的一项重要任务是要进一步发挥全国人大代表作用。吴邦国委员长去年在广东考察工作时一再强调，搞好代表培训，是提高代表履职能力的有效途径，是加强人大自身建设的重要环节，必须认真抓好。从去年12月份开始，全国人大常委会办公厅着手编写《全国人大代表依法履职简明读本》。今年十届全国人大三次会议一结束，吴邦国委员长就指示全国人大常委会有关部门要尽快启动全面的代表培训工作。4月，全国人大常委会在杭州举办了系统培训全国人大代表的培训班，对全国人大代表的培训工作逐步全面展开。为了进一步发挥全国人大代表的作用，提高代表依法履职的能力，中央9号文件明确提出了要"建立对人大代表的系统培训制度"，把代表培训工作提到了加强人民代表大会制度建设的应有高度。随着中央9号文件的贯彻落实，今后对全国人大代表的培训工作必将深入持久地坚持下去。为什么这样说呢？我想主要有以下四点：

第一，加强代表培训是加强党的执政能力建设的长远之计，是一项基础工程。在全面建设小康社会新的历史阶段，党中央提出了加强党的执政能力建设的重大课题。加强党的执政能力建设的一个重要内容，就是坚持和完善人民代表大会制度，保证各级人民代表大会都由民主选举产生，对人民负责，受人民监督，支持人民通过人民代表大会行使国家权力，支持人民代表大会及其常委会依法履行职能，密切人大代表同人民群众的联系，使国家的立法、决策、执行、监督等工作更好地体现人民意志，维护人民利益。人大代表作为国家权力机关的组成人员，其作用的充分发挥对于各级人大保持同人民群众的密切联系，对于人民代表大会坚持人民民主的国家权力机关的性质具有特别重要的意义。

第二，加强代表培训是坚持和完善人民代表大会制度的客观需要。人大代表是国家权力机关的组成人员，是国家权力机关行为的主体。如果把国家权力机关比作一个"肌体"的话，那么人大代表就是这个肌体的"细胞"。只有细胞活跃，充满活力，肌体才会有生气，有活力。因此，坚持好、完善好人民代表大会制度就必须加强培训学习，提高代表的整体素质，增强代表依法履职的能力。

第三，加强代表培训是人大代表全面履职的必然要求。人大代表是人民通过法定程序选举到国家权力机关的使者，担负着代表人民行使权力的重大职责。做好人大工作，不仅要有很强的政治责任感，还需要很高的思想理论水平、良好的法律素质。人大代表全面履职，就必然要求加强培训学习，扩大知识面，提高自身素质，掌握履行职责必备的知识。只有这样，才能承担起宪法法律赋予的神圣职责，才能不辜负党和人民的信任与重托，才能实现全心全意为人民服务的根本宗旨。

第四，加强代表培训还是不断提高人大工作水平的重要举措。随着社会主义市场经济的发展、对外开放的扩大和民主法制建设的推进，人大的工作任务越来越繁重。为了更好地履行宪法和法律赋予各级人大的职责，切实做好新形势下的人大工作，必须加强学习，认真总结经验，深入调查研究，积极稳妥地把人大工作向前推进。人民代表大会行使国家权力，具体表现为人大代表集体行使职权。只有充分发挥每位代表的工作积极性、主动性和创造性，认真履行宪法和法律赋予的职责，国家权力机关所作出的决定、决议或通过的法律、法规，才能更符合我国的实际，更好地体现人民利益和意愿。

我国是一个地域辽阔、人口众多、由56个民族组成的社会主义大国。人大代表的构成必须具有广泛的代表性，才能与我国的国情相适应，才能符合社会主义民主的原则。由于各地的经济文化发展不平衡，来自各个方面、来自不同工作岗位的人大代表的知识结构、实践活动也各有差异。由于受个人专业知识和工作领域的局限，总体上看，代表个人的履职能力与新形势下各级国家权力机关的工作要求相比，还有不小的差距。代表的履职能力不可能与生俱来，只有加强培训学习，才能较快见效。因此，开展代表培训工作已成为当前一项十分紧迫的任务。我们要把加强代表培训作为坚持和完善人民代表大会制度的一个战略任务，摆到工作的重要日程，切实抓紧抓好。大家要充分认识加强代表培训学习的重大意义，积极参加培训，以高度的责任感和饱满的政治热情完成国家和人民赋予的光荣而神圣的使命。

三、紧紧围绕提高履职能力这一目标要求，努力掌握人大代表必备的知识。

人大工作是我们党和国家工作的重要组成部分，关系党和国家工作的大局，关系人民群众的根本利益。人大及其常委会是我国的国家权力机关，承担着宪法和法律赋予的立法、监督宪法和法律实施、选举决定国家机关领导人员、决定重大事项等职责。人大代表作为国家权力机关的组成人员，对人大及其常委会作用的发挥和做好人大工作起着关键性的作用。作为一名人大代表，不仅要具有代表人民依法履职的愿望，还要具有依法履职的本领，在提高履职能力上下功夫。这就需要代表加强学习，扩大知识面，提高自身的素质，掌握履行职责所需的基本知识。中央9

号文件明确提出：要以宪法、人民代表大会制度、国家机构的组织和运作等基本知识为基础，以法律案和各项工作报告的审议、计划和预算的审查、议案和建议批评意见的提出和处理、代表职责等为专题，有针对性地组织好对代表的系统培训。根据这一要求，我觉得当前的代表培训要着重抓好以下几方面：

第一，深刻理解人民代表大会制度是我国的根本政治制度。人民代表大会制度是与我国人民民主专政的国体相适应的政体，是我国政权的组织形式。它不单单是指人民代表大会及其常委会自身的各项制度，还包括权力机关与人民的关系，权力机关与行政机关、审判机关、检察机关的关系，以及中央与地方的关系。人民代表大会制度是中国共产党把马克思主义基本原理同中国具体实际相结合的伟大创造，是近代以来中国社会发展的必然选择，是中国共产党带领全国各族人民长期奋斗的重要成果，反映了全国各族人民的共同利益和共同愿望。在此基础上，要弄清楚人民代表大会制度的中国特色，要全面了解人民代表大会制度体系中形成的我国党政体制、行政体制、司法体制以及其他一些基本制度的实际情况。同时要清楚地认识，我国人民代表大会制度与西方国家政治制度有着根本的区别：我们要坚持中国共产党的领导地位和执政地位，坚持共产党对人民代表大会的领导，坚持人民代表大会"一院制"，坚持由人民代表大会统一行使国家权力。这些重大的政治原则和立场，我们要牢牢把握，进一步坚定理想信念，增强坚持和完善人民代表大会制度、走社会主义道路的坚定性和自觉性。

第二，熟练掌握人民代表大会的议事规则和工作程序。人大工作具有很强的法律性、程序性和规范性。熟悉和掌握人民代表大会的各项程序和议事规则是人大代表的一项"基本功",是人大代表履行好宪法和法律赋予各项职责的前提条件。人大代表除了要加强政治理论学习外,还要通晓人民代表大会的组成和职权、行使职权的基本原则和议事的基本程序等基本知识。要明确人大常委会工作报告、政府工作报告、计划和预算报告、"两高"工作报告的形成过程和基本内容,不断提高工作报告的审议质量。同时,要了解代表议案和建议、批评、意见的提出程序,把握议案和建议、批评、意见的基本要求,确保议案、建议的质量。各位代表要在思想上充分认识和严肃对待自己手中的权力,要通过培训学习,熟练掌握会议审议基本知识,以便更好地履行自己的职责。

第三,熟悉人民代表大会闭会期间履职的内容、方式及有关要求。代表在闭会期间的活动,既是依法执行代表职务,也是知情知政、掌握第一手材料,为出席代表大会审议议案和报告、提出议案和建议作准备的过程。代表在闭会期间的活动与代表在会议期间的工作一样,都是在代表人民群众参与国家事务、社会事务管理。鉴于大多数代表都兼任着其他职务,如何让代表了解和掌握代表在闭会期间活动的内容、方式、有关要求及保障等,对发挥好代表作用,具有重要意义。为此,人大代表有必要通过培训学习,不断提高政治敏锐度,紧紧围绕党和国家的工作大局,围绕改革发展稳定中的重大问题,围绕人民群众普遍关心的热点难点问题,精心选好视察调研题目,切实保证代表在闭会期间活动的质量。

这期培训班紧紧围绕代表履职所必需的基本知识,结合中央9号文件的学习和建设社会主义和谐社会等内容,共安排了六次课程，两次讨论，一次大会交流。希望各位代表能够认真听课，努力学习，深入领会，加强交流。这样，代表们就能更准确地抓住问题，敏锐地发现问题，更好地履行法律赋予的各项职责。

四、树立良好的学风，进一步提高培训学习质量。

关于如何搞好本期培训班的学习，切实提高培训质量问题，我提三点希望，与大家共勉。

第一，理论学习要紧密联系实际，务求实效。加强培训学习是为了更好地工作。各位代表要善于边学习边思考，联系履职中发生的新情况，注重研究解决实际问题，争取把人大代表工作做得更好。胡锦涛总书记曾就理论学习与如何解决实际问题提出"四个一定要"，即："一定要紧密联系党和国家事业的发展要求来进行，一定要紧密联系认识和解决改革和发展中出现的新情况新问题来进行，一定要紧密联系自身世界观和人生观的改造来进行，一定要紧密联系更好地为最广大人民谋利益来进行。"吴邦国委员长指出："要认真贯彻落实锦涛同志这一要求，把理论学习与解决实际问题结合起来，注重研究解决人大工作实践中的各种问题。"因此，大家要结合自己在履行代表职务过程中遇到的实际问题，消化理解学习的内容，真正做到理论联系实际。

第二，要把听课学习与讨论交流有机结合起来，互相促进，互相提高。我国是人民民主专政的社会主义国家，全体人民的根本利益是一致的，作为全国人大代表，要有全局观念、整体意识，要站在全国的角度考虑问题。但我国的人大代表又多数是兼职代表，受工作领域所限，对其他地区、其他领域的情况了解比较少，代表之间的交流显得尤为重要。参加这期培训班学习的全国人大代表主要以中西部地区和解放军为主，兼顾东部地区。大家来自祖国的四面八方，聚在一起很不容易。这次培训班就是大家加强交流的极好机会。培训班特意安排了多次讨论时间，大家要珍惜机会，加强沟通交流，取长补短，互相启发。也可以充分利用课余时间，互相交流履职的情况和体会，以便借鉴别人的经验更好地发挥代表作用。

第三，要把培训班上的学习与培训结束后的学习统一起来，树立终生学习的观念。当好代表、履行好代表职责，需要多方面的知识。实事求是地讲，履职能力的提高不是一朝一夕的事情，也不是一个短期培训班就能够解决的，加之多数代表不可能常年脱产培训，因此更多的还是要靠大家平时自学。大家要把本期培训班作为一个契机和新的起点，振奋精神，只争朝夕，集中精力搞好学习。培训班结束，回到各自工作岗位后，还要继续加强学习，把学习作为一种政治责任、一种精神追求、一种思想境界、一种生活方式来认识对待，不仅要向书本学习，也要向实践学习，善于研究解决人大工作实践中面临的各种问题。我相信，只要大家勤奋学习，勤于思考，努力工作，树立终生学习的观念，就一定能在人大代表的岗位上创一流业绩，作出不平凡的贡献。

加强中国共产党领导
坚持和完善人民代表大会制度[*]

（2005 年 8 月）

人民代表大会制度是我国的根本政治制度，是全体中国人民当家作主的重要途径和最高实现形式，也是在中国共产党领导下充分发扬民主、贯彻群众路线的最好实现形式。坚持和完善人民代表大会制度是提高党的执政能力、保障人民当家作主、实施依法治国的必然要求，是发展社会主义民主、健全社会主义法制、建设社会主义政治文明、构建社会主义和谐社会的重要内容，是全党全社会的共同责任。党的十六大和十六届四中、五中全会都提出，要坚持和完善人民代表大会制度，支持、保证人民代表大会及其常委会依法履行职能。

最近，中共中央发出通知，转发了《中共全国人大常委会党组关于进一步发挥全国人大代表作用，加强全国人大常委会制度建设的若干意见》（以下简称《意见》）。《意见》是在中国共产党高度重视加强党的执政能力建设，高度重视实行依法治国基本方略，高度重视坚持和完善人民代表大会制度的新的历史条件

＊ 这是何鲁丽同志在《中国人大》2005 年第 15 期发表的署名文章。

下起草和出台的。这一重要文件，对全国人大成立50多年来，特别是党的十六大以来的实践经验作了深刻总结，明确了新时期坚持和完善人民代表大会制度的指导思想、工作重点和主要措施，是坚持和完善人民代表大会制度的一个重要举措；是我们进一步把人民代表大会制度坚持好、完善好，开创人大工作新局面的重要的指导性文献。

在结合中共十六大、十六届四中、五中全会精神学习《意见》的过程中，我们认为，贯彻实施好《意见》，最根本的，就是要深刻领会和牢牢把握坚持中国共产党领导、人民当家作主和依法治国三者有机统一起来的思想，这对于保证我们国家的社会主义性质，保证走中国特色社会主义政治发展的道路，具有十分重要的现实意义和深远的历史意义。

第一，加强中国共产党领导，这是坚持和完善人民代表大会制度必须遵循的根本政治原则。中国共产党的领导，是加强人民代表大会制度建设、做好人大工作的基本前提和根本保证。

胡锦涛同志在纪念全国人大成立50周年的重要讲话中指出："在我国实行人民代表大会制度，是我们党把马克思主义基本原理同中国具体实际相结合的伟大创造，是近代以来中国社会发展的必然选择，是中国共产党带领全国各族人民长期奋斗的重要成果，反映了全国各族人民的共同利益和共同愿望。"西方的多党轮流执政不适合中国国情，人民代表大会制度是中国共产党和中国人民自己选择的政治发展道路。吴邦国同志在纪念人大成立50周年讲话中指出，中国的国情和实际，关键是两条：一是中国共产党的领导和社会主义制度，二是我国正处于并将长期处于社会主义初级阶段。这两条，决定了中国特色社会主义民主政治制度与西方资本主义政治制度有着本质的区别。当今西方的议会制，是与多党竞选相联系的，无论哪个党赢得选举上台执政，都不能真正代表人民的利益；无论是执政党或者在野党，议会只是各党派争权夺利的场所，只是为了在下次大选中继续执政或者争取赢得下一次大选上台执政作准备的舞台。而在中国，中国共产党是执政党，各民主党派是参政党，不是在野党，更不是反对党。中国的这种政党制度是在从新民主主义革命以来的长期斗争中形成的，是历史发展的结果。所以吴邦国同志明确指出："政治上，我们不搞多党轮流执政，不搞'三权鼎立'，不搞'两院制'。我们坚持的是人民代表大会制度，是中国共产党领导的多党合作和政治协商制度，是民族区域自治制度，这些都是适合我国国情和实际的最好的民主政治制度。"中国共产党的主张与人民意志的一致性，决定了坚持党的领导，其基本的方面就是要坚持使党的主张经过法定程序变成国家意志，通过党组织的活动和党的模范作用，带动人民群众实现党的路线、方针、政策。国家的宪法和法律是人民群众意志的体现，也是党的主张的体现。执行宪法和法律，是按广大人民群众的意志办事，也是贯彻党的路线、方针、政策的重要保障。党对国家事务的重大主张，经过法定程序变成国家意志，有利于把党的决策和决策的贯彻执行统一起来，有利于国家政权机关及其领导人员把对党负责与对人民负责统一起来，保证中国共产党始终处于领导地位，站在时代前列带领人民前进。《意见》对此作了更为明确和具体的要求，这就从制度上保证和加强了党对人大工作的领导。

　　第二，人民当家作主的原则，这是坚持和完善人民代表大会制度的本质要求，也是社会主义民主政治的本质要求。

　　我国宪法规定，国家的一切权力属于人民。中国共产党作为执政党，就是领导和支持人民当家作主。人民代表大会制度是人民当家作主的载体。我国有 13 亿人口，人民通过民主选举，产生自己的代表，组成各级人民代表大会，由各级人民代表大会代表人民行使国家权力，保障了人民当家作主。各级人民代表大会对人民负责、受人民监督。这就能够在最广泛的范围内将人民组织到国家政权之中，使人民从形式到内容都成为国家的主人，使人民代表大会成为我国社会主义民主的基石，这也是我国人民代表大会制度与西方议会制度最本质的区别。

　　人民代表大会制度具有强大的生命力和巨大的优越性，其中一个重要的方面就是它动员了全体人民以国家主人翁的地位投身于社会主义建设。我国各级人民代表大会代表包括了各地区、各民族、各阶层、各方面的人士，具有广泛的群众基础和代表性。他们来自人民，反映人民的意见和要求，代表人民决定国家和地方的大事，这就能够把不同地区、不同民族、不同阶层的共同意志集中起来，又能够反映和兼顾好各方面的特殊的、具体的利益，从而达到把全国各族人民的力量凝聚起来，团结一心，朝着国家的发展目标前进的目的。50 年来，我国政治、经济、文化等各个方面的大政方针，无一不是通过人民代表大会定下来、成为国家意志，并进而动员各方面力量实现的。人民代表大会制度的这一无可比拟的优势，要通过制度建设本身，使之日益发挥出来。把制度建设好、坚持好、完善好，要做的工作很多。《意见》重点抓住进一步发挥全国人大代表作用、加强全国人大常委会制度建设两个突出环节，作出一系列规定，对于推进人民代表大会制度建设，具有十分积极和重要的意义。

第三，依法治国的原则，这是建设社会主义法治国家和政治文明的重要内容，是中国共产党领导人民治理国家的基本方略。

在我国，实行"依法治国，建设社会主义法治国家"，是一个长久的历史性过程。它的起点是 1978 年党的十一届三中全会的召开。依法治国，建设社会主义法治国家，是邓小平理论的重要组成部分。邓小平同志一贯坚持和强调，在社会主义现代化建设进程中，必须一手抓建设，一手抓法制。这就深刻阐明了健全社会主义法制与实现社会主义现代化的辩证关系，强调了加强社会主义法制是社会主义现代化的基础和保障。法制文明属于制度文明的范畴，是现代文明的重要组成部分，依法治国是社会文明进步的重要标志。一个现代化的社会，必然是一个法制完备的社会。依法治国反映了现代化建设的内在要求。世界各国现代化发展的经验表明，现代化应该是高度物质文明和精神文明的完善统一。离开了法制建设的现代化，现代化就是不完整的、片面的、没有可靠保证的，经济发展也将难以达到现代化所要求的相应水平，整个社会的现代化就不可能真正实现。

依法治国，就是广大人民群众在党的领导下，依照宪法和法律规定的各种途径和形式管理国家事务，管理经济文化事业，管理社会事务，保证国家各项工作依法进行，逐步实现社会主义民主的制度化、法律化，使这种制度和法制不因领导人的改变而改变，不因领导人看法和注意力的改变而改变。依法治国之"法"，本身就是党的主张和人民意志相统一的产物。依法治国把坚持党的领导、发扬人民民主和严格依法办事统一起来，从制度和法律上保证党的基本路线和基本方针的贯彻实施，保证党始终发挥总揽全局、协调各方的领导核心作用，能够更好地加强和改善党的领导。

坚持党的领导，坚持人民代表大会制度，坚持依法治国基本
方略，是新时期提高党的执政能力的重要内容。一方面，执政党
要加强和改善对人大工作的领导，不断完善人民代表大会制度，
更好地发挥国家权力机关的作用。另一方面，党也要带头遵守宪
法和法律，党的各级组织和全体党员干部都应该自觉在宪法和法
律的范围内活动。这是提高党的执政能力和领导水平的重要
体现。

坚持中国共产党领导、人民当家作主和依法治国三者的有机
统一，是《意见》的灵魂和核心。我们要深刻领会和牢牢把握
这一重要精神，牢固树立党的观念、政治观念、大局观念、群众
观念，增强依法履行职权的责任感、使命感和光荣感，增强人大
工作的积极性、主动性和创造性，全面贯彻落实好《意见》的
基本要求，扎实推进各项工作，努力开创人大工作新局面。

在雷洁琼同志百年华诞
暨《雷洁琼画传》出版
座谈会上的讲话[*]

（2005 年 9 月 11 日）

　　明天，是我们尊敬的雷洁琼[1]大姐一百周岁的生日。今天，民进中央为雷老百年华诞和《雷洁琼画传》的出版在这里举行座谈会，我谨代表各民主党派中央和全国工商联，向雷老表示热烈的祝贺，祝愿她永远健康，永葆青春！

　　雷老是中国民主促进会的创始人之一，是国内外知名的社会学家、法学家，是中国现代女性和知识妇女的杰出代表。她是与中国共产党长期亲密合作的民主党派老一辈领导人，数十载与中国共产党风雨同舟、肝胆相照，为我国新民主主义革命和中国特色社会主义建设事业，为推进社会主义民主法制建设，坚持和完善中国共产党领导的多党合作和政治协商制度，作出了积极的贡献。

　　雷老自少年时代起，就受到五四运动的影响，产生了强烈的

---

　　* 这是何鲁丽同志 2005 年 9 月 11 日在雷洁琼同志百年华诞暨《雷洁琼画传》出版座谈会上的讲话。

社会责任感和爱国心。1924 年，她怀抱"读书救国"的思想，越洋学习社会学。学成后，她回国倾力于教书育人工作和妇女运动，为抵御日本侵略，为促进社会进步和妇女解放做了大量的工作。在探索救国救民道路的过程中，她和当时中国大批有识之士一道，认识到只有中国共产党才能真正代表中华民族和广大人民的根本利益，只有社会主义才能救中国，她毅然选择了和中国共产党合作，为建立独立、统一、民主、富强的新中国而斗争。

新中国成立以后，雷老作为中国民主促进会的创始人和领导人之一，参与了国家政权建设和国家经济建设，致力于民政、法律和教育文化出版事业的改革和发展，致力于国家民主法制事业的建设。在与中国共产党合作的道路上，她几十年矢志不移。即使十年浩劫期间多党合作受到严重的破坏，她从没有动摇过接受中国共产党的领导和走社会主义道路的信念，同中国共产党风雨同舟、肝胆相照、荣辱与共。她担任第八届、第九届民进中央主席，为民进的建设和发展殚精竭虑，倾注了满腔热情和心血。在她的领导和影响下，民进新老两代领导人顺利实现了政治交接，民进各级组织和广大会员继承发扬老一辈领导人"坚持中国共产党的领导，坚持爱国、民主、团结、求实，坚持立会为公"的优良传统，在改革开放和现代化建设事业中谱写了新的篇章，为促进经济社会的协调发展作出了新的贡献。

从求学、教书到抗战，从创立中国民主促进会，为实现和平、民主和统一而斗争，到响应中共中央纪念"五一"劳动节口号，与中国共产党共商国是，共创新政权，为国家建设建言献策，雷老爱国爱民、追求光明和进步的足迹历经 80 余载，几乎跨越了整个 20 世纪。她的百年人生，是中国知识分子上下求索，探求救国救民道路百年历史的缩影。雷老的心路历程，反映了中国知识分子从爱国主义走向社会主义的历史必然。

雷老以执着的精神献身教育和学术事业。在 70 多年的漫长岁月里，她绝大多数时间保持着学者的身份，为发展我国的教育事业竭尽全力。她说："说到底，我只是一名老教师。在所有称呼中，我最喜欢教授这个头衔。"

雷老的教学与学术研究，对当今构建和谐社会仍有现实指导意义。她的主要学术专业是社会学和社会工作，她将专业知识同社会实际密切结合起来，形成了其独特的学术与实践之路。她在燕京大学任教时曾带领学生走出课堂，到育婴堂、贫民窟、施粥场甚至妓院去调查、访问和参观，让学生了解中国底层社会。抗日战争开始后，她有 4 年时间离开学校到江西从事妇女教育与动员工作，为支持抗战和妇女的解放作出了艰苦的努力。改革开放以来，在任北京市副市长和全国人大常委会副委员长等职务期间，她还对妇女儿童、家庭、教育、老人问题及社会福利等方面给予了十分的关注，科学地分析问题，并提出积极可行的建议。可以说，她为促进我国社会福利事业和社会学的发展进步作出了不朽的贡献。

雷老是中国知识分子"以天下为己任"，自觉将人生理想与民族解放、国家富强、人民幸福的伟大事业相结合，以知识服务社会，学以致用的生动写照。

雷老的经历，为我们展现了一位矢志不渝追求真理、追求进步、为国为民、无私奉献的崇高女性形象。

雷老热爱祖国、热爱人民、热爱中国共产党的崇高风范，是民主党派新一代领导人和广大成员学习的楷模。

当前，我国多党合作事业进入了一个新的发展阶段。《中共中央关于进一步加强中国共产党领导的多党合作和政治协商制度建设的意见》的颁布实施，使这项合乎中国历史和国情的基本政治制度更加制度化、规范化和程序化。我们各民主党派要认真学习贯彻这一重要文件精神，坚定不移地走中国特色社会主义道路，切实加强自身建设，全面提高自身素质，围绕发展第一要务，认真履行参政议政、民主监督职能，促进科学发展观的落实和社会主义和谐社会的建设，为实现祖国的完全统一和中华民族的伟大复兴而努力奋斗，不负时代赋予参政党的使命和重任。

今天，我们在这里庆贺雷老的百年华诞和《雷洁琼画传》的出版，向德高望重的雷老致以最衷心的祝福，祝愿她健康长寿！

注　释

〔1〕雷洁琼（1905—2011），著名的社会学家、法学家、教育家，杰出的社会活动家，中国民主促进会的创始人之一和卓越领导人，中国人民政治协商会议第六届全国委员会副主席，第七届、八届全国人民代表大会常务委员会副委员长，中国民主促进会第七届、八届、九届中央委员会主席，第十届、十一届名誉主席。

全国人大常委会执法检查组
关于检查《劳动法》实施情况的报告[*]

（2005 年 12 月 28 日）

根据全国人大常委会执法检查计划，常委会组成执法检查组，以签订和执行劳动合同、落实和完善最低工资制度、解决拖欠工资问题和实施社会保险制度等劳动者权益保障内容为重点，从今年 9 月开始对《中华人民共和国劳动法》（以下简称《劳动法》）的贯彻实施情况进行了检查。检查组听取了劳动和社会保障部、最高人民法院、全国总工会等 14 个部门和单位的工作汇报和情况介绍，由李铁映、顾秀莲副委员长和我分别带队，赴北京、上海、广东、湖南、重庆、浙江、福建等 7 省市进行检查，并委托天津、江苏、山东、湖北、广西、四川、云南、甘肃、新疆等 9 省区市人大常委会对本地实施《劳动法》情况进行了检查。在该 7 省市，检查组听取了当地政府及劳动保障部门、法院、工会等单位的情况介绍，深入 28 个市区，抽查了 105 家不同类型的企业，召开了 94 次有职工、进城务工人员、工会代表、

---

* 这是何鲁丽同志 2005 年 12 月 28 日在第十届全国人大常委会第十九次会议上所作的《全国人大常委会执法检查组关于检查〈中华人民共和国劳动法〉实施情况的报告》。

企业负责人、基层执法人员、专家学者参加的座谈会，旁听了5场劳动争议案件的仲裁审理，考察了部分社区和劳动保障举报中心、就业服务中心等机构，查看了进城务工人员宿舍等生活设施，走访了职工家庭，举办了7场《劳动法》讲座。检查组还分别召开了劳动法学专家学者及部分省市劳动保障部门、工会负责同志参加的座谈会，随机抽取了全国40个城市的2150家企业，发放并回收了3.1万份调查问卷。现将检查情况报告如下。

一、成　　效

《劳动法》自1995年1月1日实施以来，各级人大、政府及其劳动保障等部门、法院、工会和妇联等组织认真履行职责，做了大量工作，《劳动法》实施情况总体上是好的。就业形势基本平稳，劳动者合法权益基本得到保障，劳动关系基本和谐稳定，与社会主义市场经济体制相适应的劳动保障法律制度基本确立。

（一）制定配套法规规章，法制观念不断增强。国务院制定和公布了《劳动保障监察条例》、《失业保险条例》、《社会保险费征缴暂行条例》等7件行政法规；劳动和社会保障部等部门先后制定了50多件部门规章。最高人民法院制定了有关司法解释。地方还出台了一系列法规和政府规章。各地开展《劳动法》宣传月（周）、劳动者维权咨询等活动，加强劳动保障法制宣传教育。政府依法行政、企业依法经营、劳动者依法维权意识逐步增强。

（二）实施积极的就业政策，就业工作成效显著。国家高度重视就业工作，将增加就业岗位和控制失业率作为宏观调控的主要目标之一，纳入国民经济和社会发展计划。坚持"劳动者自主就业，市场调节就业，政府促进就业"的方针，培育和发展劳动力市场，加强职业培训，完善和落实各种就业扶持政策。从1995 年到 2004 年，城镇从业人员由 1.9 亿人增加到 2.65 亿人；进城务工人员达到 1 亿人，跨省就业的约 6000 万人；近三年新增城镇就业岗位 2600 万个；城镇登记失业率控制在 4.3% 以内。1998 年至 2004 年，共有 1900 多万国有企业下岗职工实现了再就业。

（三）深化劳动用工制度改革，新型劳动关系初步确立。《劳动法》的颁布实施，推动和深化了劳动用工制度改革，推行了与社会主义市场经济体制相适应的劳动合同制度、集体协商和集体合同制度，在国家、省和地市普遍建立了由劳动保障部门、工会、企业代表组织共同参加的劳动关系三方协调机制。从检查情况看，城镇国有、集体及外商投资企业的劳动合同签订率达到85% 左右。据全国总工会提供的数据，到 2004 年底，全国共签订企业集体合同 63 万份，区域性、行业性集体合同 14 万份，涉及企业 215 万户，覆盖职工 1.1 亿多人。

（四）依法规范工资分配，劳动报酬逐步提高。根据《劳动法》的规定，各地普遍建立了最低工资保障制度，公布了月最低工资标准和最低小时工资标准。到 2004 年底，全国有 33.9 万个用人单位建立了工资集体协商制度。近年来，各地加大了清理拖欠进城务工人员工资的力度，有 16 个省区市建立了工资支付保障制度，14 个省区市建立了工资支付监控制度。建筑行业2003 年以前发生的工资拖欠问题得到了较好的解决。劳动者工资水平在经济发展的基础上逐步提高，全国企业职工年平均工资从 1995 年的 5345 元提高到 2004 年的 15559 元，扣除物价上涨因素，实际增长了 1.53 倍。

（五）社会保险体系初步建立，覆盖范围逐步扩大。国务院及其有关部门出台了关于建立城镇企业职工基本养老保险、基本医疗保险、失业保险、工伤保险、生育保险的法规和规章。到今年 9 月底，上述五大险种的参保人数分别达到 1.71 亿人、1.33 亿人、1.05 亿人、7810 万人和 5085 万人，与《劳动法》实施前的 1994 年相比，参保人数分别增长 0.63 倍、32.2 倍、0.33 倍、3.3 倍、4.5 倍。1998 年以来，全面实施"两个确保"，按时足额发放国有企业下岗职工基本生活费和企业离退休人员基本养老金，支持了国企改革。2001 年以来，国务院在东北三省开展了完善城镇社会保障体系的试点，为深化改革积累了经验。

（六）建立劳动保障监察和劳动争议处理制度，维护劳动者合法权益。《劳动法》实施以来，全国有 96% 的省市县建立了劳动保障监察机构，初步形成了三级监察执法组织网络，10 年共检查用人单位 760 万户，查处违法案件 160 万件。建立企业劳动争议调解委员会 19.5 万个，区域性、行业性劳动争议调解组织 8500 个，2004 年共受理劳动争议案件 24 万多件，调解成功率达 60%。建立省市县三级劳动争议仲裁委员会 3138 个，10 年共立案受理劳动争议案件 132 万件，涉及劳动者 443 万人，结案率达到 90%；在 2004 年处理的各类劳动争议案件中，有 69.3% 通过仲裁程序解决，其中，劳动者胜诉或部分胜诉的占 80% 以上。1995 年 1 月至 2005 年 7 月，各级人民法院审理劳动争议一审案件 85.6 万件。在经济体制转型、劳动纠纷多发时期，劳动保障监察、劳动争议处理工作对保护劳动者合法权益、维护社会稳定，发挥了重要作用。

二、问　　题

从检查情况看，贯彻实施《劳动法》还存在许多问题，特别是在建筑、轻工、服装、餐饮服务等劳动密集型行业，中小型非公有制企业和个体经济组织，侵害劳动者合法权益的现象比较普遍，有的问题还相当严重。

（一）劳动合同签订率低、期限短、内容不规范。从检查情况看，中小型非公有制企业劳动合同签订率不到 20%，个体经济组织的签订率更低。一些用人单位为规避法定义务，不愿与劳动者签订长期合同。大部分劳动合同期限在 1 年以内，劳动合同短期化倾向明显。有的用人单位滥用劳动合同试用期，试用期过后就不续用，以此盘剥劳动者，特别是进城务工人员。许多劳动合同虽然有劳动报酬的条款，但没有写明具体数额，有的仅规定劳动者的义务和用人单位的权利，有的甚至规定"生老病死都与企业无关"、"发生事故企业不负任何责任"等违法条款。有些用人单位签订劳动合同不与劳动者协商，甚至让劳动者在空白合同上签字。

（二）最低工资保障制度没有得到全面执行，拖欠工资现象仍时有发生，工资正常增长机制尚未形成。一些企业劳动者工资低于当地最低工资标准。据 2005 年 4 月的抽样调查显示，12.7% 的职工工资低于当地最低工资标准。一些企业随意调高劳动定额、降低计件单价，工人在 8 小时工作时间内根本无法完成定额任务，变相违反最低工资规定。个别地方最低工资标准偏低，不能保障劳动者的基本生活。有些地方克扣和拖欠劳动者工资的问题仍然严重。2004 年全国劳动保障监察部门查处的各类案件中，克扣和拖欠工资的占 41%。另据检查组问卷调查，在近一年中，有 7.8% 的员工被拖欠过工资，工资平均被拖欠 3.2 个月，人均被拖欠金额 2184 元；问题严重的省有 16.1% 的职工被拖欠过工资。一些国有困难企业拖欠职工工资问题仍未得到根本解决。建筑企业和劳动密集型加工制造、餐饮服务企业拖欠职工工资问题还很突出，有的企业前清后欠，有的企业主甚至把欠薪当作谋利手段，拖欠后恶意逃匿。沿海地区某市反映，仅 2004 年 5 月至今年 10 月，该市劳动部门处理的欠薪逃匿案件多达 156 起。拖欠工资特别是欠薪逃匿引发的群体事件呈上升趋势，严重影响社会稳定。不少企业没有根据企业效益和当地政府公布的工资指导线提高职工工资，甚至有些效益好的企业也把最低工资作为工资支付标准，加之多数中小型非公有制企业没有建立工会，职工很难与企业进行工资集体协商，致使劳动者特别是进城务工人员工资增长缓慢，难以分享企业效益增长的成果。

（三）超时加班现象比较普遍，劳动条件差。相当一部分企业违反《劳动法》规定，要求劳动者超时加班，并且不付加班工资，特别是一些生产季节性强、突击任务多的企业，劳动者每日工作长达十几个小时；有的企业将"四班三运转"改为"三班三运转"，劳动者很少有正常休息日。一些企业设备陈旧、作业环境差，劳动者直接受粉尘、噪音、高温甚至有毒有害气体的危害，工伤事故经常发生，职业病危害严重。一些企业不执行对女职工和未成年工特殊劳动保护的法律规定，不少女职工在孕、产、哺乳期被企业解雇或者不发工资。

（四）社会保险覆盖面窄、统筹层次低，欠缴保险费现象严重。目前各项社会保险的参保人群主要是国有、集体单位职工，大量非公有制企业和个体经济组织的劳动者没有参保，大多数进城务工人员也难以按现行制度参保。多数地方的社会保险基金实行地市级甚至县级统筹，难以有效发挥互济功能，也造成目前养老保险关系难以异地转移，进城务工人员参保积极性不高。一些用人单位欠缴社会保险费，或采取瞒报工资总额和职工人数的方式少缴社会保险费。

（五）劳动保障监察力度不足，劳动争议处理周期长、效率低。劳动保障监察部门力量不足，手段软弱，对违法行为查处不力。许多地方仅能对投诉举报的案件进行查处，没有建立有效的防范机制；对已经查处的案件惩处力度不够，达不到震慑违法用人单位的目的。各地普遍反映，目前实行的"一调一裁两审"制度，如果走完全部程序的期限，需要一年以上。劳动争议不能得到及时解决，直接影响了劳动者合法权益的保护，有的还引发了一些群体纠纷、集体上访事件。

上述问题的存在，主要是在市场主体多元化、用工形式多样化、劳动关系复杂化的新形势下，有些地方和部门对贯彻实施《劳动法》认识不到位、工作不适应，以及法律法规不完善。有些地方和部门领导不能正确认识维护劳动者权益与发展经济的关系，甚至把牺牲劳动者权益作为招商引资的优惠条件。还有一些地方对劳动保障执法设置障碍，规定不得到"重点保护企业"执法，劳动保障行政处罚必须经过"优化办"、"软环境办"批准等。有的执法司法人员在执法过程中对劳动者比较冷漠，没有正确履行保护劳动者合法权益的职责。有关部门对新形势下的劳动保障工作面临的矛盾和问题缺乏深入研究和必要的对策措施，有些制度、措施和工作方式不适应市场经济体制下新型劳动关系的需要，基础工作比较薄弱，对规模以下企业、个体经济组织的劳动用工、劳动合同、工资分配，对各类劳动者特别是进城务工人员的就业方式、劳动报酬和社会保险等基本情况底数不清。现行法律法规也不够完善，有些规定滞后于当前经济社会发展的实践。

三、建　　议

为进一步贯彻实施《劳动法》，切实维护劳动者合法权益，检查组提出以下建议：

（一）进一步提高认识，深入贯彻《劳动法》及保护劳动者的法律法规。各级政府及其有关部门、司法机关要从贯彻"三个代表"重要思想和十六大精神，落实科学发展观、构建和谐社会的高度，坚持执政为民，切实提高对保护劳动者重要性的认识。要根据当前实施《劳动法》存在的问题，有针对性地加强《劳动法》的宣传教育，正确处理实施《劳动法》与发展经济的关系，正确处理维护劳动者权益与保护投资者积极性的关系，正确处理严格执法与优化投资环境的关系。要引导用人单位增强社会责任感，遵守劳动法律法规；引导广大劳动者掌握《劳动法》知识，提高依法维护自身权益的能力。政府及其有关部门、司法机关要增强执法能力，加大执法力度，怀着对劳动人民的深厚感情，切实保护劳动者合法权益。

（二）大力推行积极就业政策，千方百计扩大就业。就业是民生之本、安国之策，解决好就业问题，关系到劳动者基本权利的实现，关系到社会经济持续健康发展，关系到国家长治久安和人民安居乐业。在我国工业化、城市化、经济结构调整进程中，就业压力将长期存在。各级政府都要始终把促进就业作为一项重要工作，长抓不懈。要从实际出发多渠道开发就业岗位，鼓励自主创业，完善促进就业和再就业的优惠政策，加大对困难群体再就业的扶持力度。按照党的十六届五中全会要求，逐步建立城乡统一的劳动力市场和公平竞争的就业制度，统筹城乡劳动者就业。要加快建立政府扶助、社会参与的职业技能培训机制，积极创造条件开展创业培训，不断提高劳动者素质，适应技术进步、产业升级和经济发展的需要。

（三）全面推行劳动合同制度，促进劳动关系和谐稳定。劳动合同是确立劳动关系、明确双方权利义务的法律依据。要把签订劳动合同作为维护劳动者权益的一项重要基础性工作来抓。要在全国范围内推行以签订劳动合同为基础的劳动用工登记制度。明确用人单位是签订劳动合同的责任主体，不签订劳动合同就是违法行为。建议国务院在 2006 年开展一次劳动合同制度实施情况的检查，摸清底数，采取有效措施，用三年时间实现各类企业与劳动者依法签订劳动合同。积极扩大集体合同覆盖面。同时，有关部门要制定和完善适用于不同行业的劳动合同示范文本，明确用人单位对劳动条件、劳动内容、工资报酬、职业危害的告知等法定义务，指导用人单位与劳动者签订内容规范的劳动合同。

加强研究劳务派遣用工等新情况，及时出台规范措施。

（四）严格执行最低工资保障制度，切实解决工资拖欠问题。目前各地都普遍制定了最低工资标准，关键在于落实。各级政府和有关部门要明确责任，加大执法力度，督促企业严格执行，严厉查处拒不执行最低工资规定的用人单位。同时，根据当地经济社会发展水平，适时调整最低工资标准。推行工资集体协商制度，建立工资正常增长机制，督促企业在效益增长的同时提高劳动者工资。劳动保障部门要加强对劳动定额标准的管理，指导有关行业协会制定本行业的劳动定额标准，督促企业合理确定劳动定额和计件工资标准，严肃查处迫使劳动者超时加班、违反最低工资标准、不依法支付加班工资等侵害劳动者权益的违法行为。

国务院和有关部门要总结近年来清理拖欠工资的经验，加强部门协调，在 2007 年底前基本解决工资历史拖欠问题。同时，要研究制定从根本上预防和解决拖欠工资问题的有效制度。要监控用人单位工资发放情况，及时发现和查处拖欠工资的违法行为，依法加大对欠薪单位的惩处力度，针对有些行业的用工特点，建立工资支付保障制度。

（五）加快社会保障制度建设，抓紧解决进城务工人员参保问题。要以制度创新为重点，完善社会保险制度。进城务工人员已成为产业工人的重要组成部分，是城市建设的主力军。要在统一社保制度的前提下，针对他们的特点，确定其参加社会保险的缴费水平和相应的保障待遇，提高他们的参保积极性。同时，要强化企业参保义务，着力解决中小型非公有制企业、个体经济组织参保率低的问题，扩大各项社会保险覆盖面；提高社会保险资金的统筹层次，逐步研究解决养老保险关系异地转移；加大各项社会保险费的征缴力度，打击不缴或欠缴社会保险费的违法行为。此外，对检查中大家反映比较强烈的问题，如行政事业单位和企业退休人员养老金差距过大，医药卫生体制改革不配套，职工看病难、个人医疗费负担重，以意外伤害保险取代工伤社会保险等问题，建议有关部门认真研究解决。

（六）强化劳动保障监察，完善劳动争议处理制度。劳动保障监察是切实维护劳动者合法权益、纠正各种违法行为的重要手段。劳动保障部门要建立和完善日常监察制度，定期对用人单位遵守劳动保障法律法规情况进行检查。各地要对限制劳动保障监察的做法进行一次清理。对拒不执行劳动保障监察决定的用人单位，工商部门一律不得通过年检。有关部门要加大职业卫生监督，督促用人单位改善劳动条件，严格遵守国家对工时、女职工和未成年工保护的有关规定。要加大劳动争议处理工作力度，建立区域性、行业性劳动争议调解组织，探索在非公有制企业开展调解工作的新途径和新形式。完善劳动争议处理机制，缩短争议处理时间。加强劳动保障监察、仲裁队伍建设，健全机构，充实力量，强化手段，保证经费，提高执法人员的素质。要增进各部门、单位之间的协调配合，工会、妇联等社会团体要在完善职工维权机制方面发挥更大作用。

（七）抓紧制定有关法律，加快劳动法制建设。要根据劳动用工和社会保险制度发展的需要，加快制定劳动合同法、社会保险法、劳动争议处理法、就业促进法等法律，修改完善《劳动法》。研究在刑法等相关法律中，增加对欠薪逃匿等严重违法行为追究刑事责任的条款。完善相关法律法规，以适应在新形势下更好地保护劳动者合法权益的要求。

尊重劳动，保护劳动者，解放和发展社会生产力，是我国社会主义现代化建设的根本要求，也是社会主义制度生命力和优越性的体现。切实维护广大劳动者合法权益，是贯彻党的十六届五中全会精神、落实科学发展观、构建和谐社会的重要内容。以人为本，重要的是以劳动者为本；社会和谐，重要的是劳动关系的和谐。要严格执法，完善制度，使《劳动法》真正成为社会生产力发展的促进法，成为我国广大劳动者的保护法。

在统一战线各界人士学习胡锦涛同志"七一"重要讲话精神座谈会上的发言

（2006 年 7 月 3 日）

在庆祝中国共产党成立 85 周年之际，中共中央总书记胡锦涛同志发表的重要讲话，在全国各地引起了热烈的反响，也在民主党派广大干部和成员中引起了热烈的反响。大家一致认为，胡锦涛总书记的重要讲话，从历史发展的宏观角度，精辟概括了中国共产党 85 年奋斗历程和辉煌业绩，对历时一年半的保持共产党员先进性教育活动作了深刻的总结。讲话高屋建瓴，立意深远，内容丰富，是进一步全面加强执政党建设，始终保持中国共产党先进性的纲领性文件，对于参政党不断增强对中国共产党领导的信念、对完善发展多党合作和政治协商制度的信心，坚定不移地走中国特色政治发展的道路，也具有十分重要的指导意义。下面，我谈一谈学习胡锦涛总书记讲话的初步体会。

中国共产党 85 年的历史，是为中华民族的独立、解放、繁荣，为中国人民的自由、民主、幸福而不懈奋斗的历史。胡锦涛总书记在讲话中精辟概括了这一历史。他指出，在新民主主义革命时期，我们经过 28 年艰苦卓绝的斗争，推翻了帝国主义、封建主义、官僚资本主义的反动统治，实现了民族独立和人民解放，建立了人民当家作主的新中国。在社会主义革命和建设时期，我们确立了社会主义基本制度，在一穷二白的基础上建立了独立的比较完整的工业体系和国民经济体系，使古老的中国以崭新的姿态屹立在世界的东方。在改革开放和社会主义现代化建设时期，我们开创了中国特色社会主义道路，坚持以经济建设为中心、坚持四项基本原则、坚持改革开放，初步建立起社会主义市场经济体制，大幅度提高了我国的综合国力和人民生活水平，为全面建设小康社会、基本实现社会主义现代化开辟了广阔的前景。这三件大事，从根本上改变了中国人民的前途命运，决定了中国历史的发展方向，在世界上产生了深刻而广泛的影响。

从胡锦涛同志的精辟论述中，我们深深感到，历史之所以选择中国共产党，中国人民之所以信任和拥护中国共产党的领导，最根本的原因，在于中国共产党始终代表中国先进生产力的发展要求，代表中国先进文化的前进方向，代表中国最广大人民的根本利益；在于中国共产党在关系中华民族命运和前途的每一个关键时刻、每一个重大关头，始终能够把握历史大势、顺应时代潮流，带领并依靠全国各族人民，为实现国家和人民的根本利益而不懈奋斗。

为了始终保持中国共产党的先进性，2005 年新年伊始，以胡锦涛同志为总书记的中共中央统一部署，在全体共产党员中开展了历时一年半，以实践"三个代表"重要思想为主要内容的保持共产党员先进性教育活动。这是中国共产党成立以来参加党员最多、规模最大的一次党内马克思主义正面教育、自我教育活动，是以党的建设新的伟大工程促进中国特色社会主义伟大事业的一次新的实践，取得了丰富的实践成果、制度成果和理论成果。我们相信，通过先进性教育活动，中国共产党一定能够更加坚强地团结领导全国各族人民，在新世纪新阶段谱写更加壮丽的篇章！

学习胡锦涛总书记的重要讲话，回顾中国共产党领导的多党合作和政治协商制度建立和不断发展完善的历史，我们深深体会到，中国共产党一直走在时代的最前列，始终保持先进性，成为我国多党合作制度中的领导核心，是历史的必然选择，是全中国各族人民的共同愿望，我们为有这样一个始终代表中国最广大人民根本利益的领导核心，而感到由衷的欣慰和骄傲。

早在民主革命时期，以毛泽东同志为代表的中国共产党人，根据马克思主义的基本原理，从中国具体的历史条件和各阶级的实际情况出发，广泛团结各派爱国民主力量，与各民主党派建立了合作关系，并在共同斗争中不断发展了这种关系。1948 年 4 月 30 日，中国共产党发布纪念"五一"劳动节口号，各民主党派立刻积极响应，声明中国共产党的主张"适合人民时势之要求，尤符同人等之本旨"，公开表示拥护中国共产党的领导和新民主主义的路线，标志着各民主党派自觉接受中国共产党的领导，完成了从爱国主义向新民主主义的历史性转变。

建国以后，随着中国共产党领导的多党合作和政治协商制度的建立，各民主党派更加坚定了接受中国共产党领导的决心，走过了从新民主主义到社会主义的道路。1989 年，《中共中央关于坚持和完善中国共产党领导的多党合作和政治协商制度的意见》的发布，明确了中国共产党领导的多党合作和政治协商制度是我国一项基本政治制度，明确了民主党派在国家政治生活中的参政党地位，提出了民主党派参政的基本点、履行职责的总原则和各项具体措施。在文件精神的指引下，中国特色政党制度的发展，进入了一个新的历史时期。

在以胡锦涛同志为总书记的中共中央领导下，2005年，中共中央制定下发了《中共中央关于进一步加强中国共产党领导的多党合作和政治协商制度建设的意见》，2006年，又制定下发了《中共中央关于加强人民政协工作的意见》。中共中央这两个《意见》以邓小平理论、"三个代表"重要思想和中央一系列治国理政的理念为指导，全面总结了多党合作和政治协商的理论成果和成功经验，深刻分析了多党合作和政治协商制度面临的新形势和新任务，从建设社会主义政治文明着眼，对多党合作和政治协商的原则、内容、方式、程序等作了科学规范，提出了一系列新的理论观点和政策思想，其核心是走中国特色政治发展的道路。两个文件的颁布实施，大大推进了我国多党合作的制度化、规范化和程序化。我们相信，在中国共产党的坚强领导下，以两个《意见》精神为指导，我国的多党合作和政治协商事业一定会显示出更加强大的生命力，在建设中国特色社会主义事业和实现中华民族伟大振兴的历史进程中，发挥更加显著的作用。

中国共产党加强党的先进性建设，全心全意为人民服务，为我们树立了榜样和典范。民主党派作为参政党，要不断加强自身建设，适应新的历史条件下多党合作的需要，加强自身在广泛性基础上的进步性，努力提高参政议政的能力和水平。中国共产党的执政能力和领导水平提高了，民主党派参政议政、民主监督的水平也要提高。只有这样，民主党派才能始终保持在广泛性基础上的进步性，在建设中国特色社会主义事业中发挥应有的作用。也只有这样，才能更好地坚持中国共产党的领导，推动中国共产党领导的多党合作和政治协商制度不断完善和发展。

在庆祝中国共产党成立 85 周年之际，我们一定要深入学习胡锦涛总书记"七一"重要讲话，认真学习中国共产党加强先进性建设的丰富经验，进一步深刻认识中国共产党的伟大历史贡献，深刻认识共产党的先进性和执政的必然性，解放思想，实事求是，与时俱进，积极探索参政党建设的基本规律、基本方法，适应时代发展的要求，不断加强自身建设，进一步提高政治把握能力、参政议政能力、组织领导能力、合作共事能力，从而使自身在广泛性基础上的进步性与中国共产党的先进性相适应，充分体现时代的特点和内涵，同执政党一道，努力开创多党合作事业的新局面。为全面贯彻落实科学发展观，推进社会主义物质文明、政治文明、精神文明建设作出新的更大贡献！

落实《民族区域自治法》
促进民族区域经济发展[*]

（2006 年 8 月 31 日）

今年，全国人大常委会决定对《民族区域自治法》的执行情况进行执法检查，这是 1984 年《民族区域自治法》颁布实施 22 年以来进行的第一次执法检查，受到了中央领导同志和全国人大常委会领导的高度重视。胡锦涛同志对这次执法检查非常重视，在听取了有关情况汇报后作出重要批示，指出对自治法的检查很有必要，并特别关心人口较少民族的生产、生活情况，要帮助他们解决实际困难，通过执法检查，促进民族大团结，实现共同发展。今年 7 月 10 日，胡锦涛总书记在全国统战工作会议上指出："正确认识和处理我国民族关系，最根本的就是要始终不渝地坚持民族平等，加强民族团结，推动民族互助，促进民族和谐。要牢牢地把握各民族共同团结奋斗、共同繁荣发展的主题，充分发挥民族区域自治制度的优越性，全面贯彻落实《民族区域自治法》。"吴邦国委员长在今年十届全国人大四次会议上所

---

　　[*] 这是何鲁丽同志 2006 年 8 月 31 日在全国人大常委会《民族区域自治法》执法检查新疆维吾尔自治区汇报会上的讲话。

作的全国人大常委会工作报告中也明确提出，今年将要对《民族区域自治法》的贯彻落实情况进行检查。并作出具体批示：这次执法检查要突出重点，注重实效，要督促各地、有关部门切实解决实施中的突出问题，促进民族区域自治地方的经济和社会发展。为此，全国人大常委会委员长会议专题进行了研究和部署。

为了搞好这次执法检查，全国人大常委会党组召开会议进行研究和部署。前不久，检查组召开了第一次全体会议，国务院21个有关部委局参加了会议。会上听取了国家民族事务委员会、国家发展和改革委员会、国务院法制办公室贯彻落实《民族区域自治法》的基本情况，其他部委递交了书面材料。王兆国副委员长在会上发表了重要讲话，要求检查组的同志要充分认识这次执法检查的重要意义，进一步增强责任感和使命感，认真做好各项工作，确保执法检查取得实实在在的成效。

《民族区域自治法》是实施宪法规定的民族区域自治制度的基本法律，集中体现了我们党的民族政策，体现了各族人民的共同意志。根据我国改革开放和建立社会主义市场经济体制的需要，2001年，第九届全国人大常委会对这部法律进行了修改和补充，使这部法律更加完善，更加符合民族地区经济社会发展的实际，成为我国全面建设小康社会，加快推进社会和谐进步，增进民族团结，推动各民族共同繁荣发展最重要的法律保障。

《民族区域自治法》贯彻实施20多年来，在保障各少数民族的平等权利和自治权利，促进民族自治地方经济和社会的发展，维护国家统一，加强民族团结和保持社会稳定，巩固和发展平等、团结、互助的社会主义民族关系，保障民族自治地方和我国的社会主义现代化建设的顺利进行，都发挥了重要作用。实践证明这是一部好法。

党的十六大以来，为进一步坚持和完善民族区域自治制度，贯彻实施《民族区域自治法》，国家采取了一系列重大措施，加快了《民族区域自治法》的配套法规建设和一系列政策的出台步伐，充分体现了党中央构建社会主义和谐社会，以人为本的执政理念，让民族地区也享受到我国改革开放以来所取得的巨大成果。2005年，中央召开了高规格的中央民族工作会议，出台了《国务院实施〈中华人民共和国民族区域自治法〉若干规定》，制定了《扶持人口较少民族发展规划（2005—2010)》，制定了《中共中央、国务院关于进一步加强民族工作，加快少数民族和民族地区经济社会发展的决定》。今年是国家实施"十一五"规划的开局之年，全国人大常委会决定对《民族区域自治法》的贯彻落实情况进行执法检查，是非常及时和必要的，这是一项贯彻落实中央民族工作会议精神的重大举措，必将对进一步贯彻实施《民族区域自治法》，促进少数民族地区经济和社会发展起到推动作用。

这次执法检查的指导思想是：坚持以邓小平理论、"三个代表"重要思想为指导，坚持科学发展观，深入贯彻党的十六大和中央民族工作会议精神，牢牢把握各民族"共同团结奋斗，共同繁荣发展"这一新时期民族工作主题，检查《民族区域自治法》的贯彻实施情况，巩固和发展平等、团结、互助、和谐的社会主义民族关系。

对法律的贯彻实施进行执法检查是人大及其常委会开展法律监督和工作监督的行之有效的基本形式。这次执法检查，是一项政治性、政策性都很强的工作，关系到党的民族政策的贯彻落实，关系到进一步为少数民族和民族地区经济社会发展提供良好的法制环境。

本次执法检查的重点是：（一）检查上级国家机关和民族自治地方帮助少数民族和民族地区经济社会发展的情况。（二）检查和《民族区域自治法》配套的法规建设情况，促进长效工作机制的建立。当前，一些对民族地区的优惠政策并未得到完全落实，中央和地方的配套法规、规章等还不够健全，影响了《民族区域自治法》的全面贯彻落实。

本次执法检查分4个组，由司马义·艾买提、许嘉璐、韩启德副委员长和我各带一个组分赴11个省区进行检查。每组成员包括部分全国人大常委会委员、全国人大民族委员会的组成人员和所在省区的全国人大代表。全国人大机关工作人员参与工作。并委托辖有民族自治地方的吉林、辽宁、河北、浙江、湖北、湖南、重庆、广东、海南9个省市的人大常委会在本辖区内进行检查。全国人大民族委员会为这次执法检查，做了许多前期准备工作；国家民族事务委员会也派出领导同志和工作人员配合各检查小组开展工作。我们这一组检查的是青海、甘肃和新疆，新疆是这个组的最后一站。目前，4个检查组在各地的检查工作都已接近尾声，将于9月中旬全部完成执法检查工作。

刚刚听取了自治区人大、政府的汇报。我们了解到，新疆在党中央、国务院和自治区党委、人大、政府的正确领导下，全区各族人民高举邓小平理论和"三个代表"重要思想的伟大旗帜，认真贯彻、落实中央的重大决策和部署，树立和落实科学发展观，紧紧抓住西部大开发战略这个历史机遇，大力推进和深化优势资源转化战略、可持续发展战略、科教兴新和人才强区战略，走新型工业化道路和特色农业发展之路。新疆经济和社会发展取得了巨大成就，各族群众安居乐业。并在贯彻实施《民族区域自治法》方面，结合自治区实际在宣传教育、法治建设、创建工作等方面做了大量工作，巩固和发展了平等、团结、互助、和谐的社会主义民族关系，维护了祖国统一、民族团结、社会稳定的大好局面。

新疆是祖国西部的一块资源丰富的宝地，地理位置十分重要，历史悠久，文化灿烂，发展前景十分广阔。但新疆当前仍属于欠发达地区，任务重、困难多，陈雷主席也介绍了需要国家大力扶植方面的项目。"十一五"期间，新疆贯彻、落实"稳疆兴疆、富民固边"的方针，牢牢把握发展第一要务，落实科学发展观，构建社会主义和谐社会，一定会取得新的、更大的成就。

民族的平等团结，加快少数民族和民族地区经济和社会发展，是民族工作的主要任务，是解决我国民族问题的根本途径，是各族干部群众，尤其是少数民族干部群众的共同愿望。今天的汇报会结束后，我们还要到基层走访，实地听取干部群众的意见和建议。对了解到的情况和检查中发现的问题，检查组会进行认真的研究和梳理，向全国人大常委会提出检查报告，并听取常委委员的审议意见，还要通过相应的法律程序，督促法律的实施部门认真加以整改。有关部门还要把整改情况反馈给全国人大常委会。

对这次执法检查，自治区的同志做了大量、细致的工作，为我们安排了很好的日程，准备了详细的汇报材料。在此，对于你们的热情接待和精心安排，我代表检查组的全体同志向你们表示真诚的感谢！

推进多党合作事业不断向前发展[*]

（2006 年 9 月 12 日）

《江泽民文选》的出版发行是我国政治生活中的一件大事，对包括民主党派在内的全国人民来说，都感到十分振奋人心。学习《江泽民文选》和胡锦涛同志在学习《江泽民文选》报告会上的重要讲话，对于民革广大干部和党员高举邓小平理论和"三个代表"重要思想伟大旗帜，正确认识国内外发展大势，更加紧密地团结在以胡锦涛同志为总书记的中共中央周围，坚定不移地贯彻落实科学发展观，加快推进我国社会主义现代化建设，具有十分重要的意义。

《江泽民文选》出版发行和胡锦涛同志作出重要讲话后，民革中央立即采取行动，对学习《江泽民文选》和胡锦涛同志重要讲话作出部署。民革中央及时向全党发出《关于认真学习〈江泽民文选〉的通知》，要求各级组织和广大党员把认真学习《江泽民文选》和胡锦涛总书记重要讲话，作为当前和今后一个时期自身建设的重要任务，抓紧抓好；要求民革各级组织密切联系自身的工作实际和广大党员的思想实际，认真组织各级干部和

---

* 这是何鲁丽同志在统一战线学习《江泽民文选》座谈会上的发言。

广大党员开展各种形式的学习，把学习活动组织好、实施好，注重把学习成果落实到加强民革自身建设的实践，切实履行参政党职能上，以学习推动工作，为多党合作事业作出新的贡献。民革中央中心学习组（扩大）8月21日召开专题学习座谈会，学习《江泽民文选》和胡锦涛同志重要讲话精神。

《关于认真学习〈江泽民文选〉的通知》发出后，民革各级组织通过座谈会、专题学习会等多种形式，结合胡锦涛总书记的重要讲话，认真研读《江泽民文选》，并在广大党员中展开文选的学习、讨论活动，努力做到真学、常学、深学，真正做到学通弄懂，融会贯通，在全党掀起了学习《江泽民文选》的热潮。民革中央机关将在9月下旬举行学习《江泽民文选》和胡锦涛同志重要讲话的学习报告会，以进一步领会文选和讲话的精神实质。民革中央机关总支正在组织出题，拟以问答的形式促进机关民革党员的学习，进一步提高党员政治素质。《团结报》将进一步加大宣传力度，及时报道各民主党派、工商联对《江泽民文选》和胡锦涛同志重要讲话精神的学习情况，以营造更加浓厚、热烈的学习氛围。

《江泽民文选》收录了江泽民同志2000年12月4日在全国统战工作会议上所作的《进一步开创统一战线工作的新局面》的重要讲话。这篇讲话常读常新，每读一遍都有新的收获。回顾我国多党合作走过的历程，我们深刻地认识到，是毛泽东同志创立了中国多党合作的总格局，邓小平同志为推动其发展作出了重要的贡献，江泽民同志根据新时期、新形势的要求，以"三个代表"重要思想统领我国多党合作事业，将这一事业全面推向新的阶段。

江泽民同志在我国多党合作方面，有过许多深刻的论述，他指出：统一战线作为党的一个重要法宝绝不能丢掉，作为党的一个政治优势绝不能削弱，作为党的一项长期方针绝不能动摇；必须充分认识中国共产党领导的多党合作和政治协商制度的优越性，把它坚持好、完善好、落实好；共产党领导、多党派合作，共产党执政、多党派参政，这是中国特色政党制度的显著特征。坚持和发展这一制度，关键是要加强和改善共产党的领导。他还指出：衡量中国的政治制度和政党制度，最根本的是要从中国的国情出发，从中国革命、建设和改革实践的效果着眼；看能否促进社会生产力的持续发展和社会的全面进步；看能否实现和发展人民民主，增强党和国家的活力，保持和发展社会主义制度的特点与优势；看能否保持国家政局的稳定和社会安定团结；看能否实现和维护最广大人民的根本利益。民主党派作为具有政治联盟性质的政党，一直具有进步性与广泛性相统一的特点。这就为民主党派长期存在并发挥积极作用，提供了科学依据。以江泽民同志为核心的第三代中共中央领导集体，在多党合作方面提出的一系列符合时代要求的理论创新和政策措施，是新时期开创多党合作新局面的根本保证。

江泽民同志关于统一战线和多党合作的重要论述，是"三个代表"重要思想的有机组成部分，是毛泽东思想、邓小平理论的继承和发展，是坚持和完善中国共产党领导的多党合作和政治协商制度的指针。民革全党要在进一步深入学习"三个代表"重要思想的基础上，注重学习江泽民同志关于统一战线和多党合作的一系列重要论述和理论观点，不断提高民革各级干部和广大党员思想理论素质，进一步深刻认识中国共产党的先进性，增强接受中国共产党领导的自觉性、坚定性；深化对我国政党制度优越性的认识，增强坚持中国共产党领导的多党合作和政治协商制度的信心和决心，坚定不移地走中国特色社会主义道路。

民革一定要以"三个代表"重要思想为指导，根据参政党在我国政治生活中的地位、性质和特点，遵循民革自身建设的目标和原则，积极探索参政党建设的基本规律、基本方法，把自身建设提高到一个新的水平。一定要把学习《江泽民文选》和胡锦涛总书记重要讲话与贯彻落实科学发展观、"十一五"规划纲要的实践结合起来，牢牢把握建设中国特色社会主义这个主题，坚持解放思想、实事求是、与时俱进，进一步加深认识走中国特色政治发展道路的重大现实意义，切实提高民革参政议政的能力和水平，紧紧围绕发展这一参政议政的第一要务，为实现"十一五"规划和全面建设小康社会的宏伟目标、建设社会主义和谐社会作出新贡献。

国家统一和民族团结是中华民族
振兴和强盛的保证*

（2006 年 12 月 12 日）

　　今天，中共中央统战部、全国政协办公厅举办座谈会，隆重纪念西安事变 70 周年。70 年前，张学良、杨虎城两位将军在国家、民族危急之际，深受爱国思想、民族大义的感召，不计个人的得失安危，发动西安事变。他们为中华民族的自由、独立和富强作出的历史功绩名垂青史，永远受到人民的崇敬和纪念。正如周恩来同志所说，张、杨两将军是中华民族的"千古功臣"。在这个具有特殊意义的日子里，我谨代表各民主党派中央、全国工商联和无党派人士，向张学良、杨虎城两位将军和在中国近现代史上作出杰出贡献的爱国将领表示崇高的敬意和深切的缅怀，向在座的张、杨两位将军的亲属致以诚挚的问候！

　　西安事变，是在近现代中国民族矛盾不断上升并趋于激化、民族危机日渐严重的背景下爆发的。19 世纪末期，日本军国主义就将侵略矛头指向了中国。1894 年，悍然挑起甲午战争，从

---

　　*　这是何鲁丽同志在中共中央统战部、全国政协办公厅举办的纪念西安事变 70 周年座谈会上的发言。

中国攫取了巨额赔偿，并将台湾据为己有。1931 年发动"九一八"事变后，侵占了东三省。紧接着又大举入关，侵占了长城以南大片中国领土。中华民族危机日益严重。"华北之大，已经安放不得一张平静的书桌了！"张学良、杨虎城两位将军，深受中国共产党提出的抗日民族统一战线政策的影响，毅然于 1936年 12 月 12 日发动震惊中外的西安事变，呼吁停止内战，联共抗日。

西安事变的和平解决是各种力量作用的结果，而中国共产党则起到了关键的作用。作为中华民族利益的忠实代表，中国共产党一直坚定不移地高举反帝爱国旗帜，领导中国人民开展争取民族独立和解放的斗争。1935 年 8 月，中国共产党在《八一宣言》中明确提出了抗日救国的主张，强调建立包括上层在内的抗日民族统一战线。同年 12 月，在瓦窑堡会议上，中共中央进一步确立了抗日民族统一战线的新策略，并相应地调整了各项具体政策。西安事变爆发后，中共中央审时度势，不计前嫌，从中华民族利益和抗日大局出发，提出了和平解决西安事变的基本方针，并派出周恩来同志等组成的中共代表团到西安，与国民党内的有识之士和民主人士共同努力，经过大量艰苦细致的工作，最终促成了西安事变的和平解决。西安事变及其和平解决，基本结束了十年内战的局面，国内和平初步实现，成为国家由分裂、内战到团结抗日、一致对外的转折点，对中国革命和中华民族的命运产生了重大而深远的影响。

时光荏苒，西安事变已经过去 70 年了。我们在回顾历史、缅怀先辈的同时，可以从中得到很多启示。

中国共产党倡导的抗日民族统一战线，是西安事变和平解决、抗日战争取得胜利的重要保证。事变爆发前，张学良、杨虎城两位将军，就已深受中共抗日民族统一战线政策的影响，与中共达成停火协议。西安事变和平解决后，国共两党之间展开了多次谈判，终于在 1937 年 9 月实现了第二次国共合作，为抗日战争的胜利奠定了坚实的基础。在随后的八年抗战中，中国共产党和一切爱国力量共同努力，在抗日民族统一战线的旗帜下，推动了全国的抗战高潮，国民党军队在正面战场，共产党军队在敌后战场，团结抗战，共同为民族解放流血牺牲，最终打败了日本侵略者，取得近百年来中国人民反抗外来侵略的第一次完全胜利，中国共产党当之无愧地成为抗日战争的中流砥柱。

国家的统一、民族的团结，是中华民族振兴和强盛的根本保证。在祖国遭受外来侵略、民族濒临危亡的形势下，全国各族人民表现出高昂激越的爱国主义精神和团结御侮精神，推动了张、杨两位将军发动西安事变。事变发生后，有关各方照顾大局，为民族利益而团结合作、互谅互让，最终实现了和平解决。西安事变的和平解决充分证明，各阶层、各党派，不管存在多大分歧，有多少历史积怨，只要以民族利益和民族大义为重，高举爱国主义旗帜，就一定能团结起来，携手合作。特别是中国共产党在解决事变过程中，力主和平解决，团结抗日的诚意，表现出了"兄弟阋于墙，外御其侮"的精神，至今仍能给我们许多启迪。

分裂则衰，团结则兴，是世界上所有国家、民族的通则，也是西安事变和抗日战争胜利的历史带给我们的宝贵启示。目前，海峡两岸还处于人为的分离状态。实现祖国的完全统一，是海内外中华儿女的共同心愿，是包括台湾同胞在内的中华民族的根本利益所在。"台独"分裂势力的所作所为违背世界历史潮流，从根本上损害了包括台湾同胞在内的全体中国人民的根本利益，是注定要遭到失败的。我们反对任何形式的"台独"分裂活动。在"和平统一、一国两制"方针下，两岸中国人完全可以在一个中国原则的基础上，努力发展两岸经济、文化的交流与合作，促进两岸关系和平稳定发展，不断推进祖国和平统一大业。

新世纪新阶段，中华民族处于发展、振兴的重要战略机遇期，中国共产党带领全国各族人民，正满怀信心地迈入全面建设小康社会、构建社会主义和谐社会的伟大征程。各民主党派、工商联和无党派人士，决心在中国共产党的正确领导下，不断坚持和完善我国的多党合作和政治协商制度，坚定走中国特色政治发展道路，紧密团结在以胡锦涛同志为总书记的中共中央周围，为促进祖国和平统一大业，实现中华民族伟大复兴，作出新的贡献！

在中央统战部召开的党外人士学习中共十七大精神座谈会上的发言

（2007 年 10 月 30 日）

中国共产党第十七次全国代表大会已经胜利闭幕。这次大会高举旗帜、继往开来、求真务实，是一次团结的大会，胜利的大会，奋进的大会。十七大选举产生了新一届中央委员会，十七届一中全会选举产生了以胡锦涛同志为总书记的新一届中共中央领导机构，一批德才兼备、年富力强的领导同志进入新一届中央领导集体，充分反映了中国共产党兴旺发达，朝气蓬勃，富有活力。选举结果体现了全党的意志，反映了全国各族人民的共同心愿。胡锦涛总书记在十七大上所作的报告，描绘了在新的时代条件下，继续全面建设小康社会、加快推进社会主义现代化的宏伟蓝图，为中国人民事业发展指明了前进方向，是中国共产党带领全国各族人民坚定不移走中国特色社会主义道路，在新的历史起点上继续发展中国特色社会主义的政治宣言和行动纲领。十七大的召开和胡锦涛总书记的报告对于全国各族人民统一思想、明确方向、鼓舞斗志、共同为夺取全面建设小康社会新胜利、开创中国特色社会主义事业新局面而奋斗，具有极其重要的现实意义和深远的历史意义。作为中国共产党的亲密友党，民革对中共十七大一系列重大决策表示衷心拥护，要以学习贯彻中共十七大精神作为当前和今后一个时期首要的政治任务，把思想和行动统一到十七大精神上来，把智慧和力量凝聚到夺取全面建设小康社会新胜利的伟大事业上来。民革中央已向全党发出通知，对学习贯彻十七大精神作出了安排部署。

对于我们民革各级组织和广大党员来说，认真学习贯彻中共十七大精神，一定要深刻领会十七大的主题。高举中国特色社会主义伟大旗帜，以邓小平理论、"三个代表"重要思想为指导，深入贯彻落实科学发展观，继续解放思想，坚持改革开放，推动科学发展，促进社会和谐，为夺取全面建设小康社会新胜利而奋斗。中国特色社会主义的伟大旗帜，是当代中国发展进步的旗帜，是全国人民团结奋斗的旗帜，凝聚着全国各族人民的共同理想，是多党合作的思想政治基础。民革作为参政党，接受中国共产党领导的核心和根本，就是高举中国特色社会主义伟大旗帜，坚持中国特色社会主义道路和理论体系，与全国各族人民一起共同致力于中国特色社会主义事业。学习贯彻十七大精神，一定要认真学习和深入贯彻落实科学发展观。科学发展观是中国共产党十六大以来在经济社会发展中不断实践、不断总结的成果，是党的三代中央领导集体关于发展的重要思想的继承和发展，是马克思主义关于发展的世界观和方法论的集中体现，是同马克思列宁主义、毛泽东思想、邓小平理论和"三个代表"重要思想既一脉相承又与时俱进的科学理论，是中国特色社会主义理论的重要组成部分，是马克思主义中国化的最新成果，是我国经济社会发展的重要指导方针，是发展中国特色社会主义必须坚持和贯彻的重大战略思想。我们一定要充分认识科学发展观的重大意义、科学内涵、精神实质和根本要求，从社会主义初级阶段的基本国情出发，始终坚持中国共产党的基本路线，要牢记"四个必须坚持"[1]，以科学发展观的要求统领民革各方面工作，积极履行参政党职能，为全面建设小康社会贡献力量。

学习贯彻十七大精神，一定要不断增强走中国特色社会主义政治发展道路的自觉性和坚定性。十七大报告系统阐述了中国特色社会主义政治发展道路的内容，体现了中共中央对多党合作事业一以贯之的高度重视，是对我们民主党派的极大鼓舞。民革全党一定要以自身建设和履行职能的工作成效，推进社会主义民主政治制度建设和发展社会主义政治文明，促进多党合作事业的发展，坚持和完善共产党领导的多党合作和政治协商制度。

学习贯彻十七大精神，要以十七大精神指导参政议政工作，为完成十七大提出的各项任务积极履行参政党职能。胡锦涛总书记的报告全面阐述了实现全面建设小康社会奋斗目标的新要求，对到 2020 年实现全面建设小康社会宏伟目标作出了全面部署，既为全中国各族人民指明了前进方向，也为我们各民主党派履行参政议政、民主监督职能指明了前进方向。民革各级组织要紧紧围绕十七大报告提出的各项任务开展参政议政工作，围绕致力发展、关注民生、促进和谐深入调查研究，不断提高参政议政工作的水平和质量。

十七大报告从全局和战略的高度，提出了今后一个时期对台工作的指导思想和总体要求，体现了中国共产党在解决台湾问题、实现祖国完全统一问题上的真诚意愿和务实态度，体现了中国共产党人的高度历史责任感。报告指明两岸统一是中华民族走向伟大复兴的历史必然。民革作为一个与台湾有关方面有着较多历史联系的参政党，将坚定不移地贯彻中共中央对台工作的大政方针，坚决反对"台独"分裂势力的分裂活动，坚决维护中国主权和领土完整，牢牢把握两岸关系和平发展的主题，充分发挥自己的优势和特点，为促进两岸同胞感情更融洽、合作更深化，促进海峡两岸关系朝着和平稳定方向发展努力做好工作。

值此中共十七大胜利闭幕之际，我们民革将迎来成立 60 周年和民革第十一次全国代表大会。我们要以中共十七大精神为指导，搞好民革 60 周年纪念活动、开好民革十一大。最根本的一条，就是要认真学习贯彻中共十七大精神，在中国特色社会主义伟大旗帜的指引下，更加坚定自觉地走中国特色社会主义政治发展道路，搞好政治交接，把民革坚持中国共产党领导的优良传统一代一代地继承下去，坚持和完善中国共产党领导的多党合作和政治协商制度，更加紧密地团结在以胡锦涛同志为总书记的中共中央周围，为全面建设小康社会贡献自己的力量。

注　释

〔1〕"四个必须坚持"，是指："必须坚持发展是第一要义，着力推动经济社会又好又快发展；必须坚持自主创新，着力建设创新型国家；必须坚持实施人才强国战略，着力培养造就高素质人才队伍；必须坚持弘扬求真务实精神，着力推动各项工作的落实。"

四、社会政治活动

在全国抗洪抢险总结
表彰大会上的发言

（1998 年 9 月 28 日）

在抗洪抢险斗争取得全面胜利之际，中共中央、国务院隆重召开全国抗洪抢险总结表彰大会，其意义和影响是非常深远的。我代表各民主党派中央、全国工商联和无党派人士，向领导这场伟大斗争的中共中央、国务院、中央军委，向奋战在抗洪抢险第一线的解放军指战员、武警部队官兵、公安干警和广大干部群众，向以各种方式积极支援灾区的全国各族人民，致以崇高的敬意！向出席今天大会的抗洪抢险英模代表，致以热烈的祝贺！

今年入汛以来，长江、嫩江、松花江流域相继发生大洪水，造成严重的洪涝灾害。在中共中央的坚强领导下，在全国各族人民的大力支持下，灾区广大军民团结奋战，严防死守，以大无畏的英雄气概和敢打必胜的坚强决心，战胜了洪水，谱写了一曲威武雄壮的时代凯歌。

在两个多月的抗洪斗争中，以江泽民同志为核心的中共中央始终牢牢把握全局，果断决策，指挥若定，充分体现了卓越的领导才能。中共中央领导同志亲赴抗洪前线，察看汛情，指导抢险，极大地鼓舞和激励了广大抗洪军民。受灾地区的各级领导干部身先士卒，不辞辛劳，不畏艰险。英勇的人民子弟兵斗恶浪，堵决口，固大堤，救群众，将个人的生死置之度外。灾区的群众弃小家，顾大家，表现了高尚的风格。全国各族人民发扬中华民族的优良传统，团结协作，风雨同舟，以各种方式支援灾区。总之，广大军民的殊死奋战，无数共产党员表现出来的忘我奋斗精神，为全社会树立了光辉榜样！

这次抗洪斗争的胜利再一次说明，有中国共产党的坚强领导，有优越的社会主义制度，有日益壮大的经济实力和综合国力，有广大干部群众的积极性和创造力的充分发挥，全国上下就能形成无险不克、无坚不摧的强大凝聚力和战斗力，就能创造出战胜各种艰难险阻的伟大奇迹。

在这次抗洪斗争中，我们各民主党派、全国工商联和无党派人士，与灾区人民同呼吸、共命运，按照中共中央、国务院的统一部署，通过各种方式积极投入抗洪救灾工作，作出了自己应有的贡献。据初步统计，民主党派、工商联各级组织和广大成员以及无党派人士，共捐款捐物6亿多元。不少同志还直接投身抗洪救灾第一线，经受了考验，得到了锻炼。通过这次抗洪救灾的斗争，我们更加深刻地体会到，没有中国共产党的领导，就没有繁荣、强盛的新中国。我们对社会主义祖国的光明前途充满信心。

现在，洪水已经退去，但灾区恢复生产、重建家园的任务仍很艰巨。我们各民主党派、全国工商联和无党派人士，决心在中国共产党的领导下，同全国各族人民一道，发扬伟大的抗洪精神，以英模为榜样，开展热爱中国共产党、热爱祖国、热爱社会主义、热爱中国人民解放军的"四热爱"教育，努力做好自己的本职工作，切实履行好参政议政、民主监督的职能，为促进改革开放和现代化建设的发展作出新的贡献。

　　我们要继续高举邓小平理论伟大旗帜，更加紧密地团结在以江泽民同志为核心的中共中央周围，按照中共十五大确定的跨世纪发展战略，在全面推进建设有中国特色社会主义事业、实现祖国完全统一和中华民族伟大复兴的历史进程中，继续创造出无愧于时代的光荣业绩！

抓住机遇　迎接挑战
共创辉煌未来[*]

（1999 年 11 月 22 日）

人类即将跨入 21 世纪，迎来新的千年。21 世纪将是怎样的一个世纪，是当前国际社会普遍关心和热烈讨论的一个问题。今天，有这么多世界著名的政治家和专家学者来参加会议，围绕着"新的世纪，谁的世纪——技术、经济、政体和社会的发展与相互作用"这个主题进行讨论，是适时的，具有重要意义。我相信一定会取得积极的成果。我们的讨论也将是对英迪拉·甘地^[1]夫人最好的纪念。

在世纪之交的重要历史时刻，回顾中国和亚洲一百年来的沧桑巨变，展望我们充满希望的未来，不禁感慨万千。20 世纪，是中国沧桑巨变的世纪。中国人民经过前半个世纪的奋斗和牺牲，实现了民族解放，建立了新中国，又经过后 50 年的努力，把自己的国家建设成为一个初步繁荣昌盛的社会主义国家。不久前，我们刚刚庆祝了中华人民共和国的 50 华诞。半个世纪尤其

---

* 这是何鲁丽同志作为中国人民争取和平与裁军协会会长于 1999 年 11 月 22 日出席在印度举办的第七届纪念英迪拉·甘地会议上的讲话。

是改革开放 20 年以来，中国的面貌发生了翻天覆地的变化，改变了旧中国积贫积弱的状况，走上了繁荣昌盛的道路。中国的综合国力和人民生活水平大幅度提高，社会主义民主和法制建设不断加强，全国各民族的大团结进一步巩固，现在的中国人民正在享受着从未有过的自由和那样多的生活选择。我们的战略目标是，再经过 50 年的发展，到 21 世纪中叶基本实现现代化，中国经济将达到中等发达国家的水平，成为富强、民主、文明的社会主义国家。

在改革开放的过程中，中国逐步走出了一条适合中国国情的有中国特色的发展道路。我个人认为，这条道路的主要特点体现在以下四个方面：（一）不断探索适合自己国情的发展道路。要虚心学习，善于借鉴其他国家的成功经验，但不要机械照搬。（二）以经济建设为中心，其他一切工作要服从和服务于这个中心。（三）既要重视经济发展，又要重视社会发展，特别是科技和教育的发展，两者不可偏废。（四）妥善处理好改革、发展与稳定的关系。保持稳定的政治环境和社会秩序是实现发展的基础，没有稳定，没有秩序，就没有发展。

如何看待中国，如何认识这个世界上最大的发展中国家和社会主义大国，这个人口众多、幅员辽阔而又正在快速发展的东方古国在新世纪中的作用和影响？对此，我愿意着重谈两点看法。

一、应当把中国的发展视为和平的机遇。中国人民热爱和平。中国的现代化建设，需要一个长期的和平国际环境和良好的周边环境。中国的发展与稳定，中国周边地区的和平与繁荣，以及按照和平共处五项原则建立和维护地区安全新秩序，是亚洲各国的共同利益之所在，也是中国的根本利益之所在。

中国是一个发展中国家，以经济建设为中心是中国的基本国策。中国的国防建设服从和服务于国家经济建设大局。中国的国防建设开支维持在一个很低的水平上。中国奉行"积极防御"的国防战略。中国的国防开支，无论是在绝对数量上，还是在国民人均、军人人均、占国民生产总值或国家财政支出的比例等指标上，在世界上都是低水平的。

反对霸权主义和强权政治，维护世界和平，这是中国始终不渝的根本对外政策。"己所不欲，勿施于人。"今后中国发达起来了，也将矢志不渝地奉行独立自主的和平外交政策，坚定不移地同广大发展中国家以及一切爱好和平的国家和人民站在一起。中国永远不称霸，这是中国政府和人民对世界作出的庄严承诺。

中国目前正在集中精力致力于经济建设，近年来，中国的发展速度快，但如果因此就视中国为威胁则是没有道理的。一些国际反华势力制造"中国威胁论"是有着他们不可告人的险恶目的。他们这么做，一方面是为了遏制中国的发展，离间中国与广大发展中国家和亚太国家的关系，巩固其自身的霸权；另一方面则是为了制造国际紧张气氛，以实现插手地区事务和推销军火的目的。了解事实，尊重事实，我们都会得出这样的结论，那就是：中国的发展不对任何国家，包括周边邻国在内构成威胁，中国现在是，将来也永远是维护地区稳定与世界和平的重要力量。

二、应当把中国的发展视为共同发展的机遇。在下个世纪的发展进程中，中国将继续成为世界上经济增长较快的国家之一。其不断扩展的市场将为世界各国，特别是周边国家提供广阔的舞台和丰沛的经贸机遇。从1993年起，中国已连续六年成为吸收外资最多的发展中国家，是除美国以外吸收外资最多的国家。在

21世纪，中国将以更积极的姿态走向世界，完善全方位、多层次、宽领域的对外开放格局，积极参与区域经济合作和全球多边贸易体系，更有效地融入世界经济主流。伴随中国改革开放的不断深入，中国正在进行的大规模的国有企业改革、改组和改造，中国广阔的中西部地区的开发和建设。此外，中国高科技产业的发展，基础设施建设和服务业的发展，这一切都将为世界提供巨大的共同发展的机遇。

中国的现代化事业是人类共同发展与进步事业的重要组成部分。一个成功的、稳定的、繁荣的中国只会有利于地区和世界的和平与繁荣；相反，一个失败的、混乱的、长期不发展的中国才真正是世界和地区和平的威胁。中国的发展需要和平的国际环境，而一个繁荣稳定的中国会更加有利于世界的和平与发展。

中国的发展与外国的发展，世界南方的发展与北方的发展，是相互联系、相互补充的。中国人民希望过上和平幸福的生活，也希望各国人民都能够享受和平和过美好的生活。

展望新世纪，世界多极化和经济全球化趋势的深入发展，科学技术的突飞猛进和知识经济的悄然兴起，给亚洲和世界各国的发展和进步带来新的希望，也带来新的挑战。面对即将来临的新世纪，如何抓住机遇，迎接挑战，继续推动建立和平稳定、公正合理的国际政治经济新秩序，努力把一个持久和平和普遍繁荣的新亚洲和新世界带入21世纪，是包括中印两国在内的亚洲及世界各国的政治家和人民共同面临的紧迫课题。

当前，国际局势正在发生深刻的变化，国际形势中的不稳定、不确定因素明显增加，世界还很不太平。霸权主义和强权政治在国际政治、经济和安全领域中依然存在，并有新的发展。以新的"炮舰政策"和新的经济殖民主义为主要特征的"新干涉主义"严重损害了许多中小国家的主权独立和发展利益,也给世界和平和国际安全造成威胁。与此同时,因种族、宗教、领土等问题引起的地区冲突此起彼伏,国际犯罪、环境恶化等跨国问题远未解决,国际社会面临的共同挑战还很多。但从总体上看,多极化进程是不可阻挡的时代潮流,任何旨在建立单极世界的图谋都是注定要失败的。

经济全球化是目前人们议论最多的问题之一。这说明,经济关系是当今国际关系中极为重要的内容。世界各国,不论是发达国家,还是发展中国家,经济关系互相交织,互相依存,互相补充,利益相关。在国际经济活动十分广泛而复杂的形势下,经济安全问题空前突出,而金融安全又是经济安全的核心。我们认为,经济全球化是生产要素在全球范围内流动和配置的必然结果,是大势所趋,总体上看,有利于国际交流,有利于经济的发展。但是,同任何事物一样,经济全球化也应该从两方面来看。对广大发展中国家,特别是经济实力还很脆弱的发展中国家来说,经济全球化既带来机遇,也意味着巨大的风险和挑战。一方面,发展中国家可以从资金、技术、信息等生产要素的全球流动中受益。但另一方面,也应看到,西方发达国家在经济全球化进程中占据主导地位。他们推行的"金融自由化"政策,为西方短期投机资本到处进行金融掠夺大开方便之门,成为引发危机的导火线。与此同时,发展中国家在不等价交换的国际贸易体制中困难愈来愈大,致使世界贫富差距进一步扩大。目前,某些发展中国家的人民还非常贫困,他们的生存权和发展权还得不到保障。总的来看,在激烈的经济竞争中,发展中国家的经济实力和科技水平还难以承受各种冲击和压力。改变这一状况是一个长期复杂的斗争过程。从根本上说，国际社会应努力推动建立和平稳定、公正合理的国际政治经济新秩序，建立新的国际金融体系。与此同时，发展中国家应制定符合本国实际的经济政策和金融政策，在政局稳定的条件下集中力量把经济搞上去。在对外经济活动中，要注意维护自身的经济安全和金融安全，防范和化解经济和金融风险，不断学会保护自己，趋利避害，争取更大的回旋余地。如果没有必要的防范和警惕，就很容易上当受骗，就会蒙受严重的损失。这也是亚洲金融危机为我们提供的有益启示。

占世界人口80%以上的发展中国家地域辽阔、资源丰富、产品众多、市场潜力大、发展模式各具特色，因而在很多方面可以互利互惠，相互支持，相互借鉴，共同发展。近年来发展中国家整体经济实力的提高，也增强了它们之间开展合作的可能性和机会。南南合作有广阔的前景和巨大的潜力，是双边和多边国际合作中重要的、不可缺少的组成部分。但是，发展中国家的国情和经济发展状况不尽相同，普遍存在底子薄、发展资金不足等问题，为南南合作的进一步扩展带来了一些实际困难。我们认为，发展中国家应从战略高度出发，积极深入地探索南南合作的多种模式，最大限度地维护共同利益，携手应对经济全球化的挑战。

我们认为，在当前形势下，为了维护世界和平，促进共同发展，所有的国家都必须严格遵循世界反法西斯战争以来所形成的国际关系基本准则，包括和平共处五项原则和《联合国宪章》的宗旨和原则。任何国家都不能无法无天、肆意违背和践踏这些准则。国家不分大小强弱，都是国际社会的平等成员，各国的事情要由各国人民自己作主，国际上的事情要由大家商量解决。这是一切爱好和平国家和人民的共同意志，也是不可阻挡的历史潮流。

开展国际经济交往，应该坚持平等互利、共同发展。任何国家都不得利用自己的优势在经济全球化中谋求特权和损害别国的利益。附加政治条件的经济合作和援助历来不受欢迎。

维护国际安全，必须彻底摒弃冷战思维，努力把国际社会的持久和平建立在促进各国相互信任和共同利益的新安全观的基础上。应该通过对话增进信任，通过合作谋求安全，相互尊重主权，和平解决争端。

绝大多数亚洲国家都属于发展中国家，过去都有过共同的苦难遭遇，经过长期的艰苦斗争，才挣脱殖民主义的枷锁，赢得民族独立、国家统一。正因为如此，我们都十分珍视来之不易的民族独立和国家统一。维护民族尊严和国家主权，自主地选择本国的社会制度、发展道路和生活方式，不容许任何外来势力干涉内政，是亚洲各国人民的神圣权利，也是亚洲各国走向繁荣昌盛的根本保障。

在亚洲的土地上曾诞生了著名的和平共处五项原则。1998年12月，邓小平先生曾对来访的拉吉夫·甘地说："至于国际政治新秩序，我认为，中印两国共同倡导的和平共处五项原则是最经得住考验的。这些原则的创立者是周恩来总理和尼赫鲁总理。这五项原则非常明确，干净利落，清清楚楚。我们应当用和平共处五项原则作为指导国际关系的准则。"亚洲各国应遵循这些既符合亚洲人民根本利益、又适应时代要求的国际关系准则，为不同社会制度国家的和平共处，为广大发展中国家的友好合作树立了良好的范例。多样性不应成为亚洲国家加强团结的障碍。相似的历史遭遇，悠久的传统友谊，维护和平与发展经济的共同愿望，是加强亚洲各国睦邻互信、友好合作的历史和现实的重要基础。

中印两国有着两千多年的传统友谊，有过不少文化交流的历史佳话。两国是世界上两个最大的发展中国家，毗邻而居，有着相似的国情和经历，又都在进行经济改革，双方在政治、经贸、科技、文化等许多领域都可以交流经验，互补优势，扩大互利合作。中印在许多国际问题上也有着相同或相似的观点，都强调生存权、发展权是最基本的人权，都是和平共处五项原则的倡导国，合作领域十分广泛。中印两国开展经济合作有着多方面的有利条件：（一）两国经济实力、技术发展水平相近，又各有特点，为相互借鉴和开展互利合作提供了条件；（二）两国互为近邻，国土辽阔，资源丰富，人口众多，市场广阔，有着开展合作得天独厚的自然和地缘优势；（三）两国有着悠久的友好交往历史和传统友谊。

近年来，中印两国在经贸、科技等各个领域的交流与合作日益扩大。但这与中印两国的地缘优势、市场容量、经济实力和科技水平仍不相称，两国的贸易潜力有待进一步挖掘。中印两国之间虽然有些历史遗留问题尚未得到最终解决，但可以肯定地说，我们的共同利益远远大于分歧，相互之间都不构成对对方的威胁。我们应该彼此信任，互利合作。一个稳定、正常、友好的中印关系不仅符合两国人民的根本利益，而且有利于促进亚洲乃至世界的和平、稳定与发展。两国人民曾用自己的双手和智慧为人类的古代文明谱写了绚丽篇章，在即将来临的 21 世纪，中印两国人民完全能够在建立信任的基础上，携手并肩，为两国的繁荣、为世界文明的发展再创辉煌。

　　中国人民争取和平与裁军协会是中国最大的和平团体，致力于维护世界与地区和平的崇高事业。我们愿意与世界上一切爱好和平的人们及为和平而奋斗的团体共同为争取更美好的世界而努力。

注　释

〔1〕英迪拉·甘地（1917—1984），印度独立后首任总理贾瓦哈拉尔·尼赫鲁的女儿，是印度近代最为著名的政治人物之一。

先师诸福棠先生诞辰百年祭

（1999 年 11 月）

福棠先生[1]幼年天真，老来烂漫，童心不泯，稚趣盎然。

有生之年，奉医学为至志，献儿科于永生。学术精深，医德高尚，世人崇敬，杏林景仰，名满中华，誉峥天下。童稚悉念其恩，妪媪咸仰其德。余从其业，学其技，范其德，步其路，受益良深，往事如烟，遗风永存。今先生诞辰百年，余撰书此文，以谢恩师。

何鲁丽

一九九九年十一月

注　释

[1] 福棠先生，指诸福棠（1899—1994），中国医学家。江苏无锡人。北京协和医学院毕业，美国纽约州立大学医学博士。曾创建北平私立儿童医院并任院长。历任北京大学医学院教授，北京第二儿童医院院长，北京儿童医院院长、名誉院长，中国医学科学院儿科研究所

所长。中科院院士。第一至六届全国人大代表。1955 年加入中国共产党。20 世纪 30 年代初成功地提取胎盘球蛋白并用于防治，降低了麻疹病儿死亡率；1960 年与其他学者协作研究成功麻疹减毒活疫苗并广泛应用，使麻疹发病率与死亡率显著降低。主编有《实用儿科学》、《儿科学进展》等。

努力办好面向新世纪的
中央社会主义学院[*]

（2000 年 12 月 20 日）

即将跨入新世纪之际，回顾中央社会主义学院走过的历程，总结建院以来特别是贯彻江泽民同志贺信与题词以来的办学经验，探索中央社会主义学院的发展规律，已成为摆在我们面前至关重要的课题。今天我发言的题目是《努力办好面向新世纪的中央社会主义学院》，下面我着重谈三点，与同志们共同研究。

第一，重温江泽民同志贺信与题词精神，充分认识其深远的指导意义。

中央社会主义学院是中国共产党领导的具有统一战线性质的高等政治学院，是民主党派和无党派人士的联合党校。

中共中央历来重视和关怀中央社会主义学院。1956 年 10 月，在毛泽东、周恩来等老一辈无产阶级革命家亲切关怀下创办了这所学院。毛泽东主席确定学院的名称，周恩来总理审批了学院的教学原则和建院方案，奠定了学院建设和发展的基础。1982

---

* 这是何鲁丽同志在中央社会主义学院举行《学习全国统战工作会议精神加强中央社会主义学院建设》座谈会上的讲话。

年 2 月，中共中央作出决定，恢复在"文化大革命"中被迫停办的中央社会主义学院。邓小平同志在学院新校舍落成前，亲笔题写"中央社会主义学院"校名，体现了对这所学院的亲切关怀和期望。

以江泽民同志为核心的第三代中央领导集体，非常重视和关怀中央社会主义学院。1992 年 6 月，江泽民同志为学院题写"爱国、团结、民主、求实"八字校风。同年 10 月，建院 36 周年暨复校 10 周年之际，江泽民同志特意向全院教职员工发来贺信。1996 年建院 40 周年之际，江泽民同志再次题词："坚持正确的政治方向，办好中央社会主义学院。"李瑞环、胡锦涛、荣毅仁等党和国家领导人出席了庆祝建院 40 周年大会。

江泽民同志的贺信与题词，指明学院性质是"民主党派和无党派人士的联合党校、统一战线性质的政治学院"，具有"学习培训基地"的重要作用；强调学院办学方向和根本原则是"必须始终坚持社会主义方向"；提出学院的任务和教学内容"要认真组织学员同志学习马克思列宁主义、毛泽东思想，中心内容是学习邓小平同志建设有中国特色社会主义的理论，还要学习统一战线的理论方针政策，学习统一战线和各民主党派的历史"；倡导加强学院的学风、校风建设，"坚持理论联系实际，树立爱国、团结、民主、求实的校风"；要求形成"坚持解放思想、立足本职、奋发进取、真抓实干"的良好精神状态和工作作风；提出"四个更"的奋斗目标，勉励全院教职员工"力争在二〇〇〇年以前，把中央社会主义学院建设成为更富有自己特色的名副其实的党外代表人士和党的统一战线干部的学习培训基地，使它在社会上享有更良好的声誉，在党外各界代表人士中更具有吸引力，在统一战线学术研究方面达到更高的水平和应有的权威性"。

江泽民同志的贺信与题词，站在巩固和发展新时期统一战线必须培养高素质的各方面领导人才的战略高度，指明了办好中央社会主义学院的指导方针和原则，揭示了中央社会主义学院的发展规律，具有深远的指导意义和巨大的激励、推动作用，是中央社会主义学院必须始终遵循的建院之本。

第二，八年来的办学特色和基本经验。

八年来，中央社会主义学院认真贯彻落实江泽民同志贺信与题词精神，坚持正确的政治方向，提出走高层次、有特色、正规化的办学道路，全面推进教学改革创新，着力把学院办成"更富有自己特色"的学习培训基地。

一是突出"联合党校"政治培训的特色。坚持用邓小平理论武装学员头脑和围绕统一战线大团结大联合的主题进行政治培训，是"联合党校"办学的根本特色。中央社会主义学院把政治培训作为主要任务，不断加大政治培训力度，强化办学的根本特色。政治培训着眼于坚持用邓小平理论指导工作和行动、自觉接受中国共产党的领导；着眼于增进建设有中国特色社会主义的共识、加深对中国共产党的基本路线、基本方针、基本纲领及统一战线理论方针政策的理解；着眼于坚持和完善中国共产党领导的多党合作和政治协商制度，继承和发扬多党合作的优良传统。教育学员从思想上理论上牢固确立这些基本观点和政治原则，在任何时候都毫不动摇地坚持正确的政治方向。

二是突出培训对象和培训目标的特色。中央社会主义学院的培训对象，是民主党派领导干部、无党派代表人士及其他非中共代表人士、中共统一战线工作干部和理论研究人员，具有学历和职务层次高、社会影响大的特点。中央社会主义学院以培养造就高素质的统一战线各方面领导人才为培训目标，特别是培养造就"能继承和发扬多党合作优良传统、同共产党肝胆相照、真诚合作的新一代政治家、国务活动家和社会活动家"。

三是突出教学内容的特色。紧密结合改革开放和社会主义现代化建设的新形势、新任务，根据民主党派搞好新老交替、政治交接的迫切需要，中央社会主义学院不断深化教学内容改革。以学习邓小平理论为中心，把邓小平新时期统一战线理论和有中国特色的政党理论作为教学重点，形成了基本理论武装、重大问题研讨、必备知识学习的教学布局。

四是突出学风、校风建设的特色。贯彻江泽民同志贺信提出的"坚持理论联系实际，树立爱国、团结、民主、求实的校风"，中央社会主义学院从民主党派领导干部和无党派代表人士学员特点出发，坚持不懈地抓学风、校风建设，把理论学习同学员的思想和工作实际结合，同总结经验、加强修养、促进民主党派自身建设结合。用校风培养学员行为规范。在加强学风、校风建设过程中，切实提高了学员的理论水平和政治素质，坚定了自觉接受中国共产党的领导、坚持走有中国特色社会主义道路、继承发扬多党合作优良传统的思想基础。

五是突出教学方法的特色。中央社会主义学院发扬统一战线教育培训的优良传统，引导学员在自觉自愿基础上进行自我教育，实行"自己提出问题、自己分析问题、自己解决问题"和"不扣帽子、不抓辫子、不打棍子"的"三自"、"三不"方针，营造出适合学员特点、有利于敞开思想、调动学习主动性的环境氛围。

中央社会主义学院发挥"更富有自己特色"学习培训基地的作用，取得了显著的教育培训成果。八年来，培训民主党派领导干部、各界代表人士及中共统一战线干部6000多名，占建院44年培训学员总数的60%。学员毕业、结业后，他们为坚持和完善中国共产党领导的多党合作和政治协商制度、巩固和发展爱国统一战线作出了重要贡献。中央社会主义学院教育培训进一步赢得了良好的社会声誉。

八年办学实践和积累的基本经验是：必须始终坚持正确的政治方向，把它摆在全部工作的首位，毫不动摇地贯穿于办学的全过程。必须围绕实现江泽民同志贺信提出的"四个更"奋斗目标，坚持走高层次、有特色、正规化的办学道路，在改革创新中不断提高教学质量和办学水平。必须继承发扬统一战线教育培训优良传统，牢固树立理论联系实际的学风和"爱国、团结、民主、求实"的校风。必须努力建设一支政治强、业务精、作风正的高素质的教师和干部队伍。

第三，继续贯彻落实江泽民同志贺信与题词精神，进一步做好中央社会主义学院工作。

新世纪开始，我国将进入全面建设小康社会、加快推进现代化的新的发展阶段。中央社会主义学院也面临加快发展问题。我们要在新的起点上继续贯彻落实江泽民同志贺信与题词精神，抓住机遇，加快发展，努力办好面向新世纪的中央社会主义学院，肩负起时代赋予统一战线的教育培训和学术研究的历史使命。

中共十五届五中全会通过的《中共中央关于制定国民经济和社会发展第十个五年计划的建议》，强调必须把发展作为主题，并就加快发展教育事业提出"发展教育，要面向现代化、面向世界、面向未来，走改革和创新之路"，指明了教育事业的发展方向。最近，中共中央召开了全国统战工作会议，江泽民同志在会上发表重要讲话，深刻阐明了面向新世纪巩固和发展爱国统一战线的指导方针和原则，是指导新世纪统一战线工作的纲领性文件。中共十五届五中全会和全国统战工作会议精神，对办好面向新世纪的中央社会主义学院，具有重要而深远的指导意义。我们要认真学习贯彻中共十五届五中全会和全国统战工作会议精神，并与继续贯彻落实江泽民同志贺信与题词精神有机结合起来。要根据中共十五届五中全会和全国统战工作会议提出的任务和要求，结合中央社会主义学院实际，制定和实施到 2005 年的《中央社会主义学院发展规划》，设计出面向新世纪的建院蓝图，提出全面推进教育培训事业和统一战线科学理论研究发展的目标；以改革创新为动力，把中央社会主义学院办成体现江泽民同志贺信与题词精神、走在时代前列、充满生机和活力的统一战线教育培训和理论研究基地。

加强和改进思想政治工作
培养民主党派中青年干部[*]

（2000 年 9 月 4 日）

新学期呈现出新气象，中央社会主义学院经过半年来的校舍装修，面貌焕然一新，学员的学习和生活条件得到较大改善，中央社会主义学院的建设和发展迈上了一个新台阶。

第 6 期民主党派干部进修班和培训班，是为贯彻中共中央关于加紧培养适应新世纪要求的中青年领导干部的决定精神，根据各民主党派中央关于建设面向新世纪参政党的要求而举办的。山东省济宁市统战系统干部培训班，是受山东省委统战部的委托而举办的。举办这三个班，是中央社会主义学院为加紧培养高素质的民主党派中青年领导干部和培养统战系统干部的一个重要举措。全国政协、中央统战部、各民主党派中央和全国工商联，对中央社会主义学院办学都非常重视。王兆国同志出席今天开学典礼还将作重要讲话。在这里，我就办好这三个班，谈几点意见。

第一，充分认识培养高素质的民主党派中青年干部的极端重

---

* 这是何鲁丽同志在中央社会主义学院 2000 年秋季开学典礼上的讲话节选。

要性和紧迫性。

当前，中国共产党正在按照江泽民同志提出的"三个代表"的要求加强自身建设。中共中央于今年6月召开了全国党校工作会议，作出《关于面向21世纪加强和改进党校工作的决定》。江泽民同志在会议上发表重要讲话，阐明了培养造就一大批适应新世纪要求的高素质中青年干部的极端重要性和紧迫性；提出了按照"三个代表"的要求，从党性修养、拓宽视野、战略思维、理论素养等四个方面，加强对中青年领导干部的培养；强调了搞好党校教育对于党和国家的发展具有现实和长远的意义。中共中央的这个决定和江泽民同志的重要讲话，对中国共产党加强自身建设和搞好党校教育具有重要指导意义，也对民主党派加强自身建设和搞好中央社会主义学院教育具有重要指导意义。我们要认真学习领会并结合中央社会主义学院的特点和实际加以贯彻。

加紧培养造就一大批适应新世纪要求的高素质的民主党派中青年干部，是民主党派加强自身建设的一项重大而紧迫的战略任务。民主党派中青年领导干部，代表着民主党派的未来和希望，尽快把他们培养造就成坚定地接受中国共产党的领导、继承发扬民主党派优良传统、具有较高参政议政水平、能经受各种考验的民主党派新一代骨干，关系到民主党派肩负起面向新世纪的历史使命和政治责任；关系到民主党派全面完成政治交接，始终坚持正确的政治方向；也关系到巩固和发展民主党派与中国共产党面向新世纪的长期合作。因此，加紧造就一大批适应新世纪要求的高素质的民主党派中青年干部，是建设面向新世纪参政党的关键所在，它在很大程度上决定着民主党派的前途和命运。

同时，我们还应看到，世纪之交国际国内形势发展带来的新的机遇和挑战，我国改革开放和现代化建设正处在关键时期，我们肩负着与中国共产党同心同德，全面推进建设有中国特色的社会主义伟大事业，挫败西方敌对势力对我国实行"西化"、"分化"的图谋，共同维护国家安定、民族团结和祖国统一的历史重任。这对培养能更好地履行参政党职能的民主党派中青年领导干部的素质，提出了更高、更紧迫的要求。特别是面临 2002 年民主党派领导班子换届，干部队伍新老交替与合作呈现出新动态的历史过程，加紧培养造就一大批适应新世纪要求的高素质中青年干部，就成为民主党派自身建设的一项刻不容缓的重大任务。我们要从这样的政治高度上看问题，充分认识加紧培养民主党派中青年干部的极端重要性和紧迫性。

社会主义学院教育，是统一战线两支干部队伍培训轮训的主渠道。中央社会主义学院作为民主党派和无党派人士的联合党校、统一战线性质的高等政治学院，肩负着培养高素质的民主党派领导干部队伍的光荣而艰巨的任务，全院师生员工要进一步增强政治责任感和历史使命感，按照江泽民同志致我院校庆贺信精神，不断加强和改进自己的工作，充分发挥培训基地和主渠道的作用，加大对民主党派中青年领导干部的培训力度，努力提高教学质量，为加紧培养造就一大批适应新世纪要求的民主党派中青年领导干部作出自己应有的贡献。

第二，深入学习邓小平理论特别是邓小平新时期统一战线理论，在此基础上，认真学习贯彻中共中央思想政治工作会议精神，结合民主党派的特点和实际，加强和改进思想政治工作，建设面向新世纪的参政党。

根据教学计划的安排，三个班共同的中心学习内容，是深入学习邓小平理论特别是邓小平新时期统一战线理论。邓小平理论是当代中国的马克思主义，邓小平新时期统一战线理论是邓小平理论的重要组成部分。它是指引我们在任何风浪的考验面前保持政治上坚定和理论上清醒的主心骨。作为民主党派中青年领导干部，要充分利用这次集中一段时间学习的机会，塌下心来，深入钻研，进一步用科学理论武装头脑，切实提高自己的理论素养，努力从思想上理论上牢固确立多党合作的观点，为巩固和发展同中国共产党的团结合作，打好更加坚实的思想和理论基础，从而更加自觉地坚持中国共产党领导的多党合作和政治协商制度。此外，我们还要听取关于国际国内形势的报告，深入学习党的统一战线方针政策和参政党自身建设理论，学习履行好参政党职能的有关新知识，并进行参观考察活动。

三个班教学内容比较丰富，而学习时间不很长，因此必须突出教学重点。三个班学习和研讨的重点是：如何深入领会和贯彻中共中央思想政治工作会议精神，结合民主党派的特点和实际，加强和改进思想政治工作，建设面向新世纪的参政党。

去年11月，中共中央发布了《关于加强和改进思想政治工作的若干意见》。今年6月，中共中央召开思想政治工作会议，江泽民同志在会议上发表重要讲话，深刻阐述了思想政治工作的重要地位和作用，提出了按照"三个代表"的要求做好新形势下思想政治工作的一系列新思想、新观点。中共中央这个《意见》和江泽民同志的重要讲话，是中国共产党适应新形势、大力加强和改进思想政治工作的纲领性文献，具有重大的现实意义和深远的历史意义。最近，民主党派中央相继召开中央常委会或发出通知指出，江泽民同志在中共中央思想政治工作会议上的重要讲话，既为执政党，也为参政党做好新形势下的思想政治工作指明了方向，要求民主党派各级组织和领导干部，深入学习江泽民同志的讲话精神，联系实际，加强和改进思想政治工作，进一步搞好民主党派自身建设。

希望大家按照各民主党派中央提出的要求，通过这次学习和研讨，全面学习和掌握江泽民同志讲话的精神实质和主要内容，在此基础上，着重从四个方面进一步深刻领会讲话的基本观点。一是深刻领会思想政治工作是"生命线"和"中心环节"的观点，充分认识思想政治工作的重要地位和作用，这是我们高度重视并自觉做好思想政治工作的核心理念。二是认真把握"加强和改进思想政治工作，最根本的是坚持和巩固马克思主义在我国意识形态领域的指导地位"的观点。用这个观点来明确思想政治工作的方向，始终坚持用马列主义、毛泽东思想、特别是邓小平理论武装头脑，教育党派成员，指导我们的工作和行动。做到在事关政治方向和根本原则的问题上，一定要旗帜鲜明，立场坚定，毫不含糊。三是深刻理解"思想政治工作是一门科学"的观点，作为民主党派领导干部，要用科学态度来认识和从事思想政治工作，明确"不重视、不会做思想政治工作，不可能成为成熟的领导干部"的道理，自觉地重视思想政治工作并会做思想政治工作，努力钻研和掌握民主党派思想政治工作的基本知识、自身特点和基本规律，在实践中积极探索加强和改进思想政治工作的新路子，不断提高做好思想政治工作的本领和水平。四是深入研究江泽民同志在讲话中阐述的"四个如何认识"问题，即：如何认识社会主义发展的历史进程、如何认识资本主义发展的历史进程、如何认识我国社会主义改革实践过程对人们思想的影响、如何认识当今的国际环境和国际政治斗争带来的影响等直接影响于群众思想活动的重大问题。研究"四个如何认识",要与注重分析民主党派成员在"想些什么"、"思想认识的发展趋势"等问题结合起来,以使我们的思想政治工作更加贴近所联系的成员,增强时代感、针对性和实效性。

在这次学习中,我们要以江泽民同志重要讲话精神为指导,围绕学习重点,结合民主党派的特点和实际,进行深入而富有成效的研讨,力求在加强和改进民主党派思想政治工作上取得新的进展。尤其是民主党派中青年领导干部,要在思想上进一步树立"高度重视并扎扎实实做好思想政治工作"的意识;树立"民主党派思想政治工作,作为中国共产党领导的思想政治工作的一部分,需要民主党派组织主动争取中共各级组织的领导、支持和帮助"的意识;树立"全面提高思想政治素质、理论水平和工作能力,以适应做好新形势下思想政治工作需要"的意识,让我们在努力学习、在工作实践中不断提高。但同志们知道,思想政治工作是做人的工作,形式方法多种,在人与人的关系上,人与环境的关系上都会体现思想政治工作的作用,谈心、著文、网络出版……作为民主党派成员和所有关系人,宣传教育引导就是思想政治工作。

为了达到预期的教学目的,下面提出几点希望和要求:

一是集中精力,认真学习。同志们长期肩负着繁重的工作任务,能够到中央社会主义学院,集中一段时间进行比较系统的学习,是个难得的机会。希望大家珍惜这个学习机会,充分利用这段宝贵的时间,静下心来,专心致志,认真读书,勤于思考,力求在理论学习上有较大的收获。

二是联系实际，深入研讨。学习理论要联系实际，我们要本着"学马列要精、要管用"的原则，把学习理论、总结经验和研究工作有机地结合起来。通过学习研讨，进一步深化对参政党地位、性质和历史使命的认识，继承和发扬同中国共产党亲密合作的优良传统，牢牢把握民主党派自身建设的指导思想和原则，明确加强和改进思想政治工作的主要任务和措施，切实把理论学习提高到一个新水平，增强用邓小平新时期统战理论和江泽民总书记重要讲话精神，指导自己的工作和行动的自觉性。

学习新时期统一战线理论具有
重要的战略意义 *

（2000 年 10 月 12 日）

第 9 期非中共领导干部专题研究班、无党派代表人士研究班、西藏和青川甘滇藏区地州统战部长培训班、新疆非中共党员干部培训班、第 19 期中青年爱国宗教教职人员读书班是在我们刚刚欢庆建国 51 周年之后举办的。在这样的时刻，回顾 51 年的历史，我们更加为伟大祖国发生的翻天覆地的变化而感到欢欣鼓舞。51 年前新中国成立了，站起来的中国各族人民实现了大团结，伟大祖国像巨人屹立在世界东方。特别是近 20 多年来，在以改革开放为显著特点的历史新时期，整个国家焕发出蓬勃的生机和活力。我国的政治稳定，民族团结，经济发展，社会生产力和综合国力都有了显著的提高，人民生活有了极大的改善，我国在建设有中国特色社会主义道路上大步前进。共和国的历史充分表明：新中国的 51 年，是使国家走向繁荣富强的 51 年。51 年的辉煌成就，预示着伟大祖国在 21 世纪更加辉煌灿烂的前景。

＊ 这是何鲁丽同志在中央社会主义学院第九期非中共党员领导干部专题研究班等五个班开学典礼上的讲话节选。

我们从历史的回眸中再次得出这样一个结论：没有中国共产党，就没有社会主义新中国，就没有中华民族灿烂辉煌的明天。只有共产党才能领导人民开创建设有中国特色的社会主义道路，实现民族振兴、国家富强、人民幸福和祖国统一的宏伟目标。

当前，我们正处于世纪之交，正处在改革和发展的关键时期。我国"九五"计划的胜利完成，实现了社会主义现代化建设第二步战略发展目标。从新世纪起，我们将向第三步战略发展目标不断迈进，进入全面建设小康社会并加快推进现代化的新的发展阶段。中国共产党召开了十五届五中全会，审议通过了《中共中央关于制定国民经济和社会发展第十个五年计划的建议》。这次中央全会按照"三个代表"重要思想，对制定"十五"计划和实施第三步战略发展目标作出战略部署，具有极为重要而深远的意义。中国共产党十五届五中全会的召开，将极大地鼓舞全国各族人民更加紧密地团结在中共中央周围，满怀信心地开创新世纪我国经济和社会发展的美好未来。

在这样一个催人奋进的形势下，中央社会主义学院受中央组织部和中央统战部的委托，举办第9期非中共党员领导干部专题研究班；根据中央统战部关于2000年举办各类培训班计划的要求，举办无党派代表人士研究班、西藏和青川甘滇藏区地州统战部长培训班、新疆非中共党员干部培训班；受中央统战部、国家宗教事务局委托，举办第19期中青年爱国宗教教职人员读书班。举办这五个班，对于培养高素质的非中共党员领导干部、无党派代表人士和统一战线干部，对于抓住机遇、调动各方面积极性实施西部大开发战略；对于进一步做好有关地区的民族工作、宗教工作，维护民族团结、社会稳定，促进民族地区经济发展，都具有重要的意义和作用。为办好这五个班，实现预期的教学目的，在这里我谈几点意见。

第一，充分认识加强学习的重要性。

以江泽民同志为核心的中共中央第三代领导集体，高度重视、反复倡导领导干部加强学习的问题。江泽民同志就此多次发表重要讲话指出，领导干部加强学习是"根本大计"，关系党和国家工作全局，关系改革和建设事业的长远发展。领导干部务必站在面向世界、实现中国跨世纪发展大局的高度，以强烈的历史责任感和使命感，增强学习邓小平理论的自觉性。领导干部要讲学习、讲政治、讲正气。要学习、学习、再学习。今年初，江泽民同志又提出"三个代表"重要思想。

江泽民同志在强调中共党员领导干部加强学习的同时，也对非中共党员领导干部、无党派代表人士加强学习，寄予厚望，提出明确的要求。他在 1997 年 12 月同各民主党派、全国工商联领导人座谈时指出："邓小平同志曾经对我们党的第三代领导人提出了一个重要要求，就是'眼界要非常开阔，胸襟要非常开阔'。我想这对各民主党派和工商联的领导同志也适用。这就要求我们大家：一要加强学习，增长知识和见识；二要加强修养，提高政治素质，以适应时代和我们事业发展的需要。"1998 年 1 月，江泽民同志在党外人士迎春座谈会上的讲话再一次强调："我们要继续加强学习。首先要学好马列主义、毛泽东思想特别是邓小平理论，同时要学好现代化建设所需要的各种知识。有了正确的理论武装，有了丰富的知识，思想境界提高了，工作本领增大了，我们就能从容地应付各种挑战，驾驭事业发展的进程。"江泽民同志这些重要论述，语重心长，对非中共党员领导干部、无党派代表人士的成长，具有非常重要的指导意义。

我们要认真学习和贯彻江泽民同志这些重要讲话精神，从坚持和完善中国共产党领导的多党合作和政治协商制度的战略高度上，充分认识非中共党员领导干部、无党派代表人士和统一战线干部加强学习的重要性。要进一步明确"只有讲学习，才能更好地讲政治"，加强学习，是非中共党员领导干部、无党派代表人士和统一战线干部自身成长、进步的前提和基础，是在理论上、政治上保持清醒和坚定的迫切需要，也是我们肩负起历史赋予的重任，发挥好非中共党员领导干部、无党派代表人士和统一战线干部作用的根本保证。我们只有用这样的战略高度对待学习问题，才能真正地把加强学习作为自己首要的任务。

同时，我们也要清醒地看到，面对当前的新形势新任务，加强学习更具有紧迫性和重要性。当今世界的趋势，正走向政治多极化、经济全球化，科学技术飞速发展；知识创新在经济发展和社会进步中发挥出前所未有的巨大的推动作用。我们所面对的是一个最需要学习和创新的时代。只有奋发努力地学习与创新，才能够跟上时代前进的步伐。再从当前国内形势看，我们要制定"十五"计划，做好向第三步战略发展目标进军的充分准备。我们面临的实现跨世纪的战略目标和改革、发展、稳定的任务十分艰巨。尤其是在进行经济结构的战略调整和实施西部大开发战略，实施科教兴国战略，以及巩固和发展爱国统一战线，推进祖国完全统一大业等方面，对我们非中共党员领导干部、无党派代表人士和统一战线干部履行职能、发挥作用，提出新的任务和更高的要求。我们要迎接这些新的挑战，就必须以高度的政治责任感和时不我待的紧迫感，自觉地加强学习、加强修养，努力提高自身思想政治素质和工作能力。

加强学习，对于培养中青年爱国宗教教职人员同样具有重要意义。举办中青年爱国宗教教职人员读书班，是为了适应巩固和发展中国共产党与宗教界的统一战线的需要，帮助宗教界培养中青年爱国宗教教职人员，满足中青年爱国宗教教职人员要求学习和进一步充实提高自己的愿望。这期伊斯兰教教职人员读书班的举办，体现了中央统战部、国家宗教事务局对在座的各位伊斯兰教界朋友的重视、关怀与培养。各位伊斯兰教界的朋友，能到统一战线性质的高等政治学院——中央社会主义学院来学习，是一件很有意义的事情。各位朋友，举办读书班，绝不是要各位朋友放弃或改变宗教信仰，而是认真贯彻"政治上团结合作、信仰上互相尊重"的原则，模范地贯彻执行党的宗教政策，切实尊重各位朋友的宗教信仰和生活习俗，帮助各位朋友安心学习并取得新的进步。

第二，深入学习邓小平理论特别是邓小平新时期统一战线理论，认真学习和贯彻中共十五届五中全会精神。

根据教学计划的安排，五个班共同的中心学习内容，是深入学习邓小平理论特别是邓小平新时期统一战线理论。邓小平理论是当代中国的马克思主义，邓小平新时期统一战线理论是邓小平理论的重要组成部分。邓小平理论和新时期统一战线理论，是指引我们全面推进建设有中国特色社会主义伟大事业和做好面向21世纪统一战线工作的主心骨。我们要充分利用这次集中一段时间学习的机会，静下心来，深入钻研，进一步用科学理论武装头脑，切实提高自己的理论素养，为巩固和发展同中国共产党的团结合作，打下更加坚实的思想和理论基础。从而，更加自觉地坚持和完善中国共产党领导的多党合作和政治协商制度。

学习理论要联系实际、要精、要管用。根据当前形势和任务的要求，深入学习邓小平理论要做到：一是与认真学习贯彻江泽民同志关于"三个代表"重要思想、关于做好新形势下统一战线工作、民族工作、宗教工作的论述结合起来。二是与认真学习贯彻中共十五届五中全会精神结合起来。三是与提高对形势、任务政策的认识，尤其是加强对基本政治制度的认识和对民族、宗教政策的全面贯彻结合起来。四是与总结经验、研究工作结合起来。李瑞环同志在1999年1月8日会见全国统战部长会议和统计理论研究工作会议代表时强调，主要的是坚持理论与实际相结合，并指出"结合是学习的目的，结合是学习的方法，结合是学习的态度，结合是检验学习成效大小的标准，结合在一定意义上也是发展"。在这次学习过程中，全体学员要按以上要求，努力把理论学习引向深入。

在深入学习理论的基础上，我们还要听取关于国际国内形势的报告，深入学习党的统一战线方针政策，学习履行好自身职能的有关新知识，并进行参观考察活动。五个班教学内容都比较丰富，也都有各自的特点。因此，教学过程中要根据各班次的特点，研讨中要各有所侧重。非中共党员领导干部研究班和新疆非中共党员干部培训班还要搞好合作共识等问题，结合各自工作实际，深入研讨和交流从政经验与合作共事体会，形成进一步发挥好非中共党员领导干部作用的思路。五个班都要加深对统一战线重要地位和作用认识，坚定与中国共产党长期合作的决心和信心。无党派代表人士研究班则应进一步深入研讨新形势下无党派代表人士在参政议政、民主监督中如何更好地发挥作用等问题。

西藏和青川甘滇藏区地州统战部长培训班，要围绕抓住西部大开发的机遇，进一步做好所在地区民族工作和宗教工作等问题，展开深入的研讨。第 19 期中青年爱国宗教教职人员读书班，通过学习，要进一步提高爱国主义和社会主义觉悟，自觉接受中共党委和政府的领导，增强贯彻党的宗教政策和按照国家法律、法规办好教务的自觉性，做一名爱国爱教、团结进步、遵守法律具有一定宗教学识、能够联系广大信教群众的教职人员，积极促进伊斯兰教与社会主义社会相适应，努力维护民族团结、国家统一和社会的稳定，为西部大开发战略的实施和所在地区的两个文明建设作出应有的贡献。

五个班的全体学员要经过这次学习和研讨，切实把理论学习提高到一个新水平，增强用邓小平理论和江泽民同志重要讲话精神指导自己工作和行动的自觉性。

在"幸福工程五年成果汇报 暨表彰会议"上的讲话[*]

（2000 年 10 月 17 日）

幸福工程救助贫困母亲行动自创立以来，已经实施五年多了，景春同志代表幸福工程组委会作了很好的工作报告，总结了五年的发展情况和经验，明确了今后的工作思路。

五年多来，幸福工程在各地党、政府和社会各界的支持下，取得了很大的成绩，救助了一批贫困母亲，架起了一座沟通爱心的桥梁。在光美大姐的指导关心下，使这项工程的发展具有了一定的规模，在全社会也有了知名度。在我国的扶贫开发、计划生育、提高人口素质以及精神文明建设中发挥了应有的作用。收到很好的社会经济效益，被中央精神文明指导委员会列入精神文明建设的拓展工程，推动社会全面进步，贡献力量。幸福工程经过五年多的实施，应该很好地总结经验。总结经验是推动工作的重要方法。任何一项工作要想不断提高，必须坚持及时总结，发扬成绩，纠正错误，深化认识，不断推动工作前进。

＊ 这是何鲁丽同志在中国人口福利基金会"幸福工程五年成果汇报暨表彰会议"上的讲话。

关于今后的工作，我谈几点意见。

一、认真学习贯彻十五届五中全会精神，努力开拓幸福工程的新局面。

十五届五中全会通过了《中共中央关于制定国民经济和社会发展第十个五年计划的建议》。这个建议总结了我国改革开放二十年积累的丰富经验，特别是胜利完成"九五"计划取得的新鲜经验，站在历史的新高度，放眼世界规划中国的发展，提出经济和社会发展的目标，战略布局、重点任务，描绘了我国在新世纪第一个五年经济和社会发展的蓝图，反映了全国各族人民的心愿，是指导我们在新世纪伟大进军的行动纲领。我们人口福利基金会的工作和幸福工程的内容都与新的五年计划息息相关。因此，我们要认真学习，深入贯彻五中全会精神，把我们的工作融入到新世纪我国经济和社会发展的伟大事业中。

景春同志在报告中提出"要统一认识、理清思路、进一步明确发展方向"，并对幸福工程在新世纪面临的机遇和挑战都作了分析。五年的实践说明，幸福工程符合国家、社会的发展趋势和战略，因此而得以发展并广泛实施。今后幸福工程要注意研究新领域、新问题，要根据"十五"的发展战略制定实施计划和方案，坚持实事求是，扎扎实实地工作，在稳步发展的基础上不断开拓幸福工程的新局面。

二、满腔热情地做好幸福工程的工作。

五年来，幸福工程从小到大发展起来，靠的是大家脚踏实地的工作和充满爱心的奉献精神。这次表彰了一批在第一线工作的同志，他们千方百计克服困难，为实施幸福工程作出了很大贡献，他们的先进事迹值得我们学习。光美大姐曾经说：她是幸福工程的"义务打工者。"在她的感召下，在实施幸福工程的过程中，涌现出了成千上万的"义务打工者"，不计名，不计利，勤奋工作，甘于奉献，成为幸福工程事业的基石。我希望所有从事幸福工程工作的同志们，以满腔的热情，尽心尽力地做好这项工作，也希望新闻界的朋友们，大力宣传幸福工程和热爱这项事业的工作者，弘扬献爱心做奉献的精神。

三、珍惜幸福工程的成果，维护幸福工程的声誉。

一项社会公益事业的立身之本是它的声誉，建立良好的声誉不容易，维护良好的声誉更难。幸福工程已经赢得了很好的社会声誉，赢得了社会的信任。这是幸福工程发展的基础。良好的声誉和取得的成果凝聚着千百万人的爱心，来之不易。从事这一事业的每个工作者都要特别珍惜五年来取得的成绩，精心维护幸福工程的良好声誉。因此，要建立科学完善的管理制度，进一步提高工作和管理水平。幸福工程的资金来源主要是社会各界捐赠。一些捐赠者，自己生活很节俭，对幸福工程却慷慨解囊，奉献爱心。我们不能辜负这些捐赠者的信任和期望，一定要管好、用好资金，按照捐赠者的意愿办好项目，开展好活动，做好传递爱心的工作。只有这样，幸福工程的声誉才会越来越好，获得更多的支持。

同志们、朋友们，从新世纪开始，我国将进入全面建设小康社会，加快推进现代化的新的发展阶段，开始实施第三步战略部署。中共中央提出：把不断提高人民生活水平作为全部工作的根本出发点。幸福工程正是帮助贫困母亲摆脱贫困、走上幸福之路的工作。符合这个根本出发点，在这样的大好形势下，幸福工程大有可为，前景更加广阔。我相信，依靠各级党和政府以及社会各界的支持、在光美大姐的指导下，同志们团结拼搏，积极努力地工作，一定能把幸福工程搞得更好。

对中国肝炎防治基金会开展工作的几点意见[*]

（2000 年 10 月 18 日）

一、提高认识，加强宣传

我国是病毒性肝炎的高发区，五种类型的肝炎均有流行。肝炎病毒传染性强，不仅影响人身健康，也给社会和患者家庭带来沉重的经济负担和精神压力，造成了经济和劳力损失。肝炎已是我国主要的公共卫生问题。国家十分重视肝炎的防治工作，卫生部制定并实施了防治策略，正在研制规划。但是，由于我国地域辽阔，人口众多，各地防治水平和能力不平衡，群众卫生防病知识还不够普及，病毒性肝炎的流行依然严重。彻底改变我国病毒性肝炎高发区的状况，不仅是广大医疗卫生工作者的义务，也是各级政府卫生行政部门的责任，需要全社会的共同参与，使防治肝炎成为大家的自觉行动。刚刚召开十五届五中全会通过了

---

[*] 这是何鲁丽同志 2000 年 10 月 18 日在中国肝炎防治基金会第一届理事会第四次会议上的讲话。

《中共中央关于制定国民经济和社会发展第十个五年计划的建议》。《建议》提出：要把不断提高人民生活水平作为全部工作的根本出发点。保护人民健康，提高民族素质是基金会的一项宗旨，配合政府做好肝炎防治，使人民群众摆脱肝炎的威胁，也是提高人民生活水平的一项工作。因此，基金会全体成员要进一步提高认识，把我们基金会工作放入大局中，增强责任感，积极配合卫生部实施肝炎防治策略，继续广泛开展这方面的宣传工作，提高广大群众对肝炎防治的认识，增强群众自我防护和保健意识。

二、充分发挥基金会的职能和作用，
继续做好乙肝疫苗扶贫项目

　　预防乙肝的重点和难点在农村。城市的群众对乙肝的危害性和接种疫苗的必要性，越来越清楚，随着经济条件的提高和持续不断的宣传，乙肝预防的前景会很好。农村与城市差距很大，贫困地区的农村经济条件差，也认识不到肝炎的危害性，甚至还有一些陋习，严重影响肝炎的防治，需要我们做大量的耐心细致的工作。基金会把乙肝疫苗扶贫项目列为工作重点，面向贫困县是正确的。做好这项工作的意义，不仅在于23个县的约15万新生儿可以摆脱乙肝的威胁，而且可以从中总结经验，逐步向更大范围推广，加强婴儿的肝炎预防。当然，23个县约1000万人口，与摘掉肝炎大国的帽子，这还仅仅是一小部分工作。但是只要我们脚踏实地、扎扎实实地工作，就会不断进步，一定会取得显著的成效。

三、充分发挥理事会的作用，
扩大基金会的影响

这次理事会扩大，增加了不少专家和企业界人士，加强了基金会的力量，也使基金会的接触面更广泛了。理事们大多是肝炎防治方面的专家或是有关药品生产厂家的负责人，大家分散在各个单位，工作都很忙，能挤出时间参加基金会的工作很不容易。希望理事们能更多地关心基金会的工作，像老理事长陈敏章那样，在百忙中、在重病缠身情况下不忘肝炎防治工作，时刻把广大农村的新生儿的健康放在心上。我相信，理事们一定会热心公益事业，积极工作。基金会，一是要加强信息工作，使理事们知情，以便于出力；二是要做好组织协调工作，组织和开展好各项活动，通过活动充分发挥各位理事们的作用；三是做好阶段工作总结，吸收经验教训，推动工作不断上新水平，并宣传基金会提高社会知名度。

无论是肝炎防治活动的发动、宣传，还是肝炎的科研、治疗，以及为贫困地区的孩子提供免疫机会，都需要引起全社会的广泛关注。大家都献出一点爱心，就能汇聚成暖流，使更多的孩子获得免疫机会，提高我们的肝炎防治水平，促进全社会普及肝炎预防知识，为建立一个更健康、更美好的社会添砖加瓦。因此，要依靠新闻媒体广泛宣传，扩大基金会的影响，争取募集更多的资金。这是基金会的物质基础，而且是社全的一项经常性工作，同时要尊重捐款人、单位的意愿，反馈资金使用的情况，并制定和完善有关募集资金，使用管理基金的工作条例，以高度的责任感管好用好基金。

四、加强和有关机构、团体的联系

基金会曾经向中华慈善总会学习到不少经验。今后，要主动与有关公益机构联系，学习他们的好经验、好办法。加强协作，互相帮助。刚才秘书长在工作汇报中提到，已经和艾滋病防治协会美国的中华基金会有了接触，这是一个开端。要尽量争取和利用每一个机会，把我们的工作做好。相信基金会在卫生部的指导下，在各位理事的共同努力下，一定会开拓新局面，做出新成绩。

我是一个在北京踏实工作的菏泽人

（2001 年 12 月）

　　我的籍贯是山东菏泽，但是未在菏泽生活过。我出生在济南，初中二年级时随父亲移居北平。从此，我在北京学习、工作、生活了半个多世纪。1996 年 7 月，菏泽举办了纪念先父何思源诞辰百年座谈会，使我有机会踏上这方哺育父辈成长的故乡热土。我看到了鲁西南一望无际的平原，在骄阳下生长着绿油油的庄稼。若是早两个月，这沃野千顷的大平原上一定是麦浪滚滚无垠的金色海洋。我从父辈中知道，这片土地原是贫瘠的。改革开放以来，菏泽农业、工业、商贸全面发展，城乡面貌发生了深刻变化，人民生活水平显著提高。特别是京九铁路与新亚欧大陆桥（太平洋西岸的日照港—菏泽—西安—阿拉山口—大西洋东岸的荷兰鹿特丹港）在菏泽交会，使菏泽成为纵连南北、横贯东西的交通枢纽，为菏泽经济的大开发、大发展提供了有利的条件。现在菏泽较山东省其他地区还不富有，但质朴、善良和能吃苦耐劳的菏泽人民在党和政府的领导下正在奋力开拓沿着有中国特色的社会主义道路一步一步前进，它的明天一定是富裕、民主、文明的新菏泽。我作为一个在北京的菏泽人为它而骄傲！

　　应《菏泽人在北京》一书的编辑之要求，写一篇短文，写什么？我想关注这本书的一定多是菏泽的乡亲们，虽然相距千里，但乡人乡情总关情，我就提笔写了一个自我介绍，算是向故乡的汇报。

我先后在北京第一女子中学、北京大学医预科、北京医学院学习。毕业后当过二十余年的儿科医师。于 1984 年被选为北京市西城区人民政府副区长，1988 年被选为北京市人民政府副市长，在两级政府中工作了近十三年。分管过卫生、计划生育、环境卫生、民政、幼教、文化文物、民族宗教、侨务工作等等，林林总总一大摊子工作。回首这一段经历，是共产党教育培养我，从一个学生成长为一名人民的医生、国家的公务员。在工作和实践中我接触了许许多多的基层干部和群众，他们的智慧，给我启发，使我受益；他们的工作精神和积极性，督促、推动我进步。

我是中国国民党革命委员会的成员。民革是中国共产党领导的多党合作制度中的一个参政党，是致力于建设有中国特色社会主义和祖国统一大业的政党。1996 年我被选为民革第八届中央委员会主席，1997 年被选为民革第九届中央委员会主席。担子更重了，只有学习、学习、再学习，以邓小平理论为指导，不断提高自身的政治素质和政策水平。与民革的同志们一起认真履行参政议政和民主监督的职能，积极探索新形势下参政议政的有效途径和方法，根据民革的特点和优势，选择若干重大问题作为参政议政的主要课题，深入调研论证，向中共和政府提出有价值的意见和建议。今年，民革中央和地方各级组织在各级政协大会上提交的提案就达 1706 件，内容涉及国有企业改革、社区建设、西部大开发、促进祖国统一等多个领域。其中，《进一步规范和完善特约监管制度，大力推进社会主义民主政治建设》、《关于拓展西部开发融资思路的建议》、《关于尽快制定"反分裂国家行为法"的建议》等提案，都得到充分重视和良好评价。

作为民革成员我曾被推选为全国政协民革界别的政协委员、常委。于1996—1998年担任第八届全国政协副主席。这段经历使我更加体会到，中国共产党领导的多党合作和政治协商制度这一基本政治制度的特点和优点。坚定了作为一个民主党派领导成员与党风雨同舟的决心。要与民革全体成员一道坚持和完善中国共产党领导的多党合作和政治协商制度，继承和发扬孙中山先生的爱国、革命和不断进步的精神，为推进社会主义民主政治建设，维护社会的安定团结贡献力量。

我又是一个人民代表，自1983年起先后被选为北京西城区人大代表、北京市人大代表和全国人大代表。1998年3月被选为第九届全国人大常委会副委员长。人民代表是代表人民的利益和要求，参加国家权力的行使。在这个岗位上我更要加强学习，特别是学习宪法和法律等有关知识，讲政治，树立全局意识，诚心诚意地接受群众的监督。

我想借此机会，告诉乡亲，我是一个在北京踏实工作的菏泽人。

加强培训和学习工作
促进和保障政治交接*

（2001 年 9 月 5 日）

今天，第八期民主党派干部进修班，第十期非中共党员领导干部专题研究班，杭州市民主党派、工商联干部培训班和民革黑龙江省基层骨干党员培训班同时开学。在全国深入学习、领会江泽民总书记"七一"讲话之际，我们迎来了 2001 年中央社会主义学院秋季开学典礼，在这种形势下举办这几期学习班，很有意义。我代表中央社会主义学院向四个班全体学员表示热烈的欢迎和亲切的问候！向出席开学典礼的各位领导和同志表示衷心的感谢！

全国政协、中央统战部、各民主党派中央和全国工商联对中央社会主义学院的办学非常重视和支持。王兆国同志出席今天的开学典礼并将作重要讲话。下面，我就如何搞好学习，谈几点意见：

一、加强民主党派中青年领导干部培训，保障民主党派顺利

---

* 这是何鲁丽同志在中央社会主义学院 2001 年秋季开学典礼上的讲话节选。

实现下一步的政治交接。

　　加强对民主党派领导干部的培训和培养，是关系到我国改革和建设事业顺利发展，关系到跨世纪宏伟目标的顺利实现，关系到国家的长治久安，关系到中国共产党领导的多党合作和民主党派加强自身建设的一项重大而紧迫的战略任务。

　　当今世界，科学技术发展日新月异，知识创新在经济发展和社会进步中发挥出前所未有的巨大的推动作用。我国改革开放和现代化建设正处在关键时期，各民主党派肩负着与中国共产党同心同德、全面推进建设有中国特色社会主义伟大事业，挫败西方敌对势力对我国实行"西化"、"分化"的图谋，共同维护国家安定、民族团结和祖国统一的历史重任。今年，我们开始实施"十五"计划，向实现社会主义现代化建设第三步战略目标迈进。特别是实施"十五"计划，实施科教兴国和西部大开发战略，积极探索为经济建设服务的新领域、新途径、新形式，深化改革，促进发展，维护稳定，以及进一步巩固和发展爱国统一战线，推进祖国完全统一大业等方面，对民主党派履行参政议政、民主监督，发挥参政党的作用，提出了新的任务和要求。此外，西方敌对势力一刻也没有放弃对我国的"西化"、"分化"图谋，他们不断加紧对我国进行政治经济和思想文化渗透，特别是企图从政党制度上找到突破口，破坏中国共产党领导的多党合作制度，代之以西方的多党制和议会制。民主党派只有加强对领导干部的培训和培养，才能提高抵御西方敌对势力"西化"、"分化"影响的能力，成长起一批坚定地与中国共产党亲密合作，在政治上能正确判断形势和把握大局，能经受各种考验的新一代领导骨干。因此，面对当前的国际国内新形势和新任务，加紧培养和造就一大批适应新世纪要求，政治理论水平和思想修养水平高，业务上精通，坚定接受中国共产党的领导，继承和发扬民主党派优良传统，具有较高参政议政水平，能经受起各种考验的高素质的民主党派领导干部，显得尤为重要和迫切。

2002年，民主党派将再一次面临领导班子换届，加紧对民主党派领导干部的培训和培养，顺利实现政治交接，已成为民主党派自身建设的一项刻不容缓的重大任务。民主党派新一代领导干部都是在党的培养教育下，与新中国一起成长起来的知识分子，思想基础和基本素质是好的，且年富力强，知识丰富，视野开阔，思想敏锐，富于开拓精神。但由于成长环境和个人经历不同，不少人缺乏老一辈党外人士在民主革命时期与中国共产党风雨同舟、患难与共的经历和重大政治斗争的考验，有的缺乏领导经验和驾驭全局以及组织协调、行政管理能力。只有通过学习培训和实践锻炼，才能增长经验，提高能力，扩大影响。更有一部分将要进入各级领导班子的党派成员长期从事科研、教学和技术工作，对我国国情和经济建设的全局情况了解不多，对中国共产党领导的多党合作制度缺乏深入的了解，缺乏应有的理论准备。因此，各民主党派有必要根据这些情况和特点，有针对性地搞好教育培训，把他们培养成为既能把握大局，又能了解实际，既能高瞻远瞩，又能脚踏实地，同共产党肝胆相照、真诚合作的新一代政治家、国务活动家和社会活动家，担负起带领本党派广大成员前进的重任。

二、深入学习邓小平理论特别是邓小平新时期统一战线理论，认真学习江泽民同志"七一"重要讲话、中共十五届五中全会精神和全国统战工作会议精神。

　　邓小平理论是当代中国的马克思主义，是马列主义、毛泽东思想的继承和发展，是包括各党派、各民族、各界人士在内的全体中国人民集体智慧的结晶，是中国共产党与统一战线各方面成员共同的宝贵财富和精神支柱。邓小平新时期统一战线理论作为邓小平理论的重要组成部分，科学地回答了新时期统一战线的一系列问题，形成了新的比较完备的理论体系，是推动爱国统一战线不断发展不断前进的强大思想武器。深入学习邓小平理论，要坚持认真读原著，要在学好原著上下功夫。要全面、准确地把握邓小平理论科学体系和领会精神实质，尤其要着重领会解放思想、实事求是这一邓小平理论的精髓；在学习过程中，要弘扬马克思主义学风，认真学习邓小平同志运用马克思主义的立场、观点和方法，研究新情况、解决新问题的科学态度和创造精神；深入学习邓小平理论一定要学以致用，要把学习邓小平理论同国际国内的实际紧密结合起来，特别是要着力从自己的工作领域，对邓小平理论的有关内容进行系统的钻研和理解，运用邓小平理论来指导实践，解决实际工作中的重大问题。同志们要集中精力，认真钻研，深刻领会，并不断增强学习理论知识、提高理论素养的自觉性，切实把对邓小平理论特别是邓小平新时期统一战线理论的学习提高到一个新的水平。

　　在深入学习邓小平理论的基础上，根据当前形势和任务，要着重突出两方面的学习重点：

　　一要认真学习、深刻领会、全面贯彻江泽民同志"七一"重要讲话精神。江泽民同志"七一"讲话全面回顾和总结了80年来中国共产党领导中国革命和建设所取得的巨大成就和基本经验，进一步阐述了"三个代表"重要思想，是对马克思列宁主义、毛泽东思想、邓小平理论的丰富和发展，是对建设有中国特色社会主义具有重要现实意义的纲领性文献和行动指南，也为爱国统一战线的进一步巩固和发展指明了方向。我们要认真学习、深刻领会江泽民同志的讲话精神。在学习中，要注意把握以下几点：一是要以马克思主义与时俱进的思想来理解讲话的精神。讲话中关于"三个代表"科学内涵的论述，关于推进党的建设的一系列论述，都是马克思主义同新的实际相结合的产物，体现了马克思主义与时俱进的精神。我们理解和掌握了马克思主义与时俱进的理论特性和理论品质，就能比较好地理解江泽民"七一"讲话中一系列新思想、新观点、新论断。二是要紧紧抓住解放思想、实事求是这个精髓。解放思想、实事求是，是马列主义、毛泽东思想、邓小平理论的精髓，也是"七一"讲话的精髓，紧紧抓住这个精髓，不但有助于我们领会好江泽民同志的"七一"讲话，也有助于我们学习好马列主义、毛泽东思想、邓小平理论和江泽民同志的一系列重要论述，树立正确的世界观、人生观、价值观。三是要紧紧抓住发展这个主题。发展问题是江泽民同志思考当代中国问题的中心和主题，也是"七一"讲话的一个根本着眼点和落脚点。讲"三个代表"是着眼于发展，讲中国共产党的建设也是着眼于发展；讲国内问题是着眼于发展，讲国际问题也是着眼于发展。要深刻理解解决中国所有问题归根到底都要靠发展。四是要紧紧抓住建设一个什么样的党和怎样建设党这个基本问题。讲话的一个重大创新，就是在客观地分析了中国共产党的党员队伍和所处的地位和环境以及所肩负的任务发生的重大变化的基础上，在总结这些年新鲜经验的基础上，在借鉴世界各国政党兴衰成败经验教训的基础上，对新世纪党的建设提出了一系列新要求。认真学习、深刻理解这一内容，对我们民主党派的自身建设有着重要的意义。在学习江泽民同志"七一"讲话的同时，要注意与邓小平理论特别是邓小平统一战线理论和全国统战工作会议精神的学习以及自己的工作实际相结合。

作为民主党派的领导干部，我们学习江泽民同志"七一"重要讲话，更重要的是，通过深入学习，深刻认识"三个代表"重要思想的科学内涵，深刻认识中国共产党的先进性，进一步增强对马列主义、毛泽东思想和邓小平理论的信念，增强对建设有中国特色社会主义事业的信心，从新的历史高度来认识、巩固与中国共产党长期合作的思想政治基础，进一步提高坚持中国共产党的领导的自觉性；要以江泽民同志重要讲话精神为指导，加强自身建设，全面提高各方面素质，认真履行参政党职能，充分发挥政治协商、民主监督和参政议政的作用，巩固和发展与中国共产党肝胆相照、荣辱与共的亲密关系，为坚持、完善和发展中国共产党领导的多党合作和政治协商制度，全面推进社会主义建设多作贡献。

二要认真学习贯彻全国统战工作会议精神。去年12月，中共中央召开的全国统战工作会议，是一次承前启后、继往开来、具有里程碑意义的重要会议。江泽民同志的重要讲话，从时代发展的战略高度，对统一战线一系列重大理论和实践问题作了深刻阐述，是指导新世纪统战工作的纲领性文件。我们要认真学习、深入领会江泽民同志这一重要讲话精神，在学习中要注意把握以下几点：一是要充分认识我国政党制度的合理性和优越性。江泽民同志在讲话中全面系统地论述了我国的政党制度，进一步强调指出，中国共产党领导的多党合作和政治协商制度是我国的基本政治制度，也是符合我国国情的先进政党制度。认真学习、深入领会江泽民同志重要讲话精神，要充分认识我国政党制度的合理性和优越性，在实践中把它坚持好、完善好、落实好，是贯彻落实这次全国统战工作会议精神的一个重要方面。二是要深刻领会、准确把握衡量中国政党制度的四个标准。准确把握衡量中国政党制度的标准，是坚持、完善和发展中国共产党领导的多党合作和政治协商制度的重要前提。学习中，要以四个标准为依据，正确认识我国政党制度的先进性、优越性和合理性，在此基础上，深入理解我国为什么实行中国共产党领导的多党合作的政党制度。要通过学习，进一步增强对在我国实行多党合作制的认同感，坚决抵制西方的多党制。三是要深刻认识中国政党制度的基本特征是坚持、完善和发展中国共产党领导的多党合作和政治协商制度的关键所在。通过深刻认识我国政党制度的显著特征，准确把握多党合作与一党制、多党制的根本区别，进一步增强对多党合作的认同感，并正确理解一党领导与多党合作的统一，一党执政与多党参政的统一，完善发展与团结稳定的统一。四是要正确认识充分发挥各民主党派的参政党作用是坚持、完善和发展中国共产党领导的多党合作和政治协商制度的必然要求。要深入掌握坚持和完善这项基本政治制度的措施和原则。江泽民同志在讲话中指出，要建立健全配套措施，使多党合作进一步规范化、制度化。要扩大民主党派的知情范围和参与程度，进一步搞好政治协商和参政议政。他还特别强调要完善民主监督机制，畅通下情上达渠道，加大民主监督力度。要把保持宽松稳定、团结和谐的环境，作为多党合作中的一项重要原则。江泽民同志的重要论述，对新世纪坚持和完善多党合作，进一步做好民主党派工作具有极其重要的理论指导意义和实践意义。我们要按照江泽民同志重要讲话的要求，努力实践，积极探索，及时总结，不断丰富，使共产党领导的多党合作和政治协商制度理论更加成熟，政策更加完善，机制更加健全，运作更加规范。

同时，我们要以江泽民"七一"重要讲话和全国统战工作会议精神为指导，进一步加强民主党派自身建设。民主党派要努力建成江泽民总书记所指出的"具有进步性与广泛性相统一的政治联盟性质的政党"，必须不断加强自身建设，搞好政治交接，才能更好地承担起参政党的重任。

同志们要充分利用这次集中学习的机会，塌下心来，深入钻研，切实提高自己的理论素养，进一步用科学理论武装头脑，从思想上理论上牢固树立多党合作的观点，为巩固和发展同中国共产党的合作，打下更加坚实的思想和理论基础，从而更加自觉地坚持和完善中国共产党领导的多党合作和政治协商制度。

三、关于如何搞好学习，提几点具体要求。

一是集中精力，自觉学习。同志们长期肩负繁重的工作任务，能够到中央社会主义学院，集中一段时间进行比较系统的学习，是个非常难得的机会。希望同志们珍惜这次学习机会，增强学习的自觉性，充分利用这段宝贵的时间，静下心来，认真读书，集中精力把学习搞好，力求在理论学习上有较大的收获。

二是学习中要理论联系实际，不断提高理论素养和工作水平。几个班的学习重点都是江泽民总书记的"七一"重要讲话，讲话中运用的思考问题，研究问题和解决问题的方法体现了以江泽民同志为核心的中共中央第三代领导集体的创新与开拓精神。我们学习时也有一个与时俱进的问题，通过学习认清那些不合时宜的观念，把思想统一到讲话的精神上来。学员们在学习中要认真研读原著（邓小平的有关原著、讲话的全文）。把学习理论，联系实际结合起来，要与思想实际、国内国际形势的实际、工作的实际结合起来。大家要积极参加研讨，并善于总结，以巩固和拓展理论学习的成果。

三是弘扬校风，发扬传统。我们要按照江泽民同志为中央社会主义学院题写的"爱国、团结、民主、求实"八字校风，规范自己的行动，遵守各项规章制度，建立良好的学习和生活秩序。中央社会主义学院自创建以来，在学习方法上就实行自由、自愿、自觉的原则，在教学上贯彻"三自"和"三不"方针，即"自己提出问题，自己分析问题，自己解决问题"和"不抓辫子，不打棍子，不扣帽子"。这已成为中央社会主义学院的优良传统。希望同志们发扬这一传统，认真学习积极研讨，在和谐民主的气氛中，通过学习、研讨、交流，互相启发，取长补短，达到共同提高的目的。

民主党派中青年领导干部
要加强学习理论联系实际*

（2002 年 3 月 1 日）

今天，中央社会主义学院隆重举行 2002 年春季开学典礼，我代表学院，向第九期民主党派干部进修班、第九期民主党派干部培训班、第三期无党派人士研讨班、统战系统领导干部研讨班的全体学员，表示热烈的欢迎和亲切的问候！向出席开学典礼的各位领导和来宾表示诚挚的敬意和感谢！

这四个班举办恰恰逢九届全国人大五次会议和全国政协九届五次会议召开之际。今年将是我国历史中具有重大意义的一年，中国共产党将召开第十六次全国代表大会，各民主党派也将陆续举行全国代表大会，完成新世纪的第一次新老交替和政治交接。在这样的重要形势下举办这几期学习班，很有意义。全国政协、中央统战部、各民主党派中央和全国工商联对中央社会主义学院的办学非常重视和支持。王兆国同志出席今天的开学典礼并将作重要讲话。下面，我就如何搞好学习，谈几点意见。

---

* 这是何鲁丽同志在中央社会主义学院 2002 年春季开学典礼上的讲话节选。

一、充分认识民主党派中青年领导干部加强学习的重要
意义。

近年来，以江泽民同志为核心的中共中央第三代领导集体，
高度重视、反复倡导领导干部加强学习的问题。江泽民同志就此
多次发表重要讲话指出，领导干部加强学习是"根本大计"，关
系党和国家工作全局，关系改革和建设事业的长远发展。江泽民
同志在强调中共领导干部加强学习的同时，也对民主党派新一代
领导骨干加强学习，寄予厚望。他在 1997 年 12 月同各民主党
派、全国工商联领导人座谈时指出："邓小平同志曾经对我们党
的第三代领导人提出了一个重要要求，就是'眼界要非常开阔，
胸襟要非常开阔'。我想这对各民主党派和工商联的领导同志也
适用。这就要求我们大家：一要加强学习，增长知识和见识；二
要加强修养，提高政治素质，以适应时代和我们事业发展的需
要。"1998 年 1 月，江泽民同志在党外人士迎春座谈会上讲话中
再一次强调："我们要继续加强学习。首先要学好马列主义、毛
泽东思想特别是邓小平理论，同时要学好现代化建设所需要的各
种知识。有了正确的理论武装，有了丰富的知识，思想境界提高
了，工作本领增大了，我们就能从容地应付各种挑战，驾驭事业
发展的进程。"江泽民同志这些重要论述，语重心长，对民主党
派中青年领导干部加强学习，对中央社会主义学院进一步搞好教
育培训，都具有非常重要的指导意义。

我们要深入领会和贯彻江泽民同志这些讲话精神，站在建设
面向新世纪的高素质参政党的战略高度，充分认识加强理论学习
的重要性。理论是管政治、管全局的，理论也是管信念、管思想
的。政治上的坚定来源于理论上的清醒，政治上和信念上的凝聚

力也是以理论上、思想上的凝聚力为基础的。在当前和今后一个时期里，进一步搞好政治交接，是各民主党派各级组织自身建设的首要任务。要把政治交接的任务落到实处，关键环节是要努力建设高素质的民主党派领导班子。政治交接不是随着换届的结束而完成，而是一个通过不断地学习，提高政治素质，提高理论、政策水平的过程。加强学习，事关民主党派未来的发展，事关民主党派自身建设的根本。作为民主党派新一代领导骨干，必须非常清醒地看到"只有讲学习，才能更好地讲政治"，加强学习，提高理论素质和思想政治素质，是我们继承和发扬民主党派优良传统，进一步搞好政治交接的前提和基础；是我们在理论上、政治上保持清醒和坚定的迫切需要；也是我们肩负起历史赋予的重任，开创民主党派工作新局面，建设好面向新世纪参政党的根本保证。只有用这样的战略眼光看待学习问题，我们才能真正把加强学习作为自己首要的任务，以高度的政治责任感和历史使命感，自觉地加强学习，努力发挥出民主党派新一代领导骨干在勤奋学习上的表率作用。

中央社会主义学院是民主党派和无党派人士的联合党校，承担着培训高层民主党派和无党派人士以及民主党派领导骨干的政治任务。民主党派新一代领导骨干要使自己成为讲政治、懂全局、善于参政议政的社会活动家，也需要集中一段时间进行系统的学习。民主党派新一代领导干部都是在党的培养教育下，与新中国一起成长起来的知识分子，思想基础和基本素质是好的。但由于成长环境和个人经历不同，不少人缺乏老一辈党外人士在民主革命时期与中国共产党风雨同舟、患难与共的经历和重大政治斗争的考验，有的缺乏领导经验和驾驭全局的能力，有的缺乏组织协调、行政管理能力。只有通过学习培训和实践锻炼，才能够逐步打牢理论功底，坚定理想信念，保持政治上的清醒和坚定、增强与中共团结合作的意识，提高参政议政和民主监督的能力，以适应新世纪党派工作任务的需要，肩负起历史赋予的重任。

二、深入学习邓小平理论特别是邓小平新时期统一战线理论，认真学习江泽民同志"七一"重要讲话和全国统战工作会议精神。

根据当前的形势和任务，中央社会主义学院在 2001 年进一步完善了教学布局，按照"抓好理论武装"、"坚持合作协商"、"加强自身建设"和"提高政治素养"的布局，开设有关内容的系统教育课程。"抓好理论武装"，就是坚持以邓小平理论为中心，切实搞好"马克思列宁主义基本问题"、"毛泽东思想基本问题"和"邓小平理论基本问题"的教学。通过"三基本"教学，认清社会发展规律，坚定建设有中国特色社会主义的信念，提高运用马克思主义理论解决实际问题的能力。"坚持合作协商"，即搞好马克思主义统战理论和有中国特色社会主义政党制度的教学，目的是夯实中国共产党领导的多党合作和政治协商制度的思想基础，提高坚持和完善有中国特色的政党制度的自觉性和坚定性，巩固和壮大最广泛的爱国统一战线，自觉推进中华民族的大团结、大联合。"加强自身建设"，即搞好民主党派自身建设的理论与实践教学。其目的在于提高民主党派自身建设水平和民主党派人士参政议政能力，为各民主党派搞好新老交替、实现政治交接服务。"提高政治素养"，即在全面提高学员理论素养、政策水平和参政议政能力等自身素质的基础上，突出提高坚定走有中国特色社会主义道路，坚持中国共产党领导的多党合作和政治协商制度，促进中华民族的大团结、大联合，为实现中华民族的伟大复兴而奋斗的政治素养。

邓小平理论是当代中国的马克思主义，是马列主义、毛泽东思想的继承和发展，是包括各党派、各民族、各界人士在内的全体中国人民集体智慧的结晶，是中国共产党与统一战线各方面成员宝贵的精神财富，是指引我们全面推进建设有中国特色社会主义伟大事业和做好 21 世纪统一战线工作的主心骨。我们要充分利用这次集中学习的机会，深入学习邓小平理论特别是邓小平新时期统一战线理论。

学习理论要联系实际，要与我们正在从事的工作紧密结合。在深入学习邓小平理论的基础上，根据当前形势和任务，要重点把握以下两个方面的内容：

一要认真学习、深刻领会江泽民同志"七一"重要讲话精神。江泽民同志"七一"讲话全面总结了 80 年来中国共产党领导中国革命和建设所取得的巨大成就和基本经验，系统深入地阐述了"三个代表"重要思想，是对马克思列宁主义、毛泽东思想、邓小平理论的丰富和发展，是建设有中国特色社会主义的纲领性文献，为爱国统一战线的进一步巩固和发展指明了方向。我们要认真学习、深刻领会江泽民同志的讲话精神。在学习中，要注意把握以下几点：一是要以马克思主义与时俱进的思想来理解讲话精神。讲话中关于"三个代表"的内涵的科学论述，关于推进党的建设的一系列论述，都是马克思主义同新的实际相结合的产物，体现了马克思主义与时俱进的精神。我们理解和掌握了马克思主义与时俱进的理论特性和理论品质，就能比较好地理解江泽民"七一"讲话中一系列新思想、新观点、新论断。并使我们把思想认识从那些不合时宜的观念、做法中解放出来。二是要紧紧抓住解放思想、实事求是这个精髓。解放思想、实事求是，是马列主义、毛泽东思想、邓小平理论的精髓，也是"七一"讲话的精髓，紧紧抓住这个精髓，不但有助于我们领会好江泽民同志的"七一"讲话，也有助于我们树立正确的世界观、人生观、价值观。三是要紧紧抓住建设一个什么样的党和怎样建设党这个基本问题。讲话的一个重大创新，就是客观地分析了中国共产党所处的地位和环境以及所肩负的任务发生的重大变化，认真地总结了改革开放以来党的建设的基本经验，在借鉴世界各国政党兴衰成败经验教训的基础上，对新世纪党的建设提出了一系列新要求。认真学习、深刻理解这一内容，对我们民主党派的自身建设有着重要的意义。

二要认真学习贯彻全国统战工作会议精神。中共中央召开的第十九次全国统战工作会议，是一次承前启后、继往开来、具有里程碑意义的重要会议。江泽民同志的重要讲话，从时代发展的战略高度，对统一战线一系列重大理论和实践问题作了深刻阐述，是指导新世纪统战工作的纲领性文件。我们要认真学习、深入领会江泽民同志这一重要讲话精神，在学习中要注意把握以下几点：一是要充分认识我国政党制度的合理性和优越性。江泽民同志的讲话全面系统地论述了我国的政党制度，进一步强调指出，中国共产党领导的多党合作和政治协商制度是我国的基本政治制度，也是符合我国国情的先进政党制度。认真学习、深入领会江泽民同志这一重要讲话精神，充分认识我国政党制度的合理性和优越性，在实践中把它坚持好、完善好、落实好，是贯彻落实这次全国统战工作会议精神的一个重要方面。二是要深刻领会、准确把握衡量中国政党制度标准的四个方面。准确把握衡量中国政党制度的标准，是坚持、完善和发展中国共产党领导的多党合作和政治协商制度的重要前提。要通过学习，深刻认识中国政党制度的基本特征，准确把握多党合作与一党制、多党制的根本区别，进一步增强对多党合作的认同感，并正确理解一党领导与多党合作的统一，一党执政与多党参政的统一，坚持完善这一政党制度与团结稳定的统一。三是要深入掌握坚持和完善这项基本政治制度的措施和原则。江泽民同志在讲话中指出，要建立、健全配套措施，使多党合作进一步规范化、制度化。要扩大民主党派的知情范围和参与程度，进一步搞好政治协商和参政议政。他还特别强调要完善民主监督机制，畅通下情上达渠道，加大民主监督力度。要把保持宽松稳定、团结和谐的环境，作为多党合作的一项重要原则。江泽民同志以上重要论述，对新世纪坚持和完善多党合作，进一步做好民主党派工作具有极其重要的指导意义。2002 年党外迎春座谈会上，江泽民同志再次讲到中国的政党制度，指出无论是共产党还是各民主党派都要百倍珍惜，自觉维护并使之不断完善。我们要按照江泽民同志重要讲话的要求，努力实践，积极探索，使共产党领导的多党合作和政治协商理论更加成熟，政策更加完善，机制更加健全，运作更加规范。

维护世界和平稳定
促进人类共同发展[*]

（2002 年 3 月 7 日）

　　在这春光明媚的日子里，众多知名的海内外专家、学者济济一堂，就共同关心的国际安全与军控裁军问题进行深入的研讨，交流看法，增进了解，扩大共识。我认为，这本身就是对亚洲乃至世界的和平、稳定与发展的宝贵贡献。

　　普会[1]是由世界上许多知名的、富有良知的科学家组成的。普会自成立之日起，就以维护世界和平，反对战争，特别是防止核战争为宗旨，长期积极活跃在国际舞台上，探讨防止核战争的途径，探索维护国际和平与安全的手段，寻求人类可持续发展的方式，唤起世界人民的反战反核和维护和平的意识。长期以来，普会为推动人类的和平和进步进行了不懈努力，取得了令世人瞩目的成就，荣膺了诺贝尔和平奖。令人感到高兴的是，中国人民争取和平与裁军协会与普会的关系极为深厚，有着长久的渊源。早在 1957 年，和裁会[1]的前任会长、我国著名的物理学家周培

---

　　* 这是何鲁丽同志 2002 年 3 月 7 日在普会研讨会与会者招待会上的讲话。

源教授就参加了在加拿大小渔村普格瓦什举行的第一次会议。这次会议意味着普会的诞生。周培源教授曾多次率我国代表团出席普会会议，并长期担任普会理事。1991 年，和裁会与普会共同合作，在中国北京举行了普会第四十一届年会。现在，和裁会及中国普会小组与普会再一次合作，共同举办国际研讨会，这使得和裁会与普会的合作关系得到了进一步发展和深化。今后，和裁会愿与普会开展交流，发展友好合作关系，为推进国际军控裁军进程，维护世界和平，促进共同发展，作出积极的贡献。

当前，要和平，求合作，促发展仍是时代的潮流。但国际形势中的不确定因素增多，非传统威胁正对国际和平与安全构成严重挑战，恐怖主义、极端主义、分裂主义的威胁异常突出。特别是恐怖主义已成为国际公害，成为全人类的共同敌人。包括中国在内的不少国家，一直是恐怖主义的受害者。中国一贯反对和谴责任何形式的恐怖主义，主张各国遵循《联合国宪章》的宗旨和原则，在反恐怖主义的斗争中加强各个层次的国际合作。中国愿与国际社会一道为共同打击任何形式的恐怖活动作出努力。

中国人民是爱好和平的人民。中国正在建设有中国特色的社会主义，正集中精力搞经济建设，提高人民生活水平。中国需要一个良好的国际环境。中国将一如既往地坚持独立自主的和平外交政策，发展和加强与世界各国的友好合作关系，为维护世界和平，促进人类共同发展作出自己的贡献。

我尊敬的前任会长周培源教授曾为和裁会与普会的交流与合作作出过重要贡献。作为和裁会的现任会长，我本人殷切期望和裁会与普会的交流与合作得到进一步加强。我也衷心祝愿普会维护世界和平的事业日益兴旺。

注　释

〔1〕普会，普格瓦什科学与世界事务会议的简称，于 1957 年在加拿大的普格瓦什成立，是东西方科学家和学者参加的国际和平组织。其宗旨是探讨和解决科学发展给人类带来的影响。议题涉及和平与安全、军控与裁军、国际合作与交流、经济发展、环境保护等问题。

〔2〕和裁会，中国人民争取和平与裁军协会的简称。

在中央社会主义学院
学习十六大精神座谈会上的讲话

（2002 年 11 月）

刚刚闭幕的十六大是中国共产党在新世纪召开的第一次全国代表大会，也是在我国进入全面建设小康社会，加快推进社会主义现代化的发展阶段召开的一次十分重要的会议，是一次具有划时代伟大意义的团结的大会、胜利的大会、奋进的大会。江泽民同志所作的报告高屋建瓴、总揽全局，具有很强的时代意识和创新意识，是中国共产党在新世纪新阶段的政治宣言和行动指南。报告全面分析了当前的国际国内形势，科学总结了中共十三届四中全会以来十三年的基本经验，进一步阐明了贯彻"三个代表"重要思想的根本要求，深刻回答了在新世纪中国共产党举什么旗，走什么路，实现什么目标等重大问题，对我国改革开放和社会主义现代化建设做出了全面部署，是中国共产党团结和带领全国各族人民在新世纪新阶段继续奋勇前进的政治宣言和行动纲领。

回首改革开放，特别是中共十三届四中全会以来，以江泽民同志为核心的中共中央第三代领导集体高举邓小平理论伟大旗帜，把发展作为党执政兴国的第一要务。正是在这一时期，我国改革开放和社会主义现代化建设取得了举世瞩目的伟大成就，成为历史上发展最好的时期。中国的经济实力、综合国力和国际竞争力均跃上新台阶，人民生活水平得到大幅度提高，实现了由温饱到总体上达到小康的伟大跨越，中华民族千百年来丰衣足食的梦想已变成现实。在中共十五大以来的五年中，世纪更替，风云变幻，地区冲突和恐怖活动加剧，全球经济形势持续低迷。在这样的国际背景下，以江泽民同志为核心的第三代中共中央领导集体高屋建瓴、统揽全局，迎着惊涛骇浪，抵御亚洲金融危机，实现国民经济持续发展，我国国际地位稳步上升；在和平统一、一国两制的方针下，实现香港、澳门顺利回归，推进了实现祖国完全统一大业的进程；实施"十五"计划，启动西部开发，加入世贸组织，成功申办奥运会。

十三年来，以江泽民同志为核心的第三代中共中央领导集体高度重视统战工作，进一步确立和发展了我国多党合作的理论、政策，中国共产党领导的多党合作和政治协商制度不断完善和巩固，爱国统一战线进一步发展壮大，多党合作事业取得新进展，各民主党派参政议政、民主监督走上了制度化、规范化道路。十三年来，党的民族、宗教、侨务政策得到全面贯彻，民族区域自治制度不断完善，全国各族人民团结一心，共同促进祖国的繁荣进步。爱国统一战线呈现团结、和谐、生动、活泼的局面，是统一战线发展最好的时期之一。

进入新世纪后，国际局势发生了深刻变化，世界多极化和经济全球化趋势在曲折中发展，科技进步日新月异，综合国力竞争日趋激烈。我国社会主义现代化建设事业正在蓬勃发展，并且已经进入全面建设小康社会、加快推进社会主义现代化建设的新阶段。新的实践呼唤着新的理论。马克思主义引导时代前进又随着时代发展。2000年2月，江泽民同志立足于国内外形势的新变化，高瞻远瞩，提出"三个代表"重要思想。十六大把"三个代表"重要思想同马克思列宁主义、毛泽东思想和邓小平理论一道确立为中国共产党的指导思想，统一了新时期中国共产党和中国人民的思想和意志，体现了与时俱进、开拓创新的精神，为中国特色社会主义事业的自我完善和全面发展提供了新的强大理论武器。纵观进入二十一世纪的世界，机遇与挑战并存，发展与问题同在。在世界日益走向信息化、全球化、多极化的同时，国际政治斗争更加激烈，冷战思维、霸权主义和强权政治依然存在，西方敌对势力从来没有放弃利用政党制度、民族、宗教、人权等问题对我国进行"西化"、"分化"的图谋。随着我国加入WTO，经济和社会结构发生深刻变化，出现了多种经济成分和多种分配方式，产生了新的利益群体和社会阶层·人们思想活动的自主性、差异性明显增强，各种思想文化相互激荡、互相渗透，价值取向和行为方式日益多样化；多层次、多党派、多民族、多宗教的社会格局继续存在；香港、澳门回归后，形成了不同社会制度共同存在的局面。这些多样性的统一，是当代中国社会的重要特征。只有认真学习、深刻领会、全面贯彻"三个代表"重要思想，我们才能统一思想、凝聚人心、振奋精神、坚定信心，国家才能不断发展，建设中国特色社会主义事业才有根本保证。

十六大选举产生了以胡锦涛同志为总书记的新一届中共中央委员会，中央领导集体顺利实现了新老交替，一批善于治党、治国、治军，朝气蓬勃、奋发有为的政治家成长起来，肩负起重任，为中国特色社会主义事业的继往开来、兴旺发达提供了有力的组织保证。所有这一切，都具有重大历史意义，极大地鼓舞了中国共产党、各民主党派和全国各族人民，信心百倍地把中国特色社会主义伟大事业不断推向前进。我们民主党派的同志，要和中共党员一道，认真学习贯彻中共十六大精神，以饱满的热情、开阔的思路、扎实的工作和与时俱进的精神，切实加强参政党自身建设，坚定不移地接受中国共产党的领导，为实现中华民族的伟大复兴而共同奋斗。

深入学习贯彻中共十六大精神，是我们当前和今后一个时期的首要政治任务。中央社会主义学院作为培养民主党派和无党派人士领导干部的联合党校，在用马克思主义基本理论，特别是邓小平理论和"三个代表"重要思想教育和培养党外干部方面负有崇高的使命。我们要进一步高举邓小平理论伟大旗帜，全面贯彻"三个代表"重要思想，扎扎实实做好每一项工作。要把认真学习、领会、贯彻十六大精神作为当前和今后一个时期的重要任务，把思想和行动统一到十六大精神上来。要增强政治意识、大局意识、责任意识，围绕主题，把握灵魂，狠抓落实，切实抓好学习贯彻十六大精神的工作。要按照江泽民同志为我院题写的"爱国、团结、民主、求实"的校训，紧密联系改革开放和现代化建设实际，联系我院工作实际，联系教师学员的思想实际，着眼于促进改革发展、维护社会稳定，把运用十六大精神指导实践、推动工作作为学习的出发点和落脚点，作为衡量学习成效的重要标准，使我院各项工作再上新台阶。要更加自觉地坚持中国共产党的领导，巩固和完善中国共产党领导的多党合作和政治协商制度，充分利用我国社会主义政党制度的特点和优势，更好地发挥政治协商、民主监督和参政议政的作用，把建设有中国特色社会主义事业共同推向前进。

在中国人口福利基金会第三届四次常务理事会上的讲话

（2003年1月6日）

中国人口福利基金会今天召开第三届四次常务理事会，这次常务理事会是在全党全国人民深入学习贯彻中国共产党十六大精神的形势下召开的。我们这次常务理事会的任务就是学习贯彻十六大的精神，认真总结过去一年的工作，对明年的工作进行部署安排，这次会议对基金会来说是一个辞旧迎新、继往开来、共商发展目标的重要会议。

苗霞同志对基金会一年的工作做了详细的汇报。这一年我们做了不少工作，取得了好的成绩。不论是"幸福工程"，还是"中华人口奖"，都有新的进展。特别是在五省（区）农村计划生育特困人群调查之后提出的"遭遇意外风险的计划生育家庭亟须社会救助的报告"受到了计生委等多方的关注。以离退休老同志志愿者为主的生殖健康专业委员会也做了大量工作。应当说，这些成绩的取得，是各位常务理事、理事和基金会执行机构工作人员，以及各基层人员共同努力的结果，也是国家计生委和其他相关机构大力支持的结果。这里，我谨以中国人口福利基金会会长的名义，向一年来给予基金会鼓励、支持和做出努力的所有单位和个人，表示由衷的感谢！

2003 年是我国全面建设小康社会的开局之年，我们基金会的各项工作都要围绕和服务于全面建设小康社会这一目标，为人口计划生育工作作出新的贡献。今年，也是我们第三届理事会任期最后一年，我们工作开展得如何，不仅关系到第三届理事会的历史使命是否能圆满成功，而且也关系到下一届理事会能否在一个新的起点上顺利开展工作。

下面我对常务理事会的工作谈几点意见。

一、与时俱进，深入研究新形势下基金会的发展问题。在我国进入全面建设小康社会的历史阶段，基金会面临许多新的机遇和挑战。在全面建设小康社会的过程中，找到自己的活动空间和发展领域，对基金会的角色和职能进行科学而准确的定位，并在不断深化改革的基础上，在基金会内部建立健全一套"高效、民主、竞争、协作"的工作机制，这是常务理事会应当着重考虑的问题。在当前，特别是要围绕"稳定低生育水平，大力提高出生人口素质，为全面建设小康社会创造良好的人口环境"这一中心任务，探索在新的形势下，依靠政府，充分发挥政府组织作用，整合社会资源，为实行计划生育群众扶危解困的方式和途径。总之，常务理事会应当加强自己的责任感和使命感，对关系到基金会发展大计的重要问题，从理论和实践两个方面多给予具体的指导。

二、发挥各自优势，对基金会各项工作出谋划策，创造条件。常务理事会除了决策功能之外，还负有对基金会的日常工作和各项活动进行指导帮助的责任。这种指导和帮助既可以是集体的，也可以是个人的。我们各位常务理事绝大部分是兼职的，是不同领域或有关部门的专家和领导，这种优势有利于大家对基金会的一些活动和项目的实施进行具体的指导和帮助。在继续深入的调研之后，基金会今年要对救助计划生育困难家庭的活动继续推进，"幸福工程"今年也要以"宣传年"为重点深入继续开展，这些活动在实施过程中必然需要与多方协调，这些工作仅靠基金会执行机构的力量是远远不够的。这就需要我们的理事特别是常务理事发挥各自的专业特长和人际优势，为基金会出谋划策，牵线搭桥，为项目和活动的顺利开展创造条件。来自实业界的常务理事，要在寻求企业利益与公益机构事业的契合点的基础上，传播公益观念，积极发挥企业与公益机构之间的桥梁纽带作用。希望各位常务理事要切实把基金会的工作纳入自己的工作日程。建议今年的每位常务理事要为基金会办一件实事。

三、总结经验，加强常务理事会的制度建设，提高工作效率。我们这届常务理事会已经工作了三年。总的说来，这三年我们的工作是称职的，各位常务理事为基金会的发展付出了精力，为我国人口福利事业作出了贡献。在换届之前，我们有必要对几年来的工作进行认真总结，对基金会章程所规定的常务理事会的职责，常务理事会的制度建设和工作机制等认真进行研究，对工作中的成功经验给予肯定；对常务理事会议事、决策、指导和监督等方面薄弱的地方，要研究如何加强并制定出一些切实可行的规章制度，使基金会常务理事会的工作更加规范化、制度化。创造常务理事会工作的条件，进一步调动大家的积极性，更多地关心基金会的工作，为基金会的各项活动提供有力的支持和帮助，使基金会的工作不断得到发展。

四、执行机构要为常务理事会进行决策提供服务，创造条件。执行机构除了要认真按照常务理事会的决策和部署来完成一年的工作计划之外，还应当成为常务理事会进行决策过程中的参谋与助手，为他们提供信息，创造条件，协助决策机构对基金会的发展大计进行决策。执行机构是常务理事会决策的执行者，也是基金会项目和活动的直接组织者和实施者。因此，要与基层群众保持密切的联系，倾听他们的呼声，了解他们的需求，在实际工作中准确把握人口福利事业的脉搏，使从基层工作集中上来的社情民意，成为决策机构进行决策的依据。树立和不断加强群众意愿和服务意识。要及时地把群众的意愿和通过调查研究得来的感性材料，反映给常务理事会，提供信息。在日常工作中，执行机构还要加强与常务理事们的交流与沟通，听取他们的意见和建议，关心他们的工作和生活，加强服务，努力营造一个使常务理事们积极发挥作用的良好环境，更不能有任何放松，这是我们取信于社会的基础。

目前，我国人口总数继续增加，贫困人口还为数不少，老龄人口比重上升，社会保障系统还不完善。我国这些年也加强各方面的法制建设，如《中华人民共和国妇女权益保障法》《中华人民共和国老年人权益保障法》《中华人民共和国人口与计划生育法》等法律的颁布实行。政府也进行了大量的投入，制定了有关的行政工作条例。但由于我国地区间存在较大的经济和社会发展差距，正处在转型时期，出现许多新的问题。作为中国人口福利基金会的一员，我们有责任研究对实行计划生育群众如何服务，反映和协助解决他们生产生活中的困难，为扶危济困探索求助的方式和途径，呼吁政府来实施和动员社会力量参与实施。要对自己的角色职能，逐步有一个科学定位。通过我们的工作使我们成为一个有影响力的基金会。

　　中国的社会公益事业还处在起步阶段，如何结合我们的国情和现代社会生活的特点启发公众参与公益事业，这是我们注意的一个问题。培育和传播公益观点，宣传我们的事业是我们常抓不懈的一项工作，从中树立推广基金会的社会形象，发布信息与媒体进行有效沟通，取得社会上更广泛的了解和支持。常务理事会应下功夫分析情况，讨论问题，制定阶段目标和工作计划，推动基金会的事业开拓前进。

以政治交接为主线
深入学习贯彻十六大精神[*]

（2003 年 3 月 1 日）

　　常言道："一年之计在于春。"这是说春天是一年四季中最重要的季节，也是最美好的季节。今年的春天更是春意盎然，充满生机：中共十六大精神如春风吹遍祖国大地，鼓舞全国各族人民为全面建设小康社会而努力奋斗。去年年末，中共中央总书记胡锦涛和贾庆林、曾庆红、王刚等中央领导同志走访了民主党派中央和全国工商联机关，并就统一战线和多党合作问题发表了重要讲话，充分表明了新一届中央领导集体高度重视爱国统一战线和多党合作事业，高度重视民主党派的建设和发展，也生动体现了中国共产党与各民主党派之间肝胆相照、亲密无间的同志情谊，民主党派的同志们感到极大的振奋和鼓舞。至去年底，民主党派换届工作已经完成，爱国统一战线和多党合作事业呈现出更加蓬勃的生机。在这样重要的形势下，大家来这里学习，时机很好，很有意义。全国政协、中央统战部、各民主党派中央和全国

---

　　* 这是何鲁丽同志在中央社会主义学院 2003 年春季开学典礼上的讲话节选。

工商联对中央社会主义学院的办学非常重视和支持。刘延东同志出席今天的开学典礼并将作重要讲话。下面，我就如何搞好学习，谈几点意见。

一、以政治交接为主线，充分认识加强对民主党派中青年领导干部进行培训的重要意义。

去年下半年以来，各民主党派换届工作已经完成，顺利实现了跨世纪的新老交替和政治交接。经过这次换届，各民主党派老一辈领导人将光荣地完成历史使命，一大批在新中国成长起来的民主党派中青年成员将全面走上民主党派各级领导岗位，承担起新世纪民主党派的领导重任。民主党派的自身建设，我国的多党合作，从此进入一个新的发展阶段。但是我们应该看到，组织上的新老交替只是政治交接的起点和基础，这个工作决不会随着换届工作的结束而完成，这是一个通过不断学习，提高政治素质、理论水平的过程，又是一个履行参政党职能，不断实践的过程。要完成政治交接，还需要付出很大的努力。新一代民主党派领导干部有许多优点和长处，但由于时代和经历不同，不少人缺乏老一辈与中国共产党团结合作的经验和重大政治斗争的考验，缺乏对统一战线和多党合作优良传统切身了解和实践，在复杂环境中处理问题的经验还需要不断积累。他们的思想政治素质、参政议政水平和领导管理能力还有待于进一步提高。因此，民主党派中青年领导干部要特别注意继承和发扬老一辈民主党派的光荣传统，继续加强学习，提高政治理论水平，丰富政治智慧，增强实践才干，不断提高参政议政水平，努力使自己成为具有较高的政治素质的新一代民主党派领导干部，担负起带领民主党派广大成员同中国共产党一道前进的重任，为全面建设小康社会，实现中华民族的伟大复兴共同努力。

　　江泽民同志曾在中央工作会议上专门强调年轻干部的培养问题，指出："年轻干部应具有一定的马克思主义理论水平和思想道德素质，掌握一定的科学文化知识和管理能力，经过一定岗位的实践锻炼，这是最基本的条件。但这还不够。年轻干部要担当起领导重任，最重要的还应具有治党治国的能力。善于从政治上正确判断形势、把握大局，能够在错综复杂的条件下开展工作。"江泽民同志的讲话高屋建瓴，语重心长，不仅是对中国共产党党内年轻干部提出的严格要求，也是对民主党派青年干部提出的殷切期望，更是对中青年干部教育培训提出的更高要求。我们要根据新的形势和新的任务，站在建设面向新世纪的高素质参政党的战略高度，充分认识加强对民主党派中青年干部培训教育的重要意义。在当前和今后一个时期里，进一步搞好政治交接，是民主党派各级组织自身建设的首要任务。要把政治交接的任务落到实处，关键环节是要努力建设高素质的民主党派领导班子和培养高素质的中青年领导干部。作为民主党派中青年干部，必须清醒地认识到：只有讲学习才能更好地讲政治；只有加强学习，才能在复杂的国际国内环境中保持头脑清醒，提高政治敏锐性和政治鉴别力，始终沿着正确的方向前进。加强学习、提高理论素养和思想政治素质，是我们继承和发扬民主党派优良传统，进一步搞好政治交接的前提和基础；是我们在政治上保持参政党的进步性，与中国共产党一同与时俱进的迫切需要；也是我们开创民主党派工作新局面，建设面向新世纪参政党的根本保证。

　　根据民主党派自身建设的需要和我们当前面临的形势任务，民主党派中青年领导干部在培训学习过程中，主要应从以下几个方面努力提高：

一是提高政治把握能力。提高政治把握能力，就是要自觉高举邓小平理论伟大旗帜，学习、实践"三个代表"重要思想，坚决维护中国共产党的领导地位，坚持党的基本路线和各项方针政策，坚定不移地走建设有中国特色的社会主义道路；就是要不断增强政治鉴别力和敏锐性，善于从政治上认识和处理问题，能够在错综复杂的矛盾和风浪面前明辨是非，始终保持政治上的清醒和坚定。在当前就是要紧密团结在以胡锦涛同志为总书记的中共中央周围，顾全大局、珍视团结、维护稳定，凝聚和团结广大民主党派成员和所联系的群众，与时俱进，奋发有为，为实现中共十六大提出的全面建设小康社会的目标共同奋斗。这是建设高素质民主党派干部队伍的根本要求。

二是提高参政议政能力。各民主党派作为参政党，要参加国家政权和国家事务的管理，参与国家方针、政策、法律、法规的制定执行。民主党派领导干部只有准确把握民主党派的工作性质和要求，了解熟悉政治协商、民主监督、参政议政的内容和程序，不断提高个人的政治素养和专业水平，深入进行社会实践，密切与所联系的群众关系，才能切实履行参政议政的职能，提高参政议政的水平，充分发挥参政党的作用。

三是提高组织领导能力。民主党派领导干部，应成为新一代政治家和社会活动家，成为民主党派各项工作的组织者和领导者。民主党派的各级领导干部在担任领导职务前，大多长期从事自然科学和社会科学领域的专业技术工作，是各方面学有所长的专家、学者。但组织领导能力、政治和社会活动经验尚需积累和提高。所以，大家来中央社会主义学院学习培训的重要任务之一，就是要尽快实现角色转变，努力学习政治、业务和管理方面的理论知识，在实际工作中多加锻炼，尽快提高组织领导水平，增强政治和社会活动能力，团结和带领广大党员积极投身建设有中国特色的社会主义事业，作出应有的贡献。

四是提高合作共事能力。在共产党领导下进行多党合作，是民主党派履行职能、发挥作用、作出贡献的基本形式，也是民主党派的优良传统。因此，善于在共产党的领导下履行民主党派职能，善于在为共同目标奋斗中发挥自身作用，善于在维护执政党地位中有效进行民主监督，善于在亲密合作中做挚友和诤友，全面提高合作共事能力，也应当成为培养高素质民主党派中青年干部的一个基本要求。

二、深入学习贯彻中共十六大精神，学习研究邓小平理论特别是邓小平新时期统一战线理论，继续学习贯彻全国统战工作会议精神。

中共十六大的召开，是进入新世纪以后我国政治生活中的一件大事。十六大以邓小平理论和"三个代表"重要思想为指导，确定了今后一个时期我国经济、政治、文化建设和改革的目标、任务和方针政策，为全国人民指明了前进的方向。学习领会和贯彻中共十六大精神，也是当前和今后一个时期民主党派的重要政治任务。大家要通过学习，把思想和行动统一到十六大精神上来，把力量凝聚到完成十六大确定的目标和任务上来。要结合民主党派自身的性质和特点，提高学习的针对性和实效性，特别是要通过学习，深刻认识中国共产党的先进性，增强走中国特色社会主义道路的自觉性，进一步做好各项工作，为贯彻落实十六大精神发挥参政党的作用。

当前，学习贯彻好中共十六大精神，首先要深入学习江泽民同志在中共十六大上的报告，深刻领会"三个代表"重要思想的内涵。十六大报告深刻阐明了中国共产党在新世纪坚持举什么旗，走什么路，实现什么目标等重大问题，对我国改革开放和社会主义现代化建设作出了全面部署，是中国共产党团结和带领全国各族人民在新世纪新阶段继续奋勇前进的政治宣言和行动纲领。"三个代表"重要思想是中共十六大的灵魂，它不仅是中国共产党的立党之本、执政之源，也是指引全国人民在新世纪全面建设小康社会，推进社会主义现代化，开创中国特色社会主义事业新局面的行动纲领。民主党派是与中国共产党亲密合作、共同致力于中国特色社会主义事业的参政党，要学习贯彻好中共十六大精神，就必须认真学习和领会"三个代表"重要思想，并积极参与"三个代表"的实践。要通过学习"三个代表"重要思想，充分认识中国共产党的先进性及其在中国特色社会主义事业中的领导核心地位，从而更加自觉地接受中国共产党的领导，坚定建设中国特色社会主义的信念。要通过学习"三个代表"重要思想，树立与时俱进精神，按照形势和任务的要求，加强自身建设，保持参政党的进步性，提高参政议政、民主监督的水平。我们要与共产党一同前进，不断提高和发展自己，始终保持与中国共产党长期合作的关系，坚持和完善中国共产党领导的多党合作和政治协商制度。

在学习贯彻好十六大精神的同时，要按照中央社会主义学院的教学布局和教学安排，搞好马克思列宁主义、毛泽东思想、邓小平理论基本问题教学，特别是学习研究邓小平新时期统一战线理论，这是培训教学的重点。邓小平理论是马克思主义同当代中国实际和时代特征相结合的产物，是毛泽东思想在新的历史条件下的继承和发展，是包括各党派、各民族、各界人士在内的全体中国人民集体智慧的结晶，是指导中国人民实现社会主义现代化的正确理论，是当代中国的马克思主义。它第一次比较系统地回答了中国社会主义的发展道路、发展阶段、根本任务、发展动力、外部条件、政治保证、战略步骤，以及祖国统一等一系列基本问题。它是贯通哲学、政治经济学、科学社会主义等领域，涵盖经济、政治、科技、教育、文化、民族、军事、外交、统一战线、党的建设等方面比较完备的科学体系。邓小平新时期统一战线理论是邓小平理论的重要组成部分，是新的历史时期推动爱国统一战线不断发展、不断前进的强大思想武器。它科学地阐明了新时期统一战线的性质、任务、对象和范围等一系列问题。对统一战线各个工作领域的方针政策，如民主党派问题、知识分子问题、非公有制问题、民族问题、宗教问题、人民政协问题、祖国统一问题等都作了科学的论述，为做好新时期统一战线工作提供了坚实的理论基础和政策依据。

深入学习邓小平理论，要坚持认真读原著，要在学好原著上下功夫。要全面、准确地把握邓小平理论科学体系和领会精神实质，尤其要着重领会解放思想、实事求是这一邓小平理论的精髓；在学习过程中，要弘扬马克思主义学风，认真学习邓小平同志运用马克思主义的立场、观点和方法，研究新情况、解决新问题的科学态度和创造精神；深入学习邓小平理论一定要学以致用，理论联系实际，要把学习邓小平理论同国际国内的实际紧密结合起来，特别是要着力从自己的工作领域，对邓小平理论的有关内容进行系统的钻研和理解，运用邓小平理论来指导实践，解决实际工作中的重大问题。同志们要集中精力，认真钻研，深刻领会，并不断增强学习理论知识、提高理论素养的自觉性，切实把对邓小平理论特别是邓小平新时期统一战线理论的学习提高到一个新的水平。

要继续深入学习贯彻全国统战工作会议精神。中共中央在上世纪末召开的全国统战工作会议，是一次具有深远历史意义的重要会议。江泽民同志在这次会议上的重要讲话，从时代发展的战略高度，对统一战线一系列重大理论和实践问题作了深刻阐述，是指导新世纪统战工作的纲领性文件。进入新世纪以来，全国统战工作会议精神得到很好的贯彻执行，统一战线工作取得了很大的成绩。但是，时代在发展，社会在前进，根据我国社会主义初级阶段的实际情况和不断发展变化的国际国内形势，特别是中共十六大以后，统一战线将面临新的形势和新的任务，我们要以与时俱进的精神，继续认真学习、深入领会全国统战工作会议精神，指导我们的工作。当前，在学习中要特别注意把握以下几点：一是要充分认识中国共产党领导的多党合作和政治协商制度的优越性和显著特征，明确必须把我国的这项基本政治制度坚持好、完善好、落实好。二是要准确把握衡量中国政党制度的标准，明确这项基本政治制度是符合中国国情、经得起实践检验的，从而深刻认识中国政党制度的基本特征，准确把握多党合作与一党制、多党制的根本区别，进一步增强对多党合作的认同感，并正确理解一党领导与多党合作的统一、一党执政与多党参政的统一、坚持完善这一政治制度与推进社会主义民主政治建设的统一。三是要深入掌握坚持和完善这项基本政治制度的措施和原则。江泽民同志在讲话中指出，要建立健全配套措施，使多党合作进一步规范化、制度化。要扩大民主党派的知情范围和参与程度，进一步搞好政治协商和参政议政。他还特别强调要完善民主监督机制，畅通下情上达渠道，加大民主监督力度。要把保持宽松稳定、团结和谐的环境，作为多党合作中的一项重要原则。江泽民同志以上重要论述，对新世纪坚持和完善多党合作，进一步做好民主党派工作具有极其重要的指导意义。去年年末，和贾庆林、曾庆红、王刚等中央领导同志在走访民主党派中央和全国工商联机关时，胡锦涛同志强调指出，必须始终不渝地坚持统一战线这个重要法宝和战略方针，必须始终不渝地发挥共产党领导的多党合作和政治协商制度的优势，把一切积极因素充分调动和凝聚起来。我们要按照胡锦涛同志重要讲话的要求，努力实践，积极探索，使共产党领导的多党合作和政治协商理论更加成熟，政策更加完善，机制更加健全，运作更加规范。同时我们要以中共十六大精神和全国统战工作会议精神为指导，进一步加强民主党派自身建设。努力把民主党派建成具有进步性和广泛性相统一的政治联盟性质的党，才能更好地承担起新世纪参政党的重任。

三、搞好培训学习的几点具体要求。

一是要高度重视学习的重要性。努力学习、自我教育是民主党派的优良传统。民主党派的前辈们十分注意刻苦学习，通过学习自觉改造自己的世界观、人生观，其中的许多人转变成为新中国的政治家和社会活动家。改革开放以来，广大民主党派成员继承了民主党派前辈的这一光荣传统，不断学习，不断进步，始终保持正确的政治方向。实践证明，只有加强学习，与时俱进，才能不断提高参政党的素质和参政议政水平；只有加强学习才能充分认识我们国家政党制度的合理性和优越性，从而百倍地珍惜和维护这个制度，并不断探索和完善这个制度；只有加强学习，才能建设好面向新世纪的参政党，开创多党合作的新局面。我之所以总是强调学习，是因为如果我们不站在这样的战略高度，用这样的战略眼光来看待学习，就很难自觉地把学习放在首位、把加强学习作为我们思想建设的首要任务。

二是要联系实际，深入研讨。我们要把学习理论、总结经验和研究工作有机地结合起来。我们学习邓小平理论，要学以致用，首先是联系思想实际，还要联系社会主义现代化建设的实际，结合自己所在地区、部门的实际，结合本职工作，分析问题，讨论问题。讨论是课堂教学与自学的延伸和深化，也是提高教学质量的一个关键环节。要在认真准备的基础上，出好研讨题目，搞好小组交流、联组讨论以及学员与教员的双向交流，把研讨和答疑结合起来，把所学理论和实际运用结合起来，通过加大研讨力度，加深对理论的理解，把个人的局部经验变为全体的收获。要充分开发和利用好学员资源，创造条件，让学员更多地参与教学过程，通过开设学员讲座和专题研讨等形式，增加课堂教学的活力，更好地体现学员学习的主动精神。

三是要弘扬校风，发扬传统。中央社会主义学院的校风是良好精神风貌的展现。我们要按照江泽民同志为中央社会主义学院题写的"爱国、团结、民主、求实"八字校风，规范自己的行动，遵守各项规章制度，建立起良好的学习和生活秩序。中央社会主义学院的培训在本质上是素质教育，为了达到这一目标，中央社会主义学院自创建以来，就实行自我教育为主，坚持"自己提出问题，自己分析问题，自己解决问题"和"不抓辫子，不打棍子，不扣帽子"的方针，这已成为中央社会主义学院的优良传统，也是适合学员特点的行之有效的学习方法。希望同志们发扬这一传统，畅所欲言，民主讨论，积极探索，求真务实，在和谐民主的气氛中，通过学习、研讨、交流，互相启发，取长补短，共同提高。

开创公民道德建设工作新局面[*]

（2003 年 9 月 20 日）

公民道德建设是社会主义思想道德建设系统工程的基础性工程，在全面建设小康社会、加快推进中国特色社会主义现代化建设中占有重要地位。目前，继《公民道德建设实施纲要》（以下简称《纲要》）印发两周年以后，经党中央同意，中央文明委又下发了《关于深入贯彻党的十六大精神进一步加强公民道德建设的意见》（以下简称《意见》），并决定把印发《纲要》的 9 月 20 日作为"公民道德宣传日"。这将动员全社会更多的人参与道德建设实践，形成最广泛的道德共识。今天的座谈会以胡锦涛总书记关于公民道德建设的指示精神为指导，总结《纲要》实施以来的工作成绩和经验，研究落实中央文明委《意见》，这对于深入贯彻十六大精神，继续推动《纲要》的全面落实，不断促进公民道德建设，具有重要意义。刚才，几位同志畅谈了宣传、贯彻《纲要》的经验体会，并对进一步促进公民道德建设提出了很好的意见和建议，很有启发，我完全赞成。下面，我谈

---

* 这是何鲁丽同志 2003 年 9 月 20 日在纪念《公民道德建设实施纲要》印发二周年暨"公民道德宣传日"座谈会上的讲话。

几点意见。

一、《纲要》印发两年来，公民道德建设取得了巨大成效。

《纲要》印发以后，各地各部门党政领导认真贯彻《中共中央关于印发〈公民道德建设实施纲要〉的通知》（以下简称《通知》）精神，切实把加强公民道德建设，提高全民族素质，作为全面建设小康社会的重要任务来抓，许多地方的党委主要领导亲自挂帅，对宣传贯彻《纲要》进行了全面部署，形成了一套比较完善的公民道德建设领导机制、工作机制、工作思路和实施办法。两年来，各地各部门以集中有力的新闻报道和社会宣传，大力宣传依法治国和以德治国相结合的重要思想，大力宣传《纲要》的基本精神。20字公民道德基本规范实践中涌现出来的先进典型，形成了公民道德建设的舆论氛围。各地各部门围绕党和国家的中心工作，针对群众的实际需要和现实困难，注重办好实事，多办好事，使群众在切身得益的事例中感受到道德的力量和作用；同时开展形式多样的群众性道德实践活动，如"道德评议台"、"师德建设年"、"志愿者协会"、制定完善乡规民约等，吸引越来越多的群众参与公民道德实践活动，激发了广大人民群众关心道德建设、支持道德建设、积极参与道德建设的巨大热情，有力推动了新形势下的公民道德建设。通过两年的努力，我们国家社会风气进一步好转，人际关系不断改善，家庭成员更加和谐，环保意识得到增强。20字公民基本道德规范为广大群众所普遍接受，并日益内化为自身的行为规范。可以说，《纲要》发布实施，对我国物质文明、政治文明和精神文明的和谐发展，对人民群众精神面貌的提升，发挥了重大作用，产生了深刻的影响。特别是今年上半年在抗击非典型肺炎的斗争中，全国人民众志成城、团结互助、和衷共济、迎难而上、一方有难、八方支援，最终夺取了抗击非典斗争的重大胜利。这一胜利的取得，首先在于以胡锦涛为总书记的党中央的坚强领导，同时通过公民道德建设的大力推进，广大人民群众在斗争中展现的良好思想道德风貌，也发挥了十分积极的作用，功不可没。

二、公民道德建设是全社会共同的责任，社会各界都要积极支持和参与。

公民道德建设涉及各行各业，体现在经济、政治、文化、社会生活各个方面，是一项全局性、社会性的工程。我们每个人都是公民道德的建设主体，同时也是道德的受益主体。加强公民道德建设，要遵照"三贴近"的原则，贴近实际、贴近生活、贴近群众，使道德建设融入人们的日常工作、学习和生活，加强公民道德建设，不仅仅是宣传思想文化教育部门的任务，而是各条战线和一切部门的共同任务，需要社会各方面密切配合、齐抓共管，形成合力。因此，各部门，各行业，人民团体和社会各界都要在党委统一领导下，积极行动起来，各尽其职，相互配合，协调工作，取得并强化公民道德建设系统的合力作用。各级领导干部要以身作则，以其自身的优良作风促进公民道德建设；各级国家机关工作人员，解放军、武警官兵和公安干警、社会公众人物要切实加强自身的道德修养，为广大人民群众做出表率。《纲要》提出，在公民道德建设中充分发挥民主党派的作用。这是对民主党派的高度信任和肯定，也是向民主党派提出的重要任务。我们要在为推进公民道德建设积极建言献策的同时，动员自己的成员满腔热情地投入到公民道德建设的实践中去，为大力推进公民道德建设作出自己的贡献。

三、推动公民道德建设，要大力弘扬和培育民族精神。

党的十六大报告指出，民族精神是一个民族赖以生存和发展的精神支撑。一个民族，没有振奋的精神和高尚的品格，不可能自立于世界民族之林。必须把弘扬和培育民族精神作为文化建设极为重要的任务，纳入国民教育全过程，纳入精神文明建设全过程，使全体人民始终保持昂扬向上的精神状态。这就要求我们，把大力弘扬和培育民族精神作为公民道德建设的灵魂和核心。中华民族精神是中国先进文化的集中体现，是民族文化的精华，其核心是爱国主义。中华民族在五千多年的历史长河中，形成了团结统一、爱好和平、勤劳勇敢、自强不息的伟大民族精神，爱国主义像一根红线，始终贯穿于其中。中国共产党在新民主主义革命的实践中，高举爱国主义旗帜，振奋和弘扬民族精神，以井冈山精神、长征精神、延安精神和红岩精神等丰富和发展了民族精神。在社会主义革命和建设中，我们继续高举爱国主义旗帜，振奋和弘扬民族精神，并以"两弹一星"精神、大庆精神等进一步丰富和发展了民族精神。在举世瞩目的抗击非典斗争中，全国人民万众一心、众志成城、团结互助、和衷共济、迎难而上、敢于胜利，谱写了中国人民不畏艰难、敢于胜利的壮丽诗篇，使伟大的民族精神在新形势下得到锻炼和升华。大力弘扬和培育以爱国主义为核心的中华民族精神，是全面建设小康社会的重要任务，同时也为实现全面建设小康社会奋斗目标提供了不竭精神动力和重要保证。中央文明委的《意见》要求，要采取具体措施，把弘扬和培育民族精神纳入国民教育和精神文明建设全过程，广泛开展"弘扬和培育民族精神，全面建设小康社会"主题教育活动。这是全面深入贯彻十六大精神和实践"三个代表"重要思想的重要举措，一定要把这项活动抓实、抓好、抓出成效，引导公民道德建设向更深层次、更高阶段不断发展。

　　同志们！党的十六大对新世纪新阶段思想道德建设提出了明确的要求，为加强公民道德建设指明了方向。我们相信，坚持"三个代表"重要思想为指导，在以胡锦涛为总书记的中共中央领导下，通过全国上下、社会各界的努力，通过具体落实中央文明委《通知》作出的各项部署，我国公民道德建设一定能够开创出全新的局面，取得更加丰硕的成果。

在全国社会主义学院工作会议上的致辞

（2004 年 2 月 9 日）

　　全国社会主义学院工作会议召开了。这次工作会议是全国社会主义学院历史上的第一次，也是统一战线系统贯彻落实全国人才工作会议精神的重要举措。首先我代表各民主党派中央和全国工商联、代表中央社会主义学院向大会的隆重召开表示衷心祝贺，向与会的领导和同志们表示热烈欢迎。

　　这次会议，以中共十六大精神和"三个代表"重要思想为指导，总结四十多年来社会主义学院的办学经验，研究社会主义学院在新世纪新阶段的建设发展大计，贯彻落实《社会主义学院工作暂行条例》，进一步加强正规化建设，将有力地推动全国社会主义学院事业开创新局面，实现新飞跃。

　　社会主义学院是在中共中央三代领导集体的亲切关怀和英明领导下成长发展起来的。中央社会主义学院是由毛泽东同志定名，邓小平同志题名，江泽民同志题写校风、发来贺信的学院，除了中央党校，这是全国任何一所院校都没有过的，这充分体现了中共中央三代领导核心对社会主义学院建设关怀、支持和对党外干部教育培训工作的高度重视。

以胡锦涛同志为总书记的新一届中共中央领导集体，高度重视做好新世纪新阶段社会主义学院的工作。《社会主义学院工作暂行条例》是经中共中央领导同志批示后印发的。刚才贾庆林同志亲切接见了全体与会代表，视察了中央社会主义学院，并发表了重要讲话，这些都是中共中央重视社会主义学院工作的重要体现，是对办好社会主义学院事业的巨大鼓舞和支持。

社会主义学院发展的历程，体现了"联合党校联合办"的鲜明特点。社会主义学院每一步发展，离不开从党中央到地方各级党委和统战部的正确领导，也离不开各民主党派中央、全国工商联的大力支持。吴玉章、孙晓村、杨纪珂三位老院长为中央社会主义学院的建设发展作出了重要贡献，我们将永远铭记他们的历史业绩。在这里我代表全体与会人员向所有关心和支持社会主义学院工作的同志和朋友表示诚挚的谢意！

社会主义学院是中国共产党领导的统一战线性质的政治学院，是民主党派和无党派人士的联合党校，是开展党的统一战线工作的重要部门。加强社会主义学院工作，既是进一步坚持和完善中国特色政党制度、巩固和扩大统一战线的需要，也是为全面建设小康社会提供人才保障的需要。

中国共产党领导的多党合作和政治协商制度，是我国的一项基本政治制度，是现代政治文明中的创举。加强民主党派自身建设，特别是民主党派各级领导班子和骨干队伍的建设，不断提高多党合作水平，不但是坚持和完善中国特色政党制度的基础条件，也是坚持和完善中国特色政党制度的重要内容。各级社会主义学院为各民主党派和工商联培养了一批又一批与中国共产党亲密合作的领导干部，对加强民主党派的自身建设、保障民主党派顺利进行政治交接都起到重要作用。四十多年来的实践表明，办好社会主义学院是坚持和完善中国共产党领导的多党合作和政治协商制度的一项基础工程，也是社会主义政治文明建设的一项重要内容。各民主党派、工商联要一如既往地大力支持社会主义学院的工作，把社会主义学院办得更好。

国家兴盛，人才为本。为了应对日趋激烈的国际人才竞争，为全面建设小康社会提供坚强的人才保证和智力支持，党中央提出大力实施人才强国战略。人才培养，教育为本。社会主义学院担负着培养民主党派、工商联和无党派人士和党的统战干部两支队伍的重任。非中共党员中高级领导干部、民营企业家和高级专家等高层次人才是党和国家人才队伍的重要组成部分，也是社会主义学院的主要培训对象。社会主义学院对民主党派、工商联和无党派人士的培养目标是具有坚定的政治信念、具有深厚的爱国主义精神、具有较高的理论水平、具有很强的参政能力。要在加强邓小平理论和"三个代表"重要思想教育，学习党的基本理论、基本路线、基本纲领和基本经验的同时，注重对民主党派、工商联和无党派人士的能力培养，使他们具有与中国共产党合作共事和履行参政议政、民主监督职责的能力和胜任本职工作的组织领导能力，使他们成为政治立场坚定、与党同心同德、善于建言献策的高素质的政治家和社会活动家，为巩固和发展爱国统一战线，为祖国的社会主义现代化建设贡献自己的聪明才智。

这次会议为全国社会主义学院事业的发展提供了新的契机和动力。希望同志们根据新世纪新阶段全面建设小康社会的要求，着眼于国家经济和社会发展的大局，以全国人才工作会议精神为指导，深入研究新世纪人才需求变化的新特点，科学地谋划社会主义学院发展的新思路，探索有效整合全国社会主义学院人才资源的新途径，总结经验，发扬成绩，解放思想，开拓进取。特别是作为全国社会主义学院的排头兵的中央社会主义学院，各方面工作应该走在前头，这样才能更好地为地方社会主义学院工作提供业务指导和帮助。希望同志们继续发扬艰苦奋斗的精神，以我们的辛勤劳动，创造性地完成教学、科研等各项任务，不断开创社会主义学院工作的新局面。

全面建设小康社会，实现中华民族的伟大复兴，是所有中华儿女的共同心愿。实现这一宏伟目标，需要最广泛最充分地调动一切积极因素，需要把各类优秀人才集聚到党和国家的各项事业中来。这正是社会主义学院义不容辞的责任和使命。在新世纪新阶段，社会主义学院是可以大有作为的。让我们在以胡锦涛为总书记的中共中央领导下，高举邓小平理论伟大旗帜，全面贯彻"三个代表"重要思想，加强社会主义学院自身建设，培养一大批自觉接受中国共产党领导、坚决维护中国共产党执政地位的高素质的民主党派、工商联干部和其他方面代表人士，为坚持和完善中国共产党领导的多党合作制度、建设社会主义政治文明，为全面建设小康社会、实现中华民族的伟大复兴，作出我们应有的贡献。

加强公民道德建设
全面实现小康目标[*]

（2004 年 9 月 18 日）

　　《公民道德建设实施纲要》（以下简称《纲要》）全面贯彻"三个代表"重要思想，落实科学发展观，是我国新时期指导社会主义道德建设的纲领性文件。贯彻《纲要》，对提高公民思想道德素质，促进物质文明、政治文明和精神文明建设具有十分重要的意义。三年来，各级国家机关、各民主党派、各社会团体高度重视《纲要》的学习、宣传和贯彻，各地区创造了许多好的经验，形成了社会各界关心、支持和参与公民道德建设的局面。这充分说明，《纲要》的发布合国情、顺民意，是加强社会主义精神文明建设的重要组成部分。今天，我们在这里举办首届中国公民道德论坛，有关部门、地方、学界、公民代表一起就学习、贯彻《纲要》的经验和体会进行交流、研讨，对于促进符合我国国情的社会主义道德建设具有非常重要的意义。

　　加强公民道德建设是全面建设小康社会的内在要求和精神动

------

　　* 这是何鲁丽同志 2004 年 9 月 18 日在中共中央宣传部举办的首届中国公民道德论坛上的讲话，发表于《团结》杂志 2004 年第 5 期。

力。小平同志生前多次强调精神文明建设的重要性和精神文明对
物质文明的推动作用。全面建设小康社会是一项包括经济、政
治、文化共同推进的宏伟目标。这就要求我们必须加强社会主义
精神文明建设，发展民族的、科学的、大众的社会主义文化，坚
持弘扬和培育民族精神，倡导"爱国守法、明礼诚信、团结友
善、勤俭自强、敬业奉献"的基本道德规范，努力提高公民的
道德素质，促进人的全面发展。没有公民道德素质的提高，就不
能叫全面小康。高尚的道德情操也是建设小康社会的动力源泉，
并在建设小康的实践活动中为人们提供无限的精神力量。只有切
实加强公民道德建设，才能更好地推动全面建设小康社会的
进程。

加强公民道德建设有利于保障社会主义市场经济的健康发
展。社会主义市场机制客观上要求市场主体的行为必须是能够满
足他人和社会的需要。当其满足了社会需要的时候，市场主体的
利益才能实现；当其没有满足甚至伤害了别人利益的时候，其自
身的利益也会受到伤害。社会主义市场机制使利己和利他得到统
一和相互促进；市场交易双方以及商品的生产者与消费者之间，
成为一种相互依赖的关系。同时，在社会主义市场经济条件下，
政府须用经济的、行政的、法制的管理手段保障公平竞争和照顾
社会公平。我国宪法规定："国家在社会主义初级阶段，坚持公
有制为主体、多种所有制经济共同发展的基本经济制度，坚持按
劳分配为主体、多种分配方式并存的分配制度。"《民法通则》
确定的民事活动应当尊重社会公德，市场主体应当遵循平等、自
愿、公平、等价有偿、诚实信用等原则，就是对社会主义市场道
德的升华。社会主义市场经济条件下，还应当坚持正当的义利

观，在遵纪守法的前提下赚钱。"君子爱财，取之有道。"应当在公平交易、平等竞争的过程中加强协作，在坚持效率优先的同时兼顾公平，最终实现市场主体的协调发展，全社会走向共同进步。鼓励先富起来的人带动后富、回报社会。市场经济也应继承和发扬相互尊重、宽容、互谅互让、厉行节约等优良传统美德。我国社会主义市场机制还在不断探索中，市场道德也需要不断总结、研究和跟进。

加强公民道德建设有利于国家的长治久安。对于国家治理而言，必须坚定不移地实施依法治国的基本方略，这是国家长治久安的重要保障。强调法制建设不是排斥道德建设，依法治国与以德治国相辅相成、互为补充。江泽民同志指出："法律和道德作为上层建筑的组成部分，都是维护社会秩序、规范人们思想和行为的重要手段，它们相互联系、相互补充。法治以其权威性和强制手段规范社会成员的行为，德治以其说服力和劝导力提高社会成员的思想认识和道德觉悟。道德规范和法律规范应该相互结合，统一发挥作用。"坚持依法治国与坚持以德治国、建设社会主义法治国家是内在统一的。应当看到，法律不是万能的，现实生活中大量社会关系要靠道德规范来调整。法律总是将占社会统治地位的、具有普遍性的、一般人能够达到的道德标准予以具体化、规范化、制度化，它不可能脱离道德而存在。《民法通则》中规定："民事活动应当尊重社会公德"。再者，"徒法不能以自行"，法律的执行要靠人，法律的遵守也要靠人。只有把依法治国和以德治国紧密结合起来，在大力加强社会主义法制建设的同时，切实加强社会主义思想道德建设，才能不断提高治国理政的水平，确保群众安居乐业和国家长治久安。

中国共产党十一届三中全会以来，我国的经济活力持续增强，人们的精神面貌越来越好，道德素质也有了较大提高。尤其是最近十多年以来，经历了改革开放初期道德迷茫的阵痛之后，人们又重新开始呼唤和寻找道德权威，寻找用以维系社会交往和引导人们精神生活的力量，社会道德水平不断提高。2001 年 9 月，《公民道德建设实施纲要》的发布，是我国社会主义道德建设中的一个里程碑，标志着社会主义道德建设进入一个崭新的阶段。但是，还应当看到，当前社会生活中不道德的行为仍然屡见不鲜，一些领域还存在道德失范、诚信缺失、老实人吃亏、假冒伪劣、欺骗欺诈活动等现象，使我们的道德建设面临一些新课题。建立、健全和完善社会主义道德体系任重道远，需要我们大家共同一致的努力，而且需要一个长期的过程。对于当前我国公民道德建设，我提几点看法，供同志们参考：

第一，要从普及基本道德规范做起，注重社会公德、职业道德和家庭美德的培育。人生活在社会之中，人与人之间的关系很大程度上是由道德义务规范支撑着，对于那些"人群之所以为群，国家之所以为国"的道德，首先应当遵从，因为这些是维系社会生存所不可或缺的基本条件。比如爱祖国、爱人民、爱劳动、爱科学、爱社会主义、爱护公私财物等，就是我国宪法、法律所提倡的基本社会公德。公德建设可以依赖法制推进，有的公德可以上升为国家法律，有的可以成为机关或企事业单位的规章或乡规民约，有的需要通过大家在共同实践的基础上形成一定的惯例。每年的"公民道德宣传日"要集中开展道德宣传教育活动。在基本道德义务规范得以遵从的前提下，在培育公德体系的基础上，进一步提倡树立完美人格，倡导高风亮节、奉献精神、大公无私、舍己为人等等更高的思想道德目标。运用各种方式宣传古今中外的杰出人物、道德楷模和先进典型，激励人们崇尚先进、学习先进。

第二，各级国家机关、各级领导干部要在道德实践中以身作则，起模范带头作用，把道德建设同本职工作和日常学习生活结合起来，以实际行动贯彻落实社会公德和职业道德，引导广大人民群众。学习、宣传、贯彻《纲要》不仅在于道德宣讲与道德判断，最为重要的还是道德实践。加强公民道德建设，领导干部的作用非常重要，职务越高，对群众的影响越大。"其身正，不令而行；其身不正，虽令不从。"一个道德高尚的干部对公民的公德素质的积极影响是不言而喻的，一个道德败坏的干部所起的副作用是不可低估的。当我们提起社会公德问题时，为什么有人总是说50年代如何如何？一个重要原因，就是那个时代的党政干部特别是领导干部，办事情对社会负责、对人民负责，在遵守社会公德方面做出了好榜样。因此，广大干部要认真学习、贯彻"三个代表"重要思想，做先进思想道德的模范实践者；要树立牢固的思想道德防线，发扬光荣传统，发挥表率作用，廉洁自律，以自身良好的形象取信于民，真正做到立党为公、执政为民。我个人认为，文明执法、热情服务应当成为当前公务人员职业道德的基本要求，每个公务人员都应遵守这一原则。要关心人民群众的疾苦，不能麻木不仁或者事不关己、高高挂起，更不能野蛮执法。

第三，要特别加强青少年的德行教育。目前，我国18岁以下的未成年人约有3.67亿，他们是祖国的未来和希望。建设中国特色社会主义要培养和造就一代又一代有理想、有道德、有文化、有纪律的社会主义公民。这既是一项长远的战略任务，又是一项紧迫的现实任务。对青少年德行教育应紧密结合全面建设小康社会的实际，针对未成年人身心健康的特点，坚持以人为本，教育和引导他们树立正确的世界观、人生观、价值观，养成高尚的思想品德和良好的道德情操。要从增强爱国情感做起，弘扬和培育以爱国主义为核心的伟大民族精神；从确立远大志向做起，树立和培育正确的理想信念；从规范行为习惯做起，培养良好的道德品质和文明行为；从提高基本素质做起，促进未成年人全面发展。学校是对青少年进行思想道德教育的主阵地和主渠道，教师应当具备良好的职业道德，热爱学生，为人师表，教书育人，把传授知识同陶冶情操、养成良好的行为习惯结合起来。家庭是少儿的第一课堂，父母及其他家庭成员对少儿的影响并不亚于学校，谁都希望自己的孩子成为有进取精神、懂礼节的人，因此要注意对孩子的言传身教，身教重于言教。全社会应按照《纲要》的要求，从娃娃抓起，注重学校教育与家庭、社会育人形成合力，共同构建有利于青少年思想道德建设的良好环境。今年2月，中共中央、国务院提出的《关于进一步加强和改进未成年人思想道德建设的若干意见》，充分体现了中国共产党和国家对青少年思想道德建设的高度重视，也是对全面提高青少年思想道德素质的重要举措。

第四，宣传、学习、贯彻《纲要》是一个长期的过程。加强公民道德建设，是全社会的共同任务。社会各界、各民主党派、群众团体都要主动在道德建设中发挥积极作用。各有关部门要加大对文化市场的管理力度，净化、优化社会环境，为公民道德素质的提高创造良好的外部条件。大众传媒、文化艺术以及体育活动，要发挥对道德建设的渗透力、影响力，要热情讴歌人民群众的开拓进取精神和良好道德风貌，激励大众积极向上，追求更高思想道德标准。道德建设要坚持以人为本，反映时代要求，吸引广大群众参与。实践表明，从内容到形式，适应时代要求，体现群众利益，公民道德建设就能保持旺盛活力。全体公民应当在建设社会主义的伟大实践中，不断提高自身的思想道德素质。

　　我们要以胡锦涛为总书记的新一代中共中央领导集体提出的科学发展观为指导，不断加强全民族的思想道德建设，不断研究新形势下道德建设的内容、形式、方法、手段、机制，把公民道德建设引向深化，为建立与社会主义市场经济相适应、与社会主义法律规范相协调、与中华民族传统美德相承接的社会主义思想道德体系而努力。最后，预祝首届中国公民道德论坛顺利、圆满、富有成效！

坚持和完善中国共产党领导的
多党合作和政治协商制度[*]

（2005 年 3 月 1 日）

刚刚过去的一年是很不平凡的一年。以胡锦涛同志为总书记的中共中央坚持以邓小平理论和"三个代表"重要思想为指导，认真贯彻落实科学发展观，不断改进和完善领导方式和执政方式，带领全国人民继续推进改革开放和现代化建设事业，保持了经济的快速发展和各项社会事业的稳步推进。在过去的一年中，各民主党派高举邓小平理论伟大旗帜，认真学习实践"三个代表"重要思想，积极履行参政党职能，切实加强自身建设，为坚持和完善中国共产党领导的多党合作和政治协商制度，全面推进建设小康社会的进程作出了新的贡献。在这样的形势下大家到这里来学习，非常必要，很有意义。在今天的开学典礼上，刘延东同志还要发表重要讲话。下面我就民主党派学习贯彻《中共中央关于进一步加强中国共产党领导的多党合作和政治协商制度建设的意见》谈一些意见。

刚刚颁布的《中共中央关于进一步加强中国共产党领导的

---

* 这是何鲁丽同志在中央社会主义学院 2005 年春季开学典礼上的讲话。

多党合作和政治协商制度建设的意见》是经过中国共产党和各民主党派多次协商沟通，通过认真调查研究，广泛听取各方面意见，并由胡锦涛同志先后主持召开中共中央政治局常委会和中共中央政治局会议讨论通过的。因此，《中共中央关于进一步加强中国共产党领导的多党合作和政治协商制度建设的意见》虽然是以中共中央文件形式颁布的，也是多党合作和政治协商的产物和结晶。文件从酝酿、起草、修改到定稿的过程，就是多党合作和政治协商的一个生动体现。这一文件的颁布和实施，对于发展社会主义民主政治，建设社会主义政治文明，坚持和完善中国共产党领导的多党合作和政治协商制度具有重要的现实意义和历史意义。文件体现了我国政治制度和政党制度的特点和优势，对充分发挥民主党派参政议政、民主监督作用，进一步加强民主党派自身建设，具有极为重要的指导意义。

第一，新文件对多党合作事业发展进程中的实践经验进行了全面总结。特别是把〔1989〕14号文件颁布15年以来的成功经验体现在文件之中，对于推动中国共产党领导的多党合作和政治协商事业的发展极为重要。这些成功经验，有许多是民主党派和中国共产党共同创造的，把我们亲身实践得来的这些经验体现在这一重要文件里，是对我们参政党的极大鼓舞和肯定，必将进一步促进中国共产党领导的多党合作和政治协商制度的巩固和发展。

第二，新文件系统总结了〔1989〕14号文件颁布15年来，特别是中共十六大以来，我国多党合作理论研究方面的成果。进一步发展和丰富了毛泽东思想和邓小平理论关于多党合作的理论，体现了"三个代表"重要思想的要求，反映了我国多党合作事业发展的规律。有了更加准确地反映现实社会发展规律的科学理论做指导，中国共产党领导的多党合作和政治协商制度必将在我国政治生活中发挥更大的作用。

第三，新文件重点强调了进一步加强中国共产党领导的多党合作和政治协商制度规范化建设的主题。这次颁布的文件进一步完善了政治协商的内容、形式和程序，保证中国共产党领导的多党合作和政治协商制度能够得到贯彻落实；制定了明确的运行操作方式，推进中国共产党领导的多党合作和政治协商制度进一步制度化、规范化和程序化。

《中共中央关于进一步加强中国共产党领导的多党合作和政治协商制度建设的意见》的颁布，是我国政治生活中的一件大事。对民主党派和无党派人士来说更有重要的意义。我们要认真学习、深入领会，各级民主党派组织和无党派人士都要把学习宣传贯彻新文件精神同学习贯彻中共十六大和十六届三中、四中全会精神结合起来，为推进多党合作事业的发展作出新贡献。

第一，认真学习新文件精神，坚持和完善中国共产党领导的多党合作和政治协商制度。

坚持和完善中国共产党领导的多党合作和政治协商制度是建设社会主义政治文明的重要内容。这一制度的显著特征是：共产党领导，多党派合作，共产党执政，多党派参政。这反映了人民当家作主的社会主义民主的本质，体现了我国政治制度的特点和优势，适应中国社会主义现代化建设的需要。随着我国社会一致性基础上多样性的不断发展，人民群众参与管理国家和社会事务的愿望和要求日益增强，发展社会主义民主，建设社会主义政治文明，最重要的一个方面就是要坚持和完善这一制度，扩大人民群众有序政治参与，畅通社会利益表达渠道，促进社会和谐发展，实现中国共产党的领导、人民当家作主和依法治国的有机统一。实践证明，这一制度是适应我国国情的政党制度，我们绝不能照搬西方政党制度的模式，只有在中国共产党领导下，履行好参政议政、民主监督职能，参政党才能为中华民族的伟大复兴作出应有的贡献。

第二，认真学习新文件精神，发挥参政党的职能作用，构建社会主义和谐社会。

社会主义和谐社会应当是一个稳定有序的社会，而政党制度的稳定是国家和社会稳定的基本条件。《中共中央关于进一步加强中国共产党领导的多党合作和政治协商制度建设的意见》，对于保持宽松稳定、团结和谐的政治环境和构建社会主义和谐社会很有意义。民主党派同志要深刻领会中共中央的精神，切实履行参政党职责，充分发挥自己的优势和特点，组织各自成员积极参与社会主义现代化建设，反映和代表各自所联系群众的具体利益和要求。努力维护民主团结、生动活泼的政治局面，不断地为构建社会主义和谐社会提供更加广泛的社会基础。

第三，认真学习新文件精神，全面加强民主党派自身建设，履行好参政党的职能。

新文件将新世纪新阶段民主党派的性质界定为："是各自所联系的一部分社会主义劳动者、社会主义事业建设者和拥护社会主义爱国者的政治联盟，是接受中国共产党领导、同中国共产党通力合作的亲密友党，是进步性与广泛性相统一、致力于中国特色社会主义事业的参政党。"这是中国共产党对民主党派认识上的新发展，有利于从根本上消除一些人对民主党派的疑虑，有利于消除国际上一些人对我国政党制度的误解，有利于民主党派充分发挥参政议政、民主监督的作用。民主党派要切实加强自身的思想建设、组织建设、作风建设和制度建设，不断提高自身的政治把握能力、参政议政能力、组织领导能力和合作共事能力。在实际工作中把促进我国经济和社会全面发展作为履行职责的第一要务，坚持科学发展观，自觉地服从和服务于改革、发展、稳定的大局，把各自成员和所联系群众的智慧和力量都凝聚到实现全面建设小康社会上来，进而促进我国现代化建设的进程，实现中华民族的伟大复兴。

中国共产党是全民抗战的中流砥柱[*]

（2005 年 9 月 3 日）

今天，我们隆重集会，纪念中国人民抗日战争暨世界反法西斯战争胜利六十周年，我谨代表各民主党派中央和无党派人士，向在抗日战争中驰骋疆场英勇杀敌的将士们和为国捐躯的烈士们致以崇高的敬意，向在战争中不幸罹难的数千万同胞表示深切的悼念！

抗日战争是中国近代史上中华民族反对外来侵略、争取国家独立和民族解放最伟大的战争。在这场战争中，中华民族以顽强的生命力、前所未有的凝聚力、坚韧不拔的战斗精神，创造了半殖民地弱国打败帝国主义强国的奇迹。抗日战争的胜利，是中华民族从衰落走向振兴的重大转折，它使中国社会、政治、经济、文化发生了深刻的变化，对中国的发展具有划时代的历史意义。

中国人民抗日战争是世界反法西斯战争的一个重要组成部分。在第二次世界大战中，中国人民最早举起反法西斯战争的义旗，最先以举国之力决然开辟亚洲战场。由于中国军民深入持久

---

[*] 这是何鲁丽同志在中国人民抗日战争暨世界反法西斯战争胜利六十周年纪念大会上的发言。

地抗击日本侵略者，极大地牵制着日本法西斯的主要兵力，有力地支持和配合了盟军在欧洲战场和太平洋战场的行动，中国人民为世界反法西斯战争的胜利作出了不可磨灭的贡献。

在抗日战争中，中国共产党义无反顾地担当起领导中华民族反抗外来侵略的历史责任，发挥了中流砥柱的作用。在中国共产党的努力下，国共两党实现了第二次合作，为抗日战争的胜利奠定了基础。中国共产党领导的八路军、新四军以及各地的人民抗日武装，在极端艰难困苦的条件下，深入敌人后方，开辟了广大敌后战场，为抗日战争的胜利作出了巨大的牺牲和不朽的贡献。广大共产党员不怕艰难困苦，不怕流血牺牲，前赴后继英勇奋战，为全民族抗战作出了榜样。抗日战争的历史充分说明，只有中国共产党才是全民族利益最坚定的维护者，正是因为有了共产党的领导，中华民族才能从深重的民族危机中解放出来，才能屹立于世界民族之林。这是抗战胜利给我们留下的最根本的历史经验。

在抗日战争中，中国共产党团结和推动各民主党派、广大爱国民主人士和广大海外侨胞，坚持抗战、团结、民主，反对妥协、分裂、独裁，在斗争中建立了深厚的友谊。中国各民主党派和广大爱国民主人士发扬爱国主义精神，拥护中国共产党的政治主张，坚定地团结在抗日民族统一战线的旗帜下，支持和促进国共合作，积极投入到抗日救亡的历史洪流中，为抗日战争的最后胜利作出了独特的贡献。经过艰苦而漫长的斗争考验，各民主党派逐渐认识到，只有在中国共产党的领导下，才能取得抗战的胜利，才能救中国。这就为新中国建立以后多党合作制度的建立和发展，奠定了思想基础和政治基础。

现在，海峡两岸都在纪念抗日战争胜利六十周年。铭记历史、不忘先烈，和平繁荣、振兴中华，是我们共同的心愿。在纪念中国人民抗日战争暨世界反法西斯战争胜利六十周年之际，愿海峡两岸同胞牢牢记取抗日战争的历史经验和教训，携起手来，共同反对"台独"，共谋国家的统一和民族的团结，让中华民族为世界和平与人类进步事业作出更大的贡献！

为实施"十一五"
规划贡献智慧和力量[*]

（2006 年 3 月 1 日）

在全国上下学习贯彻中共十六届五中全会精神、迎接两会召开之际，我们在这里隆重举行中央社会主义学院 2006 年春季开学典礼。参加开学典礼的有第十五期民主党派干部进修班、培训班，第八期无党派人士理论研究班以及青海省党外人士培训班的学员。首先我代表学院，向全体学员表示热烈的欢迎和亲切的问候，向出席开学典礼的各位领导和来宾表示诚挚的感谢！

2005 年 2 月，中共中央颁发了《中共中央关于进一步加强中国共产党领导的多党合作和政治协商制度建设的意见》，即中发〔2005〕5 号文件，我国的多党合作事业呈现出生机勃勃的新局面。2005 年 10 月，中共中央召开了十六届五中全会，提出了"十一五"时期我国经济社会发展的总体目标、指导原则。今年是国家"十一五"规划的开局之年，是全面建设小康社会的关键时期。中共十六届五中全会提出，要全面贯彻落实科学发展

---

* 这是何鲁丽同志在中央社会主义学院 2006 年春季开学典礼上的讲话节选。

观，坚持以科学发展观统领经济社会发展全局。这为我们开展各项工作指明了方向。作为参政党，各民主党派要把思想和行动进一步统一到国家的大政方针和战略决策上来，切实履行好参政党职能，加强参政党建设，适应形势发展需要，更好地发挥作用。借此机会，我就民主党派的同志深入学习贯彻中共十六届五中全会和 5 号文件精神以及搞好此次学习培训谈几点意见。

一、认真学习贯彻中共十六届五中全会精神，为实施"十一五"规划贡献智慧和力量

中共十六届五中全会通过的《中共中央关于制定国民经济和社会发展第十一个五年规划的建议》，体现了全面落实科学发展观和构建社会主义和谐社会的战略思想，是指导今后一个时期我国改革开放和现代化建设的纲领性文件。"十一五"规划经全国人大通过后，将全面实施。认真学习中共十六届五中全会精神，为贯彻"十一五"规划贡献力量，是民主党派当前和今后一个时期的重要任务。我们要进一步明确任务，坚定信心，把智慧和力量凝聚到实施"十一五"规划确定的目标上来，积极为"十一五"规划的贯彻落实建言献策。

（一）学习贯彻中共十六届五中全会精神，必须坚持以科学发展观为指导，把发展作为参政议政的第一要务。科学发展观是中国共产党对社会主义现代化建设规律认识的进一步深化，是全面建设小康社会和实现现代化的根本指针，为我们妥善应对和解决经济社会发展中的诸多矛盾提供了重要的指导思

想和工作基本原则，对于正确认识和把握经济社会发展全局，实现全面建设小康社会目标，不断开创中国特色社会主义新局面，有着十分重要的指导意义。因此，民主党派要切实提高贯彻科学发展观的能力，围绕"十一五"规划确定的目标和任务以及"十一五"时期经济社会发展的重大问题，深入开展调查研究，立足于发展，致力于发展，在国家政治和社会生活中更好地发挥作用。

（二）学习贯彻中共十六届五中全会精神，必须充分发挥自身优势，切实推进社会主义和谐社会建设。构建社会主义和谐社会，是中国共产党提出的一个崭新而重大的命题，集中反映了广大人民群众的根本利益和愿望。团结与稳定是构建社会主义和谐社会的重要内容。民主党派具有联系广泛的特点，是促进社会团结，保持社会稳定，推进和谐社会建设的一支重要力量。今后，民主党派要充分发挥自身优势，广开言路、集思广益、加强沟通、增进共识，团结广大成员和所联系的群众，注意反映他们的意见和要求，同心协力做好改革发展稳定的各项工作，为构建社会主义和谐社会作出自身应有的贡献。

（三）学习贯彻中共十六届五中全会精神，必须坚持与时俱进、开拓创新，努力建设创新型国家。在全国科学技术大会上，中共中央提出"加强自主创新，建设创新型国家"的重大战略，这是时代赋予我们的新的历史任务。建设创新型国家，离不开创新型人才，离不开创新意识和创新精神。民主党派成员要在日常的学习和培训工作中认真研究新形势下国家建设和发展面临的新情况、新问题，并针对出现的情况和问题大胆探索新思路和新举措，不断与时俱进，开拓创新，积极为"十一五"规划的贯彻落实献计献力，不断推进我国社会主义现代化建设进程，向建设创新型国家目标迈进。

二、深入学习贯彻中共中央 5 号文件精神，为建设适应新世纪新阶段要求的参政党不断努力

5 号文件颁布以后，各民主党派都高度重视，将深入学习贯彻 5 号文件精神作为首要的政治任务来抓，取得了初步的成效。新的一年，为进一步建设适应新世纪新阶段要求的参政党，坚持和完善中国共产党领导的多党合作和政治协商制度，我们还要进一步学习贯彻文件精神，把握其精神实质，切实加强自身建设。

（一）坚定不移地走中国特色政治发展道路。走中国特色政治发展道路，是我国政党制度建设中的一个带有根本性、方向性的问题，也是学习贯彻 5 号文件精神的核心内容。坚持和完善中国共产党领导的多党合作和政治协商制度是我国各政党和人民坚持走中国特色政治发展道路的生动体现。这一制度充分体现了人民当家作主的社会主义民主的本质，有利于扩大各界人士有序的政治参与，拓宽社会利益表达渠道，促进社会主义政治文明建设，具有巨大的优越性和强大的生命力。因此，我们要积极借鉴人类政治文明的有益成果，毫不动摇地把多党合作制度坚持好、完善好，坚定不移地走中国特色政治发展道路，要与中国共产党一起，为巩固和发展新世纪新阶段的爱国统一战线，为实现全面建设小康社会的宏伟目标和中华民族的伟大复兴作出自身应有的

贡献。

（二）全面加强民主党派自身建设。进入新世纪新阶段，民主党派自身也出现了一些新的变化，如新成员大量增加，民主党派成员在价值观念和思维方式等方面不断呈现出更加多样性的特征等。今年又是统一战线各个领域换届工作的开局之年。这次换届面临着党外代表人士新一轮整体性地新老交替。在这样的情况下，更迫切地需要加强民主党派的自身建设，从而为顺利地实现换届、实现新老交替奠定坚实的思想基础和组织基础。民主党派要根据各自章程所规定的参政党建设目标，坚持以思想建设为核心，以组织建设为基础，以制度建设为保障，不断提高政治把握能力、参政议政能力、组织领导能力和合作共事能力，努力建设适应新形势要求的参政党。

（三）切实履行参政党职能。5号文件对于如何充分发挥民主党派和无党派人士的参政议政和民主监督作用作出了更加明确的规定，提出了更高的要求。作为与中国共产党通力合作的亲密友党，民主党派要不断提高参政议政、民主监督的质量与水平，切实履行参政党职能。今年1月24日，胡锦涛总书记在党外人士迎春座谈会上，就多党合作提出四点希望：一是着眼于全面落实科学发展观，为推动经济社会又快又好发展献计出力；二是着眼于巩固团结的政治局面，为社会主义民主政治建设献计出力；三是着眼于实现国家长治久安，为构建社会主义和谐社会献计出力；四是着眼于发展成果由人民共享，为解决关系群众切身利益的突出问题献计出力。并希望各民主党派、工商联和无党派人士，同心协力做好我国改革发展稳定的各项工作。我们要深刻领会胡锦涛总书记的讲话精神，要通过学习，进一步深化对参政党地位、性质和历史使命的认识，进一步把握政治协商、民主监督、参政议政的内容与形式，从而在实际工作中，进一步拓宽参政议政、民主监督的渠道，建立并完善有效的工作机制。

关注流动儿童接种肝炎疫苗[*]

（2006 年 5 月 30 日）

肝炎对人民的健康和社会经济发展造成严重危害，同时也引发一系列社会问题，是我国现阶段最为突出的公共卫生问题之一。

多年来，各级政府对病毒性肝炎的防治工作十分重视，不断加强工作力度，开展科学研究，制定防治策略，采取综合措施，积极控制肝炎的流行与传播。由于接种肝炎疫苗是预防病毒性肝炎最有效的措施，所以自 1992 年开始，国家将新生儿的乙肝疫苗免疫纳入计划免疫的管理，2005 年 6 月 1 日起全部免费接种。这些策略的实施有力地推动了肝炎防治工作的深入开展，取得了一定效果。

北京市，包括各区、县，在新生儿乙肝疫苗免疫方面工作认真，管理严格，抓得紧，抓得实，一直保持着很高的接种率水平，防病效果十分显著。但是，必须看到，全国各地区新生儿乙肝疫苗接种工作开展并不均衡。据中国疾病预防控制中心提供的资料，

---

* 这是何鲁丽同志 2006 年 5 月 30 日在"中国肝炎防治基金会六一爱心献礼——为流动人口子弟学校学生免费接种肝炎疫苗活动"启动仪式上的讲话。

在乙肝疫苗纳入儿童计划免疫前的 2001 年，西部 12 个省（区）新生儿估算乙肝疫苗第三针接种率平均为 48.20%，不发达地区，特别是农村地区 2001 年以前出生儿童的乙肝疫苗接种率更低。

北京有很多流动儿童，他们跟随父母从各地来到城市生活、学习，由于他们流动性较强，疫苗的接种程序常常被打断，很多孩子或没有完成肝炎疫苗免疫全程，或根本没有接种过肝炎疫苗，一些孩子家长常常忽视了给自己的孩子接种疫苗。这就造成了目前流动儿童疫苗接种工作难度大，肝炎疫苗接种情况无法系统统计。所以各地流动儿童的肝炎疫苗接种工作一直是城市地区的薄弱环节。这些应该及时得到疫苗接种保护而因种种原因失去了机会的儿童，应当受到关注，给他们提供弥补的机会和条件。

今年是我国儿童预防接种宣传日实施 20 周年，国家卫生部确定今年的宣传主题是"同样的权利，同样的健康——关注流动儿童预防接种"。中国肝炎防治基金会作为我国唯一一个防治病毒性肝炎的公益性组织，配合这一宣传活动，利用所募集的疫苗、注射器、经费，联合北京市卫生机构共同为北京市部分流动儿童免费接种。在此我也向共同支持开展这项活动的北京市各级政府、各级卫生、教育机构、医务人员、教师和赞助企业表示衷心的感谢。今天启动的这项活动是由中国肝炎防治基金会倡导组织，北京市各级政府、各级疾控中心、教育系统、捐赠企业共同努力的结果，是社会对这些流动儿童的关爱，是人们对他们健康成长的殷切期望。

希望通过这次疫苗接种活动，能够让社会各阶层人士、各方面机构更加关注流动儿童的健康，让预防病毒性肝炎的意识深入人心，让我们一起来为北京市创造一个更好的健康环境。

在中央社会主义学院建院
五十周年庆祝大会上的讲话

（2006 年 10 月 15 日）

中央社会主义学院五十年来的发展历程，与我国爱国统一战线和中国共产党领导的多党合作事业蓬勃发展的历程紧密联系在一起。在五十年院庆之际，回顾五十年的发展道路，总结五十年的办学经验，对于我们振奋精神，继往开来，与时俱进，加快发展，具有重要的意义。

一、中央社会主义学院五十年来的主要成就

中央社会主义学院是在毛主席、周总理等老一辈无产阶级革命家的亲切关怀下，经中共中央与各民主党派和无党派民主人士协商，于 1956 年创办，并由毛主席亲自命名。从 1956 年到 1965 年，中央社会主义学院共举办 6 期学习班，培训了 1800 多名民主党派和无党派人士，对于提高学员的社会主义觉悟，巩固和扩大中国共产党领导的人民民主统一战线发挥了重要的作用。由于受"文化大革命"的影响，中央社会主义学院自 1966 年被迫

停办。

中共十一届三中全会以后，我国进入了改革开放和社会主义现代化建设的历史新时期。在以邓小平同志为核心的第二代中共中央领导集体的关怀下，中共中央书记处于1982年2月决定复办中央社会主义学院。1992年，中央社会主义学院新校舍落成，邓小平同志亲笔题写了校名，江泽民同志题写了"爱国、团结、民主、求实"八字校风，并且在给中央社会主义学院的贺信中明确提出了建院方针和奋斗目标。中共十六大之后，以胡锦涛同志为总书记的新一届中共中央领导集体，高度重视统一战线和中国共产党领导的多党合作，批复了《社会主义学院工作暂行条例》，对社会主义学院的工作提出了新的要求。在中央社会主义学院建院五十周年的今天，胡锦涛同志发来贺信，为社会主义学院的开拓发展指明了方向。

在中共中央三代领导集体和以胡锦涛同志为总书记的新一届中央领导集体的亲切关怀和指导下，中央社会主义学院始终坚持正确的办学方向，坚持理论联系实际，发扬"爱国、团结、民主、求实"的校风，在艰苦奋斗中创业，在锐意进取中发展，创造了不平凡的业绩。

——培养了大批高素质的非中共领导干部和统一战线各类人才。五十年来特别是复办以来，中央社会主义学院根据统一战线发展的需要，以坚定政治信念，提高理论素养、参政水平和领导能力为宗旨，在民主党派、无党派人士高中级干部和统战干部的政治培训方面做了大量的工作，培养了一大批与中国共产党亲密合作的民主党派、工商联领导骨干和无党派人士以及统一战线其他方面的代表人士，为建设高素质的统一战线人才队伍，巩固和发展最广泛的爱国统一战线作出了积极贡献。截至 2005 年底，中央社会主义学院共举办各类班次 370 多期，培训学员 18000 多人次。

——形成了独具特色的教学模式。建院以来，中央社会主义学院根据统一战线各类代表人士的特点，不断探索教学规律，开展有针对性的教学活动，形成了具有社会主义学院特色的教学模式。一是初步形成了"抓好理论武装、坚持合作协商、加强自身建设、提高政治素养"的教学布局，做到"五个结合"：学习理论与形势报告相结合，课堂讲授与理论研讨相结合，必听课程与选修讲座相结合，专职教师与兼职教师相结合，学习与考察相结合。二是按专题组织教学的形式不断完善。学院不断探索教学新路子，将政治理论教学划分为若干专题，结合不同时期国家的形势和党的工作中心，开设相关内容的专题，并组织学员进行学习研讨。这种教学组织形式，紧密联系实际，针对性强，深受学员欢迎。三是坚持以自我教育为主、理论联系实际和"三自、三不"的方针。四是教学方法日趋多样化。除了传统的课堂讲授外，根据干部培训特点和规律，积极引进新的教学方法，如案例教学、联组讨论、答疑互动、参观考察、学员论坛等，使学员在互动和交流中得到提高。

——初步形成了有特色的学科体系，涌现出一批有影响的科研成果。社会主义学院的学科体系主要包括三个方面的内容。一是马克思主义基本理论，即马克思列宁主义、毛泽东思想、邓小平理论和"三个代表"重要思想，并结合学习党的基本路线、基本纲领和基本经验。二是"三论"、"两史"、"两观"，即：统一战线理论、中国特色政党制度理论、参政党建设理论；民主党派史和多党合作史；马克思主义民族观和宗教观。三是与社会主义现代化建设相关的课程。学院根据教学要求，围绕统一战线的重大理论和实践问题，积极开展理论研究，形成了一批高质量、有影响的科研成果。据统计，近10年来，学院共取得科研成果1405项，其中论文936篇，专著56部，合著、编著224部，译著、译文22部，调研报告34篇，教材、论文集、书评63项，国家级课题12项，部级课题5项。认真贯彻落实《中共中央关于进一步繁荣发展哲学社会科学的意见》，制定了《中央社会学院关于贯彻中央两个〈意见〉精神　建设统一战线理论研究基地的实施方案》，为新世纪新阶段学院科研工作的开展制定了科学规划。

——成立中华文化学院，积极开展文化交流。1997年中央社会主义学院挂牌成立中华文化学院后，积极开展面向台港澳和海外的文化教育和交流活动，同时为祖国内地人才培养提供教育服务。经过几年来的努力，中华文化学院已经初步架构起中华文化教育、交流体系框架，形成了比较稳固的文化教育交流项目。面向海外、台、港、澳培训各类人才550人次。加强对台文化交流工作。在寒暑假期间举办台湾青年学生中华文化研习营，接待台湾大学生总人数达3800人次，为增强中华民族凝聚力，促进祖国统一做了大量的工作。积极开展面向中西部地区的英语培训工作，为西藏、新疆、内蒙等中西部地区培养了近300名高素质的英语翻译人才。成功举办了中华文化论坛，在海内外产生了强烈的反响。创办中国山水画研修院和中国花鸟画研修院，7年来培训了1100人次。主持举办了第二届全球中华文化经典诵读活动。创办中华文化系列讲座，使之成为文化学院从事文化教育交流的重要平台。

——不断深化各项改革，全面加强自身建设。一是在行政管理方面。根据不同时期的政策变化和工作要求，修订和补充各项规章制度，做到依法行政，提高管理水平；引进办公自动化系统，进行网上办公，提高行政效率。二是在人事工作方面。以落实"三定"方案为契机，对原有机构进行了调整，明确了各部门的职责，同时选拔了一批政治素质较好、业务能力较强并有一定群众基础的局、处级干部。目前，中央社会主义学院拥有一支素质较高、具有较强教学科研能力和管理水平的教职工队伍。三是基本设施建设方面。新建了17000平米的文华大厦，建成外语培训中心，修缮了学员楼、办公楼和教学楼，建成校园局域网和对外公共网站，教学设施和办公条件得到进一步改善，初步建成了与教学科研相协调、生态良好的花园式校园。四是在党的建设和校园文化方面。1999年学院开展"三讲"活动，2003年开展了保持共产党员先进性教育试点工作，2004年又根据中央统战部"树统战干部形象，建党外干部之家"试点工作安排开展了"塑社院形象，建学员之家"教育活动，2005年又参加了第一批保持共产党员先进性教育活动。通过这一系列教育活动，基本达到了提高素质、改进作风、解决问题、推动工作的目的，中央社会主义学院的整体形象有了很大的进步，形成了积极向上的校园文化。五是贯彻落实《社会主义学院工作暂行条例》情况。《社会主义学院工作暂行条例》颁布后，围绕贯彻落实《条例》和全国社会主义学院工作会议精神，制定了《中央社院贯彻落实全国社院工作会议精神实施意见》和《中央社院关于贯彻中央两个〈意见〉精神　建设统一战线理论研究基地的实施方案》

等文件，进一步加强社会主义学院正规化建设。六是加强与地方社会主义学院的业务指导与协作方面。分别于 2005 年初和 2006 年初召开了两次全国社会主义学院院长会议和一次全国社会主义学院后勤工作经验交流会，总结了办学经验，研究发展规律，制定了《关于构建全国社会主义学院系统业务指导和协作机制的意见》，在教学、科研和信息化建设等方面加强了指导和协作。

中央社会主义学院能够取得今天这样的成绩，得益于中共中央三代领导集体和以胡锦涛同志为总书记的新一届中央领导集体的高度重视和亲切关怀，得益于各民主党派、工商联和无党派人士的大力支持，得益于中央社会主义学院历任领导班子的殚精竭虑，得益于中央社会主义学院所有教职员工的辛勤工作。在此，我们要向为中央社会主义学院的创建和发展作出不可磨灭贡献的吴玉章、孙晓村、杨纪珂等老领导，向为中央社会主义学院人才培养和科学研究做出显著成绩的老教授表示崇高的敬意！向所有过去和现在为中央社会主义学院的事业发展做出不懈努力的广大教职员工表示衷心的感谢！

二、中央社会主义学院五十年来的基本经验

中央社会主义学院在五十年的不断探索与实践中，形成了自身的优良传统和办学经验，概括起来主要是：

第一，坚持正确的政治方向，是做好社会主义学院工作的基本前提。

坚持正确的政治方向，是由中央社会主义学院的性质和任务

所决定的，是学院建设中必须牢牢把握的带根本性、方向性的问题。坚持正确的政治方向，就是要始终不渝地以马克思列宁主义、毛泽东思想、邓小平理论和"三个代表"重要思想为指导，用科学的理论教育人、培养人，把坚持中国共产党的领导，坚持走中国特色社会主义道路作为培训的核心内容，培养造就能够与中国共产党亲密合作、具有较高领导水平和参政议政能力的民主党派新一代领导骨干和无党派人士以及统一战线各领域的代表人士。通过培训，不断提高学员的政治素质和思想道德水平，不断增强对建设中国特色社会主义的共识，提高接受中国共产党的领导、贯彻基本路线和基本纲领的自觉性和坚定性，为巩固和发展新世纪新阶段的统一战线和多党合作奠定坚实的政治和思想基础。当前，中共中央提出了科学发展观、建设社会主义和谐社会、加强党的执政能力建设和先进性建设、社会主义荣辱观等关于治国理政的一系列重要论述，要把中央的精神作为学员培训的重要内容，不断提高素质，在建设社会主义和谐社会中进一步发挥优势和作用。

第二，坚持围绕大局，服务于统战事业，是做好社会主义学院工作的根本出发点。

社会主义学院是开展党的统一战线工作的重要部门，做好党外干部的教育培训工作，服务于统战工作大局，是社会主义学院工作的根本出发点和落脚点，也是社会主义学院的立身之本。五十年来，中央社会主义学院牢固树立为统战工作服务的意识，不断强化为统战工作服务的职能。主要体现在以下两个方面：一是始终围绕巩固中国共产党的执政地位、巩固和发展爱国统一战线这一主题，加大对民主党派、工商联干部和其他方面代表人士的政治培训。在认真完成统战部计划内班次的基础上，积极发掘各方面资源，拓宽办学渠道，开拓新的工作领域，使学院的培训面越来越多地覆盖到统一战线的各个领域。二是紧密围绕统一战线工作的重大理论、现实问题和难点、热点问题进行前瞻性、前沿性研究，引导理论研究为重大决策服务，力求从理论与实践的统一上对统战工作提出有价值的咨询意见，更好地为新时期统战工作提供理论支持。

第三，坚持以教学为中心，以科研为基础，是做好社会主义学院工作的基本要求。

人才培养和理论研究是"车之两轮"、"鸟之两翼"。中央社会主义学院经过几十年的教学实践和探索，"以教学为中心，以科研为基础"的指导思想得到了确立。学院坚持教学兴校、科研立校，使教学在科研的基础上提高，科研围绕教学开展。一是加强教学科研队伍建设。采取引进学科带头人、积极锻炼年轻教师、聘请兼职教授等方法，提高教学科研的质量和水平。二是抓好教学组织管理工作。在认真抓好自学、辅导、研讨、考察和总结交流等学习环节的基础上，重视对教学效果的评估，建立评估反馈机制，从而更好地改进教学工作。三是进一步完善科研管理工作，并及时将科研成果转化为教学内容。四是努力使教学科研一体化，把教学难点作为科研重点，在科研中创新，在教学中求证，以科研带动教学质量的提高。

第四，坚持开拓创新，坚持正规化办学方向，是做好社会主义学院工作的不竭动力。

创新是永葆生机和活力的不竭动力和源泉，也是提升社会主义学院工作层次和水平的必由之路。在全国科学技术大会上，中共中央提出"加强自主创新，建设创新型国家"的重大战略，这是时代赋予我们的新的历史使命。中央社会主义学院自从建院以来，一直没有停止过开拓创新的步伐，特别在新的历史时期，适应爱国统一战线的发展和社会主义现代化建设的需要，社会主义学院从培训对象、教学内容、教学方法等方面，进行了全方位的探索创新：提出"高层次、有特色、正规化"的办学方针；着眼提高新一代民主党派、无党派人士和其他方面代表人士综合素质，既突出思想政治教育，又兼顾新知识新技能的培训；规范招生和学制，建立合理有效的培训机制；规范教学内容，加强教材建设，建立适应统一战线干部培训的教材体系；规范教学管理，加强制度建设，建立具有自己特色的教学科研管理机制；着眼推动祖国统一事业，以中华文化学院为平台拓展办学领域，使统一战线人才培训的范围不断扩大；推进教学方法创新，在坚持"三自、三不"原则的基础上，探索符合新一代民主党派、无党派人士特点和时代要求的自我教育的形式与方法。

第五，坚持科学发展，努力加强队伍建设和提高管理水平，是做好社会主义学院工作的重要保障。

树立以人为本的思想，培养一支高素质的教职工队伍，是做好社会主义学院工作的关键所在。多年来，中央社会主义学院在队伍建设上着重在以下几方面下功夫：一是对教师、党政干部和后勤人员实行分类管理，根据各自特点，分别建立任用、考核、分配、晋升和奖惩配套的人事管理制度；二是提高思想政治素质，使政治理论学习制度化，经常化；三是提高业务能力，制定在岗、脱产培训计划，努力提高教职工队伍的统战工作能力、教育管理水平和工作技能；四是建立挂职锻炼和轮岗制度，制定切

实可行的培养、使用、调整和流动计划及实施办法；五是建立有
效的激励机制，积极改善教职工的学习、工作和生活条件，用事
业留人、感情留人、适当的待遇留人，努力营造"心齐、气顺、
风正、劲足"的工作环境和氛围。近年来学院不断加强规章制
度建设，实行内部分配制度改革，努力提高行政管理水平，提高
工作效率。通过开展"三讲"、"保持共产党员先进性教育"和
"塑社院形象、建学员之家"以及其他大学习大讨论活动，提高
了广大教职员工的思想政治素质和业务素质，改进工作作风，推
动校园文化建设。不断探索后勤体制改革，成立后勤服务集团，
倡导一流服务，通过高质量的服务工作，为学院的教学科研和人
才培训工作提供坚实的物质保障。

三、中央社会主义学院未来发展的主要任务

本世纪头二十年是我国发展的重要战略机遇期，也是中央社
会主义学院实现大发展的重要战略机遇期。围绕实现全面建设小
康社会的目标，中共中央作出了实施人才强国的重大决策，提出
了"大规模培训干部、大幅度提高干部队伍素质"的战略任务，
颁发了《中共中央关于进一步加强中国共产党领导的多党合作
和政治协商制度建设的意见》和《中共中央关于加强人民政协
工作的意见》等文件，这些都将对统一战线工作产生重要而深
远的影响，也对社会主义学院的工作提出了新的、更高的要求。
我们要进一步增强政治意识和责任意识，适应国际国内形势发展
和统一战线干部培训工作的要求，抓住机遇，深化改革，进一步

开创社会主义学院工作的新局面。

中央社会主义学院未来发展的主要任务是：以邓小平理论和"三个代表"重要思想为指导，牢固树立和全面落实科学发展观，按照胡锦涛总书记贺信和贾庆林同志重要讲话的要求，坚持正确的政治方向，认真贯彻落实《社会主义学院工作暂行条例》，按照"高层次、有特色、正规化"的办学方针，加强学院的全面建设，完善学科体系，提高教学科研水平，注重培训质量，扩大培训规模，深化行政、后勤改革，加强中华文化学院的工作，办出特色，形成品牌，出成果、出人才，为坚持和完善中国共产党领导的多党合作和政治协商制度，为巩固和发展最广泛的爱国统一战线作出新的贡献。

第一，围绕统一战线的新老交替和各民主党派的政治交接，加强教学规律研究，着力抓好党外代表人士的教育培训。培训选拔新一代非中共代表人士，造就大批与中国共产党亲密合作、能够担当重任的新一代党外代表人士，关系到民主党派新老交替和政治交接的顺利实现，关系到中国共产党领导的多党合作和政治协商制度的巩固和发展。今年是统一战线各个领域换届工作的启动之年，围绕今明两年各民主党派、工商联和有关宗教团体的换届、统一战线各领域的新老交替以及 2008 年人大、政协的换届，切实做好统一战线各个领域党外代表人士和后备人才的培训工作，成为当前统一战线工作的一项重要任务。作为民主党派和无党派人士的联合党校，中央社会主义学院责任重大。要突出重点、加强研究，准确把握党外代表人士和后备人才的思想特征和成长规律，始终把提高政治素质、继承和发扬与共产党亲密合作的优良传统作为培训的核心内容，从整体上全面提高党外代表人士和后备人才的政治素质和各方面的能力，为民主党派在新老交替基础上实现政治交接及有关团体的换届奠定坚实的思想基础和组织基础。

第二，按照"高层次、有特色、正规化"的办学方针，深化教学改革，大力提高教学水平和培训质量。以提高教学质量为中心，以构建分层分类的培训体系为重点，全面推动教学培训工作正规化。要适应统一战线各方面代表人士新老交替的需要，着力办好主体班次；进一步开发办学资源，扩宽办学渠道，适度扩大办学规模，规范班次和学制；深化教学改革，提高教学水平，完善教学效果评估办法，建立科学规范的评估指标体系；进一步增强教学工作的针对性，加强教学过程中的互动，探索研讨式、案例式、体验式、模拟式等教学方法；将教材建设与学科建设紧密结合起来，以学科建设带动教材建设，以教材建设促进学科建设，逐步建成具有统战特色的优势学科，形成比较完备的适应社会主义学院教学需要的教材体系。

第三，关注统一战线重大问题，鼓励理论创新，努力建设统一战线理论研究和宣传阵地。加强科研工作是提高社会主义学院教学水平的重要环节。要按照"突出重点、注重创新"的要求，加大科研力度，注重科研质量，鼓励科研创新，积极营造"百花齐放、百家争鸣"的学术氛围，出成果，出人才，真正将社会主义学院建成统一战线理论研究和宣传的重要阵地。科研工作要与统一战线的实际工作紧密结合，关注统一战线领域的重大问题，为统战工作实践提供政策依据，更好地发挥中央社会主义学院对统战事业的理论支持作用。继续办好政党制度研究中心，拓展新的学术研讨交流平台，形成开放式的研究机制。建立健全公开招标的课题研究制度，推动学术研究的不断深入。努力提高科研制度化管理水平，加强对科研工作的领导，加大科研经费投入，充实科研管理队伍，完善科研管理机制，健全科研管理制度。加强载体建设，拓宽统战理论研究和交流的视野和渠道。努力办好学报和反映统一战线理论教学、科研动态的内部刊物，及时反映教学科研情况，交流学术信息。积极筹备成立中央社会主义学院出版社。

第四，稳定现有文化教育项目，开拓新的领域，进一步做好中华文化学院工作。要充分发挥中华文化学院的作用，围绕做好台港澳海外统战工作和为社会培养紧缺人才这两项基本任务开展工作，开拓新的工作领域，进一步扩大中华文化学院的社会影响。继续举办面向台港澳同胞和海外华侨华人的以中华文化为主要内容的学习、研究和交流活动，开展国际文化学术交流工作，建立起具有统一战线特色的中华文化教育研究和交流体系。继续办好台湾大学生中华文化研习营，加强对台湾拥护祖国统一的爱国人士的联络，加强对台研究工作，为促进祖国和平统一作出新的贡献。继续做好和改进新鸿基外语培训中心的工作，帮助中西部地区培养具有国际视野的领导干部和应用型外语人才。

第五，树立科学发展观，深化行政后勤改革。按照《社会主义学院工作暂行条例》的要求，加强科学管理和制度建设，切实发挥行政后勤工作的保障服务作用，逐步形成行为规范、运转协调、公正透明、廉洁高效的管理体制。要引进现代管理理念，提高行政工作效能，努力打造后勤"一流服务"品牌。进一步改善办学条件，完善教学设施，形成自然与人文和谐统一的校园环境。进一步加强学院网站建设，重视图书馆建设，将图书馆办成具有统一战线特色的全国社会主义学院文献和情报信息中心。进一步深化人事制度改革，以能力建设为重点，以强化管理和培训为手段，全面加强人才队伍建设。着眼于建设一支政治强、业务精、作风正、水平高的专兼职教师队伍，积极创造条件，不断提高教师的政治和业务素质。加强对中青年教师的培养和使用，逐步扩大兼职教授队伍。积极做好培养、选拔年轻干部的工作，加大对干部的培训力度，注重能力建设，搞好轮岗交流，营造有利于人才成长的良好氛围。

第六，深入开展社会主义荣辱观教育，加强机关党建工作，构建"和谐社院"。要继续深入学习胡锦涛总书记关于树立社会主义荣辱观的重要讲话精神，大力开展以"八荣八耻"为主要内容的思想教育活动，与中央社会主义学院实际相结合，建立长效机制，推动社会主义荣辱观教育深入持久地开展下去，取得实实在在的效果。要加强领导班子建设，切实抓好领导班子的思想政治建设和民主集中制建设，把握好政治方向，实行科学决策和民主决策。继续开展"塑社院形象、建学员之家"活动，形成有社会主义学院特色的校园文化，努力构建和谐社会主义学院。加强工会工作，关心教职工生活，进一步增强中央社会主义学院凝聚力。

第七，加强对地方社会主义学院的业务指导，健全指导协作机制，搞好院际协作。积极开展调查研究，了解地方社会主义学院的需求，确定业务指导的重点。进一步发挥中央社会主义学院的示范、整合和服务的作用，积极开展与地方社会主义学院的协作，共同构建适应全面建设小康社会新阶段爱国统一战线需要的社会主义学院教育体系。加强社会主义学院之间的教学经验交流，开展院际间互聘教师活动，建设以中央社会主义学院为中心的全国社会主义学院远程教学系统。拓宽科研协作的内容和形式，整合全国社会主义学院科研力量。积极配合中央统战部尽快建立社会主义学院系统综合评估体系，以推动地方社会主义学院的建设和发展。

中央社会主义学院的历史，是一部与中国共产党领导的多党合作事业紧密相连的发展史，也是一部全体"社院人"自强不息、锐意进取的奋斗史。让我们把学院五十华诞看作新的历史起点，抓住机遇、开阔思路、振奋精神、谋求发展，为统一战线和多党合作事业，为中华民族的伟大复兴作出新的更大的贡献。

在第三次全国社会主义
学院院长会议上的讲话

（2007 年 1 月 15 日）

刚刚过去的 2006 年是振奋人心、成就辉煌的一年。在这个"十一五"时期的开局之年，中共中央高举邓小平理论和"三个代表"重要思想伟大旗帜，全面贯彻落实科学发展观，我国社会主义经济建设、政治建设、文化建设、社会建设等都取得了新成就，统一战线和多党合作事业进一步发展。2006 年也是社会主义学院发展史上重要的一年。中央社会主义学院隆重举行建院五十周年庆祝活动。胡锦涛同志代表中共中央发来贺信，贾庆林同志在庆祝大会上发表了重要讲话，这充分体现了以胡锦涛同志为总书记的党中央对统一战线事业的高度重视，对社会主义学院发展的真切关怀和殷切希望。胡锦涛同志的贺信和贾庆林同志的讲话是指导社会主义学院今后建设和发展的纲领性文件，对于全国各社会主义学院都具有重要的指导意义。

这次院长会议的主题是：以中共十六届六中全会为指导，深入学习胡锦涛同志的贺信和贾庆林同志重要讲话精神，进一步贯彻《社会主义学院工作暂行条例》，树立和落实科学发展观，认真总结交流 2006 年工作经验，明确 2007 年工作思路，按照

2006—2010 年全国干部教育培训规划的要求，研讨社会主义学院进一步深化改革、开拓创新培训工作的新方法、新途径和新机制。下面我就如何学习胡锦涛同志的贺信和贾庆林同志的讲话精神谈几点意见。

一、明确定位，继承传统，巩固社会主义学院持续发展的基石。

胡锦涛同志的贺信和贾庆林同志的讲话重申社会主义学院是中国共产党领导的统一战线性质的政治学院，是民主党派和无党派人士的联合党校，是开展统一战线工作的重要部门。只有准确理解学院的性质和定位，才能使社会主义学院沿着正确的方向建设和发展。首先，社会主义学院必须坚持中国共产党的领导，坚持正确的政治方向。其次，社会主义学院既不同于普通高校，也不同于中共党校，我们有自身的鲜明特色和办学规律，在党和国家干部教育培训体系中占有重要和独特的地位。再次，社会主义学院是统一战线工作的重要部门，具有鲜明的政治性，是统一战线开展政治思想工作的重要阵地。

在五十年的建设和发展中，社会主义学院形成了一些优良传统，积累了许多宝贵经验。主要是：坚持中国共产党领导，坚持正确的政治方向；坚持围绕大局，服务于统一战线事业；坚持以教学为中心，以科研为基础；坚持开拓创新，不断提高管理水平。社会主义学院在办学过程中，提出了"三自"方针和"三不"原则；逐步形成了"爱国、团结、民主、求实"的八字校风；不断加强学院自身建设，奠定了在新世纪为统一战线培养高素质人才的坚实基础。这些优良传统和宝贵经验是我们长期探索和实践的成果，是社会主义学院持续发展的基石。

　　中共中央高度重视新世纪新阶段统一战线和多党合作事业，就巩固和壮大最广泛的爱国统一战线，发展多党合作事业相继颁发了一系列重要文件，为社会主义学院在新形势下开展统一战线干部培训指明了方向。社会主义学院要明确定位，为巩固和发展党和国家稳定的政治局面服务，为统一战线工作大局服务，为民主党派和无党派代表人士服务，坚持社会主义办学方向，高举爱国主义旗帜，继承光荣传统，并将其在新的条件下发扬光大。

　　二、突出特色，不断创新，进一步加强社会主义学院正规化建设。

　　去年，我们迎来了建院五十周年，这标志着社会主义学院进入了一个新的发展阶段。胡锦涛同志在贺信中提出，社会主义学院要"突出办学特色，注重培训质量"，"以邓小平理论和'三个代表'重要思想为指导，全面贯彻落实科学发展观，继承和发扬优良传统，进一步探索办学规律，不断提高教学和科研水平"。贾庆林同志在讲话中肯定了社会主义学院取得的成绩，并要求我们抓好理论武装、坚持正确方向、突出办学特色，弘扬创新精神。这不仅是对社会主义学院过去工作的肯定，更是对我们当前和今后工作的激励和鞭策，必将成为我们加倍努力工作的巨大精神支持和动力源泉。按照中央领导同志的要求，社会主义学院必须注重理论创新和制度创新。理论创新主要体现在教学和科研方面，要根据不同的培训对象，探索新的教学内容、教学模式和教学方法，科研上要发挥社会主义学院在政党制度研究、统战理论研究等方面的特色和优势，出成果、出人才，扩大社会主义学院在社会上的知名度和影响力。制度创新方面要以贯彻《社会主义学院工作暂行条例》为基础加强机构建设，完善制度措施。从全国社会主义学院系统来说，还要积极整合资源，构建全国社会主义学院业务指导和协作体系。

当前，随着改革开放和现代化建设事业的深入发展，党外代表人士队伍发生了显著变化，出现了一些新的社会阶层，如非公有制经济人士和自由择业知识分子等。社会主义学院必须与时俱进，适应统一战线发展的要求，凝聚所有社会主义建设者和爱国者的智慧和力量，将他们纳入到社会主义学院的培训对象中来。这是需要我们进一步研究的问题，也是社会主义学院发展中的一个新课题。要按照《社会主义学院工作暂行条例》，不断拓宽办学思路，扩大培训渠道，进一步加强社会主义学院自身建设。

三、加强建设，发挥作用，为建设社会主义和谐社会贡献力量。

胡锦涛同志在贺信中提出，要"充分发挥学院作为统一战线的人才培训基地、理论研究基地、方针政策宣传基地的作用"，为开创新世纪新阶段统一战线工作新局面，为全面建设小康社会和构建社会主义和谐社会这一伟大事业作出新的贡献。

中共十六届六中全会全面分析了当前的形势和任务，作出关于构建社会主义和谐社会若干重大问题的决定，提出社会和谐是中国特色社会主义的本质属性，是国家富强、民族振兴、人民幸福的重要保证。构建社会主义和谐社会，是中国共产党从中国特色社会主义事业发展全局出发提出的一项战略任务，是中国共产党关于社会主义的一个重大理论创新，必将推动我国社会主义经济建设、政治建设、文化建设和社会建设协调发展。

各民主党派作为我国政治生活中的一支重要力量，在构建社会主义和谐社会中具有独特的作用。统一战线各方面人才具有联系广泛、智力密集的优势，是构建和谐社会的一支重要力量。构建和谐社会涉及到政党关系、民族关系、宗教关系、阶层关系、海内外同胞关系等多个方面。这些关系既是我国政治领域和社会领域中的一些重大关系，也是统一战线需要全面把握和正确处理的重大关系。社会主义学院作为理论研究基地和方针政策宣传基地，不仅要通过培训进一步提高学员的认识，把握新形势下构建社会主义和谐社会的内涵和任务，还要深入研究这五个关系中包含的理论和政策问题，提出建设性的研究成果，推动统一战线工作。

2007年是民主党派换届之年。换届之后，社会主义学院的培训任务更加繁重。社会主义学院一方面要增强责任感和使命感，做好培训工作，通过培训提高党外干部的政治把握能力、组织领导能力、参政议政能力和合作共事能力。另一方面要以此为契机，推动工作，加快社会主义学院自身的建设和发展。让我们紧密团结在以胡锦涛同志为总书记的中共中央周围，以邓小平理论和"三个代表"重要思想为指导，树立和落实科学发展观，为巩固和发展最广泛的爱国统一战线，为全面建设小康社会作出应有的贡献。

学习胡锦涛总书记重要讲话
迎接中共十七大胜利召开*

（2007 年 9 月 4 日）

今天，我们举行中央社会主义学院秋季开学典礼。首先，我代表中央社会主义学院向各位学员的到来表示热烈欢迎！向前来参加开学典礼的各位领导表示衷心感谢！这次开学是在中共中央总书记胡锦涛在中央党校发表重要讲话后和中共十七大召开前夕，深入学习胡锦涛总书记重要讲话，对于十七大前统一思想认识，迎接十七大胜利召开，具有非常重要的意义。

一、学习胡锦涛总书记重要讲话精神，
坚持走中国特色社会主义道路

胡锦涛总书记"6·25"重要讲话思想深刻，论述精辟，内涵丰富。讲话科学分析了当前我国面临的新形势新任务，全面阐

---

* 这是何鲁丽同志在中央社会主义学院 2007 年秋季开学典礼上的讲话节选。

述了以邓小平理论和"三个代表"重要思想为指导、深入贯彻落实科学发展观的基本要求，深刻回答了党和国家未来发展的一系列理论和实践问题，明确指出了在新的历史时期"举什么旗、走什么路、实现什么目标"的根本性问题。讲话是对中共十六大以来治国理政经验的科学总结，是马克思主义中国化的最新成果，反映出中国共产党对中国特色社会主义的认识达到了新的高度，是坚持和发展中国特色社会主义的纲领性文件，为中共十七大的召开作了政治、思想和理论上的准备。

胡锦涛总书记提出，中国特色社会主义，是当代中国发展进步的旗帜，是全党全国各族人民团结奋斗的旗帜。近代以来的中国历史发展证明，只有社会主义才能够救中国。新中国成立以来的历史证明，只有中国特色社会主义才能发展中国。中国特色社会主义是改革开放以来中国共产党执政兴国的全部理论和实践的主题，中国特色社会主义既坚持了科学社会主义的基本原则，又根据我国的实际，赋予其鲜明的中国特色。

坚持中国特色社会主义，必须坚持不断解放思想。在不同的时期，不同的阶段，解放思想有不同的内涵和任务。要始终以与时俱进和求真务实的精神研究新情况，提出新思路，解决新问题。当前，解放思想的主要任务是要根据建设中国特色社会主义的需要，实现马克思主义中国化。1978 年，邓小平同志提出"解放思想，实事求是"的口号，并强调，解放思想是一项重要的政治任务。江泽民同志也多次提出，解放思想、实事求是是建设中国特色社会主义理论的精髓。今天，胡锦涛总书记再次强调，解放思想是中国共产党思想路线的本质要求，是我们应对前进道路上各种新情况新问题、不断开创事业新局面的一大法宝，必须坚定不移地加以坚持。

坚持中国特色社会主义，必须坚持推进改革开放。改革开放是中国共产党在新的历史条件下带领人民进行的一次深刻的革命，是发展中国特色社会主义，实现中华民族伟大复兴的必由之路。新时期以来，我国改革开放和现代化建设取得举世瞩目的成就，人民生活总体达到小康水平，但我国仍处于社会主义初级阶段，发展生产力依然是中国特色社会主义的主题。中国特色社会主义之所以具有强大生命力，就在于它是实行改革开放的社会主义，能够突破束缚生产力发展的障碍。中共十六大报告提出，改革开放是建设中国特色社会主义必须坚持的一条基本经验。在新世纪新阶段，改革开放依然是解放和发展生产力、不断创新体制机制的必然要求，是中国特色社会主义制度自我完善的内在要求，是建设中国特色社会主义的基本经验和强大动力。

坚持中国特色社会主义，必须全面贯彻落实科学发展观、促进和谐，为全面建设小康社会而奋斗。在新世纪新阶段，我国发展站在了新的历史起点上。我国参与全球化进程既有新机遇，也有新挑战。以胡锦涛同志为总书记的中共中央提出了科学发展观的新理念和全面建设小康社会的新任务，是对马克思主义理论和实践的重大理论创新。科学发展观的第一要义是发展，核心是以人为本，基本要求是全面协调可持续，根本方法是统筹兼顾。推动科学发展、促进社会和谐，对于全面建设小康社会、加快推进社会主义现代化具有决定性意义。全面贯彻落实科学发展观，既是对改革开放成果的巩固，又是在新的历史条件下进一步深化改革开放的要求。我们要通过认真学习，全面、准确地把握和理解科学发展观的精神实质、思想内涵和基本要求，把思想和行动统一到科学发展观上来，更加自觉地运用科学发展观指导民主党派的参政议政和各项工作，为我国的经济、政治、文化和社会建设作出新贡献。

二、以走中国特色社会主义政治发展道路 为主题，搞好党派换届和政治交接

当前，各省、区、市民主党派领导班子换届工作已顺利完成，各民主党派中央也将在今年年底进行换届，并在组织交替的基础上实现政治交接。在新的历史阶段，国内外形势发生了深刻变化，多党合作事业面临开放性、多样化的社会环境，民主党派各自成员的结构和思想状况也发生了新的变化。在这种形势下，全面加强参政党建设，搞好政治交接就更为迫切和重要。搞好政治交接，重点是继承和发扬民主党派老一辈领导人长期以来与中国共产党团结合作所形成的政治信念、优良传统和高尚风范，关键是增强接受中国共产党领导的自觉性和坚定性，核心是坚持走中国特色社会主义政治发展道路，目的是巩固中国共产党领导的多党合作和政治协商制度的政治基础，推动和实现多党合作事业的可持续发展。

搞好民主党派的换届和政治交接，必须以科学理论为指导，不断加强思想理论建设。要深入学习邓小平理论和"三个代表"重要思想，学习十六大以来中共中央治国理政的重大战略思想，贯彻落实科学发展观。当前要把学习胡锦涛总书记"6·25"重要讲话作为一项重要政治任务，进一步加深对坚持走中国特色社

会主义道路的认识。中国特色社会主义政治发展道路是中国特色社会主义道路的重要组成部分，是近代以来中国人民经过艰辛探索和长期实践，最终选择的一条正确的政治发展道路。这条道路符合中国国情，顺应时代潮流，能够为国家富强、民族振兴、社会和谐、人民幸福提供稳定的政治环境。要加强多党合作优良传统教育和民主党派发展史教育，引导民主党派成员正确认识我国的基本国情、发展现状和历史文化传统，正确认识我国改革、发展中出现的矛盾和问题，增进对中国特色社会主义事业的共识，坚定在中国共产党领导下走中国特色社会主义政治发展道路的信念，为发展社会主义民主政治、建设社会主义政治文明作出贡献。

搞好民主党派的换届和政治交接，必须加强参政党自身建设，把民主党派建设成为与共产党亲密合作的、适应时代发展要求的、致力于建设中国特色社会主义事业的参政党。随着我国的经济和社会的发展，在新时期新阶段，对民主党派建设提出了更高的要求。中共十六届四中全会作出了加强执政党建设的决定，胡锦涛总书记在第 20 次全国统战工作会议上提出，要积极支持民主党派加强自身建设，使执政党建设与参政党建设相互促进。参政党当前要围绕坚定不移地走中国特色政治发展道路这一主题，加强自身建设。一是要把参政党建设与贯彻落实中共中央关于多党合作制度的理论政策结合起来，自觉地做坚持走中国特色政治发展道路的实践者；二是要把参政党建设与学习民主党派史、多党合作史结合起来，自觉地做民主党派老一辈优良传统和高尚风范的传承者；三是要把参政党建设与民主党派当前的主要任务结合起来，自觉地推动多党合作事业的持续健康发展。

　　搞好民主党派的换届和政治交接工作，必须不断提高新一届领导干部和骨干的综合素质。应该看到，新一代民主党派领导干部和骨干有许多优点和长处，他们长期受党的培养教育，年富力强，思想活跃，专业造诣比较深，但与老一代相比，成长经历较单一，政治历练较少，一些人缺乏老一辈与中国共产党团结合作的经验和重大政治斗争的考验，参政议政能力也有待提高。新一代民主党派领导干部要适应时代发展的要求，实现三个转变：一是由专家学者转变为党派领导干部；二是从基层领导转变为较高级领导干部；三是从专业理论型干部转变为社会活动家。实现这三个转变是一个锻炼思想、塑造品德、增长本领的过程。要针对新一代领导干部的特点，坚持政治教育和实践锻炼相结合，着力提高理论水平，增强政治责任感，不断提高政治把握能力、组织协调能力、参政议政能力、合作共事能力，特别是要根据国际国内形势的新变化、新特点，着力提高民主党派领导和骨干的政治素质，使其能善于从政治上认识和处理问题，努力建设一支高素质的民主党派新一代领导干部队伍。

三、以科学发展观为指导，加强社会主义学院自身建设

　　面对时代的变化和民主党派新一代干部的新特点，社会主义学院的发展面临新的机遇和新的挑战。统一战线新一代代表人物的培养，一靠实践锻炼，二靠学习培训。中央社会主义学院要以科学发展观为指导，坚持中国特色社会主义政治发展道路，充分

发挥社会主义学院作为统一战线人才培训基地的作用，强化为巩固和壮大统一战线服务的意识，使社会主义学院真正成为民主党派和无党派人士的联合党校，成为党外人士之家。

第一，牢牢把握政治方向，建好三个重要基地。社会主义学院作为统一战线性质的高等政治学院，只有坚持正确的政治方向，才能有蓬勃的生机和光明的前景。胡锦涛总书记在致中央社会主义学院五十周年贺信里明确要求："坚持以邓小平理论和'三个代表'重要思想为指导，全面贯彻落实科学发展观，继承和发扬优良传统，进一步探索办学规律，不断提高教学和科研水平，充分发挥学院作为统一战线的人才培养基地、理论研究基地、方针政策宣传基地的作用，为开创新世纪新阶段统一战线工作新局面，为实现全面建设小康社会宏伟目标和中华民族伟大复兴作出新的更大贡献。"社会主义学院要始终把坚定正确的政治方向放在第一位，引导学员不断提高接受中国共产党领导的自觉性，坚定社会主义信念，在重大政治原则问题上始终与中共中央保持一致，不断增强走中国特色社会主义道路的自觉性和坚定性。

第二，继续深化教学改革，提高培训质量和效果。社会主义学院要把胡锦涛总书记"6·25"讲话精神进课堂当成当前和今后一段时期的重要工作来抓，并继续深化教学改革，在培训工作中争取实现四个转变：着眼于提高学员的综合能力，使培训目的从单纯提高理论水平向提升干部综合素质转变；着眼于提高教学的针对性，使培训内容从注重理论知识向理论联系实际转变；着眼于探索新的教学模式，使培训方法从单纯灌输向互动式教学转变；着眼于不断创新办学思路，使培训方式从院内封闭式向院外开放式转变。要集中力量抓好民主党派和无党派人士班次的教学，不断提高党外干部的政治把握能力、参政议政能力、组织领导能力和合作共事能力。

第三，不断加强制度建设，提高管理和服务水平。近年来，中央社会主义学院注重机关建设，不断创新管理体制和机制，提高干部队伍素质，改善干部队伍结构，转变工作作风，取得了一些成绩。今后，中央社会主义学院机关工作要以胡锦涛总书记"6·25"讲话为指导，结合工作实际，不断解放思想，开拓创新，在全面加强自身建设的同时充分发挥业务指导作用，带动全国社会主义学院系统上台阶、上水平。

大力弘扬社会正气
促进和谐社会建设*

（2007 年 9 月 20 日）

在中国共产党第十七次代表大会胜利召开前夕，在第五个"公民道德宣传日"到来之际，中宣部会同有关部门，在京举办第四届中国公民道德论坛，认真学习胡锦涛总书记会见全国道德模范时的重要讲话精神，以"发挥道德模范引领作用，大力弘扬社会正气"为主题，交流经验体会，探讨新形势下加强和改进公民道德建设的措施办法，这对于进一步促进《公民道德建设实施纲要》的落实，大力推进社会主义核心价值体系的建设，具有非常重要的现实意义。在此，我对论坛的召开表示热烈的祝贺，向全国道德模范表示崇高的敬意！

《公民道德建设实施纲要》印发 6 年来，在中共中央坚强领导下，各级国家机关、各个民主党派、各类社会团体，大力加强公民道德建设，积极开展道德实践活动，形成了社会各界和广大群众共同关心、参与公民道德建设的热潮。最近，中央有关部门在全国范围广泛开展道德模范评选表彰活动，进一步推动了公民

---

* 这是何鲁丽同志 2007 年 9 月 20 日在第四届中国公民道德论坛上的讲话。

道德建设的深入发展。实践证明，发挥道德模范引领作用，是大力弘扬社会正气、促进和谐社会建设的重要举措。

大力弘扬社会正气，是构建社会主义和谐社会的内在需要。构建社会主义和谐社会，是以胡锦涛同志为总书记的中共中央从中国特色社会主义事业总体布局和全面建设小康社会全局出发作出的重大决策。这一决策，反映了建设富强民主文明和谐的社会主义现代化国家的内在要求，体现了全国各族人民的共同愿望，有利于统一思想，凝聚人心，鼓舞斗志，动员全国人民为全面建设小康社会而奋斗。构建社会主义和谐社会，是一个复杂的系统工程，需要从经济、政治、文化、道德等各个方面着力。大力弘扬社会正气，涉及全社会、全民族，是社会主义价值观确立的基础。社会主义核心价值体系决定着社会主义的发展模式、制度体制和目标任务，在所有社会主义价值目标中处于统领和支配的地位。没有社会主义核心价值体系的引领和主导，构建社会主义和谐社会就会迷失方向。建设社会主义核心价值体系，需要在全社会大力弘扬正气，达成一个广泛认同的健康向上的价值理念。

大力弘扬社会正气，是树立社会主义荣辱观的必然要求。胡锦涛同志对社会主义荣辱观的主要特征作了精辟的阐述，提出"八荣八耻"，为我国公民道德建设确立了新的标准，明确了正确的指导方针。以"八荣八耻"为主要内容的社会主义荣辱观，既吸收了中华民族数千年文明传统精华，又截然不同于以"三纲五常"为核心的中国封建道德观，既吸收了当代世界道德进步的优秀成果，又截然不同于以个人主义为核心的资本主义道德观，它是与社会主义市场经济和我国国情相适应的道德标准，是构建社会主义和谐社会中每个公民应有的价值取向和行为准则。

它针对目前社会发展中存在的一些问题，明确了社会正气与歪风邪气的界限。比如，为加强自主创新能力建设，要求以崇尚科学为荣、以愚昧无知为耻；促进社会和谐，推进社会主义和谐社会建设，要求以团结互助为荣、以损人利己为耻；为健全社会主义市场经济，要求以诚实守信为荣、以见利忘义为耻；为实施依法治国战略，建设社会主义法治国家，要求以遵纪守法为荣、以违法乱纪为耻；为不断开创中国特色社会主义事业新局面，把我国建设成为富强民主文明的社会主义国家需要一代又一代人的不懈努力，要求以艰苦奋斗为荣、以骄奢淫逸为耻等。在构建社会主义和谐社会的新时期，大力弘扬社会正气，为社会主义核心价值体系建设夯实基础，就是要求我们好荣恶耻，自觉养成践行社会主义荣辱观所倡导的八个方面的良好风气。

社会正气，是一个民族的精神支柱。一个和谐的社会，一定是一个充满朝气的社会、一个凛然正气的社会。一个弥漫卑俗萎靡、充斥歪风邪气的社会，不可能是和谐的社会。从刚刚评选出的全国道德模范来看，这些道德模范遍布社会各个阶层、各行各业、各类人群，既有各级干部也有平民百姓，既有年届耄耋的老人也有风华正茂的青年，在他们身上体现了中华民族的优秀品质，反映了我国社会发展进步的时代精神。这些道德模范用他们的崇高行动，诠释了人生的价值，表明了正气是我们社会的主流。但是，我们也清醒地看到，当前社会中仍然存在着一些是非不分、损人利己、见利忘义的现象，这就需要我们加强社会主义道德建设，培育高尚道德情操；这就需要我们以全国道德模范评选表彰活动为契机，大力弘扬社会正气，促进和谐社会建设。

首先，大力弘扬社会正气，最重要的是要发挥道德模范的示范带动作用。要大力宣传道德模范的先进事迹，在全社会营造"知荣辱、讲正气、树新风、促和谐"的社会主义道德建设氛围。要紧紧围绕弘扬社会正气这一主题，充分发挥报刊、广播、电视和互联网等大众传媒的作用，展示好模范人物的精神风采。在宣传的过程中，要实事求是，不能任意拔高；要坚持贴近实际、贴近生活、贴近群众，正确引导社会普遍关注的道德热点问题，努力使人民群众感到模范人物可亲可信，能为人民群众自觉自愿地接受；要创新内容、创新形式、创新手段，增强宣传的感染力、吸引力，摒弃简单的说教，运用模范人物生动鲜活的先进事迹来教育人民群众、感化人民群众、影响人民群众，让社会主义核心价值理念逐渐深入人心。

其次，大力弘扬社会正气，要注重发挥社会各方面的力量。中国共产党是我国公民道德建设的领导者。各级政府要完善各种规章制度，推动各项法律法规的建设，保障社会正气得到高扬，歪风邪气无处遁形。公务人员要关心人民群众的疾苦，文明执法、热情服务，把弘扬社会正气同本职工作和日常学习生活结合起来，以实际行动遵守社会公德和职业道德，处处起到模范带头作用。民主党派作为参政党，要积极围绕这一问题履行参政议政的职能，在弘扬社会正气方面发挥重要作用。中共中央历来十分重视发挥各民主党派在加强我国公民道德建设上的作用，在今年的党外人士迎春座谈会上，胡锦涛总书记指出，希望各民主党派、工商联和无党派人士"致力于推动社会主义核心价值体系建设"。民主党派要按照胡锦涛总书记这一重要讲话的要求，进一步发挥智力密集和社会联系广泛的优势，围绕加强公民道德建设的重大问题，深入调查研究，向中共和政府建言献策；要教育所属成员努力践行"八荣八耻"为主要内容的社会主义荣辱观，以自己的实际行动弘扬社会正气；要在所联系的群众中做好社会主义核心价值理念的宣传工作，促进良好社会风气的形成。弘扬社会正气是全社会的共同任务，需要社会各界的共同努力，每个社会组织都要利用自身优势，在这方面发挥应有的作用。

再次，大力弘扬社会正气，要以加强青少年道德教育为重点。青少年是祖国的未来、民族的希望，对他们的道德教育，决定着我国未来的社会道德状况。因此，要采取有效措施，把青少年作为公民道德建设和弘扬社会正气的重点人群抓紧抓好。青少年是最富有朝气、最富有生命力的群体，他们思维活跃，接受新事物快，正处于人生的塑造和成形阶段，也是世界观、人生观、价值观形成的关键阶段。正是由于这一时期的生理、心理等特点，使得青少年的思想品德具有极大的可塑性。因此，要针对青少年身心成长的特点，深入浅出、形式多样地组织他们开展向道德模范学习活动。要把学校教育、家庭教育、社会教育结合起来，引导青少年树立正确的世界观、人生观、价值观，帮助他们逐渐养成高尚的思想品德和良好的道德情操，成为社会主义合格的建设者和可靠的接班人。

最后，大力弘扬社会正气，要引导每个公民从自我做起，从小事做起。"国家兴亡，匹夫有责"，弘扬社会正气，是每个公民的职责。我们每一个人都要以道德模范为榜样，学习他们乐于助人、诚实守信的高贵品质，学习他们临危不惧、舍己救人的英雄气概，学习他们爱岗敬业、尊老爱幼的良好风貌，并在具体实践中身体力行，以实际行动弘扬社会正气。小事，往往也可以反映出整个社会的道德风尚、反映出整个民族的精神状态。这次评选出的全国道德模范，很多人并没有做出惊天动地的"丰功伟绩"，但是，我们从他们生活中的一件件"小事"上，看到了什么是正气。中华民族历来就有"勿以善小而不为，勿以恶小而为之"的观念，弘扬社会正气，要求我们每一个人都从身边的事情做起，从具体事情做起，从点点滴滴做起，以我们的实际行动共同催生中华大地良好道德之风的兴起。

在中华文化学院建院十周年
座谈会上的讲话

（2007 年 9 月 28 日）

1997 年，为了适应新形势下海外统战工作的需要，经中央统战部批准，决定中央社会主义学院加挂中华文化学院的牌子。中华文化学院以弘扬中华文化为宗旨，以介绍中华文化和国情为主要内容，面向港澳台同胞和海外华人华侨开展文化交流和教育培训。

中华文化学院成立十年来，坚持正确的办学方向，高举爱国主义旗帜，积极开展对境外和海外的交流与合作，弘扬中华民族优秀传统文化，开展对港澳专业人士、台湾和海外青少年的教育，举办港澳人士参加的以介绍国情为主要内容的各类培训，形成了"国情研修班"、"台湾大学生中华文化研习营"、中、西部公务员外语培训和"中华文化系列讲座"等一批培训交流的精品项目，以合作的形式参与主办了"中华文化经典诵读"、"中华文化论坛"、"亚洲文化论坛"、"世界孔子论坛"等重要活动，完成了一批中华文化类的科研成果，在海内外形成了较大的影响，广泛地团结、凝聚了港澳台同胞和海外华侨、华人，为落实"一国两制"和促进祖国完全统一，实现中华民族的伟大复兴做了重要贡献。十年来，中华文化学院突出办学特色，初步形成了政治培训和文化交流相结合的具有海外统战工作特色的教学模式，按照不同的类别和需要，灵活、科学、合理地组织不同的教学内容，形成统战性、文化性、针对性、实效性的教学体系，实行开门办学，整合资源，建立了一支适应海外统战工作需要的教学、科研和管理队伍。在教学培训和文化交流中取得了较好成果的同时，研究工作也取得了一定成效。十年的实践证明，中华文化学院从其特有的工作角度在港澳台及海外统战工作中发挥着重要作用，中央社会主义学院有了"中华文化学院"这个工作平台，工作内容更为丰富、工作形式更为多样、工作领域也大大拓展了，成为对外文化培训和文化交流的重要窗口。

中华文化在中华民族形成和发展的历史过程中始终是维系全体中华儿女的精神纽带。在综合国力竞争日趋激烈的今天，以文化为重要因素的国家软实力在国际竞争中日益凸显其重要地位，文化交流已成为国际社会了解中国的重要窗口。因此，具有中国特色的社会主义事业越是充满活力地蓬勃发展，就越需要大力弘扬中华文化，扩大中华文化在海内外的影响力，要努力做好中华文化在港澳台同胞、海外华侨、华人中的传承工作。中华文化学院在这方面负有光荣使命，责任重大，大有可为。这里，我就中华文化学院在建院十年已有成绩的基础上，如何进一步发挥自身优势，开创工作新局面讲几点意见：

第一，坚持正确的办学方向，是做好中华文化学院工作的根本前提。中华文化学院是开展海外统战工作的一个重要渠道，必须始终高举爱国主义旗帜，围绕中心、服务大局、服务社会、服务人民。要根据港澳台、海外统战工作的重点，有针对性地开展教育培训和文化交流，继续办好国情研修的有关班次，多办受港澳台人士和海外华侨、华人欢迎，又有成效的培训班，凝聚海内外的爱国力量，推动以爱国者为主体的"港人治港"、"澳人治澳"。继续做好港澳台青少年的中华文化历史教育活动，努力增强港澳专业人士和青少年对中华民族和中华文化的认同，做好"文化回归"和"人心回归"的工作，继续办好"台湾青年中华文化研习营"，使台湾青年一代更加了解祖国大陆的经济、文化和历史，逐步成为"反独促统"的有生力量，扩大中华文化的影响力。还要继续办好弘扬中华文化的各种有影响的活动，做好中华文化在港澳台海外的传承工作，推进中国特色社会主义文化建设和精神文明建设，提高全民族的综合素质。总之，中华文化学院要围绕国家和统一战线事业的大局有效地展开各项工作，努力使自己成为对外文化交流的平台，弘扬中华文化的窗口，培养爱国人士的基地。

　　第二，打造中华文化学院的知名品牌，构建凝聚人心的工程。中华文化学院是开展海外统战工作的重要载体，只有将中华文化学院打造成知名品牌，才能不断增强海外统战工作的影响力。知名品牌是由精品项目组成和支撑的，要继续完善和拓展丰富多彩的文化培训和交流活动，要努力树立中华文化学院的良好形象，不断提高中华文化学院在港澳台、海外的知名度。要积极拓展对外交流交往的渠道，吸引海内外一切致力于弘扬中华文化的有志之士，关注和参与中华文化学院的有关工作，以中华文化来团结人、凝聚人。要充分发挥中华文化对人们思想和行为的巨大影响力，在深入挖掘传统文化内涵的基础上，把爱国主义的核心价值作为海内外中华儿女大团结和大联合的一面旗帜，不断增强中华民族的凝聚力。要以文化上求同存异的精神，共同构建和谐社会，让中华文化在新世纪新阶段，不断焕发出新的活力，为"一国两制"的贯彻实施、促进祖国的完全统一、推动中华民族伟大复兴作出新的贡献。

第三，勇于创新，开创学院工作新局面。创新是时代精神的核心，是社会进步的动力，也是进一步开创中华文化学院工作新局面、提升工作质量和水平的必由之路。办好中华文化学院，要有强烈的创新意识和发展意识，要扎实苦干，注重实效。我们要充分发挥好自身的政治优势、文化优势、学术优势，勇于开拓，不断创新，从工作对象、工作内容、工作方式等方面，不断探索办学新途径，开拓办学新领域，开创学院工作新局面。

各地中华文化学院要根据本地区的社会、历史、文化优势打造自己的文化品牌。要加强与各地各相关部门的联系，也要与港澳台及海外一些大学、侨团逐步建立联系，进行广泛的合作办学和文化交流，在合作中增加了解、增加感情，实现双方共赢；要在教学上下功夫，重视教学科研水平，要有一套基础过得硬的品牌课程，以适应教学、培训和文化交流等项目的需要；要进一步提高文化交流水平，开展各种有特色的文化交流，进行广泛、友好的国际联系，形成自己独具特色的办学模式，充分发挥中华文化学院人才培训、理论研究、文化交流基地的作用。

中华民族的伟大复兴，需要最广泛地团结一切可以团结的力量，需要不断巩固壮大新时期新阶段的爱国统一战线，需要中华文化学院发挥其重要的、独特的作用。让我们紧密团结在以胡锦涛同志为总书记的中共中央周围，坚持以邓小平理论和"三个代表"重要思想为指导，全面贯彻落实科学发展观，发扬优良传统，立足发展，锐意进取，为维护民族团结、社会稳定和国家统一，为全面建设小康社会和构建社会主义和谐社会，为实现中华民族的伟大复兴作出新的、更大的贡献。

在第四次全国社会主义
学院院长会议上的讲话

（2008 年 1 月 4 日）

新年伊始，我们在中央社会主义学院召开第四次全国社会主义学院院长会议，深入学习贯彻中共十七大精神，总结交流2007 年工作成绩和经验，研究部署 2008 年的工作，以中共十七大精神为指导，进一步开创社会主义学院工作的新局面。下面我就学习贯彻中共十七大精神和加强社会主义学院建设讲几点意见。

一、高举中国特色社会主义伟大旗帜，
深入学习贯彻中共十七大精神

中国共产党第十七次全国代表大会是在我国改革发展关键阶段召开的一次十分重要的大会。会议指出，中国特色社会主义伟大旗帜，是当代中国发展进步的旗帜，是中国共产党和全国各族人民团结奋斗的旗帜。会议强调，高举中国特色社会主义伟大旗帜，最根本的就是要坚持走中国特色社会主义道路，坚持中国特

色社会主义理论体系。党的十七大解决了举什么旗、走什么路、以什么样的精神状态、朝着什么发展目标去奋斗的问题，对于更好地动员和团结全国各族人民，继续解放思想，坚持改革开放，推进科学发展，促进社会和谐，夺取全面建设小康社会的新胜利，具有重大现实意义和深远历史意义。学习好、领会好、贯彻好、落实好中共十七大精神，是我们当前和今后一段时期首要的政治任务。

中国特色社会主义道路，是中国共产党在长期社会主义建设实践中，历经艰辛探索而逐步开辟出来的，其理论基础是对马克思列宁主义、毛泽东思想的科学继承，其时代背景是对国际形势和时代特征的科学把握，其历史根据是对国内外建设社会主义正反两方面经验的科学总结，其现实依据是对我国改革开放和社会主义现代化建设生动实践、对最广大人民共同愿望的科学认识。实践证明，中国特色社会主义道路是十三亿中国人民走向小康、实现现代化的必由之路，是实现国家富强、民族振兴、社会和谐的幸福之路。中国特色社会主义理论体系，是包括邓小平理论、"三个代表"重要思想以及科学发展观等重大战略思想在内的科学理论体系。这个理论体系，是在和平与发展成为时代主题的历史条件下、在我国改革开放和现代化建设的伟大实践中形成和发展起来的科学理论体系，是马克思列宁主义同中国实际相结合的第二次历史性飞跃的最新理论成果，是全国各族人民团结奋斗的共同思想基础。

高举中国特色社会主义伟大旗帜，是对社会主义学院工作的根本要求。社会主义学院深入贯彻中共十七大精神：一是要毫不动摇地坚持中国特色社会主义，坚持中国特色社会主义理论体系，引导民主党派成员、无党派人士始终不渝地坚持走中国特色政治发展道路，不断巩固多党合作的思想政治基础；二是要深入研究和宣传中国特色社会主义理论体系，深入研究和宣传统一战线理论、多党合作理论和参政党建设理论，不断推动统战理论的创新，为开创新阶段统战工作新局面提供理论支持；三是要以十七大精神为指导，深入贯彻落实科学发展观，明确社会主义学院的工作思路，加大改革创新的步伐，推动社会主义学院的各项工作向前发展。

二、坚持中国特色政治发展道路，
做好政治交接的教育培训工作

2007 年，各民主党派、工商联的换届顺利完成，一大批民主党派成员和无党派代表人士走上领导岗位。然而组织上的换届仅仅是换届工作的一部分，更重要的是要围绕走中国特色政治发展道路这一主题，搞好政治交接。这是关系到我国政治发展格局和民主政治建设的重大问题，是实现新形势新阶段统一战线和多党合作事业可持续发展的必然要求。我们要从全局和战略的高度，充分认识民主党派干部队伍教育培训工作的基础性、战略性作用，充分发挥社会主义学院人才培养基地的作用，为各民主党派和工商联搞好政治交接做好教育培训工作。

中国特色政治发展道路是中国特色社会主义道路的重要组成部分。中国共产党在领导人民进行革命、建设和改革事业中，坚持把马克思主义基本原理同中国实际相结合，在创建人民民主专政的国家政权、建立社会主义制度、推进社会主义现代化建设中，走出了一条符合国情的、具有鲜明中国特色的政治发展道路。这就是：以马克思列宁主义、毛泽东思想、邓小平理论和"三个代表"重要思想为指导，贯彻落实科学发展观，坚持中国共产党的领导，坚持社会主义制度，坚持人民民主专政，实行人民代表大会制度、共产党领导的多党合作和政治协商制度，民族区域自治制度以及基层群众自治制度。这是一条不同于西方民主政治模式的政治发展道路，是一条充分体现社会主义性质的政治发展道路，是一条能够为国家富强、民族振兴、人民幸福和社会和谐提供根本保障的政治发展道路。

2007 年发表的《中国的政党制度》白皮书深刻揭示了中国多党合作制度的历史必然性、伟大创造性和巨大优越性，阐明了中国共产党领导的多党合作制度在中国特色社会主义建设中的重要作用，对推动多党合作制度具有重要意义。

搞好政治交接，核心是走中国特色社会主义政治发展道路，关键是增强接受中国共产党领导、与共产党合作的自觉性和坚定性，重点是继承和发扬民主党派老一辈与共产党团结合作形成的政治信念、优良传统和高尚风范，目的是加强参政党建设，巩固多党合作的政治基础。围绕搞好政治交接，社会主义学院要做好民主党派和无党派代表人士新班子和新成员的培训工作，既要从理论上论述政治交接的意义和内涵，也要从实践上总结政治交接的经验和做法。要把政治交接和加强参政党建设紧密结合起来，促进民主党派各级组织按照各自章程规定的参政党建设的目标和原则，坚持以思想建设为核心，以组织建设为基础，以制度建设为保障，把自身建设提高到一个新的水平。在搞好政治培训的同时，还要搞好能力培训，促进领导班子成员实现角色转换，努力提高政治把握能力、参政议政能力、组织领导能力和合作共事能力，努力提高履行职能和发挥作用的能力和水平。

三、以中共十七大精神为指导，
加强社会主义学院建设

进入新世纪以来，在中共中央的领导下，在各民主党派中央、全国工商联和无党派人士的大力支持下，中央社会主义学院始终坚持正确的办学方向，扎实工作、改革创新，取得了新的业绩。一是适应大规模培训干部的要求，树立"大培训"的观念，培训规模不断扩大，培训质量不断提高，为中国特色社会主义事业的建设培养了一大批高素质的非中共领导干部和统一战线各类人才。二是贯彻《社会主义学院工作暂行条例》，落实全国社会主义学院工作会议精神，切实加强社会主义学院正规化建设。三是坚持以教学为中心，以科研为基础，以改革为动力，积极探索适合社会主义学院特点的办学规律，不断改进教学方法，形成了独具特色的教学模式和学科体系，涌现出一批有影响的科研成果。四是中华文化学院开辟了培训的新领域、新渠道。五是校园基本建设取得新进展，后勤服务保障机制不断加强，使学员学习、生活环境得到很大改善。

当前，社会主义学院正处于最好的发展时期之一。我们要总结经验、继往开来、开拓进取，不断推进社会主义学院的建设和发展。

一是要认真学习贯彻中共十七大精神，坚持正确的办学方向。十七大高举中国特色社会主义伟大旗帜，对于我们社会主义学院来说，具有更加独特的意义。要始终不渝地以邓小平理论和"三个代表"重要思想为指导，树立和全面落实科学发展观，用科学理论教育人、培养人，把坚持中国共产党的领导、坚持走中国特色社会主义道路作为培训的中心内容，不断增强走中国特色社会主义道路的自觉性和坚定性。

二是要认真学习贯彻中共十七大精神，不断提高培训质量和教学针对性。中共十七大报告提出，要继续大规模培训干部，充分发挥党校、行政学院、干部学院作用，大幅度提高干部素质。这对我们的培训工作提出了新任务和新要求。社会主义学院要适应新形势新任务的需要，继续加大培训力度，推进教学改革创新，把十七大精神列入教学内容，使十七大理论成果进课堂、进教材、进头脑，进一步提高干部教育培训的质量。要研究新一代民主党派成员和无党派代表人士的特点，研究适应新一代学员的教学规律，增强培训的针对性，提高培训效果。

三是要认真学习贯彻中共十七大精神，加快全国社会主义学院自身建设和发展。中共十七大报告指出，科学发展观的第一要义是发展，核心是以人为本，基本要求是全面协调可持续，根本方法是统筹兼顾。全面贯彻落实科学发展观，也是我们做好社会主义学院各项工作的指导思想。目前，全国社会主义学院共有三百多所，其中既有独立的，也有合办的。要做到统筹兼顾和全面协调可持续发展，就要求我们树立全国社会主义学院一盘棋的思想，进一步整合全国社会主义学院资源，加快社会主义学院自身建设和发展。各学院可以根据自身的地域特点和人才优势，办出各自的特色，形成各自的亮点。

设立"世界肝炎日"
遏制肝炎病流行*

（2008 年 5 月 19 日）

今天，2008 年 5 月 19 日，我们聚集北京，与遍布全球五大洲的 200 多个社会组织同步，为倡议设立"世界肝炎日"积极宣传，并就病毒性肝炎的防治进行深入探讨，意义重大。这是因为，病毒性肝炎的广泛流行已经成为全球性重要的社会和公共卫生问题之一，引起了越来越多国家和组织的普遍关注。

根据世界肝炎联盟的资料，全世界感染各型肝炎病毒的人数众多，仅乙型和丙型肝炎病毒感染者已有约 5 亿人，几乎占全球总人口的十二分之一，各型肝炎患病人数超过 1 亿，每年死于乙肝和丙肝者高达 150 万人。肝炎的肆虐在造成人们严重健康危害的同时，也给个人、家庭、社会带来沉重的经济负担和破坏安定和谐的压力。但肝炎又是一个可防、可治、可以采取公共卫生干预措施有效控制，并取得良好预期的疾病。因此，主动迎接挑战，加强防治宣传，遏制肝炎流行，减低肝炎危害，是我们应该

---

* 这是何鲁丽同志 2008 年 5 月 19 日在"病毒性肝炎高峰论坛"大会上的讲话。

履行的社会责任。

我国各级政府和卫生主管部门对肝炎的防控工作历来非常重视，在预防、治疗、科研诸方面进展迅速，成绩斐然，其中最为突出的是将乙肝疫苗纳入儿童免疫规划。2006 年乙肝血清流行病学调查结果显示，5 岁以下儿童乙肝表面抗原携带率已降到了0.96%的低水平，得到了国际社会的高度赞誉。我国乙肝病毒携带率水平，由于小年龄儿童携带率的大幅下降，使全国人群的乙肝表面抗原总携带率平均水平从 9.75%的高流行水平降到了7.18%，居于中等流行水平。这表明，继续巩固对新生儿的乙肝免疫，让一代又一代的新人免受感染是首要和紧迫的，同时也要把乙肝疫苗接种扩大至其他重点人群。近年，我国在乙、丙型肝炎的控制血源性传播、诊断方法、治疗药物的开发研制、临床治疗的标准化、规范化方面也有了很大进展。但是，众多乙肝患者仍然需要医务人员的细心指导，期待着高效，廉价的药物治疗。我国丙肝病毒感染情况尚缺乏调查研究的新数据，在 1992 年调查时感染率约为 3.2%，高于全球平均水平。丙肝"早检查、早诊断、早治疗，是可能治愈"的理念还没有被广泛理解和接受，需要制定符合我国国情的完备的防治策略和规划措施。

甲肝在 1988 年上海发生 30 余万人患病的疫情后，经过全国有关部门重视和努力，虽然未发生大爆发，但不同规模的局部疫情爆发仍时有发生。今年国家已将甲肝疫苗接种纳入免疫计划，在全国为适龄儿童免费常规接种。这一切都表明，我国肝炎流行的防治任务依然十分艰巨。目前，我国对肝炎防治知识的宣传还不够普及，社会公众认知水平还不高，许多医疗卫生专业人员也需要进一步了解有关肝炎防治知识、技术的新进展。由于群众对肝炎的无知、偏见、恐惧、虚假宣传的误导等因素的干扰，很多有效的防治措施难以落实，在一些农村家庭，肝炎仍然是因病致贫、返贫的重要原因之一。因肝炎而涉及升学、就业、婚姻等方面的问题时有发生，影响了社会的和谐安定。因此，坚持预防为主，宣传教育先行，不仅是在感染之前，而且对肝炎这个疾病的不同阶段，都要有相应的防治措施。

胡锦涛总书记在十七大报告中深刻地指出："健康是人全面发展的基础，关系千家万户幸福。"这个观点深刻揭示了健康在人的全面发展中的重要基础性作用，阐明了健康既是建设中国特色社会主义伟大事业的目标，又是全面建设小康社会的重要条件。同时，十七大报告还再次明确"坚持预防为主"，要求把疾病预防放在卫生工作的首位，这为我们指出了前进的方向。历史经验证明，预防为主是最经济、最有效的健康策略，在病毒性肝炎防治工作中同样应该坚决贯彻。

在十七大精神的指引下，我国的卫生工作正在沿着中国特色社会主义卫生发展道路，认真遵照科学发展观，坚持政府主导、多部门合作、全社会参与的工作机制，加快了前进的步伐。我们欣喜地看到，2008年卫生工作已经和将要采取的重大举措中包括了"认真组织实施'艾滋病和病毒性肝炎等重大传染病防治'科技重大专项，将甲肝疫苗等纳入国家免疫规划，落实艾滋病、结核病、乙肝等重大疾病的防治策略，深入开展健康教育和健康促进活动"，并明确了丙肝防治管理部门等内容，更加坚定了我们共同防治肝炎的决心和信心。

中国肝炎防治基金会自成立以来，在卫生部、民政部的领导和支持下，紧密配合政府的肝炎防治目标，恪守基金会宗旨，团结国内外各界合作伙伴，动员社会资源，开展了健康教育、疫苗接种、专业培训、科学研究、学术交流等多个领域、多种形式的活动，基金会还利用肝炎防治的平台来体现社会关爱精神，倡导互助友爱、反映公众诉求。在此，我们谨向关心中国肝炎防治事业，支持中国肝炎防治基金会发展的各有关组织和人士表示感谢。

今后，中国肝炎防治基金会将一如既往在政府的指导和各方面的协助下，继续担当好科学知识的传播者，人类健康的维护者，公益事业的实践者的角色，为落实我国《国民经济和社会发展第十一个五年规划纲要》中关于"提高人民健康水平"、"严格控制艾滋病、结核病、乙型肝炎等重大传染病的传播"的要求，促进卫生部《2006—2010 年全国乙型病毒性肝炎防治规划》的实施全力服务。

各位专家、各界朋友，是崇高的社会责任和慈善爱心使我们共同合作造福人民，让我们在病毒性肝炎防治工作中，携手前进！

开创多党合作事业新局面[*]

（2008 年 9 月 1 日）

　　2008 年是全面贯彻落实党的十七大战略部署的第一年，也必将成为我国历史进程中意义非凡的一年。今年我们遇到了不少严峻挑战，我们抗震救灾工作取得了巨大成绩，又圆满精彩地举办了奥运会。党和国家的各项工作取得了新的重大进展，保持了改革开放稳定的大局。今年还是"五一"口号发布 60 周年和改革开放 30 周年。上半年，各民主党派纷纷就"五一"口号发布 60 周年举行了一系列纪念活动。当前，纪念改革开放 30 周年的活动正在全国范围内开展。在新形势下，我们集中一段时间学习非常有意义。杜青林部长发表重要讲话前，我先谈几点。

一、改革开放 30 年成就巨大，
多党合作事业蓬勃发展

　　中共十一届三中全会是一次具有划时代意义的重要会议，会

---

　　* 这是何鲁丽同志在中央社会主义学院 2008 年秋季开学典礼上的讲话。

议研究了中国共产党和国家当时所面临的一系列重大而紧迫的全局性问题，明确作出了把党和国家的工作重点转移到社会主义现代化建设上来和实行改革开放的战略决策，开启了改革开放的历史新时期，中国共产党从此开始了建设中国特色社会主义的新探索。30年来，中国由一个国民经济濒临崩溃边缘、农民生活在温饱线以下的国家，成为了一个具有强大市场活力的经济体系、国民经济持续快速健康发展、综合国力显著提升的国家，国际影响力和民族凝聚力大大增强，社会政治稳定，人民生活总体上实现了由温饱到小康的历史性跨越。

改革开放30年不仅是我们国家发展最好的时期之一，也是多党合作事业发展最好的时期之一。在中国特色社会主义理论指引下，中国共产党领导的多党合作事业蓬勃发展，共产党与民主党派的关系成为建立在人民根本利益一致基础上的同志式的合作关系，民主党派成为我国的参政党，建设中国特色社会主义成为中国共产党和各民主党派共同的政治理想和奋斗目标。以《中共中央关于坚持和完善中国共产党领导的多党合作和政治协商制度的意见》、《中共中央关于进一步加强中国共产党领导的多党合作和政治协商制度建设的意见》、《中共中央关于加强人民政协工作的意见》等重要文件的颁发和贯彻为标志，多党合作逐步走向制度化、规范化轨道，中国共产党领导的多党合作和政治协商制度的各项方针政策不断深入人心，民主党派、无党派人士的政治安排和实职安排取得了实质性进展，民主党派自身建设得到进一步加强，参政议政、民主监督作用进一步发挥，多党合作呈现民主、团结、稳定、活跃的大好局面。

我们要充分利用这次学习机会，深入总结改革开放和多党合作事业发展 30 年的基本经验，进一步坚定走中国特色社会主义道路的决心和信念，为推进中国特色社会主义伟大事业、为推进新世纪新阶段多党合作事业的发展作出新的、更大的贡献。

二、深入学习中国特色社会主义理论体系，进一步巩固多党合作的思想政治基础

胡锦涛同志在中共十七大报告中指出，改革开放以来我们取得一切成绩和进步的根本原因，归结起来就是：开辟了中国特色社会主义道路，形成了中国特色社会主义理论体系。高举中国特色社会主义伟大旗帜，最根本的就是要坚持这条道路和这个理论体系。作为参政党的各民主党派成员，要和执政的中国共产党的党员一样，努力学习和认真遵循这个理论体系，进一步打牢多党合作的思想政治基础。

第一，深入学习中国特色社会主义理论体系，必须准确理解和把握其历史地位和科学内涵。中国特色社会主义理论体系，是包括邓小平理论、"三个代表"重要思想和科学发展观等重大战略思想在内的科学理论体系。中国特色社会主义理论体系，经历了改革开放和现代化建设的各个时期的探索实践，经历了经济社会发展不同阶段的严峻考验，经历了党情国情世情的深刻变革，是全国各族人民团结奋斗的共同思想基础。这个理论体系在建设中国特色社会主义的思想路线、发展道路、发展阶段、发展战略、根本任务和根本目的等问题上，形成了一系列独创性的重大理论观点。我们要通过认真学习，准确把握中国特色社会主义理

论体系，深刻理解中共中央关于发展中国特色社会主义的一系列新思想、新论断和新举措，切实把思想和行动统一到中共十七大精神上来，把智慧和力量凝聚到实现中共十七大确定的各项任务上来，更好地发挥参政党的职能和作用。

第二，深入学习中国特色社会主义理论体系，必须更加坚定地走中国特色社会主义政治发展道路。发展社会主义民主，走中国特色社会主义政治发展道路，是中国特色社会主义理论体系的重要内容。建国以来，中国共产党团结带领全国人民建立了人民民主专政的国家政权，开辟了中国历史上从未有过的人民当家作主的新时代，走出了一条具有鲜明中国特色的政治发展道路。这条政治发展道路符合中国国情，能够为经济快速发展、社会稳定和社会和谐提供根本的政治保障，对我国政治制度的自我完善和发展起着方向性、决定性的作用。对于民主党派来讲，要在深入学习中国特色社会主义理论体系的基础上，充分认识坚持走中国特色社会主义政治发展道路的重大意义，把坚持走中国特色社会主义政治发展道路作为思想建设和政治交接的核心内容，全面领会其丰富内涵，正确把握其基本要求，不断增强走中国特色社会主义政治发展道路的自觉性和坚定性。

第三，深入学习中国特色社会主义理论体系，必须紧密与民主党派自身建设相结合。民主党派加强自身建设，是新世纪新阶段不断加强和完善多党合作事业的客观要求。胡锦涛总书记指出，"要坚持执政党建设同参政党建设相互促进"，这深刻阐明了民主党派加强自身建设的重要性。在民主党派组织不断发展的今天，只有大力加强自身建设，才能在思想上不断增强接受中国共产党领导的自觉性和坚持走中国特色社会主义道路的坚定性；

才能在理论上充分认识坚持中国政党制度、走中国特色政治发展道路的科学性和合理性；才能在实践上切实提高履行职责的能力和水平。要将中国特色社会主义理论体系的学习贯穿于民主党派自身建设过程的始终，坚持以思想建设为核心，以组织建设为基础，以制度建设为保障，努力把民主党派建设成为符合新世纪要求的、与中国共产党亲密合作、致力于建设中国特色社会主义的参政党，真正担负起历史和时代赋予的神圣使命。

三、牢固树立和落实科学发展观，进一步　　发挥民主党派作用，为中国特色社会　　主义事业作出新贡献

当前，我国正处于改革发展的关键时期，作为参政党应责无旁贷地积极投身于建设中国特色社会主义伟大事业中。民主党派致力于中国特色社会主义事业建设，就必须树立和落实科学发展观，紧紧围绕经济建设这个中心，自觉服务于改革发展稳定的大局，为实现中华民族伟大复兴贡献力量。

第一，坚持把发展作为民主党派参政议政的第一要务，为实现经济社会建设更好更快发展服务。发展是科学发展观的第一要义，是中国共产党执政兴国的第一要务，也是各民主党派和无党派人士参政议政的第一要务。改革开放以来，民主党派紧扣发展主题，认真履行参政议政职能，提出了很多战略性、前瞻性、科学性的建议，为我国的改革发展稳定作出了重要贡献。在复杂多变的国际国内形势下，在改革发展进入关键时期，各民主党派、

工商联和无党派人士更应牢牢把握发展这一要义，积极主动参政议政，建有用之言，献务实之策，促进经济建设更好更快地发展。

第二，坚持以人为本，积极协助中共各级党委和政府为实现和维护人民的根本利益服务。以人为本是科学发展观的核心，坚持以人为本是各民主党派履行职责与落实科学发展观的重要结合点，要始终把实现好、维护好、发展好广大人民的根本利益作为民主党派各项工作的要求，密切关注国计民生和人民群众切身利益，加强调查研究，了解民情、集中民智、反映民意，协助中共各级党委和政府，疏通社情民意的反映渠道，为促进改革开放和社会主义现代化建设服务。

第三，坚持全面协调可持续发展，努力弘扬先进文化，激发社会创造活力，为中国特色社会主义事业的发展提供更多的智力支持和精神支撑。要坚持全面协调可持续这一科学发展观的基本要求，进一步发挥民主党派在推动文化建设方面的独特优势，努力弘扬以爱国主义为核心的民族精神和以改革创新为核心的时代精神。要切实担负起民主党派在传承中华民族优良传统、弘扬中华文化、推动文化创新的时代责任，充分调动广大成员和所联系群众的积极性、主动性和创造性，不断拓展工作视野，为中国特色社会主义事业的发展提供更多的智力支持和精神支撑。

第四，坚持统筹兼顾，协调关系，维护稳定，为中国特色社会主义事业营造安定团结的社会环境。各民主党派、工商联和无党派人士等统一战线成员都各自联系着一部分社会主义劳动者、社会主义建设者和拥护社会主义的爱国者，在协调关系、化解矛盾、沟通思想、理顺情绪方面能够发挥独特的作用。要牢牢把握统筹兼顾这个根本方法，积极反映其成员和所联系群众的合法利益与合理要求，同时引导各自成员和所联系的群众以理性、合法的形式表达利益需求，正确认识和处理个人利益和集体利益、局部利益和整体利益、当前利益和长远利益的关系，最大限度地把智慧和力量凝聚到促进经济社会发展上来，为中国特色社会主义事业营造安定团结的社会环境。

在"改革开放与新的社会阶层" 论坛上的讲话*

（2008 年 9 月 16 日）

马克思主义历来十分重视对社会结构、阶级、阶层的研究和分析，并把它作为制定政策和策略的重要理论依据。中国共产党在革命、建设和改革的各个历史时期都非常重视对中国社会结构的分析和研究，并据此制定了正确的路线、方针和政策，从而团结一切可以团结的阶级、阶层和各种政治力量，为实现一定时期的共同目标而奋斗。《毛泽东选集》开篇文章就是著名的《中国社会各阶级的分析》。毛泽东同志在这篇文章中运用阶级分析的方法，深刻地揭示了各个阶级的经济地位、政治态度及其相互关系，为制定新民主主义革命的战略和策略提供了科学的依据。经过新民主主义革命，中国共产党领导广大人民推翻了帝国主义、封建主义、官僚资本主义三座大山，成立了中华人民共和国，这时我国的社会结构主要是四个阶级，即工人阶级、农民阶级、城市小资产阶级和民族资产阶级。新中国成立后经过土地改革，经

---

* 为纪念改革开放 30 周年，中央社会主义学院主办、福建社会主义学院承办了"改革开放与新的社会阶层"论坛。这是何鲁丽同志作为中央社会主义学院院长在论坛上发表的讲话。

过对农业、手工业和资本主义工商业的社会主义改造，并建立社会主义制度，我国逐步消灭了民族资产阶级和城市小资产阶级，形成了两个阶级和一个阶层的基本社会结构，即工人阶级、农民阶级和知识分子阶层，这种单纯而简单的社会结构一直延续到改革开放以前。

十一届三中全会以后，随着改革开放政策的实施和社会主义市场经济的发展，工人阶级、农民阶级和知识分子阶层出现了分化，并从中产生和发展起来一些新的社会阶层。这些新的社会阶层作为我国社会结构变迁中出现的新的社会群体，从职业上看，主要包括民营科技企业的创业人员和技术人员、受聘于外资企业的管理技术人员、个体户、私营企业主、中介组织的从业人员和自由职业者等；从规模和地位看，我国新的社会阶层人数大约有7500万人，掌握或管理着10万亿元左右的资本，使用着全国半数以上的技术专利，直接或间接地贡献着全国近1/3的税收。从身份特征上看，新社会阶层的成员就职于多种所有制部门，主要以非公有制经济为主，其身份变化快，工作地域和领域有很大的流动性。新的社会阶层无论从人数上还是从实力上看，都已经成为我国经济建设和社会发展的举足轻重的重要力量。怎么样正确看待改革开放条件下出现的非公有制经济和新的社会阶层，是建设中国特色社会主义进程中必须研究的一个重大理论问题，也是科学社会主义发展史上面临的一个新课题。以江泽民同志为核心的第三代中共中央领导集体，坚持马克思主义基本理论，坚持解放思想、实事求是、与时俱进的思想路线，结合我国具体国情，在深入研究思考并广泛听取社会各方面的意见基础上，明确提出了新的社会阶层都是中国特色社会主义事业建设者。这是一个马克思主义的科学论断，得到了包括新的社会阶层人士在内的全国人民的高度认同。胡锦涛同志在全国统战工作会议上的重要讲话和《中共中央关于巩固和壮大新世纪新阶段统一战线的意见》都进一步重申了这个科学论断。新的社会阶层人士"作为中国特色社会主义事业的建设者，是完善社会主义市场经济体制和推动经济社会发展的一支新兴力量，在促进共同富裕、构建社会主义和谐社会、全面建设小康社会中发挥着重要作用"。

新的社会阶层既是一个社会概念，也是一个政治概念。作为社会概念，新的社会阶层的出现和发展，不仅加快了我国社会结构和利益格局多元化的步伐，也对社会整合和社会治理方式提出了新的要求，有助于实现构建和谐社会的目标，加快"橄榄型"社会结构的形成，使中国社会的结构形态更加趋于合理；作为政治概念，新的社会阶层的出现和发展，对于推动我国的民主政治建设，扩大公民有序的政治参与具有重要的积极意义。有助于逐步推动中国的社会管理结构，从"以行政管理为主"的单一型包揽模式向行政管理与社会"自治"与"共治"并重的社会管理模式方向发展。

改革开放以后，在如何看待非公有制经济问题上，焦点集中在非公有制经济是姓"社"还是姓"资"。中国共产党依据非公有制经济在我国改革开放、现代化建设，特别是在发展社会主义市场经济中的积极贡献，逐步深化了对其性质、地位、作用的认识。从"个体私营经济是公有制经济必要的、有益的补充"到"公有制为主体、多种所有制经济共同发展"；从"非公有制经济是社会主义市场经济的重要组成部分"到"两个毫不动摇"，即"必须毫不动摇地巩固和发展公有制经济"、"必须毫不动摇地鼓励、支持和引导非公有制经济发展",标志着中国共产党对非公有制经济认识的不断深化。

另一方面,改革开放后在如何看待新的社会阶层,特别是私营企业主的政治和社会属性问题上,社会上曾有过不同的认识,有的说是劳动者,也有的说是剥削者,更有人说是新生的资产阶级。中国共产党在对私营企业主等新的社会阶层政治和社会属性问题认识上,一方面坚持马克思主义基本观点,另一方面又大胆解放思想、实事求是,采取具体阶层具体分析的方法,逐步形成了对新的社会阶层的科学认识。明确指出,私营企业主等新的社会阶层"都是中国特色社会主义事业的建设者"的科学论断。鲜明体现了时代特征,准确反映了私营企业主等新的社会阶层的客观实际,已经被实践证明是完全正确的马克思主义的科学论断。

新的社会阶层是中国特色社会主义事业建设者的论断,是中国特色社会主义理论体系的重要内容,是对马列主义、毛泽东思想的重大发展。这个论断继承发展了马克思主义的阶级分析方法,为科学分析我国现阶段各种社会力量提供了崭新的观念。这个科学论断的提出,对巩固发展新世纪最广泛的爱国统一战线,全面推进中国特色社会主义伟大事业,必将产生重大而深远影响,具有重大的理论意义和现实意义。

今年是改革开放 30 周年,福建作为最早实行改革开放的省份之一,经历了全方位、多层次、宽领域改革开放的洗礼,积累了许多成功的经验。福建作为改革开放先行地区,一直以来就是非公有制经济发展和新的社会阶层人士创业的沃土。2004 年,福建省委提出建设"海峡西岸经济区",目前已成为中央决策和国家战略的重要组成部分。2007年,福建省又提出"把海峡西岸经济区建设成为科学发展的先行区、两岸人民交流合作的先行区"的新目标,再次受到了海内外的广泛关注。所以我建议与会的专家学者在围绕改革开放与新的社会阶层这个主题研讨的同时,与福建的同行们共同探讨"海峡西岸经济区建设",为"海西建设、海西先行"建言献策。把海峡西岸建设成为两岸经贸和人民交流合作的先行区,缩小闽台在经济发展上的差距,成为推动两岸和平发展的重要载体。

同志们,这次"改革开放与新的社会阶层"论坛是统一战线与新的社会阶层理论研究的一次重要会议。2006年7月,中共中央召开了第20次全国统战工作会议,胡锦涛同志发表了重要讲话,会后中共中央下发了《关于巩固和壮大新世纪新阶段统一战线的意见》的15号文件。胡锦涛同志的重要讲话和中共中央15号文件的一个重要精神,是加强新的社会阶层人士的统战工作。去年10月召开的中共第十七次全国代表大会,明确提出要鼓励新的社会阶层人士积极投身于中国特色社会主义建设。这些都充分体现了中央对新的社会阶层人士的关怀和重视。

理论是制定政策的依据,理论来自实践,理论又指导实践。今天我们隆重纪念改革开放30周年,就是要以党的十七大和全国统战工作会议精神为指导,深入研究现阶段我国新的社会阶层的基本状况、政治和社会属性,探讨开展新的社会阶层人士统战工作的思路和方法,从而加强这方面的理论建设,这不仅是我们这次论坛的主题,同时也是全国社会主义学院教学和科研的重要内容。社会主义学院作为统一战线的人才培育基地、理论研究基地、党的方针政策宣传基地,要始终坚持把统一战线更好地围绕中心、服务大局作为教育培训的重要内容。今天到会的都是各方面的专家学者，这些问题相信在今天的会议中能够得到深入的探讨并取得成果。衷心感谢福建社会主义学院为这次会议的召开所做的工作和努力！

弘扬抗震救灾精神
推进公民道德建设[*]

（2008 年 10 月 18 日）

为纪念《公民道德建设实施纲要》印发 7 周年，中宣部会同有关方面举办第五届中国公民道德论坛，学习贯彻胡锦涛总书记 10 月 8 日在全国抗震救灾总结表彰大会上的重要讲话，就弘扬伟大的抗震救灾精神，推进公民道德建设进行交流、研讨，具有非常重要的意义。

中共中央印发《公民道德建设实施纲要》（以下简称《纲要》）7 年来，特别是 2003 年将每年 9 月 20 日确定为"公民道德宣传日"后，各级国家机关、各民主党派、各社会团体非常重视《纲要》的学习、宣传和贯彻，形成了社会各界关心、支持和参与公民道德建设的良好局面，公民道德建设呈现出扎实推进、蓬勃发展的喜人态势，得到各个方面的肯定，受到人民群众的欢迎。公民道德建设取得显著成效与中宣部和中央有关部门大量行之有效的工作是分不开的。刘云山同志每次公民道德论坛都

---

[*] 这是何鲁丽同志 2008 年 10 月 18 日在第五届中国公民道德论坛上的讲话，发表于《团结》杂志 2008 年第 5 期。

亲自到会发表重要讲话或专门发来贺信，这次又亲自到会发表重要讲话，对深入学习贯彻胡锦涛总书记 10 月 8 日在全国抗震救灾总结表彰大会上的重要讲话精神提出明确要求，对新形势下加强和改进公民道德建设工作作出重点部署，充分体现了刘云山同志对公民道德建设工作的关心与重视。我们要认真地学习好、贯彻好刘云山同志的重要讲话，推动公民道德建设向纵深发展。

四川汶川特大地震是新中国成立以来破坏性最强、波及范围最广、救灾难度最大的一次地震。面对突如其来的特大地震灾害，全党全军全国各族人民在以胡锦涛同志为总书记的党中央坚强领导下，紧急行动，迎难而上，团结协作，顽强奋战，奋勇夺取了抗震救灾斗争的重大胜利。

我们看到，在这一历史性大灾难、大救援中，在满目疮痍的废墟上，呈现出一幅幅气壮山河的抗震救灾画卷、一幕幕感天动地的万众一心景象、一曲曲惊天地泣鬼神的英雄颂歌，中华民族精神得以凝聚、得以升华。6 月 30 日，胡锦涛总书记在抗震救灾先进基层党组织和优秀共产党员代表座谈会上，将这次抗震救灾所体现的精神概括为"万众一心、众志成城，不畏艰险、百折不挠，以人为本、尊重科学的伟大抗震救灾精神"。这是对抗震救灾实践中所体现的中华民族伟大抗震救灾精神的高度概括、科学阐述和准确定位，具有重要的理论和实践意义。

伟大的抗震救灾精神是中华民族精神在当代中国的集中体现和新的发展。中华民族在漫长的历史发展中，虽历经磨难，却愈挫愈奋，始终自强不息，巍然屹立于世界民族之林，根本原因就在于在长期历史上形成了一种顶天立地的民族精神。这种伟大的民族精神具有强烈的感召力、持久的凝聚力和巨大的向心力，与时俱进，历久而弥新。新中国成立以来，这种民族精神同社会主义制度结合在一起，焕发出更加旺盛的生命力，支撑着我们战胜各种艰难险阻、惊涛骇浪，经受住各种严峻考验，取得了举世瞩目的伟大成就。伟大的抗震救灾精神是中华民族不屈不挠，奋发向上的精神在特大自然灾害面前的又一次集中迸发和闪光。

伟大的抗震救灾精神，也是社会主义核心价值体系建设成果的突出体现。以胡锦涛同志为总书记的党中央高度重视社会主义核心价值体系建设，中共十六届六中全会通过的《中共中央关于构建社会主义和谐社会若干重大问题的决定》，第一次明确提出了"建设社会主义核心价值体系"这个重大命题和战略任务。几年来，社会主义核心价值体系建设取得了可喜进展，对凝聚全国人民的理想追求，以昂扬的斗志建设小康社会，发挥了不可替代的作用。这次伟大的抗震救灾斗争，充分显示了社会主义核心价值体系的强大生命力和巨大作用，有力促进了社会主义核心价值体系的传播，是一次社会主义核心价值体系的生动实践，是社会主义道德的新的发展，无愧为社会主义道德建设伟大的新成果。

回顾抗震救灾斗争所取得的胜利，我们看到，伟大的抗震救灾精神，是激励我们全面建设小康社会、开创中国特色社会主义事业新局面的强大精神力量，是我们前进道路上弥足珍贵的精神财富，应该认真总结、积极宣传、大力弘扬，使之转化为艰苦奋斗、重建家园的坚定意志，转化为推动经济社会又好又快发展的强大力量。从公民道德建设的角度，宣传和弘扬抗震救灾精神，我认为要做好以下几方面工作：

第一，要大力宣传抗震救灾中的典型人物，以具体、鲜活、生动的典型形象，阐释抗震救灾精神的实质和内涵。

要充分利用报刊、广播、电视、互联网、手机短信等多种媒体，通过新闻宣传、文艺作品、公益广告和举办展览等多种方式，广泛宣传抗震救灾的感人事迹，特别是先进典型的事迹。抗震救灾模范是时代的先锋、社会的楷模。在这次抗震救灾斗争中，人民解放军指战员、武警部队官兵、民兵预备役人员和公安民警以最快速度奔赴抗震救灾第一线，他们临危不惧，顽强奋战，争分夺秒解救被困群众，发挥了主力军和突击队的重大作用；灾区党组织和党员干部高高举起党的旗帜，以身作则、冲锋在前，连续作战、勇于牺牲，自觉担当抗震救灾重任，团结带领群众开展自救，以实际行动做出了表率，展现出顽强的战斗力和强大的凝聚力；全国各地数以万计的志愿者不计报酬、不怕困难、不远万里，纷纷奔赴灾区，有的甚至不惜举债前往，为抗震救灾作出了无私奉献；社会各界、广大群众踊跃捐款、捐物、义演、义卖、献血、出力，竭尽所能表达了对灾区人民深切的关爱……抗震救灾斗争中各行各业涌现出许许多多英雄模范集体和模范人物，反映了改革开放 30 年、《公民道德建设实施纲要》颁布实施 7 年来公民道德建设取得的丰硕成果。

前一段时间，有关部门在全国范围内先后开展了抗震救灾英模评选表彰活动、抗震救灾英雄少年评选表彰活动和《万众一心　众志成城》抗震救灾主题展览等，通过运用榜样的力量，引领社会风尚，使评选表彰活动成为加强公民道德建设的有效抓手，推动了全社会文明程度和道德水平的进一步提高。

第二，要重视把抗震救灾精神转化为全面建设小康社会、构建社会主义和谐社会的实际行动。

要将抗震救灾精神化为自力更生、艰苦奋斗、重建家园的坚定意志。当前，抗震救灾斗争已取得重大胜利，但灾后恢复重建是一项十分艰巨的任务，与最初阶段的生死大营救相比，它延续的时间更长，需要克服的困难更多。这就要求我们继续弘扬抗震救灾精神，把政府推动和社会力量结合起来，把灾后恢复重建和公民道德建设结合起来，同甘共苦、同舟共济、共渡难关，尽快恢复和改善受灾地区人民的生产和生活，为灾区人民重建美好的家园。

要使抗震救灾精神变为推动科学发展、促进社会和谐的强大力量。推动科学发展、促进社会和谐，同样需要彰显以人为本、人民至上的真挚感情，万众一心、众志成城的强大合力，不畏艰险、百折不挠的顽强意志，一方有难、八方支援的集体主义精神，自力更生、艰苦奋斗的优良传统。面对经济社会发展中存在的突出矛盾和问题，我们要坚决贯彻落实中共中央的决策部署，一手抓灾后重建工作、一手抓经济社会发展，确保科学发展、社会和谐目标的实现。

第三，要开展抗震救灾精神的研究，把公民道德建设不断推向深入。

弘扬抗震救灾精神，使这份宝贵的精神资源在公民道德建设中充分发挥作用，重要的一点，是要认真研究与探讨抗震救灾精神及其与公民道德建设、社会主义核心价值体系的关系，把公民道德建设不断推向深入。

1. 进一步对抗震救灾精神进行提炼、概括，将其内涵融入社会主义核心价值体系建设之中，使之成为公民道德建设的有机组成部分。社会主义核心价值体系的基本内容及其要求，与抗震救灾精神是高度契合的。人民利益高于一切，这一社会主义核心价值的崇高追求，是团结全党全国各族人民将抗震救灾斗争进行到底的精神纽带和强大动力。这次抗震救灾始终坚持以人为本，人民生命高于一切、重于一切、先于一切，体现了马克思主义的核心理念；这次抗震救灾集中表现了全国人民万众一心、众志成城的气概，高扬了中国特色社会主义凝聚人心、动员人民的伟大旗帜；这次抗震救灾空前激发了以爱国主义为核心的民族精神和以改革创新为核心的时代精神，向全世界展现了中华民族的崭新风貌；这次抗震救灾高度褒扬社会主义道德风尚，是与非、对与错、好与坏、高与卑、荣与辱，在公众、舆论、媒体的聚焦下，得出了明确的判断。抗震救灾过程中，既涌现出大量的正面事迹，也将一些亟待解决的道德困惑摆在我们面前。在对抗震救灾精神进行提炼、概括过程中，要充分探讨，让广大群众从中实现自我教育和自我提高，推进人们道德品质的升华。

2. 加强在青少年中弘扬抗震救灾精神、进行道德教育的研究。青少年是祖国的未来，民族的希望。党和国家历来重视青少年的道德教育。《公民道德建设实施纲要》针对青少年身心成长的特点，积极探索新世纪新阶段青少年思想道德建设的规律，教育和引导青少年树立中国特色社会主义的理想信念和正确的世界观、人生观、价值观。2004 年 2 月，中共中央、国务院颁发了《关于进一步加强和改进未成年人思想道德建设的若干意见》。目前，中央文明办又颁发了《全国未成年人思想道德建设工作测评体系（试行）》。这是我国第一个评价与考核未成年人思想道德建设工作成效的指标体系，它的颁发试行，将为评价考核各地开展未成年人思想道德建设工作的情况提供基本依据，有利于推进未成年人思想道德建设工作科学化、规范化、制度化。据悉，中央文明办即将依据该测评体系组织开展全国范围的"未成年人思想道德建设"工作测评。建议该测评工作应结合各地实际情况，开展针对性研究，将抗震救灾精神相关内容纳入青少年思想道德建设的考评范围。

四川汶川地震发生后，广大"80后"、"90后"青少年，热血沸腾、激情迸发，尽心尽责、默默奉献，是抗震救灾队伍中引人注目的力量。为了表彰抗震救灾中的少年英雄，中央文明办、教育部、共青团中央联合评选"抗震救灾英雄少年"，得到全社会的高度关注和积极参与，反响良好。我想，除了评比表彰活动外，还要探讨如何才能充分发挥抗震救灾斗争对青少年道德教育的示范作用。学校是对青少年进行思想道德教育的主渠道。要把弘扬抗震救灾精神作为思想道德建设极为重要的任务，纳入中小学教育的全过程。上海九年级新生新学期开学所使用的二期课改新教材中，引入了汶川大地震的有关材料，要求学生收集关于汶川大地震的公益广告，为经历灾难的人们送去一份关爱。这类好的做法，值得各地借鉴和大力推广。

对青少年进行思想道德教育，要坚持贴近实际、贴近生活、贴近青少年的原则，在增强时代感、加强针对性上下功夫。既要遵循思想道德建设的普遍规律，又要适应青少年身心成长的特点和接受能力，从他们的思想实际和生活实际出发，深入浅出，寓教于乐，循序渐进。多用鲜活通俗的语言、生动典型的事例、喜闻乐见的形式，用疏导的方法、参与的方法、讨论的方法，增强工作的针对性和实效性，增强吸引力和感染力。要充分考虑青少年成长进步的需求，精心策划选题，创作、编辑、出版并积极推荐一批知识性、趣味性、科学性强的图书、报刊、音像制品和电子出版物等产品。日前，由中央文明办、教育部、共青团中央、全国妇联主办的"抗震救灾英雄少年"颁奖晚会《英雄少年》光碟与中央文明办组织编写的《抗震救灾英雄少年》一书被免费赠送给各地中小学校，这为广大青少年学习抗震救灾精神提供了生动的素材。这类做法，应该坚持下去。

3. 各民主党派要积极行动起来，为弘扬抗震救灾精神发挥积极作用。四川汶川地震发生后，各民主党派中央和地方组织、广大民主党派成员积极响应中共中央、国务院的号召，踊跃投身到抗震救灾中，并围绕抗震救灾履行职能，作出了自己应有的贡献，表现出与中国共产党风雨同舟、患难与共的坚定信念，与中国共产党和衷共济、肝胆相照的诤友情怀。各党派在大灾大难面前的这种高度协同，体现了中国特色政党制度的优越性，也是各民主党派开展政治交接继承老一辈光荣传统、共建中国特色社会主义事业的重要体现。

现在，抗震救灾工作已经进入到灾后重建阶段。各民主党派应该发挥自身的智力密集、人才密集优势，特别是发动党派各专门委员会和所属报刊、网站等舆论宣传工具，就抗震救灾精神与公民道德建设和社会主义核心价值体系建设的关系展开深入调研，并通过参政议政、民主监督等渠道，使调查研究成果充分发挥社会效益，实现最大价值。

同志们，汶川大地震可以令山川移位、建筑损毁，但摧毁不了神州大地绵延五千年的中华文明，更阻挡不了中华民族自强不息的前进步伐。多难兴邦。灾难只会更加坚定中国人民昂扬向上的士气。我坚信，在中国共产党的坚强领导下，全国人民团结奋斗，一定能够克服各种各样的困难，一定能够实现全面建设小康社会的奋斗目标，一定能够把我们的国家建设成为富强民主文明和谐的社会主义现代化国家。

光美大姐的情怀 *

王光美[1]是一位伟大的女性。她的经历曲折、坎坷、辉煌……在认识光美大姐之前，我心里对她就已经十分敬重。虽然我的年龄小大姐十多岁，但她所经历过的那段动荡曲折的历史，我亦深有体会。在国难当头的岁月，她跟随少奇主席戎马南北，为革命事业无私地奉献了自己的青春、才华和智慧。在那个是非颠倒、黑白混淆的年代里，她矢志不渝地坚守对革命、对人民、对家庭的忠贞与信仰。这种忠贞、坚韧和做人的胸怀气度，让我敬佩，是我学习的榜样。光美大姐身上，我既看到母性的伟大，也看到人性的光辉，更看到她追求真理、忘我无私的精神境界与情怀。我敬重这样的女性，非常敬重。

我与妇女工作有缘，与中国人口福利基金会有缘，也与光美大姐有缘。1999 年，当中国人口福利基金会提出选举我担任会长时，我欣然允诺。这不仅是支持我国的人口事业，也是受到光美大姐的感召——在她古稀之龄，以瘦弱之躯挑起了救助贫困母

* 原载黄峥、郭家宽主编：《圣洁的思念——缅怀王光美》，中央文献出版社 2011 年版。

亲的重任。我打心里佩服这样了不起的女性，也愿意与她共事、为贫困母亲们作点贡献。

当上了基金会会长后，我和大姐见面的机会就多了起来。大姐平易近人，每次见面她都拉着我的手问长问短。她关心的是我的工作，我的健康，叮嘱得很细致很周到，总有说不完的话，而说的最多的是"幸福工程"，这是为全国贫困母亲提供帮助的一项公益事业。全称是"幸福工程救助贫困母亲行动"，其组委会设在人口福利基金会。记得有一次见面后，大姐拉我一坐下就说起她去"幸福工程"项目点的感受。她说，我们生活在大城市，远离农村，远离百姓，大家以为老百姓的日子都好过了，其实不然。我没想到还有那么多的穷人，她们真的很苦，尤其是贫困母亲们，她们天天干农活不说，回到家里还要照顾孩子丈夫，伺候公婆。咱们得帮她们，不然我睡不着觉呀。我看"幸福工程"这种救助模式就很好。大姐在说的时候我就不由自主地看着她，常常被她的大爱之心所感染。

中国人口福利基金会的公益项目和活动都很多，所以我与大姐常有交流机会，也有很多的话题。大姐任幸福工程全国组委会主任，可是亲力亲为，全情投入的。用她的话说就是要干就是实的，挂名的我不干。"幸福工程"1995年2月创立伊始，大姐就参与其中。从"幸福工程"模式论证，到救助对象的确定；从组委会成员的邀请，到创立仪式的环节，大姐都一一过问，从不含糊。"幸福工程"也是一项慈善事业，大姐很看重这一公益品牌的名声。所以，大姐在资金管理，项目执行等方面对工作人员也有着严格的要求。她也常跟我说，老百姓挣点钱不容易，收入也不高，能把钱捐给我们就是对我们的信任，我们必须把这些钱管好、用好。大姐不仅大力宣传"幸福工程",呼吁社会各界参与,她多次自己捐赠,还把母亲留给她的珍贵古代瓷器拍卖,所得资金全部捐给了"幸福工程"组委会,并且拒绝了组委会建议用王光美名义设立项目点。在她的言传身教下,她的儿孙辈也纷纷向"幸福工程"捐款。有一年春节后,她的小孙子把压岁钱以匿名的方式捐给"幸福工程"。谈到1995年10月去陕西大荔县的感受,她说,我看到当地老百姓吃的饭、住的房,心里真不是滋味儿呀。外面下大雨,屋里下小雨。揭开锅盖里面就是野菜掺的粗玉米面,就这样他们还说挺好的,比过去强多了。每每谈到这些,大姐都神情凝重,若有所思,总觉得她有操不完的心。

但她自己却从不诉苦,从不埋怨。我经常在想,她经历过那么多的不公与苦难,可怎么就连一句牢骚都没有呢?别的不说,单就十二年的铁窗生涯就不是一般人所能承受与释怀的,何况她的特殊身份。她的胸怀究竟有多么的宽广啊!她经历无数磨难,却那么仁慈善良,从不提及自己的不幸,但当面对贫困母亲的苦难境遇时,她感同身受,并倾囊相助。光美大姐倡导的"小额资助,直接到人,滚动运作,劳动脱贫"的救助模式,深受贫困地区的欢迎。得到"幸福工程"救助的贫困母亲,在一两年内,通过养殖、编织加工、种植水果、蔬菜等多种形式的劳动,摆脱了贫困,孩子上学、老人赡养也都慢慢好了起来。特别是妇女的家庭地位、经济地位和社会地位明显提高。很多昔日愁容满面的母亲,谈及被救助后的生活变化,无不热泪盈眶,激动万分,同时充满了自信和坚强。光美大姐是一位不平凡的母亲,一位经历过大风大浪仍能保持淡然处之的伟大母亲。大姐身上的优秀品质很多,但我觉得最让我欣赏的是她的平民意识和亲民风格。爱民如己，我想这是群众、同事爱戴她的原因之一吧。

后来我到巴基斯坦访问，在伊斯兰堡参观了各国领导人植树的园林，看到少奇主席和光美大姐植树的纪念牌和树，这棵树经过培植长势很好。我让秘书把树和纪念牌拍照下来，回国后转给了光美大姐。大姐看了十分高兴，认为很珍贵。

2006 年，得知大姐病重，几经要求，医生允许我进病房看望大姐，那天正巧是大姐 85 岁生日。没想到这是我们最后一次见面。

2006 年 10 月，光美大姐与我们分别了。这是一个损失！我们失去了一位好大姐，一位好朋友。大姐把她的晚年都奉献给了"幸福工程"，奉献给了贫困母亲。大姐谢世后的第七天，中国人口福利基金会和幸福工程组委会在人民大会堂为大姐举行了追思会。来自全国各地的"幸福工程"工作者、受到"幸福工程"救助的母亲代表以及在京的各界代表，分别以自己的亲身经历回顾了大姐的点滴关爱。11 月 17 日晚，基金会举行了"光美之夜"慈善晚宴，再次纪念这位令人尊敬的伟大女性。当大姐的儿子刘源上台代表刘家子女把妈妈最后一笔遗存 15 万元捐赠给"幸福工程"时，全场嘉宾长时间鼓掌致敬。我听得出来，这掌声里包含有多少对大姐的敬仰与爱戴，也包含有多少对大姐的眷恋与怀念。作为大姐的同事，我被这种气氛深深地感动了。

光美大姐的一生风雨兼程，曲折动人，却能秉持高贵品性，淡泊无华，终归于大爱。她常说"我们是跟人民在一起"。若不是凭借对党的事业的执着、对信仰的固守、对人民的热爱，若不是坚信"历史由人民来书写"、坚信正义的力量胜于强权，光美大姐怎会在遭受命运的不公之后，以惊人的韧劲，满腔的热情，投入到公益事业，为党为人民尽心竭力，作出如此大的贡献！这是一个老共产党员最朴素和最高尚的风骨，也是一位伟大母亲最善良、最质朴的人生表达。今天，"幸福工程"在全国各地，特别是西部地区广泛展开，取得了很大发展。到 2010 年底，"幸福工程"已经开展了 15 年，在 29 个省、自治区、直辖市的 599 个县（市）实施过"幸福工程"项目救助，累计投入资金 7.3 亿元人民币。救助贫困母亲 23.87 万人，惠及人口 108 万人，脱贫率达到 85% 以上，还款率 90% 以上，成为我国治穷、扶贫的一项工程。"幸福工程"还为受助母亲做健康体检 160 万人次，治疗妇科病 57.6 万人次；举办以提高受助者劳动技能、文化知识为目的的各类培训班 17122 期；向基层免费发放医疗器材和药品等物资价值 1973 万元。2008 年"幸福工程"公益项目被评为"最具影响力的慈善项目"，也是中国人口福利基金会获得"先进民间组织"称号的重要原因之一。

我从心里对光美大姐由衷地敬仰，谨以这篇短小的文章表示深切的怀念！

注　释

〔1〕 王光美（1921—2006），北京人，曾名董朴。刘少奇夫人。1945 年毕业于辅仁大学理科研究所，获理学硕士学位。1946 年任北平军事调处执行部中共方面翻译。同年赴延安，任中央军委外事组翻译。1948 年加入中国共产党。新中国成立后，在中共中央办公厅工作，任刘少奇秘书。"文革"中遭受严重迫害。1979 年后任中国社会科学院外事局长、全国妇联第三届执行委员。1995 年后为"幸福工程——救助贫困母亲行动"多方奔走，曾荣获"中华人口奖"荣誉奖。

致第二十三届国际科学与和平周的开幕词

（2011 年 11 月 12 日）

今年是不平凡的一年，纪念中国共产党建党九十周年以及辛亥革命一百周年是中国人民政治生活中的重大事件。辛亥革命开启了中国前所未有的社会变革。中国共产党的成立是中华民族发展史上的重要里程碑。从此，中国人民踏上了争取民族独立、人民解放的光明道路，开启了实现国家富强的壮丽征程。今年又是"十二五"规划的开局之年。"十二五"规划则为未来五年我国经济社会发展描绘了宏伟的蓝图，是全国各族人民共同的行动纲领。在此重要时刻，我们响应联合国的号召，举办国际科学与和平周活动，旨在弘扬科学精神，促进世界和平，推动社会发展，具有十分重要的现实意义。

当前，国际形势继续发生深刻而复杂的变化。在总体和平的大背景下，各种不稳定、不确定因素增多，发展问题更加严重。世界经济复苏脆弱，国际金融市场动荡，可持续发展任务艰巨。局部冲突时有发生，恐怖主义、极端气候、频发的自然灾害，粮食与饥馑等问题困扰着世界，西亚、北非局势持续动荡，社会秩序混乱，公众人身安全难以保障，给当地人民带来巨大的灾难。

世界需要和平，人民需要安宁。实现世界持久和平、共同繁荣，还任重而道远。

十三亿中国人民在中国共产党的领导下，在中国特色社会主义伟大旗帜的指引下，满怀信心地走向中华民族的伟大复兴。今天，一个生机盎然的社会主义中国已经巍然屹立在世界的东方。

我国在和平环境中的稳定发展以及回顾近代遭受战乱和贫穷的惨痛经历，中国人民深切地感到和平之珍贵、发展之迫切，深信只有和平稳定才能实现人民安居乐业，只有改革发展才能使经济、社会持续发展，实现人民丰衣足食。中国将始终不渝地走和平发展的道路，在坚持和平发展的同时，致力于维护世界和平，积极促进各国共同繁荣发展。爱好和平、讲信修睦是中华文明主要的传统，走和平发展道路，是中国政府和人民继承中华文化的优秀传统、根据时代发展潮流和中国根本利益做出的战略抉择。我们一定要高举和平、发展、合作的旗帜，通过中国自己的发展维护世界和平，与各国人民一道建设和谐的世界。

科学技术是生产力，当今科学技术突飞猛进，让科学技术更好地促进人类的文明和进步，应用于和平目的，是我国发展科学技术的方向。在庆贺 11 月 3 日神八和天宫一号交会对接成功时，我们看到的是中国在探索和平利用太空资源的道路上迈出的新步伐，中国将为促进人类科技进步，造福人类的崇高事业作出应有的贡献。

今天，我们在这里隆重举行第二十三届国际科学与和平周开幕式，并启动相应的系列活动，就是为了表达我们对促进世界和平的坚定信念和对科学促进社会发展的执着追求，表明中国人民对联合国活动的重视与支持。在过去的二十三年中，中国坚持不懈地举办国际科学与和平周活动，充分表明中国人民是热爱和平的人民，中国人民是维护世界和平的重要力量。

五、促进祖国和平统一

坚持一个中国原则　反对分裂、反对"台独"*

（1996 年 3 月 1 日）

　　目前，我国的统一大业正处在十分重要的时刻。随着香港、澳门回归祖国日益临近，台湾问题显得更加突出，引起全国人民的高度关注。去年年初，江泽民主席发表了《为促进祖国统一大业的完成而继续奋斗》的重要讲话，就现阶段发展两岸关系、推进祖国和平统一进程提出了八点看法和主张，为两岸关系的发展注入了新的活力，受到了海内外中国人的普遍赞扬和广泛支持，人们希望由此进一步开创两岸关系的新局面。

　　但是，以李登辉为首的台湾当局则完全相反。他们一方面对江泽民主席的八点主张避重就轻，敷衍了事，根本没有诚意作出他们许诺过的"善意的反应"；另一方面加紧进行分裂祖国的活动，甚至勾结外国反华势力，制造了李登辉访美，公开在国际场合鼓吹"两个中国"的严重事件。这样，就使本来发展势头良好的两岸关系出现了严重的挫折和倒退。"台湾独立"这股政治

---

　　* 这是何鲁丽同志代表民革中央在全国政协八届四次会议上的发言，刊于《团结报》1996 年 3 月 9 日。

逆流也由于李登辉的直接介入和公开操纵而变为现实的危险。中国政府和中国人民对此当然不能坐视，及时采取了坚决的对策，这完全是正义的，符合国家民族根本利益的。只要台湾当局分裂祖国的活动一天不停止，中国人民反对分裂、反对台独的斗争就一天不会停止。这场分裂与反分裂、"台独"与反"台独"斗争的焦点，是坚持还是破坏一个中国的根本原则。江泽民主席在重要讲话中曾经开宗明义地指出，坚持一个中国的根本原则，是实现两岸和平统一的基础和前提。今年1月，在江泽民主席重要讲话发表一周年之际，李鹏总理重申了这个原则立场。坚持一个中国，就是坚持世界上只有一个中国，台湾是中国领土不可分割的一部分；坚持中国主权和领土的完整，决不容许分割；坚持中华人民共和国政府是代表中国的唯一合法政府，台湾是中国的一个省份；坚持台湾问题纯属中国内政，外国不得干涉。在一个中国的原则下，两岸之间一切问题都可以商量；背离了这个原则，一切都无从谈起。"和平统一、一国两制"的方针，就是以一个中国为出发点和归宿的。

以李登辉为代表的台湾当局，把一个中国的原则看成是他们搞分裂、搞"台独"的最大障碍，不惜伪造历史，散布谬论，挑拨两岸关系，离间两岸人民，甚至依仗外国反华势力，妄图使台湾问题"国际化"，以达到否定一个中国的目的。结果，不但无法改变一个中国的事实，反而使他"假统真独"的真实面目暴露无遗。他在美国康乃尔大学的演讲中，闭口不提一个中国，固然出于他制造"两个中国"的需要，但是从中也反映出他不敢正视这个根本原则的虚弱的内心世界。

时至今日，李登辉还在岛内紧锣密鼓地准备上演所谓"'总统'直选"的闹剧，妄图利用台湾领导人产生方式的变更，加深两岸隔阂，改变台湾问题的性质。为分裂祖国、策划"台湾独立"披上"合法"的外衣。针对这个图谋，李鹏总理严正地指出，"无论台湾领导人产生方式如何改变，都改变不了台湾是中国领土一部分的事实，改变不了台湾领导人只是中国一个地区领导人的事实。国家的主权属于该国全体人民。包括台、澎、金、马地区在内的全中国的主权，属于包括台湾同胞在内的全体十二亿多中国人民，而绝不属于台湾某一部分人，也绝不允许由台湾某一部分人来改变。""任何外国反华势力若以此为借口，干涉中国内政，支持'台湾独立'，也必将受到中国政府和全体中国人民的坚决反对。把台湾同胞的利益同中华民族的整体利益对立起来的任何图谋，都注定要失败的。"

李登辉的倒行逆施，既损害了国家民族的根本利益，又给台湾岛内造成严重影响，社会动荡、人心不安、经济不振、股市低迷。最近，我们注意到，台湾舆论呼吁在一个中国原则下发展务实的两岸关系，这反映了台湾同胞的共同要求，也证明了李登辉的所作所为在岛内越来越不得人心。历史的潮流是不可阻挡的，人民的愿望是不可违背的。如果李登辉再不悬崖勒马，而是一意孤行，沿着危险的道路走下去，结局将是不言而喻的。李登辉下一步究竟如何动作，我们将拭目以待。

民革愿意向台湾国民党人再进一言。统一祖国，是包括台湾同胞在内的全国人民的共同愿望，也是伟大的民主主义革命先行者、中国国民党的创始人孙中山先生的遗愿。他曾经说过："统一是中国全体国民的希望。能够统一，全国人民便享福；不能统一，便要受害。"这是中国历史经验的总结，语重心长，至今发人深省。台湾国民党内，不乏有识之士，希望他们不忘孙中山先生的遗教，以民族大义为重，审时度势，作出明智的抉择，勇敢地站到爱国和统一的旗帜下来，同包括台湾同胞在内的全国人民一道，为反对分裂，反对"台独"，发展两岸关系，促进和平统一而贡献力量。

中华民族有着爱国的光荣传统和强大的凝聚力。不管在通向祖国统一的道路上还有多少困难和障碍，只要两岸人民在一个中国的原则下携起手来，共同奋斗，就完全有信心在不远的将来完成这一神圣的历史使命。

观看大型电视文献片
《邓小平》有感*

（1997 年 1 月 20 日）

大型电视文献片《邓小平》是一部高屋建瓴、气势磅礴、震撼人心的作品。作品通过一位伟大人物的战斗历程反映了一个伟大的时代。许多历史性的镜头，如今重温起来，更加感到亲切、难忘。

片头引用了邓小平同志的两句话：我是中国人民的儿子。我深情地爱着我的祖国和人民。我认为这两句话是这部文献片的中心思想。小平同志从青年时代起，就把自己的一切贡献给祖国和人民。他急祖国之所急，想人民之所想，置个人的安危得失于不顾，数十年如一日，始终不渝。这种崇高的精神，贯穿了整部文献片，生动地反映了一位伟大的爱国主义者、共产主义者的坚强意志和博大胸怀，为我们树立了光辉的典范。

我国人民世世代代梦寐以求的理想，一是国家的独立，二是国家的富强。前一个理想，在以毛主席为核心的中共中央领导下，经过长期的艰苦斗争，已经胜利地实现了。当时小平同志作

---

* 这是何鲁丽同志在中共中央统战部召开的民主党派座谈会上的发言。

为中央的领导成员，也建立了不可磨灭的功勋。后一个理想，在以小平同志为核心的中共中央领导下，找到了建设有中国特色社会主义的正确道路，正在逐步实现。文献片如实地反映了我国革命和建设的历史进程，记述了小平同志的伟大历史功绩，使我们更加深切地感到胜利的来之不易，更加加深了对邓小平建设有中国特色社会主义理论的理解，更加坚定了在以江泽民同志为核心的中共中央领导下为实现跨世纪宏伟目标而奋斗的信心和决心。

小平同志从理论和实践结合上对统一战线的巩固和发展作出了重大的贡献，爱国统一战线能够出现今天这样蓬勃发展的新局面，应当归功于小平同志。这在我们民主党派来说，感受特别深切。文献片摘录这方面的一些镜头，引起了我们许多回忆，同时也激励我们坚持中国共产党领导的多党合作和政治协商制度，更好地发挥参政党的职能，为巩固和发展最广泛的爱国统一战线，加强社会主义民主和法制建设，维护安定团结的政治局面，推进改革开放和两个文明建设作出更多的贡献。

文献片翔实地记录了"一个国家、两种制度"这一伟大构想的形成过程，这是小平同志对实现祖国统一大业的历史性贡献。特别是小平同志同撒切尔夫人的谈话，义正词严，表达了中国人民维护主权和领土完整的原则立场，看了以后，再一次感到无比自豪。现在，香港将于今年回归，澳门也已回归有期，台湾形势也正朝着有利于祖国统一的方向发展。这一切，证明了"一国两制"构想的强大生命力。只要我们坚持下去，多做工作，台湾问题的解决，祖国统一大业的最终完成，是一定能够实现的。

　　看了这部文献片，受益匪浅，感想很多。建议将这部文献片作为爱国主义和社会主义的教材，广泛放映，做到家喻户晓，鼓舞全国人民为创造美好的未来而团结奋斗。

继承小平遗志 实现祖国统一大业

（1997 年 2 月）

　　敬爱的小平同志走了，他亲切的笑容，谆谆的教导，殷切的希望和统一祖国的夙愿留给了我们。今天，怀念小平同志，回忆他对爱国统一战线的指示和文章，我感慨万分，追思万千。

　　小平同志早在 1983 年 6 月 26 日会见美国新泽西州西东大学教授杨力宇时，就全面阐述了中国共产党关于实现台湾与祖国和平统一的方针、原则及途径，把"一个国家、两种制度"的科学构想在解决台湾问题、实现和平统一中具体化。1984 年 5 月，全国人大正式通过了国务院政府工作报告提出的"一国两制"构想。从此"一国两制"就作为中国实现祖国和平统一的基本国策确立下来。而后，小平同志关于"一国两制"的重要文章和讲话，全面系统地阐述了这一构想的形成和发展，明确提出"一国两制"的核心和实质，是祖国统一。凡是中华民族的子孙，都希望中国统一，分裂是违背民族意志的。中国的统一是全中国人民的愿望，一百年不统一，一千年也要统一的。只有一个中国，台湾是中国的一部分，不能有什么"两个中国"或"一中一台"。1984 年 7 月 31 日，在会见英国外交大臣杰弗里·豪时，小平同志进一步阐述了"一国两制"科学构想的形成、能够行得通的原因及其国际意义。他指出，解决台湾、香港问题可以有两种方式，一种是非和平方式，一种是和平方式。非和平方式，或者说用武力解决问题，总是不好的，最好的办法就是一切从实际出发，尊重事实，尊重实际，保存香港和台湾的资本主义制度，而在大陆范围坚持实行社会主义制度，这就是"一个国家，两种制度"。按照这一构想，实现海峡两岸统一后，在一个国家范围内，台湾享有高度的自治权，这不仅符合台湾同胞关于民主和自治的要求，并且层次更高，内涵更广，意义更深，完全能使台湾人民真正实现当家作主的夙愿，民革同台湾有关各界有着比较广泛的联系，一直以促进台湾与祖国统一为奋斗目标，在实践中，我们深刻体会到：正是根据"和平统一、一国两制"的基本方针，以及一系列实事求是的政策和措施，促进了两岸民间交流不断扩大，两岸经济关系日益密切，推动了两岸同胞加深了解、增进感情，建立起积极发展两岸关系以最终实现和平统一的最大共识。事实说明："一国两制"是能够行得通的，而且会在国际上引起很好的反映。

小平同志"一国两制"的科学构想，是建设有中国特色社会主义理论的重要组成部分，是一个伟大的创造。"一国两制"解决一个国家的统一问题，是对马克思主义国家学说的创造性发展，充分体现了小平同志在坚定的原则性基础上所表现出来的高度灵活性和充分尊重现实的科学态度，体现了革命伟人的深邃智慧和博大胸怀，也表达了中国共产党和中国政府争取实现祖国和平统一的最大诚意。"一国两制"得到了中国各族人民包括台湾同胞、港澳同胞的广泛支持和坚决拥护。

小平同志的"一国两制"科学构想，是从实际出发，实事求是思想路线的科学结晶。是尊重实际，尊重实践，运用辩证唯物论的世界观和方法论，客观地面对台湾、香港、澳门的资本主义制度，不回避中国主体社会主义制度与台湾、香港、澳门资本主义制度在本质上的区别，在牢牢把握一个中国的总原则下，以无产阶级政治家非凡胆略和宏大气魄，高瞻远瞩，提出了前无古人的伟大创见。"从世界历史来看，有哪个政府制定过我们这么开明的政策？从资本主义历史看，从西方国家看，有哪个国家这么做过？我们采取'一个国家，两种制度'的办法解决香港问题，不是一时的感情冲动，也不是玩弄手法，完全是从实际出发的，是充分照顾到香港的历史和现实情况的。"当年小平同志这些铿锵有力的话语至今回响在我的耳边。

小平同志"一国两制"的构想是针对台湾问题提出来的，首先在解决香港、澳门问题上获得了成功的实践。1997、1999年，我国将相继恢复对香港和澳门行使主权。江泽民主席前年发表的《为促进祖国统一大业的完成而继续奋斗》的重要讲话，精辟地阐述了小平同志的思想精髓，提出了解决台湾问题切实可行的八项主张。我们深信，台湾问题最终必将解决，祖国统一大业的前景是无限光明的。

小平同志创立的"一国两制"科学构想，是对中国和平统一事业的极大贡献，也为世界其他国家解决历史遗留问题树立了范例，在人类和平进步历史上树立起了一座不朽的丰碑。

抚今追昔，我们难以忘却小平同志为祖国统一大业倾注的心血。小平同志走了，但"一国两制"作为他所留下的巨大遗产的一部分，已成为中华民族的宝贵财富。我们民革一向把促进祖国统一作为自己的工作重点，今后一定要全面深入地贯彻小平同志"一国两制"的构想和江泽民主席的八项主张，进一步发挥优势，继续开展与台湾同胞的联谊工作，积极推动海峡两岸直接"三通"和在经济、文化等领域的交往与合作。坚决反对任何制造"两个中国"、"一中一台"和"台湾独立"的图谋。我们要更加努力推动祖国和平统一进程，以实际行动深切悼念敬爱的小平同志。

一九九七年春节对台广播讲话

（1997 年 2 月）

在农历丁丑年新春佳节来临之际，我谨向台湾同胞和在台的亲友们致以节日的祝贺，衷心祝愿你们新春愉快，身体健康，家庭幸福，万事如意！

过去的一年，我们国家的改革开放和现代化建设事业继续前进。农业获得了大丰收，工业生产进一步增长，市场繁荣，物价稳定，人民生活又有了明显的改善。"九五"计划开局很好。我国的国际地位日益提高，在国际事务中发挥着越来越重要的作用。今天的神州大地，洋溢着一派兴旺发达、政通人和的盛世气象。我们的国家前途无量。

过去的一年，祖国统一大业也取得了重要的进展。香港回归的准备工作一步步就绪。澳门的过渡正在顺利进行。台湾海峡两岸的形势，继续朝着有利于统一的方向发展。国家要统一，民族要团结，这是大势所趋，人心所向，是任何力量都阻挡不住的。

新的一年，举国关心、举世瞩目的一件大事，就是我国恢复对香港行使主权。这标志着香港沦为殖民地一百多年的历史终于宣告结束，鸦片战争使我国蒙受的屈辱终于得以洗刷。这是中华民族的一件大喜事，是历史性的胜利。海内外所有中华儿女都会感到扬眉吐气、无比自豪。同时，香港的回归，有力地证明"和平统一、一国两制"方针是完全正确的。它在一个中国的前提下，尊重历史和现实，兼顾各方面的利益，是实现祖国统一大业的唯一途径。

随着今年香港及 1999 年澳门的回归，解决台湾问题完成祖国统一大业将更加突出地摆在全国人民面前。两年前，江泽民主席发表了《为促进祖国统一大业的完成而继续奋斗》的重要讲话，提出了发展两岸关系，推进祖国现阶段统一进程的八项主张。两年来的事实证明，江泽民主席这一重要讲话对推进两岸关系的发展和促进祖国和平统一进程产生了深远的影响。台湾同胞富于爱国传统，一向对祖国怀有深厚的感情。历史上，台湾同胞为了反对日本帝国主义的殖民统治、维护祖国主权和领土的完整，曾经进行了长期的不屈不挠的斗争，许多爱国志士为此献出了自己宝贵的生命，为中华民族的解放事业作出了不可磨灭的贡献。今天，为了祖国统一，台湾同胞也一定能够发扬爱国的光荣传统，担负起自己的历史责任。台湾问题是中国的内政，应当由中国人民自己来解决，不允许外人插手。现在，台湾当局某些人倚仗外国反华势力，仍在推行制造"两个中国"、"一中一台"的图谋，并在两岸关系上设置种种障碍，妄图把台湾从祖国分裂出去，这是我国人民绝对不能容忍的。我们衷心希望，台湾同胞提高警惕，识破他们的险恶用心，坚持一个中国的原则，为反对分裂，反对"台独"，发展两岸关系，推动"三通"，促进祖国统一大业而努力。我们两岸人民要携起手来，共同奋斗，为早日实现祖国的和平统一作出贡献！

爱国与革命的一生 *

（1997 年 4 月 23 日）

　　廖仲恺[1]先生是广东惠阳人。1877 年 4 月 23 日出生于美国加利福尼亚的旧金山，1925 年 8 月 20 日在广州被帝国主义者和国民党右派指使的暴徒暗杀。廖仲恺的名字是同中国近现代史密切联系在一起的。他在二十多年的革命生涯中为中华民族的独立、人民的民主和国家的富强，进行了不屈不挠的奋斗，直至献出宝贵的生命，他所建树的丰功伟绩赢得了全国人民的崇敬和赞扬。

　　廖仲恺先生是伟大的爱国主义者。他的父亲廖竹宾是一位热爱祖国的华侨，廖仲恺先生幼年就受到要热爱自己的祖国的教育。廖仲恺先生 16 岁时回到了灾难深重的祖国。那个时候，在帝国主义列强的侵略欺凌和封建势力的腐朽统治下，中国已沦为半殖民地和半封建社会。为了寻求救国救民的真理，他在夫人何香凝女士的资助下，于 1902 年秋东渡日本留学。1903 年，他同他的战友和伴侣何香凝在日本拜见孙中山先生，聆听教诲，从而

---

　　* 这是何鲁丽同志 1997 年 4 月 23 日在纪念廖仲恺先生诞辰一百二十周年暨仲恺农业技术学院建校七十周年大会上的讲话节录。

踏上了民主革命的道路，积极为推翻清廷、创立共和国而英勇斗争。辛亥革命的果实被袁世凯窃取之后，廖仲恺先生积极追随孙中山先生，参与了二次革命反袁护国和两次护法运动，尤其是在第二次护法运动中，由于新军阀陈炯明的叛变而身陷囹圄，备受折磨。然而，即使处于逆境中，他始终无私无畏，英勇斗争。

十月革命开创了人类历史的新纪元，在共产国际和中国共产党的帮助下，孙中山先生把旧三民主义发展为新三民主义，确立了联俄、联共、扶助农工的三大政策。廖仲恺先生紧随历史潮流，积极响应时代的召唤，勇敢地同国民党右派分子作坚决的斗争，他排除重重阻力，做了大量的具体组织工作，协助孙中山先生促成了第一次国共合作，并为此作出了杰出贡献。

廖仲恺先生从爱国走向革命，又在革命过程中不断总结经验教训，不断超越自我，从而使自己的思想不断升华。在漫长的革命生涯中，廖仲恺先生逐渐认识到反封建主义必须与反对帝国主义紧密地结合起来。他认为："在殖民地半殖民地的国民革命运动，对内要打倒官僚军阀及一切反动力量，对外要抵抗帝国主义的重重压迫"。深刻分析帝国主义政治侵略与经济侵略的关系。认为帝国主义的侵略"不但是政治上的侵略，还有经济上的侵略；不只行使政治上的支配，而且并行使经济上的支配"。他指出，外国强加给中国的不平等条约，是中国的致命所在，因为"条约束缚的结果，便是经济的损失"，使"外国人吸收吾国人民之脂膏"。基于此，廖仲恺先生明确提出"一定要打销不平等之条约"，"我们若要实现三民主义，要先打倒帝国主义才可达到目的"。

廖仲恺先生在理论方面勇于进行探索的同时，努力付诸革命实践，为推动工农运动发展，作出了很大贡献。1925年6月，省港大罢工爆发，掀起了声势浩大的反帝风暴。廖仲恺先生应邀担任省港大罢工顾问。他在尽力解决罢工工人的伙食、住宿等经济问题的同时，还在百忙之中抽空给罢工工人做政治报告，对工人阶级的罢工斗争给予热情支持和赞扬，为全国工农运动作出了贡献。

由此可见，廖仲恺先生的爱国主义思想是从旧三民主义飞跃到新三民主义并具有更加丰富的内涵，达到了他政治生涯的高峰，成为当时中国资产阶级革命的先驱者。

廖仲恺先生的一生是革命的、战斗的一生，他以"富贵不能淫，贫贱不能移，威武不能屈"为自己一生的座右铭。他长期担任国民党中央的财政司长、部长，清正廉洁，两袖清风，堪称楷模。他在反对帝国主义、反对封建主义的斗争中，英勇无畏，视死如归，鞠躬尽瘁！

廖仲恺先生是我国最早参与社会主义理论探索者之一。尤其是他的直接民权思想和经济思想，是一笔宝贵的精神财富，今天对我们仍有一定的借鉴意义。

同志们，朋友们！今年也是仲恺农业技术学院建校七十周年。仲恺农业技术学院的前身仲恺农工学校，是孙中山先生扶助农工政策的产物，也是国共合作的产物。从筹办伊始，就得到国共两党知名人士的热情支持。几经磨难，历尽沧桑。新中国成立，揭开了仲恺农工学校校史的新篇章。为了更好地纪念廖仲恺先生，同时也为广东省的经济发展培养高级农业人才，根据前国家副主席王震将军的建议，1984年8月，中央批准将仲恺农业学校改为仲恺农业技术学院。十三年来，在广东省政府和省高教

厅的领导下，学院不断发展提高、人才济济，最近又通过了国家
教委本科教学工作的评审。我们相信，仲恺农业技术学院全体师
生一定会继承和发扬廖仲恺先生的爱国主义精神，同心同德，努
力学习，辛勤耕耘，把这所学院办得更好。

注　释

〔1〕廖仲恺（1877—1925），中国民主革命家。原名恩煦，又名夷白，广
　　东归善（今惠州）人，生于美国旧金山。1893 年回国，1897 年与何
　　香凝结婚。1902 年赴日本早稻田大学和中央大学读书。1905 年加入
　　同盟会。辛亥革命后，任广东军政府总参议兼理财政。1919 年 8 月
　　和朱执信等在上海创办《建设》杂志，阐发孙中山的政治主张。
　　1921 年任广东省财政厅长。1923 年后任孙中山大元帅府财政部长、
　　广东省省长，协助孙中山改组国民党。国共合作后兼任国民党工人
　　部长、农民部长，黄埔军校党代表，国民革命军总党代表。是国民
　　党中央执行委员会常委。孙中山逝世后，继续执行联俄、联共、扶
　　助农工的三大政策，1925 年 8 月 20 日在广州被国民党右派暗杀。

喜迎香港回归祖国怀抱[*]

（1997 年 6 月 21 日）

我们民革全体党员，同全国人民一样，怀着无比振奋和自豪的心情，迎接香港回到祖国的怀抱。

香港回归祖国，是我国的一件历史性的大事。它标志着中华民族百年耻辱得以彻底湔雪，标志着邓小平同志提出的"一国两制"构想在香港获得巨大的成功，香港从此揭开了历史的新页，标志着祖国和平统一大业向前迈出了重要的一步。

香港问题，一直牵动着全国人民和全世界所有中华儿女的心。香港是清政府在鸦片战争战败、被迫签订第一个不平等条约《南京条约》后被英国侵占的，而中国遭受帝国主义侵略沦为半殖民地半封建国家，也正是从鸦片战争开始的。这段屈辱的历史，给中国人民造成的深重创伤，是刻骨铭心、无时或忘的。现在，香港回归祖国的日子终于来到了。这不仅洗尽了百年屈辱，实现了几代人梦寐以求的愿望，维护了国家主权和领土的完整，而且极大地振奋了民族精神，增强了民族凝聚力，激励了全国人民更加热爱自己的祖国，更加坚定建设有中国特色社会主义、完

＊ 这是何鲁丽同志在民革中央举办的迎香港回归座谈会上的讲话。

成祖国统一大业的信心和决心。

在迎接香港回归的时候，我们回顾香港百年沧桑的历史，深深感到香港的命运是同祖国的命运紧密联结在一起的。在旧中国，国家贫弱，人民苦难，反动统治者腐败无能，在帝国主义武装侵略面前一再丧权辱国，割地赔款，香港就是这样被侵占的。为了反抗侵略，湔雪国耻，中国人民不顾反动统治者的阻挠和破坏，进行了艰苦卓绝、不屈不挠的斗争，作出了巨大的民族牺牲。但是，当时国家依然处在被压迫受屈辱的境地，人民不能当家作主，斗争难以取得胜利。孙中山先生为此奋斗了四十年，最后也有感于"革命尚未成功"临终前把"求中国之自由平等"和"废除不平等条约"写进遗嘱，寄希望于后人。可见，国家的命运没有根本改变，一切都无从谈起。落后就要挨打，弱国无外交，这是深刻的历史教训。

中国共产党领导的人民革命的伟大胜利，从根本上改变了中国的命运。中国人民从此站起来了。一个独立自主的新中国屹立于世界的东方，这就为洗雪国耻、重振国威创造了根本前提。早在建国之初，我国政府就已严正声明不承认帝国主义强加于中国的一切不平等条约，并且表示将在适当时候解决香港问题。建国以来，我国的面貌发生了巨大而深刻的变化。特别是中共十一届三中全会以来，在邓小平建设有中国特色社会主义理论和"一个中心、两个基本点"的基本路线指引下，我国改革开放和社会主义现代化建设取得了举世瞩目的成就，综合国力显著增长，国际声望日益提高，在国际事务中发挥越来越重要的作用。这一切，为最终解决香港问题提供了适当的时机和有利的条件。经过中英之间的谈判，香港终于回归祖国。如果不是我国的强大，要恢复对香港行使主权是不可想象的。胜利来之不易。我们一定要全力维护国家的独立自主，巩固和发展安定团结的政治局面，不断增强综合国力，保持祖国长期稳定繁荣，保持香港长期稳定繁荣，共创更加美好的未来。

在迎接香港回归的历史时刻，我们更加深切怀念敬爱的邓小平同志。香港回归祖国，是邓小平同志"一个国家、两种制度"的科学构想的成功实践。这个构想，在解决香港问题的过程中起到了关键作用。邓小平同志以伟大的无产阶级革命家的博大胸怀和远见卓识提出的"一国两制"的构想，是一个伟大的创造。它是实事求是、一切从实际出发的思想路线的产物，是高度原则性和灵活性相结合的典型，是马克思主义国家学说的创造性发展。这个构想的前提是一个国家，即只有一个中国，香港同澳门、台湾一样，是中国领土神圣不可分割的一部分。这是关系到国家主权和领土完整的根本原则问题，是必须坚持而不可以谈判的。在这个前提下，考虑到历史和现实情况，照顾到各方的利益，同意香港回归后成为中国的一个特别行政区，在一定时间内保持资本主义制度，即香港现行的社会、经济制度不变，生活方式不变，原有的法律基本不变，实行港人治港，高度自治，表现了很大的灵活性。事实证明，这个构想是合情合理，切实可行的。它的成功实践，保证了中英之间通过和平谈判解决历史遗留问题，保证了香港的平稳过渡和政权的顺利交接，保证了香港回归后的长期稳定繁荣。同时，促进了1999年澳门的回归，为解决台湾问题，最终完成祖国统一大业开辟了广阔的前景，也为和平解决国与国之间的问题树立了光辉的范例，因而获得海内外中华儿女的普遍拥护，受到国际舆论的广泛赞扬。邓小平同志虽然不及亲眼看到香港回归这一天，但是他为解决香港问题所建立的历史功勋将彪炳史册，永垂千秋。他的"一国两制"构想在祖国和平统一的进程中将越来越显示出强大的生命力。

香港回归后的重要任务，就是坚持"一国两制"构想，贯彻执行基本法，保持香港长期稳定繁荣。这不仅是香港同胞的责任，也是全国人民的责任。我们民革作为中国共产党领导的多党合作中的一个参政党，应当认真学习基本法，自觉遵守基本法，为香港的稳定繁荣作出应有的贡献。

"一国两制"构想在香港的成功实践，必将对台湾产生重大的影响。这个构想，作为实现和平统一的唯一正确途径，正在得到越来越多的台湾同胞和国民党内有识之士的理解和支持。形势日益朝着有利于统一的方向发展。台湾只有同祖国统一，才有光明的前途。我们再次敦劝台湾当局，以民族大义为重，遵循孙中山先生的遗教，顺应历史潮流和人民愿望，放弃制造"两个中国"、"一中一台"的图谋，回到正确的道路上来，为发展两岸关系，推进统一大业多做一些实事，否则，是不会有出路的。我们民革将一如既往，为促进祖国和平统一进行不懈的努力。

当前，随着香港回归即将来临，中华大地正在出现一个波澜壮阔的爱国主义热潮，这是推动历史前进的伟大动力。它必将极大地鼓舞全国人民高举邓小平建设有中国特色社会主义理论的伟大旗帜，更加紧密地团结在以江泽民同志为核心的中共中央周围，坚持"一个中心、两个基本点"的基本路线，再接再厉，积极进取，推进改革开放和两个文明建设，为统一祖国、振兴中华而努力奋斗。

百年盛世　历史新章[*]
——写在香港回归第一日

（1997 年 7 月 1 日）

一九九七年七月一日零时，香港会议展览中心，雄壮的中华人民共和国国歌高高奏响，鲜艳的五星红旗冉冉升起，我双眼溢满泪水，肃立向国旗致敬。国旗之旁，香港特别行政区紫荆花区旗相随徐徐升起，我心情万分激动，香港终于回归祖国怀抱。

江泽民主席以洪亮的声音向全世界宣告：中华人民共和国政府今天对香港恢复行使主权了！香港的新纪元开始了！4000 多人的会场内响起了暴风雨般经久不息的掌声。我的思绪随着阵阵掌声起伏，心潮在激越的群情中澎湃。一个半世纪的风云在脑海中闪过，只有中国共产党领导人民建立了新中国，中华民族才真正以独立自主的姿态巍然屹立于世界民族之林。邓小平同志创立了建设有中国特色的社会主义理论，改革开放使中华振兴、富强，国际地位日益提高。邓小平同志又以超凡的政治智慧，提出了"一个国家、两种制度"的伟大构想，使我国人民的这个百

---

[*] 何鲁丽同志时为中央政府代表团成员，赴香港出席回归仪式。本文发表于《团结报》。

年期盼得以实现，殖民统治今夜尽，百年屈辱一朝雪。香港回归了！

　　凌晨一时三十分，中华人民共和国香港特别行政区成立暨特别行政区政府宣誓就职仪式开始。江泽民主席健步走向主席台，以铿锵有力的声音庄严宣布："中华人民共和国香港特别行政区成立！"雷鸣般的掌声响彻会场，香港迈入了新纪元。行政长官董建华宣誓就职，李鹏总理监督并作重要讲话。在此起彼伏的掌声中，我想到：此时此刻，长城内外，大江南北，亿万人民都在欢歌劲舞庆回归；此时此刻，世界各地，华夏儿女都在锣鼓喧天庆回归；不夜的香港，600万人民激动不已庆回归。五星红旗升香港，千秋盛典彻夜歌，香港回归了！

　　香港下着雨，仿佛洗刷着百年耻辱，又仿佛浇灌着回归的土地。雨时急时缓，但香港同胞欢庆回归的热情不减，缤纷的庆祝活动高潮迭起。从人们绽开的笑脸中，从艺术家们激昂的歌声、奔放的舞姿中，从手挚国旗和香港区旗的少年儿童队伍中，我深切感悟到香港同胞发自内心的喜悦和主人翁的自豪；感悟到香港同胞一定会把香港的明天建设得更好的信心和能力。

　　江泽民主席率领高规格的具有广泛代表性的代表团出席香港回归庆典活动，体现了中国对香港回归的高度重视。代表团既包括了党政军领导，也包括了各党派、各团体的代表，足以体现中华民族大团结的意义。我有幸代表民革参加这一历史盛事，是民革全体成员的光荣和自豪，也说明了中共中央对民主党派作用的重视。近半个世纪前，毛泽东主席曾率领各民主党派和无党派爱国人士登上天安门城楼，出席新中国开国大典；今天，江泽民主席又率领有各民主党派和无党派爱国人士参加的代表团同赴香港，出席回归庆典。中国共产党和中央人民政府实现香港回归的决心和所采取的各项方针政策，代表了全国各族人民、各民主党派和所有爱国人士的意志，因而得到了最广泛的拥护和支持。今天，伟大的时代召唤着我们，宏伟的事业激励着我们，民革作为参政党，要与中国共产党肝胆相照，荣辱与共，豪情满怀地参加社会主义祖国的建设；要紧密地团结在以江泽民同志为核心的中共中央周围，坚持以邓小平建设有中国特色社会主义理论为指导，为完成祖国统一大业，实现中华民族的全面振兴而继续努力。

　　飞机的舷窗外，蓝天、白云，一片阳光灿烂。我重读江泽民主席在香港回归庆典大会上的讲话，祖国统一大业的辉煌前景正展现在我们的面前。我敬请江泽民主席在他的讲话上签字，他欣然应允，并写下"一九九七年七月一日喜迎香港回归返京途中"。这份讲话是我亲身经历香港回归百年盛事活动中最珍贵的纪念。

　　我衷心地为香港祝福，香港的明天会更美好！

"一国两制"是实现祖国统一的
最佳途径*

——热烈庆祝澳门回归祖国

（1999 年 12 月 1 日）

再过几天，澳门将回到祖国怀抱，就像久别归来的游子，即将跨入祖国温暖的家门。全体中国人民都在翘首等待澳门政权交接那一激动人心的时刻到来。

澳门的回归，是继香港回归之后中华民族发展史上的又一盛事。它标志着西方对中国进行殖民统治的历史彻底结束，澳门同胞从此成为祖国这块土地上的真正主人；也标志着邓小平同志"一国两制"伟大构想的又一次成功实践，我国统一大业进入一个新的历史阶段。澳门回归祖国，必将极大地激发起全国人民的爱国热情，鼓舞全体中国人民为实现祖国的完全统一和繁荣富强而努力奋斗。

澳门回归祖国之后将根据《澳门基本法》实行"一国两制"、"澳人治澳"。

高度自治，澳门的稳定与繁荣将得到可靠保证，澳门与内地

---

* 原载 1999 年 12 月 1 日《人民日报》。

的经济、文化联系将进一步加强，促进共同发展，澳门的明天一定会更加美好。

在迎接澳门回归的喜庆日子里，我们更加思念台湾同胞，热切盼望海峡两岸亲人能够早日团圆。台湾与祖国大陆的分离状态是人为形成的，过去的历史恩怨应当随着岁月的流逝而消失，两岸分离状态不应再继续下去了。台湾问题是中国人自己的事情，自己的事情由我们自己来解决。

香港和澳门回归的事实充分证明，"一国两制"是实现祖国和平统一的最科学、最合理的方案，也是解决台湾问题的最佳选择。按照"一国两制"方针实现两岸和平统一，既维持了台湾的现状，符合台湾人民的愿望，也符合祖国大陆人民的根本利益，而且台湾人民还可以与祖国大陆人民一起，共享伟大祖国在国际上的尊严和荣誉，台湾可以得到更大的生存空间和发展空间，台湾的繁荣和稳定可以进一步得到保持。然而，这一合理方案不仅未被台湾当局所接受，相反李登辉却冒天下之大不韪，公然抛出"两个中国"的谬论，企图否定一个中国原则，把台湾从中国永远分离出去。李登辉的倒行逆施恶化了两岸关系，为祖国和平统一进程设置了严重障碍，理所当然要遭到全体中国人民的严厉谴责和反对。李登辉一天不收回"两国论"，我们就一天不停止斗争。任何危害国家和民族利益的行为都是不得人心的，必然要遭到可耻的失败。

实现祖国和平统一是全体中国人民的共同心愿，是历史的潮流，任何力量也不能阻挡。孙中山先生曾经说过："赞成统一是吾友，反对统一是吾敌。"我们要牢记孙中山先生的遗教，联合海内外一切爱国力量，调动一切积极因素，共同为完成祖国统一大业贡献力量。我们坚信，随着澳门的回归，全国人民要求实现祖国完全统一的愿望将会更加迫切，台湾问题不能无限期拖延下去，两岸人民团圆的日子不会太遥远。

就台湾地区产生新的领导人
发表的声明

（2000 年 3 月 20 日）

中国国民党革命委员会全体同志坚决赞成和支持我国政府就台湾地区产生新的领导人所发表的声明，我们坚决拥护一个中国的原则。实现祖国和平统一是所有华夏儿女的共同心愿，也是民革始终为之奋斗的目标，我们坚决反对任何形式的台湾独立，坚决反对外国干涉。我们郑重呼吁台湾新产生的领导人认清形势，转变立场，真正从台湾同胞的福祉和两岸人民的根本利益出发，尽快坐到两岸和平统一的谈判桌上来。同时我们也殷切希望与台湾岛内一切赞成祖国统一的党派团体加强联系，共同促进两岸关系的稳定和发展，为早日实现祖国统一大业贡献力量。

在会见欧洲侨领促进中国和平统一访问团时的讲话

（2001 年 2 月 15 日）

　　欧洲侨领以和平统一为主题统一组团到国内访问，据我了解还是首次。广大海外侨胞是反对分裂、促进祖国统一的重要力量，长期以来在祖国统一大业中做了很多工作。在座各位侨领为此付出了不少汗水和心血。

　　解决台湾问题，我们一贯的基本方针是"和平统一、一国两制"，一个中国的原则是实现和平统一的基础和前提。1979 年 1 月 1 日，全国人大常委会发表了《告台湾同胞书》，指出"台湾当局一贯坚持一个中国的立场，反对台湾独立。这就是我们共同的立场，合作的基础"。江泽民主席在 1995 年 1 月发表发展两岸关系、推进祖国和平统一进程的八项主张时，明确指出："坚持一个中国的原则，是实现和平统一的基础和前提。"2000 年 3 月，国务院台湾事务办公室和国务院新闻办公室发表了《一个中国的原则与台湾问题》白皮书，再次强调一个中国的原则是实现和平统一的基础和前提。

　　居住在海外的华侨华人对祖国的统一大业非常关注。进入 21 世纪，台湾问题仍未解决，民族仍未团圆，国家尚未完全统一，这不能不令世界各地的华夏儿女感到痛心；海外的中华儿女，也迫切希望祖国能够完全统一，希望有一个富强、统一的祖国作为他们的强大后盾。2000 年《一个中国的原则与台湾问题》白皮书发表后，广大海外侨胞纷纷以举行座谈会、演讲会，发表声明等多种形式，强烈谴责"两个中国"、"一中一台"和"台湾独立"的图谋，抨击"台独"路线，坚决拥护中国政府坚持一个中国的原则立场，支持中国政府为维护国家主权和领土完整采取的一切措施，表现出了极大的爱国主义热情。据不完全统计，全球目前已有 35 个国家或地区成立了 57 个致力于推进中国和平统一、反对"台独"的民间团体，在欧洲各国就有 20 多个"和平统一促进会"，表明了广大华夏子孙对祖国统一的热切期盼。

"和平统一、一国两制"的方针，符合包括台湾同胞、海外侨胞在内的全体中国人民的最大利益，是解决台湾问题的最好办法。台湾岛内有极少数人散布分裂祖国的种种谬论，对"和平统一、一国两制"的政策也进行歪曲，使许多台湾同胞对我们"和平统一、一国两制"的方针不了解或存有误解。我们希望广大海外侨胞继续关注祖国和平统一大业，促进两岸经贸合作，促进两岸人员往来与交流，促进两岸沟通与理解；继续关注祖国大陆经济社会的发展，进一步加深对祖国的了解，向台湾人民介绍祖国大陆改革和发展的真实情况，以自己的亲身体会驳斥台湾岛内极少数人散布的分裂祖国的种种谬论。海外侨胞要进一步加强团结，增进共识，只要主张一个中国的原则，反对分裂，都是一家人，都应当为实现中华民族的伟大复兴作出自己的贡献。

虽然台湾岛内有些人不断为两岸关系的改善和发展制造障碍，但是两岸人民的交流是隔不断的。探亲、访友、旅游的人数逐年在增加，文化交流的规模在扩大，经济联系也日益密切。祖国大陆一向重视保护台湾同胞在大陆的权益。1994 年 3 月，八届全国人大常委会第 6 次会议通过了《台湾同胞投资保护法》。1995 年，八届人大常委会又组织了对该法的执法检查。切实有效地保护了台胞投资者的合法权益，进一步改善了投资环境，保障了台资企业能够正常开展生产经营活动，促进了台商继续来大陆投资，受到台商的普遍欢迎。

去年 11 月，全国人大常委会举行了《归侨侨眷权益保护法》实施十周年的座谈会。该法自 1990 年颁布实施以来，对保护归侨侨眷的合法权益，调动归侨侨眷和海外侨胞的积极性等方面发挥了很好的作用。去年 10 月，九届全国人大常委会第 18 次会议通过了关于修改《归侨侨眷权益保护法》的决定，对这部法律进行了适当的修改，使这部法律更加适应新形势下的侨务工作，更加有利于保护归侨侨眷的权益。

在座的各位侨胞与全国人大华侨委员会长期以来保持着联系，希望你们对侨务工作、对台工作以及法制建设多提出意见和建议。

致连战先生的贺电

（2001 年 7 月 31 日）

中国国民党中央委员会连战主席：

欣悉先生再次当选为中国国民党中央委员会主席，特电致贺！

贵党第十六届代表大会继续坚持反对"台独"、追求国家统一，对此我党表示支持和赞赏。我党将与贵党一同秉承中山先生的精神，以岛内民众的福祉和中华民族的振兴为己任，为国家之完全统一作出积极的贡献。

中国国民党革命委员会中央委员会主席　何鲁丽

2001 年 7 月 31 日

在会见第六届台湾和平小天使
访问团时的谈话 *

（2001 年 8 月 23 日）

　　21 世纪是充满希望与憧憬的新时代。在新世纪的第一年，第六届台湾和平小天使访问团的小天使们和大天使们顺利抵达山东和北京访问，将这项有利于两岸青少年交流的活动继续往前推进。在这里，我们表示热烈的欢迎！

　　访问团刚刚结束了在山东的行程，相信热情好客的山东人民和精妙淳厚的齐鲁文化给各位留下了深刻的印象。访问团的第二站是北京，北京是一座历史文化名城，也是我们的政治、文化中心。在北京的参访除了有利于对中华传统文化的进一步了解外，小天使们也将看到这座蓬勃发展的现代国际大都市的迷人风采。北京已成功申办 2008 年奥运会，相信到 2008 年奥运会举办时，北京将会以崭新的面貌出现。我们也非常希望各位乡亲、各位小天使届时能到北京来。

　　两岸小天使交流是一件很有意义的活动。两岸小朋友在交流

---

　　* 这是何鲁丽同志在北京接见第六届台湾和平小天使访问团时发表的谈话。

中流露出深厚的同胞情和民族爱，体现了海峡两岸血浓于水的血脉渊源，这同时也是我们中华民族继往开来、开拓进取、实现伟大复兴的动力所在。我们衷心希望两岸小天使互访交流活动在新世纪里能继续有一个良好的发展。

我知道每届两岸和平小天使交流活动结束时，小朋友们彼此都依依不舍，他们不愿意承受朋友间长久的分离和相见的艰难。因此，我们需要加倍的努力，消除两岸关系发展的阻碍，增进两岸的交流与沟通，为实现祖国统一大业，为孩子们创造早日相见、方便相见的条件。

唁张学良逝世电[*]

（2001 年 10 月 15 日）

张学良将军亲属：

惊悉张学良将军仙逝，悲痛无已，谨电致唁。

张学良将军是我国历史上著名的爱国将领和民族英雄。65 年前，日本帝国主义在强占我东北三省后，又加紧进攻华北，妄图占领全中国。在民族危亡之紧急关头，张学良、杨虎城两将军出于民族大义，不顾个人安危，毅然发动了震惊中外的"西安事变"，呼吁停止内战，主张联共抗日，促成了第二次国共合作，实现了全国人民要求结束内战、共御外侮的愿望。张将军当年的爱国义举，永为后人颂扬，被誉为中华民族的千古功臣。

在以后的数十年中，张将军虽身处羁境，但仍心系祖国的统一和富强，情萦中华民族的繁荣昌盛。他的爱国精神和高尚情操，永远值得我们敬佩和学习。

将军生前未能亲睹两岸统一，国人亦无不为此深感痛惜。我们将依循"和平统一、一国两制"方针和江泽民主席的八项主张，团结海内外所有中华儿女，携手努力，促成台湾问题早日解

---

* 原载 2001 年 10 月 17 日《人民日报》。

决，以实现祖国统一和民族复兴的伟绩，告慰于张将军在天之灵。

张学良将军的英名将永垂史册！

中国国民党革命委员会中央委员会主席　何鲁丽

在接见香港中华历史文化
教育交流团时的讲话

（2002 年 8 月 2 日）

在香港回归祖国五周年之际，香港中华历史文化教育交流团千里迢迢来到北京，还将奔赴祖国大江南北参观访问，我向你们表示热烈的欢迎！

香港回归祖国五年来，"一国两制"、"港人治港"、高度自治的方针日渐深入人心，得到全面落实。"一国两制"的成功实践，是和内地以及香港市民的共同努力分不开的。香港中华青少年历史文化教育基金组织中华历史文化教育交流团到内地访问，就是一项很有意义的活动，充分体现了董建华先生所提倡的香港市民尤其是青少年"认识祖国历史文化，关心祖国美好未来"的精神。你们通过这次的参观学习，一定会有所收获。

1997 年 7 月 1 日，我国政府对香港恢复行使主权。从此，香港的历史进入了一个新纪元，它标志着中国人民洗雪了香港被侵占的百年国耻，标志着我们在完成祖国统一大业的道路上迈出了重要的一步，这是彪炳中华民族史册的千秋功业，也是世界和平与正义事业的重大胜利。香港回归前，港英的殖民统治割断了香港同胞与祖国大陆的血肉联系，现在香港已经回到祖国怀抱，香港同胞作为祖国大家庭的一员，认识和了解自己祖国的历史文化，增强民族自信心和社会责任感，是非常有意义的。

经过 20 多年的改革开放，我们的祖国取得了举世瞩目的伟大成就。进入新世纪以来，以江泽民主席为核心的第三代中共中央领导集体，审时度势，总揽全局，带领全国各族人民继续开拓前进，在世界经济增长明显减缓的情况下，实现了我国经济较快增长，据初步测算，今年上半年我国经济增长达 7.8%，继续实现快速平稳发展。祖国到处呈现一片新的景象，大事多，喜事多，好戏连台。加入 WTO，标志着我国对外开放进入了一个新的阶段，这也是我国主动参与世界经济、融入世界经济主流重要战略的体现；北京取得 2008 年奥运会主办权，全国人民欢欣鼓舞，极大地增强了中华民族的凝聚力；上海成功地举办了亚太经合组织（APEC）第九次领导人非正式会议，这不仅大大提高了我国的国际地位，并为推动亚太区域合作以及世界的稳定繁荣发展作出了重要贡献，得到了国际社会的高度赞誉。

香港回归祖国五年来，在"一国两制"的原则下，香港与内地的经济、文化联系更加密切，同为中华儿女的内地人民和香港同胞的血肉亲情更加密切了，心贴得更近了，更紧了。你们到内地参观访问，加强了对中华民族五千年文明历史和灿烂文化的认识，加深了对祖国改革开放以来的经济建设、人民生活和文化教育事业的了解，这对你们的成长，对于今后你们用自己的聪明才智，为内地与香港的共同繁荣和发展，为实现祖国的完全统一和中华民族的全面振兴作出应有的贡献，一定会有很大的帮助。

"一国两制"是一项伟大事业，要成就这一伟业，需要内地人民和香港同胞的共同努力。落实"一国两制"，保持香港的长期繁荣和稳定，最终还要靠全体香港同胞尤其是青年一代。青少年代表着未来和希望，香港的希望、祖国的未来寄托在你们身上，振兴中华的宏伟大业召唤着你们，任重而道远。我相信，随着对祖国、对民族的认识和了解的不断加深，你们一定会更加热爱香港、热爱我们的中华民族、热爱我们的祖国，一定能够为创造祖国内地和香港更加美好的明天作出更大的贡献。

唁宋美龄逝世电[*]

（2003 年 10 月 25 日）

　　惊悉宋美龄女士去世，不胜哀悼！特电致唁，并请转致宋美龄女士亲属节哀。

为促进祖国统一而奋斗[*]

（2004 年 1 月 19 日）

中国传统的农历甲申年新春即将到来。佳节前夕，我们在这里召开江泽民同志《为促进祖国统一大业的完成而继续奋斗》重要讲话发表九周年座谈会。

江泽民同志在这一重要讲话中提出了现阶段发展两岸关系、推进祖国和平统一进程的八项主张，创造性地丰富和发展了邓小平同志关于解决台湾问题的基本思想。江泽民同志指出，坚持一个中国原则是和平统一的基础和前提，并就在两岸关系中坚持一个中国原则的立场作了新的阐述；指出要尽最大努力争取和平统一，同时绝不承诺放弃使用武力；提出新的系统的两岸谈判主张，特别是在一个中国前提下分步骤进行两岸谈判、逐步实现和平统一的主张；丰富了更寄希望于台湾人民方针的内涵，提出要大力发展两岸经济合作，加速实现直接"三通"，共同弘扬中华文化的优秀传统，等等。九年来，我们始终坚持一个中国原则，坚持"和平统一、一国两制"基本方针，认真贯彻江泽民同志

---

* 这是何鲁丽同志 2004 年 1 月 19 日在江泽民同志《为促进祖国统一大业的完成而继续奋斗》重要讲话发表九周年座谈会上的发言。

提出的八项主张，加大了推进两岸关系发展的力度，在推动两岸经济合作、加强两岸各领域的交流交往、维护台湾同胞正当权益等方面作了积极的努力，赢得了台湾岛内和港澳、海外拥护中国和平统一的有识之士的理解和赞许，推进了两岸关系发展和中国和平统一的进程。实践证明，江泽民同志提出的八项主张，高瞻远瞩地指明了祖国统一的历史发展趋势，真心诚意地谋划着两岸人民共同的根本利益，合情合理，务实公正，在发展两岸关系和促进祖国统一大业进程中，发挥着巨大的作用，产生了深远的影响，其历史意义和现实意义都是非常深刻的。

在刚刚过去的 2003 年里，祖国大陆为争取两岸关系的和平发展付出了巨大努力，在复杂的台湾局势和国际形势下，始终掌握着两岸关系的主导权。两岸关系的基本格局和发展趋势没有改变。陈水扁上台以来，拒不承认一个中国原则，不断推行其"台独"分裂主张，制造台海危机，用"一边一国"、"台湾正名"、"催生台湾新宪法"、"公投制宪"等一系列"台独"分裂言行肆意破坏两岸关系。他为了一党之私、个人之利，漠视台湾人民求和平、求安定、求发展的意愿，打着和平与民主的旗号，欺骗台湾同胞和国际社会，执意在明年 3 月举行挑衅祖国大陆、制造两岸对立的所谓"公投"，这是对两岸关系的严重破坏。对此，我们坚决反对。我们充分理解并尊重台湾同胞要求当家作主、追求民主的权利，但绝不允许任何人假借民主的名义进行把台湾从中国分割出去的活动。台湾同胞发展民主的愿望，与中华民族的整体利益并不矛盾。陈水扁借民主的名义、利用"公投"的形式，妄图实现其"台独"企图，达到把台湾从中国分割出去的目的，这是非常危险的。对陈水扁假民主、真"台独"的欺骗性、虚伪性、危害性，应该保持清醒的认识。两岸同胞只有共同维护一个和平稳定的局面，才能共同发展，共同繁荣，共同争取一个光辉灿烂的前途。

胡锦涛主席元旦前会见台湾同胞投资企业协会会长时指出：大陆和台湾同属一个中国，中国是我们的共同家园。两岸同胞应共同把我们的家园维护好、建设好、发展好。只要是对台湾同胞来大陆投资经商、兴办实业有利的事情，只要是对两岸经济、科技和文化等领域的交流和合作有利的事情，只要是对两岸关系发展和祖国统一有利的事情，我们都会尽最大努力加以推动。胡锦涛主席表达的是祖国大陆盼望进一步改善两岸关系，为两岸同胞争取利益、创造福祉的诚意。为了两岸同胞的现实切身利益，我们数十年来锲而不舍地推动两岸"三通"，如今两岸人员往来和各项交流的规模不断扩大，"三通"对两岸经济发展和民众权益的重要性和迫切性越来越突出。台湾各界为实现两岸"三通"奔走呼号已久，其情也切，其意也急。祖国大陆为实现两岸直接"三通"一直在进行不懈的努力，做好了一切准备。为了有所突破，我们在具体问题上，讲究务实，尽量灵活。上个月，国务院台湾事务办公室发表了《以民为本，为民谋利，积极务实推进两岸"三通"》的政策说明书，提出由两岸民间行业组织就"三通"问题进行协商，这是在目前两岸关系状况下最切实可行的做法。台湾各界对祖国大陆方面再次显示的诚意普遍认同，而台湾当局坚持以"一边一国"处理"三通"问题，成为实现两岸"三通"的最大障碍。台湾当局完全不理会台湾人民的要求、罔顾台湾人民权益的做法，令台湾人民失望，令两岸同胞扼腕。

21世纪是海峡两岸中国人充满希望的世纪，在和平与发展的世界主旋律中，中国的统一必将实现，但实现的过程还会有波澜起伏，迂回曲折，还会经历挫折和困难。江泽民同志在重要讲话中提出的八项主张是两岸关系良性互动、健康发展的基础，中共十六大报告有关对台工作的论述，是实现祖国和平统一最终目标的指导思想。我们各民主党派、工商联和无党派人士将继续认真贯彻江泽民同志提出的八项主张和中共十六大精神，深入宣传"和平统一、一国两制"基本方针，坚持统一，反对分裂，以与时俱进的精神开展对台工作，积极担负起推动两岸关系、促进祖国统一的神圣职责，为创造中华民族 21 世纪的辉煌而努力奋斗！

就中共中央台办、国务院台办"5·17受权声明"发表谈话

（2004 年 5 月 18 日）

中共中央台办、国务院台办 5 月 17 日受权就当前两岸关系问题发表声明，深刻揭露陈水扁背弃"四不一没有"承诺的虚假嘴脸，旗帜鲜明地表达我们坚持一个中国原则的立场决不妥协，争取和平谈判的努力决不放弃，与台湾同胞共谋两岸和平发展的诚意决不改变，坚决捍卫国家主权和领土完整的意志决不动摇，对"台独"决不容忍的原则立场，为台湾当权者指明了摆在他们面前可供选择的两条道路，警告台湾当权者不要铤而走险，玩火自焚。民革完全拥护和坚决支持我国政府的严正立场，继续为实现祖国和平统一而努力奋斗。

"3·20"台湾地方选举结束后，台湾民众对陈水扁赢得选举的正当性和公平性深为质疑，台湾岛内局势激烈动荡。为了缓解压力，陈水扁又玩起了他一贯用来转移视线、欺骗世人的一手，先是成立了所谓的"两岸和平稳定互动架构小组"，且将拟订所谓"两岸和平发展纲领"，把自己装扮成和平天使，迷惑台湾人民，欺骗国际舆论。

陈水扁以为他释放一些"两岸和平"烟幕弹，就能掩盖其

"台独"阴谋,实在是一厢情愿。自陈水扁 2000 年上台以来,他忽而讲"四不一没有",忽而说他没有做过承诺;忽而表示要开放两岸"三通",忽而又说"三通"威胁台湾安全;忽而叫嚣要发动"对抗中国的圣战",忽而宣称要"建立两岸和平稳定互动架构",翻手为云,覆手为雨,言语颠倒,毫无诚信。如今陈水扁又在讲"两岸和平发展",而我们所见的是,他拒不接受一个中国原则,否认"九二共识",坚持"一边一国论",大搞一系列"去中国化"的"渐进式台独",甚至以"公投制宪"开列"台独"时间表。"台独"没有和平,分裂没有稳定。陈水扁所有这些制造分裂、破坏统一的做法,如何能给两岸关系带来和平和发展呢?

在中国人民面前,没有任何事情比捍卫自己国家的主权和领土完整更为重要、更加神圣,但陈水扁所代表的台湾分裂势力,无视中国人民维护祖国统一的坚强决心,无视台湾人民求和平、求安定、求发展的强烈愿望,不断推进"台独"分裂,肆意挑衅大陆,引发海峡两岸的对抗,制造海峡两岸的危机,其结果只能使两岸同胞陷入灾难,使中华民族蒙受损失,同时,始作俑者也难免覆灭的命运,并永远成为中华民族的罪人。

民革一向以积极推动祖国和平统一为己任,我们与岛内和海外的台湾同胞有着广泛的接触和交流。孙中山先生曾指出:"统一是中国全体国民的希望。能够统一,全国人民便享福;不能统一,便要受害。"我们认为两岸同胞骨肉相亲,血脉相连,由于长期人为隔绝造成的分歧,可以在进一步的交流沟通中逐渐化解。坚持一个中国原则,扩大两岸的各项交流,是促进两岸关系健康发展的最有效途径,也是促进两岸的融合,最终实现祖国和平统一的切实的措施。

中国人民历经百年沧桑，终于迎来了安定发展的大好时机。我们真诚呼吁两岸同胞团结起来，制止"台独"分裂，坚决维护祖国的统一，携手共建共同家园，实现中华民族的伟大复兴！

深切缅怀于右任先生
促进祖国统一早日实现*

（2004 年 11 月 30 日）

今年是于右任[1]先生诞辰 125 周年和逝世 40 周年，也是于右任先生的著名爱国诗作《望大陆》发表 40 周年。

由民革中央、全国政协港澳台侨委员会、中央文史研究馆、中国书法家协会、民革陕西省委员会共同主办，西安于右任故居纪念馆、陕西三原于右任纪念馆与台湾陕西同乡会、台湾于右任文教基金会、台湾于右任书法研究会联合承办的"纪念于右任先生著名爱国诗作《望大陆》发表 40 周年暨于右任先生书法真迹展"今天在北京中国现代文学馆隆重开幕了。

于右任先生是辛亥革命的老人，国民党元老。他追随孙中山先生，一生爱国，风范长存。今天我们纪念这位真诚的爱国者、孙中山先生的追随者，敬仰他拥护孙中山联俄、联共、扶助农工三大政策，赞同国共合作，盼望祖国统一的诚意。

他晚年羁留台湾，始终思念故乡，思念亲友，心系大陆。他

---

* 这是何鲁丽同志 2004 年 11 月 30 日在"纪念于右任先生著名爱国诗作《望大陆》发表 40 周年暨于右任先生书法真迹展"开幕式上的讲话。

深情期望叶落归根，祖国一统，多次留言："我百年后愿葬于玉山或阿里山树木多的高处，可以时时望大陆。我之故乡是中国大陆。"他满怀激情地写下了最后的哀歌《望大陆》："葬我于高山之上兮，望我故乡；故乡不可见兮，永不能忘。葬我于高山之上兮，望我大陆；大陆不可见兮，只有痛哭。天苍苍，野茫茫；山之上，国有殇。"这血泪涌注，情激山河的千古绝唱，令全世界中华儿女，谁能不裂腹恸心。2003 年 3 月 18 日，全国人大十届一次会议闭幕时，新一届国务院总理温家宝同志在会见中外记者时，曾动情地诵读了辛亥革命老人这首哀歌，称其为"震撼中华民族的词句"。

于右任先生还是一位著名的诗人和杰出的书法家，他一生勤奋好学，博学多闻。他的诗文气概雄伟，而书法更是大气磅礴。这次展出的数十幅于右任先生书法真迹，充分展示了于右任先生雄奇豪放的书法艺术，他的草书已成为中国书法艺术的杰作。

今天，我们在这里举行纪念于右任先生著名爱国诗作《望大陆》发表 40 周年暨先生书法真迹展，不能不想到祖国的宝岛台湾，不能不想到台湾的各族人民。和平统一祖国是全国各族人民包括台湾各族人民在内的共同愿望，这是大势所趋，人心所向。

让我们缅怀这位真诚的爱国者——于右任先生。

让我们不懈地努力奋斗，争取祖国统一大业早日实现。

注 释

〔1〕于右任（1879—1964），陕西三原人，原名伯循。清末举人。1906 年加入同盟会。曾参与创办复旦公学。1907 年起先后在上海创办《神州日报》、《民呼日报》、《民立报》等，积极宣传革命。1912 年后任南京临时政府交通部次长、陕西靖国军总司令。1922 年参与创办上海大学。1927 年起任国民军联军驻陕总司令、陕西省政府主席、国民党中央执行委员会常委、国民政府审计院长和监察院长、国防最高委员会委员。1949 年春支持国共和谈。后去台湾，任"监察院"院长。长于书法、诗词，著有《右任诗存》等。

继续推动两岸关系朝着
和平稳定方向发展[*]

（2006 年 1 月 25 日）

今天中国和平统一促进会和黄埔军校同学会在这里共同召开座谈会，纪念江泽民同志重要讲话《为促进祖国统一大业的完成而继续奋斗》发表十一周年，回忆十一年来两岸关系的风风雨雨，回顾十一年来海峡两岸人民和海外华侨华人为维护台海和平、促进祖国和平统一所做出的努力，展望两岸关系发展的明天，我们更加深刻认识到江泽民同志对台工作八项主张的重要现实意义。

1995 年 1 月 30 日，江泽民同志发表的这篇重要讲话贯彻邓小平同志"和平统一、一国两制"的思想，根据海峡两岸形势的发展和两岸人民的要求，提出了现阶段发展两岸关系、推进祖国和平统一进程的八项主张。讲话发表后，在海峡两岸及海外华侨华人中引起强烈反响，受到热烈的欢迎，也得到国际社会的广泛认同。台湾同胞普遍肯定这一讲话所展现的远见卓

---

　　* 这是何鲁丽同志作为中国和平统一促进会副会长发表的讲话，发表于《统一论坛》2006 年第 1 期。

识、广阔胸襟和务实精神。所有中华儿女都热切期待着两岸关系能够以此为契机，得到大幅度的改善和发展。但是，台湾当局领导人抱着"台独"理念不放，从拖延敷衍到变本加厉地在国际上制造"两个中国"的分裂活动，严重干扰了两岸关系发展的进程。

十一年来，海峡两岸人民一直致力于改善和发展两岸关系。去年3月4日，胡锦涛总书记发表了关于新形势下发展两岸关系的重要讲话，明确提出：坚持一个中国原则决不动摇，争取和平统一的努力决不放弃，贯彻寄希望于台湾人民的方针决不改变，反对"台独"分裂活动决不妥协。同时，中央还采取了一系列维护台海地区和平稳定、促进两岸关系发展的重大举措。全国人大高票通过《反分裂国家法》，充分表明了全体中国人民尽最大努力争取祖国和平统一前景的最大诚意和决不容忍"台独"的坚定意志。中共中央总书记胡锦涛邀请国民党、亲民党主席相继率团访问大陆，并与国亲新三党主席举行亲切会谈，取得重要成果。祖国大陆还主动推出了一系列惠及广大台湾同胞的政策措施。这些重要举措赢得了两岸同胞的广泛拥护和支持，也得到了国际舆论的高度评价，在海内外产生了重大影响。在两岸同胞的共同努力下，两岸关系中有利于遏制"台独"分裂活动的积极因素在增加，两岸关系朝着和平稳定方向发展的趋势在增强，两岸人民往来和经济、文化等各领域的交流与合作得到进一步的发展。

但是，"台独"分裂势力并未停止"台独"分裂活动，台海局势紧张的根源并未清除，反对和遏制"台独"分裂势力及其活动的斗争依然严峻、复杂。最近，台湾当局领导人又提出

"新宪公投"，不断发表鼓吹"台独"的分裂言论，收紧两岸交流的政策，这表明"台独"分裂势力通过"宪改"进行"台湾法理独立"活动的冒险性、危险性又在上升。坚决遏制"台独"分裂活动，维护台海地区的和平稳定，仍然是两岸同胞当前最紧迫的任务。

完成祖国统一大业，实现中华民族伟大复兴，始终是包括台湾同胞在内的所有中华儿女的共同心愿和责任。展望新的一年，我们要继续坚持"和平统一、一国两制"的基本方针和江泽民同志关于现阶段发展两岸关系、推进祖国和平统一进程的八项主张，认真贯彻胡锦涛总书记提出的新形势下发展两岸关系的四点意见，努力构建和平稳定发展的两岸关系。

中国和平统一促进会和黄埔军校同学会有着光荣的爱国传统，各自都有广泛的联络渠道，又有做好台湾人民工作的优势和经验。我们要深入贯彻"寄希望于台湾人民"的方针。以中华文化为纽带，努力促进两岸经济文化交流和人员往来；推动两岸经贸文化合作。要发扬黄埔同学精神，团结、联络黄埔同学校友，坚决反对"台独"分裂活动；积极加强与港澳和海外统促会的联系，壮大反"独"促统力量，继续维护好台海和平稳定趋势，促进祖国和平统一。

今天，我们纪念江泽民同志《为促进祖国统一大业的完成而继续奋斗》重要讲话发表十一周年，就是要深刻领会讲话的精神实质，在新形势下认真贯彻党的对台方针政策，始终坚持一个中国的原则，坚持"和平统一、一国两制"的基本方针，坚持反对分裂、反对"台独"。只要有一线希望，就绝不放弃坚持和平统一的努力。为了祖国统一大业的完成，为了两岸关系和平稳定的发展，让我们作出更积极的努力。

　　借此机会，我谨代表中国和平统一促进会和黄埔军校同学会向台湾同胞、港澳同胞、海外侨胞、华人朋友和黄埔军校同学校友拜年，祝大家新春幸福、阖家欢乐、万事如意！

在王锡爵、韦大卫定居祖国大陆
二十周年和五十周年座谈会上的讲话

（2006 年 3 月 15 日）

  今天我们大家聚在一起，共同庆祝全国政协原常委、民革中央原常委、北京航空联谊会原会长、民航华北地区管理局原副局长、民革中央祖国和平统一促进委员会副主任王锡爵[1]同志和全国政协原委员、民革中央原委员、中华海外联谊会理事、北京航空联谊会副会长、黄埔军校同学会联络员、民革中央祖国和平统一促进委员会副主任、世界华侨华人社团联合总会顾问韦大卫[2]同志分别回祖国大陆定居二十周年和五十周年，我感到非常高兴。

  两位同志回到祖国大陆的时间相隔了三十年，他们有着截然不同的人生经历，然而二人又有着共同的特点。他们曾经都是飞行员，由于历史的原因，二人又都是从大陆去的台湾，对亲人、对家乡、对祖国大陆的强烈思念，使二人虽然相隔了三十年却毅然做出了相同的选择，凭着他们的机智勇敢，冲破重重阻力，从台湾飞回了祖国大陆。在当时两岸隔绝的状态下，他们的壮举震惊了海峡两岸，而且由此引起的波澜至今仍然没有平静。两位同志回到祖国大陆后，依然从事他们热爱的飞行事业，以后又都在民航领域做了管理工作，直到退休，为祖国大陆的民航事业作出了贡献。两位同志曾经还都担任过全国政协委员。他们恪尽职责，积极参政议政，特别是二位同志利用自己台归人士的特殊身份，为促进海峡两岸的交流交往做了许多实事。

锡爵同志是 1986 年回来的。锡爵的回归当时被媒体称为"王锡爵事件"，在海峡两岸引起了强烈的轰动。那时两岸还处在隔绝的状态，祖国大陆希望以"王锡爵事件"为契机，超越台湾领导人坚持的"三不"政策，搭起两岸接触和交流的桥梁。台湾方面经过反复考虑，终于改变了不正面接触的初衷。当时蒋经国先生还在世，他亲自作出指示，华航可以出面与中国民航会商。由此"两航"谈判正式开始。对此，有媒体评论，"台湾海峡的冰冻有了破裂融化的迹象"。"王锡爵事件"就像水中的涟漪，在岛内一波又一波晕染开来，岛内民众，特别是压抑在台湾老兵心中已久的对家乡、对亲人、对祖国大陆的思念再也无法抑制了，岛内要求开放赴大陆探亲的呼声越来越高。迫于这种压力，台湾当局不得不面对现实，调整大陆政策。终于，在 1987 年，蒋经国先生正式宣布解除在台湾实施了三十八年之久的戒严令，开放赴大陆探亲。探亲潮的兴起，自然而然带动了两岸的经贸、文化、学术等领域的交流。

大卫同志回来整整半个世纪、五十年了。这五十年祖国大陆发生了天翻地覆的变化，然而大卫同志传奇式的经历和一生的悲欢离合仍吸引着人们关注的目光。大卫同志曾先后受到毛泽东、周恩来、邓小平、彭德怀、叶剑英、荣毅仁等党和国家领导人的接见，也经历过许多坎坷，特别是"文革"的洗礼和磨难，然而一切坎坷和磨难都没能改变大卫同志乐观、豁达的品性，这是令我们大家十分敬佩的。如今我们高兴地看到大卫同志和靳玉珍女士夫妻恩爱，生活融洽，不久前还安置了新居，生活幸福、美满、安定。

我们还高兴地看到，王锡爵和韦大卫同志虽已年过古稀，但仍旧精神饱满，身体康健，他们现在还都担任着民革中央的祖统委员会副主任，继续为推动民革的祖统工作，为促进海峡两岸的交流交往，为祖国的和平统一事业尽心竭力。

我们希望两位老同志，加强锻炼，保持健康的体魄，也希望两位老同志，继续努力，发挥自身的优势，为促进海峡两岸的交流继续发挥余热。

最后，我祝愿王锡爵、韦大卫同志身体健康，生活幸福，万事如意！

注　释

〔1〕王锡爵，原台湾中华航空公司波音 747 货机机长，1986 年驾驶波音 747 货机回到祖国大陆，担任中国民航华北管理局副局长兼副总飞行师，1987 年起连任六届、七届、八届、九届全国政协委员、常委。2009 年当选为黄埔军校同学会理事。

〔2〕韦大卫，1956 年 1 月 7 日驾蒋纬国游览专机起义飞回大陆，1983 年当选为中国国民党革命委员会中央候补委员，1985 年当选为民革中央委员、兼民革中央祖国统一工作委员会副主任，1988 年当选为中国人民政治协商会议第七届全国委员会委员兼民族委员会委员。

坚决遏制"台独"分裂活动[*]

（2006 年 3 月 16 日）

　　去年 3 月 4 日，胡锦涛总书记在看望参加全国政协十届三次会议民革、台盟、台联委员时强调，我们要坚持以邓小平理论和"三个代表"重要思想为指导，继续贯彻"和平统一、一国两制"的基本方针和现阶段发展两岸关系、推进祖国和平统一进程的八项主张，继续以最大的诚意、尽最大的努力争取和平统一的前景，同时绝不容忍"台独"，绝不允许"台独"分裂势力以任何名义、任何方式把台湾从祖国分割出去。并就新形势下发展两岸关系提出了四点意见，即："坚持一个中国原则决不动摇，争取和平统一的努力决不放弃，贯彻寄希望于台湾人民的方针决不改变，反对台独分裂活动决不妥协。"

　　胡锦涛总书记新形势下发展两岸关系的四点意见准确地把握了当前台海局势及其变化，充分表明了中国政府坚持一个中国原则、反对"台独"分裂活动的坚定立场，显示出尽最大努力争取和平统一前景的真诚愿望和对台湾民众的深情厚谊，体现了新一届中共中央领导集体务实推动两岸关系发展的新思路，对两岸

---

　　* 这是何鲁丽同志在中国和平统一促进会七届二次常务理事会上的讲话。

关系的稳定发展与祖国和平统一产生积极而深远的影响。

　　四点意见发表一年来，祖国大陆采取了一系列维护台海地区和平稳定、促进两岸关系发展的重大举措。全国人大通过《反分裂国家法》，为维护国家主权和领土完整，推进祖国和平统一进程，反对和遏制"台独"分裂势力及其活动提供了重要的法律依据和保障。中国共产党邀请了国亲新三党来访，胡锦涛总书记先后会见中国国民党主席连战、亲民党主席宋楚瑜和新党主席郁慕明，与他们就坚持"九二共识"、反对"台独"、维护台海和平稳定、改善和发展两岸关系达成多项重要共识。祖国大陆相继出台了一系列惠及广大台湾同胞的政策措施。两岸民间交流日益密切，两岸经济合作继续加强，两岸关系出现朝着和平稳定方向发展的良好势头。这些成功的努力，不仅得到了两岸同胞的拥护、海外华人华侨的支持，也受到国际社会的广泛赞誉。在两岸同胞共同努力下，台海局势出现了一些新的积极变化，两岸关系中有利于遏制"台独"分裂活动的积极因素增加，朝着和平稳定方向发展的趋势增强。

　　然而，台湾陈水扁当局顽固坚持"台独"分裂立场，推进激进"台独"路线，置两岸同胞的强烈反对和国际社会的谴责于不顾，公然于近期宣布终止"国统会"运作和"国统纲领"适用，在全面推翻自己反复重申的"四不一没有"承诺上迈出了危险一步，进一步暴露了他预谋进行新的分裂活动，特别是谋求"台湾法理独立"的险恶用心。陈水扁的"台独"分裂活动的升级就是妄图否认海峡两岸同属一个中国的事实，势必挑起台海形势新的紧张，破坏亚太地区的和平与稳定，破坏两岸人民多年来共同创造的来之不易的良好局面。他的一意孤行，不仅充分暴露了他推行"台独"的顽固立场和卑劣目的,而且也再次让世人看清,"台独"分裂势力是台湾岛内、两岸关系、亚太地区和平稳定的麻烦制造者和破坏者,是威胁台海和平的最大乱源。

中国是两岸同胞共同的家园,虽然两岸目前尚未统一,但大陆和台湾同属一个中国的事实从未改变,中国人民捍卫国家主权和领土完整的决心也从未动摇。实现祖国和平统一,这是包括台湾同胞在内的全体中华儿女的共同意愿。任何把台湾从中国分割出去的企图,都是与两岸共同发展、共同繁荣的愿望相违背的,都是与包括台湾同胞在内的全中国人民的意志相违背的,都是与中华民族的长远和根本利益相违背的。陈水扁的"台独"冒险和挑衅,已经招致包括台湾同胞在内的全体中华儿女的强烈谴责与抨击,其分裂图谋注定将以失败而告终。

坚决反对和制止"台湾法理独立"活动,是当前对台工作最重要、最紧迫的任务。我们要继续贯彻中央对台工作的大政方针,贯彻胡锦涛总书记提出的新形势下发展两岸关系的四点意见,继续以最大的诚意,尽最大的努力,维护和促进两岸关系和平稳定发展,争取和平统一的前景。同时,我们绝不容忍"台独"。包括台湾同胞在内的全中国人民捍卫国家主权和领土完整的坚强意志和坚定决心,是"台独"分裂势力无法撼动的。两岸关系发展与祖国和平统一的历史潮流,是任何人都阻挡不住的。

中国和平统一促进会以统一祖国、振兴中华为己任,并为之进行了长期不懈的努力。2004 年 9 月,中共中央政治局常委、全国政协主席贾庆林同志当选为中国和平统一促进会第七届理事会会长。一年多来,中国统促会在捍卫一个中国原则,引导全球反"独"促统运动深入发展、促进两岸交流交往方面做了大量工作，发挥了应有的作用。刘延东同志在刚才讲话中，对中国统促会一年多来工作的总结和成绩的肯定，是实事求是的，我完全赞同。今后，中国统促会要按照胡锦涛同志关于新形势下发展两岸关系的四点意见和贾庆林会长的指示精神，始终坚持一个中国原则，进一步开展反分裂、反"台独"斗争；深入贯彻寄希望于台湾人民的方针，进一步促进海峡两岸的经济文化交流和人员往来；积极加强与港澳台及海外的中国和平统一促进会和华人华侨的联系，进一步壮大反"独"促统力量；积极服务于社会主义现代化建设，为早日实现祖国统一创造条件，努力开创中国和平统一促进会工作的新局面，谱写统一祖国、振兴中华的新篇章。

在会见台湾"两岸祈福和谐之旅"访问团时的讲话

（2007 年 4 月 10 日）

今天，我在这里有机会与来自祖国宝岛台湾的"两岸祈福和谐之旅"访问团的朋友们会面，感到非常高兴。对你们的到来表示最热烈的欢迎！

我了解到，这次访问团的成员中，有在岛内享有声望的知名人士，有热心于两岸交流、为台湾人民谋福祉的岛内社会精英。早年，张世飞先生与陈立夫先生等共同创办了东南八省旅台乡亲联谊总会，在此基础上，又发展建立了大中华乡亲联谊总会。大中华乡亲联谊总会始终秉承建会宗旨，致力于谋求海峡两岸的和平与经济发展，致力于谋求台湾人民的生活安宁与社会稳定，为推动两岸交流、促进民族融合做出了积极的努力。对此，我代表中国和平统一促进会，向各位同胞为国家、为民族所作出的积极贡献，表示赞赏和敬意！

一

当前，国际形势正在发生深刻而复杂的变化。和平、发展、合作是时代的主旋律，求和平、促发展、谋合作是当今时代的最强音。世界多极化和经济全球化趋势深入发展，科技进步日新月异，世界经济总体保持增长，区域合作方兴未艾，国与国之间联系更加紧密，为各国在更广领域、更大规模、更高层次上开展合作提供了有利条件。世界各国人民普遍希望共享机遇、共应挑战、共同发展。同时，我们也清楚地看到，世界并不太平，全球发展很不均衡。影响世界和平与发展的不稳定不确定因素增多，恐怖主义、大规模杀伤性武器扩散、环境污染、自然灾害、传染性疾病等非传统安全威胁更加突出。经济全球化的负面影响增加，南北差距、贫富差距进一步拉大。广大发展中国家实现可持续发展面临着严峻挑战。

面对纷繁复杂的国际形势，中国坚定不移地高举和平、发展、合作旗帜，坚持奉行独立自主的和平外交政策，坚持走和平发展道路，坚持互利共赢的对外开放战略，致力于同世界各国在政治上和谐相处、经济上共同发展、文化上取长补短、安全上互信协作，共同推动建设持久和平、共同繁荣的和谐世界。目前，总的来看，中国与主要大国的务实合作继续发展，与周边国家的睦邻友好不断推进，与广大发展中国家的全面交往深入发展，非洲与各国互利共赢的格局逐步形成，中国在国际事务中发挥日益重要的作用，国际地位进一步提高。

二

从国内形势看，我国现已进入全面建设小康社会、加快推进社会主义现代化的新的发展阶段。

去年，是"十一五"规划开局之年。一年来，我们扎实推进社会主义新农村建设，加快转变经济增长方式，提高自主创新能力，国民经济呈现出增长速度较快、经济效益较好、物价水平较低的态势。去年国内生产总值比前年增长 10.7%，经济增长连续四年高于 10%，没有通胀。我国粮食产量自 1985 年以来首次实现连续三年增长。全国财政收入比前年增加 7694 亿元；全国税收收入增长了 21.9%。进出口贸易总额 1.76 万亿美元，增长 23.8%；实际利用外商直接投资 695 亿美元。年末国家外汇储备突破 1 万亿美元，达到 10663 亿美元，比前年同期增加 2475 亿美元。城镇新增就业 1184 万人。居民消费价格总水平上涨 1.5%，没有出现明显通货膨胀。城镇居民人均可支配收入和农村居民人均纯收入，扣除价格因素，分别比前年实际增长 10.4% 和 7.4%。社会事业加快发展，人民生活得到了较大改善。与此同时，科技创新取得重大成果，教育事业继续发展，公共卫生体系建设得到加强，文化、体育事业进一步繁荣。这些成就，标志着我国综合国力进一步增强，我们朝着全面建设小康社会目标又迈出了坚实的一步。

今年，是我国经济社会发展中十分重要的一年。我们仍将坚持以科学发展观统领经济社会发展全局，加快构建社会主义和谐社会，全面推进社会主义经济建设、政治建设、文化建设、社会建设，努力实现国民经济又好又快发展。今年国民经济和社会发展的主要目标是：在优化结构、提高效益和降低消耗、保护环境的基础上，国内生产总值增长 8% 左右；城镇新增就业人数不低于 900 万人，城镇登记失业率控制在 4.6% 以内；物价总水平基本稳定,居民消费价格总水平涨幅在 3%以内;国际收支不平衡状况得到改善。

三

从海峡两岸形势看,在两岸同胞共同努力下,两岸关系正在进一步朝着和平稳定的方向发展,台海局势中有利于遏制"台独"的积极因素持续增多。过去一年,我们先后成功举办了两岸经贸论坛和两岸农业合作论坛系列活动,实施了促进两岸交流合作、惠及台湾同胞的 15 项政策措施及扩大两岸农业合作、惠及广大台湾农民的 20 项政策措施,在海内外产生了广泛的积极影响,带动两岸经贸活动持续热络,取得明显成效。全年两岸间接贸易额首次突破 1000 亿美元,同比增长 18.2%。其中,大陆对台湾出口 207 亿美元,同比增长 25.3%,大陆自台湾进口 871 亿美元,同比增长 16.6%。大陆已成为台湾最大的贸易伙伴、最大的出口市场和最大的贸易顺差来源地。2006 年全年,台湾居民来大陆 441 万多人次,同比增长 7.4%,大陆居民赴台超过 20 万人次,同比增长近 30%。

但是,我们更应清楚看到,台湾当局通过所谓"宪改"谋求"台湾法理独立"的冒险活动进入实质阶段,甚至可能铤而走险,孤注一掷,以求一逞。陈水扁企图主要通过"冻结"现行"中华民国宪法",制定"第二共和宪法",采取形式上"修宪"、实质上"制宪"的手段,加快"台湾法理独立"进程。特别是近一段时间来,岛内"台独"势力以践行"台湾主体性"

为幌子，变本加厉地搞"去中国化"，大肆进行各种"台独"分裂活动，为图谋"台湾法理独立"营造社会氛围。更为严重的是，3月初，陈水扁不惜牺牲台湾同胞的利益，完全推翻其"四不一没有"的承诺，公然抛出"四要一没有"的"台独"主张，声称"台湾要独立"、"台湾要正名"、"台湾要新宪"、"台湾没有左右路线问题，只有统独问题"。这是陈水扁赤裸裸鼓吹"台独"、在"台独"分裂道路上又迈出的危险一步，其目的就是要进一步鼓动通过所谓"宪改"谋求"台湾法理独立"，蓄意挑衅祖国大陆，制造两岸关系紧张。

胡锦涛总书记关于"和平发展理应成为两岸关系发展的主题，成为两岸同胞共同为之奋斗的目标"的主张，反映了两岸同胞追求两岸关系和平发展的愿望，指明了两岸关系发展方向。我们将继续贯彻和落实有利于两岸关系和平发展和惠及台湾同胞的各项政策措施，继续大力促进两岸人员往来和经济文化交流，促进直接"三通"，保护台胞合法权益，促使两岸同胞联系更广泛、合作更深化、更多理解、感情更融洽。以最大的诚意、尽最大的努力为两岸同胞谋和平、谋发展、谋福祉。

实现中国完全统一，振兴中华是每一位中华儿女的共同心愿和历史使命。中国革命的伟大先行者孙中山先生说过："中国是一个统一的国家，这一点已牢牢地印在我国的历史意识之中"。让两岸同胞携起手来，共同面对中华民族的未来，共同为维护台海和平与稳定发展，为祖国的统一和中华的振兴而努力奋斗。

推动两岸关系和平发展
促进中国和平统一[*]

（2008 年 10 月 22 日）

金秋十月，在这个收获的季节里，我们非常高兴地迎来了加拿大中国统一促进会访问团的各位朋友。首先，我代表中国和平统一促进会对你们的到来表示热烈的欢迎！并向海外一直积极关心、支持中国和平统一事业的各位同人表示衷心的感谢！"5·12"四川汶川发生特大地震，全国各民族人民、海外的华侨华人、世界人民都给了有力的支援。在此，我对您和各位朋友对地震灾区的关心、对抗震救灾的支持表示感谢！

海外广大华侨华人历来具有爱国爱乡的光荣传统，反对"台独"、支持中国和平统一是这一传统的集中表现。加拿大中国统一促进会从 1999 年成立以来，在梁伟洪创会会长、马清石会长和广大会员的共同努力下，始终坚持一个中国原则，旗帜鲜明地反对"台独"分裂活动，广泛团结加拿大西部地区的华侨华人，积极争取旅加台籍人士，理解和参与反"独"促统工作，

---

[*] 这是何鲁丽同志以中国和平统一促进会副会长身份会见加拿大中国统一促进会访问团时的讲话。

并与一些有识之士共同探讨在金门和厦门建立两岸统一合作示范区。为维护祖国的统一做了许多有益的工作，成绩有目共睹。

今年是中国改革开放30周年。30年前，在邓小平先生的倡导和带领下，中国人民踏上了改革开放的伟大征程，开启了建设中国特色社会主义的历史新时期。从1978年到2007年，中国的国内生产总值从2165亿美元增长到3.28万亿美元，年均增长9.8%。经济总量由世界第十位跃居世界第四位；进出口总额从206亿美元增长到2.17万亿美元，成为世界第三大贸易体；外汇储备由1.67亿美元增加到1.9万亿美元，居世界首位。中国的发展不仅造福中国人民，而且有力地促进了世界经济和贸易增长。中国经济对世界经济增长的贡献率超过10%，对国际贸易增长的贡献率超过12%。改革开放的实践证明，中国发展进步离不开世界，同时中国对世界的和平稳定作出了自己的贡献。对于中国改革开放取得的巨大成就，全体中华儿女无不感到光荣与自豪。

今年北京举办了奥林匹克运动会和残奥会，中国与世界人民共享了奥林匹克运动的欢乐。国庆前夕神舟七号航天飞船成功升空，中国航天员首次出舱活动，是我国自主创新，建设创新型国家的又一项巨大成果。

当前世界经济发生较大的波动。面对形势，我们坚定信心，我们已有了抵御世界经济消极影响的基础和空间，把各方面积极性和力量引导到科学发展上来。

早日解决台湾问题、实现祖国的完全统一，是海内外中华儿女的共同心愿。当前，在两岸同胞和海外侨胞的共同努力下，台湾局势发生了重大而积极的变化，"台独"分裂势力及其分裂活动遭到沉重打击，两岸人员往来、经济文化交流呈良好发展势头。两岸关系发展面临难得的历史机遇。事实证明，搞"台独"不得人心，台湾同胞希望社会安定、经济发展、台海和平，两岸关系和平发展已成为两岸同胞共同愿望所系、共同利益所在。特别是在今年4月，胡锦涛总书记在会见国民党荣誉主席连战时指出，当前两岸关系呈现出良好的发展势头，两岸双方应当共同努力，"建立互信、搁置争议、求同存异、共创双赢"，切实为两岸同胞谋福祉，为台海地区谋和平，开创两岸关系和平发展新局面。这一主张既充分体现了我们一贯的对台方针、政策，又对新形势下发展两岸关系进行了新的宣示和阐述，充分表明了为两岸同胞谋福祉，为台海地区谋和平的善意和诚意，得到了海内外的高度重视和两岸双方的认同。

面对两岸关系发展难得的历史机遇，为了推动两岸关系长远和平与稳定，今年6月，在"九二共识"的基础上，海基会和海协会在中断9年之后首次复谈。胡锦涛总书记会见了江丙坤董事长，提出平等协商、善意沟通、积累共识、务实进取。两会成功复谈的结果表明，两岸双方有智慧、有能力通过协商谈判解决有关问题，造福两岸同胞。

实现两岸关系和平发展，是两岸同胞的共同利益所系、共同责任所在。在新形势下，我们将牢牢把握两岸关系和平发展的主题，继续依循并切实落实胡锦涛总书记提出的"建立互信、搁置争议、求同存异、共创双赢"十六字方针，大力加强两岸各领域交流合作，多为两岸同胞办实事、做好事，真诚为两岸同胞谋福祉；始终警惕和遏制"台独"分裂势力及其活动，切实为台海地区谋和平，维护国家主权和领土完整，维护中华民族根本利益；最广泛地团结台湾同胞，密切两岸同胞联系，融洽两岸同胞情感；继续推进两岸协商谈判进程，努力构建两岸关系和平发展框架，开创两岸关系和平发展新局面。要通过两岸关系和平发展，努力为和平统一大业奠定更为坚实的基础，提供更为强劲的动力，创造更为有利的条件。

海外华侨华人历来是反对"台独"、促进中国和平统一的一支重要力量。2000 年以来，海外反"独"促统运动持续高涨，截至目前，全球 80 多个国家和地区成立了 180 多个统促会和相关组织，举办了多次全球和地区性反"独"促统大会及大型论坛，形成了声势浩大的反"独"促统运动。这一切有力地遏制了"台独"势力分裂中国的企图，有力地维护了两岸关系和平稳定大局。今年适逢中国统促会成立 20 周年。9 月 27 日，中共中央政治局常委、全国政协主席、中国和平统一促进会会长贾庆林亲切会见了出席纪念中国统促会成立 20 周年座谈会的全体代表并发表重要讲话。贾庆林主席在讲话中高度评价了中国统促会取得的工作成绩，深刻分析了当前台海局势和两岸关系，明确提出了四点意见，为中国统促会今后的工作指明了方向。我们将按照贾庆林主席讲话所指出的，围绕和平统一目标，营造两岸关系和平发展的有利环境；反对一切分裂活动，维护两岸关系和平发展的良好势头；加强对台交流交往，增添两岸关系和平发展的积极因素；壮大反"独"促统队伍，凝聚两岸关系和平发展的支持力量。

在座的各位朋友在加拿大生活多年，已不同程度地融入了当地社会，我们希望大家在努力发展自身事业的同时，发挥各自的特点和优势，努力做好当地主流社会和主流媒体的工作，争取当地主流社会人士对中国和平统一方针政策的理解和支持；广泛联系当地华侨华人，加强与当地台胞的联系和团结，坚持求同存异、体谅包容，最大限度地团结和联合一切赞成和拥护中国统一的爱国力量，推动当地统促会适时成立，不断壮大反"独"促统力量，努力形成全体中华儿女共同致力于祖国统一和民族振兴的新局面。

在今后的工作中，中国统促会将和致力于中国统一的海外华侨华人一道，为开创两岸关系和平发展新局面贡献力量。我们坚信，依靠全体中华儿女的智慧和力量，在包括台湾同胞在内的全体中华儿女的共同努力下，中国完全统一的目标一定能够早日实现。

坚持一个中国原则
推动两岸关系和平发展[*]

（2008 年 3 月 24 日）

美国的广大华侨华人具有爱国爱乡的光荣传统和反对"台独"、支持中国和平统一的坚定立场。2002 年 8 月南加州统促会联盟成立以来，与"台独"分裂势力进行了不懈的斗争，为促进反"独"促统运动深入、健康、扎实开展，为促进两岸交流交往，为促进两岸关系和平发展做了大量有益的工作。

台湾自古以来就是中国领土神圣不可分割的一部分。中国政府始终坚持"和平统一、一国两制"的基本方针，始终坚持一个中国原则，牢牢把握两岸关系和平发展主题，广泛团结广大台湾同胞、港澳同胞和海外华侨华人，坚决反对任何形式的"台独"分裂活动，努力维护台海局势稳定。特别是去年在北京召开的中共十七大上，胡锦涛总书记在报告中系统、全面、深入地论述了对台工作新战略，确定了新时期对台工作的指导思想和主要任务。特别是胡锦涛总书记代表中国共产党和中国政府重申争

---

* 这是何鲁丽同志以中国和平统一促进会副会长身份在会见美国南加州中国和平统一促进会联盟访问团时的讲话。

取祖国和平统一前景的主张，并郑重呼吁：在一个中国原则的基础上，协商正式结束两岸敌对状态，达成和平协议，构建两岸关系和平发展框架，开创两岸关系和平发展新局面。这不仅一以贯之地体现了"和平统一、一国两制"的思想，而且进一步拓展了两岸关系和平发展的理念。

在今年 3 月份召开的全国政协十一届一次会议上，胡锦涛总书记再次明确指出：大陆和台湾同属一个中国，中国是两岸同胞的共同家园。要牢牢把握两岸关系和平发展的主题，真诚为两岸同胞谋福祉、为台海地区谋和平，维护国家主权和领土完整，维护中华民族根本利益。他还强调：我们将始终如一地履行对台湾同胞作出的承诺，既不会因局势的一时波动而有任何动摇，也不会因少数人的蓄意干扰而有任何改变。我们要最广泛地团结台湾同胞，团结的人越多越好。只有实现大团结，才能促进两岸关系大发展。只有坚决遏制"台独"分裂活动，才能实现两岸关系和平发展的前景，才能维护两岸同胞的福祉。胡锦涛总书记的重要讲话既是对我们一贯对台方针、政策的重申与强调，又是对新形势下发展两岸关系的新宣示、新阐述，充分表明了为两岸同胞谋福祉、为台海地区谋和平的善意和诚意。

在两岸同胞的共同努力下，两岸人员往来和经济文化交流保持了良好的发展势头，达到了新的水平。截至 2007 年底，在经贸方面，两岸贸易额再创新高，达到 1244.8 亿美元，同比增长 15.4%。其中，对台出口 234.6 亿美元，增长 13.1%；自台进口 1010.2 亿美元，增长 16.0%。在一系列促进台湾农产品在大陆销售措施的推动下，对台农产品贸易增长迅速，贸易额近 8 亿美元，增长 40.3%。在人员往来方面，自 1987 年 11 月两岸长期隔绝的状态被打破以来，台湾居民来大陆累计超过 4700 万人次，超过地区人口总数 2300 万的两倍。大陆居民赴台湾累计超过163 万人次，其中应邀赴台交流累计 30 万人次。据了解，2007年台湾居民来大陆超过 462 万人次，同比增长 4.9%；大陆居民赴台近 23 万人次，同比增长 10.7%。日益活跃的两岸交流增进了两岸同胞的了解和感情，成为两岸关系和平稳定发展的坚实基础。

但是，我们也清醒地看到，台海局势仍然错综复杂，"台独"分裂势力谋求"台湾法理独立"的冒险活动一刻也没有停止。特别是去年以来，陈水扁当局为了一党一己之私，不顾台湾同胞的根本利益，不顾国际社会的强烈反对，顽固地推行以"台湾"名义申请加入联合国的"公投"、以"台湾"名义申请加入联合国。"申请入联"和"入联公投"，这是破坏两岸同属于一个中国的现状、走向"台独"的一个重要步骤。在第 62 届联大已经否决陈水扁当局的"申请入联"，世界上 160 个国家明确表态反对台湾"入联公投"的情况下，执意推动举办"入联公投"，遭到失败。这再次说明"台独"分裂势力搞"台独"是不得人心的。

实现中国的完全统一和中华民族的伟大复兴，是全体中华儿女的共同愿望。2000 年以来，海外反"独"促统运动持续高涨，截至目前，全球 80 多个国家和地区成立了 170 多家统促会和相关组织，举办了多次全球和地区性反"独"促统大会和大型论坛，形成了声势浩大的反"独"促统运动。这一切有力地遏制了"台独"势力分裂中国的企图，有力地维护了两岸关系和平稳定大局。

加州是美国的经济文化中心之一，也是旅美侨胞聚居的重要地区之一。在座的各位朋友在美国生活多年，已不同程度地融入了当地社会，有的还进入了主流社会。我们希望大家在努力发展自身事业的同时，发挥各自的特点和优势，努力做好当地主流社会和主流媒体的工作，争取当地主流社会人士对中国和平统一方针政策的理解和支持。深入贯彻"寄希望于台湾人民"的方针，使广大台湾同胞认识到，13亿大陆同胞和2300万台湾同胞都是血脉相连的命运共同体，"台独"是死路，是灾难，两岸要和平发展，分则两害，合则双赢；广泛联系当地华侨华人，加强与当地台胞的联系和团结，为了中国的和平统一大业和中华民族的伟大振兴，坚持求同存异、体谅包容，不断壮大反"独"促统力量，最大限度地团结和联合一切赞成和拥护祖国统一的爱国力量，努力形成全体中华儿女共同致力于祖国统一和民族振兴的新局面。

在今后的工作中，中国统促会将和海外统促会一道，继续坚持一个中国原则，牢牢把握两岸关系和平发展的主题，反对任何形式的"台独"分裂活动，为扩大两岸交流交往、推动中国统一大业的进程而努力奋斗。我们坚信，依靠全体中华儿女的智慧和力量，中国完全统一和中华民族伟大复兴一定会实现！

在会见台湾中华道教文化团体
联合总会访问团时的讲话*

（2008 年 11 月 16 日）

一

今年是祖国大陆改革开放 30 周年。30 年来，中国人民以一往无前的进取精神和波澜壮阔的创新实践，成功实现了从高度集中的计划经济体制到充满活力的社会主义市场经济体制、从封闭半封闭到全方位开放的伟大历史转折，中国的面貌发生了历史性变化。从 1978 年到 2007 年，中国的国内生产总值从 2165 亿美元增长到 3.28 万亿美元，年均增长 9.8%，经济总量由世界第十位跃居世界第四位；进出口总额从 206 亿美元增长到 2.17 万亿美元，成为世界第三大贸易体；外汇储备由 1.67 亿美元增加到 1.9 万亿美元，居世界首位。中国经济对世界经济增长的贡献率超过 10%，对国际贸易增长的贡献率超过 12%。三峡大坝、青

---

* 这是何鲁丽同志以中国和平统一促进会副会长身份会见台湾中华道教文化团体联合总会访问团时的讲话。

藏铁路、西气东输、西电东送、南水北调等重大工程完成，北京奥运会、残奥会成功举办，首次月球探测工程和三次载人航天飞行取得圆满成功，政治建设、文化建设、社会建设也取得举世瞩目的发展成就。当前，中国各族人民正以自己的勤劳和智慧，为谱写美好生活新篇章进行着新的奋斗。

今年也是中国和平统一促进会成立20周年。1988年，在邓小平同志的倡议下，各民主党派和有关人民团体等23家单位，在北京共同发起成立了中国和平统一促进会。20年来，中国统促会高举爱国主义旗帜，坚持"和平统一、一国两制"基本方针，肩负促进两岸关系发展、推进祖国和平统一进程的光荣使命，走过了光辉的历程。特别是近年来，我们深入开展反"独"促统运动，坚决反对"台独"势力及其分裂活动；认真贯彻"寄希望于台湾人民"的方针，积极推动两岸民间交流交往，多次举办两岸关系发展研讨会和两岸文化交流活动，接待了百余个港澳台和海外的爱国团体，同众多关心两岸关系发展的人士建立了深厚的友谊。中国统促会已经成为联系海内外各界人士的重要纽带，成为加强海峡两岸同胞往来的重要桥梁，成为促进两岸关系和平发展、推动祖国和平统一进程的重要力量。

二

当前，海峡局势发生了积极变化，"台独"分裂势力及其活动遭到沉重打击，和平发展已成为两岸同胞的共同愿望和两岸关系发展的主题。在中国共产党、中国国民党两党和两岸同胞共同努力下，两岸人员往来和经济文化交流呈现良好发展势头，政党交流和"两会交往"实现新的突破。今年5月，中共中央总书记胡锦涛与率团来访的中国国民党主席吴伯雄进行会谈，提出"建立互信、搁置争议、求同存异、共创双赢"的十六字方针，成为两岸广泛共识，海协会与海基会也在"九二共识"基础上恢复协商谈判并取得实际成果。11月初，海协会与海基会首次在台北举行正式商谈，标志着两会从此进入制度化协商轨道，为两岸关系书写了新的历史，推动两岸关系又向前迈出了重要一步。两会签署了空运直航、海运直航、邮政合作和食品安全等四项重要协议并举行了一系列有益的交流活动。这些成果有力地促进了两岸直接"三通"的进程，为两岸同胞带来了实实在在的利益，为两岸关系和平发展提供了重要动力。两岸关系的发展呈现出前所未有的光明前景。

三

在新形势下，两岸加强交流往来的条件更加有利。此次贵团到大陆访问，对于推动两岸民间文化交流具有重要意义。众所周知，道教是中国土生土长的宗教，传承了华夏古老的传统礼乐文明，直接吸收并发展了老子、庄子的思想，具有悠久深厚的中华文化传统和博大精深的思想内涵。道教文化在中华文化中占有重要地位，道家思想对中华民族传统美德的形成有重要的影响。两岸道教文化的交流，不仅有利于道教文化的传承和发扬，也有利于中华文化的发展和繁荣。

中国统促会愿意成为推动两岸文化交流的积极力量。我们希望同朋友们坦诚交流，增进了解和共识，建立互信和友谊。共同推动两岸同胞传承和弘扬中华文化，保持和发扬两岸同胞共同珍视的精神文化纽带，为构建和平稳定发展的两岸关系，推动祖国完全统一进程贡献智慧和力量。

我本人非常高兴结识诸位，希望在交往中加深了解，彼此能够成为知心朋友。同时，也希望大家在参访期间多走走、多看看，亲身感受祖国大陆的发展变化，亲眼目睹中华民族灿烂的文化历史遗产，看到改革开放三十年经济、社会建设的成果，感受到我们的同胞情意，并把这种感受带回台湾去，和你们的亲朋好友共同分享。

会见台南市议员、
里长参访团时的讲话[*]

（2008 年 12 月 15 日）

一

中国和平统一促进会成立于 1988 年，是以推动海峡两岸的民间交流往来为主要任务的民间团体。宗旨是：高举爱国主义旗帜，团结一切拥护中国和平统一的海内外同胞，推动台湾海峡两岸民间交流与交往，反对制造"台湾独立"、"两个中国"、"一中一台"等分裂中国的活动，促进早日实现中国和平统一。主要任务是：广泛联系祖国大陆，香港特别行政区、澳门特别行政区、台湾地区和海外各界人士及相关团体，共同探索中国统一的途径，反对台独活动言行，努力推动中国和平统一进程；促进海峡交流合作、促进两岸民间经贸、文化、教育、科学、学术、新闻出版、体育、艺术、旅游等方面交流和交往，增进两岸同胞的了解和情谊；加强与世界各地的中国和平统一促进会的联系，更好地发挥各界代表人士在促进祖国统一中的作用，开展多种形式的宣传工作，出版《统一论坛》杂志，交流见解，增进共识。

成立20年来，我会一直为推动两岸关系和平与发展、促进两岸民间交流交往而积极努力。我们接待了来自港澳台地区和海外的爱国团体上百个、关心两岸关系发展的人士上千人次，举办了多次两岸关系发展研讨会和两岸文化交流活动。通过这些交流交往活动，增进了两岸人民之间的了解、互信和情谊。

二

当今世界正处在大变革大调整时期，但和平与发展仍然是时代的主题，求和平、谋发展、促合作已经成为不可阻挡的时代潮流。当前全球经济失衡加剧，美国次贷危机引发的金融风暴席卷而来，迅速从局部发展到全球，波及范围之广，从金融领域发展到实体经济领域，冲击力度之强、连锁效应之快都是前所未有的，给世界各国经济发展和人民生活带来严重影响，引起了世界各国政府和人民的忧虑。目前这场金融危机尚未见底，严重后果还会进一步显现。

从大陆的情况来看，即将过去的2008年是很不寻常、很不平凡的一年。一年来，我们接连经历了一些难以预料、历史罕见的重大挑战和考验。面对严峻形势，全国各族人民同心同德、顽强拼搏，成功夺取抗击南方部分地区严重低温雨雪冰冻灾害和四川汶川特大地震灾害斗争重大胜利，成功举办北京奥运会、残奥会，成功完成神舟七号载人航天飞行任务，成功举办第七届亚欧首脑会议，沉着应对国际金融危机冲击，经济建设、政治建设、文化建设、社会建设以及生态文明建设等取得了新的显著成就。

前不久，我们召开了经济工作会议，深刻分析了当前国际国内经济形势，明确提出了明年经济工作的总体要求和重点任务，就是要深入贯彻落实科学发展观，实施"积极的财政政策"和"适度宽松的货币政策"，立足扩大内需保持经济平稳较快增长，加快发展方式转变和结构调整，提高可持续发展能力，深化改革开放增强经济社会发展活力和动力，加强社会建设，加快解决涉及群众利益的难点热点问题，促进经济社会又好又快发展，保增长，防风险，调结构，抓改革，重民生，促稳定。

三

在这里，我简单向各位介绍一下大陆基层群众自治的情况。祖国大陆的基层群众自治，主要包括农村的村民自治和城市的居民自治。多年来，城乡基层群众自治取得了重大进展，中共十七大报告把"基层群众自治制度"确立为社会主义政治的四项制度之一和中国特色社会主义政治发展道路的重要内容。

截至2007年底，农村有61万多个村民委员会，城市有8万多个社区居民委员会。自《村民委员会组织法》和《城市居民委员会组织法》实施以来，绝大多数农村和城市已进行了6次以上的村民、居民委员会换届选举。85%的农村建立了实施民主决策的村民大会或村民代表大会，90%以上的农村建立了保障民主监督的村民理财小组、村务公开监督小组等组织，村务公开、民主评议等活动普遍开展。89%的城市社区建立了居民代表大会，64%的社区建立了协商议事委员会，22%的社区建立了业主委员会。居民评议会、社区听证会等城市基层民主形式普遍推行，收到了很好的效果。

总的看来，经过长期发展，祖国大陆的基层群众自治制度体系已基本确立，组织载体日益健全，内容不断丰富，形式更加多样，城乡基层群众自治正在社会主义民主政治建设中发挥越来越大的作用。

四

在两岸同胞共同努力下，两岸关系正在进一步朝着和平稳定的方向发展。

不久前，海协、海基两会在台北签署空运、海运、邮政和食品安全等四项协议，并就改善大陆居民赴台湾旅游的有关措施及加强两岸工商、航运和金融合作达成许多共识。两会取得的成果，两岸同胞高兴，国际社会也给予高度评价。

大陆海协会赴台商谈，为两岸关系书写了新的历史篇章，是一次开拓、合作、和平之旅。两会制度化协商已经站在一个新的出发点上，两岸关系的发展也呈现出前所未有的光明前景。为两岸同胞谋福祉，为台海地区谋和平，携手迎接中华民族的伟大复兴，符合两岸同胞的共同愿望，符合历史潮流的前进方向。当然，我们知道前进的道路并不平坦，也知道这一使命的光荣与艰辛。但两岸同胞血脉相连，谁也无法改变；两岸同胞亲情相通，谁也无法割断；两岸同胞渴望交流的心愿，谁也无法阻挡；两岸关系迈向和平发展的势头，谁也无法逆转。我们坚信，两岸关系和平发展的道路会越走越宽广。

努力形成全体中华儿女共同致力于
祖国统一和民族振兴的新局面[*]

（2010 年 11 月 2 日）

　　中日两国一衣带水，交流历史源远流长。日本的广大华侨华人历来具有爱国爱乡的光荣传统，是促进维护中国统一的重要力量。日本中国和平统一促进会自 2000 年 8 月成立以来，积极团结旅日华侨华人和爱国侨团，始终坚持一个中国原则，积极开展反"独"促统活动，为促进两岸关系和平发展做了大量工作。特别是 2001 年你们成功召开"全球华侨华人推动中国和平统一大会——新世纪东京大会"，产生了广泛影响。日本统促会同人在投身反"独"促统运动的同时，情系桑梓，积极支持中国现代化建设。2008 年四川汶川遭受特大地震灾害后，日本统促会在第一时间筹集了 54 个航空集装箱的救灾物资并派专人送到四川汶川。

　　今年 6 月两岸签订的《海峡两岸经济合作框架协议》（EC-FA），已于 9 月 12 日正式生效，这是继两岸实现全面直接双向

---

　　* 这是何鲁丽同志 2010 年 11 月 2 日在会见日本中国和平统一促进会访问团时的讲话。

"三通"之后，两岸关系发展进程中又一新的里程碑，符合两岸同胞的共同利益，符合中华民族的整体利益，标志着构建两岸关系和平发展框架在经济领域取得重大进展，必将为深化两岸交流合作带来新的机遇。

当前，两岸关系保持和平发展势头，两岸大交流的局面已经形成。改善和发展两岸关系，得到两岸民众广泛支持以及国际社会普遍欢迎，已成为不可阻挡的历史必然趋势；但在此进程中，需要解决各种问题，克服各种困难，排除各种干扰。继续反对"台独"分裂活动是推动两岸关系和平发展的必要条件，是两岸同胞及海外侨胞的共同责任。我们应该把坚持大陆和台湾同属一个中国作为推动两岸关系和平发展的政治基础，把深化交流合作、推进协商谈判作为推动两岸关系和平发展的重要途径，把促进两岸同胞团结奋斗作为推动两岸关系和平发展的强大动力，携手共进，勠力同心，努力开创两岸关系和平发展的新局面。刚刚闭幕的中共十七届五中全会也特别指出，要牢牢把握两岸关系发展主题，深化两岸经济合作，积极扩大两岸各界往来，推进两岸关系和平发展和祖国统一大业。

在座的各位朋友在日本生活多年，已不同程度地融入了当地社会。希望你们努力促进中日文化交流，积极开展民间外交，推动中日关系不断取得新的进展。希望大家在努力发展自身事业的同时，积极投身反"独"促统事业。为此，结合前不久在杭州召开的第九次海外统促会会长会议精神，我讲几点，供你们参考。

一、继续发挥自身特点与优势，努力做好当地主流社会和主流媒体的工作，大力宣传中国的和平统一方针。

二、广泛联系当地华侨华人，特别要着眼争取台胞人心，进一步加强与当地台籍人士的联系和团结，坚持求同化异，最大限度地团结和联合一切赞成和拥护中国统一的力量，扩大赞成统一的民众基础。

三、保持高度警惕，坚决反对分裂活动，维护中华民族核心利益。特别是在反对"台独"的同时，我们还要反对一切企图分裂中国的图谋，与达赖集团等分裂势力展开坚决的斗争，维护国家的主权和领土完整。半个多世纪以来，达赖集团分裂势力从未放弃过分裂国家的图谋，他们成立流亡政府组织武装叛乱，依靠西方势力的扶持造谣惑众，策划暴力事件，大肆进行分裂破坏活动。达赖不是一个单纯的宗教人士，而是打着宗教旗号长期从事反华分裂活动的政治流亡者。我们应该充分认清达赖集团分裂势力分裂中国的本质，在反对"藏独"、维护国家统一这个重大问题上，做到旗帜鲜明、立场坚定，积极宣传西藏的经济社会发展成就，积极宣传中国的民族宗教政策，积极宣传保护和发展少数民族文化的真实情况，争取国际社会的理解和支持，为捍卫祖国统一营造良好的国际环境。

四、加强自身建设，切实增进团结，不断增强影响力、凝聚力和战斗力，不断壮大反"独"促统力量，努力形成全体中华儿女共同致力于祖国统一和民族振兴的新局面。

致　　谢

　　历时三年编辑，文集即将付梓。抚今追昔，不胜感慨。如果说这本集子有一些价值、能给人一点启发，那也是中共中央领导同志对民革事业和我个人给予巨大的关心与支持的结果，映射了中国共产党领导的多党合作和政治协商事业的伟大光辉，在此特别向他们致以崇高的敬意并表示深深的感谢。

　　民革老一辈领导人矢志不渝的爱国情怀、砥砺前行的进步追求、孜孜不倦的奋斗精神、薪火相传的谆谆教诲也是激励我前进的不竭动力。我还要特别感谢民革中央领导同志万鄂湘、齐续春、周铁农、厉无畏等，他们高度重视本文集的编辑工作，指示成立由民革中央秘书长李惠东同志牵头的编辑小组，多次召开会议听取汇报并给予具体指示。

　　中共中央统战部有关部门、全国人大常委会办公厅秘书局、中央社会主义学院、中国和平统一促进会、中国人民争取和平与裁军协会、《巾帼风采》杂志社等单位为文集的编辑提供了大力支持和帮助，特在此表示诚挚的谢意。

　　民革中央的几位同志承担了具体的编辑工作，他们是：周丽萍、蔡永飞、王秉默、沈祺、刘红秀、卢淼。刘俊英、董玉环同志做了许多细致的资料收集和沟通协调工作。特别感谢人民出版社领导黄书元、辛广伟等同志对文集出版给予的高度重视以及政治编辑一部主任张振明同志为文集出版付出的辛勤劳动。得益于以上同志的辛勤努力，文集的编辑出版工作才如此顺利。

何鲁丽

2014 年 9 月

责任编辑:朱云河 郑 治
封面设计:肖 辉
责任校对:张 红

图书在版编目(CIP)数据

何鲁丽文集/何鲁丽 著. -北京:人民出版社,2014.12
ISBN 978－7－01－013922－7

Ⅰ.①何… Ⅱ.①何… Ⅲ.①何鲁丽-文集 Ⅳ.①C53

中国版本图书馆 CIP 数据核字(2014)第 210156 号

何鲁丽文集

HELULI WENJI

何鲁丽 著

人 民 出 版 社 出版发行
(100706 北京市东城区隆福寺街99号)

北京新华印刷有限公司印刷 新华书店经销

2014 年 12 月第 1 版 2014 年 12 月北京第 1 次印刷
开本:635 毫米×927 毫米 1/16 印张:67.25
插页:6 字数:750 千字

ISBN 978－7－01－013922－7 定价:168.00 元(上、下)

邮购地址 100706 北京市东城区隆福寺街 99 号
人民东方图书销售中心 电话 (010)65250042 65289539